현대국제정치와 한반도는 어디로 가는가

안병준 지음

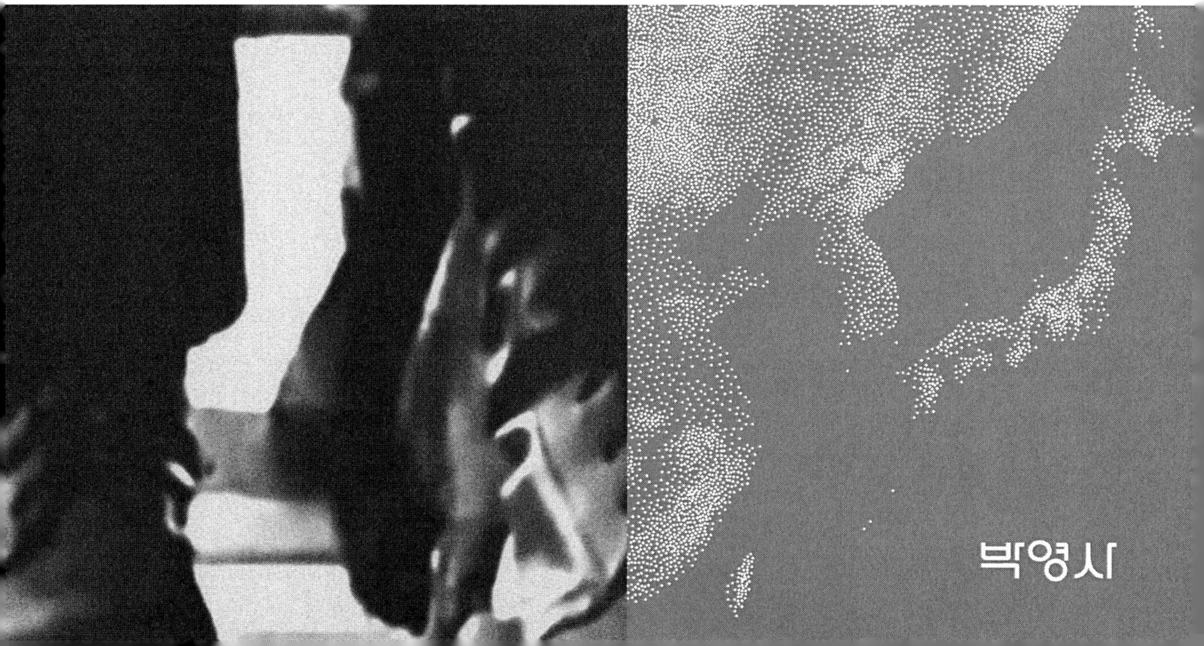

박영사

이 저서는 대한민국학술원 학술연구총서 지원 사업에 의하여 수행된 연구임.

제2판 머리말

현대국제정치, 동아시아 및 한반도는 어떻게 작동하고 있는가? 필자는 이 문제를 오랫동안 머리에 지녀왔다. 특히 현대국제정치와 동아시아에서 한반도문제가 어떻게 구체적으로 결정되어 왔는지를 한번 자세히 살펴보고 싶었다. 이러한 생각에서 이제야 이 작은 저술을 세상에 낸다.

이 책을 쓴 목적은 17세기 이후의 현대국제정치가 어떻게 작동해 왔으며 그 과정에서 동아시아와 한반도의 운명이 어떻게 결정되었는지를 규명하는 것이다. 이 핵심주제를 풀기 위해서는 먼저 현대국제체제가 어떻게 형성되었으며 그 속에서 강대국들은 어떻게 유럽과 동아시아를 지배했는지를 조사해야 했다. 21세기 초 2017년에 미국에 트럼프정부가 시작했고 영국이 유럽연합에서 탈퇴한 뒤 1945년부터 지속해 왔던 자유주의국제질서가 쇠퇴하고 강대국정치가 부활했다. 2022년에 터진 우크라이나 전쟁은 국제질서를 1914년 이전의 제국주의시대로 돌이켜 놓았다. 이 대전환기에 세계 권력의 중심은 유럽과 미국에서 동아시아로 이전하고 있다. 여기서 미국과 중국이 패권경쟁을 치열하게 전개하고 있다. 이처럼 강대국정치가 급변하고 있는 것은 한반도의 장래에 지대한 영향력을 끼칠 것이다. 이 연구는 강대국들이 형성해 온 국제질서 속에서 한반도가 어떻게 변천해 왔는지를 이해하기 위해 꼭 필요한 작업이다.

이 책은 2017년에 대한민국 학술원총서의 하나로 초판된 것을 그 후에 나왔던 새로운 연구 및 자료를 활용해 수정해 대폭 보완한 것이다. 특히 2022년 2월에 우크라이나 전쟁이 터진 후 급변한 강대국정치의 향방을 분석하기 위해 책의 내용을 시간적으로 갱신했다. 이 책은 3부로 나누어져 있다. 제1부에서는 현대국제정치가 어떻게 작동하고 있는지를 서술했다. 여기서 구체적으로 전쟁과 평화, 세계화와 금융위기, 강대국정치 및 지구적 문제에 대한 글로벌 거버넌스의 이론과 실제를 분석했다. 역사적으로 강대국들이 유럽에서 현대국제정치를 형성했던 과정과 19세기와 20세기에 영국과 미국이 어떻게 패권국이 되었는지를 고찰했다. 특히 제3장에서는 이 책 전체의 흐름을 개관했다. 여기서 21세기 초에 자유주의국제질서가 강대국정치로 전환한 뒤 미국과 중국이 구체적으로 어떻게 패권경쟁을 진행하고 있는지를 포괄적으로 서술했다.

제2부에서는 동아시아시아에서 변천해 온 국제질서 및 경제질서의 역사를 간략하게 서술한 뒤 중국과 미국이 전개하는 패권경쟁을 설명했다. 여기서 필자는 과연 중국이 동아시아에서 패권국이 될 것인지, 경제적으로 동아시아의 기적이 계속될 것인지, 미국과 중국은 동아시아에서 대만문제로 전쟁을 할 것인지 또는 동반자관계를 유지할 것인지, 동아시아 공동체는 가능할 것인지를 설명하려고 노력했다.

제3부에서는 한반도의 역사 및 지정학, 남북한관계, 북한핵문제 및 한국외교의 현황과 문제점들을 깊이 분석했다. 오늘의 한반도가 동아시아에서 어떻게 변화해 왔는지를 구체적으로 서술했다. 최종결론에서는 21세기국제정치와 동아시아에서 한반도가 당면하고 있는 현주소와 한국이 앞으로 지향해 가야 할 진로를 구체적으로 제시했다. 이 제3부에서는 필자가 평소에 가졌던 견해를 솔직히 그대로 반영했다.

이 책은 필자가 2001년에 연세대학교에서 정년퇴직한 뒤에 약 15년간 일본정책연구대학원과 KDI국제정책대학원에서 21세기의 국제정치 및 국제정치경제에 대해 강의하고 연구했던 경험에 근거해 작성한 것이다. 필자는 냉전이 종식된 이후 전개했던 국제정치질서의 향방에 대해 많은 관심을 가졌다. 당시에 사용했던 강의록을 다시 검토하면서 불확실했던 점들과 궁금했던 사실들을 재확인하고 보완해 원고를 완성했다. 2000년에 필자는 대한민국학술원회원으로 선정된 뒤에 미국 및 중국의 대전략, 동아시아 공동체, 기후변화, 남북관계와 북한핵문제에 대해 논문을 발표했다. 필자는 이들을 다시 수정하고 편집해 이 저서에 포함했다.

이 책을 쓰면서 필자는 새로운 것들을 많이 배웠다. 이 책에서는 필자가 터득해 온 지식뿐 아니라 평소에 가져 왔던 생각과 경험들도 소개했다. 이렇게 개인적인 체험을 포함한 것은 독자들의 이해를 돕기 위해서다. 이 책에서 각종의 쟁점들을 서술하는데 불가피하게 중복되고 있는 부분이 있다. 이것을 그대로 둔 이유는 그 맥락을 강조하기 위해서였다. 이 작은 책이 현대국제정치의 이론과 실제, 동아시아 및 한반도의 현황과 한국의 진로를 이해하는 데 조금이라도 도움이 되기 바란다.

끝으로 이 책을 준비하는 데 도움을 준 모든 기관 및 인사들에게 심심한 사의를 표한다. 정년퇴직 후 필자에게 강의할 기회를 제공했던 일본정책연구대학원과 한국KDI국제정책대학원 당국에게 감사드린다. 대한민국학술원이 새로 추진해 온 학술총서계획의 일환으로 필자에게 이 책을 집필할 기회를 마련해주신 회장단에게 감사드린다. 이 책의 출판을 맡아 주신 박영사 간부와 실무를 성실히 이행한 직원들에게도 감사드린다. 항시 필자가 하는 일을 이해해 주고 지지해 온 내 가족에게도 이 기회에 다시 고마움을 표하면서 이 책을 바친다.

2023년 12월 서재에서

안병준

내 가족에게

조영자(아내)

안현주(딸)

안문환(아들)

차 례

제 1 부
현대국제정치와 국제경제는 어디로 가는가: 이론과 실제　9

제 2 부
동아시아는 어디로 가는가? 동아시아의 정치경제와 미중관계: 신 냉전 또는 강대국정치 255

제 3 부

제1부

현대국제정치와 국제경제는 어디로 가는가: 이론과 실제

제1장

현대국제정치, 동아시아 및 한반도의 중요성

"인간은 사건들의 급류를 다 제어할 수는 없는 것이다.
다만 급류와 같이 떠내려 가면서 헤쳐 나갈 수 있다."

비스마르크

이 구절은 19세기에 프러시아의 재상으로서 독일통일을 성취하기까지 28년간 외교와 국정에서 실로 탁월한 리더십을 발휘했던 비스마르크가 은퇴한 뒤 1895년에 실토한 말이다(Michael Green, *By More Than Providence: Grand Strategy and American Power in the Asia Pacific Since 1783,* 2017에 인용). 이는 얼른 보기에 인간은 역사의 흐름에 단순히 피동적으로 적응해 살아야 한다는 것으로 들릴 것이다. 이 보다 더 깊은 참뜻은 인간은 역사의 큰 흐름을 정확하게 파악해 자기가 살 길을 슬기롭게 모색하면 비록 그 흐름을 번복할 수는 없어도 그것을 헤쳐 나가면 생존할 수 있다는 것이다. 역사는 주어진 여건과 인간선택의 결합이다. 사건들의 급류는 유사 이래 지속해 왔던 강대국들의 세력경쟁이라면, 헤쳐 나가는 것은 국가지도자들의 선택과 의지 및 노력으로 생존의 길을 찾는 것이다. 동아시아의 역사에서 중국, 일본, 러시아 및 미국 등 강대국들이 한반도의 운명을 결정해 왔다. 강대국정치의 급류가 거세게 일고 있는 오늘날 대한민국은 이 급류에 떠내려 가면서도 슬기롭게 헤쳐 나가 생존의 길을 찾아야 한다.

19세기의 유럽에서 비스마르크는 외교관 및 정치가가 된 후 당시 하나의 2류급 국가였던 프러시아가 1류 국가인 프랑스를 제압한 뒤 1871년에 유럽의 심장부에서 통일된 독일제국을 성취해 냈던 인물이다. 이 과업을 이루기 위해 그는 먼저 당시에 일고 있었던 강대국정치의 급류를 있는 그대로 파악한 뒤 우선 프랑스에 인접했던 영토들을 차례로 프러시아에 합병했다. 그는 덴마크와 오스트리아와 차례로 전쟁을 수행한 뒤 프랑스에 전쟁을 개시해 프랑스인구의 절반을 약간 넘는 프러시아의 승리를 획득했다. 그런데도 그는 그때까지 수십 차례 프러시아를 침략했던 프랑스에게 굴욕을 강요하지 않았다. 오히려 프랑스를 유럽강대국들의 한 동반자로 수용했다. 이 결과 그는 오스트리아, 프랑스, 러시아 및 영국 간에 세력균형을 조성해 유럽의 안정과 평화를 유지할 수 있는 국제체제를 건축했다. 이렇게 그는 몸소 자제와 융통성을 실천해 주변국들의 적대감을 해소했다. 그는 국내정치에서도 이러한 국제정치에 부합한 합의를 도출했다. 비스마르크의 이러한 현실주의외교에 대해 키신저(Henry Kissinger)는 그를 거장 국가 관리자("master statesman")로 찬사를 아끼지 않았다(Kissinger, "The White Revolutionary Reflection on Bismarck," *Daedalus,* 97, no.3, 1968),

비스마르크는 비범한 외교와 동시에 국내에서도 독일산업화와 사회복지정책을 실현하는 데도 큰 업적을 남겼다. 외교와 정치에 관한 그의 탁견은 후세의 추종자들에게 귀감이 되었다. 그에게 외교는 감정을 개입하지 않고 두는 바둑판과 같이 위험과 이익을 철저하게 계산해서 냉철하게 판단해 오로지 국가이익을 극대화하는 데 집중하는 것이었다. 정치는 과학이 아니라 가능의 예술이라 하면서 정책결정은 실현가능성에 초점을 두고 최선이 아니면 차선을, 합의가 안 되면 타협을, 해가 된다면 적어도 최소한도로 해를 줄일 수 있는 선택을 해야 한다고 했다. 강제력의 사용이 불가피하다면 결단력 있게 사용하되 어디까지나 국익을 보호하는 데 국한해야 한다는 것이다(Jonathan Steinberg, *Bismarck: A Life*, 2011).

역사의 아이러니는 비스마르크를 해임했던 카이저 빌헬름 2세(Kaiser Wilhelm II)가 독일제국의 패권추구에서 잘 나타났다. 이 새 황제는 비스마르크의 외교정책과 정반대로 유럽에서 최대 군사력을 양성해 프랑스와 영국을 위협하기 시작했다. 이러한 노력은 결국 1914년에 제1차 세계대전을 촉발시키고 말았다. 독일군이 프랑스를 침범했고 대서양에서 U Boat가 민간상선들을 침몰시켜 영국과 미국이 참전하게 만들었다. 이 전쟁에서 독일은 결국 패전해 막대한 배상금을 지불했다. 이처럼 독일황제와 정치인들이 내린 무책임한 결정으로 인해 수천만 명이 목숨을 잃었으며 비스마르크가 건설했던 독일경제 및 사회의 기반은 송두리째 파산했다. 현대사에서 가장 참혹했던 이 전쟁이 끝난 뒤 독일은 물론이고 전 유럽이 절망과 혼란에 빠졌다. 이 비극은 빌헬름 2세와 참모들의 무모한 결정에 의하여 초래되었던 것이다. 이 참상에 대해 누가 책임을 져야 할까.

지금으로부터 100여 년 전인 1919년에 이 물음에 대해 사회과학석학 막스 베버(Max Weber)는 매우 심각하게 고민했다. 그는 "소명으로서의 정치"(Politics as a Vocation)라는 강연을 했는데 여기서 그는 이상적으로 정치인은 "최종목적의 윤리"(the ethics of ultimate end)와 "책임윤리"(the ethics of responsibility)를 잘 조화해야 소명을 다 할 수 있다고 주장했다. 이 논문은 100년이 지난 오늘도 현존하는 정치에 대해 많은 것을 시사해 주었다(Robert Zarestsky, "Max Weber Diagnosed His Time and Ours: A Political Ethic for a Disenchanted Era," *Foreign Affairs,* July 24, 2019). 이 윤리개념이 진정 무엇을 의미하는지에 대해서는 지금도 사회과학자들이 논쟁하고 있다. 단순히 한 **지도자는 그의 개인적 신념은 끝까지 고수해야 하지만 타인의 생명과 재산을 좌우하는 결정을 한다면 그는 책임윤리를 명심해야 한다는 것이다.** 특히 국제정치에 관한한 정치인들은 자기들이 내린 결정이 가져올 결과에 대해 모든 책임을 면할 수 없으므로 반드시 "책임윤리", 즉 책임감을 가져야 한다는 것이다. 인간의 경제행동을 연구한 한 학자는 "책임지지 않는 인간이 모든 위기의 근원"이라고 했다(Nassim Nicholas Taleb, *Skin in the Game: Hidden Asymmetries in Daily Life,* 2018).

1919년에 미국, 영국 및 유럽의 지식인들은 1776년 미국독립전쟁 중에 페인(Thomas Paine)이 외쳤던 것처럼 실로 "인간의 영혼을 시험하는 어려운 때"("These are the hard times that try men's soul," *Common Sense,* 1986)를 겪었다. 그들은 도대체 왜 이 대전이 일어났으며 이러한 비극을 방지하기 위해서는 어떻게 해야 할 것인지에 대해 머리를 싸매고 고민했다. 바로 이 문제를 풀기 위해 미국의 윌슨(Woodrow Wilson) 대통령은 파리평화회의에 가기 전에 자신의 보좌관인 하우스(Edward M House)와 저명한 언론인 리프만(Walter Lippmann)에게 150여 명의 학자들을 초청해 일종의 탐문회의(Inquiry)를 구성하게 지시했다. 영국정부도 이와 비슷한 조치를 취했다. 파리평화회의에 참석했던 미국과 영국의 대표들은 파리에서 별도로 회합을 갖고 전쟁과 평화의 근본적 문제들을 보다 더 체계적으로 분석하기 위해 종합연구소를 설치하기로 합의했다. 이러한 노력의 결과 미국에서는 외교문제협의회(the Council for Foreign Affairs)가, 영국에서는 왕립국제관계연구소(the Royal Institute of International Relations)가 출범했다. 이러한 활동에서 국제정치에 대해 보다 깊고 체계적 연구를 개시했던 데서 오늘의 국제정치학의 기반이 조성되었다.

바로 이러한 분위기에서 경제학석학 케인스도 파리평화회담에 영국대표로 참석했다. 이때 그는 연합국들이 독일에 요구했던 배상액이 지나치게 혹독해 그대로 조약이 체결되면 큰 경제적 재앙을 초래할 것을 우려해 그 수정을 제안했다. (그 후 독일과 유럽에서는 그가 우려한 사태가 그대로 전개되었다.) 이 안이 거부되자 그는 모든 정부직책을 사임하고 자기 견해를 담은 저서(*The Economic Consequences of the Peace*, 1920)를 낸 후에 당시의 파탄과 절망을 극복하기 위해서 지식인들이 해야 할 역할은 "**권력자에게 진실을 무자비하게 말하는 것**"(speaking truth ruthlessly to power)이라고 했다(Elizabeth Johnson and Donald Maggridge, ed, *The Collected Writings of John M. Keynes*, vol.17). 이것이 단기적으로는 별 효과가 없을지라도 장기적으로 볼 때 결국 진실이 우세해지고 책임의 소재도 밝혀지기 때문이다. 이는 곧 사필귀정(事必歸正)이라는 뜻이다. 필자는 적어도 이러한 정신에 입각해 현대국제정치와 한반도가 어디로 가는지를 설명해 보려고 최선을 다했다.

케인스가 남긴 이 메시지는 오늘날 한반도 주변에서 전개되고 있는 강대국정치의 틈새에 처한 한반도의 지도자들이 잘 새겨야 할 교훈이다. 작금의 세계에는 과거 78년간 미국이 주도해 왔던 자유주의국제질서가 쇠퇴하고 그 대신 강대국정치가 부활하고 있다. 이것을 가장 극적으로 보여준 사건이 2022년 2월에 러시아가 우크라이나를 침략한 것이다. 강대국인 러시아는 자신의 영향력 권을 보존하기 위해 이처럼 약한 이웃국가를 침략했다. 구조적으로 국제정치에서는 국가 간의 갈등을 중재할 중앙정부가 없으므로 각 국가는 생존하기 위해 끊임없이 투쟁해야 한다. 1919년에 윌슨은 또 다시 제1차 세계대전과 같은 전쟁이 일어나지 않는 세계를 건설하려고 사력을 다했다. 그의 이상과는 다르게 현실은 1937년에 제2차 세계대전이 발생했다. 바로 이 현상이 “강대국정치의 비극”이다(John Mearsheimer, *The Tragedy of Great Power Politics*, 2001). 국제정치학자 미어사이머는 냉전이 종식된 후 이 비극이 복귀할 것이라고 예견했다. 2016년에 트럼프가 미국제일주의를 표방하고 영국이 유럽연합에서 탈퇴를 선언한 뒤 이 강대국정치의 급류가 다시 거세졌다. 저명한 언론인 카건(Robert Kagan)은 정글이 다시 성장하고 있다고 주장했다(Kagan, *The Jungle Grows Back: America and Our Imperiled World*, 2018). 그는 자유주의질서를 하나의 정원으로 보고 그 대신 나타나고 있는 강대국정치를 “정글”로 표현했다. 이 정원은 미국이 자신의 힘으로 잘 가꾸어 왔으나 미국이 스스로 그것을 포기하자 다시 넝쿨과 잡초가 성장해 정글을 만들고 있다는 것이다. 푸틴이 우크라이나침략을 개시하자 강대국정치의 급류는 정말 정글같이 거칠어졌다.

지정학적으로 한반도는 중국, 일본, 러시아, 미국 등 강대국들의 주변부이므로 강대국들이 한반도의 운명을 좌우해 왔다. 한반도의 국가들은 삼국시대를 제외한다면 스스로 자기 운명을 결정한 적이 거의 없었다. 한반도가 겪어 왔던 긴 역사에서 정권은 수없이 변해 왔지만 이 지정학적 현실은 변하지 않았다. 그런데도 조선의 왕들은 강대국정치에 무지한 채 국내에서 붕당정치를 계속해 오직 자기당파의 권력을 보존하는 데 몰두해 강대국정치의 급류가 어디로 가는지, 위협이 어디서 오는지도 모르고 갈팡질팡하다가 결국 국가위기를 초래했다. 오늘날 대한민국의 지도자들도 이러한 구태를 반복하고 있지 않을까. 우리는 이 폐습에서 탈피해야 강대국정치의 급류를 헤쳐 갈 수 있다. 철학자 산타나야나(George Santanayana)의 말처럼 역사에서 배우지 못하는 사람은 반드시 그 역사를 반복하기 때문이다.

국제정치는 주권국가들이 국력과 국부를 쟁취하기 위해 투쟁하는 과정이다. 국제정치는 인정도 눈물도 없는 매정한 세계다. 이 현실은 있는 그대로 이해해야 한다. 저명한 외교사학자 가디스는 국제정치는 지도작성(cartography)과 같이 우리가 현재 어디에 와 있으며 어디로 가고 있는지를 잘 알려준다고 했다(John Lewis Gaddis, “Toward the Post-Cold War World,” *Foreign Affairs*, Spring 1991). 국제경제도 국제정치의 중요한 한 부분으로 다루어야 한다. 왜냐하면 국제정치의 핵심인 권력과 국부는 역사학자 폴 케네디가 역사적으로 발견한 것처럼 경제적 내구성(economic durability)과 가용자원 없이 오래 지탱할 수 없기 때문이다(Paul Kennedy, *The Rise and Fall of the Great Powers: Economic Change and Military Conflict from 1500 to 2000*, 1987).

"현대국제정치"라 함은 17세기 이후의 세계에서 전개해 온 국제정치를 의미한다. 현대국제정치는 원래 유럽에서 시작해 전 세계로 전파했다. 현재 국제정치는 세계, 동아시아 및 한반도의 변화로 인해 더욱 더 불확실하다. 동아시아와 한반도는 한국인들의 삶터로서 한국의 안보, 번영 및 정체성을 좌우한다. 한반도는 중국, 일본, 러시아 및 미국 등 강대국들이 둘러싸고 있는 전략적 요충지다. 여기서 살고 있는 한국인들은 왜 한반도에서 하나의 민족이 아직도 두 국가로 양단되고 있는지를 정확히 파악해야 한다. 한국인들은 이러한 국제정치의 현실을 모르고 편안히 살 수 없다. 이러한 의미에서 적어도 중학교에서부터 국제정치에 대한 기초적인 교육을 실시해야 한다.

우선 여기서 한 가지 중요한 사실을 지적한다. 국제정치는 국내정치와 달리 우리의 힘만으로 변경할 수 없고 한반도에 위치한 한국은 다른 데로 이사 갈 수 없다는 사실이다. 이것은 지극히 자명한 것 같이 보이지만 그 함의를 보다 깊이 이해할 필요가 있다. 국제정치와 한반도상황이 대한민국의 안보, 경제 및 정체성을 제약하며 한국인들의 생활에 직접 또는 간접적으로 지대한 영향을 끼친다. 국제정치는 주권국가들이 상호 간에 갈등을 해소하고 평화와 안정을 기도하는 과정이다. 여기서 "국제관계" 또는 "세계정치"라는 말 대신에 "국제정치"라는 용어를 선택한 이유는 국가들 간에 갈등을 해소하고 평화와 안정을 도모하는 활동은 기본적으로 정치라는 사실을 강조하기 위해서다. 현재의 세계에는 193개 UN회원국을 포함한 200여 개 국가들이 자국의 생존과 안보를 쟁취하기 위해 서로 갈등하고 협력하고 있다. 국제정치의 본질은 주권국가들이 제각기 자기국력을 확보하기 위해 투쟁하는 과정이다. 이 상태에서는 불가피하게 갈등이 일어나고 그것을 쉽게 해소할 수 없으므로 사실상 무정부상태가 초래한다. 이러한 갈등을 해소하고 질서와 협력을 회복하려는 과정은 기본적으로 정치다. 인류사회에 갈등이 존재하는 한 이러한 정치는 계속할 것이다.

21세기국제정치에는 참여하는 행위자들의 수가 증가하고 있다. 그들 간에는 경제적으로 복잡하게 연결된 상호의존관계가 형성되고 있다. 이렇게 새로운 양상으로 전개되고 있는 21세기국제정치에는 인터넷처럼 첨단기술이 동원되고 사이버전과 테러와 같이 예측하기 어려운 위협들이 증가하고 있다. 그런데도 불구하고 국제정치의 본질적 요소는 변하지 않고 있다. 국제정치에서는 권력을 독점하거나 많이 가진 강대국이 헤게모니나 지도력을 행사해야 어느 정도의 안정과 질서를 유지할 수 있다. 인류역사에서 이 현상은 크게 변하지 않고 오늘날까지 지속되고 있다.

국제정치와 국내정치 간에는 근본적 차이가 있다. 국제정치의 행위자는 주로 주권국가지만 국내정치의 행위자는 개인과 집단들이다. 국내정치에서는 개인들 간에 일어나는 갈등을 최종적으로 중재하는 중앙정부가 존재하지만 국제정치에는 주권국들 간에 발생하는 갈등국제정치는 정부 없는 정치다. 이 중요한 차이로 인해 국제정치에서는 권위적으로 타결하는 세계정부가 존재하지 않는다. 국내정치에서는 갈등을 해소하는 제도와 조직들의 활동으로 인해 법과 질서가 유지되고 협력이 가능하다. 국제정치에서는 UN 등 합의에 의해 작동하는 제도들이 갈등을 해소하려고 노력하고 있다. 그러나 그들은 권위적 타결을 이행하는 강제력을 결여하고 있다. 이 결과 갈등은 여전히 지속하고 전쟁과 무질서가 일어난다. 이러한 상황에 처해 있는 국제정치에서는 결국 각 주권국가가 자기방어와 자조노력에 의해 생존을 지켜야 한다. 미국의 전 하원의장 오닐(Tip O'Neill)이 모든 정치는 다 지방적인 것이라 했지만 국제정치는 지방보다 국가 또는 세계적 현상이다. 국제정치에는 좌파와 우파가 분명하지 않고 강력한 국가와 약소국가들이 서로 경쟁하고 있다. 국내정치는 정치인들의 노력으로 어느 정도 변화시킬 수 있지만 국제정치는 국내정치인들이 마음대로 변화할 수 없다. 이처럼 국가 간의 정치는 개인들 간의 국내정치와 비교해 보면 그 규모나 질에 있어서 근본적으로 다른 면을 갖고 있다.

국가는 법적으로는 대등한 존재이지만 실제로는 각기 다른 국력을 행사하고 있다. 국제정치에서는 강대국들이 약소국가들보다 더 큰 권력을 행사한다. 그들은 더 큰 국력을 쟁취하기 위해 끊임없이 경쟁하므로 그들이 합의를 이루거나 상호간에 견제와 균형을 조성할 때 어느 정도의 세계평화와 안정이 유지될 수 있다.

제2장

동아시아와 한반도의 현황: 4대 강대국과 남북한의 비대칭적 지정학

동아시아와 한반도의 국제정치는 미국, 중국, 일본 및 러시아와 남북한 간의 비대칭적 지정학으로 구성된다. 한반도는 유럽에서 우크라이나처럼 강대국들의 이익이 상충하는 교차로에 처해 있다. 이 결과 강대국들이 한반도의 운명을 결정했다. 한반도는 중국대륙과 일본 사이에 조성된 반도로서 중국과 1,416km, 러시아와 19km의 국경에 접한 220,847km^{2}의 작은 영토이다. 바로 이러한 지리적 위치로 인해 중국 및 러시아 등 대륙세력과 일본 및 미국과 같은 해양세력이 갈등했을 때 한반도는 그 전쟁터가 되었다. 제2차 세계대전 후 1945년에 미국은 38선 이남을, 소련은 이북을 점령해 이 반도는 양단되어 1948년 남북한에 두 국가가 수립했다. 1950년에 북한은 남한을 침범했다. 이 전쟁은 1953년에 정전되었으나 1989년에 동서 냉전이 종식된 후에도 남북한은 여전히 대결해 "냉전의 최후빙하"로 남아 있다.

한반도의 지정학에서 가장 중요한 사실은 남북한과 주변강대국들 간에 비대칭적인 관계가 작동하고 있는 것이다. 다음 표에서 볼 수 있듯이 인구, 영토, 군사 및 경제력에서 여전히 비대칭관계가 존재한다는 사실을 잊어서는 안 될 것이다.

동아시아에서 한반도의 위치는 유럽에서 우크라이나와 비슷하다.

표 1 주변강대국과 남북한의 비대칭적 현주소 2016

	인구	GDP ($) (nominal)	군사비 ($) (nominal)	군사비/GDP (%)	1인당 국민소득($) (PPP - 구매력등가)
미국	3.26억	19.417조	6,112억	3.3.	57,436
중국	13.882억	11.795조	2,152억	1.9	15,399
일본	1.26억	4.841조	461억	1.0	41,275
러시아	1.43억	1.560조	692억	5.3	26,490
한국	5070만	1.498조	368억	2.7	37,740
북한	2540만	161억	35억	23	1,800(추산)

자료: IMF, 한국정부, SIPRI 2017.

한반도의 주변에는 세계의 최대강국들이 집결해 상호 간에 세력권확보를 위해 치열하게 경쟁하고 있다. 미국은 경제 및 군사력에서 아직도 1위를 차지하고 있지만 2016년에 중국의 GDP는 구매력등가에서 21.269조 달러에 달해 미국을 앞질렀다. 구매력등가(Purchasing Power Parity)는 같은 양의 화폐로 물품을 구매하는 가치를 말한다. 예컨대 100달러로 중국에서는 미국에서보다 훨씬 많은 물품을 살 수 있다. 그 이유는 중국에서는 토지, 세금 및 물가가 싸기 때문이다. 이 구매력으로 평가한 중국의 GDP는 미국의 것을 능가했다. 일본은 아직도 세계 제3위의 경제대국이다. 러시아는 미국보다 더 많은 핵탄두를 보유해 과거 소련과 같은 제국의 부활을 꾀하고 있다. 21세기의 동아시아에서는 미국과 중국이 상호간에 치열한 패권경쟁이 일어나고 있다. 한반도는 바로 이 경쟁의 틈바구니에 놓여 있다.

한반도의 이러한 지정학적 위치로 인해 4대강국들은 남북한을 자신들의 국경 또는 주위에 처한 전략적인 요충지로 인식한다. 그들이 남북한을 자국안보에 대해 사활적인 요충지로 보는 한 남북통일과 비핵화에 대해 합의를 이루기가 어렵다. 남북한이 설득을 통해 이 강대국들의 인식을 바꾸는 데는 많은 한계가 있다. 국제정치의 속성을 고려할 때 한반도의 현상유지에 대한 어떤 변화도 강대국들의 국익과 일치하지 않고서는 실현하기 어렵다. 이러한 의미에서 대한민국이 처한 지정학적 위치는 유럽에서 우크라이나가 처한 것처럼 세계에서 최악의 상황이다.

북한은 경제적으로는 실패국가지만 군사적으로는 2017년에 117만 명의 지상군을 가져 세계 4위를 차지했다. 세계 최대비율인 GDP의 23%를 군비로 지출하고 핵무장해 그것을 체제생존을 위한 담보로 여긴다. 한국은 GDP에서 세계 11위이지만 군비에서는 GDP의 2.7%를 지출해 7위를 나타냈다. 한국의 국력은 4강뿐 아니라 북한과도 비대칭성을 나타냈다. 한국은 자신이 핵무기를 개발하지 않는 한 한반도에서 전쟁을 억지하고 비핵화를 달성하기 위해서는 미국과 군사동맹을 유지할 수밖에 없는 현실이다.

제3장

개관: 21세기국제정치와 한반도는 어디로

이 장에서 21세기국제정치와 한반도는 어디로 가는지에 대한 **큰 그림**, 즉 개관을 해 본다. 21세기에 인류가 당면하고 있는 최대관심사는 미국과 중국이 전쟁을 어떻게 피할 수 있는가이다. 이 두 초강국들이 불가피하게 경쟁과 갈등을 전개하자 이미 "신 냉전"이 나타나고 있다. 2022년부터 10년간이 가장 위험한 시기가 될 것이다. 그 주 이유는 종신집권을 획득한 시진핑이 자기 통치기간에 "중화민족의 중흥"을 완성하기 위해 국제정치의 흐름을 오판해 대만을 향해서 군사점령을 시도할 수 있기 때문이다. 이 사태가 발생하면 그것은 국제정치 전체와 한반도의 현황을 근본적으로 바꾸어 놓을 것이다.

1. 21세기의 세계에서 미국과 중국 간에 전쟁이 일어날까?

이 문제는 21세기 국제정치의 최대 관심사다. 이에 대해 뛰어난 전략가 브랜드와 저명한 역사가 가디스가 매우 중요한 통찰력을 피력했다. 2021년부터 10년간에 미국은 태평양과 대서양으로 진출하고 중국은 유라시아대륙으로 세력을 확대해 가면 미국은 여전히 유리한 입지에 있고 중국은 불리한 입지에 처한다. 앞으로 5년 내에 중국은 국력이 절정에 도달해 대만을 침략할 "최고기회의 창"을 갖게 된다. 그러나 그 뒤부터 중국의 국력은 쇠퇴기에 진입한다. 이 시기가 가장 위험한 순간이다. 중국이 세계경제에 고립되면 식량, 에너지 등 자원부족을 면할 수 없게 된다. 중국의 재정적 부채는 늘어나고 인구는 빠른 속도로 노화한다. 이렇게 되면 시진핑은 지금 대만을 점령해 민족통일을 이루지 못하면 영원히 기회를 놓치는 딜레마에 직면한다. 이 상황에서 그가 미국의 정책을 오판해 위험을 감수하고 대만을 침략한다면 전쟁은 불가피해 진다. 1914년에 유럽에서 이와 비슷한 사태가 일어나 제1차 세계대전이 초래했다. 결국 전쟁억지전략의 성공 여부는 항시 불확실하므로 궁극적으로는 현명한 지휘자의 판단에 달려 있다(Hal Brands and John Lewis Gaddis, "The New Cold War, America, China and The Echoes of History", Foreign Affairs, November/December 2021).

2. 우크라이나 전쟁의 교훈

2022년 2월 24일에 푸틴은 우크라이나를 침략해 21세기에 19세기의 영토전쟁을 부활했다. 이 전쟁은 제2차 세계대전 후 힘으로 국경을 변경할 수 없다는 국제질서규범을 파괴하고 세계를 1914년 이전의 상태로 돌이켜 놓았다. **이 전쟁은 적어도 세 가지 교훈을 남겼다. 그 중에서 가장 중요한 것은 전쟁은 지도자의 오판에 의해 억지력이 실패해 일어난다는 것이다.** 억지력(deterrence)은 상대국이 기도하는 전쟁을 방지할 수 있는 위협능력이다. 우크라이나 전쟁은 기본적으로 미국과 러시아 간의 대리전이다. 푸틴은 우크라이나가 미국이 주도하는 NATO에 가입해 러시아의 영향력 권에서 벗어나는 것을 막기 위해 전쟁을 강행했다. 이 전쟁에서 왜 억지력이 실패했는가? 바이든이 푸틴으로 하여금 승산이 없다고 믿을 정도의 강제력을 사용해 모험하지 않았기 때문에 억지력이 실패했다(Hal Brands, Putin's Ukraine Invasion Showed Biden's Failure at Deterrence, *Bloomberg News,* 2022, 4. 10.).

2005년에 노벨경제학상을 수상한 셸링의 억지력이론에 의하면 억지력을 유지하기 위해서는 바이든은 강제력으로 러시아를 위협해 푸틴과 "모험하는데 경쟁"(competition in risk-taking)해야 했다(Thomas Schelling, *Arms and Influence,* 1966). 그런데 바이든은 푸틴이 우크라이나를 침략할 것이라는 정확한 정보를 입수했는데도 군사력은 사용하지 않겠다는 점을 누차 강조해 군사위협으로 모험하지 않았다. 그는 러시아에 경제제재를 가하고 모든 수단을 포함한 "통합억지력"(integrated deterrence)에 대해 말은 많이 했지만 러시아와 직접 전쟁을 피하기 위해 실제로 군사력으로 위협하지는 않았다. 이 결과 푸틴은 바이든의 말을 믿지 않고 전쟁을 선택했다(Nadia Schadlow, "Why Deterrence Failed against Russia", *Wall Street Journal,* 2022. 3. 20.).

억지력은 과학이 아니라 하나의 기술이다. 억지력은 강제력과 지도자의 의지의 결합이다. 이론으로서의 게임이 아니라 실제로 전쟁을 억지하는 행동은 매우 위태롭고 불확실한 모험이다. 그런데도 주권국가는 치밀하게 계산한 모험을 하지 않고서 전쟁을 억지할 수 없는 것이 국제정치의 끔직한 진실이다. 억지력을 달성하는데 지름길은 없다. 한편 푸틴도 미국, 우크라이나 및 NATO 등 서방세계의 반응에 대해 실로 큰 오판을 했다. 서방국가들은 그가 기대했던 바와는 정반대로 단합해 적극적으로 우크라이나를 지원했고 핀란드와 스웨덴이 NATO가입을 신청했기 때문이다.

둘째 교훈은 독립과 주권을 획득하기 위해 핵무기를 포기했고 동맹국 없이 생존한 우크라이나가 강대국들 간의 대리전에 희생된 것이다. 이렇게 불리한 지정학적 여건에도 불구하고 우크라이나 대통령 젤렌스키와 그의 단호한 리더십을 따라 하나로 뭉쳐서 용감하게 싸워 조국을 지킨 우크라이나 사람들은 전 세계를 감동시켰다. 이러한 사투가 있었기에 미국과 유럽 국가들이 물심양면으로 그들을 적극 지원했다.

셋째 교훈은 우크라이나의 주권과 자유를 보호하고 지원하는데 미국이 부활한 리더십이 결정적 역할을 수행한 것이다. 이 사실은 만약 미국이 없었다면 우크라이나가 어떻게 되었을까를 상상해 보면 분명해 진다. 푸틴이 무모하게 재연한 정글 같은 강대국정치에서 규칙과 규범에 기초한 자유주의국제 질서를 보존하기 위해서는 좋던 싫던 미국의 힘과 리더십이 필수적이다. 이 현실은 21세기에도 크게 변하지 않을 것이다. 다만 미국이 동맹국들의 도움 없이 혼자서 이 역할을 수행하기는 어려울 것이다.

우크라이나는 1991년까지 소련의 일부였으며 자기방어능력이 없는 국가다. 러시아는 압도적으로 강한 무력으로 이 이웃나라를 침략했다. 또 하나 놀라운 사실은 주권과 영토보전을 거의 신성시했던 중국이 러시아의 침략을 지지했던 것이다. 이는 미국이 추구해 온 자유주의국제질서를 파손하려는 심각한 도전이다. 역설적으로 이 돌발적 행동은 오히려 자유주의국제질서와 NATO에 활력을 회복시켜 주었다. 그 좋은 실례가 독일이 처음으로 방위비증가율을 2021의 1.53%에서 2022년에 2%까지 증가해 재무장하겠다고 결정한 것이다. 이보다 더 중요한 변화는 인도를 제외한 대다수의 아시아 국가들과 유럽 국가들이 미국과 제휴해 침략자 러시아를 규탄하고 우크라이나를 지원하는데 단합해 통일전선을 형성한 것이다.

이처럼 푸틴의 기대와 달리 서방국가들이 우크라이나 전쟁에 대해 단합한 것은 중국이 대만을 침략하는 것을 억지하는 효과를 가졌다. 2022년 4월에 바이든은 우크라이나 전쟁을 억지하는 데 실패한 것을 의식해 중국이 대만을 침략할 경우에는 미국은 군대를 파견하겠다고 명확하게 선포했다. 그는 실제로 극소수의 미국군사 전문가들을 대만에 파견했다. 한편 푸틴은 10월부터 우크라이나에 대해 핵무기를 사용하겠다고 공갈했다. 바이든은 푸틴의 핵무기 사용을 억지하기 위해 상상을 초월할 정도의 보복을 하겠다는 것을 공식 및 비공식적으로 확실하게 전달했다. 이 결과 미국은 2023년까지 핵전쟁을 억지하는데 성공했다. 한편 한반도에서 김정은은 미국과 한국이 자기정권의 지휘부를 위협할 경우 “자동적 선제적 핵공격”을 하겠다고 발표했다. 이 결과 한반도에서 핵전쟁을 억지하는 일이 다시 심각한 문제로 떠올랐다.

2022년 초에 중국은 오미크론 변이바이러스가 확산하자 종래의 “코로나 바이러스 전무”(0−Corona)정책을 계속해 상하이와 베이징을 전면 봉쇄했다. 이 결과 확진자의 수는 대폭 증가했고 중국경제는 큰 피해를 입었다. 이러한 여건에서 8월에 시진핑은 미국하원의장 펠로시의 대만 방문을 철회할 것을 강하게 요구했다. 미국에서도 이 계획의 위험에 대해 심각하게 우려하는 소리가 비등했다. 그런데도 펠로시는 방문을 강행했다. 이에 대해 중국은 대만해협을 봉쇄하기 위해 역사상 최대군사연습을 실시해 기존현상의 변화를 기도했다. 미국은 이러한 위협이 전쟁으로 격상하는 것을 막기 위해 항공모함 레이건을 배치했다. 중국은 미국과 유지해 왔던 군사통신과 기후변화에 대한 협력을 중단했다. 미국은 이렇게 상승하고 있는 군사적 긴장을 감내해 당분간 대만해협에서 전쟁을 억지했다. 시진핑도 10월에 열릴 공산당전당대회에서 3차 주석으로 재선되기 위해서 신중하게 처신했다. 그런데도 그는 2049년까지 대만을 통합해 "중화민족의 위대한 중흥"을 완수하려는 중국의 꿈은 결코 포기하지 않았다. 따라서 2020－30년대에 중국이 대만에 대해 전쟁을 시도할 가능성은 여전히 존재한다.

한편 시진핑은 코로나 전무정책의 실패로 예기치 않았던 위기에 봉착했다. 2022년 11월 24일에 신장의 우룸치에서 한 아파트에 불이 나 전소했다. 그런데도 소방관들은 코로나 전무정책의 제약으로 인해 그 아파트에 들어가 인명을 구하지 않았다. 그 결과 아파트에서 나오지 못한 주민 10명이 탈출하지 못하고 사망했다. 이 장면이 사회매체를 통해 전국에 알려졌다. 11월 27일과 28일에 베이징과 상하이등 전국각지 도시와 적어도 75개 대학에서 젊은이들이 공개적으로 거리에 나와 백지장으로 입을 가리고 **무언의 항의**를 했다. 그들은 할 말이 많지만 말은 못하고 백지를 통해 무언의 불만을 표시했다. 원래 중국 사람들은 국가가 경제적으로 자신들에게 안정된 삶을 보장해 준다면 자유부정과 인권탄압을 수용했다. 그러나 이 묵시적 사회계약이 파손되자 그들은 백지장을 들고 거리에 나섰던 것이다. 1989년에 베이징에서 일어났던 천안문시위와 달리 이번에 일어난 항의는 중국에서 중산층이 어느 정도로 형성되었고 인터넷이 통용된 현실에서 발생한 것이다. 드디어 11월 30일에 중국당국은 코로나에 대한 봉쇄 및 감금을 전면 해제했다. 시진핑이 세 번째 공산당총서기로 선출되어 당 및 군의 전권을 장악한 뒤 그의 대표적 상징이었던 코로나 전무정책을 중단했다. 이 돌발적 변화로 인해 시진핑의 권위와 정당성은 큰 타격을 받았다. 그런데도 당국은 여전히 미국과 서방에서 접종하고 있는 중국박진보다 훨씬 성능이 좋은 서방의 박진 수입을 여전히 거부했다. 이 결과 수백만의 노인들이 사망하는 처지가 되었다. 이러한 사태진전은 중국식 권위주의체제의 비용과 약점을 그대로 노출한 것이다.

3. 민주주의와 국제질서의 변천

21세기 국제정치에서 왜 이렇게 살벌한 강대국정치가 부활하고 있는가? 이 문제를 이해하기 위해서는 현존하는 국가들의 국내정치에서 민주주의와 권위주의가 어떻게 변천해 왔는지를 분석해야 한다. 민주주의는 시민들의 동의에 의해 정부를 선출해 정당성을 부여하는 국내정치체제다. 국제정치는 중앙정부가 없는 무정부상태로서 힘이 지배하는 체제다. 여기서 독점적인 패권국이 민주주의를 옹호한다면 자유주의국제질서가 수립된다. 패권국이 권위주의를 옹호한다면 권위주의질서가 우세한다. 21세기의 세계에서 미국은 자유주의질서를 추구하고 중국과 러시아는 권위주의질서를 추구해 서로 경쟁하고 있다. 이 결과 양진영 간에 이른바 "신냉전"이 대두하고 있다. 이러한 현상을 이해하기 위해서는 주권국가들의 국내정치에서 민주주의와 권위주의가 어떻게 작동해 왔는지를 살펴봐야 한다.

(1) 민주주의는 시민들이 동의해 선출하는 국내정부 또는 정치체제다

민주주의는 고대에 직접민주주의로 탄생했으나 현대에 간접 또는 대의 민주주의로 변천했다. 제2차 세계대전과 냉전 후에 민주주의는 승승장구했다. 21세기 초부터 민주주의는 "불황기"를 맞이했다. 2020년대에 민주주의국가들과 권위주의국가들은 다시 치열한 경쟁을 벌리고 있다. 단순히 수적으로는 고찰하면 민주주의국가들이 권위주의국가들보다 훨씬 더 많다.

(2) 민주주의의 탄생

민주주의는 고대의 작은 국가들의 사람들이 시도했던 직접민주주의로 시작했다. 최근에 흥미로운 한 연구에 의하면 민주주의는 고대 서양의 아테네에서 발생한 것이 아니라 동양과 중동 및 아프리카의 작은 나라에서 치자들이 피치자들의 도움을 받기 위해 자연히 발생했다는 것이다. 예컨대 휴론(Huron)과 메소토마피아의 부족국가에서 치자가 세수입과 군인이 필요해 피치들에게 정보와 도움을 요청하자 피치자들이 동의해 민주주의정부를 탄생시켰다. 이 결과 원시적인 시민사회가 먼저 조성되어 직접민주주의를 시작했다. 중국, 러시아 및 중동의 이슬람국가에서는 고대에 이미 중앙집권적인 국가들이 **시민사회가 조성되기 전**에 조성되었다. 중국에서는 기원전에 주나라부터 국가 관료조직이 피치자들에 관한 정보를 직접 파악해 권위주의체제를 수립했다. 이 전통은 공산주의 국가 중국과 러시아에서 그대로 지속하고 있다. 아랍국가에서는 고대 칼리프제국 때부터 종교와 국가가 분리되지 않아 자율적 시민사회가 형성되지 않았고 권위주의체제가 조성되었다.

이 전통은 오늘날의 아프가니스탄에서 탈레반이 그대로 유지하고 있다. 이런 나라에서는 민주주의가 아직도 뿌리를 내리지 못하고 있다(David Stasavage, *The Decline and Rise of. Democracy: A Global History from Antiquity to Today, 2020).*

직접민주주의는 17세기부터 간접민주주의로 전환했다. 국가의 영토와 인구의 규모가 방대해 지자 피치자들이 직접 치자를 선출하기 어렵게 되어 그들의 대표를 뽑아 의회에 보내 간접민주주의, 즉 대의민주주의를 출범했다. 이 전환은 먼저 영국에서 시작해 미국에서 구체화했다. 18세기에 서양시민들이 직접민주주의의 핵심가치인 자치에 더하여 개인의 자유를 간접민주주의의 핵심가치로 옹호해 자유민주주의를 출범시켰다. 영국의 군주는 전쟁과 무역에 필요한 자금을 마련하기 위해 부유한 소상인들에게 세금을 징수할 필요가 있었다. 소상인들은 자신들이 정부결정과정에 참여하지 않으면 세금을 낼 수 없다고 주장했다. 군주는 이 요구를 수용해 의회 제도를 출범했다. 영국의회는 군주가 통솔하는 행정부의 독재를 막기 위해 헌법과 삼권분립 및 법치제도를 제도화했다. 이 결과 영국과 미국에서는 국가가 시민들의 자유와 권한을 보호해야 한다는 자유민주주의가 정착했다. 자유민주주의국가들은 19세기에 자본주의와 산업화를 수행하는 과정에서 시민들이 자율적인 단체와 직업협회를 구성해 자신들의 이익을 의회에 반영했다. 이 결과 자율적인 정당과 시민사회가 형성되어 정부의 정책과정에 그들의 이익을 추구했다. 권위주의국가에서는 자율적인 시민사회의 발전을 허용하지 않고 오히려 억압한 것이 민주주의국가와 다른 점이다. 자유민주주의는 성숙한 시민사회가 작동해야 건전하게 발전했다.

(3) 민주주의의 현황

20세기에 민주주의는 세계각지에 확산했다. 헌팅턴은 그의 저서 "*제3의 물결*"에서 1974년부터 1990년까지의 세계에서 30개국들이 민주주의 정부를 수립했던 과정을 설명했다. 제1의 물결은 1828－1921년 사이에, 제2의 물결은 1943－1962년에 일어났다. 제3의 물결은 1989년에 냉전과 소련이 붕괴한 뒤에 탄생한 신흥국가들이 의회 민주주의체재를 채택한 결과 발전되었다(Samuel P. Huntington,

The Third Wave: Democratization in the Late Twentieth Century, 1991). 이 시기에 대다수 서방국가들은 이 물결이 지속할 것이라고 생각했다. 그러나 이 전망과 달리 21세기에 자유민주주의는 쇠퇴하기 시작했다. 민주주의국가들의 수는 2006년에 감소하기 시작해 2020년에 15년째 감소했다.

(4) 민주주의의 후퇴

21세기 초에 민주주의는 "불황기"에 처했다. 그런데도 적어도 정부형태에 있어서는 민주주의국가들의 수가 권위주의국가들의 수를 아직도 앞서고 있다. 영국의 저명한 경제잡지 *이코노미스트*는 수개의 "민주주의지수"로 세계 164개 UN회원국들을 포함한 167개 국가들의 민주주의지수를 평가했다(*The Economist*, 2021. 2.2.). 이 지수에 의하면 23개국들이 가득 찬(full) 민주주의국가로 평가했는데 한국은 그 23번째였다(Iceland, Sweden, New Zealand, Canada, Finland, Denmark, Ireland, Australia, Netherland, Taiwan, Swiss, Luxemboug, Germany, Uruguai, UK, Chile, Austria, Costa Rica, Mawuritius, Japan, Spain, South Korea). 이 밖에 결함 있는 민주주의국가들은 52개국, 혼용(hybrid)민주주의는 35개국, 권위주의는 57개국들이다. 미국과 인도는 결함 있는 민주주의국가다. 여기서 대만과 한국은 동아시아에서 가장 민주적 국가로 평가된데 유의할 필요가 있다. 이 두 국가는 중화질서 속에서 수세기 동안 강력한 권위주의 전통을 겪었으나 1948년 이후 미국의 자유민주주의영향을 받아 민주주의제도와 이를 지지하는 시민사회를 조성해 단시일 내에 압축적 민주화를 성공했다.

민주주의가 후퇴하고 있는 이유는 무엇일가? 이에 대해 간단하게 대답하는 것은 매우 어렵다. 각 국가들이 직면하고 있는 현실은 실로 다양하고 복잡하기 때문이다. 한 가지 분명한 사실은 시민사회에서 민주주의를 지탱하는 지도층과 지지세력이 약화하거나 분열 또는 양극화해 안정적인 지배연대를 유지하지 못하면 민주주의는 약화되고 심지어 붕괴한다는 것이다. 이러한 변화를 초래한 데는 통신기술의 발전, 과도한 경제적 세계화와 가짜정보가 넘치는 사회매체(SNS)의 발전이 적지 않은 영향을 끼쳤다. 이 결과 사회 엘리트세력에서 소외된 시민들은 극심한 불평등과 신분의 불안을 느껴 포퓰리즘을 선동하는 지도자를 추종했다.

민주주의의 약점은 대중적 선동과 포퓰리즘에 대한 취약성이다. 민주주의적 선거에 당선되었던 지도자들이 민주주의 핵심요건인 법치와 관용 및 자제규범을 무시하고 독재자로 변신하면 민주주의는 안에서 사망하기 때문이다(Steven Levitsky and Daniel Ziblatt, *How Democracies Die*, 2019). 이 현상은 2020년 대선을 전후해 트럼프가 취한 행동에서 잘 나타났다. 이 공정한 선거에서 당선된 후에도 트럼프는 그것을 부정선거라 우기면서 승복하지 않고 공화당을 장악했다. 이는 성숙한 민주주의에 대한 심각한 위협이다. 다행히 2022년 중간선거에서 트럼프 지지후보들이 대거 낙선하자 민주주의는 건전하다는 회복성을 과시했다. 일반적으로 정치인들은 자신의 권력과 이익을 장악하기 위해서는 온갖 수단과 방법을 가리지 않고 달콤하고 간단한 메세지를 반복하면서 대중의 마음을 사로잡는다. 이 결과 민주주의 신봉자보다 대중을 선동하는 지도자가 인기를 누리게 된다.

이 현상은 민주주의 자체가 실패해서 생긴 것이라 하기보다 민주주의 밖의 요인들, 즉 경제 및 사회정책실패가 초래한 것이다. 민주주의는 모든 문제를 해결하는 요술방망이는 아니다. 다만 정치체제에 정당성을 제공하는 하나의 중요한 역할을 수행할 뿐이다. 한 가지 분명한 사실은 민주주의국가도 절차적 정당성만으로는 생존하기는 어렵고 당면한 경제, 사회 및 심지어 문화적 정체성문제를 효과적으로 척결해 가시적으로 업적정당성을 발휘해야 지속될 수 있다는 사실이다.

(5) 2022년 러시아의 우크라이나침략 후 민주주의와 권위주의의 경쟁

2022년 2월에 러시아가 우크라이나를 침략하자 전 세계의 민주주의국가들이 단합해 러시아를 규탄하고 우크라이나를 지원했다. 이 결과 민주주의가 다시 활성화했다. 왜냐하면 이 제국주의전쟁에서 푸틴이 단시일 내에 승리하겠다는 계획은 실패했기 때문이다. 권위주의체제의 장점은 정책을 빠르게 결정하고 구체적 행동을 취해 소기의 목적을 달성하는 것이다. 우크라이나전쟁을 수행하는데 푸틴은 이 장점을 발휘하지 못하고 오히려 약점만 노출했다. 이 전쟁에서 러시아군은 시전에 필요한 식량, 탄약 및 에너지를 비축하지 않았고 우크라이나군의 능력에 대한 정확한 정보를 파악하지 못해 고전했다. 이와 대조적으로 미국과 NATO는 매우 신속하게 대응해 우크라이나를 효과적으로 지원했다. 우크라이나 사람들은 자국의 안보와 민주주의체제를 수호하기 위해 일치단결해 용감하게 싸웠다.

2022년 4월에 중국도 코로나바이러스에 대한 방역정책에서 권위주의체제의 결점을 노출했다. 중국처럼 과도하게 중앙 집권한 권의주의체제에서 최고지도자는 정책결정에서 자기가 듣고 싶은 정보만 청취해 잘못된 판단을 하기 쉽다. 이 결과 초래되는 문제점은 중국이 실시했던 "바이러스 전무"(0－ virus)정책의 결과에서 뚜렷이 나타났다. 중국은 2020년 초에는 이 바이러스의 확산을 막는데 엄격한 통제를 획일적으로 실시해 상당한 성과를 냈다. 그러나 2022년 2월에는 이 보다 더 전염성이 강한 오미크론의 확산을 방지하는 데는 실패했다. 중국은 이 변종을 방지하기 위해 2500만 명의 대도시 상하이를 봉쇄했다. 그런데도 감염자의 수는 줄지 않았고 하루에 2만명 가량으로 늘어났다. 베이징에서도 이와 비슷한 현상이 일어났다. 이 결과 주민들은 식량, 에너지 및 일용품 부족으로 인해 큰 고통과 희생을 겪었다. 중국경제도 예측이 불가능 할 정도로 피해를 입었다. 이 결과 중국도 5월말에 봉쇄를 완화했다. 한편 대만은 처음부터 코로나바이러스와 더불어 일상생활을 지속했으나 세계에서 아주 낮은 확진자의 비율을 유지했다.

권위주의체제의 최대약점은 정책결정과정에서 **투명성**이 결여하고 아무도 독재자에게 객관적 현실과 진실을 말하지 못하는 것이다. 민주주의체제의 최대강점은 정책결정과정이 투명하고 시민들이 자유롭게 반대의견을 표시하는 것이다. 이 과정에서 지도자는 시민들의 요구를 수용해 자기의 잘못된 결정을 수정하는 것이다. 비교적 시각에서 민주주의국가들은 인도를 제외한다면 권위주의국가들보다 질적으로 더 부유하고 건강하며 높은 교육수준을 유지하고 인권을 보호한다. 민주주의국가들이 양적으로 권위주의국가들보다 반드시 나은 업적을 낸다는 보장은 없다. 대다수국가들의 현대화과정에서 공통적으로 발견된 현상은 그 나라의 1인당 국민소득이 약 8천 달러를 넘으면 시민들은 빵에만 만족하지 않고 자신들의 자유와 권한을 주창해 민주주의를 추구한다는 것이다. 자유와 함께 민주주의국가의 장점은 그들의 결점을 공개하고 그것을 고쳐가는 능력을 발휘하는 데 있다. 민주주의의 **회복력**(resilience)은 1인 독제의 비밀성과 **경직성**보다 월등한 장점이다. 민주주의는 각 국가의 국내정치여건과 함께 역사 및 전통에 알맞게 최선이 아니라 최적한 형태로 진화하는 실험과정이다. 원래 민주주의는 연약한 정치체제이다. 윈스턴 처칠이 말했던 것처럼 민주주의는 최악의 체제이나 그보다 나은 대안이 없는 것이 현실이다. 궁극적으로 자유민주주의가 소중하다면 깨어 있는 유권자들이 힘을 모아 그것을 몸소 지키고 꾸준히 가꾸어 가야 생존할 수 있다.

4. 민주주의는 세계정부가 실현되거나 자유주의국제질서가 수립되면 잘 발전해 갈 것이다

현재의 국제정치에서 세계정부가 수립될 가능성은 희박하다. UN은 세계정부가 아니다. UN은 193개 주권국가들의 한 국제기구다. 이 조직에서는 강대국들, 즉 미국, 중국, 영국, 러시아 및 프랑스가 안보이사회의 상임이사국이 되어 전쟁과 평화에 대한 결정을 내리고 있다. 현재의 세계에서는 193UN회원국을 포함한 200여 개 주권국가들이 각기 다른 역사, 지정학, 경제 및 국내정치 상황에서 생존을 위해 서로 경쟁하고 있다. 이러한 세계에서 모든 국가들이 민주주의를 채택할 가능성은 거의 없다. 이처럼 무정부의 세계에는 정당성보다도 힘이 지배한다. 이 냉엄한 사실은 2022년에 러시아가 막강한 무력으로 우크라이나를 침략한 것이 웅변으로 말해 주었다.

국제정치에서 민주주의를 실현하려면 대다수국가들이나 강대국들이 민주주의를 지지하고 전파하면서 국제협력을 추구할 때 실현 가능하다. 강대국들이 이러한 정책을 추구한다면 자유주의국제질서가 수립될 것이다. 19세기에 영국은 식민지에 지방정부의 자치를 인정해 주었다. 20세기에 미국은 필리핀과 같은 식민지의 독립을 허용했다. 제2차 세계대전 후에 미군이 점령한 국가에서도 미국은 점령군을 철수한 뒤 민주주의국가의 수립을 지원했다. 이 결과 독일, 일본, 인도에서 자유민주주의국가가 탄생했다. 대부분의 서방국가들은 자유주의국제질서의 우산아래 민주주의를 추구했다. 자유주의패권을 추구한 영국과 미국이 그들의 주권을 보호해 주고 물심양면으로 지원했기 때문이다. 국제정치학에서 ”민주평화론”을 옹호하는 학자들은 인류역사에서 민주주의국가들은 그들 상호간에는 전쟁을 하지 않았다고 주장한다. 철학자 칸트는 민주주의공화국들이 국제법을 준수하고 자유무역을 실시하면 “영구평화”도 달성할 수 있다고 했다. 이처럼 민주주의국가들이 많으면 많을수록 세계는 평화와 번영을 누릴 수 있다. 실제로 제1차 세계대전 직전에 윌슨 대통령은 민주주의가 안전해지는 세계를 달성하자고 제의했다. 제2차 세계대전 후 루즈벨트대통령은 처칠수상과 함께 자유주의국제질서를 제도화하기 위해 세계유일 보편적 국제기구인 UN을 출범시켰다. 20세기중엽부터 미국과 소련이 냉전을 수행했을 때 자유주의질서는 서방국가들 간에 실시되었고 소련과 중국 및 동구국가들 간에는 공산주의질서가 강압되었다. 냉전이후의 세계에서 미국과 중국이 패권경쟁을 격화하자 자유주의 국제질서는 약화되고 다시 강대국정치가 강화되었다. 2021년에 취임한 바이든 대통령은 전임자 트럼프와 달리 자유주의질서를 부활하는데 세계적 리더십을 행사해 중국이 주도하는 권위주의 질서와 경쟁하겠다고 선언했다.

5. 국제질서는 정당성과 힘의 구조에 따라 변천해 왔다

"국제질서"라 함은 주권국가들 간에 통용되는 규칙, 제도, 규범 및 관례가 어느 정도의 안정과 예측가능성을 유지하는 상태를 의미한다. 이 질서는 모든 주권국가들이 정당성에 대해 합의하고 그것을 이행하는 힘의 분포에 균형을 이루어야 정립될 수 있다. 역사적으로 이 이상적인 상태의 질서는 흔하지 않았다. 이와 비슷한 상태는 유럽에서 1648년에 웨스트팔리아 조약이 조인되었던 시기와 1815년 나폴레옹전쟁이 종결된 후에 잠시 존재했다. 당시 동아시아에서 중국은 이 질서에 속하지 않았고 고유한 중화질서를 유지했다. 국제질서는 사실상 어느 제국 또는 패권국이 세계적 헤게모니를 강행했을 때 유지되어 장기간 계속했다. 현대국제체제는 17세기의 웨스트팔리아 조약에서 출범했다. 그 뒤에 수많은 국가들이 부상해 경쟁과 전쟁을 전개했으나 어느 국가도 패권을 행사하지 못했다. 19세기 초에 프랑스가 대 제국으로 등장한 뒤 나폴레옹이 패권전쟁을 시도했으나 실패했다. 대영제국은 유럽의 제국들 간의 전쟁에서 약한 편을 지원해 세력균형을 유지하는데 기여했다. 이 결과 1815년부터 1914년 제1차 세계대전이 터질 때까지 한 세기 동안 평화가 지속했다. 이는 사실상 영국이 세계적 패권을 행사했기 때문에 가능했다. 19세기에 영국은 세계적 패권을 행사하는 동안 나쁜 일도 많이 했지만 좋은 일도 많이 했다. 식민지를 약탈한 것은 전자에 속하고 민주주의와 영어를 전파한 것은 후자에 속한다. 1914년에 독일제국의 카이저 빌헬름 2세가 유럽에서 패권을 시도했으나 미국 및 영국과의 전쟁에서 패배했다. 1936년에 히틀러가 다시 제2차 세계대전을 전개했지만 미국이 개입해 전쟁을 종결시켰다.

20세기중엽부터 미국은 "**자유주의 국제질서**"를 추구해 민주주의를 전 세계에 전파했다. 이 질서는 자유주의적 규칙, 제도, 규범 및 관례를 의미한다. 미국이 이 질서를 주도할 수 있었던 것은 당시 전 세계의 군사력과 부의 절반 이상을 보유해 이 방대한 국력으로 그것을 이행했기에 가능했다. 냉전기(1945－1990)의 국제정치구조는 미국의 자유주의와 소련의 공산주의가 대결해 양극화를 나타냈다. 1990년에 소련이 붕괴하고 냉전이 종식되자 2008년까지 세계는 잠시 단극화를 경험했다. 미국은 이 때 이른바 "신 자유주의"를 추진해 민주주의와 자본주의를 온 세계에 전파했다. 이 결과 자본주의와 정보기술의 세계화가 급속도로 진전해 지구는 하나의 촌으로 변했다. 바로 이 시점에 후꾸야마는 "역사의 종언"을 선언해 다소 성급하게 자유주의의 승리를 선언했다(Francis Fukuyama, *The End of History and the Last Man*, 1992).

역사는 단선적으로 발전하지 않고 많은 굴곡을 거쳐 변천해 왔다. 미국의 클린턴행정부는 소련이 붕괴한 후 독립된 일부 주변국들에게 NATO를 확장해 러시아의 반발을 자아냈다. 2001년에 미국이 중국을 WTO(세계무역기구)에 가입시킨 뒤 중국경제는 자본주의를 도입해 급성장했다. 2003년 부시행정부는 민주주의국가를 건설하겠다는 명분으로 이라크와 아프가니스탄에 군사적 개입을 강행했으나 소기의 목적을 달성하지 못했다. 이러한 군사적 과대확장에 더해 미국은 경제적으로 신자유주의라는 이름으로 이른바 "워싱턴 컨센서스"를 전파해 과도한 부채를 초래했고 2008년에 마침내 최악의 금융위기에 직면했다. 부시는 이 위기를 극복하기 위해 중국 및 기타 신흥국들의 정상을 워싱턴에 초청해 G－20회담을 출범시켰다. 이는 상대적으로 미국의 국력은 쇠퇴하고 중국의 국력이 급부상해 세력균형은 단극화에서 다극화로 이전하고 있는 징조였다. 미국이 세계 헤게모니를 더 이상 행사하지 못하게 되자 중국, 일본, 러시아, 인도 등 신흥국들이 제각기 강렬한 민족주의를 추구했다. 이러한 세계에서 키신저는 정당성과 세력균형을 겸비한 "세계질서"는 존재하지 않고 다만 몇 군데에서 강대국들이 서로 경쟁하는 지역질서가 작동하고 있다고 설명했다(Henry Kissinger, *World Order*, 2014).

6. 자유주의국제질서의 약화와 강대국정치의 부활

21세기 초부터 자유주의질서는 약화되고 강대국정치가 강화되었다. 무엇보다도 이 현상을 적나라하게 보여준 사건은 2017년에 트럼프 대통령이 미국 제일주의를 표방하면서 자유주의를 위한 리더십을 스스로 포기했고 영국의 메이 수상은 영국을 유럽연합에서 탈퇴시켰던 행동이었다. 왜 이러한 일이 발생했을까? 그 이유를 이해하기 위해서는 자유주의의 의미와 그것이 당면한 도전과 그 장래에 대한 구체적 분석이 필요하다. 국내정치에서 자유주의는 민주주의, 법치 및 인권을 의미한다. 국제정치경제에서 자유주의는 국제협력, 집단안보, 자본주의, 개방되고 규칙에 기초한 자유무역 및 다자협력을 의미한다. 역사적으로 자유주의 정신은 18세기의 계몽사상에서 싹텄던 것이다. 이 사상은 개인의 자유와 인간의 이성을 중시했다. 1941년에 루스벨트와 처칠은 이 정신을 계승해 "대서양헌장"을 선언했다. 1946년에 이 정신은 UN헌장에도 그대로 반영되었다. 미국은 자유주의질서를 전파하는데 스스로 책임과 비용을 부담하면서 세계적 리더십을 발휘했다. 이것이 가능했던 이유는 정치지도자들 강한 의지로 그것을 밀어붙였고 동시에 국내에서 중산층유권자들이 합의를 이루어 지지했기 때문이다. 미국은 세계안보를 도모하기 위해 UN과 NATO를 주도했고 세계경제를 관리하기 위해 IMF, WTO, 세계은행으로 구성되었던 브레튼우즈체제를 주도했다. 냉전기에 양극화되었던 세계에서 미국은 소련과 대결하기 위해 동맹국들에게는 어느 정도의 무임승차를 허용해 사실상 헤게모니를 행사했기 때문에 자유주의질서가 우세했다.

경제적으로 미국이 세계화의 명분으로 자유무역을 무제한 추진했을 때 그것은 역설적으로 국가경쟁력의 약화를 초래했다. 중국은 세계화의 결과 제조업에서 세계의 공장으로 부상했으나 미국근로자들은 소득감소와 실업에 직면했다. 이 결과 미국에서는 노동을 제공하는 근로자들의 임금이 한 세대 동안 침체해 그들이 종래에 즐겼던 중산층 지위를 상실했다. 정치적으로 이 변화는 "매우 중요한 중산층"(the critical middle class)의 붕괴와 민주당과 공화당 간에 극심한 양극화를 초래했다. 트럼프는 2016년 대선에서 대학에 가지 못한 백인들의 분노를 효과적으로 동원해 어렵게 당선되었다. 2017년에 대통령으로 부임한 뒤 그는 미국근로자들의 이익을 보호하기 위해 WTO를 약화 또는 고사시키려고 노력했다. 동시에 그는 환태평양동반자(TPP)협정과 기후변화에 관한 파리협정에서 미국의 탈퇴를 명령했다. 2020년에 그는 심지어 세계보건기구(WHO)에서 미국을 제외하는 조치를 취했다. 미국 내에서 자유주의를 지지하는 세력이 붕괴하고 있다는 사실은 매우 심각한 도전이다. 이러한 의미에서 자유주의질서는 강대국들의 국내정치 변화에 의해 더 많이 위협받고 있다. 이 현상은 미국뿐만이 아니라 영국 및 유럽국가에서도 나타나고 있다. 현재 자본주의가 세계를 지배하고 있지만 그것이 초래하는 최대 난제는 불평등을 해소하는 일이다. 지금처럼 급속하게 진전하는 정보기술, 자동화, 인공지능 및 사회매체(SNS)를 감안할 때 노동집약적 제조업을 부활해 중산층을 재건하기는 결코 쉬운 일이 아니다.

트럼프 대통령은 4년 동안 자유주의질서를 약화 또는 파괴하는 정책을 행동으로 실천했다. 국제정치에 대해 그는 미국제일주의를 표방하면서 세계적 리더십을 아예 포기하고 적나라하게 포퓰리즘의 표본인 대중선동을 공공연하게 연출했다. 영국의 존선 총리는 2020년에 드디어 EU에서 완전히 탈퇴하는 합의를 이루었다. 무엇보다도 이러한 행동들의 절정을 과시한 사건은 2021년 1월 6일에 트럼프가 선동했던 폭도들이 1812년에 영국이 워싱턴을 침범한 후 처음으로 미국의회 회의장을 점령해 폭력으로 바이든의 당선을 증명하는 행사를 중단시켰던 것이다. 이 사건은 성숙한 민주주의도 쉽게 뒷걸음 칠 수 있다는 것을 잘 보여주었다.

21세기 초의 국제정치에서는 강대국정치가 복귀했다. 사실 인류역사에서 강대국정치가 떠난 일이 없었다. 다만 그 형태가 변천해 왔을 뿐이다. 미국이 자유주의질서에 대해 세계적 리더십을 중단하자 강대국정치가 더욱 활성화되었다. 저명한 언론인 케이건에 의하면 이 결과 정글이 다시 성장하고 있다고 주장했다. 그는 자유주의질서를 하나의 정원으로 보았고 그 대신에 나타나고 있는 강대국정치를 “정글”로 묘사했다. 이 정원은 미국이 자신의 힘과 재원으로 잘 가꾸어 왔으나 이제 미국이 그것을 포기하자 다시 넝쿨과 잡초가 성장하는 정글이 되어 맹수들이 판을 치는 약육강식과 각자도생의 세계가 등장하고 있다는 것이다)(Robert Kagen, *The Jungle Grows Back: America and Our Imperiled World*, 2018).

2022년 2월에 러시아는 민주주의 주권국가 우크라이나에 영토전쟁을 개시해 강대국정치의 복귀를 극적으로 나타냈다. 푸틴은 미국의 국력이 약화했다고 판단한 뒤 이 전쟁을 강행했다. 이 결과 전 세계는 1914년 8월에 터졌던 제1차 세계대전 이전의 상태로 회기했다. 2020년에 세계를 강타한 코로나바이러스는 이 추세를 먼저 시작했었다. 한평생 국제정치를 연구하고 직접 체험한 97세의 노학자 키신저는 이 바이러스가 세계질서를 "영구히" 변경시킬 것이라 예언했다(Henry Kissinger, "The Coronavirus Pandemic Will Forever Alter the World Order," *Wall Street Journal*, 2020. 4.3). 이 재난은 배타적 민족주의, 보호주의, 권위주의를 더 강화해 자유주의질서를 파손했기 때문이다. 이 재난은 강대국정치의 부정적인 면을 그대로 노출시켰다. 국경을 개방하고 자유로운 교역과 이민을 허용해 왔던 유럽연합의 회원국들은 다시 국경을 봉쇄했다. 트럼프는 아예 이민을 중단하고 특히 아랍국가들과의 여행을 금지하는 조치를 취했다. 2008년에는 미국이 당시 돌발한 금융위기를 극복하기 위해 G－20을 급조하는데 세계적 리더십을 행사했으나 2020년에 트럼프는 세계적 리더십을 외면한 채 국내에서 자신의 입지를 보호하는 데 몰두했다. 그는 중국을 바이러스의 발원지로 비난하고 무역전쟁을 격상하면서 중국이 WHO를 제어해 효과적 대응책을 마련하는데 실패했다고 비난했다. 중국도 선제적으로 초기 방역을 마련하지 못했으며 세계적 리더십은 시도하지도 않았다. 중국은 오히려 미국의 행동을 비판했다. 이처럼 인류가 공동으로 처한 코로나바이러스에 대해 미국, 중국 등 강대국들이 집단적 방역을 취하지 않고 심지어 이른바 "백신민족주의"를 표출하고 있는 것은 강대국정치의 추악한 면이다.

7. 21세기에 미-중 패권경쟁은 동아시아에 집중해 자유주의체제와 권위주의체제 간의 경쟁으로 지속할 것이다

이 강대국정치의 중심에 미국과 중국이 패권경쟁을 격화하고 있다. 그러나 미국과 중국 중에 어느 편도 혼자서 세계적 패권을 장악하기는 어려울 것이다. 그들은 동아시아 및 인도－태평양에서 지역패권을 획득하려고 노력할 것이다. 구조적으로 중국의 국력이 미국과 거의 대등한 위치에 달하자 중국은 노골적으로 수정주의정책을 추구해 현상유지세력인 미국패권에 도전을 가하자 "신 냉전"이 불가피해 졌다. 두 초강국이 정치 및 군사적으로 대치하고 있는 현상은 미－소 간의 양극화와 유사하다. 그런데도 중국은 소련처럼 세계를 공산화 하려는 혁명적 이데올로기를 전파하지 않고 단지 19세기에 누렸던 중국의 위상, 즉 "天下"의 중심위치를 회복하려는 강렬한 중화민족주의를 나타내고 있다. 과거 소련의 경제는 서방국가들과 거의 단절되었으나 중국의 경제는 서방의 금융, 정보 및 기술과 깊숙이 상호 의존되고 있다. 이 결과 21세기 강대국정치는 양극화보다도 다극화를 지향하고 있다. 아시아에서 일본, 인도 및 기타 중견국들은 미중경쟁이 경직된 양극화로 발전하는 것을 지양하고 있다. 이 결과 미중경쟁은 주로 패권, 체제 및 기술경쟁을 겸비해 이념적 냉전보다도 일종의 "혼성전"(hybrid war)으로 진행할 것이다.

2017년에 트럼프행정부는 중국과의 관계를 종전의 전략적 동반자에서 전략적 경쟁자로 전환했다는 것을 분명히 천명했다. 이러한 미국의 국가전략은 2017년 국가안보전략(NSS), 2018년 국가방어전략(NDS), 2019년 인도-태평양전략보고(IPSR)와 같은 공식문건에서 잘 나타났다. 미국은 중국, 러시아 및 이란을 수정주의국가로 규정하고 "강대국경쟁"이 미국외교 및 군사정책의 초점이라고 선언했다. 미국은 이 국가들을 봉쇄하기 위해 현재 일본, 인도, 호주와 함께 "개방되고 자유로운 인도태평양"을 건축하려고 노력하고 있다. 한편 중국도 "일대일로구상"을 확대하면서 중국주변에 미국세력의 진출을 억지하려고 안간힘을 다하고 있다. 중국은 이 지역에서 19세기 청나라가 누렸던 영향력 권을 회복하려고 기도하고 있다. 미국은 여기서 역외균형자로서 기존 세력균형을 보전하려고 노력하고 있다. 이 두 전략 간에 긴장이 고조되고 있다. 중국이 남지나해에서 인공 섬들을 구축하고 거기에 군사장비를 배치해 이것을 기정사실로 여기고 있다. 미국은 이를 인정하지 않고 중국의 추가 확장기도를 억지하기 위해 국제법상 보장된 공해에 항공모함을 파견해 항행의 자유를 강행하고 있다. 군사적으로 중국은 동아시아에서 이미 최대강국으로 등장했다. 2020년 중국의 국방예산은 일본, 인도 및 10개 아세안국가들의 것을 합한 것보다 더 많다는 사실이 이 사실을 잘 증명했다. 이 추세에서 만약 미국이 동아시아에 전진 배치하고 있는 군사력을 철수한다면 세력균형은 더욱 더 중국에 유리하게 될 것이다. 시진핑이 주장한바와 같이 2049년(공산정권수립100주년)까지 미국을 이 지역에서 밀어내고 패권국이 된다면 동아시아를 넘어서 "전 인류를 위한 운명공동체"를 실현하려고 기도할 것이다. 바로 이러한 중국을 봉쇄하기 위해 미국은 이 지역에 남아서 19세기 영국이 유럽에 대해 실시한 바와 같이 균형자 또는 안정자 역할을 계속해야 한다.

21세기 미-중경쟁은 무엇보다도 기술경쟁에 집중할 것이다. 첨단기술이 지정학을 좌우하는 시대가 오고 있다. 중국은 이미 미국의 기술패권에서 독립하기 위해 "인터넷주권"을 주장하면서 정부가 인터넷을 통제하고 독자적인 체제를 수립하고 있다. 2019년에 트럼프가 Huawei사의 제품을 전면금지하자 5G 이동전화기술에 대해 이미 전쟁이 시작했다. 특히 AI가 미래의 경제성장과 국가안보의 원동력이 될 것이므로 이 분야에서 이미 전쟁이 선포되었다. 시진핑은 AI무기개발에서 2030년까지 중국이 미국을 앞지를 것이라고 선언했다. 미국도 결코 이를 허용하지 않겠다고 다짐하고 있다.

미국과 중국은 "투키디데스의 함정"을 피할 수 있을까? 고대 그리스의 역사가 투키디데스는 당시 스파르타는 아테네가 패권국으로 급부상한 데 대해 위협을 느껴 불가피하게 펠로폰네스전쟁을 실시했다고 기술했다. 엘리슨은 과거 500년 동안에 일어났던 16개 전쟁애서 12번 이러한 패권전쟁이 일어났다는 사실을 발견하고 이를 "투키디데스의 함정"이라 했다(Graham Allison, *Destined for War: Can America and China Escape Thucydides's Trap?* 2017). 그 최근의 실례로서 그는 제1차 세계대전을 들었다. 미국과 중국이 첨예하게 대결해 간다면 대만, 한반도, 남지나해에서 오판에 의해 이러한 전쟁이 일어날 수도 있을 것이다.

8. 21세기에 자유주의국제질서는 지속할 것이다

현재 강대국정치가 대세이지만 자유주의질서는 여전히 지속할 것이다. 미국대통령 바이든이 자유주의질서에 대한 세계적 리더십을 부활하겠다고 다짐한 이상 미국과 중국 간의 체제경쟁은 패권경쟁의 중요한 부분을 차지할 것이다. 2021년 1월에 미국의회에서 발생한 폭거를 목격한 중국은 미국국내에서 민주주의를 파괴하고 있으면서 어떻게 외국에 그것을 전파할 것이냐고 미국을 조롱했다. 바이든은 미국은 이제 "힘의 모범"이 아니라 "모범의 힘"을 행동으로 보여줄 것이라고 다짐했다. 그는 2021년 6월에 영국을 방문해 존선 총리와 함께 "신 대서양헌장"을 채택해 자유주의국제질서의 부활을 선언했다. 한편 그는 9월에 아프가니스탄에 주둔했던 미군을 완전히 철수했다. 이 결과 탈레반 반군들이 전국토를 장악했다. 그 동안 수조달러를 소비해 이 이슬람국가에 민주주의를 심으려는 미국의 노력은 수포로 돌아가 버렸다. 이제 미국은 7세기의 이슬람법을 강행하겠다는 아프가니스탄과 같이 민주주의를 수용할 능력이 없는 나라에 힘으로 민주주의를 건축하려는 기도는 더 이상 하지 않을 것이다. 미국은 우선 국내에서 다시 모범적 민주주의국가로 회생해야 세계에서 리더십을 발휘할 수 있을 것이다. 다행히 2022년 11월 중간선거에서 트럼프를 지지했던 공화당후보들이 낙선했고 민주당후보들이 선방했다. 이는 미국 민주주의가 회복력을 발휘했다는 좋은 징조다.

권위주의는 인간의 한 본성인 질서의 필요성에 호소해 자유주의의 약점을 노리고 있다. 이러한 의미에서 중국은 자신의 권위주의체제를 민주주의체제에 대한 대안으로 제시하고 있다. 그런데 개인의 자유도 중요한 인간본성이다. 자유를 보장하기 위해 개인의 기본권과 법치를 옹호하는 자유주의에 대해 국가가 개인의 전화를 엿듣고 얼굴을 인식하여 행방을 감시하는 권위주의감시국가가 과연 그 대안이 될 수 있을까? 2019년 11월 홍콩의 지방선거와 2020년 1월 대만의 총통선거에서 야당이 압도적으로 승리한 것은 자유에 대한 인간의 열망이 얼마나 강한가를 잘 보여주었다.

국제정치에서 자유주의질서에 가장 신랄한 비판을 가한 학자는 미어사이머다. 그는 자유주의의 실현은 "대 망상"이며 실제로 자유주의 헤게모니를 추구한다면 끝없는 전쟁을 초래하지만 마침내 민족주의와 현실주의가 그것을 압도하게 된다고 주장했다(John Mearsheimer, *The Great Delusion: Liberal Dreams and International Realities*, 2018). 현실주의자들은 자유주의질서는 하나의 "신화"라 지적하면서 냉전기에 평화를 유지했던 것은 자유주의에 의해서가 아니라 미국의 핵무기가 소련의 공격을 억지했기 때문이라고 주장한다. 이러한 의미에서 미국은 "예외주의"를 실천한 것이 아니라 기타 강대국들과 별로 다르지 않다는 것이다.

그런데도 초지일관 자유주의를 옹호했던 아이켄베리는 그보다 나은 대안이 없다고 주장하면서 민주주의를 지키고 평화를 유지하기 위해서 스스로 개혁하고 타국에 간섭을 하지 않는 자유주의가 "가장 실용적 프로젝트"라고 응답했다(G. John Iikenberry, *A World Safe for Democracy: Liberal Internationalism and the Crises of Global Order*, 2020). 과거에 호황을 누렸던 자유주의를 부활하는 것이 아니라 미국인들이 허용할 수 있는 위험과 비용을 철저히 계산해 지속가능한 자유주의를 가꾸어 가자는 것이다. 이 요지는 바이든의 외교정책비전과 일치한다.

바이든은 동아시아에서 2007년부터 일본이 주도해 왔던 "쿼드"(Quad), 즉 미국, 일본, 인도 및 호주와의 연대를 중국을 견제하는 느슨한 동맹으로 강화했다. 그는 이 연대에 한국을 참여시켜 더 확대된 민주주의국가동맹으로 발전시키려고 노력했다. 자유주의질서는 민주주의가 계속하는 한 미국과 유럽 및 기타 동조하는 지역에서 지속할 것이다. 2022년 2월에 핵무기를 보유한 러시아가 핵을 포기한 우크라이나를 무력으로 침략해 자유주의질서에 심각한 도전을 가했다. 미국은 NATO회원국들과 단합해 우크라이나를 지원하고 자유주의질서를 방위하는 데 세계적 리더십을 부활했다. 이러한 노력에서 민주주의는 잘못을 고치는데 투명성과 탄력성을 유지했으나 권위주의는 여전히 패쇄성과 경직성을 그대로 노출했다. 국제정치에서 민주주의가 더욱 더 강한 힘을 발휘하려면 절차정당성만이 아니라 인류가 공통적으로 당면하고 있는 코로나 팬데믹, 기후변화, 불평등 및 AI와 같은 첨단기술이 야기하는 문제들을 척결하는데도 구체적인 업적정당성을 과시해야 권위주의를 압도할 수 있을 것이다.

9. 21세기에 대한민국은 자유주의국제질서 속에서 성숙한 자유민주주의를 발전해 갈 것이다

대한민국은 1948월 8월 15일에 자유민주주의 국가로 탄생했다. 21세기에 한국은 지난 반세기 동안 자유주의질서 속에서 산업화와 민주주의를 동시에 달성한 유일한 국가다. 한반도는 중국, 일본, 러시아 및 미국 등 강대국들의 주변부다. 이 지정학적 제약으로 인해 강대국들이 한반도의 운명을 결정했다. 한반도는 1895년에 청일전쟁이 끝날 때까지 수세기 동안 중화질서에 속했다. 한반도는 1895년부터 1945년까지는 일본이 주도했던 동아시아질서에 예속되었다. 대한민국은 미국이 주도한 자유주의국제질서 속에서 주권을 회복했다. 한반도에서 정권은 수없이 변해 왔지만 지정학적 현실은 변하지 않았다. 조선의 왕들은 국제질서의 변천에 대해 무지한 채 국내에서 붕당정치를 계속해 자기 정권과 정파의 권력을 유지하는데 몰두하다가 결국 주권을 상실했다. 1945년에 미국이 태평양전쟁에 승리한 후 한국은 주권을 회복해 자유민주주의국가로 발전하기 시작했다.

한국 민주주의는 자유주의국제질서 속에서 착실히 발전해 오다가 문재인정부가 집권한 후 후퇴했다. 민주주의는 선거를 통해 정치참여를 확대하는 **민주화**, 헌법에 기초해 시민의 기본권과 법치를 보호하는 **자유화**, 자율적인 시민사회를 정착하는 **제도화**를 그치면서 발전한다. 제도화는 정치인들이 상대방을 적으로 보지 않고 경쟁자로 존중해 관용과 자제하는 관례를 축척해 규범과 문화로 실천하는 과정이다. 한국의 민주화는 공정한 선거와 정치참여에서는 상당한 진전을 기록했다. 법치와 자유화는 언론자유를 제외한다면 많을 문제를 노출했다. 사법부와 검찰의 지나게 오염된 것이 가장 뚜렷한 실례다. 제도화는 시민사회가 성숙되지 않고 오히려 왜곡되었다. 그 좋은 사례가 시민단체들이 공익을 증진하기 위해 자율적으로 정부를 감시하는 역할을 제대로 발휘하지 못하고 있다. 많은 시민단체들은 시민단체의 허울을 쓰고 있으나 사실은 정권에 기대어 기생하는 이익단체로 변했기 때문이다.

민주주의는 시민들이 상식과 순리를 지켜야 생존한다. 2021년에 한국은 4·19 민주화운동의 61주년을 맞이했다. 2021년에 서울과 부산에서 거행되었던 4·7보선의 함의를 4·19민주화와 대조해 보았다. 4·19는 청소년 학생들이 부정선거에 항의하는 민주화운동으로서 12년간 지속한 장기 집권을 종식시켰던 계기를 마련했다. 4·7보선은 20~30대의 젊은 세대가 자유민주주의의 핵심제도인 선거를 통해 4년간 지속해 온 집권당의 실책을 준엄하게 심판해 한국 민주주의 발전에 한 변곡점을 이루었다. 4·19와 4·7의 공통점은 젊은 세대가 정치변화를 촉발해 민주주의를 지키는 파수꾼 역할을 해 냈던 것이다. 대의민주주의에서 선거는 유권자들이 집권여당이 실시해 온 정책과 그 결과를 심판한다. 투표행동을 연구하는 정치학자들은 이러한 현상을 "회고적 투표"라 부른다. 유권자들은 후보자들의 미래 공약보다도 여당의 과거실적을 심판해 투표하는 경향을 나타낸다는 것이다. 2020년 총선과는 정반대로 2021년 서울 및 부산의 보선과 2022년 대선에서는 한국인구의 30%를 차지하는 20~30대(MZ세대)가 야당을 압도적으로 지지해 정권의 변화에 크게 기여했다.

왜 이러한 변화가 일어났을까? 그 주 이유는 집권정권과 여당이 상식과 순리를 벗어난 행동을 강행했기 때문이다. 가장 뚜렷한 두 예를 들자면 부동산정책의 실패와 180석의 거대야당이 보여준 "다수의 횡포"다. 부동산정책은 내 집 마련에 대한 젊은 세대의 소박한 꿈을 송두리째 무산시켰다. 선무당의 칼춤처럼 휘둘렀던 28번의 대책은 서민들에게 깊은 상처를 남겼다. 그런데도 집값과 전세는 천정부지로 올라 버렸다. 이 결과 20~30대는 월급을 전부 저축해도 아파트 한 채를 사려면 수십년이 걸린다. 제20대국회를 장악한 거대여당은 야당의 반대를 전적으로 무시한 채 2만여개의 입법을 쏟아냈다. 이러한 행태는 일찍이 토크빌이 19세기 중엽에 "다수의 횡포가 민주주의의 최대위험"이라고 했던 경고를 실감나게 해 민주주의를 파괴한 것이다.

이 행동은 상식과 순리를 무시한 산 증거이다. 상식은 누구나 다 알고 있는 지식이다. 순리는 누구나 다 옳다고 인정하는 이치다. 정의론의 대가 롤즈는 자유민주주의에서 정의는 공정을 말하며 공정은 기회의 분배를 순리적(Rawls의 용어는 reasonable)으로 실천하는 것이라고 했다. 4·7보선과 3·9대선에서 유권자들은 여당이 상식과 순리를 무시한 데 대해 분노해 소극적인 "민심"을 적극적인 "시민문화 또는 시민능력"으로 표출했던 것이다. 특히 젊은 세대와 중도파는 설익은 이념에 따라 이른바 "보수"와 "진보" 팬덤으로 편가르지 않고 건전한 상식과 순리를 따라 투표했던 것이다. 이처럼 젊은이들이 기성정치인들보다 더 성숙한 시민정신을 발휘했던 것은 높이 평가해야 한다. 이러한 의미에서 젊은 세대는 2022년의 대통령선거에서 윤석열이 당선되는데 중추적 역할을 수행했다. 윤석열 대통령은 자유민주주의를 정상화하겠다고 누차 다짐했다. 이제부터 한국의 민주주의는 성숙한 자유민주주의로 발전해 가기를 기대해 본다.

제4장

국제정치의 본질과 기본개념

21세기국제정치의 전개과정을 더 구체적으로 이해하기 위해서는 먼저 국제정치의 본질과 개념 및 이론을 개괄적으로 고찰해야 한다. 그래야 왜 전쟁과 평화가 일어나는지, 왜 경제발전과 금융위기가 발생하는지, 다자주의적 글로벌 거버넌스가 지속가능한지 혹은 강대국정치가 질서와 안정을 유지할 것인지를 파악할 수 있기 때문이다.

1. 국제정치의 본질

국제정치의 본질은 주권국가들이 권력 또는 국가이익을 쟁취하는 과정이다. 국제정치에는 영원한 친구나 영원한 적은 없고 오직 영원한 것은 국가이익뿐이다. 국제정치의 본질에 대해 1848년에 영국하원에서 팔머스턴 자작(Henry John, 3rd Viscount Palmerston)이 가장 명료하게 설명했다: "우리에게는 영구적 동맹이나 영원한 적은 없다. 우리에게 영원한 것은 오직 [국가]이익뿐이다. 따라서 우리의 임무는 이 [국가]이익을 추구하는 것이다"(George Henry Francis, *Opinions and Policy of the Right Honourable Viscount Palmerston, G.C.B., MP & as Minister, Diplomatist, Statesman, During More Than Forty Years of Public*

Life(London, 1852)).

국제정치에서는 어느 나라든지 자국의 국가이익에 도움에 되느냐에 따라서 어제의 적이 오늘의 친구가 되고 오늘의 친구가 내일의 적이 될 수 있다. 이 단순한 원리는 오늘날 한국인들이 외국을 인식하는데 꼭 명심해야 한다. 전 세계에서 유독 한국인들은 외국에 대해 우리에게 친하냐 혹은 반대하느냐의 이분법으로 인식하는 경향이 있다. 그 좋은 예가 "친일"과 "반일", "친미"와 "반미"라는 2분법으로 인식하는 것이다. 이러한 인식은 하루 빨리 지양해야 한다. 국제정치는 "쓰면 뱉고 달면 삼킬" 수 있는 세계가 아니다. 건강에 좋다면 쓴 약도 삼키듯이 우리는 무엇이 국익에 도움이 되는지를 정말 냉철하게 계산해 필요하다면 먹기 어려운 약도 삼켜야 한다.

국가이익은 모든 국가가 추구하는 외교정책의 목적이다. 국가이익을 추구하는데 있어서 국가는 항시 어려운 선택을 해야 한다. 대부분의 경우 이 선택은 좋은 것과 나쁜 것 중에서 하나를 택하는 것이 아니라 나쁜 대안과 덜 나쁜 대안 중에서 후자를 택할 수밖에 없게 된다. 왜냐하면 좋은 것을 택하는데 필요한 국력은 제한되기 때문이다. 현명한 국가지도자는 국가이익의 핵심인 생존을 보호하기 위해서는 나쁜 선택을 포함해 모든 수단을 사용해야 한다. 이 결과 어떤 선택을 해도 필연적으로 불가피하게 비극적 결과를 맞게 된다. 키신저의 생애를 깊이 연구한 한 저명한 언론인은 이것이 국제정치의 실상이라고 주장했다(Barry Gerwen, *The Inevitability of Tragedy: Henry Kissinger and His World,* 2020). 더 구체적으로 국가이익이 무엇인가는 아래에 설명한다.

2. 국제정치의 기본개념들

국제정치의 본질을 더 자세히 이해하려면 국가, 권력, 국가이익 및 안보 등 기본개념을 이해해야 한다. 자연과학은 사물의 원인과 결과에 대한 법칙을 실험해 볼 수 있지만 사회과학은 인간의 사상과 행동을 서술하고 설명한다. 국제정치학도 하나의 사회과학으로서 국가의 정책과 행동을 서술하고 설명하는 학문이다. 국제정치에 일어나는 복잡한 현상들을 설명하는 데는 사실들을 단순화해서 설명해야 하므로 개념적 이해가 중요하다. 아래에 국제정치학에서 사용하는 가장 중요한 개념들을 간략하게 설명한다.

(1) 권력

모든 정치의 핵심개념인 권력, 즉 파워(power)는 무엇인가? 이 용어를 쉽게 말하지만 자세히 설명하기는 그렇게 간단하지 않다. 왜냐하면 경제학에서는 성장과 무역량을 숫자나 화폐가치로 측정할 수 있지만 정치학에서 권력은 계량화하기 어려우므로 그 실체를 정확하게 측정하기는 결코 쉬운 일이 아니다. 미국 또는 중국이 얼마나 큰 국력을 행사할 수 있는지는 전쟁이나 대결의 결과를 보지 않고 가늠하기는 매우 어렵다. 기본적으로 **권력 또는 파워**란 두 행위자 간의 상관관계로 이루어진다. 달(Robert A. Dahl)의 정의에 의하면 파워는 한 쪽이 상대 쪽으로 하여금 자기가 원하는 것을 하게 만드는 능력을 의미한다("The Concept of Power," *Behavioral Science* 2, 1957). 이 경우에 갑은 을에게 대해 권력 또는 영향력을 갖는다.

권력은 영향력과는 다르다. 권력은 상대방에게 강제력을 사용하거나 적어도 사용할 수 있다는 위협이 존재할 때 성립된다. 궁극적으로 권력은 하나의 국가가 군사력으로 타국을 위협해 자신의 외교정책을 존중하게 만드는 능력이다. **영향력**(influence)은 강제력을 사용하지 않아도 을이 갑의 명령에 순종하기만 하면 성립된다. 갑이 돈, 지식 또는 경험을 많이 가질 때 을에게 영향력을 행사할 수 있다. 이 보다 더 나은 형태의 영향력은 권위(authority)다. **권위**는 갑이 을에게 합법적으로 명령하는 능력을 말한다. 고위공무원들이 하위공무원들에게 이러한 명령을 해 권위를 행사한다. 이 보다 더욱 바람직한 영향력은 위협이나 유인 또는 법이 없더라도 을은 자발적으로 갑을 존경해 순순히 그의 요청을 수용하는 정당성이다. 이 **정당성**(legitimacy)은 가정에서 부모가, 교회에서 목사가 누릴 수 있는 귀중한 자산이다. 통치자가 이 정당성을 보유할 때 피치자들의 자발적 승복과 지지를 누릴 수 있다. 국제정치에서는 대체로 권력이 정당성을 압도한다.

국력은 그 형태에서 경성국력(hard power)과 연성국력(soft power)으로 나눌 수 있다. 전자는 무력과 경제력과 같이 가시적으로 측정이 가능한 물질적 능력을 의미한다. 후자는 위협이나 유인 없이 한 나라가 다른 나라로 하여금 자기를 매력적으로 보고 부러워하게 만드는 능력을 의미한다(Joseph S. Nye, *Soft Power: The Means to Success in World Politics,* 2004). 이상적으로 국가가 이 양자를 적기적소에 잘 조화해 사용할 때 그것을 영리한 국력(smart power)이라 한다. 어디까지나 이 분류는 분석적으로 시도해 본 것이다. 실제로는 어느 나라도 물질적인 능력 없이 단지 연성국력만으로 군사적으로 더 강력하며 경제적으로 더 큰 경쟁력을 가진 타국을 압도할 수는 없다.

무엇이 국력을 결정짓는지에 대해서는 많은 논쟁이 있다. 좀 단순화해서 국력은 물질적 능력과 그것을 사용하겠다는 지도자의 정치적 의지의 결합이다. 비록 자원과 능력이 있어도 그것을 동원하고 효과적으로 활용하겠다는 의지가 없다면 국력을 발휘할 수 없다는 뜻이다. 고대 중국의 전략가 쑨지(孫子)가 썼다는 "**兵法**"(Sun Tzu, *The Art of War,* 1971)과 18세기 프러시아의 클라우제비츠가 저술한 "**전쟁론**"(Carl von Clausewitz, *On War,* 1984)이 공통적으로 강조한 점은 전쟁은 두 상주군의 군사력보다도 두 지도자들의 의지의 싸움에 의해 결정된다는 것이다. 이러한 의미에서 국력을 행사하는데 효과적으로 자원을 동원하고 조직하는 리더십도 중요하다. 따라서 국력은 물질적 능력, 정치적 의지 및 전략적 리더십의 결합으로 보아야 한다. 전통적으로 국력은 인구, 영토 및 군대의 크기와 규모로 평가되었다. 그러나 21세기국제정치에서 국력을 평가하는데 이들의 양보다도 질이 더 결정적 역할을 한다. 구체적으로 국력을 어떻게 배양하고 사용하는지를 단정하기는 매우 곤란하다. 여기서는 국력을 좌우하는 몇 가지 제약요소로 역사, 지정학, 경제 및 국내정치의 역할을 지적한다.

i. 역사

역사는 국가권력의 뿌리와 경험을 조성하고 국가의 성격과 정체성을 결정한다. 역사는 고대에서 현대까지 국가가 어떻게 조성되었으며 그들이 경험했던 국제정치를 자세하게 기록한다. 역사는 현대국가체제의 원인과 결과를 설명하는데 필수적인 지식을 제공한다. 역사는 전통과 문화를 형성하는 토대이다. 이러한 의미에서 역사는 국가가 추구하는 외교정책의 내용과 스타일에 많은 영향을 끼친다. 역사는 국가가 공통적으로 경험하는 사례와 특별하게 경험하는 사례를 동시에 제시해 정책결정자들에게 일정한 기억과 교훈을 제공한다. 이러한 의미에서 윈스턴 처칠(Winston Churchill)은 "역사, 역사, 역사를 공부하라. 역사에 국가 관리의 모든 비밀이 있다"라고 말했다(Andrew Robert, "10 Lessons from History about What Makes a Truly Great Leader," *Time,* 2019.10.30.). 그는 역사에서 배우지 못하는 사람은 그것을 반복한다고 주장했다.

ii. 지정학

지정학은 국가가 위치한 지리와 기타 강대국들과 갖는 상관관계다. 국가가 위치한 지리는 국가의 정책과 행동을 제약한다. 어떠한 지리적 조건에 국가가 위치하느냐에 따라 그 국가의 운명이 좌우된다. 지정학의 창시자 맥킨더(Halford J. Mackinder)는 자연이 아니라 인간이 사건을 주도하지만 크게 보아서 자연이 그 사건을 통제한다고 했다(*The Geographical Pivot of History*, 1904). 한국과 같이 강대국들의 주변부에 위치한 국가는 그들의 세력권 안에 들어가지 않고 생존하려면 자기를 보호해 줄 동맹국을 가져야 한다. 이 사실은 2022년 2월에 러시아가 침략한 우크라이나의 운명이 잘 보여 주었다. 한편 대서양과 태평양 사이에 커다란 대륙을 차지하고 있는 미국은 안보위협을 적게 받는다. 21세기에 세계화가 급속히 진척된 현 세계에서도 지도를 보면 어디서 갈등이 발생하고 문명이 발달하는가를 곧 알 수 있다(Robert Kaplan, *The Revenge of Geography: What the Map Tells Us About Coming Conflicts and the Battle against Fate*, 2012). 이러한 의미에서 한 국가가 위치한 지리는 거의 숙명과 같다.

iii. 경제

경제는 국가의 물질적 및 과학기술적 능력을 발전시키는 원동력이다. 경제발전의 범위와 속도는 군사력 발전의 토대가 된다. 한 나라의 국력은 폴 케네디가 지적한 바와 같이 경제적 내구성과 가용자원 없이 지탱하기 어렵다. 구체적으로 케네디는 **공업의 힘과 발명 및 과학의 힘**을 가진 사람들이 그렇지 못한 사람들을 물리칠 수 있다고 주장한 에머리 제독(Leo Amery)의 말을 인용했다(Kennedy, *the Rise and Fall of Great Powers,* 1987). 경제가 발전해야 방위산업을 효율적으로 육성할 수 있고 국방비를 부담할 수 있다. 많은 자본과 과학기술을 보유한 국가는 경제적으로 동맹국들을 지원할 수 있고 개도국들에게 원조를 제공할 수 있다. 강대국은 자기의 외교정책을 경시하는 국가에 대해 경제제재를 가하고 보복할 수도 있다. 제4차 산업화시대에 혁신적 과학기술을 창출하는 국가는 그렇지 못한 국가보다 훨씬 유리한 위치를 차지하고 영리한 국력을 발휘할 수 있다. 정보기술과 첨단기술이 경제발전을 선도하는 오늘의 세계에서 기술우위를 지탱하는 국가가 강력한 국력을 확보한다.

전쟁이 없는 평화로운 세계에서 국제경제가 국제정치의 가장 중요한 쟁점이 된다. 경제가 반드시 국제정치의 쟁점을 결정하지는 못하지만 그것을 해결하는데 지대한 영향력을 끼친다. 국제경제에서 한 국가가 안정과 경쟁력을 확보하지 않고서 대외적으로 국력을 효과적으로 행사할 수 없다. 국내정치에서도 한 지도자가 그 나라 사람들의 생활안정과 복지를 달성하지 않고서 권력을 유지할 수 없다. 이처럼 경제의 안정과 발전은 국내 및 국제정치의 기반을 이룬다.

ⅳ. 국내정치와 리더십

국내정치는 국가의 외교 및 국방정책을 결정하는 과정이다. 최고수준의 리더십은 국가가 가야 할 길을 먼저 선택하고 그 방향으로 시민들을 이끄는 능력이다. 국내정치는 리더십의 출현을 좌우하며 리더십은 정책스타일을 좌우한다. 기본적으로 리더십은 지도자의 용기와 의지에서 나온다. 1980년대의 소련에서 고르바초프 같은 지도자가 정권을 행사하지 않았다면 과연 냉전과 소련의 종식이 가능했을까를 생각해 볼 필요가 있다. 물론 이에 대해서는 많은 논란이 있다. 확실한 것은 강대국들의 국내정치와 리더십이 국제정치에 지대한 영향을 끼친다는 사실이다. 이러한 의미에서 리더십은 국력을 좌우하는 매우 중요한 요건이다.

국내정치에서 지도자의 성격, 능력, 의지 및 리더십은 외교정책을 크게 좌우한다. 이상적으로 위대한 리더십은 마키아밸리가 말했던 fortuna와 virtu를 겸비한 것이다(Niccolo Machiavelli, *The Prince, 1961*). 이 용어는 한국어로 정확하게 번역하기 어렵다. fortuna는 역사에서 전개되는 좋은 여건 및 기회를 잘 포착해 꼭 해야할 일을 완수하는 능력이다. 이 개념은 비스마르크가 다음과 같이 말했던 데서도 엿볼 수 있다: "국가관리자는 혼자서는 아무것도 할 수 없다. 그는 여러 사건들을 통해서 신의 발자국 소리가 들릴 때까지 기다렸다가 들리면 곧 뛰어가서 그의 옷자락을 붙잡아야 한다"(A, J. P. Tayler, *Bismark: The Man and the*

Statesman, 1955). 이는 지도자가 자신의 비전을 이루기 위해서는 호기를 붙잡아서 꼭 성공한다는 보장이 없어도 목숨을 걸고 과감하게 모험해 보고 그 결과에 대해 책임을 지는 능력이다. 이러한 맥락에서 아이젠하워(Dwight David Eisenhower)는 다음과 같이 말했다: "리더십은 별것이 아니라 모든 과실에 대해서는 자기가 책임을 지고 모든 공적에 대해서는 부하에게 점수를 다 주는 것이다"(*Eisenhower's Quotes, Google*). Virtu는 나이(Joseph S. Nye Jr.)가 훌륭한 리더십에서 가장 중요하다고 강조한 두 가지 요건과 흡사한 개념이다. 그 첫째는 "맥락적 지능"(contextual intelligence)인데 이는 주어진 여건을 정확하게 파악해 적절한 전략을 응용하는 능력이다. 그 둘째는 "마키아벨리 식 재능"(Machiavellian skills)으로 문제를 해결하기 위해 당근과 채찍을 적절하게 활용하는 기술이다(Nye, *The Powers to Lead,* 2008).

위대한 리더십은 역사의 전개에서 좋은 기회를 포착해 국가가 요구하는 최대 과제를 완수하는 능력이다. 훌륭한 지도자는 그에게 주어진 여건이 험난하더라도 목숨을 걸고 그것을 극복해 자기비전을 실현하고 그 결과에 대해 책임을 진다. 이러한 리더십은 무엇보다도 지도자의 용기에서 나오고 그의 비전을 완수하는 것은 그의 강력한 의지다. 2022년에 99세가 된 키신저는 그가 경험했던 6인의 위대한 리더십에 대해 19번째의 저서를 출판해 위대한 리더십의 실체를 분석했다.

키신저는 서독총리 아데나워, 프랑스대통령 드골, 미국대통령 닉슨, 이집트대통령 사다트, 싱가포르총리 리콴유 및 영국총리 대처의 리더십을 심층 분석했다. 아데나워는 낮은 자세로 제2차 세계대전의 패전국가 서독을 강력한 유럽의 일원으로 회복해 "겸손의 전략"을 발휘했다. 드골은 프랑스가 계속했던 알제리와의 전쟁을 종식하고 서독과 화해를 이루어 "의지의 전략"을 실천했다. 드골이 실천한 정치는 가능의 기술이라 하기보다도 의지의 기술이었다. 미국의 닉슨은 냉전의 절정기에 중국을 직접 방문해 외교관계를 정상화함으로서 강대국들 간에 긴장을 완화해 "균형의 전략"을 과시했다. 사다트는 이집트가 아랍 국가들과 함께 25년간 싸웠던 이스라엘과 평화를 달성해 "초월의 전략"을 실천했다. 리콴유는 국가가 직접 투자를 유치해 가난했던 작은 섬나라 싱가포르를 풍요한 도시국가로 발전시켜 "탁월함의 전략"을 나타냈다. 1984년에 대처는 당시 1년간 계속했던 탄광노동조합의 파업을 경찰력을 동원해 제압해 법치를 부활하고 아르헨티나가 도발한 포클랜드 전쟁에서 승리를 달성해 강력한 "신념의 전략"을 발휘했다.

키신저는 리더십을 국가전략의 중요한 요소로 보고 그들이 공통적으로 나타냈던 국가전략에서 하나의 총체적 주제를 발견했다. 그는 고대 로마사람들이 행운은 용감한 사람을 선호한다는 말을 인용하면서 리더십은 용기에서 나온다고 지적했다. 지도자는 국가가 처한 지정학적 여건을 선택할 수는 없지만 이 여건에 대해 적응할 조치는 선택할 수 있다. 전략적 리더십은 일상적 문제를 관리하는데 몰두하지 않고 국가가 가야 할 시대적 소명을 실현하기 위해 꼭 필요한 행동을 과감하게 취해 시민들을 감동시키고 호응을 동원하는 능력이다. 이러한 리더십을 발휘한 지도자는 세계질서에서 중요한 유산을 남겼다(Henry Kissinger, *Leadership: Six Studies in World Strategy,* 2022).

대체로 리더십에는 두 가지 유형이 있다. 그 첫째는 자기중심적인 지도자다. 이는 지도자가 추종자들의 사랑과 존경을 추구하는 유형이다. 이러한 지도자는 추종자들의 인기에 영합해 포퓰리즘에 빠지기 쉽다. 둘째는 국가가 당면한 최대과제를 해결하는 데 대한 자신의 신념과 의지를 밀어붙이는 유형이다. 이 사명지향적인 지도자는 자기감정보다 국가와 사회가 당면한 과제를 먼저 척결하는데 전력을 다한다. 마키아벨리에 의하면 이러한 지도자는 시민들에게 사랑받기보다도 두려움을 느끼게 한다. 지도자가 그렇게 행동해야 대중들의 요구를 따라 가지 않고 오히려 그들을 이끌어 갈 수 있으며 지지를 창출할 수 있다. 이러한 행동은 용기에서 나오지만 그것을 관철하는 것은 명석한 판단과 강력한 의지다. 키신저가 연구한 지도자들은 다 이 유형에 속한다.

(2) 국가

국가는 영토, 인구 및 정부를 갖는 법적 실체로서 국제정치의 기본단위다. 저명한 독일 사회학자 베버(Max Weber)는 국가는 기타 조직과 달리 "주어진 영토 내에서 강제력의 정당한 사용을 독점하는 인간 공동체"(*The Vocation Lectures,* 2004)라고 정의했다. 국가가 강제력을 정당하게 사용해야 개인의 안전과 사회전체의 안정과 질서를 유지할 수 있다. 국가는 일정한 영토에 근거해 수립되며 일정한 인구를 통제하기 위해 정부를 조직하는 강제적 조직이다. 실제로는 중앙정부가 사회에서 발생하는 갈등을 최종적으로 조정해야 안정과 질서가 유지된다. 이러한 국가는 대외적으로 다른 국가들이 승인해야 정당성을 누릴 수 있다. 국제법은 모든 국가들을 평등한 존재로 인정한다.

국가들 중에는 강력한 경성국가(hard state)와 약한 연성국가(soft state)가 있다. 전자는 국가가 사회집단들보다 강한 권력을 행사해 안보, 경제 및 정체성을 보장할 수 있는 국가다. 후자는 사회집단 또는 군부나 일부 국가기관이 국가보다 더 강한 권력을 행사해 국가권력에 도전을 가할 수 있는 국가이다. 한편 어떤 국가는 경제성장과 수출증대를 달성해 경쟁력 있는 국가가 될 수 있다. 다른 국가는 국가안보나 시민복지를 이루지 못해 "실패한 국가"(failed state)가 될 수 있다. 현 세계에 존재하는 국가들은 국력에 있어서 하나의 위계질서, 즉 서열을 나타내고 있다. 그 최고층에는 미국과 같은 초강국과 중국, 일본, 러시아, 인도 및 독일과 같은 강대국들이 있다. 그 최저층에는 수많은 약소국들이 있다. 이 중간층에는 한국, 멕시코, 인도네시아, 터키와 같은 중견국들이 존재한다. 동물의 세계에서 서열이 정해져야 갈등이 가라앉는 것과 마찬가지로 인간의 세계에서도 국가 간의 서열이 분명해져야 어느 정도의 안정과 질서가 성립한다. 더 구체적으로 국가가 어떻게 탄생했으며 그 유형에 대해서는 아래에서 더 상세하게 설명할 것이다.

(3) 주권

주권은 한 국가가 외국의 간섭을 받지 않고 자기 영토와 시민들을 통치하는 최고권위 또는 권력이다. 이 개념은 1648년의 웨스트팔리아조약에서 정식으로 인정되었다. 당시 로마교황과 로마제국의 지배로부터 독립하기 위해 유럽 국가들이 이 원칙을 획득하는 데 성공했다. 이때부터 주권은 국제법과 국제정치의 가장 기본적 원리로 작동했다. 어느 국가도 외국의 간섭 없이 종교와 정치를 분리해 자주적으로 자국을 다스리는 권한을 행사한다. 이러한 권한을 정당하게 행사하는 나라를 우리는 주권국가라 부른다. UN헌장은 모든 회원국들이 이러한 주권과 영토보전을 존중해야 한다고 선언했다.

국가가 자기 영토와 인구를 통제하는 것을 "내부적 주권"이라 하며 외국에 대해 독립을 행사하는 것을 "외부적 주권"이라 한다. 경제 및 정보의 세계화가 빠르고 깊이 진행하고 있는 21세기에 실제로 국가들은 상호 침투되고 있으므로 이 전통적 주권개념은 많은 도전을 받고 있다. 이러한 의미에서 크래스너(Stephen Krasner)는 전통적 주권은 "조직된 위선"이라고까지 주장하면서 변화하고 있는 주권개념을 설명하려고 노력했다. 17세기에 정의되었던 주권은 현재 각 부문과 정도에 따라서 많은 제약을 받아 희석되고 있는데도 국가는 아직도 조직적으로 그것을 옹호하고 있다(*Sovereignty: Organized Hypocracy*, 1999). 법적으로 주권은 국가영토의 독립을 의미한다. 상호의존된 주권은 세계화되고 있는 경제의 제약으로 인해 변하고 있는 국가권위를 말한다. 웨스트팔리아주권은 국가가 국내에서 타국과 독립된 권위를 자율적으로 행사하는 것을 의미한다. 이와 같이 현 세계에서 주권은 종교적 포용, 소수민족의 권한보호, 인권 및 국제안정의 필요로 인해 여러 가지 제약을 받고 있다. 하나의 극단적 예를 든다면 어느 한 국가에서 대학살과 무차별적 테러가 발생할 경우 기타국가들은 이 국가의 주권을 무시해서라도 무고한 민간인들을 보호하기 위해 군사개입을 강행했던 것이다. 이러한 제약에도 불구하고 현대국가체제가 존속하는 한 각 국가는 주권을 포기하지 않을 것이다.

(4) 민족국가와 민족주의

이상적으로는 하나의 민족이 국가를 형성할 때 이를 민족국가라 한다. 현실적으로는 다수의 민족들이 하나의 연방국가를 형성하고 일체감을 공유한다면 그것도 민족국가로 볼 수 있다. 일반적으로 단일민족이 하나의 국가를 형성하면 다수민족들이 하나의 국가를 형성하는 경우보다 많은 이점을 갖는다. 한국, 일본 및 중국이 전자에 해당하고 미국과 러시아는 후자에 속한다. 아프리카의 콩고민주공화국은 450여 개의 부족을 갖고 있다. 에티오피아는 85개의 다른 언어들을 사용하는 종족들로 구성되고 있다. 어떻게 이러한 나라가 안보, 경제발전 및 정체성을 도모할 수 있는지를 한번 상상해보면 단일민족으로 구성된 국가가 얼마나 복된 것인지를 알 수 있다. 2020년 11월부터 에티오피아에서 연방정부와 티그레이 지방정부 간에 내전이 발생했다. 원래 에티오피아 연방정부에서는 수십 년 동안 티그레이의 집권당이 연방정부의 정권을 행사했다. 2018년에 인구 60%를 차지한 오로모족 출신인 아비(Abiy Ahmed)가 수상으로 선출된 후 그는 민주주의제도를 보강하기 위해 개혁을 실시하자 인구 6.7%를 차지한 티그레이의 집권당이 반발했다. 처음에는 중앙정부와 지방정부 간에 권력투쟁으로 시작되었던 이 갈등은 점차 두 부족 간의 인종적 갈등으로 비화했다. 아비는 무력으로 티그리 반란군을 진압하자 내전이 격화했다. 한 가지 역설적인 사실은 2019년에 아비는 오랜 기간 지속되었던 이웃나라 에리트리아와의 전쟁을 종결하는 협상에서 성공해 노벨평화상을 수상했다. 이와 대조적으로 그는 중앙정부와 지방정부간의 내전을 평화적으로 종결하지 못했다. 이 내전이 계속해 원초적인 부족주의를 촉발한다면 모범적인 다민족국가였던 에티오피아도 결국 붕괴할 위험이 있다.

하나의 민족이 그들의 국가에 충성하고 하나의 정체성을 표시하는 감정을 민족주의라 한다. 이러한 감정을 오랫동안 지속적으로 공감한다면 민족주의는 국가를 통합하고 자원을 동원하는데 엄청난 힘을 발휘하는 애국심이 된다. 한편 자국의 국가이익만 지나치게 강조한다면 그것은 타국의 이익을 손상시켜 갈등과 심지어 전쟁도 유발할 수 있다. 정치적으로 민족주의는 강한 힘을 표출하는 현상이므로 결코 간과할 수 없다. 이러한 일체감 없이 한 국가가 존속하기 어렵고 안보와 경제발전을 위해 강력한 국력을 배양할 수 어렵기 때문이다. 1960년대의 중소분쟁, 1989년 냉전종식 및 1991년 소련붕괴는 민족주의가 공산주의보다 더 강력한 힘을 가졌다는 것을 잘 입증해 주었다. 종족적 민족주의가 소련의 붕괴를 재촉했다. 동구공산국가에서 공산당체제가 와해하자 원초적 민족감정이 다시 종족들 간에 폭발해 극단적 갈등과 혼란을 초래했다. 1990년에 코스보에서 발생했던 "인종세탁"이 그 대표적 실례다. 2017년에 유럽과 미국에서 일고 있는 민족주의는 과도하게 진행되었던 세계화와 중동에서 오는 이민에 대한 반발로 볼 수 있다. 이처럼 민족주의는 긍정적인 면과 부정적인 면을 동시에 나타내는 대중운동이다.

이러한 현상에도 불구하고 최근에 민족국가가 21세기국제정치에서 가장 잘 통치하는 제도이며 이러한 의미에서 민족주의는 상당한 장점을 갖는다는 견해가 제시되었다. 이스라엘의 정치학자 하조니(Yoran Hazony)는 역사적으로 제국과 무정부라는 두 악이 존재했는데 민족국가는 이 양자의 중간위치에서 가장 효과적인 정치질서를 유지했다고 주장했다. 민족주의에는 가장 원초적인 종족혈통과 전통에 근거한 부족주의와 다수의 종족과 보편적 문명을 공유하는 제국주의가 있는데 그 중간상태로 다수의 구성원들이 추상적인 가치, 헌법 및 제도에 대해 지지와 충성을 다짐하는 시민 민족주의가 가장 바람직하다는 것이다(Hazony, *The Virtue of Nationalism,* 2018). 이 상태가 곧 자유주의적 민족주의다.

(5) 안보

안보는 국가가 시민, 영토 및 제도 또는 가치의 안전과 생존을 방어하는 것이다. 실제로 이러한 여건을 구비하지 못한다면 국가 그 자체가 생존할 수 없게 된다. 따라서 안보를 확보하기 위해서는 국가는 전쟁과 반란을 사전에 방지할 수 있는 능력, 즉 억지력(deterrence)과 이것이 실패해 전쟁이 발생할 경우 자국을 방위할 능력을 보유해야 한다. 이 때문에 모든 국가들은 인구의 약 4%가량의 상주군과 억지와 방위에 필요한 무력을 유지하려고 노력한다. 그런데 보통 사람들은 안보를 당연시 하려는 경향이 있다. 이러한 풍토는 매우 우려해야 할 것이다. 주권국가에게 안보는 산소와 같다. 산소 없이 인간이 생명을 부지할 수 없듯이 국가는 안보 없이 생존을 지킬 수 없다. 산소는 자연이 인간에게 무상으로 제공하지만 안보는 각 국가가 자기 스스로의 국력으로 쟁취해야 한다. 따라서 안보에 관한한 여도 야도 없이 모든 시민들이 힘을 모아 단합된 태세로 결속해야 한다.

전쟁을 억지하고 평화를 유지하기 위해 주권국가들은 각종의 협상과 집단행동을 시도해 왔다. "협력안보"는 두 개 이상의 국가들이 협상을 통해 협정을 이루어 공통적으로 안보를 달성하는 경우이다. "집단안보"는 UN회원국가들이 한 회원국가를 침략한 국가를 집단적으로 응징해 안정과 평화를 회복하는 것을 말한다. 집단안보의 가장 중요한 예는 UN안보이사회가 결의안을 통과시켜서 주권국가를 침범한 침략자에 대해 집단행동을 취하는 경우다. 이때 모든 회원국들은 한 회원국에 대한 전쟁을 자국에 대한 침범으로 간주해 집단행동에 동참해야 한다. 세계의 평화와 안정을 유지하기 위해서는 이 집단안보조치가 가장 효과적인 방법이다. 그러나 역사적으로 이 집단안보가 실현된 것은 1950년에 북한이 한국을 침범했을 때와 1991년에 이라크가 쿠웨이트를 침범했을 때 이루어졌던 2번뿐이다.

근년에 국제법상 안보의 개념은 국가를 넘어서 개인에게까지 적용하고 있는데 그것이 곧 "인간안보"(human security) 개념이다. 이 주장은 특히 주권국가의 잔인한 독재자가 자국민들에 대해 대학살을 자행할 때 혹은 테러주의자들이 국경을 초월하면서 대학살을 감행할 때 UN이나 강대국들이 개입해 개인의 생명을 보호해야 한다는 것이다. 이러한 취지는 고상하지만 그것을 실천하는 데는 수많은 제약이 가로 놓여 있다. 2010년에 시작되었던 시리아내전에서 아사드 정권이 지금까지 70여만 명의 자국인들을 사살했고 심지어 국제법이 금지하고 있는 화학무기를 사용해 어린이들까지 살해했는데도 UN이나 미국은 군사개입을 하지 않았다. 인간안보도 당사자의 조국이 보장하지 않는다면 그것을 담보할 수 있는 국제적 권력이 필요하다. 그러나 현 국제정치에서는 그러한 힘을 가진 국제기구는 없다. 지금도 중동과 아프리카에서 계속되고 있는 내전을 피해 유럽에 밀려온 수백만 명의 난민들이 어려운 지경에 처해 있다. 그런데도 선진국들은 그들을 수용하는데 주저하고 심지어 이민을 금하고 있는 비극이 나타나고 있다. 사람들은 여권을 소지하지 않고서는 자국을 떠나 어느 나라에도 가지 못한다. 설사 난민으로 타국에 가더라도 그 국가의 보호 없이 살아남기는 어렵다. 이것이 국제정치의 냉엄한 현실이다.

(6) 국가이익

모든 국가는 외교정책에서 국가이익을 추구한다. 가장 핵심적 국가이익은 **안보, 경제발전 및 정체성 또는 자존이다**. 안보는 국가의 생존과 방위를 지키는데 가장 긴요한 사활적인 이익이다. 나라를 지키기 위해서는 목숨까지 바쳐야 한다는 뜻이다. 경제발전은 국민의 물질적 욕구를 충족시키며 국력을 배양하는데 필요한 조건이다. 어느 나라도 자급자족하지 못하므로 다른 나라들과 무역, 투자 및 기술 교류를 실시해야 한다. 정체성은 국가의 역사와 전통을 계승하며 국민들을 통합하는데 긴요한 일체감 또는 자긍심이다. 모든 국가들은 타국이 자기를 인정하고 존경해 주기를 바란다. 그들은 자국의 선수들이 올림픽대회에서 금메달을 따올 것을 기대하는 것도 자존과 국위선양을 과시하기 위해서다. 이 핵심국가이익의 우선순위를 상정한다면 위에서 설명한 순서, 즉 안보, 경제발전 및 정체성이다.

이 밖에도 미국과 유럽 국가들은 인권, 법치 및 민주주의가치와 평화 및 정의와 같은 도덕적 가치를 국가이익의 일부로 간주한다. 이들은 핵심이익이라기 보다는 부수적 이익이다. 자유주의국가들은 시민들이 이러한 가치와 규범을 중시하기 때문에 국가가 그것을 도외시할 수는 없다. 그러나 이러한 가치도 국가가 강제력을 사용하지 않고서는 실제로 행동으로 실현하기는 어려운 것이 국제정치의 현실이다. 2022년 2월에 권위주의 강대국 러시아가 무력으로 민주주의 약소국 우크라이나를 침략했을 때 우크라이나는 미국이 제공한 무력으로 민주주의가치를 방어하려고 사력을 다했다.

(7) 안보딜레마와 죄수의 딜레마

국제정치에서 모든 국가들이 자국안보를 우선적으로 추구할 때 "안보딜레마"가 생긴다. 대체로 한 나라의 안보는 다른 나라의 불안을 초래한다. 국가 간에 완전한 소통은 불가능하기 때문이다. 게임이론에서 말하는 "죄수의 딜레마"는 "안보딜레마"와 같은 것은 아니지만 국제정치에서는 비슷한 역할을 나타낸다. 경찰관이 두 죄수들을 격리해서 심문해 그들의 자백 여부에 따라 다음 세 가지 선택이 가능하다고 말한다. (1) 둘 중 하나가 배신해 죄를 자백한다면 그는 즉시 풀어주고 다른 한 사람은 10년 복역해야 한다. (2) 둘 다 배신해 죄를 자백하면 둘 다 5년을 복역한다. (3) 둘 다 죄를 자백하지 않으면 둘 다 6개월만 복역한다. 이 경우 두 죄수가 서로 소통할 수 있다면 둘 다 죄를 자백하지 않기로 합의해 6개월만 복역하는 최선책을 누릴 수 있지만 소통이 불가능하므로 각자는 자기가 살기 위해 상대방을 배반해 둘 다 5년을 복역하게 된다는 것이다. 게임 이론가들은 공리주의적 입장에서 (2)를 선택하는 것이 합리적 행동이라 한다. 바로 이것이 "죄수의 딜레마"(prisoner's dilemma)인데 그러한 현상이 국제정치에서 빈번하게 일어나고 있다.

국제정치에서 모든 국가들이 이러한 행동을 취한다면 어떻게 될 것인지를 잠깐 상상해 볼 필요가 있다. 이렇게 국가가 자구책을 추구하고 국제법은 다른 국가들이 지키기를 기대하는 행동을 "무임승차"(free riding)라 부른다. 모든 국가들이 이 무임승차를 노린다면 무정부상태가 초래한다. 이 무정부상태를 어떻게 극복할 것인지가 국제정치가 당면해 온 영구적 과제다. 이 과제를 풀기 위해 학자들은 여러 가지 이론과 모형을 제시해 왔다.

(8) 억지력

억지력(deterrence)은 아국이 적국이 자국을 공격하지 못하게 하는 위협능력이다. 이 개념은 제2차 세계대전 후 미국과 소련이 핵무기를 보유한 뒤 핵전쟁을 방지하기 위해 사용되었다. 그 후 억지력은 핵무기 경쟁뿐 아니라 일반적 국제정치와 군사전략 연구에서 중요한 이론으로 발전했다. 억지력은 아국이 적국에 대해 반드시 보복하겠다는 위협을 행동으로 보여 주고 적국이 이를 신뢰할 때 성립된다. 이 조건을 충족하기 위해서는 아국이 위험을 무릅쓰고 모험을 해야 한다. 이러한 노력에서 억지력이 실패하면 전쟁이 일어난다.

억지력에는 두 가지가 있다. 하나는 "부정에 의한 억지"다. 이는 아국이 사전에 막강한 무력시위를 실시해 적국의 공격이 반드시 실패할 것을 보여 주는 것이다. 북한이 핵 실험을 실시한다면 한국과 미국이 강력한 무력으로 반격할 수 있는 능력을 공동으로 과시하는 것이 그 좋은 예다. 다른 하나는 "징벌에 의한 억지력"이다. 이는 북한이 감내하기 어려울 정도의 희생과 비용을 초래할 경제제재와 국제고립을 북한에 가해 처벌하는 것이다. 이러한 억지력에서 효과를 내기 위해서는 당사국 모두가 제제에 동참해야 한다. 이러한 억지개념은 사이버전쟁과 인공지능의 발달로 인해 많은 도전을 받고 있다. 이렇게 적국에 대한 위협을 행동으로 표시해 전쟁을 억지하는 일은 정말 위험하지만 국가는 생존하기 위해서 피할 수 없는 행동이다. 일반적으로 억지력이 성공하려면 충분한 공격능력, 공격위협을 실시한다는 확실성, 이에 대한 상대방의 신뢰가 있어야 한다. 아국은 적국을 파괴할 군사력을 충분히 보유해야 한다. 그런데도 적국이 전쟁을 시도하면 아국은 반드시 반격한다는 의지를 확실하게 소통해야 한다. 이러한 태세를 적국이 믿는다면 전쟁을 억지할 수 있다. 이 요건들은 과학적 법칙이 아니라 인간의 기술이기에 성공할 수도 있고 실패할 수도 있다. 결국 억지력은 국가지도자의 판단, 의지 및 능력에 달려 있다.

제5장

국제정치의 이론과 시각

국제정치를 과학적으로 예측하거나 설명할 수 있는 이론이 존재하는가? 국제정치학에서는 자연과학자들이 실험을 통해 사물에 관해 인과법칙을 검증해 이론을 정립하는 경우는 드물다. 그 주 이유는 인간의 행동과 사상을 실험할 수 없기 때문이다. 그런데도 국제정치학자들은 역사적 경험과 현재 국가들의 행동과 정책을 관찰하고 분석해 규칙적 행동양상과 그 의미를 체계적으로 서술하고 설명하고 있다. 이 결과 국제정치행동의 원인과 결과를 자연과학적으로 예측할 수는 없어도 그 맥락과 의미를 체계적으로 서술하고 설명할 수 있다.

이러한 의미에서 국제정치이론은 맥락적 지식을 중시해 현실을 보다 더 체계적으로 설명하는 시각 또는 모형(model)이다. 모형은 이해를 돕기 위해 현실을 단순화한 것이다. 따라서 정확한 모델이나 틀린 모델은 없고 다만 풍성한 것과 빈약한 것이 있을 뿐이다. 현실을 잘 묘사하고 설명한다면 그것은 풍성한 모델이다. 국제정치이론들은 이러한 의미의 모형에 가깝다. 이들은 민주주의와 사회주의와 같은 이념(ideology)과는 다르다. 이데올로기는 어떤 정책이나 행동을 정당화하는 신념으로서 항상 사기성을 내포하고 논리적 일관성을 결여한다. 사실에 근거한 시각이 아니기 때문이다. 그러면서도 이데올로기는 동원과 선전을 조직하고 전파하는 도구로 사용된다. 그러나 국제정치이론은 역사와 사실에 근거해 논리적 일관성을 갖고 국제정치현실을 서술하고 설명할 수 있으므로 시각 또는 가정과 같은 것이다. 이러한 이론은 우리의 이해를 돕고 정책당국은 필요한 지침으로 사용한다. 아래에서 다소 다른 맥락에 현재 제시되고 있는 이론들 중에서 현실주의, 자유주의 및 구성주의만 간략하게 설명한다. 다음 <표 2>는 이들이 주장하는 요점을 정리해 본 것이다.

표 2 국제정치이론의 비교

	현실주의	자유주의	구성주의
행위자	국가	개인, 단체, 국가	사회, 공동체
구조	무정부, 헤게모니	제도, 규칙	정체성, 의미
목적	생존, 안정	질서, 법치	사상, 규범
수단	강제력, 세력균형	외교, 협상	대화, 토론
행동양식	갈등, 양자주의	협력, 다자주의	공감, 자발주의
인간의 본성	이기적	선의적	주관적
세계관	비관적	낙관적	도덕적

(1) 현실주의

현실주의(realism)는 국제정치를 있는 그대로 보고 국가가 그 기본적 구성단위가 되어 중요한 행위자로 작동한다는 주장이다. 주권국가들이 타국을 희생해서라도 자국의 안보를 도모할 때 국제정치의 구조는 무정부를 조성한다. 어느 한 강국이 힘을 독점한다면 헤게모니가 성립한다. 국제정치는 정부 없는 정치다. 국가들 간의 갈등을 권위적으로 조정하는 세계정부가 실현되지 않는 한 이 아나키는 지속할 것이다. 여기서 일국은 타국의 의도를 정확하게 파악할 수 없으므로 항시 자국의 국력을 길러서 자기의 생존 및 안보를 스스로 지키기 위해 모든 수단을 강구해야 한다. 모든 국가가 이렇게 행동한다면 그 결과 갈등이 일어날 수밖에 없다. 두 국가 간에 갈등이 발생하면 그들은 전쟁을 하던지 양자협상을 실시해 분쟁을 타결해야 한다. 게임이론에서 이 시각은 순전히 "제로섬게임"(zero-sum game)으로서 한 쪽이 이기면 상대방이 져야 하는 "상대적 이득"을 나타내는 순수한 갈등모형이다. 이러한 게임에서는 안보딜레마 또는 죄수의 딜레마가 불가피하게 발생하고 무정부가 초래한다. 이 여건에서 각국은 자조에 의해 생존해야 하는데 이것이 "안보 딜레마"다(John Herz, "Idealist Internationalism and the Security Dilemma," *World Politics*, 1950).

이 시각은 인간의 본성에 대한 입장에서 나온 것이다. 현실주의자들은 인간의 본성을 이기적인 것으로 보고 갈등과 무정부가 불가피하다는 비관적인 세계관을 주장한다. 모겐소(Hans Morgenthau)는 국제정치를 권력을 쟁취하기 위한 투쟁이라 주장했다. 1948년에 그가 저술한 "국가 간의 정치: 권력과 평화를 위한 투쟁"(*Politics among Nations: The Struggles for Power and Peace*)은 가장 영향력 있는 책으로 국제정치에 관한 교과서로 널리 사용되었다. 여기서 모겐소는 권력은 곧 국가이익을 의미하며 오직 권력만이 권력을 견제할 수 있다는 현실주의를 설명했다.

이 시각은 동서양을 막론하고 고대부터 제기되어 왔다. 정치도 인간이 하는 활동이기에 인간의 본성을 이기적이고 독점적인 것으로 본 사상은 고대 그리스의 아리스토텔레스 때부터 시작되었다. 중국의 한비자와 진시황도 비슷한 견해를 표출했다. 기원전 5세기(431－404BC)에 그리스의 역사학자 투키디데스(Thucydides)는 당시 아테네와 스파르타 간의 전쟁사, "펠로폰네소스전쟁"(*The Complete Writings of Thucydides: The Peloponnesian War*, 1951)에서 모든 갈등은 공포, 명예 및 이익에서 시작된다고 했다. 기원전 416년에 아테네 사절단이 멜로스섬 대표에게 "정의는 오직 동등한 힘을 가진 관계에서만 가능한 것이다. 강자는 자기가 하고자 하는 것을 할 수 있고 약자는 받아야 할 것을 받는 것이다"라고 한 말이 현실주의를 가장 노골적으로 설명했다. 당시 스파르타는 점점 강력해 진 아테네의 국력에 공포를 느껴 자기의 기득권을 보호하기 위해 전쟁을 개시했다는 것이다. 이 피치 못할 상태를 후세의 학자들은 "투키디데스 함정"이라 했다.

기원전 5세기의 전설적 중국 전략가 쑨지(孫子)는 그의 저서 *兵法*에서 전쟁은 국가의 생존을 좌우하는 중요한 행동이므로 모든 국가는 전쟁에서 승리할 힘을 길러야 한다고 지적했다. 중세의 마키아벨리(Niccolo Machiavelli)는 일반적으로 교활한 인간으로 알려졌지만 그는 16세기의 군주들에게 현실주의를 주문했던 인물이다. 그는 그의 "군주론"(*The Prince*, 1961)에서 군주는 국가의 생존과 영광을 지키기 위해 이리에게는 겁을 줄 수 있는 사자가 되어야 하고 사냥꾼들의 덫을 피하기 위해서는 여우같이 신중(prudential)하게 행동해야 한다는 것을 설파했다. 현대에 와서 미국의 케난과 키신저를 비롯하여 많은 학자들과 정치가들이 이 현실주의시각을 외교정책의 중요한 지침으로 삼았다.

현실주의는 그 강조점에서 다소 다른 주장을 제시하고 있다. 영국의 역사학자 카(E. H. Carr)는 고전적 현실주의를 주장해 인간의 본성이 이기적인 면을 강조했다. 그는 국가가 국력을 극대화하기 위해 전력을 기울여야 한다고 강조하면서 제1차 세계대전 직후 윌슨대통령이 주도했던 국가연맹(The League of Nations)은 "절망적 꿈"이라고 혹평했다(*The Twenty Years' Crisis, 1919−1939*, 1939). 월츠(Kenneth Waltz)는 "국제정치이론"(*Theory of International Politics*, 1979)이라는 저서에서 구조적 현실주의 또는 신 현실주의를 제시했다. 이 저서는 그 후의 국제정치학에서 막강한 영향력을 유지했다. 그 기본 아이디어는 경제체제가 독과점 또는 경쟁체제를 나타내느냐에 따라서 회사의 행위가 달라지듯 주권국가의 행위도 그것이 위치한 국제정치의 구조에 따라서 다르게 나타난다는 것이다. 국제정치의 구조가 무정부상태에 있다면 주권국가들은 그들의 국내정치가 다를지라도 대외적으로는 자기생존을 보호하기 위해 거의 같은 행동을 취하게 된다는 논리다. 한 국가의 위치가 다극화한 세력균형에 처하고 있는지 또는 단극화 구조 또는 헤게모니하에 처해 있는지에 따라서 국가의 행위가 달라진다는 설명이다. 월츠는 다극화한 구조보다 단극화 또는 양극화한 구조가 더 안정되고 전쟁도 더 효과적으로 억지한다고 주장했다.

현실주의는 공세적인 것과 방어적인 것으로 분류된다. 미어사이머(John Mearsheimer)는 공세적 현실주의를 옹호하면서 중국이 결국 미국을 능가할 패권국이 되기 전에 이를 사전에 방지하는 공세적 전략을 제창했다(*The Tragedy of Great Power Politics,* 2001). 한편 세력균형은 한 나라가 위치한 지리적 조건과 사용가능한 기술수준에 따라 다를 수 있으므로 방어적 현실주의가 더 적절하다고 보는 견해도 있다. 근래에 와서 다른 학자들은 정책수립과정이 외교정책의 내용을 좌우한다는 주장을 제시해 고전적 현실주의와 신 현실주의 사이에 중간적 공간을 모색해 "신고전적 현실주의"를 소개했다(Gideon Rose, "Neoclassical Realism and Theories of Foreign Policy," *World Politics*, 1998).

이러한 차이에도 불구하고 대다수의 현실주의자들은 국제정치가 아나키라는 점과 권력이 그 원동력이라는 점에 대해서는 모두가 공감한다. 그들은 공통적으로 자유보다는 질서를, 가치보다는 이익을 더 중시한다. 물론 이러한 시각에 대해 비판도 있다. 현실주의는 국력을 정당화하고 인간의 심리와 제도의 역할을 경시할 뿐 아니라 검증하기도 어렵다는 것이다. 동시에 대부분의 현실주의자들은 냉전의 종식과 구소련의 붕괴를 예측하지 못했다. 그런데도 전쟁과 평화와 같이 군사 및 안보문제를 다루는 데는 현실주의가 가장 많은 적실성을 보여 온 것은 사실이다.

미국학계에서는 현실주의가 주류를 이루어 왔다. 이에 대해서는 여러 가지 이유가 있다. 그 중 가장 중요한 것은 적어도 제1차 세계대전 시기에 미국이 세계에서 최대강국으로 부상하자 미국의 역할에 대해 학계의 관심이 집중해 외교정책에 대해 보다 깊은 연구의 필요성이 제고되었던 것이다. 이 배경에서 1919년 파리평화회담에서 윌슨대통령이 주도했던 이상주의적 국가연맹이 실패하자 국제정치에 대해 더욱 더 현실주의적 시각이 요청되었다. 이 회의에 참석했던 영국과 미국의 대표들 중 일부가 국제관계를 체계적으로 연구하고 토론하기 위해 권위 있는 연구소를 개설하기로 합의했다. 이 결과 1920년대에 영국에서는 왕립국제관계연구소(The Royal Institute of International Affairs)가, 미국에서는 외교관계협의회(The Council on Foreign Relations)가 출범해 미래의 학자들과 정책결정자들을 양성하기 시작했다. 후자는 *Foreign Affairs*라는 전문잡지를 출판해 미국외교정책에 지대한 영향력을 행사해 왔다. 사실 오늘날의 국제정치학은 이때부터 체계화해 영국과 미국의 학계에서 정립되었다. 1919년에 먼저 영국에서 The University of Wales가 최초로 Woodrow Wilson Chair를 출범했다. 미국에서는 Georgetown University가 Edmund A. Walsh School of Foreign Service를 출범했다. 이처럼 영국과 미국에서 체계적으로 발전했던 국제정치학은 그 후 전 세계에 널리 전파했다.

국제정치학계의 밖에서 현실주의의 발전에 큰 영향을 남겼던 신학자 니버(Reinhold Niebuhr)의 공헌을 여기서 간략하게 소개한다. 니버는 "도덕적 인간과 비도덕적 사회: 윤리와 정치의 연구"(*Moral Man and the Immoral Society: A Study of Ethics and Politics*, 1932)라는 저서에서 인간은 개인으로서는 도덕적 행동을 취하지만 사회라는 집단은 비도덕적이고 과도하게 이기적인 행동을 취하게 되고 그것을 합리화한다고 지적했다. 이 현상은 인간본연의 실상을 그대로 반영한 결과라는 것이다. 인간은 선한 면과 악한 면을 다 갖고 있는 불완전한 존재이기 때문이다. 이 점에 착안해 니버는 기독교의 사회복음에서 추구하는 지상천국이나 듀이(John Dewy)가 인간의 이성이 모든 문제를 실용주의적으로 해결할 수 있다는 주장에 동의하지 않았다. 이 주장들은 당시 독일과 소련에서 한창 득세하고 있었던 히틀러의 나치주의와 스탈린이 강행했던 대대적 폭행이 왜 가능했는지를 설명하지 못했기 때문이다. 그는 이러한 악행에 맞서서 서양문명을 보호하기 위해서는 권력을 사용하는 길 외에 다른 방도가 없다고 주장했다. 따라서 그는 권력은 권력에 의해서만 견제된다는 정치적 현실주의를 지지했다. 이것을 행동으로 나타내기 위해 자신이 스스로 반공운동에 직접 가담했다.

1952년에 니버는 "미국역사의 아이러니"(*The Irony of American History*)라는 저서를 출판해 냉전기의 미국외교정책의 방향에 대한 하나의 지침을 제시했다. 미국역사에는 역설적인 현상이 일어나고 있는데 그것은 미국이 최대강국으로서 자처해 좋은 의도로 해외에 권력을 확장해가면 결국 나쁜 결과를 초래하고 오히려 미국의 힘은 약화된다는 것이다. 동서냉전에서 미국이 승리할 수 있지만 이 승리는 동시에 미국의 한계와 약점을 노출할 것이니 이것이 미국역사에서 나타나는 아이러니라는 것이다. 이에 대해 그는 기독교적인 시각으로 인간은 원래 죄를 범한 피조물로서 순진한 척 하면서 과도하게 권력을 추구한다고 지적했다. 이 현상은 인간의 창조성을 지나치게 믿고 이기적으로 권력과 부를 추구하기 때문에 일어난다는 것이다. 미국은 세계에서 악을 퇴치하는데 권력을 사용해야 하지만 항시 그 역사에서 파토스(pathos)나 비극이 아닌 아이러니를 바로 인식하고 자제하면서 겸허한 자세로 권력을 행사할 것을 주문했다. 이처럼 니버는 키신저가 2014년에 세계질서를 정립하기 위해서는 권력과 정당성 간에 일종의 균형을 유지해야 한다는 시각을 일찍이 선제적으로 강조했다(Henry Kissinger, *World Order*, 2014). 니버는 현실정치에서 도덕 없는 권력은 부패하기 마련이고 권력 없는 도덕은 무위를 초래하는 참으로 어려운 딜레마에 대해 많이 고민했던 것 같다. 신이 아닌 인간이 자신의 불완전성을 시인하면서 가능한 한 좋은 목적을 위해 권력을 사용하는 것이 우리의 이상이다. 적어도 이러한 노력을 끊임없이 계속해 가는 것이 인간의 도리일 것이다.

니버의 현실주의사상은 그 후 미국의 수많은 학자들과 정책결정자들의 사고와 행동에 지속적으로 영향을 남겼다. 2008년에 미국역사의 역설에 관한 그의 저서는 재판되어 오바마 대통령이 다시 정독했다고 한다. 미국의 국제정치학자들 가운데 모겐소와 케난(George Kennan), 프랑스에서는 아롱(Raymond Aron)이 니버의 영향을 많이 받았다. 그의 철학은 1960년대에 알라바마 주에서 흑인의 기본권을 보호하기 위해 대중운동을 주도했던 마틴 루터 킹(Martin Luther King) 목사에게도 깊은 영감을 남겼다.

(2) 자유주의

자유주의는 현실주의와 경쟁하는 대조적 이론이다. 자유주의에 의하면 국가만이 아니라 개인과 집단 및 국제조직들이 국제정치의 행위자가 된다. 시장이 주도하는 다국적 기업과 시민사회의 활동을 추구하는 비정부 조직들, UN과 같은 수많은 국제기구들이 국제정치에 참여한다는 것을 강조한다. 이처럼 다원적인 행위자들은 그들이 선호하는 정책을 제시하면 국가는 이를 취합해 외교정책으로 국제정치에 그대로 반영한다. 그들의 공통목적은 일정한 규칙에 근거해 자유와 질서를 이루는 것이며 궁극적으로 집단안보와 다자적인 국제협력을 달성하는 것이다. 이러한 일은 외교와 협상을 통해서 평화적인 방법으로 이룬다. 국제교류와 협상을 심화하면 할수록 국가 간에 상호의존성을 축적하고 신뢰를 구축한다. 자유주의는 갈등보다 협력을 중시해 개방적 교류와 자유무역을 강조한다(Andrew M., Moravcsik, "Taking Preferences Seriously: A Liberal Theory of International Politics," *International Organization*, 1997).

자유주의는 인간의 본성이 기본적으로 선하기 때문에 협력과 평화를 실현할 수 있다고 보는 시각이다. 이는 인간의 능력을 낙관적으로 보고 국제관계도 "비제로섬게임"(non-zero sum game)으로 다루어 모든 국가들이 동시에 이익을 갖는 "절대적 이득"(absolute gain 또는 win-win)을 지향해 협력을 강조한다. 죄수의 딜레마게임도 당사자들이 그것을 반복해 실시해 가면 서로의 입장을 더 자세히 알게 되어 협력할 수 있다는 사실을 일부 게임 이론가들은 컴퓨터게임을 통해 입증했다(Robert Axelrod, *The Evolution of Cooperation*, 1984). 비록 적대적인 게임도 오랫동안 그것을 실시하면 상대방의 의도와 행동을 파악해 갈등을 피하고 협력해 서로 이득을 얻는다. 자유주의자들은 이 현상을 중시해 교류와 협력을 적극 장려했다.

자유주의에도 여러 가지 종류가 있다. 로크(John Lock)와 칸트(Immanuel Kant)가 제창한 고전적 자유주의는 개인의 자유와 기본권을 근간으로 하는 정치사상이다. 이에 대조적인 신자유주의(Neo－liberalism)에도 두 부류가 있다. 하나는 상업적 자유주의로서 국가의 역할을 최소화하고 시장의 역할과 상호의존의 중요성을 강조하는 신자유주의다. 이는 냉전이 종식된 후 미국의 신보수파가 국가정책으로 추진했던 점에서 하나의 이데올로기에 가깝다. 다른 하나는 사회학적 자유주의라 부를 수 있는데 제도와 레짐(regime)을 통해 협력과 합의를 달성할 수 있다는 견해이다. 여기서 “제도”(institutions)라 함은 일정한 조직 자체를 칭하는 것이 아니라 오랜 기간 동안 포괄적인 쟁점들에 대해 규칙, 절차, 관례 및 규범이 축적된 결과 행위자들이 공통적인 기대를 누리는 상태를 말한다. 공식적인 국제조직인 UN, IMF, WTO 및 세계은행이 여기에 속한다. 레짐은 한국어로 번역하기 어려운 개념인데 대체로 하나의 쟁점에 대해 제도와 같은 공통적 기대가 축적된 상태를 말한다. 핵무기의 비확산을 방지하기 위해 활약해 온 비 확산레짐(non－proliferation regime)은 IAEA(the International Atomic Energy Agency)가 관리하고 있다. 이러한 의미에서 국제협력을 추구하는 활동을 총괄해 자유주의적 국제주의(liberal internationalism)라고 부른다. 1941년에 루스벨트와 처칠이 “대서양헌장”(*The Atlantic Charter*)을 선언했을 때 그들은 자유무역, 자유시장, 열린 국경, 민주주의원칙을 강조해 이 자유주의 노선을 미국과 영국의 외교정책 교리로 여겨 자유주의국제질서를 출범시켰다.

한편 자유주의에 속한다고 볼 수 있는 다른 주장들도 있다. 그 가운데 가장 중요한 것이 “**민주평화론**”(democratic peace)이다. 이 견해의 핵심은 성숙한 민주주의를 실천하는 국가 간에는 전쟁이 일어나지 않는다는 것이다. 민주주의국가들은 외교정책을 투명하게 실시하고 갈등도 상호협상을 통해 타결하고 있다. 무엇보다도 민주주의국가는 유권자들의 동의 없이 전쟁을 수행하기 어렵다. 러셋(Bruce Russet)은 이 사실을 역사적으로 증명해 보려고 노력했다(*Grasping the Democratic Peace*, 1993). 사실 이러한 사상은 일찍이 칸트가 먼저 제시했던 것이다. 칸트는 모든 국가들이 비밀조약과 상주군대를 없애고 시민공화국헌법, 자유국가의 국내법 및 세계시민들의 공법(국제법)을 실시한다면 "영구적 평화"를 실현할 수 있다고 했다(Immanuel Kant, *Perpetual Peace: A Philosophical Sketch*, 2003). 그러나 학자들은 근년에 성숙한 민주주의가 아니라 민주주의를 실현하려고 노력하는 과도기에 처해 아직도 성숙하지 못한 민주주의를 실시하고 있는 국가 간에는 전쟁이 빈번이 일어났다는 사실을 지적하고 있다.

냉전 이후 수많은 국가들이 국경을 개방하고 무역을 활발하게 실시했다. 이 결과 국가들이 경제적으로 상호의존을 심화시켰고 세계화가 널리 확대했다. 컴퓨터와 인터넷 등 정보기술이 급속하게 발전해 세계화의 속도와 범위를 가속화하고 확장해 전 지구를 하나의 마을로 묘사할 정도로 발전했다. 진실로 인류는 상호 간에 더 밀접하게 연결된 생활을 누리고 있다. 이러한 현상을 중시한 학자들은 상호의존(interdependence)이 국제협력을 심화해가면 전쟁은 불가능해 질 것이라고 주장한다. 이것 역시 자유주의의 한 부류이다. 그러나 역사적으로 1914년에 영국과 독일 간에 무역의존이 매우 밀접했음에도 불구하고 제1차 세계대전이 일어났다. 현재 대만은 중국과 쉽게 분리할 수 없는 경제협력을 실시하고 있지만 양측 간에 전쟁가능성은 늘어나고 있다.

상호의존론과 유사한 관점에서 기능주의, 세계화 및 그물망(networks)의 중요성을 강조하는 견해도 있다. 기능주의는 EU가 발전한 과정에서 유럽 국가들이 먼저 석탄 및 철강 생산에서 경제협력을 달성했던 것처럼 이 협력을 축척해 가면 그것이 마침내 정치협력으로 파급된다는 주장이다(Ernst B. Haas, *The Uniting of Europe: Political, Social and Economic Forces, 1950－1957,* 1958). 그러나 신기능주의(neo－functionalism)자들이 지적한 바와 같이 그 국가들의 지도자들이 강한 정치적 의지를 갖고 리더십을 발휘해야 정치적 통합을 이룰 수 있다. 경제적 세계화의 결과 두껍게 축적되고 확장되고 있는 그물망이 국제협력과 평화를 수반한다는 주장도 있다. 조직과 집단들이 조성하는 그물망(networks)은 즉각적인 소통을 통해 정보와 기술을 교환하는 데 크게 기여한다. 그러나 그러한 그물망이 행동을 취하게 하는 권력은 행사하지 못하고 있다.

2016년에 영국이 EU를 탈퇴한 것과 2017년에 트럼프 대통령이 취임한 직후 TPP를 파기한 것은 정치가 경제를 압도한다는 것을 잘 보여 주었다. 한편 미국의 신보수주의자들이 아프가니스탄과 이라크에서 자유와 민주주의 국가를 건설하기 위해 군사개입을 할 것을 촉구했는데 이는 개입적인 자유주의(interventionist liberalism)로 비판을 받았다. 보수정당들도 이제 중동이나 아프리카국가들의 내정 간섭은 반대하고 있다. 그들은 민주주의의 역사와 경험이 없는 아프가니스탄과 이라크에 미국이 개입해 막대한 자원을 사용했으나 미국의 이미지대로 민주국가를 건설하지 못했던 실패를 뼈저리게 경험했기 때문이다. 이러한 태도는 미국이 시리아에 개입을 극구 회피해 온 외교정책에서 잘 나타났다.

자유주의는 국제경제관계를 설명하는데 많은 적실성을 갖는다. 세계화하고 있는 21세기에 많은 국가들은 상호 의존된 시장과 네트워크를 형성해 정보를 교환하고 협력을 증대하고 있다. 그러나 시장과 그물망은 영향력은 보유하지만 권력을 행사하지 못하는 것이 사실이다. 필요하다면 언제든지 국가가 그들을 통제하기 때문이다. 단적으로 미국은 중국과 금융 및 무역에서 상호의존을 심화해 왔으나 그것이 양국 간에 증가하고 있는 정치 및 안보적 갈등을 해소하지 못하고 있는 것이다. 미국의 외교정책에서 대체로 민주당정부들은 자유주의를 추구했다. 이 추세는 민주당출신 대통령들이 내걸었던 구호에서 잘 나타났다(Wilson's New Freedom, FDR's Four Freedoms, Kennedy's New Frontier, Johnson's Great Society). 미국 이외에 대부분의 EU회원국들은 대체로 자유주의적 외교정책을 추구했다. 특히 독일은 다자협력과 연식국력을 의도적으로 추구하면서 무력사용을 적극 회피했다. 그러나 러시아가 수정주의정책을 추구하고 있고 영국은 EU를 탈퇴했으며 미국은 더 많은 방위비분담을 요구하고 있는 상황에서 지나치게 자유주의에 경도한 외교정책은 심각한 도전에 직면하고 있다. 유럽 국가들도 이제 경제문제에 대해서는 자유주의를 고수하더라도 안보문제에 대해서는 현실주의방향으로 외교정책을 전환하기 시작했다. 유럽 국가들의 국내정치에서 강화되고 있는 우파 민족주의세력이 그러한 전환을 강요하고 있다. 특히 2022년 2월에 러시아가 우크라이나를 침략한 뒤에 유럽 국가들은 크게 놀라 외교정책을 현실주의로 급선회했다.

(3) 구성주의

구성주의(constructivism)는 냉전이 열전을 치루지 않고 종식되고 왜 소련이 돌연히 붕괴했으며 냉전이 종식된 후에 어떻게 NATO가 존속할 수 있는지를 설명하기 위해 일부 학자들이 제시한 이론이다. 그들 중 대표적인 학자가 웬트(Alexander Wendt)다. 그는 국제정치는 인간의 주관적 인식과 지도자의 비전에 의해 사회적으로 구성된다는 논리를 전개했다(*Social Theory of International Politics*, 1999).

구성주의자들은 국제정치의 행위자는 국가와 함께 사회와 공동체라고 주장한다. 국제정치도 인간, 특히 지도자들이 주관적으로 구축한 사회적 산물이라고 설명한다. 국제정치의 구조도 무정부상태가 아니고 인간들이 공유하는 생각과 정체성에 의해 일정한 규칙을 나타낸다는 것이다. 이러한 규칙에는 UN헌장과 같은 헌법적(constitutive)인 것과 도로규칙과 같은 규제적(regulative)인 것이 있다. 대체로 인간은 전자를 준수하지만 후자는 가끔 위반한다. 구성주의자들은 이러한 국제법이 도덕적 규범을 창출해 국가로 하여금 그것을 이행하게 만든다고 주장한다. 국제정치에서 국가와 사회가 추구하는 목적은 공통적 아이디어와 규범을 구성하는 일이다. 그들이 이러한 노력에 성공한다면 이상적으로 생각을 공유하는 하나의 "인식공동체"(epistemic community)를 구성할 수 있다는 것이다. 이와 같이 인식을 공유하려는 행동양식은 갈등이나 단순히 협력이 아니라 끊임없는 대화와 소통이며 이를 통해 마침내 공통적 생각과 행동을 취하게 된다는 것이다.

구성주의가 보는 인간의 본성은 주관적이며 사회적인 것이다. 따라서 구성주의자들의 세계관은 비관적 또는 낙관적이라기보다 목적적이며 도덕적인 것이다. 구성주의 주장에 의하면 소련에서 개방(glasnost)과 개혁(perestroika)을 목적적으로 추구한 고르바초프(Mikhail Gorbachev)가 없었다면 냉전의 종식과 소련의 붕괴는 거의 불가능했다고 주장한다. NATO의 존속도 당시 미국, 독일, 프랑스 및 영국의 정치지도자들이 고의적으로 노력해 인식을 공유하지 않았다면 거의 불가능했을 것이라는 견해다. 구성주의는 주로 도덕, 종교, 문화 및 이데올로기 방면의 국제정치를 설명하는데 적실성을 갖는다. 따지고 보면 헌팅턴(Samuel Huntington)

이 냉전 후의 국제정치에서는 강대국 간의 전쟁보다도 기독교와 이슬람교 간의 "문명충돌"이 일어날 것이라고 예측한 것도 구성주의적 사고로 볼 수 있다(*The Clash of Civilizations and the Remaking of World Order*, 1996). 현재 서방국가들은 전쟁에서 화학무기의 사용을 금지하는 협약을 준수하고 있다. 이러한 면에서 구성주의는 긍정적인 영향을 끼쳤다. 그럼에도 불구하고 이라크의 후세인과 시리아의 아사드는 화학무기를 사용했던 것은 구성주의의 고매한 요구를 묵살한 야만행위다. 이처럼 구성주의는 안보나 경제적인 또는 물질적 갈등을 설명하는 데는 적실성이 부족하지만 종교 및 문화적 갈등을 분석하는 데는 일리가 있는 것이다.

구성주의와 비슷한 이론으로 이른바 "영국학파"(The English School)를 들 수 있다. 이 이론은 국제정치를 국가들이 법률적으로 구성하는 하나의 "국제사회"로 간주한다. 이 국제사회는 인류가 고대 그리스시대부터 현재까지의 역사에서 진전되어 온 것이다. 이 결과 국제사회는 어느 정도의 공통적 유산과 자연발생적 협력을 내포해 왔다는 논리다. 현대 국제체제는 유럽의 역사에서 진전된 영토국가들의 상관관계에서 유래했다. 그 중에서 가장 뚜렷한 현상은 민족국가와 세력균형이라고 설명한다. 이러한 역사적 맥락에서 국제정치를 이해해야 한다는 것이다.

위에서 소고한 세 가지 이론은 그 이상적인 형태를 비교해 본 것에 불과하다. 실제의 국제정치는 이 세 이론의 내용을 모두 혼합하고 있다. 여기서 중요한 것은 같은 종류의 국제정치를 많거나 적은 정도의 차이에서 비교해 보았다는 사실이다. 사실 사회과학에서는 다른 종류의 현상을 비교하기보다 같은 종류의 현상을 비교해야 하는 경우가 더 많다. 사과와 오렌지를 비교하는 것보다 같은 사과가 색과 맛의 정도에서 어떻게 다른지를 비교한다는 뜻이다. 그런데 국제정치의 현황과 변화를 정도의 차이에서 다르게 분석하고 비교해 보는 것은 실질적으로 매우 중요한 함의를 갖기 때문에 결코 간과해서는 안 될 것이다.

제6장

국제정치이론에 대한 대논쟁

국제정치이론에 대해 “대논쟁”(the great debates)이 계속했다. 그 첫 번째 논쟁은 1930－1940년대에 이상주의자들과 현실주의자들 사이에 전개되었다. 이상주의자(또는 utopianism)들은 세계평화와 안정을 달성하기 위해 국가연맹(The League of Nations)이 필요하다고 보고 법치와 도덕의 중요성을 강조했다. 그러나 독일에서 나치주의자들이 정권을 장악하자 현실주의자들은 나치주의에 대해 민주주의국가들이 취할 대응책을 모색하는 데 착안해 문명국가의 생존과 안보를 지키기 위해서는 강제력을 사용해야 한다는 현실주의를 옹호했다. 1939년에 유럽에서 제2차 세계대전이 발생하자 카(E. H. Carr)는 이상주의를 신랄하게 비판한 저서를 발표한 뒤 현실주의가 국제정치이론의 주류가 되었다.

두 번째 대논쟁은 1960년대의 미국학계에서 전통주의자들과 행동주의자들 간에 일어났다. 이 논쟁의 초점은 국제정치학이 하나의 과학적 학문이 될 수 있느냐에 집중되었다. 전통주의자들은 역사, 외교사, 사례연구 및 회고록 등에 근거해 국제정치를 서술하고 설명하는 방법을 사용했다. 행동주의자들은 육안으로 관찰하고 측정할 수 있는 행동과 자료에 근거해 검증할 수 있는 이론, 모형 및 모의실험(simulation)을 실시해 국제정치현상을 보다 과학적으로 설명하려고 노력했다. 행동주의는 국제정치학을 하나의 과학적 학문으로 정립하는 데 많은 기여를 했다.

특히 게임이론은 죄수의 딜레마와 억지이론을 제시해 냉전기의 미소관계에 대한 전략과 군축을 실시하는데 실질적인 모형과 지침을 제공했다.

외교정책결정과정을 분석하는 데는 경험적인 사례연구가 유용하게 사용되었다. 그 대표적 예로서 1962년의 쿠바위기에 대해 케네디행정부가 겪었던 정책결정과정을 관료조직의 한 모형으로 분석한 앨리선(Graham Allison)의 경험적 연구(*Essence of Decision: Explaining the Cuban Missile Crisis*, 1971)다. 이 연구는 위기 속에서 정책결정자들이 "**집단사고**"(group thinking)를 나타내어 어려운 타결을 이루었던 실상을 실감나게 설명했다. 쿠바위기에 직면했던 케네디(John F. Kennedy) 대통령은 13명밖에 안 되는 극소수의 보좌관들만 정책결정과정에 참여시켰다. 이 경우 그들은 철저한 토론을 실시하지 않고서 집단적으로 대통령이나 그의 아우(당시 법무장관 Robert Kennedy)의 의견을 수용해 결정을 내렸다는 것이다. 이 사례에 대해 대조적인 외교정책결정의 모형으로 조지(Alexander L. George)는 "다수옹호"(multiple advocacy)론을 제시했다. 다수의 전문가 및 관료들을 정책결정과정에 참여시켜서 토론과 경쟁을 진행하게 만들어 가장 적절한 대안을 선택하는 모형이다. 이 방법이 반드시 성공한다는 보장은 없다. 다만 "악마의 변호인"(the devil's advocate) 역할을 수행해 반대의견을 충분히 고려할 경우 정책결정자들은 책임을 공유하게 되어 정당성을 확보할 수 있다. 여러 가지 대안들을 신중하게 고려하면 적어도 실수를 줄일 수 있게 된다. 그러나 이러한 방법은 긴 시간을 요하므로 위기에 대해서는 적합하지 않다(Alexander George, *The Case for Multiple Advocacy in Making Foreign Policy*, 1971). 루스벨트(Franklin Roosevelt) 대통령은 이 방법을 선호해 그의 각료들이 외교정책에 대해 서로 경쟁하게 만든 뒤에 그들의 주장 가운데서 가장 적절한 대안을 선택했다.

합리적 선택(rational choice)이론도 국제정치학에서 유용하게 활용되었다. 그 대표적 사례가 집단행동의 조건과 문제점을 분석했던 정치경제학자 올선(Mancur Olson)의 연구(*The Logic of Collective Action: Public Goods and the Theory of Group*, 1965)다. 올선은 수많은 개인들로 구성된 사회에서 집단행동을 취해야 공공재를 생산할 수 있지만 실제로 그들은 개별적인 행동을 취해 "무임승차"하게 된다는 것을 설명했다. 바로 이러한 현상은 국제정치에서 주권국가들이 추구하고 있는 행동이다. 이 모형은 실제로 일어나는 국제정치현상을 이해하는 데 큰 도움을 주었다.

인간은 반드시 합리적 선택이론이 제시하는 대로 행동하는 것은 아니다. 특히 불안상태(under stress)에서 개인은 합리적 선택이론이 기대했던 공리적 선택에서 벗어나는 결정을 나타낸다. 행동경제학자로서 노벨경제학상을 수상한 카네만(Daniel Kahneman)은 이 현상을 심리학적으로 설명해 "**전망이론**"을 제시했다(Kahneman and Amos Tversky, "Prospect Theory: An Analysis of Decision under Risk," *Econometria*, 1979). 이 이론에 의하면 정책결정자들은 현재 누리고 있는 상황과 새롭게 얻을 수 있는 상황 간에 선택을 해야 한다면 대개 전자를 택한다는 것이다. 그들은 이미 향유하고 있는 것을 잃어버릴까를 더 두려워해 현상유지를 선호하고 새로운 선택이 초래할 위험을 피하려 한다는 것이다. 예컨대 김정은은 핵무기를 포기하면 얻을 수 있는 경제적 이득보다 체제생존을 위해 이미 개발한 핵무기를 포기할 때 올 수 있는 위험을 더 두려워하기 때문에 기존핵무기에 매달리고 있다는 것이다. 이처럼 정책결정에 대한 심리학적 연구는 위급한 사태하에 조성되는 외교정책결정과정을 이해하는 데 많은 시사점들을 제공했다.

세 번째 대논쟁은 국제정치학의 방법론에 관해 발생했던 "패러다임 간의" (inter–paradigm) 토론을 말한다. 이 논쟁은 주로 현실주의, 자유주의 또는 제도주의 및 구조주의 또는 극단주의 간에 전개되었다. 극단주의는 비판이론이라고도 알려졌는데 사실상 마르크스주의를 원용한 시각이다. 다른 논쟁과 달리 이 논쟁은 국제정치학에 비교적 작은 영향을 남겼다.

네 번째 대논쟁은 합리주의자들과 사색주의자들 간에 인식론의 차이에서 발생했다. 이 차이점에 대해 코헤인(Robert Keohane)은 1988년의 국제학 총회에서 행한 그의 연설에서 지적했던 것이다("International Institutions: Two Approaches," *International Studies Quarterly*, 1988). 합리주의자들은 제도의 실상을 있는 그대로 파악해 개인들이 "실질적 합리성"(substantive rationality)을 추구하는 데 비하여 사색주의자들(reflectionists)은 제도의 의미를 주관적으로 생각하고 해석한다고 지적했다. 후자의 견해에 의하면 제도는 단순히 개인들의 선호를 반영하는 것을 넘어서 일정한 규범을 조성해 개인의 행동을 좌우한다는 것이다. 여기서 "실질적 합리성"은 "절차적 합리성"과 대조되는 개념으로 주어진 조건에서 인간이 적절한 목적을 달성하는데 필요한 합리성이다. 코헨은 상호의존과 같은 국제제도가 이 실질적 합리성을 달성하게 만드는 여건이 된다고 보았다.

이상과 같은 논쟁들은 학자들의 사고를 자극하고 보다 더 날카롭고 적실성 있는 연구를 모색하게 만들었다. 이러한 논쟁은 앞으로도 계속할 것이다. 21세기국제정치에서는 주로 현실주의자들과 자유주의들이 이러한 논쟁을 주도하면서 국제정치학의 연구수준을 격상해 정책결정에 유용한 지침을 제공하고 있다. 이렇게 논쟁을 계속하고 있는 학설 중에 어느 것도 국제정치의 모든 면을 다 설명할 과학적 법칙은 없다. 그런데도 국제정치에 대한 자료와 연구는 축적되어 국제정치학은 체계적으로 발전하고 있다. 지금까지 고찰한 국제정치의 이론에 비추어 실제로 현대국제정치의 행위자들이 어떻게 전쟁과 평화, 경제발전과 위기 및 안정과 질서에 대한 쟁점들을 해결하고 있는지를 다음에서 구체적으로 본다.

제7장

현대국가체제에 있어서 전쟁과 평화

주권국가들로 구성된 현대국가체제는 어떻게 형성되었으며 거기서 전쟁과 평화는 왜 일어나는가? 이 물음에 대한 대답은 국제정치의 가장 핵심적 과제다. 우선 현대국가체제가 형성된 배경을 알아야 한다. 그래야 왜 전쟁이 일어나고 평화가 조성되는지를 알 수 있다. 그 다음에 전쟁을 방지하기 위해 어떻게 외교와 국제기구들이 작동하고 있는지를 살펴보아야 한다. 이 국제기구들이 소기의 목적을 달성하지 못한다면 강대국들은 어떻게 국제질서와 안정을 도모해 왔는지를 규명해야 한다.

1. 현대국가체제와 전쟁

현대국가체제는 1648년에 체결되었던 웨스트팔리아평화조약(the Peace of Westphalia)이 영토와 주권에 근거한 국가를 공식적으로 국제정치의 기본행위자로 인정했을 때 출범했다. 이 체제는 유럽에서 먼저 정립되었으나 그 후에 아시아 및 기타지역으로 파급했다. 원래 국가라는 조직은 인류역사에서 고대에서 지금까지 여러 형태로 변천해 왔다. 후쿠야마(Francis Fukuyama)는 그의 대작 "정치질서의 기원"이라는 저서에서 국가의 기원을 사냥꾼들의 혈연관계가 구성한 집단에서 시작되었다고 했다. 이 집단이 성장해 부족으로 진전했고 거기서 부족은 족장에게 충성을 다짐하는 집단을 형성했다. 이들이 수많은 전쟁과 갈등을 거쳐 가면서 중앙정부와 군대를 조직해 중앙집권적 국가로 발전했다. 중국에서는 기원전에 이미 부족국가들이 형성되어 대규모의 전쟁을 통해 중앙정부와 정교한 관료조직과 대규모의 군대를 양성했다(Francis Fukuyama, "*The Origins of Political Order,*" *from Pre-human Times to the French Revolution*, 2011).

유럽에서도 전쟁은 고대 그리스의 도시국가시대부터 계속했다. 이 전쟁의 결과 새로운 국가들이 탄생했다. 기원 1000년부터 1400년까지는 주로 군주와 귀족들이 봉건주의국가들을 형성해 상호 간에 경쟁과 전쟁을 치열하게 전개했다. 이 과정에서 많은 군주국들이 흥망성쇠했다. 1400년부터 1806년까지는 신성로마제국과 왕국들이 병존하는 이중적 구조가 계속됐다. 이 시대에 군주는 국내에서 자율적 권력을 행사했지만 국외에서는 로마교황 및 로마제국의 승인을 받아야 정당성을 누릴 수 있었다. 1517년에 마틴 루터가 종교개혁을 성공한 뒤에도 로마제국과 왕국들 간에는 종교와 정치에 대해 갈등과 전쟁이 계속했다. 17세기에 이러한 갈등은 가톨릭국가와 개신교국가들 간에 일어났던 30년전쟁(1618-1648)에서 그 절정에 달했다. 이 역사적 과정을 분석한 틸리(Charles Tilly)는 전쟁이 국가를 만들었고 국가가 전쟁을 만들었다고 지적했다(*Coercion, Capital, and European States, AD990-1990*, 1990). 이처럼 크고 작은 전쟁으로 인해 탄생한 국가들은 더 큰 전쟁을 실시해 영토와 인구를 확장해 대규모의 국가, 즉 제국을 건설했다. 이러한 제국들이 1776년 이전에 이미 35개에 달했다. 16세기까지 이러한 전쟁은 수없이 일어나 많은 파괴와 피해를 자아냈다.

17세기에 오래 계속했던 30년전쟁(1618-1648)은 주로 구교와 개신교국가들 간에 전개되었다. 그러나 실제로 이 전쟁은 오스트리아와 스페인의 합스부르크 왕족과 프랑스의 부르봉 왕가가 유럽패권을 장악하기 위해 계속했던 것이다. 이 전쟁의 와중에 프랑스 제국의 황제 루이 13세의 수상 리셸리외(Armand Jean du Richelieu, 1585-1642) 추기경은 구교 성직자이면서도 실로 비범한 국가 관리자였다. 그는 "국가이성"(raison d'etat)을 강조하면서 구교 제국인 프랑스 제국의 생존과 이익을 수호하기 위해 개신교 제국인 영국 및 화란과 동맹을 결성해 구교 제국인 오스트리아와 스페인에 대항했다. 이처럼 그는 종교와 정치를 분리해 정치적 보편주의에서 탈피해 프랑스의 주권과 국가이익을 극대화하는 데 전력을 다했다. 이러한 업적으로 사실상 그는 현대 민족국가의 창시자가 되었다. 그의 현실주의외교는 당시 계속해 온 30년전쟁을 종결하기 위해 타결되었던 웨스트팔리아 조약이 성공할 수 있는 토대가 되었다.

2. 웨스트팔리아조약의 유산

30년전쟁을 종식시키기 위해 마침내 1648년에 당시 대다수의 군주국들이 웨스트팔리아에서 협상을 개시했다. 그들을 대표한 사절단들이 5월부터 10월까지 한 가톨릭 마을과 또 하나의 개신교마을을 오가면서 협상을 거듭했다. 그들은 구교국가들과 개신교국가들 간에 지속했던 30년전쟁과 스페인과 네덜란드 간에 지속했던 80년전쟁(1568－1648)을 끝내기 위해 수백 가지의 합의를 달성했다. 그때까지 수백 년간 고수해 왔던 종교와 국내정치의 이질성에도 불구하고 그들은 서로 공존할 수 있는 방법을 모색해 결국 합의를 이루었다. 여기서 조인한 합의문에서 현대국가체제가 작동할 수 있는 원칙들이 다 포함되었다. 웨스트팔리아의 평화가 이루어진 배경에 대해서는 키신저가 그의 걸작, "*세계질서*"에서 가장 생생하게 묘사했다. 그는 이 평화를 가능하게 한 천재적 요인은 그 조문들의 내용보다도 절차적 요건들이라고 지적했다. 하나의 주권국가가 이 기본 요건들을 수락한다면 그 국가는 정정당당하게 국제시민으로 인정되어 외부로부터의 간섭을 받지 않고 자신의 문화, 정치, 종교 및 국내정책을 자율적으로 실시할 수 있게 되었기 때문이다. 이러한 의미에서 이 조약은 국제정치, 국제법 및 강대국관계를 규제하는 중요한 일반원칙들의 기반을 제공했다. 이 원칙들 중에서 가장 핵심적 내용은 다음과 같다.

첫째, 이 조약은 주권국가가 그 권력의 규모와 국내 체제의 형태와 관계없이 법적으로는 평등하다는 원칙을 제도화했다. 이는 모든 국가들이 평화적으로 공존할 수 있다는 것을 의미한다. 이 원칙은 그 당시까지 국가들의 상위에서 엄청난 권력과 부를 누렸던 로마교황과 로마제국에 대한 반발의 결과 이루어졌다. 적어도 법적으로는 모든 국가들은 대등하게 대접받을 권리를 행사한다는 원칙이다. 현재 UN헌장도 이 원칙을 담고 그 총회에서는 14.5억 명의 인구를 가진 중국과 단지

30만 명을 가진 몰디브도 대등하게 각기 한 표의 투표권을 행사하도록 규정하고 있다.

둘째, 모든 국가는 주권을 행사한다는 원칙이다. 국가는 기타 어느 집단이나 조직보다 높은 최고권위를 행사해 다른 국가로부터 독립을 보존하고 자기 영토와 국민을 통치할 권한을 갖는다는 것이다. 이는 국가가 교회와 기타 초 국가적인 조직에서 독립해 최고권한을 행사한다는 원칙이다. 국가는 기본적으로 영토와 시민에 근거한 법적인 실체다. 주권국가는 이처럼 가장 신성시되고 있는 주권개념을 행사해야만 생존과 안보를 보장할 수 있다. 이때부터 서양의 정치사상도 주권을 정의하고 설명하는 일에 치중했다. 보당, 몽테스큐, 홉스 등이 주권에 관한 담론을 정교하게 전개했다. 이렇게 엄격한 의미의 주권은 그들 간에 상호의존이 심화하고 있는 21세기세계에서는 여러 형태로 위협받고 있다. 이러한 현상은 사이버세계에서 더욱 더 뚜렷하다.

셋째, 국가는 종교와 분리해 존재한다는 원칙이다. 이 원칙은 국가보다 상위의 교회나 교황이 주권국가의 국내에 간섭해 일정한 종교를 강압할 수 없게 만들었다. 현대국가에서 개인과 집단은 자유롭게 선호하는 종교를 선택할 수 있게 되었다. 현 세계에서는 대부분의 국가들은 종교와 신앙의 자유를 제도화하고 있다. 다만 중동에서는 아프가니스탄, 사우디아라비아, 이란 및 기타 일부 아랍국가들이 회교를 국교로 정하고 있다. 이들은 서방국가들이 유지해 온 현대국제체제에 아직도 완전히 통합되지 않고 있다.

넷째, 국제법의 개념을 제도화했다. 국가는 합의해 이룬 국제협정을 준수해야 하며 전쟁도 국제관례와 법 및 규칙의 범위 안에서 수행해야 한다. 국가를 대등한 존재로 인정한다면 당연히 국제관계 및 정치도 일정한 규칙과 규범을 따라 실시해야 하기 때문이다. 이때부터 많은 학자들이 국제법에 대한 사상과 연구를 체계적으로 전개했다. 흄(David Hume)이나 그로티우스(Hugo Grotious)가 그 대표적 예이다. 1625년에 그로티우스는 국제법에 관한 저서 "전쟁과 평화의 법"을 출판했다.

다섯째, 세력균형이 국제관계를 규제하는 핵심적 원칙으로 채택되었다. 서로 모순된 종교와 국내정치를 가졌던 국가들이 30년간 전쟁을 계속했지만 어느 국가도 다른 모든 국가들을 제압하고 갈등을 해소할 정도의 국력을 갖지 못했다. 그들은 이 엄연한 현실을 그대로 수용할 수밖에 없었다. 이때부터 어느 한 나라가 다른 나라들을 독점하지 못하도록 하기 위해서 그들은 상호간에 어떤 형태로든지 평형을 유지해야 했다. 바로 이렇게 국가들 간에 견제와 균형을 도모하는 것이 세력균형이다.

여섯째, 민족국가와 민족주의도 웨스트팔리아조약들이 공식적으로 인정한 원칙이다. 절대 다수의 민족이 하나의 통일된 국가를 형성한 것을 민족국가라 한다. 이러한 국가의 시민들이 국가에 대해 충성과 일체감을 나타내는 것이 민족주의다. 이 개념은 현대국가들을 결속시키고 발전하는 원동력이 되기도 한다. 국가에 따라서 그 표출은 다소 다르게 나타나지만 각국이 배타적으로 자기의 역사, 가치 및 제도, 국력을 옹호하는 면은 공통적 현상이다. 어느 한 국가가 극단적으로 이 원칙을 고수하고 심지어 타국을 침범한다면 안보딜레마와 전쟁이 일어나고 이 결과 제국주의가 초래된다. 인류역사에서 대규모의 전쟁이 일어나 제국들의 부침을 초래했다. 이러한 전쟁을 헤게모니 전쟁이라 하는데 고대에는 그리스왕국, 마케도니아의 알렉산더대제, 중세에는 몽고의 징기스칸이, 18세기에는 프랑스의 나폴레옹이, 20세기에는 독일의 카이제르와 히틀러가 이러한 헤게모니 전쟁을 실시했다. 국가는 손해보다 이득을 더 많이 얻을 수 있다고 판단하면 전쟁을 일으켰다. 이 전쟁이 기존 국제체제(international system)의 세력분포에 변화를 초래해 헤게모니, 양극화 및 다극화를 생산했다. 이 중에서 양극화가 가장 안정된 체제를 형성했다(Robert Gilpin, *War and Change in World Politics*, 1981).

제8장

16세기 이후 유럽기적, 19세기 영국패권 및 20세기 미국패권은 어떻게 형성되었는가

16세기부터 19세기까지 수많은 민족국가들이 유럽에서 성장해 끊임없이 전쟁을 치렀다. 이 전쟁에서 승리한 국가들이 강대국으로 부상해 유럽을 국제정치의 중심으로 만들었다. 유럽은 세계의 다른 지역보다 정치혁명과 경제산업화를 먼저 달성해 이른바 "유럽의 기적"을 창출했다. 역사학자들은 1500년 이전의 세계에서는 중국의 국력과 과학기술수준이 서양 국가들의 것보다 앞섰다는 사실은 인정했다. 그러나 16세기부터 유럽 국가들의 국력이 중국보다 앞서기 시작했다. 왜 이러한 차이가 발생했을까? 이 문제에 대해 관심을 가졌던 역사학자 케네디(Paul Kennedy)는 1500년에 중국에서는 명 제국이, 중동과 북 아프리카에서는 오토만(무슬림)제국이, 러시아에서는 짜르 제국이 통치했으나 그들은 정치 및 경제적 현대화에 성공하지 못했다고 지적했다. 유럽에서는 다수의 군주국들이 공존해 상호간에 약 450년간 전쟁과 혁명을 반복하면서 경제와 기술의 현대화에 성공했다. 그 결과 그들의 국력은 기타 제국들을 능가해 "유럽기적"(The European Miracle)을 이루어 냈다.

1. 유럽기적(1500-1900)

유럽기적이 어떻게 이루어졌는지에 대해서는 여러 가지 설이 있다. 폴 케네디는 유럽에서 발전했던 군주제도, 자본주의, 행정 및 군사관료 및 과학기술이 결합된 결과 그러한 기적이 성취되었다고 설명했다(Paul Kennedy, *The Rise and Fall of the Great Powers: Economic Change and Military Conflict from 1500 to 2000*, 1987). 중국과 기타지역에서는 수세기에 걸쳐 중앙집권적 제국이 통치했지만 유럽에서는 봉건주의적 군주제도가 통치했다. 군주들은 상호 간에 영토를 확장하기 위해 다른 군주들과 경쟁과 전쟁을 치열하게 수행하면서 국력을 강화하려고 기도했다. 그들은 전쟁에 필요한 재원과 자원을 확보하기 위해 상인들의 협조와 지원을 추구했다. 이러한 노력에서 그들은 상인계급을 보호했고 중상주의정책을 추진했다. 이 결과 사유재산과 자본주의가 발전했다. 원래 자본주의는 네덜란드와 영국에서 발생해 기타 유럽국가에 전파되었다. 영국은 1600년에 동인도회사를 설립해 해외에 무역을 실시했으며 식민지를 개척했다. 네덜란드도 1602년에 동인도회사를 설립해 중상주의를 실천했다. 1688년에 네덜란드에서 건너온 윌리엄3세가 영국왕위를 계승했을 때 유대인들이 함께 이주해 금융제도를 출범시키는데 크게 기여했다. 유대인들은 영국이 프랑스와 전쟁을 수행할 때 해군력을 강화하는데 필요한 자금을 마련해 정부부채를 관리했다. 영국은 장기전쟁에 대응하기 위해 징병제도를 도입해 직업군인들을 양성했으며 국영 또는 사기업으로부터 세금을 징수하는데 필요한 관료조직을 구축했다. 영국은 전쟁과 무역에서 경쟁력을 지속하기 위해 보다 혁신적 과학기술과 지식이 필요했다. 이 수요를 충족시키기 위해 대학과 연구기관을 확대해 과학기술을 진흥했다. 이 모든 조치들을 효과적으로 이행한 결과 유럽 국가들은 아시아와 아프리카의 제국들보다 먼저 정치적 혁명과 산업혁명을 성공해 "유럽의 기적"을 이루어 냈다. 이 과정에서 영국은 선도적 위치를 확보한 뒤 산업혁명을 달성했으며 그 결과 세계를 제패할 능력을 가진 대양해군을 보유했다.

폴 케네디에 의하면 강대국들의 부침은 경제적 내구력, 가용자원 및 군사력에 의해 결정되었다는 것이다. 영국과 같은 대제국의 경제는 장기간 지속할 수 있는 내구력을 보유했고 가용자원도 효율적으로 사용했다. 이 결과 영국은 자본주의발전과 함께 강력한 해군을 양성해 다른 제국들을 제압할 수 있었다. 그러나 어떤 권력도 영구히 계속할 수 없는 것이다. 영국의 국력도 타국에 비해 상대적인 것이었다. 영국이 군사력을 과대확장하면 할수록 그것을 감당할 수 있는 경제 및 자원이 고갈했다. 19세기에 전 세계에 뻗어간 영국의 "**군사적 과대팽창**"(military overstretch)이 결국 대영제국의 몰락을 초래했다. 1980년대에 폴 케네디는 미국도 이러한 과대팽창을 계속한다면 영국과 비슷한 운명에 처할 것이라고 주장해 학계와 조야에 상당한 경종을 울렸다.

2. 19세기: 영국패권

19세기에 영국은 유럽에서 가장 강력한 제국으로 부상했다. 1815년 비엔나회의에서 영국은 러시아, 프러시아, 오스트리아 및 프랑스와 함께 유럽5대강국들의 국제관계에 동참했다. 한 섬나라로서 영국은 유럽대륙에서 치열하게 전개되었던 경쟁과 전쟁에서 다소 격리되어 독자적으로 국력을 신장할 수 있었다. 영국은 가장 먼저 산업혁명을 성공시켜 상업자본주의를 산업자본주의로 승격시켰다. 이러한 업적을 이루는 데는 자유무역과 대양해군이 결정적인 역할을 발휘했다. 1844년에 출범한 영국은행은 금과 지폐를 교환해 주어 각국의 환율을 정하는 금본위제도를 구축했다. 이처럼 영국에서 발전했던 중앙은행, 주식시장 및 투자회사들이 자유무역과 금융을 전 세계에 전파했다. 한편 대영제국이 건설한 해군은 해외무역과 식민지개발에 필요한 군사적 보호를 제공했다. 19세기말까지 영국은 지구의 25%를 지배해 사실상 "해가 지지 않는 제국", 즉 패권국이 되어 현대세계를 만들었다(Niall Ferguson, *Empire: How Britain Made the Modern World*, 2003).

이렇게 강력해진 국력을 이용해 영국은 유럽대륙에서 강대국들 간에 어느 한 강국이 헤게모니를 행사해 기존하는 세력균형을 위협할 경우 약한 쪽에 힘을 실어주어 균형자역할을 수행했다. 이러한 외교를 후세의 국제정치학자들은 "역외균형자"(offshore balancing)라고 서술했다. 제국예찬가인 퍼거슨에 의하면 영국이 현대세계를 건설하는데 시장자본주의, 법치, 토지소작제도, 민주주의, 작은 정부 및 영어가 크게 기여했다고 설명했다. 19세기부터 영어는 세계각지에 전파되어 국제정치(외교)와 국제경제(금융)에서 널리 통용되었다. 이 결과 영어는 세계를 "영국화"(Anglicanization)했다는 것이다. 퍼거슨은 영국이 나쁜 행동도 많이 했지만 전체적으로 볼 때 좋은 일, 즉 영어와 자유주의를 전파해 세계를 문명화했다고 주장했다. 영국사를 전공한 박지향은 영국이 가졌던 강점은 경쟁체제가 이뤄낸 정치 및 군사적 다원화, 지적 자유가 낳은 과학기술, 사유재산권이 주는 경제적 동기라고 주장했다(박지향, *근대로의 길: 유럽의 교훈*, 2017, *조선일보*, 2017. 8. 28).

웨스트팔리아 평화조약들이 발효한 뒤에도 유럽에서는 세력균형이 파괴되어 크고 작은 전쟁들을 계속했다. 이러한 전쟁은 중앙집권적인 왕국들 간에 자주 발생했다. 이 전쟁에서 승리한 왕국들은 국력을 키워 영토를 확장해 거대한 제국으로 발전했다. 17세기 유럽에서 일어났던 대부분의 전쟁들은 영토를 확장하기 위해 노골적으로 제국주의를 추구했고 종족적 민족주의를 고취했다. 이러한 배경에서 해양세력으로서 네덜란드가 영국과 함께 제국으로 등장했으나 헤게모니를 행사하기에는 역부족이었다. 18세기에 일어났던 미국혁명과 프랑스혁명은 당시 기존군주제국에 대한 반란으로 식민지주민들이 독립과 자치를 성취하기 위해 투쟁했던 민족주의운동이다. 이 와중에서 프랑스가 유럽의 패권국으로 부상하기 시작했다. 19세기 초에 20여 년간 계속되었던 나폴레옹전쟁은 이러한 추세의 대표적인 것이다. 1804년에 나폴레옹은 스스로 프랑스의 황제로 즉위한 뒤 합스부르크왕국이 지배했던 독일군주국들을 침범해 대제국으로 부상했다. 1815년 6월 18일에 워털루전투에서 나폴레옹군대는 프러시아와 영국의 연합군에 의해 패배했다.

나폴레옹전쟁이 종결된 뒤 열렸던 비엔나회의에서 영국, 프랑스, 스페인, 포르투갈, 스웨덴, 오스트리아, 러시아, 프러시아는 당시 유럽의 강대국들 간에 세력균형을 회복했다. 오스트리아의 수상 메테르니히(Klemens von Metternich)는 1815년부터 1822년까지 강대국들 간에 세력균형정책을 슬기롭게 구사해 "유럽협의회"(the Concert of Europe)를 원만히 유지했다. 그 뒤 유럽에서는 소규모의 국지전들이 발생했다. 1854년의 크리미아전쟁에서 영국은 러시아가 오토만제국을 침범한 뒤 지중해로 진출하려는 것을 방지한 뒤 사실상 세계적 패권국으로 부상했다. 1870년에 프러시아의 수상 비스마르크(Otto von Bismarck)는 프랑스-프러시아전쟁을 승리로 이끌어 내어 독일제국을 출범시켰다. 그 다음해에 그는 당시 유럽이 직면한 문제들은 거창한 선언보다도 오직 "철과 피"로 투쟁해 해결해야 한다고 주장하면서 독일통일을 이루었다. 1880년대에 그는 근로자들의 복지를 위해 유럽에서 처음으로 사회보험법을 도입했다. 그는 산업화를 추진해 독일을 유럽의 최대제국으로 성장시켰다. 외교에서도 그는 메테르니히와 함께 유럽에서 현실정치(*realpolitik*)의 도사로 알려져 1890년까지 유럽의 세력균형을 신축성 있게 잘 관리했다.

19세기에 유럽제국들은 아프리카와 아시아에서 많은 식민지들을 개척했다. 독일이 제국으로 부상한 뒤 비스마르크는 1884–85년에 **베를린회의**를 소집했다. 여기서 14개 유럽제국들은 아프리카에서 무역을 확장하기 위해 이 대륙을 여러 지역으로 분할해 식민지로 통치하기로 합의했다. 그들은 아프리카 이외의 지역에서도 식민지를 개척했다. 이러한 움직임에서 오직 페르시아(이란), 아프가니스탄, 중국, 일본, 시암(태국) 및 에티오피아만이 식민통치를 면했다. 1890년대에 유럽의 강대국들은 이익을 공유하는 국가들 간에 동맹을 형성하자 기존의 세력균형은 불안해 졌다. 영토 확장과 식민지지배에 대한 충돌로 인해 유럽의 세력균형은 양극화하기 시작했다. 먼저 독일이 오스트리아–헝가리 및 이태리와 동맹을 결성했다. 한편 프랑스는 러시아 및 영국과 동맹을 결성했다. 이 동맹들은 상호간에 갈등을 심화해 결국 1914년에 제1차 세계대전을 초래했다.

3. 20세기: 미국패권

20세기는 미국의 세기였다고 해도 과언이 아니다. 1776년에 건국했던 미국은 그 초기부터 유럽 국가들과는 다른 정체성을 가진 국가로 발전하려고 노력했다. 19세기에 미국도 사실상 영국의 전통과 유럽의 경험을 결합해 20세기에 패권국으로 발전했다. 1835년에 프랑스의 역사학자이며 외교관이었던 토크빌은 미국을 방문한 경험에 근거해 그의 최대걸작 "*미국의 민주주의*"라는 저서를 출판했다. 이 책에서 그는 20세기에는 미국과 러시아가 세계적 강대국이 될 것이라고 예언했다. 그는 미국인들의 활기찬 개인주의, 평등사상, 시민사회 및 3권 분립과 같은 정치제도를 높이 평가해 미국은 강대국으로 발전할 충분한 자질을 가졌다고 주장했다(Alexis de Tocqueville, *Democracy in America*, 4 volumes, 2004). 남북

전쟁을 치른 후 미국은 농업사회에서 산업사회로 빠르게 전환했다. 이 결과 미국의 경제규모는 이미 1900년에 영국의 규모를 초과하고 있었다. 역사학자 폴 케네디에 의하면 1919년까지 미국의 경제규모는 유럽전체의 규모를 앞질러 세계최대강국으로 부상했다는 것이다. 이처럼 미국의 국력이 순탄하게 신장한 데는 유럽에서 격리되었던 미국의 지리적 조건, 방대한 영토와 자원 및 국내시장, 두 대양을 재패한 해군력이 원동력으로 작용했다(Paul Kennedy, *The Rise and Fall of the Great Powers*, 1987). 미국의 패권은 역사상 패권전쟁이 초래했던 이른바 "투키디데스 함정"(후에 설명할 것임)을 거치지 않고 영국에서 미국으로 평화적으로 이전한 좋은 예가 되었다. 이것이 가능했던 이유는 민주 평화론의 주장과 같이 영국과 미국이 성숙한 자유민주주의를 공유했기 때문이다.

초강국으로 부상했던 미국은 영국 대신에 유럽에서 일어났던 제1차 및 제2차 세계대전에서 하나의 역외균형자로 개입해 그 승패를 결정했다. 1914년에 독일은 유럽에서 패권을 행사할 정도로 강력해져 기존세력균형을 위협했다. 영국과 프랑스가 이러한 독일의 야심을 저지하려고 노력했던 것이 제1차 세계대전의 배경이다. 현대사에서 가장 참혹하고 파괴적인 제1차 세계대전은 제2차 세계대전의 불씨를 남겼다. 1919년에 베르사유조약(the Treaty of Versailles)이 체결되었을 때 32개국이 그것을 조인했다. 그 후에 이 조약에 대해 많은 불만을 표출했던 나치독일이 다시 국력을 급속도로 증대시켜 1939년에 폴란드를 침범해 제2차 세계대전을 개시했다. 미국이 이 두 세계대전에 개입해 전쟁을 종결시킨 뒤에 세계적 패권국으로 부상했다.

제9장

전쟁의 원인과 결과

현대국제체제가 확립되는 동안 전쟁이 계속했다. 이러한 의미에서 일부 학자들은 현대국제체제를 "전쟁체제"로 서술한다. 전쟁은 주권국가가 다른 국가에 대해 무력을 사용하는 정치적 갈등이다. 클라우제비츠(Carrl von Clausewitz)는 전쟁은 다른 수단에 의한 정치라고 했다. 한 주권국가가 다른 국가의 침범을 당할 때 자신을 방위해야 한다. 이 때문에 UN헌장 51조는 모든 국가들은 자위권을 가지며 이 목적을 달성하기 위해서는 합법적으로 전쟁을 실시할 수 있다고 규정하고 있다.

전쟁은 그 범위와 규모에 따라 전체전쟁(total war)과 제한전쟁(limited war)으로 구분된다. 전자는 세계적 규모로 확대되는 전쟁이며 후자는 어느 특정지역 또는 국가들 간에 발생하는 소규모의 전쟁을 말한다. 한 나라의 국내에서 일어나는 군사적 갈등을 내전이라 한다. 역사적으로 1820년과 1949년 사이에 317번의 전쟁이 발생했다. 사실 세계외교사는 이 전쟁들의 결과로 조인되었던 조약들의 역사다(김용구, *세계외교사*, 2006). 대부분의 전쟁은 영토분쟁에서 시작되었다. 2014년의 세계에서 10건의 공식적 전쟁, 8건의 군사적 갈등 및 64개국에서 폭력충돌이 있었다. 왜 이렇게 국제정치에는 전쟁이 빈번하게 일어나는가? 이 물음에 대한 해답은 인간심리, 국내정치, 국제정치구조에서 찾아 볼 수 있다.

1. 전쟁은 왜 일어나는가?

심리학적으로 전쟁의 원인을 설명하려는 학자들은 이기적이고 공격적인 인간의 본성을 강조한다. 호전적 인간심리가 전쟁의 원인이 된다는 것이다. 특히 다른 부족이 자국의 영토를 침범할 경우 자신이 속하는 부족 또는 국가의 지도자들은 심리적 불안과 분노를 참지 못하게 되며 마침내 무력도 불사해 자기 영토를 방어한다는 것이다. 이처럼 영토에 대한 집착은 거의 모든 인간집단들의 행동에서 공통적으로 발견된다. 간혹 아프리카의 부족(Kung Bush)과 미국의 원주민(Zuni Indian)은 전쟁을 피하고 평화를 선호하는 경우도 있으나 이는 예외적인 것이다. 20세기의 세계에서는 최고지도자의 내적 불안과 호전성이 대외침략을 강행하게 만든 사례도 있다. 제2차 세계대전을 촉발시켰던 히틀러의 행동이 한 좋은 예다. 투키디데스의 설명에 의하면 고대 그리스에서 스파르타의 왕은 아테네가 국력을 급속도로 신장한 데 대해 극심한 공포심을 느껴 펠로폰네소스전쟁을 일으켰다고 설명했다. 세상을 움직이는 동기는 공포심, 이기심 및 명예 등 3대요인이 있는데 그중에서 이기심이 가장 큰 동기라는 것이다.

국내정치의 고려에서 정치지도자들이 이기심과 명예욕을 충족하기 위해 고의적으로 전쟁을 유발하는 사례가 역사에서 종종 있었다. 19세기에 유럽을 요동친 프랑스혁명은 나폴레옹과 같이 야심적이고도 과감한 독재자를 탄생하게 했다. 나폴레옹은 전쟁을 수행해 유럽 전체를 장악하려고 기도했다. 이처럼 나폴레옹전쟁은 프랑스의 국내정치에서 일어났던 권력투쟁에서 그 원인을 찾을 수 있다. 1980년대에 아르헨티나의 군사독재자들은 국내에서 장악한 정권을 더욱 더 공고히 다지기 위해 영국이 통치했던 포클랜드를 되찾기 위해 전쟁을 개시했다. 한편 영국의 대처 총리는 미국 레이건대통령의 지원을 얻어 이 전쟁을 승리로 이끌었다. 그 결과 그녀는 국내정치에서 '철의 여인'으로서의 리더십을 강화할 수 있었다.

역사적 경험에 근거해 많은 학자들은 전쟁의 원인을 국제정치의 구조에서 찾고 있다. 구조적으로 강대국들 간의 세력균형이 파괴될 때 전쟁이 발생한다는 설명이 통상적인 지혜로 여겨졌다. 그 뚜렷한 예가 19세기 나폴레옹전쟁 후 유지되었던 세력균형이 독일의 부상으로 인해 위협을 받았을 때 이에 대해 영국을 비롯한 기타 강대국들이 독일에 대해 전쟁을 선포했던 것이다. 그런데 여기서 유의할 점은 전쟁의 시작은 작은 사건이 발생해 큰 무력충돌로 확대되는 경우가 많다는 사실이다. 1914년 당시 오스트리아-헝가리제국의 세습 황태자 페리디난드(Franz Ferdinand)를 한 세르비아 테러범이 암살한 것이 제1차 세계대전의 도화선이 되었다. 단기적으로 이 전쟁은 독일지도자들의 오판에 의해 감정적으로 대응한 데서 촉발되었다. 전략적으로 전쟁은 한 국가가 도전을 가하는 국가의 의도와 능력에 대해 정확한 정보파악과 사전에 공격을 방지할 수 있는 억지력이 실패할 경우 초래한다. 이것을 "정보실패"(intelligence failure)라 하는데 이 결과 일어났던 전쟁 중에는 1941년에 히틀러의 소련침범과 1973년 아랍 국가들이 이스라엘을 공격해 시작되었던 욤 키푸르 전쟁, 2022년 러시아의 푸틴이 우크라이나를 침략한 전쟁, 2023년에 가자에서 하마스가 이스라엘에 가한 기습공격이 포함된다.

2. 제1차 세계대전 및 제2차 세계대전

장기적으로는 제1차 세계대전의 원인은 당시 유럽에서 독일, 오스트리아-헝가리, 프랑스, 러시아 및 영국 간에 세력균형이 파괴되었던 과정에서 찾아야 한다. 1815년의 비엔나회의 후 1823년까지 유럽에서는 프러시아, 프랑스, 러시아, 오스트리아-헝가리 간에 안정된 세력균형이 조성되어 "유럽협의회"(the Concert of Europe)를 잘 유지했다. 이 균형은 그 후 각 유럽국가에서 발생했던 혁명과 정치변화로 인해 점차 와해했다. 1870년에 이태리가 통일했고 1871년에 독일이 통일하자 유럽의 세력균형은 재편되기 시작했다. 1882년에 독일의 비스마르크는 오스트리아-헝가리 및 이태리와 3국 동맹(the Triple Alliance)을 결성했다. 이에 대해 프랑스는 1907년에 러시아 및 영국과 3국 우호협약(the Triple Entente)을 체결했다. 이 두 동맹국들이 상대국들에 대해 취했던 결정들이 갈등을 초래했고 그것이 확대해 결국 1914년에 제1차 세계대전으로 발전했다(Christopher Clark, *The Sleepwalkers: How Europe Went to War in 1914*, 2012).

제1차 세계대전은 처음으로 전 세계에 확대되었던 전체전쟁이다. 이 전쟁에서 거의 모든 강대국들이 참가해 현대과학 및 기술을 총동원해 제작한 무기들이 사용되어 엄청난 파괴를 초래했다. 그 중에는 탱크, 항공기, 기관총, 대포 및 심지어 독가스까지 포함되었다. 4년간 계속되었던 이 전쟁은 천문학적 숫자의 희생자들을 초래했다. 약 7천만 명의 군인들과 6천만 명의 민간인들이 희생되었다. 이 전쟁의 와중에 1917년의 러시아에서는 레닌이 영도한 볼셰비키혁명이 일어나 구 러시아제국의 멸망을 초래했다. 그런데도 이 전쟁이 끝나지 않자 미국의 윌슨대통령은 모든 전쟁을 종결시키기 위해 미국을 개입시켰다. 이 전쟁이 종결되자 네 제국들, 즉 독일, 러시아, 오스트리아－헝가리 및 오토만제국이 붕괴했다. 이 결과 유럽주변과 중동에서는 윌슨이 제시했던 민족자결주의원칙을 따라서 많은 민족국가들이 새롭게 독립했다.

제2차 세계대전은 사실상 제1차 세계대전의 연속으로 일어났다. 제1차 세계대전에서 패배한 독일과 이태리에서 베르사이유 평화회의가 강압했던 배상과 영토분할에 대해 강한 불만을 가졌던 정치지도자들이 집권했다. 그들은 각기 나치즘과 파시즘을 옹호했다. 러시아에서는 레닌이 공산주의혁명을 수행했다. 그 뒤 스탈린은 거대한 소비에트사회주의연방, 즉 소련을 수립했다. 미국에서는 윌슨대통령이 주도했던 국제연맹이 실패하자 고립주의가 득세했다. 이러한 배경에서 1939년에 나치즘을 추구한 히틀러가 폴란드를 침범했고 파시즘을 내세운 무솔리니가 에티오피아를 침범해 제2차 세계대전을 촉발했다. 이 침략을 저지하기 위해 영국과 프랑스는 독일에 전쟁을 선포했다. 당시 소련은 독일과 비밀조약(the Molotov－Ribbentrop Pact)을 맺고 중립을 유지하겠다고 약속했다. 그러나 독일은 이 조약을 어기고 1941년에 소련을 침범해 스탈린그라드를 봉쇄했다. 그 후 이 전쟁은 유럽과 아프리카로 확대했다. 동아시아에서는 일본이 1922년에 체결되었던 워싱턴해군조약이 영국, 미국, 일본, 프랑스 및 이태리가 전함 보유율에서 5: 5: 3: 1.75: 1.75로 결정한 데 대해 강한 불만을 표시해 1934년에 이 조약에서 탈퇴했다. 그 뒤에 일본은 강력한 해군을 건축한 후 만주, 중국 및 동남아를 침범했다. 일본은 1941년 12월 7일에 미국영토 하와이의 진주만을 폭격하자 미국은 일본에 전쟁을 개시해 영국, 프랑스, 중국과 함께 연합군을 형성했다.

제2차 세계대전이 계속되고 있었던 1941년 8월 14일에 미국의 루스벨트 대통령과 영국의 처칠수상은 비밀리에 정상회담을 개최해 이 전쟁의 목적과 전후세계질서의 방향에 대해 논의했다. 여기서 그들은 “**대서양헌장**”(The Atlantic Charter)이라는 성명을 발표했다. 이 역사적 문건에서 그들은 양국이 공유해 왔던 자유민주주의 가치, 국제협력 및 공포와 빈곤으로부터의 자유 등을 강조했다. 사실 이 원칙들은 루스벨트가 미국의회에 행한 1941년 연두교서에 이른바 "4개 자유", 즉 언론의 자유, 신앙의 자유, 빈곤으로부터 자유, 공포로부터 자유를 옹호한 데서 이미 밝혀졌던 것이다. 이 원칙은 1942년 1월 1일에 발표된 "UN 선언"(The Declaration of the United Nations)에도 포함되었다. 이와 같이 루스벨트와 처칠은 이때부터 이미 자유주의국제질서를 전후 세계질서로 추진했다. 제2차 세계대전이 교착상태에 접어들자 결국 미국이 다시 유럽과 태평양전쟁에 개입했다. 1945년에 미국과 영국이 주도했던 연합군이 승리했다. 이 전쟁에서도 첨단과학 및 기술로 제작했던 최신무기와 역사상 처음으로 원자탄이 사용되었다. 이 전쟁에서 약 8천만 명이 희생되었다. 1945년 10월 24일에 UN이 창설되었을 때 제2차 세계대전의 전승국들(미국, 소련, 영국, 프랑스 및 중국)이 안보이사회의 상임이사국이 되었다.

3. 미소 간의 냉전과 국지전

제2차 세계대전 후 미국과 소련은 무력으로 싸우는 열전은 피하고 자본주의와 공산주의 간에 이데올로기 및 정치체제경쟁을 실시했다. 바로 이것이 **냉전**이다. 이 냉전에서는 두 초 강국으로 등장한 미국과 소련 간에 핵 억지가 성립되어 핵전쟁은 일어나지 않았다. 그러나 기타 약소국가들 간에는 국지전이 계속했다. 전체적으로 볼 때 20세기에 국가 간에 전면전쟁은 감소되었으나 국지전과 국내에서 일어나는 내전과 갈등이 계속했다. 세계적 수준에서 전체전이 일어나지 않았던 것은 미국과 소련 간에 핵전쟁억지(세력균형의 양극화)가 유지되었기 때문이다.

인류역사에서 세 가지 유형의 세력균형이 존재했다. 그들은 헤게모니에 의한 **단극화**, 두 초강대국들 간의 **양극화** 및 다수 강대국들 간의 **다극화**다. 학자들은 헤게모니 또는 대제국이 단극화를 유지했을 때 안정과 평화가 지속되었다고 말한다. 지역적으로 5세기 동안 유럽과 기타 일부 지역을 지배했던 로마제국이 그 좋은 예이다. 20세기의 냉전기에 미국과 소련이 핵무기로 대결했을 때 핵 억지가 성립해 양극화를 나타냈다. 19세기 유럽에서는 5개 강대국들 세력균형을 형성했을 때 다극화가 초래되었다. 이러한 세력분포가 하나의 유형에서 다른 유형으로 이전했을 때 전쟁이 일어났으며 국제질서가 재편되었다.

국제법에서는 자위를 위한 군사행동은 정당한 전쟁(just war)으로 인정한다. 이러한 전쟁도 그 목적이 자위에 국한되고 다수의 민간인들이 희생되지 않게 비례적으로 무력을 사용해야 한다. 1864년에 체결된 제네바협정과 1909년에 체결된 헤이그협정이 이러한 규정을 내포하고 있다. 국제법적으로는 전쟁은 주권국가가 공식적으로 선전포고를 해서 수행해야 하며 포로는 법적인 보호를 받고 고문을 당하지 않아야 한다. 실제로 21세기에 발생하는 국지전이나 테러에 대한 전쟁은 선전포고 없이 개시되었다. 테러주의자들에 대해서는 실제로 고문이 행해졌다. 2003년에 부시대통령은 UN안보이사회의 결의 없이 이라크를 침범하는 군사개입을 강행해 많은 비난을 받았다. 오바마 대통령은 그의 2차 임기에 고문을 금하는 행정명령을 내렸다. 2022년에 러시아는 우크라이나전쟁에서 민간인들을 학살해 세계를 놀라게 했다. 국제법적으로 적국이 자국을 곧 침범할 조짐을 보일 때 이를 막기 위해 수행하는 전쟁을 "선제적 전쟁"(preemptive war)이라 하는데 이 전쟁은 합법적이다. 어느 적대국가가 미래에 자국을 침범할 능력을 격상하고 있을 때 이를 사전에 방지하기 위해 미리 공격을 가하는 전쟁을 "예방적 전쟁"(preventive war)이라 하는데 이는 국제법상으로 불법이다. 2022년에 UN안보회의 상임이사국 러시아는 먼저 공격할 능력이 없는 우크라이나에 예방적 전쟁을 강행한 것은 분명히 UN헌장을 위반한 침략이다.

21세기 초에 일어났던 전쟁에는 육군, 해군 및 해병대, 공군뿐 아니라 유격대, 간첩, 심리 및 선전 등 온갖 수단과 첨단무기와 기술이 동원되었다. 그 결과 사망자와 부상자, 파괴와 혼란의 양상이 엄청나게 증가했다. 제2차 세계대전은 미국을 제외한 기타강대국들의 경제를 파산상태로 만들었다. 1945년 후 냉전기에는 미소간에 처칠이 말한 "테러의 균형", 즉 핵무기에 의한 억지력이 존재해 열전이나 대전은 일어나지 않았다. 전쟁을 방지하기 위해 1945년에 UN이 창립되었다. 그 후 UN은 단 두 번 집단안보를 성사시켰으나 빈번히 발생해 온 국지전들을 방지하는 데는 실패했다. 냉전이 끝난 뒤에는 공개적으로 싸우는 전쟁은 줄었지만 비공개적으로 싸우는 "회색지역"의 전쟁이 여러 가지 형태로 진행하고 있다. 이 중에는 선전, 허위정보(disinformation), 첩보, 사이버전쟁 및 테러가 포함한다. 아래에 사이버전쟁과 테러에 대해서만 간단히 설명한다.

4. 사이버 전쟁

"**사이버전쟁**"(cyberwar)은 국가 또는 개인이 컴퓨터와 정보망을 이용해 타국의 컴퓨터와 정보망을 파괴 또는 손상하는 행동을 말한다. 과연 이러한 행동이 전쟁인지에 대해서는 이론이 계속되고 있다. 이것을 전쟁으로 취급한다면 사이버전쟁은 움직이는 무기에 의해 싸우는 행동이 아니라 정보수단을 이용해 가상세계에서 상대국의 국력을 파괴 또는 약화하려는 행동이다. 컴퓨터와 인터넷의 그물망이 세계화하고 있는 21세기에 사이버전쟁은 더 치열하게 전개될 것이다. 실제로 러시아, 중국, 미국, 이스라엘, 이란, 북한은 사이버전쟁을 행동으로 실시해 경쟁대상국의 시설을 공격했다. 앞으로 강대국들은 모든 첨단기술을 동원해 사이버전쟁을 더욱 치열하게 전개할 것이다.

사이버전쟁은 전통적 전쟁처럼 적군을 살해하거나 군사시설을 파괴하는 것보다도 적대국의 정보체계와 주요 인프라를 교란하고 파괴하는 것을 더 중시한다. 강대국들은 상대국의 의도와 능력에 대해 정확한 정보를 수집하기 위해 첩보활동을 전개한다. 2014년에 미국정보기관이 독일수상 메르켈의 휴대전화를 도청했다는 사실이 알려져 외교적 물의를 일으켰다. 미국의 국가안보국(NSA)은 테러가능성에 대한 정보를 수집하기 위해 바하마, 케냐, 필리핀, 멕시코 및 아프가니스탄에서 모든 이동전화기들의 통화기록을 녹취했다. 중국의 첩보요원들은 미국국방부와 대규모의 민간회사들의 전산망에 바이러스를 침투시켜서 중요한 정보와 기술을 취득했다. 러시아는 2007년 에스토니아의 군사시설에, 2008년에는 조지아군대의 시설에, 2015년에는 우크라이나의 전기배선관에 바이러스를 심어서 정전상태를 초래했다. 2016년 미국의 대선에서 러시아의 정보원들은 민주당전국위원회의 전산망에 사이버공격을 실시해 미국의 국내정치과정에 개입했다. 당시 오바마는 민주당후보 클린턴(Hillary Clinton)과 공화당후보 트럼프(Donald Trump) 간의 선거전에 어느 편에 편든다는 오해를 피하기 위해 이 사실을 밝히지 않았다. 그는 대선이 종결한 뒤에야 러시아에 대해 경제제재조치를 취하고 35명의 러시아 외교관들을 추방했다.

2014년에 미국과 이스라엘은 이란핵시설의 컴퓨터에 Stuxnet라는 바이러스를 침투시켜 핵무기발전을 지연시켰다. 그 후 미국은 독자적인 사이버군사령부를 창설해 구체적인 대비책을 강구하고 전력을 양성했다. 2000년대부터 미국, 중국, 러시아, 이스라엘, 영국, 북한 및 이란이 사이버전력을 배양했다. 북한은 일찍이 이러한 계획을 수립해 전력을 꾸준히 증대했다. 2013년에 한국에서 신한은행, 우리은행, 농협과 KBS, YTN, MBC 등 방송사들의 전산망이 마비되었다. 이것은 북한의 소행으로 보고 있다. 2014년에 미국의 소니 엔터테인먼트도 이러한 경험을 겪었는데 이것도 북한의 소행으로 보도되었다. 이 현상은 디도스(DDoS)라고 하는 바이러스를 상대국의 전산망에 심어서 초래되었다. 이러한 행동은 국가만이 하는 것이 아니라 개인, 집단 및 비정부조직들도 수행하고 있다.

이 가운데서 국제정치에 적지 않은 영향을 끼친 두 개인을 간략하게 소개한다. 2006년에 호주의 인터넷열성분자 줄리안 아산지(Julian Assange)는 위키리크스(WikiLeaks)라는 웹사이트를 출범시켜 인터넷매체를 개시했다. 그는 2010년에 미국이 이라크와 아프가니스탄에서 작성했던 비밀전쟁기록을 언론에 폭로해 유명해졌다. 이 해에 그가 영국을 방문했을 때 미국정부는 영국정부에게 그를 구속해 스웨덴으로 송치할 것을 요청했다. 영국당국은 그를 체포했다가 병보석으로 풀어주었다. 그는 에콰도르정부에 정치적 망명을 요청했다. 에콰도르는 런던주재대사관에 그를 보호했으나 2019년에 이를 중단했다. 그 후 그는 영국당국에 의해 다시 체포되었다. 2017년 3월에 그는 미CIA가 보관했던 8천 여건의 비밀문서를 폭로했다. 또 다른 개인은 에드워드 스노든(Edward Snowdon)이다. 그는 미국의 CIA요원이었으나 나중에 NSA직원으로도 근무한 보안전문가다. 그는 2012년에 NSA가 보관했던 개인들의 전화녹취록을 공개해 미국정부의 입장을 난처하게 만들었다. 2013년에 그는 홍콩으로 가서 중국에 망명을 요청했으나 거부당해 모스크바로 가서 러시아의 망명허가를 받아 그곳에서 살고 있다.

2023년 4월에 미국에서 위에서 지적한바와 같이 미국외교정책에 항의하기 위해 기밀정보를 폭로한 것과는 다른 사건이 일어났다. 테세리아(Jack D. Teixeria)라는 미국민병대의 정보담당 이병이 자신이 시작한 인터넷 대화방에서 우크라이나 전쟁에 대한 미국군부의 1급비밀 정보를 유출했다. 그가 폭로한 350건의 첩보 중에는 우크라이나 전쟁의 앞날은 암울해 1년 내에 끝나지 않을 것이며 중국이 비밀리에 러시아에 무기공급을 한다는 계획이 포함되었다. 무엇보다 이 사건은 인터넷 시대에 정부가 국가기밀을 완전히 보호하기는 지극히 어렵다는 것을 잘 보여 주었다.

이러한 행동은 정책당국을 당혹하게 만들며 우방국들과의 신뢰를 손상하고 적국과 전쟁을 수행하는 데 많은 문제를 초래한다. 이러한 첩보와 간첩활동은 고대부터 주권국가들이 지속해 온 활동이다. 이러한 활동은 적국에 대해서만 하는 것이 아니라 우방국들도 상호간에 공공연히 실시하고 있다. 다만 컴퓨터, AI, 인터넷 및 사회그물망체제(SNS) 등 정보기술의 발달로 인해 국가가 비밀을 지키는 것이 점점 곤란해지고 있다.

(1) 조용한 전쟁

사이버전쟁은 상대국의 핵시설, 기간구조, 수리시설, 연료저장 및 통신교통망에 대해 심각한 위협이 된다. 이 전쟁은 은밀히 수행되므로 "**조용한 전쟁**"(silent war)이라 부른다(Richard A. Clark, *Cyber War: The Next Threat to National Security and What to Do Abou It*, 2012). 이 조용한 전쟁은 우리들이 모르는 사이에도 계속하고 있다. 이러한 사이버전쟁에 대해서 정통적 억지이론은 적용할 수 없다. 공격자도 정치적 의도를 가진 것인지 또는 범죄의도를 가진지에 대한 경계선이 불분명하다. 이 결과 사이버행동을 규제할 수 있는 법체계가 아직도 미비하다. 그 공격의 진원이 불분명하고 시간적으로 언제 어떻게 공격해 올 것인지를 잘 알 수도 없다. 이러한 공격은 하나의 대상에 국한되지 않고 수많은 목표들을 설정해 행해질 수 있다. 수많은 개인들도 공격자(hacker)가 되어 개인 또는 집단에게 피해를 가할 수 있다. 강대국들은 재능있는 해커들을 고의적으로 양성해 국가안보부처에 기용하고 있다. 2022년에 시작한 우크라이나 전쟁에서 러시아와 우크라이나가 이러한 사이버전쟁을 실제로 전개했다.

해커들이 공격에 사용하는 수단들 중에서 가장 중요한 것이 인터넷이다. 인터넷은 정부뿐 아니라 거의 모든 개인들과 비정부조직들이 편리하게 사용하므로 이 수단을 통한 사이버공격은 재래식 혹은 핵전쟁과 달리 확인할 수 있는 형태 없이 일어날 수 있다. 이러한 현상은 인터넷이 가진 특수성에서 비롯한다. 인터넷 자체가 통상적 방법에 의해서 보호하기 힘든 인프라다. 세계의 어느 곳에서도 컴퓨터만 있으면 인터넷에 접속해 공격을 가할 수 있다. 범법자들은 자신들의 신분을 교묘하게 은폐해 상대방이 쉽게 파악할 수 없는 기법을 사용할 수도 있다. 이처럼 인터넷을 활용하게 된 데는 상업회사들이 개발해 온 혁신적 기술이 결정적인 역할을 제공했다. 이러한 위험을 피하기 위해 인터넷사용자들이 아날로그시대로 회귀할 수도 없다. 이 결과 사이버공격은 비교적 용이하게 가해질 수 있으나 그것을 방어하기는 매우 어려워지고 있다.

(2) 사이버전에 대한 방어

사이버위협에 대해서는 축구경기에서처럼 가장 효과적 대비책은 공격보다 방어라 할 것이다. 상대방이 아무리 공격을 시도하더라도 아군이 끄떡없이 견뎌내어 상대방의 의지와 능력을 상쇄하는 전략이 더 효과적일 수 있다. 사이버전을 사전에 완전하게 억지할 묘책은 존재하지 않는다. 그런데도 이러한 전쟁을 경시할 수는 없다. 이 때문에 미국은 만약 적대국이 자국의 사활적인 시설을 파괴할 목적으로 사이버전을 수행한다면 비대칭적인 핵 또는 재래식무기로 반격하겠다는 입장을 고수해 왔다. 2015년에 오바마는 시진핑과의 정상회담에서 민간회사들이 지적재산을 보호하지 않고 사이버행동을 하는 것을 자제하는 데 합의를 이루었다. 그 후 당사자들은 그러한 행동을 부인해 합의는 잘 이행되지 않고 있다. 사이버전에 대해서 국가는 더욱 더 독창적이고도 신축성 있는 대비책과 능력을 체계적으로 양성해 끈기 있게 그것을 개선해 가야 한다. 다만 테러집단이 사이버전을 이용해 핵무기에 관한 지식과 기술을 획득하고 개발한다면 이는 정말로 심각한 문제가 된다. 강대국들은 이것을 방지하기 위해 가능한 한 모든 협력을 다해야 한다.

5. 비 국가조직에 의한 테러주의

20세기말에 비 국가조직들에 의한 테러행위가 전쟁 못지않게 세계평화와 안정에 대해 최대위협으로 등장했다. 2001년의 9·11사태 이후 제2부시행정부는 테러를 전쟁으로 인식하고 이를 퇴치하기 위해 2003년에 아프가니스탄과 이라크에 군사개입을 실시했다. 오바마 행정부는 알카에다만 국가를 위협하는 테러로 취급했고 기타테러행위는 일반적인 범죄로 다루었다. 사실 테러행동은 전쟁보다도 더 큰 불안을 조성할 뿐 아니라 그것을 억지하고 격퇴하기도 매우 어렵다. ISIS와 같은 극단적 이슬람운동은 미국이 주도해 왔던 자유주의질서와 세계화에 대한 전면적인 도전이다. 이 집단이 중동에서 민족국가의 생존을 위협했다. 테러는 현대문명의 존속을 위협한다. 이를 퇴치하는 데는 모든 국가들이 결속하고 협력해야 한다.

경제적 세계화가 급진전한 세계에서 민족국가 이외에 각종의 비 국가조직들이 생성해 국제정치의 중요한 행위자로 등장했다. 이중에서 테러조직은 국제질서를 파괴한다. **테러**는 라틴어에서 겁준다(terres)는 의미로 예고 없이 무고한 사람들을 공격해 극심한 공포분위기를 조성하는 행위다. 중동과 북아프리카에서 발생했던 아랍극단주의조직들은 미국 및 서방국가들이 주도했던 자유주의질서를 파괴하기 위해 상상할 수 없는 형태의 테러행동을 감행했다. 이러한 행동을 실시해온 조직들 가운데 가장 대표적인 것이 탈레반, 알카에다, 이라크와 시리아에서 발생했던 이슬람국가(ISIS)운동이다. 특히 알카에다는 2001년에 미국에 대해 9·11공격을 감행해 전 세계를 경악시켰다.

(1) 탈레반(Taliban)

탈레반은 아프가니스탄에서 수니파(Sunni)가 전개한 이슬람원리주의운동이다. 1991년에 아프가니스탄을 점령했던 소련군이 철수하자 당시의 아프가니스탄정부는 각 지방에서 부상했던 군벌들의 도전에 직면해 통치력을 거의상실했다. 1994년부터 파키스탄에서 유학하고 귀국했던 파슈툰파(Pashtun)족 출신 대학생들이 탈레반이라는 조직을 결집해 당시 계속되고 있었던 내전에서 가장 큰 지역을 지배했다. 그들은 이 지역에서 회교법(Sharia Law)을 집행했다. 이 운동은 급성장해 1997년까지 아프가니스탄의 95%를 장악했다. 탈레반은 아프가니스탄의 농촌지역에서 많은 추종자들을 충원해 군대를 조직하고 거기서 극단적 이슬람전통과 법률을 강제적으로 집행했다. 1998년에 탈레반 요원들은 나이로비에 주재한 미국대사관을 폭격했다. 이 조직은 2001년에 바미얀에서 수세기 동안 문화유산으로 유명한 두 불교비석을 폭파했다. 탈레반정부는 빈 라덴에게 피난처를 마련해 주었다. 파키스탄의 정보부(Inter-Service Intelligence)와 군부가 이 조직을 배후에서 지원했다. 제2부시행정부는 2001년 10월에 이 탈레반정부를 제거하기 위해 아프가니스탄에 군사적 침범을 강행했다. 그 후 아프가니스탄에서는 미국이 지원했던 민간정부가 수립되었다. 그러나 2017년에 탈레반의 활동이 다시 증가해 아프가니스탄의 35%까지 차지하자 이를 소탕하기 위해 트럼프행정부는 특수부대에 더해서 수천여명의 군대를 증원했다. 2018년부터 트럼프행정부는 그의 선거공약인 미군철수를 위해 탈레반과 직접 협상했다. 2020년 2월에 미국은 탈레반과 휴전에 합의한 뒤 미군을 철수하기 시작했다. 바이든 대통령은 2021년 8월에 거기 주둔했던 8만여명의 미군을 완전히 철수했다. 20년간 계속되었던 이 전쟁에서 미군은 약 2.3조달러를 소비했지만 소기의 목적을 달성하지 못했다. 이처럼 갑작스럽게 수행한 철수는 1970년대에 베트남에서 미군을 철수한 것을 연상시켰다. 이 굴욕적 철수에 대해 공화당과 일부 유럽국가들이 바이든 행정부를 비난했다. 미군이 손을 뗀 후 탈레반정부가 안정과 평화를 유지할 것인지가 아직도 확실하지 않다.

(2) 알카에다(Al-Qaeda)와 빈라덴(Osama Bin Laden)의 9 · 11공격

1988년에 빈 라덴이 알카에다라는 다국적 조직을 결성해 반미 및 반서방운동을 전개했다. 사우디아라비아의 부유한 건설업자의 아들로 태어난 그는 미국이 사우디아라비아에 대규모의 군사적 지원을 제공하는 계획에 항의하는 운동을 시작했다. 그는 직접 이 운동을 지휘하면서 필요한 재정적 지원을 제공했다. 그는 전세계적으로 흩어져 있었던 알카에다 신봉자들에게 알라신을 위해 목숨을 바치는 성전(Jihad)을 고취했다. 2001년 9월 11일에 그의 지휘하에 이른바 “9 · 11공격”이 일어났다. 당시 19명의 알카에다요원들이 4대의 민항기들을 납치해 미국 뉴욕시와 워싱턴의 국방부건물에 자살공격을 집행했다. 뉴욕에서는 두 대의 민항기가 세계무역센터(World Trade Center)의 쌍둥이 건물에 충돌했다. 워싱턴에서는 또 한대의 민항기가 국방부건물의 일부에 충돌했으며 다른 한 항공기는 지상에 부딪혀 파괴되었다. 이는 1812년에 영국군이 백악관을 방화했던 사건 이후 미국역사상 처음으로 외국테러조직이 미국본토에 공격을 가했던 사건이다. 이 결과 2,996명의 민간인들이 사망했고 6000여 명이 부상해 미국인들에게 엄청난 충격을 주었다.

이 사건은 미국외교정책을 공세적 현실주의로 전환시킨 계기가 되었다. 이 사건은 하나의 작은 비 국가테러조직이 21세기국제정치의 근본을 요동치게 만들었다. 이때부터 UN은 물론이고 러시아와 중국을 포함한 많은 국가들이 알카에다를 테러조직으로 규탄했다. 2003년에 제2부시는 이 알카에다를 제거하기 위해 아프가니스탄과 이라크에 다시 군사개입을 강행했다. 오바마는 2011년 5월에 특공대 요원들이 파키스탄에서 은신하고 있었던 빈 라덴을 발견해 현장에서 사살하도록 명령했다. 미국은 이 작전계획을 파키스탄정부에게 미리 알리지 않고 영공을 침범해 성공리에 수행했다. 당시 오바마 대통령은 미국의 최고위안보팀과 함께 백악관 상황실에서 특공대가 이 작전을 수행하는 과정을 실시간 관찰했다. 이 사진은 미국의 첨단무기와 통신기술이 어느 정도까지 발전했는지를 전 세계에 알려 주었다. 이 사건 후 미국은 중동국가에서 지상군을 철수한 뒤 주로 무인기(drones)를 이용해 세계 각 지역에서 테러지도자의 표적살상을 실시했다. 미국의 특수요원들이 현지에 가서 테러주의자들의 소재를 정확하게 파악한 뒤 인공위성을 통해 칼리포니아주의 공군기지에 알려주면 여기서 조종사들이 드론기 작전을 직접 수행했다.

(3) 이라크와 시리아의 이슬람국가(ISIS: Islamic State of Iraq and Syria)

1999년에 이라크에서 일부 슈니파들의 성전옹호자들과 무하마드의 후손들로 자처한 극단주의자들이 모든 무슬림신봉자들로 구성하는 하나의 칼리프제국(Caliphate)을 실현하자는 계획을 추진했다. 이 운동이 시리아에 전파되어 ISIS운동으로 확대되었다. 이미 2004년에 이라크에서는 일찍이 무하마드(Muhammad) 후계자들이 7－8세기에 건설했던 칼리프제국과 같은 회교제국을 재현하려고 기도했다. 2003년에 이라크에서 사담후세인정권이 제거된 뒤 그를 추종했던 슈니파들이 권력과 일자리를 상실해 당시 미국이 지원했던 시아파정부에 대해 깊은 불만을 품고 이 운동에 많이 가담했다. 이렇게 두 파벌 간에 분파적 갈등이 격화하자 ISIS는 알카에다와 함께 더욱 더 극단적 행동을 나타냈다. 그들이 영토를 확장하는 전쟁을 실시하는 동안 서방국가들의 기자들과 원조실무자 및 심지어 인도주의적인 자원봉사자들을 납치해 공개적인 참수행동을 과시했다. 한편 ISIS요원들은 자폭자살, 민간인들의 사형집행 및 납치 등 온갖 만행을 자행해 문명세계를 경악시켰다.

이 조직은 2011년에 이라크와 시리아의 도시에서 정부군들을 몰아낸 뒤 통치기구를 설립해 강압적으로 회교법을 집행했다. 그들은 종교경찰을 출범시켰고 어린이들까지 군대에 동원했다. 그들이 충원한 요원들은 폭탄을 몸에 달거나 차량에 장착해 정부시설에 돌진하는 자살을 서슴지 않고 실행했다. 지금까지 약 3천 명이 체포되었지만 그들의 테러는 계속되어 이라크와 시리아에서 집권정부를 위협했다. 2016년부터 이라크와 시리아에서 그들이 장악한 도시들은 미국의 특수부대의 지원하에 정부군에 의해 탈환되었다. 이 두 중동국가 외에도 그들의 추종자들은 기타중동국가, 아프리카 및 아시아의 21개국에서 활발한 활동을 계속했다. 이 가운데 대표적인 국가들은 아프가니스탄, 이라크, 파키스탄, 말리, 이집트, 소말리아, 방글라데시, 인도네시아, 필리핀이다. 그들은 세계화가 초래했던 첨단통신기술과 인터넷을 이용해 모금 및 충원운동을 효과적으로 전개해 연간 20억 달러의 예산과 약 3만 명의 군대를 통솔했다.

미국이 주도한 서방국가들은 군사력에 의해 ISIS가 통제했던 지역을 탈환하기 시작했다. 트럼프는 2017년 4월에 아프가니스탄의 험악한 산 속에 설치했던 ISIS 건물에 핵무기가 아닌 재래식폭탄 중 가장 거대한 폭탄을 투척하도록 명령했다. 이 폭격으로 인해 94명의 지도자들이 사망했다. 이와 같이 미국이 군사개입을 해 ISIS가 지배했던 영토를 점차 회복하자 그들이 칼리프제국을 실현하기는 어렵게 되었다. 2019년에 트럼프는 중동에서 ISIS를 소탕했다고 선언했다. 그 후에 잔존세력은 회생하는 조짐을 나타냈다. 2019년 10월 27일에 미국의 특수부대는 쿠르드군의 협조를 얻어 이 극단주의 무장조직의 최고지도자 알 바그다디의 은신처를 기습해 그의 자폭사망을 성취했다. 2022년 2월 3일에 바이든의 지시로 미군특수부대가 시리아에서 활동했던 그의 후계자 아부미브라힘의 은신처를 기습해 그를 사망하게 만들었다. 이처럼 미국의 소탕전이 성공하고 있음에도 불구하고 ISIS 지지자들은 예멘과 소말리아와 같이 실패한 국가에 침범해 여전히 테러행동을 계속했다. 나이지리아에서 보코 하람(Boko Haram)이라는 조직은 어린 여자들을 납치했지만 정부는 그들의 기지를 발견해 완전히 제거하지 못했다. 이처럼 테러조직은 현존하는 국가를 위협할 뿐 아니라 전 세계의 안정과 질서를 파괴해 인류의 공통적 적이 되었다.

ISIS는 중동과 그 주변에서 민족국가를 약화하는 효과를 가졌다. 테러는 중동과 아프리카국가에서 민족국가를 분열시켜서 정치적 파편화를 조장했다. 아프가니스탄에서 테러가 발생해 군벌과 부족 간에 갈등을 조장하고 있는 것이 그 좋은 예이다. 이라크와 시리아에서 계속되고 있는 내전은 끝을 보이지 않고 수백만 명의 피란민들을 양산했다. 터키에서는 약 2백만 명의 피난민들이 수용되었다. 한편 미국과 서방국가들에 대해서 ISIS는 그들의 국경경비를 더욱 삼엄하게 만들어 민족국가를 더욱 더 보강하는 효과를 내었다. 미국은 아랍 국가들로부터의 이민을 제한했다. 유럽에서도 반아랍 및 반이민정서가 확산했다. 대부분의 회교도들은 ISIS를 반 이슬람조직으로 외면했다. 그런데도 현대화와 세계화에서 소외감을 느끼는 회교도들과 그들의 추종자들이 존재하는 한 이 운동을 완전히 말살하기는 어려울 것이다. 이 테러를 사전에 예방하기 위해서는 무엇보다도 정확한 정보를 확보하는 일이 중요하다. 테러를 방지하려면 모든 국가들이 정보를 공유하고 적극적으로 협력해야 한다. 테러를 효과적으로 억제하기 위해서는 이상적으로 모든 국가들이 테러방지를 인류의 공공재로 인식하고 통상적인 국가이익을 초월해 정보를 교환하고 실질적인 협력을 해야 한다. 인류는 전쟁과 테러를 억제하고 평화와 질서를 회복하는 노력을 멈출 수 없다. 이 어려운 임무를 부여받은 국제기구가 바로 국제연합(UN)이다.

제10장

전쟁방지를 위한 외교와 집단안보를 위한 UN체제

전쟁을 방지하기 위해 외교가 필요하다. 이상적으로 UN이 모든 회원국가들의 안보를 위해 집단안보를 이행한다면 전쟁을 방지하고 평화를 유지할 수 있다. 실제로 이러한 상태의 외교와 집단안보를 실현하는 데는 많은 문제들이 가로놓여 있다. 평화는 전쟁과 갈등의 부재를 의미한다. 이 부정적 의미에서 평화는 적대감과 전쟁의 결여를 의미한다. 긍정적 의미에서 평화는 민주평화론이 말하는 바와 같이 화해와 협력을 의미한다. 평화를 유지하기 위해 각 국가의 대표들은 외교를 통해 갈등을 해소하고 협력방법을 모색한다. 이처럼 외교는 국가대표들이 협상을 통해 합의를 이루는 기술 또는 실천이다. 국가는 개별적으로 타국과 양자협상을 실시해 협력을 추구할 수 있고 다자적 국제기구를 통해 집단안보조치를 취할 수 있다. 갈등을 사전에 막기 위해 이러한 노력을 하는 것을 예방적 외교라고 하며 이것이 실패했을 때 침략국을 응징하는 행동을 강제적 외교라고 부른다. 이 두 가지 외교를 수행하기 위해 1945년에 미국, 영국, 중국 및 소련은 UN을 결성하는 헌장에 합의하고 이를 50개국이 조인해 UN체제가 출범했다. 그러나 UN은 그 본래 목적인 전쟁을 방지하는 일에는 아직도 성공하지 못하고 있다.

1. 외교

외교의 역사는 고대에서부터 시작되어 현대국가체제가 출범한 후 더욱 정교한 제도로 발전했다. 한 국가는 다른 국가와 외교관계를 수립하면 대사관을 개설하고 대사와 외교관을 교환한다. 이들은 주재국에서 통치권 외의 특권을 행사하며 법적 보호를 받는다. 그들은 자국을 대표해 협상, 조정, 회의에 참석하며 본국에 현지 상황을 보고한다. 그들의 직급과 대우에 대해서는 자세한 의전과 관례가 축적되었다. 그들의 기본적 임무는 협상을 통해 자국의 국가이익을 최대한 관철시키는 일이다. 미국의 한 탁월한 외교관이었던 케난(George F. Kennan)에 의하면 모범적 외교관은 정비사(mechanic)가 아니라 정원사(gardener)가 되어야 한다고 했다. 국제정치는 현재의 외교관들이 설계한 것이 아니라 과거에서 물려받은 것으로 외교관은 무리하게 그것을 변경할 수 없는 것이다. 따라서 그는 이 주어진 현실에 적응하면서 그 풍토에서 아름다운 화초를 길러내는 것처럼 가장 적절하게 자국의 국가이익을 끈기 있고도 신중하게 가꾸어 가야 한다는 것이다(John Lewis Gaddis, *George F. Kennan: An American Life*, 2011). 외교관의 역할은 주재국의 상황을 정확하게 파악해 본국정부에 보고하고 지령을 받아 협상과 협력을 실시하는 것이다. 이 임무를 원만하게 수행하기 위해서 외교관은 필요한 지식과 능력을 습득하고 풍부한 경험을 쌓아야 한다. 18세기에 러시아의 프레드리크 대제가 무력 없는 외교는 악기 없는 음악과 같다고 한 것과 같이 외교도 국력이 뒷받침하고 치밀한 전략에 의해 수행해야 소기의 효과를 낼 수 있다. 국력이 받들어주지 않는다면 아무리 좋은 외교적 수사학이나 협상도 소기의 목적을 달성하기 어렵다.

외교에는 단순히 대화와 협상을 통한 평화적 방법만이 아니라 제제와 군사적 압력에 의한 억지력과 강제력에 의한 강압적 외교(coercive diplomacy)도 있다. 외교를 일종의 게임으로 보고 폭력위협에 의해 상대국의 전쟁시도를 방지하는 것이 억지력이다. 게임이론으로 갈등과 협력을 연구한 업적으로 노벨경제학상을 수상한 쉘링(Thomas Schelling)은 억지력(deterrence)을 하나의 "폭력외교"라 했다. 이 억지개념은 고대에 인질을 붙잡아두는 것이나 냉전 시에 "테러의 균형"과 비슷한 것이다. 어떤 국가가 상대국에 해를 끼치기 위해 하나의 거래수단으로 강제력을 사용하는 것이 억지력이라고 쎌링은 정의했다(*The Diplomacy of Violence*, 1966). 이 억지력이 성립하려면 목표의 선명성(clarity), 충분한 군사 및 경제적 능력(capability), 실제로 이 능력을 사용할 것에 대한 상대국의 신뢰도(credibility)가 구비되어야 한다. 당사국은 상대국에 대해 추구하는 자신의 분명한 목표를 수립하고 그것을 확실하게 전달해 상대방이 신뢰하게 만들어야 한다. 이 목적을 달성하기 위해서는 어느 정도의 모험을 해야 한다. 그런데도 상대방이 무모하게 공격한다면 반드시 반격해야만 억지력이 유지된다. 이 세 가지 조건들이 충족되면 하나의 흥정의 도구로서 폭력위협은 상대방의 전쟁기도를 충분히 억지할 수 있다는 것이다.

이 억지력에도 두 종류가 있다. 그 하나는 "부정에 의한 억지력"(deterrence by denial)이다. 이는 아국이 압도적 군사력으로 시위를 실시해 적국의 전쟁시도를 사전에 부정하는 방법이다. "인계철선"(trip－wire)은 소규모의 군사력을 접경에 배치해 적국이 침략하면 곧 자동적으로 반격하게 조치하는 것이다. 판문점과 휴전선의 접근지역에 미국의 제2사단을 배치하고 있는 것이 그 실례다. 북한군이 비무장지대를 넘어서 침범하면 자동적으로 미군이 개입해 교전해야 하므로 북한은 미군과 싸울 각오를 해야 한다. 이러한 주한미군의 역할이 북한에 의한 전면전을 억지해 왔다. 북한핵무기에 대해 미국이 "확대억지"(extended deterrence)를 약속하고 이 공약을 행동으로 증명하기 위해 대규모의 한미합동훈련을 실시하는 것이 다른 예다. 2017년 4월에 미국은 두 B－1폭격기를 한반도상공에 보내 한국공군과 합동훈련을 실시했다. 이 폭격기는 핵무기와 최대 규모의 폭탄을 싣고 한반도에 한번 왕래하는데 5백만 달러를 소비한다. 이처럼 미국은 한국에 대한 공격을 자국에 대한 공격으로 다루어 적을 격퇴하겠다는 의지를 행동으로 보여 주었다. 이 노력에서 차질이 발생하면 상대국이 오판하게 만들어 정보 및 억지가 실패해 전쟁이 초래한다.

다른 하나는 "징벌에 의한 억지력"(deterrence by punishment)이다. 이는 경제제재와 고립정책을 실시하는 방법이다. 경제제재는 적국과의 무역, 투자 및 기타경제교류를 중단해 압력을 가하는 행위다. 이 경제제재가 효력을 내기 위해서는 적대국 이외의 모든 국가들이 제재에 동참해 성실하게 그것을 실천해야 한다.

2015년에 이란이 핵무기계획을 동결했던 것은 5개 UN안보이사회상임이사국들과 독일이 단합해 실시했던 경제제재가 효과를 낸 결과로 이루어 졌다. 북한핵무기에 대해서는 중국이 공식적으로는 UN안보이사회의 결의를 이행한다고 하면서도 실제로 그것을 실천하지 않았기 때문에 큰 효력을 내지 못했다.

2022년 2월에 터진 우크라이나 전쟁에서도 이 두 조건이 제대로 작동되지 않아 억지력이 실패했다. 하나의 가상적 게임이 아닌 실제 강대국관계에서 바이든은 핵무기를 보유한 푸틴의 의지를 꺾기 위해 모험하지 않았다. 러시아를 고립시키고 경제를 고사하기 위해 실시한 경제제재도 효력을 발휘하지 못했다. 우선 대부분의 유럽 국가들은 국내에서 소비하는 천연가스와 석유의 40%을 러시아에서 공급받고 있기에 러시아에 엄격한 제제를 할 수 없었다. UN안보이사회에서 러시아를 침략자로 규탄하는 결의안에 대해서는 러시아와 중국이 거부권을 행사했다. UN총회는 러시아를 규탄하는 결의안을 다수결로 통과했으나 구속력이 없는 것이다. 결국 상임이사국인 러시아가 헌장을 스스로 위배했을 때 UN은 무력화했다.

일반적으로 강압적 외교는 당사국들이 국가이익을 공유하거나 전쟁위협을 공감할 때 성공할 수 있다. 약소국이 강대국에 대해 실효성을 내는 외교를 생산하는데는 많은 제약이 있다. 예컨대 한국이 미국과 중국을 "설득"해 그들의 정책을 전환시키는 것은 쉽게 말할 수 있지만 달성하기는 쉽지 않다. 따라서 한국이 순전히 국내정치적 시각에서 외교를 추진한다면 그것이 성공할 확률은 많지 않고 오히려 상대방에 의해 이용될 수 있다. 이 때문에 미국에서도 국내정치는 국경에서 끝난다는 말이 있다. 그런데도 미국에서도 공화당과 민주당 간에 극도로 양극화된 국내정치로 인해 외교문제도 정치화하고 있다. 강대국들은 이렇게 해도 그들은 큰 피해를 보지 않지만 약소국이 외교문제에 대해 국내분열을 보인다면 그것은 치명적으로 국익을 크게 손상한다.

2. UN체제: 집단안보의 역할과 한계

이상적으로 모든 주권국가들이 집단안보를 실현한다면 전쟁을 억지하고 평화를 달성할 수 있다. 원래 UN은 이 목적을 실현하기 위해 창설되었다. 그러나 집단안보는 제대로 실현되지 않았다. 그 대신 UN은 이미 전쟁이 중단된 뒤에 그곳에서 정전상태와 안정을 유지하고 다시 군사충돌이 일어나는 것을 막고 동시에 난민들에게 인도주의적 지원과 기타 사회 및 환경문제를 해결하는 일을 더 많이 담당해 왔다. 그 주 이유는 안보이사회의 5개 상임이사국들(미국, 중국, 러시아, 영국, 프랑스)이 합의를 이루기 어려웠기 때문이다. 설사 합의가 이루어지더라도 UN은 실제로 결의안을 이행할 수 있는 강제력을 갖고 있지 않다. 2022년에 상임이사국 러시아가 우크라이나를 침략했을 때 UN총회는 이 불법적 전쟁을 규탄하는 결의안을 통과시켰지만 그것을 이행할 방법이 없었다. 이러한 처지에 놓여있는 UN을 개혁해 보려는 온갖 노력도 모두 실패했다. UN헌장 그 자체를 개정하는데도 기존 상임이사국들이 합의를 이루어야 하기 때문이다.

전쟁을 방지하기 위해 UN은 193회원국들이 분쟁을 평화적으로 해결하도록 조치해야 하며 이것이 실패할 경우 강제적으로 집단안보조치를 취해야 한다. 15개국으로 구성된 안보이사회가 이 임무를 수행한다. 이 15개국들 중에서 상기 5개 상임이사국들이 합의를 이룰 때 결의안이 통과되고 단 한 개 이사국이 **거부권**을 행사한다면 부결된다. 5개 상임이사국들은 모두 제2차 세계대전의 승전국들이다. 세계대전 후 76년이 지난 오늘도 그들은 상임이사국의 증가 및 개편에 반대하면서 기득권을 고수하고 있다. 이 현실이 지속되는 한 신흥국인 인도와 브라질, 패전국이었지만 급속히 부활하고 있는 일본과 독일이 상임이사국이 될 수 없다.

UN헌장의 제6장은 분쟁의 평화적 해결에 대한 조항을 설정하고 제7장은 이 기도가 실패해 주권국가를 침범한 국가를 격퇴시키는데 필요한 강제적 집단안보조치를 설정하고 있다. 평화적 조치를 취하기 위해서 사무총장은 화해, 조정 및 중재(good office, arbitration, mediation)를 실시할 수 있다. 집단안보조치는 역사상 두 번 실현되었다. 그 첫 번째는 1950년에 북한이 남한을 침범했을 때이고 두 번째는 1990년에 이라크가 쿠웨이트를 침범했을 때였다. 1950년 당시 소련대표가 본국으로 소환되었던 틈을 타서 미국이 북한을 침략자로 규탄하는 안보이사회의 결의안을 밀어 붙였다. 이 결과 미국의 맥아더장군이 UN군 사령관으로 임명되었다. 미국 이외에 15개 회원국들이 한국전에 파병했다. 냉전이 종식되었던 1990년에는 첫 번째 부시행정부가 제안한 결의안에 대해 중국은 기권했으나 고르바초프하의 소련은 찬성해 통과되었다. 미국이 쿠웨이트의 주권을 회복하기 위해 50만 대군을 동원했다. 미국에 더해 33개 회원국들이 파병해 쿠웨이트에서 이라크군을 격퇴시켰다.

냉전기에는 주로 소련이 거부권을 많이 행사했다. 1953년 당시 동독에서 반공산당시위가 일어났을 때 소련은 소련군대를 동원해 그것을 진압했다. 1956년에 헝가리에서 반공산당운동이 발생했을 때도 소련군이 개입해 그것을 진압했다. 1968년에 체코슬로바키아에서 평화적 시위가 일어나 전국에 퍼지고 있을 때 소련, 불가리아 및 폴란드가 연합군을 형성해 시위대를 탄압했다. 이러한 사태에 대해 UN은 소련의 거부권행사로 인해 아무 조치도 취하지 못했다. 1945년과 1975년 사이에 소련은 114회의 거부권을 행사했다. 다만 군축에 대해서는 이 냉전기에도 미국과 소련은 핵무기의 확산을 방지하기 위해 몇 가지 합의를 이루었다.

3. 군축

UN안보회의 5개 상임이사국들은 모두 핵무기를 갖고 있다. 그들 중에서 미국과 소련은 상대방으로부터 1차적으로 핵공격을 받고 난 뒤에도 상대방을 파괴할 수 있는 이른바 "제2차 공격능력"을 가할 능력을 보유했다. 이 상황에서는 어느 쪽도 자살을 각오하지 않는 한 상대방에게 핵공격은 할 수 없게 된다. 이 결과 이 두 초강대국 간에 **"상호 보장된 파괴"**(MAD: Mutually Assured Destruction)가 성립해 핵전쟁이 억지되었다. 처칠은 이 상관관계를 "테러의 균형"이라 불렀다. 이와 같은 핵 억지력이 양국 간에 전쟁을 방지했다.

(1) 핵 비확산조약과 국제원자력기구

핵무기를 독점했던 상임이사국들은 그들 이외의 국가가 핵무기를 개발해 확산시키는 것을 방지하기 위해 1970년에 비확산조약(Non－proliferation Treaty)을 체결했다. 이 조약에 의해 창설된 국제원자력기구(IAEA: International Atomic Energy Agency)는 회원국들의 핵무기 개발을 감시하고 검증하는 임무를 수행한다. 원래 이 조약은 핵무기의 보유국가들과 비 보유국가들이 상호 간에 거래해 성립되었다. 5개 핵보유국들은 핵무기를 독점하는 대신에 비 보유국들에게 평화적 핵기술을 제공하겠다고 약속했다. 이렇게 불평등한 조약을 수용한 데 대해 많은 비난이 계속했으나 191개국이 이 조약을 비준했다. 한국은 1975년에 이 조약을 비준했다. 현재까지 핵무기를 보유했던 국가가 스스로 그것을 폐기한 국가로는 남아프리카공화국뿐이다. 남아공은 선거에 의해 정권이 백인통치에서 흑인통치로 이전되기 전인 1989년에 그 당시 보유했던 6개의 핵무기들을 파괴했다. IAEA가 검증한 뒤에 남아공은 1991년에 NPT를 조인했다. 리비아는 서방국가들이 가했던 경제제재를 중단하기 위해 2003년에 당시 개발 중이었던 대량살상무기계획을 중단했다. 이밖에 이스라엘, 인도, 파키스탄 및 북한은 스스로 핵무기를 개발해 가장 중요한 생존수단으로 여겨 왔다. 북한은 1985년에 NPT를 조인했으나 비준하지 않았으며 핵무기를 개발한 뒤 2003년에 NPT를 탈퇴했다. 이처럼 NPT는 핵무기확산을 어느 정도까지 지연시키는데 성공했으나 위반하는 국가를 방지하는 데는 실패했다.

(2) 미사일 통제레짐(MTCR)

핵무기와 같은 대량살상무기를 운반하는 수단, 즉 장거리탄도미사일을 통제하기 위해 1987년에 G-7 국가들(미국, 영국, 캐나다, 프랑스, 독일, 이태리, 일본)이 미사일 통제레짐(the Missile Technology Control Regime)을 출범시켰다. 이 기구는 순전히 자발적인 조직으로 현재 35개국들이 참여하고 있다. 이 조직의 목적은 장거리미사일의 확산을 방지하기 위해 협력하는 것이다. 회원국들은 무게가 500kg을 초과하고 사정거리가 300km 이상이 되는 미사일의 수출을 금지하고 있다. 북한은 이 제한을 훨씬 넘는 탄도미사일을 개발해 미사일확산위협을 증가하고 있다. 한국은 2001년에 이 기구에 가입했다. 2004년에 중국이 이 기구에 가입을 신청했으나 파키스탄에 장거리미사일을 수출했기 때문에 거절당했다. 2016년에 인도는 이 기구에 가입했다. 이 기구와 별도로 2002년에 119개국들이 탄도미사일 확산의 수출을 자제하기 위해 국제행동규칙(the International Code of Conduct against Ballistic Missile)을 채택했다. 그런데도 강대국들과 더불어 북한과 이란의 탄도미시일 발사를 규제하는 국제협정은 이루어지지 않고 있다.

(3) 미소 간의 핵 및 미사일군축협상

한편 미국과 소련은 군축협상을 성사시켜 상호 간에 핵탄두와 대륙간 탄도미사일의 수를 축소하는 제한적인 협정을 체결했다. 그 가운데 가장 중요한 조약은 1962년 체결되었던 핵실험금지조약(The Nuclear Test Ban Treaty)으로 125개 국가들이 조인했다. 그러나 1996년에 UN총회가 채택했던 포괄적 핵실험금지조약(The Comprehensive Nuclear Test Ban Treaty)은 아직도 효력을 발휘하지 못하고 있다. 2016년까지 166개국들이 이 조약을 비준했지만 중국, 이집트, 이란, 이스라엘과 미국은 조인했으나 비준하지 않았다. 이미 핵무기를 보유한 인도, 북한 및 파키스탄은 아예 조인하지 않았다. 이와 같이 UN이 주관한 군축회담은 냉전이 종식된 뒤에도 러시아와 중국의 거부권 행사로 인해 성공하지 못했다. 2003년에 미국의 부시행정부는 UN안보이사회의 결의 없이 핵무기 등 대량살상무기를 파괴하고 민주주의국가를 건설한다는 명분하에 두 번째로 이라크에 침범해 사담 후세인대통령을 제거했다.

(4) 중거리 핵 군사력 조약(INF: Intermediate Nuclear Forces Treaty)

미국과 소련 간에 유일하게 성공한 군축협상은 양국이 유럽에 배치했던 중거리탄도미사일을 금지하기로 합의한 조약이다. 1961년부터 두 차례에 걸쳐 협상을 실시해 마침내 1987년 12월 워싱턴에서 레이건과 고르바초프가 이 조약에 서명했다. 이 역사적 합의는 동서 간의 냉전을 가시적으로 종식하기 시작했다는 점에서 큰 의미를 가졌다. 이 조약의 내용을 간략하게 서술하자면 양측이 500－1000km 사거리를 가졌던 단거리미사일과 1000－5,500km 사거리를 가졌던 중거리미사일을 모두 금지하자는 것이다. 이 결과 미국은 유럽에 배치했던 미사일(Pershing II)을, 소련은 이와 대등한 미사일(SS－2)을 유럽에서 철수했다. 이 협상을 계속하는 동안 레이건은 고르바초프에게 “신뢰하되 검정하라”(trust but verify)라는 러시아 격언을 누차 강조해 유명한 일화를 남겼다.

냉전이 종식되고 소련이 붕괴한 후 푸틴대통령은 이 중거리미사일보다 훨씬 진전된 장거리미사일을 개발해 미국에 도전했다. 중국은 아예 이 조약을 서명하지 않았기에 그보다 뛰어난 성능을 가진 중거리미사일을 전진 배치했다. 이러한 배경에서 트럼프대통령은 2018년 10월에 이 조약에서 탈퇴한 후 2019년 8월에 정식으로 조약이행을 중단했다. 푸틴도 곧 이 조약에서 탈퇴한다는 것을 발표했다. 한편 미국은 동년 8월에 5000km 사거리를 가진 미사일발사에 성공했다. 이 결과 미러 및 미중 간에 새롭게 군비경쟁이 격화해 핵무기확산의 위협이 증대하고 있다. 이 때문에 일부 학자들은 중거리조약의 폐기는 곧 "신 냉전"의 개시를 의미한다고 지적하고 있다.

(5) 전략무기감축협정(Strategic Arms Reduction Treaty)

미국과 소련이 합의했던 또 하나의 군축협정은 **START**다. 냉전이 종식되고 있었던 1991년에 제1부시(George H.W. Bush)대통령과 고르바초프대통령은 2009년까지 6,000기의 핵탄두들을 감축하는 협정을 조인했다. 이 목적이 달성되면 기존 핵탄두들의 80% 정도를 감축하게 된다. 2009년에 이 START I이 만기되었을 때 오바마 미국대통령은 러시아의 메데베데프 대통령과의 협상에서 2021년까지 핵 운반수단과 탄두를 각각 1,550기로 감축하자는 START II를 조인했다. 오바마는 이 합의를 이루어 "핵무기 없는 세계"에 대한 비전을 제시했던 성과로 그 해에 노벨평화상을 받았다. 그 후 러시아와 미국이 다시 핵무기개발을 격상했다. 이 추세를 지양하기 위해 2021년에 바이든은 푸틴과 이 조약을 5년간 더 지속하기로 합의했다. 우크라이나 전쟁이 시작한 지 1년이 되자 2023년 2월에 바이든은 기습적으로 우크라이나를 방문해 미국과 NATO의 지속적 지지를 과시했다. 이에 대한 반응으로 푸틴은 이 유일하게 남아 있었던 이 핵군축조약을 중단한다고 발표했다.

이처럼 중국과 러시아는 군축회담을 외면하고 다시 군비경쟁을 부활하고 있다. 중국은 전략무기감축조약을 조인하지 않고 오히려 핵무기 생산능력과 격납고 확창에 박차를 가하고 있다. 중국의 핵무기 수는 2030년까지 1000여기에 도달할 것으로 보고 있다(*New York Times*, 2021. 11. 28.). 중국은 2021년 7월에 극초음속미사일을 시험 발사해 핵무기개발의 새로운 차원을 개시했다. 이 행동은 중국이 종래 고수해 왔던 핵무기 선제사불사용과 "최소억지력"정책을 포기한다는 징조다. 당시 START의 연장에 동의했던 러시아도 2021년 12월에 극초음속 미사일 발사시험을 실시한 뒤 이를 실전 배치했다. 인도도 2021년 10월에 극초음속미사일(Shaurya)을 발사 시험했다. 미국은 이 극초음속미사일개발에 다소 낙후했으나 2022년 12월에 이 무기를 시험 발사했다. 일본도 미국과 협력해 이 극소초음속미사일 기술개발에 착수했다. 이와 같이 강대국들은 21세기에 극초음속미사일 및 AI의 연구개발 및 배치에서 다시 군비경쟁을 전개하고 있다. 극초음속미사일은 음속보다 5배 빠르고 고도의 기동성을 발휘한다. 중국과 러시아는 미국이 먼저 배치한 미사일방어체제를 파괴하기 위해 이 첨단기술을 개발했다. 미국도 이에 대비하기 위해 극소음속미사일개발에 박차를 가하기 시작했으므로 앞으로 군비경쟁은 이 초음속미사일과 AI무기 및 우주무기 개발에 집중될 것이다.

4. 평화유지 작전

UN은 세계적인 집단안보와 군축에는 실패했으나 분쟁국들이 전쟁을 중단하고 휴전을 했을 때 평화유지 작전(peace-keeping operation)을 결집하는 일에는 빈번히 합의를 이루었다. 이 작전의 주목적은 분쟁당국들이 먼저 전쟁을 중단한 후에 휴전을 유지하는 것이다. 이 경우에도 당사국들이 먼저 동의해야 UN사무총장은 평화유지군을 파견할 수 있다. 이러한 UN평화유지군은 이스라엘의 팔레스타인구역과 남 수단 등 많은 아프리카국가들에 파견되고 있다. 2021년에 95,000명의 평화유지군이 40개 지역에서 활동했다. 이들을 위한 예산은 2019년에 80억 달러였으나 그중에서 17억 달러가 미지불상태에 있었다. 이러한 군대를 운용하는 데는 큰 예산이 들고 유능한 사령관과 훈련된 군인이 필요하다. 주로 작은 나라들이 자원해서 보내는 군인들의 능력과 행동에는 많은 문제가 발생하고 있다.

비대해지고 있는 UN체제를 관리하는데 막대한 재정이 필요하다. 2010-2011년에 UN의 정규예산은 52억 달러였다. 평화유지군을 위한 예산은 150억 달러였다. 이 중에서 미국이 정규예산의 22%와 평화유지예산의 27%를 충당했다. 미국은 매년 UN에 약 30억 달러를 기증하고 있는데 이 액수는 기타 185개국들의 부담을 합친 액보다 많은 것이다. 2016-2017년의 UN예산에서 미국은 22%, 일본이 9.68%, 중국이 7.9%, 독일이 6.3%, 프랑스가 4.85%, 영국이 4.41%, 브라질이 3.8%, 이태리가 3.7%, 러시아가 3%, 캐나다가 2.9%, 그리고 한국이 1.9%, 인도가 0.7%를 부담했다. 미국은 할당된 금액을 다 지불하지 않고 있는 체불상태에 있다. 트럼프행정부는 더욱 더 이 금액을 감축했다. 2019년 10월에 미국의 체불양은 약 10억 달러에 달했다. 미국 이외의 다른 회원국들도 체불상태에 처해 있으므로 이 인류의 가장 보편적 기구는 항시 자금난에 허덕이고 있다. 이 결과 사무총장은 현금부족으로 인해 직원들의 봉급을 제때에 지급하지 못하고 있는 실정이다. 이러한 사정은 UNESCO처럼 UN산하에 설립되어 있는 특별 기구에서도 마찬가지다. 1984년에 미국은 낙태를 지원하거나 이스라엘을 승인하지 않는 회원국들이 가담하고 있는 UNESCO를 아예 탈퇴했다가 이 기구가 약간의 개혁을 실시한 후 1997년에 다시 동참했다. 2019년 1월에 트럼프는 미국의 분담금에 대한 불만을 표시해 다시 이 기구에서 탈퇴했다. 2023년 6월에 다자외교를 중시한 바이든은 UNESCO에 복귀하기로 결정했다.

5. 국제인권법과 민간인 보호를 위한 R2P

1990년대에 아프리카국가들의 일부에서 대학살(genocide)이 일어났는데도 미국과 기타 강대국들이 그러한 비극을 외면했다. 1994년에 아프리카의 르완다에서 부족 간에 갈등이 일어나 약 200만 명이 학살되었는데도 미국은 개입하지 않았다. 물론 당사국이 이를 거부한 것도 하나의 이유이다. 이 시기에 유럽의 주변부에 처한 보스니아에서 소수민족인 세르비아족이 다수민족인 무슬림족을 학살하고 있었을 때 UN이 개입하지 않았다. 이를 목격한 미국은 1999년에 NATO군으로 하여금 공중포격을 가하게 조치해 내전을 종식시켰다. 이 때 미국의 전투기들이 오판해 세르비아수도에 있는 중국대사관을 폭격해 희생자를 냈다. 이 사건에 대해 미국은 중국에 해명과 사과를 했지만 중국은 아직도 그것을 고의적이었던 것으로 간주하고 있다.

이 사태와 비슷하게 시리아에서는 수백만 명의 순수한 민간인들이 중앙정부에 의해 사살되었다. 이 참혹한 사실은 인권과 인도주의를 송두리째 무시한 야만행위다. 이 사태를 목격한 많은 학자들과 국제여론이 인권법의 재정립을 강하게 요구했다. 사실 UN총회는 1946년에 인권위원회를 설치했고 1948년에 “인권의 보편적 선언"(Universal Declaration of Human Rights)을, 1966년에 "시민 및 정치적 권한에 관한 협약"(Covenant on Civil and Political Rights)을 채택했다. 여기서 인권은 인간이 인간으로서 생존하며 안전하게 살 권한을 갖는다는 인류보편의 규범으로 인정되었다.

이러한 의미의 인권을 탄압했던 국가들이 UN인권위원회의 회원국으로 선출되었을 때 미국을 비롯한 서방국가들이 강하게 반발했다. UN사무총장 코피 아난(Kofi Annan)은 인권을 UN이 보호해야 할 하나의 우선 아젠다로 중시해 아프리카에서 HIV(에이즈)바이러스의 퇴치운동을 적극 장려했다. 이러한 업적으로 2001년에 아난과 UN은 공동으로 노벨평화상을 수상했다. 2005년에 아난은 대학살과 인종세탁과 같은 인류에 대한 범죄를 방지하기 위해 UN에서 세계정상회담을 소집했다. 이 회담에서 모든 주권국가들은 다른 종교를 믿는 소수민족을 포함한 모든 국민을 보호해야 한다는 원칙에 대해 동의를 이루었다. 만약 이를 무시하고 자국인들에 대한 대학살을 감행한다면 UN은 무고한 **민간인들을 보호할 책임**(The Responsibility To Protect－R2P)을 갖는다는 결의를 채택했다. 이 인도주의적 임무를 수행하기 위해 회원국들은 UN안보이사회의 결의에 의해 인권을 유린하는 국가의 내정에 간섭할 수 있게 되었다.

2006년에 UN인권원회는 47개국의 회원으로 구성된 인권이사회로 개편되었다. 미국은 이 위원회를 활성화해 인권을 인류 보편적 권한으로 보호해야 한다는 입장을 취했다. 2010년에 튀니지에서 한 거리 상인이 경찰의 폭력에 항의하다가 사망했다는 소식이 인터넷을 통해 전 세계로 알려져 중동과 아프리카에서 대규모의 시위운동을 일으킨 이른바 "아랍의 봄"을 촉발했다. 이 파동으로 인해 리비아, 시리아, 수단 및 케냐에서는 정부가 시위대원들을 사살해 대학살이 일어났다. 오바마행정부는 UN안보이사회가 R2P원칙을 내세워 미국과 유럽국가들이 리비아의 내전에 민간인들을 보호하기 위해 군사개입을 하도록 결의하게 조치했다. NATO군은 리비아에 공습을 개시해 카다피 대통령을 사망하게 만들었다. 이 사태를 목격한 러시아와 중국은 미국이 민간인보호보다 카다피를 제거하는 정권변화(regime change)에 더 치중했다고 주장하면서 더 이상 R2P의 적용에 반대해 왔다.

시리아에서는 아사드정부가 이미 70만 명 이상의 자국민을 사살했으나 오바마는 군사개입을 꺼려했다. 그는 아사드(Bashar al-Assad)가 만약 화학무기를 사용한다면 방관하지 않겠다는 한계선(red line)을 밝혔다. 그 후 아사드는 실제로 화학무기를 사용해 어린이를 포함한 민간인들을 학살한 사실이 알려졌는데도 오바마는 개입하지 않았다. 이 때문에 오바마는 "뒤에 숨어서 하는 리더십"을 나타냈다는 비판을 받았다. 반면에 푸틴은 2015년에 러시아의 공군과 지상군을 시리아에 파견해 아사드정권을 보호했다. 2017년 4월에 아사드정권은 또 다시 화학무기로 공습을 가해 순진한 어린이들까지 사살한 비극이 일어나자 트럼프는 시리아 근해에 있는 2기의 항공모함에서 순항미사일을 발사해 시리아 공군기지를 포격하도록 명령했다.

미국은 2017년 9월에 미얀마군부의 탄압으로 인해 70여 만명 이상의 회교도 소수민족 로힝야족이 방글라데시로 탈출해 발생한 인권문제에는 개입하지 않았다. UN난민위원회는 미얀마군부의 행동을 "인종세탁"에 해당한다고 비판해 세계의 이목을 끌었다. 2015년 총선에서 승리를 달성한 수지(Aung San Suu Gyi)는 실권을 장악한 군부를 의식해 인권탄압을 부인했으며 심지어 시민권을 박탈당한 로힝야족의 비극을 인정하지 않았다. 그녀의 이러한 행동은 1991년에 민주주의실현을 위해 비폭력운동을 전개했던 그녀에게 수여했던 노벨평화상의 정신을 무색하게 만들었다. 그런데도 미국은 1999년에 유럽주변부에서 발생했던 코스보 사태에 개입했던 것과 달리 이 로힝야 사태에는 개입을 피했다. 2023년 4월에 쿠테타로 미안마 정부를 장악한 군부가 공중폭격으로 민간인들을 학살했다. 그런데도 미국은 중국 주변에서 일어나고 있는 이 대학살에 개입하지 않았다. 바로 이 달에 아프리카의 수단에서는 군벌들이 시작한 권력투쟁이 내전으로 비화했다. 이 내전에서도 수많은 난민들이 무고하게 희생되고 주변국에 탈출했으나 미국과 기타 강대국들은 군사개입을 하지 않았다.

중동과 북아프리카에서 일어난 이러한 전쟁을 피하기 위해 수백만의 난민들이 유럽국가로 몰려 오는 도중에 많은 사람들이 익사하고 희생했다. 그런데도 유럽국가들은 이들을 이민으로 받아들이는 데 주저했다. 트럼프대통령은 아랍국가에서 오는 이민을 거부하는 극단적 조치를 취했다. 한편 2018년 6월에 미국은 UN인권이사회가 이스라엘에 지나치게 적대적 태도를 취한다는 구실로 이 기구에서 탈퇴했다. 2019년에 멕시코국경지역에서는 수만 명의 난민들이 미국으로 이민을 기도하자 미국은 이를 억지 또는 거부해 또다시 인도주의적 비극을 나타냈다. 이러한 현상에서 우리는 피란민들의 “인간안보”도 자국이 보호하지 않으면 어느 타국도 그것을 보장하지 못한다는 실로 매정한 현실을 발견한다. 사실 UN은 테러와 대학살에 대해서 강하게 규탄해 왔지만 그것을 사전에 방지하지 못했고 테러가 초래한 뒤에야 인도주의적 문제를 수습하는 데 급급해 왔다. 이 일을 수행하는데 필요한 인적 및 물질적 자원을 동원하는데도 UN은 많은 난관에 봉착하고 있다.

제11장

국제법의 역할과 우주경쟁

국제법이 인권을 보호하고 주권국가를 규제할 수 있는가? 국제법은 주권국가들이 공통적으로 이행해 온 규범과 합의해 체결한 조약과 협정으로 구성되고 있다. 국제법은 주권국가들의 행위를 규제해 평화를 유지하고 인권 등 인류가 공유하는 공공재를 마련하는 데 어느 정도 기여한다. 그런데도 국제법은 그것을 집행하는데 필요한 강제력을 결여해 주권국가의 행동을 규제하는 데는 많은 제약을 받고 있다. 21세기국제정치에서 강대국들은 인류가 공유하는 공유지에 대해서 국제법을 발전시키려고 노력하고 있다. 그 대표적인 예가 우주를 개발하는 데 대해 미국과 러시아가 협조하고 있는 것이다. 이처럼 강대국들은 우주의 평화적 사용에 대해서는 협력하면서도 우주개발에 대해서는 치열한 경쟁을 전개하고 있다. 21세기 초에 강대국들은 우주에서도 군비경쟁을 개시했다.

원래 국제법 개념은 고대 그리스문명에서 방생했던 자연법과 기독교의 인간존엄사상에서 유래했다. 현대국가체제가 정립된 17세기에 국제법에 대한 실증적 고찰과 연구가 본격적으로 전개되었다. 국제법에 대해서는 두 가지 다른 시각이 있다. 그 첫째는 공동체주의적(communitarian) 시각으로 국제정치의 역사와 전통에서 주권국가들이 준수해 온 원칙에 대해 강제적 임무를 부여하는 견해이다. 예컨대 주권은 모든 국가들이 지켜왔으므로 국가라는 공동체를 보호하기 위해서 모든 국가들은 그것을 존중해야 한다는 것이다. 이와 대조적으로 둘째 견해는 범세계주의적(cosmopolitan) 시각이다. 일찍이 칸트가 주창했던 바와 같이 국가는 모든 인간을 수단이 아니라 목적으로 보고 그들의 권한과 안전을 존중하고 보호해야 한다는 주장이다. 왜냐하면 그들은 전 인류의 구성원들이기 때문이다. 이 견해는 모든 인간은 인간으로서 보편적인 권한을 갖는다는 것을 강조한다. 이 두 견해 간에 아직도 토론은 계속되고 있지만 대부분의 국제법학자들은 후자를 더 많이 옹호하고 있다.

국제사법재판소의 법규 38조는 관습, 협정, 조약 및 일반적 원칙을 국제법의 근원으로 규정하고 있다. 이 중에서 가장 중요한 것은 UN헌장이다. 주권국가는 이러한 형태의 국제법을 준수하려고 노력한다. 그러나 국제법이 자국의 이익에 배치된다면 국가는 빈번히 그것을 회피 또는 무시하고 있다. 이런 의미에서 국제법은 라틴어에서 **"약속은 지켜야 한다"**(*pact sunt servanda*)는 원칙상의 신사협정이다. 국가가 이를 준수하는 이유는 상대방에 의한 보복을 두려워하거나 자신의 이익에 부합한다고 판단하기 때문이다. 동시에 국가의 평판과 위신을 유지하기 위해서도 국제법을 완전히 외면하기는 곤란한 것이다. 그런데도 강대국들이 국제법을 위반할 경우 그것을 효과적으로 처벌할 수 있는 국제법은 존재하지 않는다.

1. 국제법의 한계

국내법과 달리 국제법은 국가가 그것을 인정할 수도 있고 이미 그것을 조인했더라도 언제든지 거기서 탈퇴할 수 있다. 1945년에 UN헌장에 의해 출범한 **국제사법재판소**(the International Court of Justice)는 국가 간의 쟁의가 발생할 때 그것을 재판할 권한을 갖고 있다. 그러나 이러한 재판은 당사국들이 동의할 때 이루어 질 수 있다. 인류에 대한 범죄를 단죄하기 위해 2002년에 출범한 **국제형사재판소**(the International Criminal Court)의 경우도 마찬가지다. 예컨대 남수단의 알 바시르(al Bashir) 대통령은 대학살을 명령한 죄목으로 2010년에 기소되었지만 그는 여전히 체포되지 않았다. 역설적으로 바시르는 2019년에 그를 반대해 반란을 실행한 군중이 그를 체포하려고 하자 군부가 그를 체포해 재판에 부쳤다. 이러한 돌발사건에도 불구하고 아직도 정권을 행사하고 있는 국가원수를 체포하기 위해서는 그가 다른 나라를 방문할 때 그 나라의 국가원수가 동의해야 가능하다. 이러한 경우에도 강대국들이 강력한 압력을 행사할 때 이루어질 수 있다. 그런데도 2023년에 이 재판소는 푸틴을 전범으로 판결해 체포명령을 발부했다. 인류에 대한 범법자로 지금까지 30여 명이 체포되었으나 오로지 2명만이 재판을 받았다. 이 때문에 일부 아프리카의 정치지도자들은 이 형사재판소가 서구 제국주의자들의 도구가 되고 있다고 비난하고 있다. 뿐만 아니라 미국, 중국 및 러시아는 처음부터 이 재판소를 수용하지 않았다. 그런데도 미국은 대체로 이 재판소가 수립했던 규범과 판례는 인정해 왔다.

주권국가가 국제법을 위반할 때 UN이나 강대국들은 국경봉쇄와 같은 군사적 제제와 무역과 투자를 금지하는 경제제재를 가할 수 있다. 이 경우 모든 회원국들이 그러한 제재에 동참할 때 그 효력을 발휘할 수 있다. 이란의 핵 무기개발을 막기 위해 5개 상임이사국과 독일이 합의해 매우 강력한 제재를 가해 왔던 결과 2015년에 이란은 핵 계획을 동결하겠다는 합의에 조인했다. 2017년에 트럼프행정부는 이 합의에서 탈퇴했다. 이 보다도 더 심각한 문제는 강대국에 대해서는 제재를 효과적으로 가하기 어렵다는 사실이다. 2014년에 러시아가 우크라이나의 주권을 위반하고 크리미아를 합병했으며 우크라이나 동부지방에서 발생했던 반란군들을 군사적으로 지원했을 때 NATO는 러시아에 경제제재를 가했지만 별 효력을 내지 못했다. 2022년 2월에 UN안보이사회의 상임이사국인 러시아는 10여만 명의 대군으로 우크라이나를 침략했다. 푸틴은 UN헌장을 무시하고 우크라이나의 NATO가입을 차단하기 위해 UN헌장을 위반하고 이 모험을 강행했다. 미국은 러시아에 강력한 경제제재를 실시하고 우크라이나를 보호하기 위해 경제 및 군사지원을 제공했다. 중국은 남지나해의 7개 인공 섬들을 건축해 거기에 무기를 도입했다. 이에 대해 미국은 항해자유를 과시하는 군사시위를 했을 뿐 경제제재는 가하지 않았다. 이처럼 강대국들이 국제법을 위반하면 그것은 국제법의 권위는 크게 손상된다.

2. 세계적 공유지에 대한 국제법과 우주경쟁

세계적 공유지(the global commons)에 대해 일반원칙들을 규정한 조약과 협정은 존재하지만 그 이행은 매우 약하다. 국제법은 대양, 남북극, 우주, 대기를 글로벌 공유지로 인정했다. 이들은 자연이 인류에게 준 공동유산이므로 전 인류가 공유하는 재산이다. 세계적 공유지는 주권국가들 모두가 향유할 수 있는 세계적 공공재(public goods)다. 공공재는 공기처럼 한 사람이 독차지 할 수 없고 다른 사람이 그것을 못 갖게 할 수도 없다. 그런데도 국제정치에서 주권국가는 이 공공재를 유지하는데 필요한 비용을 다 함께 내려하지 않고 타국이 그 비용을 더 많이 낼 것을 기대하면서 자신은 "무임승차"하고 있다. 이 결과 "공유지의 비극"이 초래한다. 무임승차를 응징할 수 있는 세계정부가 없기 때문에 무정부상태가 여전히 계속되고 있다. 결국 모든 국가들이 합의하고 그것을 이행해야 세계적 공유지에 대해서 국제법이 작동할 수 있다.

(1) 해양법

해양에 대해서는 관여국가들이 1973년부터 다자협상을 개시해 1982년에 합의를 이루어 항해자유와 평화적 해양자원개발원칙을 담은 조약, UNCLOS(the UN Convention on the Law of the Sea)를 체결했다. 2017년에 167개국들이 이 조약을 비준했다. 미국은 아직도 이 조약을 비준하지 않았으나 중국은 1996년에 조인했다. 이 조약은 해양에 인접한 연안 국가의 12마일(nautical miles)까지를 영해로 인정하고 여기서 선박들의 무해통과(innocent passage)를 허용했다. 연안국들은 연안에서 200마일까지의 해역을 배타적 경제구역(exclusive economic zone)으로 설정해 거기에서는 자유롭게 천연자원을 개발할 수 있게 했다. 원칙적으로 모든 당사국들은 이 구역 내에서 항해 및 비행의 자유를 누릴 수 있다. 중국은 이 원칙에 반대해 타국의 군함이나 항공기가 자신의 배타적 경제구역을 통과할 경우 사전에 동의가 필요하다고 주장했다. 중국과 북한을 포함한 27개국들이 이러한 입장을 지지했다. 기타 130개국들은 관여국의 동의없이 항해자유를 허용하는 미국의 입장을 지지했다.

2016년 7월 12일에 해양법에 관한 국제조정재판소(ITLOS)는 중국의 입장에 반대하는 판결을 내렸다. 이 재판소의 판결은 남지나해에서 중국이 주장했던 "9점선"(the nine－dashs line)과 7개 인공섬에 대한 영유권은 법적 근거가 없다고 선언했다. 중국은 이 판결을 준수하지 않겠다는 것을 분명히 했다. 이처럼 중국은 미국과 기타서방해양국들이 주도해 왔던 해양질서에 도전하고 있다. 2013년에 중국이 동지나해의 상공에 대해 항공방위제한지역을 선포한 것도 이러한 맥락에서 이해해야 한다. 이처럼 해양에 대해서 강대국들은 세력경쟁을 전개하고 있다. 2023년 6월에 UN은 역사상 처음으로 해양과 해양자원의 다양성을 보호하는 조약을 채택했다. 이 조약은 모든 국가들이 해양자원의 혜택을 공유하고 해양환경을 보호할 것을 규정하고 있다. 이 조약은 앞으로 60개국들 이상이 비준한 후에 이행될 것이다.

(2) 북극과 남극

북극에 대해서는 1996년에 캐나다, 덴마크, 핀란드, 아이슬란드, 노르웨이, 러시아, 스웨덴 및 미국과 현지토족들이 북극협의회(the Arctic Council)를 출범시켰다. 한국, 일본 및 중국은 여기에 참여하지만 투표권 없는 관찰자 위치를 보유했다. 2019년부터 러시아가 이 조직에서 영향력을 증가하고 있다. 중국도 정식으로 이 조직에 동참할 것을 희망하고 있다. 이 조직은 북극에 대한 과학적 연구와 평화적 이용에 대해 참가국들 간에 정책조정과 협력을 실시할 것을 규정했다. 2011년에 이 조직은 북극에서 발생하는 사고에 대해 조사하고 구제하는 데 합의를 이루었다. 참가국들은 아직까지는 안보 및 군사문제는 논의하지 않고 있다. 앞으로 북극협의회가 기후변화, 해양법 및 배타적경제구역에 대해 어떻게 대응할 것인지는 유심히 관찰해야 한다. 2022년에 이 협의회를 주도해 온 러시아가 우크라이나 전쟁을 강행하자 3월 3일에 미국은 캐나다, 덴마크, 핀란드, 아이슬란드, 노르웨이와 함께 이 협의회를 보이콧하기 시작했다. 이 결과 강대국들이 북극에 대해 언제 협력을 재개할 것인지는 확실하지 않다.

남극에 대해서는 1961년에 남극조약(the Antarctic Treaty)이 체결되었다. 지금까지 53개국들이 그것을 비준했다. 이 조약은 남극에서 참여국들이 과학적 연구를 수행하기 위해 연구소를 설치하고 운영하는데 필요한 조정 및 협력을 규정하고 있다. 각국이 이에 필요한 국내법조치를 취한 것도 이 조약과 같은 효과를 갖게 되었다. 이 조약체계는 남극에서 군사적 활동을 금하고 있다. 현재 아르헨티나, 호주, 미국, 뉴질랜드, 남아공이 공동으로 부에노스아이레스에 사무국을 설치해 남극에 진출한 국가들의 활동을 조정하고 관리하고 있다. 한국은 2014년에 남극연구소를 설치했다.

2020년대 초부터 남북극에서 기후변화로 인해 빙하의 용해가 급속도로 진행되어 대양의 수면이 급히 상승하자 강대국들은 이 지역에서도 패권경쟁을 개시했다. 그들은 남북극에서 새로운 해상통로개척과 자원개발 및 군사적 이용가능성을 시도하고 있다. 중국은 지리적으로 북극과 남극에 인접하지 않는데도 이 지역에 대해 관심을 표시했다. 러시아는 북극에 대해서 갖는 지리적으로 유리한 위치에 있는 점을 십분 활용해 경제 및 군사적 지배권을 확보하려고 기도했다. 이에 대해 미국은 칠레 및 캐나다와 제휴해 남극관리에서 리더십을 행사하려고 노력했다.

(3) 우주

우주에 대해서는 1967년에 역시 군사적 이용을 금지하는 조약(the Treaty on Principles Governing the Activities of State in the Exploration and Use of Outer Space, Including the Moon and Other Celestial Bodies)이 체결되었다. 2022년 기준으로 111개국들이 이 조약을 비준했다. 이 조약은 달과 기타 천체에 대해서는 어느 국가도 주권을 행사할 수 없고 핵무기배치를 금하고 있다. 그러나 재래식 무기의 배치는 금지하지 않았다. 따라서 이 조약은 핵무기나 화학무기가 아닌 순전히 재래식 무기를 지구궤도에 배치할 여지를 남겼다. 이 조약이 채택된 후 과학기술과 정치변화가 급속도로 진전해 현실에 맞는 새 조약의 필요성이 시급하다. 21세기에 강대국들이 우주개발에 대해 경쟁을 가속화해 합의를 이루지 못해 우주는 무정부상태에 처했다.

2022년에 미국의 항공우주국(NASA)은 이 위험한 상태를 극복하기 위해 기타 국가와의 양자협력을 추진해 구속력이 없는 새로운 조약으로 *Artemis*(달과 사냥에 대한 희랍신화)를 출범했다. 이 조약의 핵심은 우주는 전 인류의 영역이므로 어느 특정한 국가의 독점적 이익추구를 금지하는 것이다. 구체적으로 이 조약은 우주에서 영토개척과 핵무기배치를 금지했다. 2023년 3월까지 23개국들이 미국과 이 조약을 체결했다. 이 조약을 체결한 국가들의 대부분은 미국의 동맹국들이다.

한국은 2022년에 열 번째로 이 조약을 체결했다. 2022년 9월에 미국은 참가국들과 최초회담을 개최했다. 2023년 초에 사우디아라비아는 이 조약에서 탈퇴했다. 중국과 러시아는 이 조약을 체결하지 않았다.

우주에 대한 강대국들의 경쟁은 GPS(global positioning system)의 개발에서 이미 시작되었다. 인공위성에 기초한 이 체제는 지상과 지구궤도에서 움직이는 물체들이 자기의 위치를 파악하는 데 사용되고 있다. 원래 미국국방성이 1973년에 군사적으로 활용하기 위해 이 기술을 개발했다. 미국이 이 체제를 1989년에 완전 가동을 개시한 뒤 전 세계의 기업과 민간인들이 이 GPS를 사용했다. 미국은 2019년에 32개의 인공위성을 지구궤도에 올려 전 세계적으로 이 GPS를 이용하도록 허용했다. 한편 중국은 주로 군사기밀을 보호하기 위해 1994년에 "베이더우"(北斗)라는 중국식 GPS를 출범했다. 중국은 2020년부터 이를 완전 가동해 35개의 인공위성을 통해 위치결정의 정밀도를 높여가고 있다. 러시아는 2001년에 우주방위군을 창설했다. 미국도 2019년에 트럼프대통령의 지시로 우주군 사령부(Space Force Command)를 출범시켰다. 중국은 이 조치가 우주의 평화적 이용을 규정했던 1967년 조약을 위배한다고 지적했다. 왜냐하면 이 조약은 우주와 천체에 대해서는 어느 국가도 주권을 주장할 수 없으며 참여국들은 전 인류의 복지와 발전을 위해 활용하도록 규정하고 있기 때문이다. 이 조약의 참여국들은 1968년에 우주에서 발생할 사고에 대한 구조활동에 협력한다는 합의를 이루었다. 현재 우주의 평화적 이용에 대한 UN위원회가 이 조약을 관리하고 있다. 그럼에도 불구하고 강대국들은 우주에서 군비경쟁을 시작하고 있다.

우주의 평화적 개척에 대해서도 강대국들은 치열한 경쟁을 재개했다. 1960년대에 소련과의 우주경쟁에서 승리한 미국은 구 소련 및 현 러시아와 우주개발에서 공동참여 또는 상호협력을 추구했다. 1975년에 미국과 소련의 우주인들이 함께 공동우주선에 탑승해 과학적 실험을 실시하는 협력계획(the Apollo－Soyuz Test Project)을 추진했다. 이처럼 20세기에는 미국과 소련이 우주개척을 독점했으나 21세기에는 미국과 중국이 우주경쟁을 전개하기 시작했다. 2022년 12월에 중국이 우주정거장을 완성하고 2035년까지 달에 기지설치를 발표하자 미국도 다시 우주인을 2024－25년까지 보낼 계획을 발표했다. 특히 미국은 중국이 우주를 군사적으로 이용한다고 의심하기 시작했다. 미국과 중국 이외에 인도, 일본 및 기타 국가들도 우주개발에 착수했다. 2022년에 72개국들이 우주개발계획을 추진했다. 우주선을 지구궤도에 올렸던 국가들의 서열을 보면 미국, 러시아, 중국, 프랑스, 인도, 영국, 일본 및 한국이다. 이들은 각기 우주군을 출범시켜 군사적 경쟁을 개시하고 있다. 특히 중국은 이 경쟁에서 박차를 가해 미국과 러시아를 추월하려고 기도했다.

중국은 2003년에 세계에서 세 번째로 양리웨이(Yang Liwei)가 탑승한 유인우주선 선조우 5호(*Shenzhou 5*)를 지구궤도에 올리는데 성공했다. 그 후 중국은 이러한 실험을 계속해 왔다. 2013년에는 옥토끼(*Jade Rabbit*)라는 탐사선을 달에 발사했다. 2019년 초에 중국은 "창어"라는 우주선이 달 뒷면에 착륙 성공했다. 2022년에 중국은 치엔궁이라는 국제우주정거장을 지구궤도에 올리는데 성공해 이 계획에 미국의 참여를 배제했다. 2021년에 중국은 러시아와 함께 달에 공동기지를 건설할 계획에 합의했다. 시진핑은 2045년까지 중국이 우주정거장개발에서 기타 경쟁국들을 추월하겠다고 선언했다. 러시아는 2021년 9월에 우주개발에 대해서는 미국과의 협력계획을 연장했다. 인도는 화성의 궤도에 상업용 인공위성을 성공적으로 발사하는 데 성공했다. 2023년 8월에 러시아는 장기간 동안 중단했던 우주선의 달 착륙을 다시 시도했으나 실패했다.

인도는 2014년에 세계에서 네 번째로 탐사선을 화성궤도에 발사했다. 2017년에 인도는 175개의 외국인공위성들을 탑재한 하나의 로케트를 발사했다. 2019년에 인도는 달에 탐사선을 상륙시켰으나 통신을 유지하는데 실패했다. 인도는 상업적 목적으로 소규모의 인공위성을 개발하는데 집중했다. 2023년 8월 23일에 인도는 우주선 찬드라얀 3호를 달의 남극에 착륙시켜 우주경쟁의 새로운 영역을 개척한 강대국으로 부상했다. 일본은 2003년에 독자적으로 개발한 하야부사라는 인공위성을 지구궤도에 발사했다가 지상으로 복귀시켰다. 2007년에 일본은 탐사선을 달궤도에 발사했다. 일본은 2025년까지 인간이 탑승한 우주선을 달에 발사할 계획을 추진하고 있다. 이와 같이 강대국들은 우주를 개척하는데도 첨예한 경쟁을 전개하고 있다.

한국도 1992년에 처음으로 우리별 1호를 발사한 뒤 본격적인 우주개발에 착수했다. 1990년대에 한국은 무궁화라는 인공위성을 지구궤도에 발사했다. 2000년대에 한국은 아리랑이라고 하는 과학 실험용 위성을 발사했다. 2013년에 한국은 한국형발사체(KSLV－1)인 나로 호를 지구궤도에 발사하는데 성공해 세계우주클럽에서 11번째로 인공위성발사체 및 발사장을 보유한 국가가 되었다. 한국은 2030년까지 무인탐사선을 달에 착륙시킬 계획을 추진해 왔다. 한국은 2021년 10월에 순 국산으로 누리호 로켓을 발사해 435마일까지 올렸으나 지구궤도에 진입하는 데는 실패했다. 한국은 2022년 6월에 이 누리호를 다시 우주로 발사해 지구궤도에 진입하는 데 성공했다. 12월에 누리호는 달 상공의 100km 궤도진입에 성공했다. 2023년 5월에 한국은 국산기술로 제작한 상업용 위성 8기를 탑재한 누리호를 발사해 550km 궤도에 올리는 데 성공했다. 한국은 이 1톤 이상의 인공위성을 발사해 성공해 세계에서 **7번째** "우주강국"이 되었다. 한국은 2027년까지 3기를 더 발사할 예정이며 2032년에는 달에 착륙을 계획하고 있다. 특히 누리호의 발사는 북한이 정찰용 위성발사에 실패하기 전에 달성했기에 남북한 간에 우주경쟁을 나타냈다.

우주개발에서는 강대국들만이 아니라 중소국가들도 첨예한 경쟁을 실시하고 있다. 21세기 초부터는 국가들만이 아니라 민간기업과 일론 머스크(Elon Musk) 같은 부자들도 우주개발에 진출했다. 한국기업들도 우주개발에 착수했다. 중국은 2008년에 인공위성을 파괴하는 미사일을 발사했다. 러시아는 2022년 4월에 이러한 미사일을 발사해 자신이 운용했던 미사일을 파괴해 파편잔해를 초래했다. 이것은 매우 위험한 행동이므로 2022년 4월 18일에 미국부통령 해리스(Kamala Harris)는 미국은 일방적으로 이러한 미사일의 "파괴적 발사"를 중단하겠다고 발표했다. 이처럼 미국은 우주에서 강대국들이 개시하고 있는 군비경쟁을 지양하려고 시도했다. 현재 지구궤도에는 4,550개의 인공위성들이 떠돌고 있다. 만약 이들이 충돌한다면 예측 불가능한 위험을 초래할 것이다. 현재 이 위험한 사태를 방지하는 것이 무엇보다도 시급하다. 그런데도 우주경쟁을 관리하고 협력하는데 필수적인 국제법과 협력은 여전히 미비한 상태에 처해 있다.

(4) 대기

대기에 대해서는 1987년에 조인되었고 1989년에 효력이 발생한 **몬트리올협정**(the Montreal Protocol on Substances that Deplete the Ozone Layer)이 있

다. 몬트리올 협정을 성취한 데는 과학자들의 공헌이 결정적 역할을 했다. 1973년부터 1987년 사이에 과학자들은 남극상공의 오존층에 큰 구멍이 생긴 것을 발견했다. 그들은 이 구멍은 냉장고와 냉방기에 사용하는 화학물질(CFCs—chlorofluorocarbon)이 공중에 분출되어 일어났다는 것을 확인했다. 이 오존층이 태양의 열에서 나오는 자외선을 막아 인간의 건강을 보호한다. 만약 그것이 파괴되면 지구에 큰 재앙을 초래한다. 미국학술원(the National Academy of Sciences)은 이 사실을 명확하게 재확인해 정부와 기업들의 협조로 CFC분출을 제한하는 데 기여했다. 그 결과 최근에 남극상공에 오존층이 그전 상태로 회복되고 있다는 사실이 확인되었다. 전 UN사무총장 아난은 196개국들과 EU가 비준한 몬트리올 협정이 지구를 보호하는데 필요한 비용을 가장 효과적으로 분담하는데 기여했다고 실토했다. 2015년에 기후변화를 방지하기 위해 체결되었던 파리협정은 이른바 “공유지의 비극”을 나타냈다. 이 비극의 내용에 대해서는 제19장에서 하나의 구체적인 사례연구로서 더 자세하게 설명한다.

2023년 현재 많은 학자들은 사이버공간과 AI도 세계적 공유지로 다루어 그것을 규제하기 위해 국제조약의 필요성을 주장한다. 사이버 안보에 대해서는 미중간의 양자이해만 있을 뿐 국제적 합의는 이루어지지 않고 있다. 사이버와 AI문제는 훨씬 더 복잡하고 기술 및 정치적인 성격을 내포하고 있기 때문에 국가들 간에 합의를 도출하기는 쉽지 않다. 그런데도 사이버전쟁과 인공지능의 위협이 점차 가중하고 있으므로 이에 대한 국제법이 절박하게 요청되고 있다. 이와 같이 UN은 사전에 전쟁을 방지하고 세계 공유지를 관리하는 일을 원만하게 수행하지 못했다. 핵확산, 테러, 인권탄압, 환경파괴에 대해 UN은 수많은 경고와 규탄성명, 제재 및 인도주의적 지원을 실시해 왔으나 그것을 사전에 억지하는 데는 만족할 성과를 내지 못했다. 21세기 초부터 강대국들은 세계적 공유지에 대해서도 패권경쟁을 개시해 그 관리에 대해서 합의를 이루지 못하고 있다. 왜 이런 현상이 일어나는지를 이해하려면 강대국들 간의 국제관계를 더 구체적으로 분석해야 한다.

제12장

강대국 간의 세력균형과 국제질서의 변천

UN과 국제기구들이 평화와 질서를 유지하지 못한다면 미국과 중국 등 강대국들이 세력균형을 이루어 힘으로 국제질서를 보존해야 한다. 지금까지의 역사에서 세계평화와 국제질서는 한 패권국이 강제력을 독점해 리더십을 행사하거나 수 개의 강대국들이 세력균형을 형성했을 때 가능했다. 강대국들은 역사, 지정학, 경제 및 국내정치의 변화에 의해서 부침했고 이에 따라 힘의 분포, 즉 세력균형도 재편되어 국제질서가 변천해 왔다.

1. 세력균형

세력균형(balance of power)은 현대국제체제를 좌우해 온 가장 중요한 행동양상이다. 이 개념의 핵심은 기존하는 주권국가들 중에서 어느 국가도 기타국가들을 압도할 수 없도록 세력을 균등하게 분포해 일정한 균형을 유지해야 한다는 것이다. 이 원칙은 웨스트팔리아조약이 체결된 후 국제정치에서 계속적으로 작동했다. 대부분의 국가들은 어느 한 국가가 패권을 장악하는 것을 방지하는 세력균형을 외교정책의 핵심적 원칙으로 여겼다.

주권국가들 중에는 기존의 세력균형을 보존하려는 현상유지(status quo) 국가들과 그것을 변화시키려는 수정주의(revisionist) 국가들이 있다. 그들 가운데 한 강대국이 현상을 타파하려는 움직임을 나타낸다면 다른 국가들은 선택을 해야 한다. 한 국가는 위협을 가하는 국가에 대해 자신을 방어하기 위해 다른 국가들과 동맹을 결성하는 것을 **균형행동**(balancing)이라 한다. 또 다른 국가는 위협을 가하는 국가에 아예 승복해 수익을 공유하려는 행동을 보인다면 이를 편승 또는 **올라탄다**(bandwagoning)고 한다. 이밖에 어떤 국가는 어느 편에도 동참하지 않고 다른 국가들에게 부담을 떠넘기는 것을 **비용통과**(buck－passing)라 한다. 실제로는 한 주권국가들은 세 가지 행동을 중복하거나 혼합해 세력균형을 유지하려고 노력한다.

세력균형개념은 어느 한 국가도 혼자서 다른 국가들을 다 지배할 수 없는 상태를 서술하기 위해 사용된다. 만약 한 강력한 국가가 타국을 위협해 헤게모니를 추구한다면 기타국가들은 단합하고 하나의 방어연합을 결성해 세력균형을 회복해야 한다. 현실주의자들은 이러한 균형이 안정과 평화를 유지한다고 주장한다. 현실주의자들 중에서 월트(Stephen M. Walt)는 인류역사에서 모든 국가들이 균형행동을 실시하지는 않았다는 점을 강조했다. 이 결과 많은 국가들은 위협을 가하는 국가의 국력에 대해 동맹을 결성하기보다도 위협 그 자체를 견제하려고 기도한다는 "**위협균형**"(balance of threats)론을 제시했다. 위협받는 국가들은 위협하는 국가의 지리적 근접, 공격능력 및 의도를 면밀히 파악해 그 위협 자체를 견제하기 위해 적절한 동맹을 결성한다는 것이다(*Origins of Alliances*, 1987).

국제정치에서 세력균형은 여러 가지 다른 의미로 사용되고 있다. 이 가운데서 공통적인 점은 국가 간의 세력분포가 어떤 형태로든지 평형을 이루어야 안정과 질서를 도모한다는 것이다. 실제로 세력의 분포는 정적인 상태에 머물지 않고 끊임없이 변화하기 때문에 세력균형은 일시적 현상이고 불안정한 상태에 처해 있다. 따라서 세력균형을 정확하게 측정하기는 어렵다. 주권국가들은 세력균형을 하나의 법칙 또는 이론으로 다루기보다도 외교정책에서 하나의 중요한 지침으로 사용했다. 이처럼 세력균형을 구체적으로 정의하기는 결코 간단하지 않지만 이 현상을 깊이 연구한 라이트(Martin Wright)는 그것은 "국제정치의 근본적 법칙"이라고 주장했다(*The Theory of and Practice of the Balance of Power: 1486－1914*, 1975).

고대 그리스의 도시국가들이 이 세력균형정책을 실시했다. 삼국지에서 묘사된 고대 중국국가들도 비슷한 행태를 보였다. 17세기부터 유럽 국가들은 각기 국가 이익을 추구하면서 동시에 안정과 평화를 유지하기 위해 이러한 정책을 실천했다. 그 근저에는 위협하는 국가의 국력을 타국들이 견제해 균형을 이루어야 안정과 평화가 가능하다는 사상이 깔려있다. 실제로 1648년의 웨스트팔리아조약과 1815년의 비엔나회의 사이에 일어났던 전쟁들의 대부분은 유럽에서 패권을 추구했던 수정주의국가를 견제해 세력균형을 회복하기 위해 전개되었던 것이다. 이러한 전쟁에서 유럽 국가들은 적대국들을 분열 및 지배(split and rule)해 안보에 필요한 완충지와 영향력 권을 확보하고 동맹을 결성했다. 19세기의 전쟁에서 대 해양세력으로 부상했던 영국은 당시 유럽대륙의 국가들 중에서 국력이 약한 국가에 힘을 실어 주어 유럽에서 역외균형자역할을 수행했다.

17세기부터 18세기까지 유럽에서는 새롭게 등장했던 강대국들이 영토를 확장하기 위해 전쟁을 계속했다. 17세기에 스페인과 네덜란드가 새로운 해양세력으로 부상해 프랑스, 프러시아, 러시아 및 영국과 치열한 경쟁을 전개했다. 그러나 이들 중에서 어느 한 강대국도 패권을 누리지 못했다. 1638년부터 1715년까지 프랑스의 루이 14세가 유럽대륙에서 일종의 패권을 지향했으나 성공하지 못했다. 한편 미국에서는 18세기에 당시 영국이 식민지로 통치되고 있었던 13개주들이 독립전쟁을 수행해 승리한 뒤에 1776년에 새로운 연방국을 수립했다. 유럽 국가들도 그때까지 계속되었던 중앙집권적인 구 왕조체제(ancient regime)에 도전을 가해 혁명을 일으켰다. 그 대표적인 실례가 프랑스혁명이다. 이 혁명의 와중에서 돌발적으로 등장했던 나폴레옹은 1799년부터 1815년까지 주변국들과 전쟁을 수행해 유럽에서 프랑스의 패권을 성취하려고 기도했다.

18세기에 유럽에서는 과학혁명과 산업혁명이 급속도로 진행했다. 문화적으로는 이 시기에 계몽주의 사상이 대두해 인간생활에서 과학과 이성의 적용이 강조되었다. 정치적으로 계몽주의는 국가가 개인의 자유와 권리를 보호해야 한다는 자유주의를 탄생시켰다. 이 자유주의사상에 기초해 1776년에 미국의 독립운동과 1789년에 프랑스혁명이 일어나 개인의 자유, 기본권, 평등 및 행복추구를 요구했다. 이 혁명에서 일부 급진적 지도자들은 "자유 아니면 죽음"을 달라고 외쳤다. 한편 바로 이 시기에 유럽에서는 주요 국가들이 학술원을 출범해 체계적인 학문

발전을 적극 장려했다. 영국에서 와트(James Watt)가 증기엔진을 발명한 것은 섬유공업과 대양해군을 발전하는 계기를 마련한 큰 사건이었다. 이 결과 영국은 과학 및 산업혁명을 수행하는데 다른 강대국들보다 앞질러 대영제국으로 부상해 세계적 패권을 행사하기 시작했다.

2. 19세기 유럽의 세력균형: 다극화

19세기 유럽에서는 강대국들이 상호간에 세력균형을 조성해 다극화체제를 나타냈다. 1815년에 나폴레옹전쟁이 종식된 후 비엔나조약이 체결되었을 때부터 1914년에 제1차 세계대전이 발생될 때까지 한 세기 동안 유럽에서는 강대국들 간의 세력균형이 평화를 유지했다. 특히 1815년부터 1823년까지는 이른바 “유럽 협의회”(Concert of Europe or Concert of Powers)가 프러시아, 오스트리아, 러시아, 프랑스 및 나중에 동참한 영국 간에 형성되어 주기적인 협의에 의해 전쟁과 평화문제를 타결했다. 이 제도는 그 후에 그대로 작동하지 못했다. 그런데도 5개 강대국들은 세력균형을 보전하려고 노력했다. 이 결과 그들은 나폴레옹전쟁과 같이 큰 전쟁을 피하면서 안정과 질서를 지탱했다. 유럽역사에서 세력균형이 가장 원만하게 실시되었던 시기가 바로 19세기였다(Michael Sheehan, *The Balance of Power: History and Theory*, 1996).

19세기 세력균형의 특징은 대부분의 주권국가들이 군주왕정이라는 정치체제를 공유했고 그들의 국력도 엇비슷했다는 것이다. 역사적으로 동질의 전통과 문화 및 종교를 공유했던 상기 5개 강대국들은 대략 비등한 위치를 유지하면서 그 중에서 어느 한 나라가 급속도로 성장해 다른 나라들의 생존을 위협하지 않도록 세심한 주의를 기울였다. 구체적으로 이러한 균형외교를 실시할 수 있었던 데는 메테르니히와 비스마르크 같은 유능한 정치가들의 지혜와 리더십이 크게 작용했다. 유럽대륙에서 격리되었던 영국은 유럽대륙에서 약한 국가를 지원해 역외균형자역할을 수행했다.

3. 냉전시대의 세력균형: 양극화(1945-1989): 테러의 균형

1945년에 영국이 주도했던 유럽중심의 세력균형은 종식되었다. 이때부터 미국과 소련 간에 냉전이 일어나 세계적 세력균형은 이 두 초강대국 간에 양극화했다. 다수의 현실주의자들은 이 양극화가 더 안정되고 전쟁을 억지했다고 설명했다. 제2차 세계대전 이후 소련과 중국에서 공산주의 정권이 수립되어 전 세계를 공산화하려는 움직임을 보였다. 이에 대해 미국은 핵무기를 독점해 공산주의를 봉쇄하는 전략을 추구하자 냉전기의 국제정치는 공산주의국가들과 자본주의국가들 간에 양극화체제(bipolar system)를 나타냈다. 이 냉전시기에 미국과 소련은 각자의 세력권에서 헤게모니 또는 리더십을 독점했다. 1945년에 미국은 태평양전쟁을 될수록 신속하게 종결시켜서 일본의 항복을 받아내기 위해 인류역사상 처음으로 핵무기를 사용해 수십만 명의 희생자를 내었다. 1949년에 소련도 핵실험을 성공해 핵무장을 가속화하자 두 진영 간에 군비경쟁과 정치적 대결이 가속화했다.

냉전은 1945년에 소련군이 동구국가들을 점령하면서 공산주의정권을 수립해 하나의 세력권을 형성하자 미국이 이 기도를 제지한 데서 시작되었다. 소련이 동구에서 적나라하게 보여준 정치 및 군사적 개입은 1943년 카이로회담에서 스탈린이 루스벨트와 처칠에게 동구에서 자유로운 선거를 허용하겠다고 한 약속을 어긴 것이다. 소련의 비밀요원들이 그리스의 내전에 개입하고 있다는 사실이 발견되었다. 바로 이 시기에 모스크바에서 근무했던 한 미국외교관 케난(George Kennan)은 본국정부에 긴 전문("The Long Telegram")을 보내어 미국은 소련에 대해 **봉쇄**(containment)정책을 적용할 것을 건의했다. 그는 1947년에 이 정책의 구체적 내용을 한 저명한 외교잡지("The Sources of Soviet Conduct," *Foreign Affairs, 1947*)에 X라는 익명으로 기고했다. 여기서 케난은 "소련에 대한 미국정책의 초점은 러시아의 확대주의경향을 장기적이고 끈질기며 단호하면서도 방심하지 않고 봉쇄하는 것이어야 한다"고 주장했다. 그 후 이 봉쇄정책은 미국외교정책의 한 황금률로 작동했다.

트루먼 대통령은 세계의 어느 지역에서도 미국은 자유롭게 선택된 정부를 지원하겠다는 이른바 "트루먼 독트린"을 발표했다. 1947년에 트루먼은 의회에서 국가안보법을 통과시켜 정부부처들 간에 외교 및 군사정책을 조정하는 국가안보회의(NSC)와 중앙정보부(CIA)를 출범시켰다. 그런데도 스탈린은 1948년에 미국을 포함한 연합국들의 군대가 주둔하고 있었던 베를린을 봉쇄해 서독과의 교류를 차단했다. 이러한 배경에서 미국은 제2차 세계대전 동안 거의 파산했던 서유럽국가들의 경제를 회복하기 위해 마샬계획을 마련해 400억 달러의 대규모원조를 제공했다. 1949년에 국무부의 정책담당관 니쯔(Paul Nitze)는 냉전수행에 대한 미국 전략의 청사진을 담은 국가안보보서(NSC68)를 작성해 대대적인 군비지출을 건의했다. 1950년에 한반도에서 북한이 남한을 침범한 뒤 미국은 이 보고서에 포함되었던 군사력보강계획을 행동으로 옮겨 공산주의 확산을 막는 봉쇄전략을 본격적으로 이행했다.

냉전은 미국과 소련이 이념, 경제 및 정치적으로 대결하고 갈등했던 데서 유래했다. 이러한 갈등은 과거 역사에도 흔히 있었다. 냉전의 기원에 대해 깊이 연구한 외교사학자 가디스(John L. Gaddis)는 제2차 세계대전 직후 미국과 소련이 규모나 국력에 있어서 가장 강한 두 강대국으로 등장한 것은 극히 자연스러운 현상이며 두 초강대국들 간에는 갈등이 불가피했다고 설명했다. 냉전종식 이후 발표되었던 사료에 의하면 스탈린은 1946－47년에 이미 마르크스－레닌주의의 이름하에 유럽과 동아시아에 공산주의체제를 확산할 계획을 수립했다는 사실이 드러났다. 이러한 기도에는 그의 호전적 개성도 작용했다. 이를 간파하지 못했던 미국과 유럽 국가들은 대체로 현실주의정책을 추구했으나 소련은 공산주의사상을 전파하기 위해 야심적으로 영토 확대주의정책을 추구했다. 미국과 소련 양측이 다 핵무기를 개발한 뒤에는 무기로 싸우는 열전은 피했으나 이념적인 냉전은 장기화했다(Gaddis, *We Now Know: Rethinking Cold War History*, 1997). 미국과 소련이 핵 및 미사일을 배치한 뒤에 냉전은 치열한 군비경쟁으로 격상되었다. 이러한 대결은 먼저 유럽에서 심화했다.

군사적으로 미국은 소련의 세력 확장을 제지하기 위해 미국은 1949년에 집단방어기구로서 북대서양조약기구(NATO－the North Atlantic Treaty Organization)를 출범시켰다. 이에 대항하기 위해 소련은 1955년에 동구국가들과 함께 바르샤바조약기구(the Warsaw Treaty Organization)를 출범시켜 동서 간의 군사적 대결을 공식화했다. 1950년대에 공식화되었던 냉전은 미국과 소련 간에 우주경쟁으로 격화되었다. 1957년에 소련은 스푸트니크(sputnik)라는 인공위성을 지구궤도에 올려 미국인들을 놀라게 했다. 1961년에는 소련이 처음으로 인간(Yuri Gagarin)을 태운 인공위성을 지구궤도에 비행하게 했다가 지상으로 귀환시켰다. 당시 미국의 대선에서 케네디는 아이젠하워행정부가 미국을 잠자게 만들었다고 비난하면서 자기가 대통령으로 당선되면 미국을 이 잠에서 깨워서 다시 뛰게 할 것이라고 주장했다. 그는 자기세대에 인간을 달에 착륙시키겠다고 약속했다. 사실 소련이 시작했던 우주경쟁이 미국교육체제에서 과학기술발달을 강화하는 대혁명을 초래했다.

1961년에 소련이 다시 베를린을 봉쇄하자 미국은 모험적인 공수작전을 강행해 필요한 물자를 운송했다. 1962년에 당시 소련의 흐루쇼프가 쿠바에 미국본토를 공격할 수 있는 중거리 미사일을 배치했다는 사실이 발각되자 역사상 처음으로 냉전이 핵전쟁으로 비화할 순간이 왔었다. 케네디는 소련이 쿠바로 향해 가는 모든 군함들을 중단하고 쿠바에서 미사일을 철수할 때까지 미국은 해군봉쇄를 실시하도록 명령했다. 결국 흐루쇼프는 쿠바로 가는 소련군함들을 회항시켰고 미국은 쿠바를 침범하지 않겠다는 약속을 하는 동시에 터키에 배치했던 단거리미사일(Jupiter)을 철수하자 이 위기는 가까스로 모면되었다. 그러나 당시에는 이 합의 내용에 대해서는 양측이 비밀을 지켰다. 당시 이 위기가 계속되었던 약 이주일은 인류역사상 핵전쟁을 가까스로 면한 참으로 위험한 순간이었다. 이 위기 후 케네디는 베를린에 가서 1963년 6월 26일에 "나는 베를린 인이다"라고 선언해 서독시민들을 열광하게 했다. 미국은 1969년 7월 20일에 아폴로 11호라는 유인우주선이 달에 도착해 처음으로 미국우주인 두 명이 착륙했다. 이는 미국이 소련과의 우주경쟁에서 확실한 승리를 과시한 것으로 케네디는 그의 약속을 지켰다.

핵무장의 위력은 미국과 소련이 열전을 피하고 냉전만 지속하게 만들었다. 핵무기의 파괴력은 그것을 실전에 사용한다면 양측이 공멸할 정도로 발전되었기 때문이다. 보다 구체적으로 미국의 핵능력은 소련이 먼저 한 차례 핵공격을 가한 후에도 생존해서 소련에 2차 공격을 가해 전 인구를 파멸할 능력을 보유했다. 미국에 대해 소련도 이 2차 공격을 할 능력을 갖게 되었으므로 어느 쪽이 핵 공격을 해도 둘 다 자살하게 되었다. 이 결과 "**상호 간에 확실한 파괴력**"(MAD)을 가진 미국과 소련 간에는 "**테러의 균형**"이 성립했다. 이 위험한 균형이 전쟁을 억제해 "장기간 평화"가 유지되었다(Gaddis, "The Long Peace: Elements of Stability in the Postwar International System," *International Security*, vol.10, no.4, Spring 1986).

1969년에 미국이 월남전에 깊숙히 빠져 있는 동안 중국과 소련 간에는 갈등이 심화해 시베리아의 우수리강에서 열전을 치를 정도까지 치닫고 있었다. 이 기회를 잘 활용하기 위해 키신저는 비밀리에 1971년에 중국을 방문해 당시 약한 쪽이었던 중국과 관계개선을 주선했다. 그 다음해에 닉슨이 직접 중국을 방문해 저우온라이와 정상회담을 갖고 제3자에 의한 패권에 반대한다는 **"상하이공동성명"**을 발표했다. 이 극적인 사건은 20세기국제정치의 판도를 근본적으로 바꾸어 놓았다. 그런데도 당시 소련의 브레지네프는 모스크바에 닉슨을 초청해 강대국외교를 양극화에서 3극화 또는 3각관계로 만들었다.

1979년에 카터행정부가 중국과 국교를 정상화한 뒤에도 미소 간의 냉전은 계속했다. 1980년에 소련은 아프가니스탄을 침범했다. 이 행동을 비난한 미국은 1980년 모스크바올림픽을 보이콧했다. 이 국제축제가 소련에서 거행되기 직전인 1979년 말에 필자는 한국의 정치학자 14명의 일원으로 국제정치학회에 참석하기 위해 모스크바를 방문할 기회를 가졌다. 우리 일행은 4000여 개의 객실을 가진 세계 최대의 러시아호텔에서 묵었다. 여기서 객실의 텔레비전을 켜 보니 최첨단 제트기들이 비행하는 사진을 계속해 보여 주었지만 화장실의 화장지나 수건은 너무 거칠어서 사용하기 어려울 정도였다. 이 장면은 소련의 군사기술은 미국에 앞서 인공위성을 지구궤도에 올렸지만 소비재는 한국보다 더 빈약하다는 것을 잘 말해 주었다. 그런데도 소련은 1984년 로스앤젤레스 올림픽을 보이콧했다. 레이건은 이러한 소련을 "악의 제국"이라 칭하면서 이를 압도할 "별들의 전쟁"(Star Wars)이라는 우주경쟁을 개시했다. 이 계획은 소련이 미국을 향해 발사하는 탄도미사일을 공중에서 명중해 파괴할 수 있는 미사일방어체제를 실현하겠다는 공약이다.

1985년에 소련에서 공산당정권을 장악한 고르바초프는 이 경쟁에서 이길 자신감을 갖지 못했다. 그는 소련경제의 침체를 극복하기 위해서는 개방과 개혁이 불가피하다고 판단해 미국과 전략무기를 감축하는 회담을 가졌다. 이처럼 고르바초프는 실로 파격적인 정책전환을 실시한 결과 1989년부터 1991년 사이에 냉전은 조용히 끝나고 소련이 붕괴하는 대변혁이 일어났다. 1989년 당시 동구국가들이 공산당정권에 대해 반란을 개시했으나 고르바초프는 그곳에 주둔한 소련군은 그들을 탄압하지 않겠다고 선언하자(당시 미국언론은 이 조치를 시나트라가 불렀던 노래 “My Way”로 비유했다), 8개의 동구공산정권들은 차례로 붕괴한 뒤 자기들 스스로 갈 길을 추구했다. 1990년 10월에 폴란드에서 자유선거에 의해 비공산당원 후보자인 바웬사(Lech Walesa)가 대통령으로 당선되었다. 이 희한한 변화가 일어났던 배후에는 폴란드출신 교황(Pope John Paul II)이 1989년에 그의 조국을 방문해 근로자들의 기본권과 이익을 고취했던 것이 크게 기여했다. 1990년에 동구에서 모든 공산정권이 평화적으로 붕괴했다. 1990년 10월에 동독에서 자유로운 선거에 의해 새로 구성된 의회는 서독헌법에 의거해 독일통일을 이루자는 결의를 통과시켰다. 11월 9일에는 베를린 장벽이 정식으로 내려앉았으니 이는 냉전의 종언을 웅변적으로 말해 준 장면이었다. 당시에 이러한 변화는 실로 기적적인 것이었다.

당시 프랑스와 영국은 독일통일에 반대했다. 그러나 제1기 부시대통령은 프랑스의 미테랑 대통령과 영국의 대처 총리를 설득해 독일이 NATO에 남고 핵무기를 포기하는 조건하에 독일통일에 찬성하도록 설득했다. 아무도 독일통일이 가능하다고 보지 않았지만 동독에서 평화적 정치변동이 있었기에 이 기적적인 통일이 이루어 졌다. 이것이 가능하게 만드는데 서독의 경제력이 큰 역할을 했다. 서독의 콜수상이 당시 동독의 마르크(서독마르크의 10분의 1 가치)를 서독의 마르크와 1대1로 교환해 주겠다고 약속하자 동독인들은 자연발생적으로 콜 수상의 이름을 외치면서 대환영했다. 필자는 이 역사적 변혁이 일어나고 있을 당시 서독, 동독, 헝가리 및 체코슬로바키아를 방문했다. 우리 일행이 헝가리에 머물고 있을 때 루마니아의 차우셰스쿠정권이 무너졌다는 소식을 들었다. 체코에서는 동독을 탈출한 난민들이 시가지에서 상가들을 신기하다는 듯이 들여다보면서 윈도우쇼핑만을 하고 있었던 것이 가장 인상적이었다.

이처럼 표면적으로 독일통일이 1990년에 갑자기 이루어진 배후에는 제1기 부시행정부가 발휘했던 탁월한 리더십과 외교가 주효한 결과였다. 필자는 1996–1997년에 워싱턴에 주재한 존스 홉킨스 고급국제관계대학원(The School of Advanced International Studies of the Johns Hopkins University)의 초빙교수로 강의를 하고 있었을 때 이 사실을 독일통일 업무를 담당했던 국무부고위

관리로부터 직접 들었다. 졸릭(Robert Zoellick)은 당시 국무부의 자문관(Counselor)으로서 직접 부시(George H. W. Bush)대통령과 독일의 콜(Helmut Kohl) 수상과 소련 및 기타강대국들의 외교장관들 간에 정책조정을 실시했다. 그는 필자가 만나본 미국관리들 중에서 아마도 가장 머리 좋은 인물이다. 그 후 그는 제2기 부시행정부에서 국무부부장관, 무역대표 및 세계은행총재를 역임했다. 필자가 이 글을 쓰는 2017년에 마침 독일에서 전 수상 콜이 서거했다는 소식이 보도되었기에 당시의 기억을 더 생생하고 상기하게 되었다. 졸릭에 의하면 콜 수상은 독일통일에 대해 강렬하고도 명확한 신념을 가졌다고 했다. 그런데 이 기적적인 통일을 성사시키는데 제1기 부시 대통령이 콜 수상과 유지했던 신뢰관계가 무엇보다도 중요한 역할을 했다는 것이다. 부시는 먼저 고르바초프로부터 폴란드 국경의 현상유지에 대한 약속을 받아냈다. 그 다음에 그는 통일에 부정적이었던 프랑스의 미테랑 대통령과 영국의 대처 총리의 동의를 획득했다. 동서독과 미국, 소련, 영국 및 프랑스 간의 이른바 "2+4협상"을 성공적으로 마무리하기 위해 졸릭은 거의 매일 그들의 외교장관들과 통화했다. 이처럼 미국이 소신 있게 독일통일을 외교적으로 밀어붙였기 때문에 실질적 성과를 낼 수 있었던 것이다.

한편 소련에서도 이와 비슷하게 평화적 정권변화가 일어났다. 1989년에 당시 소련연방의 아제르바이잔공화국이 소련에서 탈퇴해 독립을 선언했다. 이것이 가능한 것을 목격한 다른 공화국들도 1990년에 차례로 독립을 선언했다. 그해 6월에는 최대공화국인 러시아가 독립했고 고르바초프는 새로 태어난 러시아의 대통령이 되었다. 소련연방을 구성했던 15개 공화국들이 다 독립하자 소련은 사라지고 그들은 독립국가들 간의 협의체(Commonwealth of Independent States)를 새로이 탄생시켰다. 이 갑작스런 변화가 자연발생한 주원인은 그때까지 인종적으로 비 러시아 소수민족들의 인구가 러시아인들의 인구를 능가했기 때문이다. 바로 이것이 인구의 92%가 한족인 중국과 다른 점이다. 이러한 의미에서 재부상하고 있었던 종족적 민족주의가 공산주의를 압도했다고 볼 수 있다. 구소련체제는 그 내부의 모순과 약점으로 인해 붕괴했다. 고르바초프는 스탈린처럼 무자비하게 폭력을 사용하지 않았고 그 약점들을 외부에 노출시키자 소련공산당은 공산주의체제를 더 이상 유지할 수 없었다. 고르바초프는 이러한 변혁의 길을 터 준 지도자로서 역사과정을 근본적으로 변경시킨 인물이 되었다. 이 변혁은 인류역사에서 지도자의 리더십이 얼마나 중요한가를 잘 보여 주었다. 나이(Joseph Nye)에 의하면 개방과 개혁시대에 공산주의는 종전과 같이 강한 연식국력(soft power)을 유지하지 못했던 것이다. 미국이 주도한 자유민주주의가 더 나은 업적을 발휘했다. 그 좋은 예로서 1985년의 소련에서는 오직 5,000대의 컴퓨터가 있었지만 미국에는 30만 대가 있었다는 사실이다(*World Post*, May 25, 2011). 이러한 해석은 구성주의자들의 주장과 일맥상통한다. 적어도 경제적으로는 서방의 자본주의가 동방의 공산주의를 압도해 승리를 획득했던 것이다.

4. 미국의 단극화 순간(1989-2008)

소련이 사라진 후 미국에 의한 "단극화 순간"(unipolar moment)이 시작했다(Charles Krauthammer, "The Unipolar Moment," *Foreign Affairs*, 1990－1991). 이제 양극화체제의 한 축이 없어진 이상 미국이 유일한 초강국으로 군림해 이른바 **단극체제**(unipolar system)가 수립되었다. 이때 미국의 군비지출총액은 전세계군비의 절반을 차지하고 있었으므로 미국은 적어도 군사적인 헤게모니를 행사할 능력을 가졌다. 세력균형이론에 의하면 이 헤게모니를 방지하기 위해 미국 이외의 강대국들이 힘을 합쳐 반미연합을 구성했어야 하며 원래 반 소련 군사동맹으로 결성되었던 NATO도 해산되었어야 했다. 그러나 그러한 조짐은 보이지 않았고 NATO도 31개 회원국으로 확대되어 건재하고 있었다.

왜 이런 현상이 지속되고 있는지에 대해서는 여러 가지 논의가 전개되었다. 월포스(William Wohlforth)는 미국이 워낙 압도적인 국력을 보유했으므로 평화적으로 헤게모니를 누릴 수 있었기에 기타 강대국들은 이에 도전하기를 꺼렸던 것이다(Stephen Brooks and William Wohlforth, *World Out of Balance: International Relations Theory and the Challenge of American Primacy*, 1999). 아이켄베리(John Ikenberry)는 미국이 자유주의질서를 추구하면서 그 속에 중국과 러시아를 통합하려고 기도했으므로 반미동맹을 시도할 필요가 없었다고 주장했다("The Rise of China and the Future of the West: Can the Liberal System Survive?" *Foreign Affairs*, 2008). 후꾸야마는 민주주의와 자유주의가 승리했으니 이념 투쟁으로서의 역사는 끝났다는 "역사의 종언"론을 제시했다

(Francis Fukuyama, *The End of History and the Last Man*, 1992). 이들과 달리 현실주의자들은 지리적으로 미국은 대서양과 태평양 사이에 위치해 있으므로 기타 강대국들이 군사적으로 미국에 접근하기는 지극히 곤란하다고 주장했다. 또 다른 측면에서 중국과 러시아는 대양에서 군사적인 균형행동을 취하지 않았지만 미국의 외교정책을 비판하고 정치적으로 견제하려는 연식균형(soft balancing)을 실시해 왔다는 것이다. 동시에 중국은 남지나해에서, 러시아는 "가까운 해외"(near abroad), 즉 주변부에서 미국과 NATO가 접근하는 것을 방지하려 노력해 왔으므로 이러한 행동을 일종의 균형행동으로 설명했다.

2010년에 오바마 행정부는 중동과 유럽에 치중한 미국세계전략의 축을 아시아로 전환했다. 중국은 남지나해와 동지나해에 해군력을 배치했다. 소련이 붕괴한 뒤 미국은 폴란드와 같은 전 소련위성국에 NATO군을 주둔했다. 이 움직임에 대해 푸틴은 소련의 붕괴는 러시아역사에서 가장 큰 재앙이라고 공언한 뒤 마침내 크리미아와 우크라이나에 군대를 파견했다. 이란은 아프가니스탄, 이라크 및 예멘에 군사력을 투사해 또 하나의 수정주의국가로 행동했다. 이러한 여건에서 2017년 5월에 유럽을 방문한 트럼프는 미국우선주의를 옹호하면서 NATO회원국들이 더 많은 군비를 지출할 것을 요구했다.

5. 다극화체계(Multipolar system)로 가는 과도기(2008-?)

2008년에 1930년대의 대공황 이후 최대 금융위기가 미국에서 발생했던 것은 상대적으로 미국의 국력은 쇠퇴의 길에 들어갔으며 중국, 인도, 브라질 및 기타 신흥국가들의 국력은 상승일로에 있다는 것을 단적으로 표시했다. 미국의 군사력은 여전히 막강했지만 경제력은 종전처럼 세계의 모범이 아닌 위기에 처해 하나의 보통국가로 보였다. 이 결과 이른바 "워싱턴 컨센서스"가 강조했던 "신자유주의"는 그 위력을 상실했다. 그 대신에 급부상한 중국의 국가자본주의가 하나의 대안으로 제시되었다. 미국이 독점했던 국력이 다른 강대국들에게 이전하자 21세기 국제정치는 단극화에서 수많은 국가들 간의 다극화로 전환했다.

2008년의 금융위기에 직면하자 제2부시행정부는 돌연히 세계에서 강한 영향력을 가졌다고 인식한 20개 국가들의 정상들을 워싱턴에 초청했다. 이는 국력의 분포가 다극화한 현상이다. 금융이 세계화한 국제경제에서 미국이 단독으로 국내에서 발생한 은행들의 파산을 막기에는 힘이 부족해 기타 20개 국가들의 도움이 절실했다. 경제의 세계화가 급속히 진전함에 따라 주권국가 간에 상호의존이 심화하자 미국이 패권을 행사하기는 어려워졌다. 20개 국가들은 경제적으로 협력하면서도 각자는 자신의 이익을 우선적으로 고수했다. 이 결과 경쟁하는 국가들 간에 느슨한 세력균형이 나타났다.

미국이 주도해 결집한 G－20회의는 종전의 G－7(the U.S., Canada, France, Germany, Italy, the Great Britain), 신흥국가(BRICS: Brazil, Russia, India, China, South Africa) 및 기타 중견국들의 결합으로 위기관리를 위해 급조된 집단이다. 이 특별 모임에는 미국, 일본, 영국, 프랑스, 독일, 이태리, 캐나다, 브라질, 러시아, 인도, 중국, 남아공, 한국, 아르헨티나, 호주, 멕시코, 인도네시아, 사우디아라비아 및 EU가 포함되었다. 미국이 일방적으로 이들을 선택했다. 여기에 들어가지 못한 기타 173개 UN회원국들은 노골적으로 소외감을 토로했다. G－20은 미국이 현실적으로 인식한 세계 권력의 분포다. 이 임시모임에서 7개국들은 서방선진국들이 1975년에 결성한 G－7회원국들이다. 2010년에 정상회담을 출범시킨 BRICS는 브라질, 러시아, 인도, 중국 및 남아공의 모임이다. 이 이외의 참가국들은 경제적으로 급성장하고 있었던 중견국가들(middle powers)이다.

미국의 힘을 견제하려는 중국과 러시아는 2001년에 상하이협력기구(the Shanghai Cooperation Organization)를 결성했다. 여기에는 중국, 러시아, 카자흐스탄, 타지키스탄, 우즈베키스탄이 포함되었다. 원래 이 기구는 2001년 9월 11일에 발생한 국제테러에 대처하기 위해 출범했다. 그 후 이 기구는 주로 경제 및 문화 협력을 추진했다. 2017년에 인도와 파키스탄이 여기에 가담했다. 2021년 9월에 이 조직은 이란의 가입에 동의했다. 이란은 2년 내에 법적 절차를 거쳐서 정식회원이 되었다. 경제적으로 회원국들을 더 많이 지원하고 있는 중국이 리더십을 행사하고 있다. 러시아는 중앙아시아에서 암묵적으로 리더십을 추구하고 있다. 러시아는 독자적으로 전 소련의 공화국이었던 카자흐스탄 및 벨라루스와 유라시아연합(the Eurasian Union)을 출범했으나 크리미아합병과 우크라이나에의 개입을 실시한 이후 진전을 보지 못하고 있다.

중국이 경제적으로 급부상하고 인도와 브라질이 빠른 경제성장을 나타내자 그들은 미국이 주도했던 G－7과 경쟁했다. 이들은 남아공을 포함해 독자적 영향력을 행사하기 위해 BRICS를 결성했다. 이 모임은 2010년부터 연례정상회담을 개최해 경제 및 정치적 협력을 확장했다. 막강한 경제력을 장악한 중국은 2015년에 다른 회원들의 경제발전을 지원하기 위해 또 하나의 은행을 출범시켰다. 중국은 개도국들의 사회간접자본(infrastructure) 조성을 돕기 위한 전문은행으로 아시아인프라투자은행(AIIB)을 출범시켰다. 이러한 노력에도 불구하고 석유 및 기타 원자재가격의 폭락과 부패 및 정치불안으로 인해 브라질과 남아공의 발전은 지지부진해 BRICS의 활기는 퇴색했다. 이 침체상태를 극복하기 위해 2023년 8월에 남아공화국에서 개최된 BRICS정상회담에서 중국과 러시아는 남방의 6객국가들(Saudi Arabia, Iran, UAE, Egypt, Argentin, Ethiopia)을 추가로 참가시켜 미국이 주도하는 서방을 견제하려고 기도했다.

이상과 같이 경제, 정치 및 문화 등 다양한 쟁점들에 대해 여러 국가들이 중복되는 집단들을 형성하고 있는 것은 미국의 헤게모니는 퇴색하고 민족주의가 부상한 결과 세력 분포가 다극화하고 있다는 징조이다. 이 추세가 계속한다면 세계적인 세력분포는 19세기 유럽에서 5대강국들이 아주 탄탄하게 구성했던 세력균형과는 다르게 더 많이 부상하고 있는 강대국들이 참가해 느슨한 세력균형을 나타낼 것이다. 미국의 국가정보회의가 발표한 “지구적 추세 2030”(*Global Trends 2030*)에 의하면 2030년에 출현할 8개 강대국들의 서열(hierarchy)은 미국, 중국, 인도, 일본, 영국, 프랑스, 독일 및 러시아 순이다. 여기서 미국은 여전히 강대국들의 선두(*primus inter pares*)에서 서방에서 리더십을 행사할 것이다.

제13장

미국과 중국은 투키디데스의 함정을 벗어날 수 있을까?

이 불안한 과도기에 미국과 중국 간의 양자관계가 21세기국제정치의 기조를 이룰 것이다. 이 두 초강대국들 간에 전쟁을 피할 수 있을까? 인류역사에서 현상유지를 옹호하는 기존 강대국과 이에 도전을 가하는 수정주의 강대국은 전쟁을 치렀던 기록이 많다. 고대 그리스의 역사가 투키디데스는 당시 현상유지를 원했던 패권국, 스파르타가 이를 타파하려는 수정주의국가, 아테네의 급부상에 대해 큰 두려움을 가져 자국의 위치를 위협하고 있다고 인식해 불가피하게 펠로폰네소스 전쟁을 실시했다고 기술했다.

1. 투키디데스의 함정

이처럼 현상유지국과 수정주의국은 전쟁을 피할 수 없는 함정에 빠졌다. 앨리선은 과거 500년 동안에 일어났던 16개 대 전쟁에서 12번 이러한 전쟁이 일어났다는 사실을 발견하고 그러한 사태를 "투키디데스의 함정"이라고 했다(Graham Allison, *Destined for War: Can America and China Escape Thucydides's Trap?*

2017). 1907년에 영국의 외교관이며 독일전문가 크로우(Eyre Crowe)는 본국정부에 보낸 한 전문에서 당시 유럽에서 부상하고 있었던 독일이 패권을 장악하면 세력균형이 파괴되어 결국 전쟁을 초래할 것이라고 경고했다. 이 전문에서 그는 영국이 독일의 의도보다도 능력에 대해 대비해야 한다고 주장했다(Jeffrey Stephen Dunn, *The Crowe Memorandum: Sir Eyre Crowe and Foreign Office Perception of Germany, 1918-1925*, 2013). 영국정부는 이 제안을 심각하게 수용해 1910년까지 집중적으로 해군력을 배양했다. 결국 영국은 1914년에 독일에 대해 전쟁을 선포해 제1차 세계대전을 개시했다. 이렇게 제1차 세계대전이 투키디데스함정의 최근 실례가 되었다.

앨리선은 미국과 중국이 이러한 함정에 빠져들어 갈 또 다른 이유로서 양국 간에 발생할 "문명충돌"을 중시했다. 이러한 충돌은 1993년에 그의 스승 헌팅턴이 이미 예언했던 것이다(Samuel Huntington, "Clash of Civilizations," *Foreign Affairs,* 72-3, 1993). 그는 미국의 자유주의와 중국의 유교주의 간에 문명충돌을 잘 관리하지 않으면 전쟁을 피할 수 없을 것이라고 주장했다. 미국과 중국은 정부, 개인 및 시간에 대해서 기본적으로 다른 시각을 유지하고 있다. 21세기국제정치에서 미국은 법치와 민주주의에 근거한 질서를 하나의 복음으로 추진하지만 중국은 강력한 중앙정부가 주도하는 계서적 질서를 하나의 모범으로 여겨 타국이 그것을 추종할 것을 기대한다. 미국은 우선 시급한 문제를 먼저 해결하고 그 다음 문제로 넘어가려는 단기적 접근을 선호하지만 중국은 수없이 닥쳐오는 문제들을 동시에 척결하는 과정을 중시해 장기적 접근을 취한다. 이처럼 각기 다른 가치와 접근법으로 미국과 중국이 대만, 북한핵 및 남지나해 영유권문제를 다룰 경우 한 쪽이 상대방의 전략을 오판한다면 예기치 않았던 충돌이 일어날 수 있다(Graham Allison, "China vs. America: Managing the Next Clash of Civilization," *Foreign Affairs*, September/October, 2017).

2. 미중 간의 "서늘한 전쟁"

21세기에 미국과 중국이 투키디데스함정을 피해 간다면 이 두 초강대국 간에는 냉전이나 열전이 아닌 "서늘한 전쟁"이 초래될 것이다. 미국은 20세기 초에 유럽에서 독일이 추구했던 바와 같이 21세기의 동아시아에서 중국이 패권을 장악할 가능성에 대해 대비해야 한다. 미국은 투키디데스의 함정을 피하기 위해 중국과 매년 전략 및 경제대화와 정규적인 정상회담을 개최해 대결을 회피하고 공동이익의 영역을 모색했다. 양국이 추구하는 대전략이 상충하고 있으므로 투키디데스함정을 완전히 도외시할 수는 없다. 이 불행을 면하기 위해서 키신저와 수많은 학자들이 두 강대국들이 서로 협력해서 동반자관계를 구축해야 한다고 제안했다. 양국이 다 핵무기를 보유했고 상호 간에 심화된 경제관계가 전면전쟁의 가능성은 희박하다. 그런데도 양국은 대만, 북한핵문제, 남지나해 및 동지나해에 대해 평행적 행동을 취하고 있으므로 우발적 사고가 일어날 수 있다.

전쟁이 일어나지 않더라도 미국과 중국은 동아시아에서 안보경쟁을 치열하게 전개할 것이다. 미국과 중국 간에 열전이나 신 냉전을 피할 수 있다면 양국은 갈등과 협력을 동시에 나타내는 **"서늘한 전쟁"**(the Cool War)을 계속할 것이다. 펠드만(Noah Feldman)은 미국과 중국은 세계에서 지배적 위치를 차지하기 위해 경쟁하고 있지만 양국 간에 조성되고 있는 상호이익으로 인해 긴장은 피할 수 없는 "서늘한 전쟁"을 지속할 것이라고 주장했다. 이 관계는 기회와 위험을 동시에 품고 있으나 중국이 미국부채의 8%를 보유하고 있는 바와 같이 경제적 경쟁을 유지하면서 열전이나 냉전을 피할 수 있을 것이라 했다(*Cool War: The U.S., China and the Future of Competition*, 2015).

이 경쟁에서 미국은 아직도 상당한 이점들을 갖고 있다. 2017년에 미국은 셰일(shale) 가스에 의한 석유개발로 인해 세계에서 어느 나라보다 많은 양의 석유와 천연가스를 생산해 에너지강대국이 되었다. 이 결과 미국이 획득한 에너지독립은 매우 중요한 전략적인 강점이다. 인구학적으로도 미국은 중국보다 젊은 인구를 유지하고 있다. 2014년에 미국인들의 평균연령은 39.2세인데 중국인들은 44.8세였다. 중국의 인구는 빠른 속도로 고령화하고 있다. 이 차이는 교육과 건강여건에 의해 많이 좌우되지만 이민이 중요한 역할을 한다. 미국에는 해외에서 많은 사람들이 이민해 와서 미국발전에 긴요한 인재들을 공급하고 있다. 2016년에 미국은 6명의 노벨상수상자들을 내었는데 그들은 다 해외에서 이민해 왔던 과학자들이다. 미국에서 이민자들은 일반근로자들의 15%, 기업가들의 25%, 벤처자본가들의 31%를 차지했다. 미국은 첨단과학 및 기술발달에서 월등한 우위를 확보하고 있다. 2017년에 미국이 연구개발(R&D)에 투자한 자본은 전 세계의 25%를 유지했다. 세계에서 가장 우수한 대학들을 평가하는 각종 등급에서 10개의 미국 대학들이 최상위를 유지해 왔다. 최대 수의 외국학생들이 미국에 유학하고 있는 것도 이 우수한 과학기술을 배우기 위해서이다. 현재 미국에서 공부하는 중국학생들의 수는 약 37만 명에 달하고 있다. 이 결과 미국은 군사 및 경제적인 면에서 경식국력을 보유할 뿐 아니라 언론자유, 민주주의, 인권 및 법치와 같은 보편적 가치를 옹호해 연식국력에서도 비교우위를 누리고 있다.

그런데도 이 과도기에는 미국의 우위는 상대적으로는 약화될 것이다. 지구적 세력균형은 다시 양극화해 신 냉전으로 가기보다도 다소 불안한 다극화형태로 재편될 것이다. 미중 간의 세력다툼은 동아시아에서 어느 쪽이 지역 헤게모니를 행사하느냐에 대해 더욱 더 격화해 갈 것이다. 트럼프행정부의 일방주의와 미국우선주의는 지금까지 미국이 주도해 왔던 연식국력과 자유주의질서는 다소 약화했다. 미국, 유럽국가들, 일본, 인도와 기타 지역의 국가들은 민족국가를 보강하면서 자유주의국제질서를 유지할 것이다.

제14장

21세기 국제경제질서는 어디로: 자유주의, 중상주의 및 구조주의

21세기 국제경제질서는 어떻게 전개하고 있는가? 국제정치에서 제기되고 있는 중요한 쟁점들은 사실 국가와 시장의 상호작용에 의해 야기되고 있다. 냉전이 종식된 후 시장은 더욱 더 상호 의존해 세계화하고 있지만 주권국가들은 여전히 독립해 세계화가 초래하는 문제들을 자율적으로 해결하려고 기도한다. 국가와 시장, 이 두 제도 간에는 갈등과 협력이 교차한다. 냉전 후에 국제경제의 세계화가 주권국가들을 압도하고 있는가? 세계화의 원인과 결과는 무엇인가? 세계화를 관리하는 글로벌 거버넌스는 어떻게 작동하고 있는가? 민족국가의 역할은 어떻게 변천하고 있는가, 자유주의국제질서는 어디로 가고 있는가? 이러한 문제들을 설명하려면 국제정치경제학적 접근이 필요하다. 이러한 문제에 대해서 자유주의, 중상주의 및 구조주의시각이 경쟁하고 있다.

1. 국가와 시장

국가와 시장은 인류역사에서 오래 지속해 온 두 제도이다. 기본적으로 국가는 정치적 조직이고 시장은 경제적 관계망이다. 전자는 영토와 인구에 근거한 강제적 조직으로 중앙정부가 통제한다. 후자는 계약과 신뢰에 근거해 자율적으로 구성되는 교환관계이다. 국가는 강제력을 정당하게 사용해 공공질서와 안전을 도모하는 조직이다. 시장은 화폐를 사용해 물품과 서비스를 교환하는 자발적 관계다. 개인들은 국가를 탈피해 살 수 없지만 시장은 그들이 자발적으로 선택할 수 있다. 국가는 행정부, 입법부 및 사법부로 구성된 권력기관이지만 시장은 상인, 회사, 소비자와 생산자, 개인 및 집단들이 자발적으로 결성하는 자율적 조직이다. 이러한 국가와 시장은 국내정치 및 경제에서 상호간에 협조도 하고 갈등도 한다. 국가가 경제에서 실패할 경우 시장이 이를 보완하고 시장이 실패할 경우 정부(국가)가 개입해 안정과 질서를 회복시킨다.

21세기 국제정치경제에서 시장은 세계화를 가속화해 상호 의존하고 있다. 이 결과 지구가 하나의 지구촌처럼 밀접해지고 있다. 국경이 개방해 무역, 투자 및 기술을 신속하게 실시하고 있다. 그런데 국가는 여전히 독립적으로 존속해 주권을 고수하면서 생존을 지키고 있다. 여기서 매우 중요한 사실은 경제적 세계화가 빠르게 진행하고 있는데도 주권국가는 여전히 국제경제의 기본단위로 작동하고 있다는 사실이다. 결국 국가가 상호 의존하고 있는 경제문제를 국내 정치과정을 통해 독립적으로 해결하고 있다. 이 모순이 현재 국제정치경제가 당면한 큰 딜레마다. 외환위기가 들이닥칠 때 국가는 이를 척결하는 위기관리 기관으로 전락한다. 이렇게 되면 국가가 시장을 압도한다. 1997년에 한국은 이러한 위기를 체험했다. 미국은 2008년에 이보다 더 큰 세계적 금융위기에 처했다. 그리스는 2010년에 이러한 위기를 겪어 아직도 완전히 벗어나지 못했다.

전쟁이 일어나지 않은 평상시에서 국가의 중요한 역할은 경제적 안정과 발전을 달성하는 것이다. 경제발전은 국력의 기반인 군사력을 배양하기 위해서도 긴요하다. 경제적 세계화는 국경을 넘어서 전 지구적으로 진전하는 과정에서 국가는 경쟁력을 유지해야 한다. 그렇지 못할 경우 국가는 경제적 위기에 직면해 결국 돈과 권력을 많이 가진 강대국들에게 도움을 청해야 한다. 이 경우 국제경제관계는 국제정치로 변질한다. 여기서 국가의 역할은 시급한 경제위기를 극복하는 위기관리기구로 변신한다. 이처럼 국가와 시장 간의 상호작용을 체계적으로 설명하는 학문이 바로 국제정치경제학이다.

2. 자유주의, 중상주의 및 구조주의

국제정치경제에 대해서는 자유주의, 중상주의 및 구조주의시각이 경쟁하고 있다. 자유주의는 자본주의를, 중상주의는 민족주의 또는 보호주의를, 구조주의는 사회주의와 종속이론을 대표한다. 현대사에서 이러한 시각들은 주기적으로 등장해 시장과 국가를 지배하는 원리가 되었다. 이러한 시각들은 이론이라 하기보다는 이데올로기에 가깝다. 이들은 많은 국가들의 정책을 정당화하고 전파하는 데 이용되었다. 정도의 차이에 입각해 이들을 단순화해 비교해 보면 다음 표와 같다.

	자유주의	중상주의	구조주의
행위자	시장	국가	계급
목적	자유, 능률	국부	평등
관계	상호의존, 다자주의	독립, 양자	불평등
본질	협력	갈등	투쟁
결과	세계화	위계질서	양극화

(1) 자유주의

여기서 **자유주의**는 상업적 자유주의 또는 자본주의를 말한다. 대체로 이 시각은 사유재산과 시장의 논리를 대변한다. 개인과 기업은 국가의 간섭을 받지 않고 자유롭게 시장을 통해 재화를 교환할 때 생산성을 올리고 풍요로운 복지를 달성한다는 논리다. 자유주의는 인간이 자기 이익을 자유롭게 추구하는 것이 합리적이라는 공리주의에 기초한 주장이다. 이 시각은 사유재산, 자유시장 및 계약과 규칙에 근거한 자유무역과 자유로운 자본이동을 옹호한다. 이러한 조건이 구비되어야 시장이 능률을 극대화하고 기업은 이윤을 증가할 수 있다는 것이다.

수요와 공급원칙에 따라서 "보이지 않은 손"이 작동해야 거래당사자들이 모두 이득(win－win)을 보게 된다. 자유주의는 정치와 경제의 분리를 강조한다. 경제나 무역에 국가가 개입하면 경제의 자유로운 활동이 위축되고 교환은 왜곡한다.

자유무역에서 국가들은 서로 협조하고 신뢰를 쌓아서 질서 있는 관계를 구축할 수 있다. 이러한 협조가 축적된다면 세계적 규모로 모든 국가들이 상호 의존하는 **세계화**(globalization)를 산출한다. 뉴욕타임스의 칼럼리스트 프리드만(Thomas Friedman)은 이러한 세계화가 결국 모든 국가들이 대등하게 경주할 평평한 경기장을 조성해 전 지구를 평평하게 만들 것이라고 예측했다(*The World Is Flat 2005*).

경제적 자유주의는 고전적 자유주의, 신자유주의 및 고착된 자유주의로 분류할 수 있다. **고전적 자유주의**는 18세기에 아담 스미스가 제창한 자유방임(laissez-fair)한 시장경제와 개인의 자유를 옹호하는 사상이다. "**신자유주의**"(neo-liberalism)는 경기후퇴를 방지하기 위해 국가가 경제에 개입할 것을 제안한 케인즈(John Keynes)의 사상에 반대해 하이에크(Friedrich Hayek)가 내세운 주장이다. 냉전이 종식된 후 미국은 국가보다 개인과 시장의 자유를 더 중시하는 신자유주의를 하나의 이데올로기로 추진했다. 이 때문에 신자유주의는 "**워싱턴 컨센서스**"(Washington Consensus) 또는 "시장원리주의"로 비판을 받았다(Joseph Stiglitz, *Globalization and Its Discontents*, 2002). "고착된 자유주의"(embedded liberalism)는 러기(John Ruggie)가 브레톤 우즈체제에서 각 국가는 국내에서는 고정환율을 유지하면서도 대외적으로는 자유무역을 실시하는 원칙을 고착시킨 상태를 말한다("International Regime, Transactions and Change: Embedded Liberalism in the Postwar Economic Order," *International Organization*, 1982). 이는 사실상 케인즈의 자유주의와 신자유주의 간에 일종의 타협을 제도화한 것이다. 1945년에 미국은 세계적 헤게모니를 행사해 영국과 함께 이러한 자유주의를 주도했다. 2017년에 미국대통령으로 부임한 트럼프는 자유주의를 지양하고 보호주의를 옹호했다.

(2) 중상주의 혹은 보호주의

중상주의(mercantilism)는 보호주의로도 불리는데 국가가 자국의 국익을 보호하기 위해 무역, 투자 및 기술전수를 규제해야 한다는 주장이다. 이 국가의 논리는 경제적 민족주의로 중세기 이후 형성되었던 모든 제국들이 18세기에 부국강병을 목표로 삼고 추구했던 정책이다. 미국건국 초기에 해밀턴(Alexander Hamilton, 1755－1804) 대통령은 국부를 양성하기 위해 국가가 제조업을 보호해야 한다고 주장했다. 독일에서는 리스트(Fredrich List, 1789－1846)가 이와 비슷한 견해를 표시해 자국의 산업을 보호하기 위해 수입품에 대해 높은 관세를 부가할 것을 제안했다.

중상주의는 국가가 국제경제의 주행위자가 되어 국부를 이루기 위해서 자국의 산업을 보호하고 무역을 규제하는 사상이다. 보호주의에 의하면 국부는 국력으로 전환할 수 있고 국력은 국부로 전환할 수 있다는 것이다. 이는 국제경제관계를 제로섬게임(zero－sum game)으로 보고 한쪽이 가지면 다른 쪽은 잃게 된다는 "상대적 이득" 논리다. 국가는 모든 수단을 사용해서라도 자국의 이익을 우선적으로 추구해야 한다. 트럼프는 미국 내에서 근로자들의 일자리를 늘리기 위해 보호주의 무역을 옹호했다. 모든 국가들이 이러한 입장을 취한다면 국제경제관계는 무역마찰과 통화전쟁을 초래한다. 1500년과 1750년 사이에 이러한 보호주의가 국제정치를 지배했다. 이 결과 강대국들이 국부를 쟁취하기 위한 제국주의적 경쟁을 전개했고 여기서 가장 강한 제국이 헤게모니를 행사했다. 경제사학자로서 최초로 "헤게모니적 안정론"(hegemonic stability theory)을 제시했던 킨들버거(Charles Kindleberger)는 최대 강국이 이러한 헤게모니를 행사했을 때 세계경제는 어느 정도의 안정과 질서를 유지했다고 지적했다(*The World Depression: 1929－1939*, 1973).

중상주의도 고전적인 것과 새로운 것으로 분류된다. 고전적 중상주의는 주로 관세율을 높게 부과해 자국의 사업을 보호하는 것이다. 신중상주의는 다자무역협정이 체결된 이후에 주로 비관세장벽, 즉 국내 조세정책이나 보건요건 등을 이용해 수입을 규제하는 것이다. "선의의 중상주의"(benign mercantilism)는 국내산업의 피해와 환경파괴를 피하기 위해 일시적으로 "안전장치"(safeguards)를 활용하는 경우를 말한다. "악의적 중상주의"(malevolent mercantilism)는 고의로 타국의 산업을 파산시키려는 목적으로 취하는 정책이다. 정치적으로 국가가 일정한 목표를 정해 놓고 그것을 달성하는 **"산업정책"**은 일본과 한국과 같은 "발전국가" 들이 실천했던 정책이다. 첨단기술과 국가안보에 관한 품목들을 생산하는 산업에 관해서는 거의 모든 국가들이 그것을 보호하고 있는데 이러한 현상을 "기술민족주의"라고 부른다. 트럼프는 이러한 보호주의를 미국통상정책의 핵심으로 추진했다. 2022년에 바이든도 중국의 경제 및 기술도전이 심각해지자 미국의 첨단기술을 보호하기 위해 국가주도의 산업정책을 추구했다.

(3) 구조주의

구조주의(structuralism)는 선진국들과 후진국들 간에는 경제적으로 구조적 불평등이 존재한다는 데서 출발했다. 이 불평등은 무역의 조건과 자본의 위치가 다르게 나타나는 한 극복하기 어려운 것이다. 선진국들은 주로 제조품을 수출하고 후진국들은 주로 원자재를 수출하기 때문에 양자 간에는 교역조건에서 구조적인 불평등이 초래된다. 전자는 중심부에 위치해 자본을 공급하고 후자는 주변부에 위치해 자본을 빌리고 노동을 제공하는 처지가 조성된다. 이 조건에서 후진국은 선진국에 의존하는 "종속"관계(dependence)를 피할 수 없게 된다. 이 주장을 이론적으로 제시했던 학자들 중에 대표적인 두 사람은 프레비시(Raul Prebisch)와 뮈르달(Gunnar Myrdal)이다. 종교적으로 이들과 공감대를 이루었던 또 하나의 사상은 1960−1970년대 남미국가들의 천주교신부들이 제창한 "해방신학"이다. 이러한 사고의 뿌리는 역시 마르크스주의와 이를 계승한 사회주의와 "신좌파"사상이다. 스탠포드대학에서 경제학교수를 했던 카도소(Fernando H. Cardoso)도 한때 이 종속이론을 숭상했다. 그가 브라질대통령이 되었을 때 그는 이 사상에서 탈피해 신자유주의적 정책을 추진해 경제를 부흥해 큰 업적을 남겼다.

종속이론은 남미국가들과 미국 간에 형성된 구조적 불평등에서 유래했다. 이 종속적 구조가 주변부의 경제발전에 최대 장애물이라는 것이다. 이 관계에서 주요 행위자는 계급, 즉 중심부의 자본가와 주변부의 노동자이다. 경제발전을 주도하는 계급은 미국의 자본가들이며 그들이 주변부경제발전의 우선순위를 결정하고 그것을 이행했다는 것이다. 이 결과 주변부의 노동자들은 종속관계에 처해 착취당했고 국가는 대외부채를 계속했다는 것이다. 그런데 이와 비슷한 처지에 처했던 한국과 대만 등 신흥 산업화국가들은 남미국가들보다 빠른 경제성장을 산출했다. 종속이론가들은 이러한 경우를 "반주변부"(semi−periphery)라 칭했고 여기서는 "부채에 의한 발전"이 성공했다고 설명했다.

종속이론이 추구한 목적은 평등과 자주다. 미국과 기타 선진자본주의국가들이 남미의 원자재를 독점해 노동자들을 착취하는 종속관계를 벗어나기 위해서는 반-자본주의 투쟁을 전개해야 했다. 실제로 이러한 운동은 계급투쟁의 성격을 나타냈지만 국제정치에서는 반-식민주의적 민족주의로 표현되었다. 남미국가들은 정치적인 독립을 획득했지만 경제적 식민지를 탈피하지 못했기 때문이다. 이 의미에서 종속이론은 경제적 이론이라 하기보다는 정치적 이데올로기다. 그들은 자기들의 경제적 후진성에 대한 책임을 미국을 위시한 외국에 떠넘겼다. 실제로 종속이론은 남미국가들의 정치에서 노동자들의 요구를 수용해 정권을 장악했던 정치지도자들의 포퓰리즘에서 잘 반영되었다. 아르헨티나의 페론과 칠레의 아얀데가 그 대표적인 인물이다. 이들은 경제적 독립을 달성하기 위해 수입대체전략을 추진했지만 거의 다 실패했다. 왜냐하면 수입대체산업을 보호해 생산한 제품이 국내수요를 다 충족하면 정부는 그것을 계속 보호하든지 수출해야 하기 때문이다. 대부분의 경우 국내에서 생산한 제조품들이 해외에서 경쟁력을 상실했고 그 결과 그들의 대외부채가 치솟아 마침내 국가부도를 맞이했다. 석유와 같은 원자재수출에 의존해 온 오늘의 베네수엘라는 이 포퓰리즘을 계속해 식량문제를 해결하지 못해 폭동이 일어나고 있는 실패한 국가로 전락했다.

세계적 규모에서 이러한 시각을 사회학적으로 전개한 학자가 월러스타인(Immanuel Wallerstein)이다. 필자는 1960년대 초에 컬럼비아대학에서 공부했을 때 이분의 강의를 직접 들을 기회를 가졌다. 그는 세계는 하나의 분업을 조성한다고 주장했다. 구조적으로 세계는 중심부, 주변부 및 반주변부로 구성되고 있다는 것이다. 이 지역적 분포에 따라서 자본의 배분과 생산의 양식이 다르게 전개된다는 것이다. 이 신좌파사상은 1990년대에 급부상했던 세계화에 반대하는 사회운동과 시위행동에 계승되었다. 반세계화운동을 주도한 사회운동에는 인권, 환경 및 여성해방운동이 포함되었다. 여기에 가담한 일부 학자들은 경제적 세계화를 자본주의의 세계화 또는 "금융세계화"로 표현하면서 세계화가 가져온 부정적 또는 파괴적 결과에 항의하는 담론을 전개했다. 이러한 대중운동을 선도해 그들은 평등과 정의에 대한 인식을 환기하고 여론을 조성해 도덕적 경각심을 제고했다. 그럼에도 불구하고 그들이 초점을 두었던 행위자는 계급이다. 이 계급은 국내적 현상으로서 국제관계에 적용하는 데는 무리가 있다. 국제관계의 핵심 행위자는 주권국가다.

주권국가는 기본적으로 계급이익보다는 국가이익을 우선시한다. 이 사실은 구소련이나 현재의 중국의 외교정책에서도 마찬가지다.

위에서 약술한 자유주의, 중상주의 및 구조주의는 어디까지나 이상적 형태로 서술한 것이다. 실제로 모든 국가들의 통상정책은 이들을 다 조금씩 혼합하고 있다. 국가는 당면한 여건이 변함에 따라서 시기적으로 하나를 다른 것보다 더 강조하고 중시하기 마련이다. 예컨대 미국은 과거 70년간 자유주의를 주도했지만 트럼프는 보호주의를 공공연하게 추진했다.

제15장

세계화의 원인과 결과

미국은 자유주의를 실현하기 위해 경제적 세계화를 주도했다. 제2차 세계대전 이후 미국과 영국이 주도했던 자유주의정책의 결과 세계화의 방향이 변천해 왔다. 그들이 건축한 브레튼우즈 체제에 “고착된 자유주의”가 성립했다. 미국이 이 제도를 종식하고 “신자유주의”를 추진하자 금융세계화가 극도에 달해 2008년 대 금융위기를 초래했다. 그 후 세계화는 후퇴하기 시작했다. 신자유주의는 중국과 러시아에서 국가가 계획해 온 국가자본주의의 도전에 직면했다. 이 추세 속에서 서방국가들은 일종의 “탈 브레튼우즈 합의”(post－Bretton Woods Consensus)를 모색했다.

1. 세계화는 어디로?

세계화(globalization)는 각 국가의 경제가 타국들과 상호 의존해 하나의 지구 수준으로 통합하는 과정이다. 이는 구체적으로 정보, 과학 및 기술, 무역, 금융, 생산 및 노동이 상호 작용해 세계적 시장으로 통합하는 과정이다. 주로 시장이 이러한 과정을 관리하지만 국가도 개입한다. 미국과 같은 초강국이 세계화에 리더십을 행사하면 세계화의 향방을 좌우할 수 있다. 사실 현재의 세계화는 미국이 신자유주의를 고의적으로 추진한 결과 나타난 현상이다.

세계화의 성격에 대해서는 세 가지 학설이 있다. 첫째, 인류역사에서 현재의 세계화는 냉전 이후 일어난 구조적 변혁에 의해 이루어졌으므로 종전의 것과 본질적으로 다르며 쉽게 역전될 수 없다는 견해이다. 그 진행의 속도가 매우 빨라서 정확하게 예측하기 어렵다는 것이다. 그 규모도 엄청나게 확대되어 전 세계수준에 달하고 있다. 그 분야도 경제뿐 아니라 문화, 사회 및 정치에 확대하고 있다는 것이다(Anthony Giddens, *The Consequences of Modernity*, 1990). 이 결과 국경 없는 경제 또는 지구촌이 형성되고 있다. 복잡한 상호의존은 두 가지 성격, 민감성과 취약성을 나타낸다. 어느 한 나라에서 갑자기 외환위기가 발생하면 다른 나라들도 그에 민감하게 반응하게 되고 취약성을 노출한다. 실제로 그러한 위기는 다른 나라에 "전염"한다. 이러한 변화에 대해 다른 나라들이 사전에 준비를 하지 않았다면 취약성을 노출해 위기를 맞게 된다. 이 현상을 극복하기 위해서 당사국들은 다양한 통로를 통해 상호 간에 국제협력을 심화해야 한다(Robert O. Keohane and Joseph S. Nye, *Power and Interdependence*, 2011).

둘째, 세계화는 접속적(conjuctional)이고 주기적으로 일어난다는 견해이다(Harold James, *The Creation of Value: The Globalization Cycle*, 2012). 1870년부터 1914년 사이에 산업혁명과 통신기술이 큰 발전을 이루어 유럽 국가들은 종전보다 더욱 더 밀접하게 상호 의존한 무역, 투자 및 문화를 구축해 "좋은 시절"(*belle epoch*)을 보여 주었다. 이는 경제적으로 영국이 파운드와 금을 바꾸어 주어 파운드헤게모니를 행사했기 때문에 가능했다. 냉전 이후 급속도로 진전한 세계화도 미국이 달러와 금을 바꾸어 주어 달러헤게모니를 행사했기에 가능했다. 트럼프는 미국의 희생을 감수하면서 이러한 헤게모니행사를 거부하자 세계화는 후퇴할 수밖에 없었다.

셋째, 세계화는 일시적 또는 우연히 일어나는 현상이라는 견해이다. 현재의 세계화는 냉전의 종식과 인터넷의 등장과 같은 조건이 구비되어 자연적으로 일어난 현상이라는 견해다. 이러한 조건이 없었다면 지금의 세계화는 일어나지 않았을 것이라는 주장이다.

이 세 가지 중에서 주기적 현상이라는 견해가 가장 적실하다. 역사적으로 비록 정도의 차이는 있었지만 세계화는 주기적으로 일어났던 것이다. 현재의 것이

옛날의 것보다 다르지만 어느 것도 영속하지는 않는다. 프리드만은 인류역사가 시작한 지 지금까지 존재했던 세계화를 세 단계로 나누었다. 그 첫 단계는 컬럼버스가 미주대륙을 발견했던 1492년부터 1800년 사이에 나타났는데 이 기간에는 국가들이 종교와 전쟁을 통해 상호 간에 접촉을 늘려서 의존관계를 발전시켰다. 그 둘째 단계는 1800년부터 2000년 사이에 전개되었는데 여기서는 대규모의 기업들이 무역과 투자를 통해 상호의존을 심화했다. 그 셋째 단계는 2000년에 시작해 지금까지 계속되고 있는데 이 디지털 시대에 개인과 집단들은 인터넷을 통해 정보를 교환하고 소통을 증가해 두터운 상호의존을 전개했다(*The Lexus and Olive Tree, 1999*). 지금부터의 세계화는 제4차 산업화라는 네 번째 단계로 진입하고 있다. 이러한 단계에서 세계화를 추진한 원동력도 다르게 발전했다. 이 과정을 주도한 강대국들과 경제제도도 이 역사의 흐름에 따라 부침했다.

2. 세계화의 원인

세계화의 원인으로는 과학기술 및 정보, 금융시장 및 공공정책의 역할을 들 수 있다.

(1) 과학기술과 정보

세계화를 초래하는데 가장 중요한 역할을 한 것이 과학과 기술이다. 과학기술은 국가 간에 정보, 무역, 투자 및 지식교류를 확장시켜서 글로벌한 수준의 상호의존과 통합을 이룬다. 특히 빠른 정보수단은 과학기술을 전 세계에 전파하게 만든다. 이 사실은 **산업혁명**이 어떻게 변천해 왔는지를 살펴보면 분명해 진다. 산업혁명의 세계화는 4단계로 나누어 볼 수 있다. 제1차 산업혁명은 1784년에 수증기선박이 발명된 후 대륙 간에 사람들과 무역품들의 운송을 신속하게 실시하고 기계를 사용해 재화를 더 능률적으로 생산하게 만들었다. 이처럼 과학기술의 변화로 인해 농경사회는 산업사회로 이전되었다. 이러한 세계화는 무역 및 교류의 공간과 시간을 단축시키는 데서 크게 기여했다.

제2차 산업혁명은 1870년에 전기가 발명된 후 재화의 대량생산을 가능하게 만든 것이 계기가 되었다. 대량생산을 더 능률적으로 수행하기 위해서 경영자들은 분업개념을 도입했다. 이 시기에 유럽과 미국에서는 대기업이 **다국적**기업으로 성장해 생산과 판매를 세계 각국에서 수행했다. 특히 다국적 회사들은 세계화를 선도하는데 원동력을 제공했다. 버논(Raymond Vernon)의 생산수명 주기론에 의하면 대량생산은 한 곳에서 모든 생산과정을 거치는 **수평적 통합**과 세계각지에서 부품을 생산하고 조립해 완제품을 생산하는 **수직적 통합**을 통해 세계화를 증대한다는 것이다. 전자를 통한 생산과 투자양식을 "포드주의"(Fordism)라 하고 후자를 통한 생산양식을 "신축적 생산"이라 한다. 후자의 경우는 해외에서 제조업을 실시하는 것을 "역외생산"(off-shoring)이라고 부르는데 이 제도가 여러 국가들에 확대되어 생산의 세계화가 심화되었다.

제3차 산업혁명은 1969년에 전자산업이 시작한 뒤 정보기술과 자동화한 기계가 대량생산을 이룬 변화다. 이 시기에 컴퓨터와 인터넷이 발명되어 정보 및 통신기술(ICT)을 초급속도로 진전해 세계를 하나의 단위로 통합했다. 이 추세는 지금도 진행 중에 있다. 이 결과 산업사회는 거의 모든 사람들이 전자, 통신매체 및 컴퓨터를 사용하는 정보사회로 이전되고 있다. 우리의 관심을 집중하고 있는 것은 제3차 산업혁명에 기초해 현재 가속화하고 있는 제4차 산업혁명이다.

제4차 산업혁명은 디지털혁명과 더불어 혁신적 발명으로 인해 디지털 기술이 물리적 및 생물학적인 기술과 융합하고 있는 현상을 말한다. 이 부문에서 일어나고 있는 기술적 돌파구의 속도, 범위 및 영향은 실로 기하급수적으로 나타나고 있다. 이 결과 전통적인 생산양식과 제도가 파괴되고 있다. 몇 가지 예를 든다면 인공지능(AI)으로부터, 사물인터넷, 자동화된 자동차 및 수십억 개의 이동전화의 확산이다. 이렇게 극적인 기술발달로 인해 정보사회는 지능정보사회로 전환하고 있다. 제4차 산업혁명의 특징은 업종 간에 벽이 무너져 디지털기술이 빠른 속도로 기술 및 지식을 교류하게 만들어 많은 수요자들이 개방된 혁신기술을 즐기게 만들고 있다. 이러한 기술은 삶의 질을 높이지만 기계가 노동자를 대체해 심각한 실업문제를 초래한다. 2017년에 세계인구의 30% 이상이 소셜미디어(Facebook, Twitter, Kakaotalk)를 사용했다. 이 매체를 통해 사람들은 많은 정보를 얻지만 가짜뉴스도 배제할 수 없다. 이 사회적 매체는 개인에게 사색할 여유를 주지 않고 개인의 프라이버시를 침범한다(김명자, *산업혁명으로 세계사를 읽다,* 2019). 이러한 현상이 심해진다면 개개인들의 정체성과 가치관도 침해할 수도 있다.

(2) 금융시장

인터넷과 정보혁명은 개인과 국가 간에 화폐교환을 원활하게 만들어 금융의 세계화를 촉진했다. 이 결과 직접투자의 금액이 무역대금의 2배 이상까지 달했다. 자본과 정보가 세계 수준에서 빠르게 이동한 결과 금융시장이 세계화했다. 이 추세가 가속화하면 할수록 개인, 기업 및 국가는 부채부담의 위험에 노출되어 취약성을 나타낸다. 그들이 이자와 원금을 지불하지 못하게 되면 외환 또는 금융위기를 맞게 된다. 이는 세계화가 수반하는 부정적인 면이다.

(3) 이데올로기와 공공정책

국가가 옹호하는 이데올로기와 공공정책은 세계화의 운명을 좌우한다. 21세기에 미국이 자유무역의 명분하에 개방정책을 채택해 적극적으로 세계화를 추진하고 그것을 실현하는데 리더십을 발휘한 결과 세계화가 급진전되었다. 제2차 세계대전 이후 실제로 미국은 자유주의경제질서를 선도했다. 1980년대와 특히 1989년에 냉전이 종식된 후 미국은 일관되게 "신자유주의"를 추진했다. 한편 미국에서 정권이 바뀌어 질 때 새로 집권한 정부는 세계화에 반대하는 정책을 추진했다.

세계화는 국가 간의 상호의존과 경쟁을 동시에 증대시켰다. 그 결과 국가는 외부에서 오는 위험에 노출되었다. 여기서 생존하지 못한 국가는 금융위기를 당했다. 대부분의 경제학자들은 세계화가 경제발전과 복지에 기여한다고 주장한다. 세계화는 능률과 생산성을 제고하고 삶의 질을 개선한 것이 사실이다. 한편 부정적인 결과도 있다. 불평등과 환경파괴가 이에 속한다. 세계화가 모든 국가와 계층에게 이득을 안겨 주는지에 대해서는 이론이 있다. 세계화는 승자와 패자를 동시에 산출하기 때문이다. 세계화의 와중에서 경제적 경쟁력을 확보한 국가와 개인은 승자가 되며 그렇지 못한 국가와 개인은 패자가 된다. 세계화의 결과 대체로 국가 간의 불평등은 다소 감소했으나 국내에서 계층 간의 불평등은 더 증가했다. 예컨대 중국과 인도의 세계적 위치는 그전보다 나아졌으나 미국과 유럽국가들의 위치는 상대적으로 후퇴했다. 국내에서는 자본과 기술을 보유한 계층은 높은 소득을 누렸고 그것을 갖지 못한 노동자들과 중간계층의 수입은 전보다 악화했다.

3. 브레턴우즈체제: 고착된 자유주의

제2차 세계대전 후 미국은 영국과 함께 세계평화와 안정을 유지하기 위해 브레턴 우즈체제를 수립하는 일에 선도적 리더십을 행사했다. 단적으로 이 체제는 미국의 화폐와 금에 근거한 고정환율을 제도화한 것이다. 이 조치를 취함으로서 미국과 영국은 자유주의를 그 체제 속에 고착시킬 수 있었다. 1944년에 미국의 브레턴 우즈(Bretton Woods)에서 44개국의 대표들이 모여 전후세계의 경제질서와 안정을 기할 수 있는 새로운 체제를 상의했다. 여기서 미국재무부의 화이트(Dexter White)와 영국재무성의 케인즈(John M. Keynes)가 주도해 이 문제를 집중적으로 협의했다. 케인즈는 이미 이때 세계적으로 유명한 경제학자로 알려졌다. 시장비관주의자인 그는 1931년에 미국이 과도한 관세율을 부과한 법(the Hawley Smoot Tariff Act)을 통과시켜 보호주의 무역을 실시한 후 금본위 화폐제도가 붕괴하고 대공황이 일어났던 것을 상기시켰다. 이것이 되풀이되지 않게 하기 위해서 그는 세계의 중앙은행과 같은 기구(International Clearing Bank)를 출범시켜서 세계적 거시적 관리임무를 맡아 자본이동을 통제할 수 있게 조치해야 한다고 역설했다. 이 기구에 참여하는 회원국들은 출연금을 내어 370억 달러의 준비금을 조성하고 환율조정에 필요한 조정비용은 채권국과 채무국이 공유하게 하자고 제안했다. 그러나 시장주의자인 화이트는 이 야심적 방안에 대해 부정적 반응을 보였다. 그 이유는 미국이 그 많은 달러를 공급하기는 버겁고 경제정책의 자율성을 상실하기 때문이다. 그 대신 그는 고정환율제도를 도입하되 국내여건에 따라 조정할 수 있는 제도를 설치해 조정비용은 채무국이 더 많이 담당할 것을 주장했다. 그는 보다 작은 규모인 80억 달러에 해당하는 쿼타(quota)를 회원국들이 국제기구에 예치하고 회원국이 외환위기를 맞이한다면 자본통제를 실시할 수 있도록 조치해 보다 신축적인 체제를 제시했다. 결국 미국의 안이 채택되었다. 이는 경제 및 지정학적으로 미국이 이미 영국을 대체해 세계적 헤게모니를 장악하기 시작했다는 징후이다.

이 회의에서 회원국들은 미국 달러와 금을 태환하는 고정환율제도를 채택했다. 미국화폐 1달러는 금 35온스의 가치로 정하고 이 원칙에 따라서 각 회원국은 자국의 환율을 결정하고 1% 이내에 조정할 수 있게 조치했다. 이 고정환율체제를 관리하기 위해 이 회의는 국제화폐기금(IMF)을 출범시켰다. 이 기금은 각 회원국에 일정한 퍼센티지의 쿼타를 할당했다. 각 회원국은 자국에 할당된 쿼타의 25%는 금으로, 나머지 75%는 자국 화폐로 IMF에 비치하고 필요할 때 일정한 조건하에 환율재조정에 필요한 자금을 빌려 쓸 수 있게 했다. 여기서 중요한 점은 IMF는 결코 세계중앙은행이 아니고 다만 회원국들이 출연한 기금으로 운영되는 하나의 감독기관에 지나지 않는다는 사실이다. 이 점은 여태까지 IMF는 외환위기를 방지하고 채무국의 금융위기 극복에 필요한 충분한 융자를 하지 못했고 다만 위기가 터진 뒤에 이를 수습하는 소방서역할을 담당해 왔던 것이 잘 증명한다.

미국이 이 고정환율을 지탱하는 데 사활적인 역할을 수행했다. 미국은 IMF가 제대로 작동하는데 필요한 비용을 담당했다. 이 결과 회원국들은 대외적으로 자유주의 무역을 추구하고 대내적으로 자본통제를 할 수 있었다. 이러한 여건에서 자유주의가 보장될 수 있었다는 의미에서 러기(John Ruggie)는 그것을 "**고착된 자유주의**"(Embedded Liberalism)라고 설명했다. 사실 미국의 달러헤게모니가 이 체제를 유지했던 것이다. 1944년에 미국의 국내총생산(GDP)은 세계의 43% 가량을 차지했고 세계금의 3분의 2를 보유했다. 이 보다 더 큰 힘의 원천은 미국의 달러다. 달러가 세계의 기축통화인데도 불구하고 미국은 이 지폐를 얼마든지 찍어낼 수 있었다. 이 결과 미국은 아이켄그린(Barry Eichengreen)이 말한 "지나친 특권"(exorbitant privilege)을 누렸다. 미국은 이 권한으로 인해 자국의 화폐가치를 평가절하하지 않고서도 부채를 유지할 수 있었다. 미국은 달러가 필요한 회원국들에게 미국달러를 빌려 줄 수 있었으며 금을 사들이기도 하고 팔기도 했다. 미국달러는 군사력에 못지않게 미국의 국력을 보강했다. 이 결과 달러는 세계무역 및 국제금융의 기축통화가 되었다. 이 체제 속에서 미국인들은 자신의 수입보다 더 나은 생활을 유지했다(Barry Eichengreen, *The Rise and Fall of the Dollar and The Future of the International Monetary System*, 2011).

IMF 이외에 브레턴우즈 회의는 세계은행(IBRD)과 국제무역기구(ITO)를 출범시켰다. 세계은행은 제2차 세계대전에서 파괴된 서방국가들의 재건과 경제발전에 필요한 자금을 공급하기 위해 설립되었다. 이 은행은 당시에는 주로 유럽경제의 부활에 집중적으로 융자를 제공했다. 그런데도 자금이 부족했기에 미국은 마샬계획을 수립해 유럽의 재기를 도왔다. 미국상원은 ITO조약의 비준을 거부했다. 그런데도 여기서 체결된 합의는 1948년에 "관세와 무역에 관한 일반합의"(GATT)로 이행되어 8차에 걸친 다자협상을 타결했다. 1995년에 GATT는 세계무역기구(WTO)로 재편되었다. 이처럼 자유주의를 공유한 IMF, IBRD 및 WTO를 포함한 경제적 다자기구들을 통틀어 "**브레턴 우즈체제**"(The Bretton Woods System)라 부른다.

4. 브레턴 우즈체제의 붕괴

1970년대에 브레턴 우즈체제는 붕괴하기 시작했다. 이 시기에 시장이 경제를 관리하는 신자유주의 체제가 부상했다. 세계화의 속도와 범위는 냉전의 종식과 정보기술의 약진으로 인해 더욱 더 빨라지고 확대했다. 세계화는 무역, 금융, 생산 및 노동 분야에서 진행했지만 그 속도와 범위에서 정보와 금융이 선점했고 무역과 생산이 그 뒤를 따랐으며 노동의 세계화는 가장 느리게 진전했다. 2010년대에 중동에서 내전과 갈등이 격화되어 많은 이민자들이 유럽국가들로 밀려오자 유럽국가들은 심지어 그들의 수용조차 거부했다. 한편 신자유주의의 기치아래 급속도로 치닫던 금융의 세계화가 2008년 미국에서 전후 최대의 금융위기를 초래하자 신자유주의는 중국과 기타 신흥국가들의 도전에 직면해 후퇴했다. 그 후에 서방국가들은 급변한 국제정치경제에 알맞은 새로운 합의를 모색했다.

브레턴 우즈체제는 미국이 경제적 헤게모니를 스스로 포기했을 때부터 점차 와해했다. 미국은 1965년부터 베트남전쟁에 50만 대군을 파견해 많은 비용을 지출했다. 1970년대에 중동의 산유국들이 다국적 석유회사들을 국유화하고 석유가격을 4배까지 올렸다. 미국은 해외파병과 석유수입에 소요되는 고액의 경비를 지불하기 위해 막대한 양의 달러를 해외에 유출했다. 1958년부터 미국의 무역수지는 적자로 전환했다. 1960년대에 연방정부의 재정도 적자를 내기 시작했다. 이 결과 미국의 달러가 외국으로 유출되어 해외에서 통용되었던 달러(Eurodollar)의 액수가 국내에서 유통되는 액수를 능가했다. 화폐제도에 관해 깊이 연구한 코헨

(James B. Cohen)에 의하면 이상적인 화폐는 유동성, 조정성 및 신뢰성을 겸비한 것이다(*Organizing the World's Money: The Political Economy of International Monetary Relations*, 1977). 미국의 달러는 해외에 유출되어 유동성을 제공했으나 그러면 그럴수록 신뢰성을 상실해 미국은 이른바 "트리핀 딜레마"(Triffin dilemma)에 봉착했다(Robert Triffin, *Gold and the Dollar Crisis*, 1988). 고정환율을 지탱하기 위해 미국은 더 이상 금과 달러를 마련할 수 없게 되었기 때문이다. 이 심각한 상태를 탈피하기 위해 닉슨 대통령은 1971년 8월 15일에 금과 달러를 태환하지 않겠다고 일방적으로 발표했다. 이 선언은 브레턴 우드체제와 달러헤게모니의 종언을 고한 것이다. 이 극적인 행동은 사전에 아무 설명도 없이 갑자기 행해졌기에 일본에서는 그것을 "니그손 쇼크"로 불렀다.

이때부터 금값은 하늘로 치솟았고 외환시장은 극도의 불안을 자아내었다. IMF는 금의 공식적 가격은 여전히 1온스에 35달러로 계속하고 시장가격은 자유롭게 방치하는 두 계층(two－tier)제도를 도입했으나 별 효력이 없었다. IMF는 회원국들이 합의에 의해 거래를 결재할 수 있도록 지폐역할을 하는 특별인출권(SDR)을 설정했으나 큰 성과는 없었다. 1975년 총회에서 IMF는 마침내 공식적으로 고정환율을 중단한다고 발표하고 시장기구에 의해 자율적으로 결정하는 변동환율을 방치했다. 이때부터 금융시장에서 국제환율의 기복이 매우 불안하게 전개되었다. 한편 이 변화는 자본의 이동을 더욱 쉽게 만들어 금융의 세계화를 더욱 더 촉진시켰다.

5. G-7의 부상: 비공식 경제정책조정

브레턴 우드체제가 와해된 뒤 환율 및 주식시장이 극히 불안하게 전개하자 1975년에 미국, 영국, 프랑스, 서독, 이태리 및 캐나다는 선진국들의 화폐 및 거시경제정책을 비공식적으로나마 조정하려고 기도했다. 그해 프랑스의 디스탱 대통령이 파리에 7개국정상들을 초청해 시작된 이 모임은 지금까지 매년 열려 왔다. 그 당시에 이 임시회의는 중동국가들이 석유가격을 4배 이상 올려서 생긴 심각한 에너지위기를 극복하기 위해 의견을 교환하는 데 몰두했다. 그 후 가치와 이익을 공유하는 서방국가들의 이 모임을 정규적으로 개최해 안보 및 기타 현안쟁점들도 논의했다.

경제적으로 G－7은 세계에서 가장 부유한 국가들로 구성되었다. 그들의 총생산량은 세계 GDP의 46%를 차지했다. 1970년대에 정상들의 관심은 경제정책에 집중되었지만 그 뒤 차차 환경, 인권, 안보 및 정치문제에까지 확대되었다. 여기서 미국이 리더십을 행사했다. 기타 회원국들도 주요쟁점에 대해 인식을 공유해 이 정상회담은 국제정치경제를 안정적으로 관리하는 역할을 수행했다. 1998년에 이 모임은 러시아를 정식회원으로 초청해 G－8체제의 일원으로 통합하려 했다. 2014년에 푸틴이 우크라이나의 크리미아를 합병하자 G－8은 러시아를 제외해 다시 본래의 G－7형태로 돌아갔다. 2017년에 트럼프는 이 G－7 정상회의에 참석해 처음으로 기타정상들과 공개적인 이견을 노출시켰다. 그는 기타 정상들의 모두가 지지했던 기후변화에 관한 파리협정을 지지하지 않고 귀국한 뒤 이 협정에서 미국이 철수한다고 발표했다. 이 선택은 사실상 미국이 세계적 리더십행사를 포기한 행동이므로 G－7의 전망을 어둡게 만들었다. 이 추세를 지양하기 위해 바이든은 2021년 10월에 개최되었던 이 회담에 직접 참석해 다시 미국의 리더십을 부활하려고 기도했다. 미국이 중국과 대결하고 있고 코로나 팬데믹으로 인해 파손된 부품 공급망을 회복하고 중국이 주도해 온 권위주의국가들의 도전에 효과적으로 대처하기 위해 바이든은 자유민주주의 국가들 간의 유대와 연대를 강화하자고 제의했다. 이 안에 동의한 영국의 존선 총리는 G－7에 일본이 주도해 미국, 인도 및 호주와 결성했던 쿼드를 더해서 민주주의 국가들 간의 정상회의로 확대할 것을 제의했다. 바이든은 이 제안을 받아들여 2021년 12월에 워싱턴에서 민주주의 국가들의 정상들을 초청해 비 대면회의를 개최했다. 이 움직임에 대해 중국은 크게 반발해 미국을 집중 공격했다.

6. 신자유주의의 부상

원래 **신자유주의**는 자유방임(laissez－fair)사상에서 유래했다. 경제학자들 중에서 이 사상을 강하게 옹호한 두 학자는 하이에크(Friedrich Hayek, *The Road to Serfdom*, 1944)와 프리드만(Milton Friedman, *Capitalism and Freedom*, 1962)이다. 이들은 경제적 자유가 정치적 자유를 실현하기 위해 필요한 조건이라고 주장했다. 그들은 특히 시카고대학에서 이러한 사상에 근거한 강의와 연구를 수행해 이른바 "시카고 학파"를 형성했다. 정책적으로 여기서 유학했던 젊은 학자들이 칠레에 돌아가 당시 남미국가에서 성행한 구조주의 정책에 반기를 들고 신자유주의 정책을 실천했다. 1980년대에 이 "시카고 보이즈"(Chicago Boys)들이 칠레의 피노체트독재정권하에서 IMF의 지원을 받아 당시 침체했던 경제를 재건하기 위해 신자유주의적 개혁을 실시해 가시적인 경제성장을 보여 주었다. 그 후 영국에서는 대처(Margaret Thatcher)수상이, 미국에서는 레이건(Ronald Reagan) 대통령 및 그린스펀(Allen Greenspan) 미국연방준비이사회 회장이 이러한 경제 정책들을 실시했는데 이 현상을 "신자유주의"라고 불렀다.

신자유주의의 내용에는 이론이 존재한다. 여기서는 경제성장에 관한 핵심적 정책내용만 선별해 소개한다. 1989년에 영국 경제학자 윌리엄슨(John Williamson)은 신자유주의의 내용을 열 가지로 요약했다. (1) 국가가 재정규율을 준수한다. (2) 공공소비를 감축한다. (3) 성장을 위해 폭넓은 조세개혁을 실시한다. (4) 금리는 시장이 결정한다. (5) 경쟁적인 환율을 유지한다. (6) 무역자유화를 실시한다. (7) 직접투자를 자유롭게 허용한다. (8) 자산의 사유화를 실시한다. (9) 규제완화를 실시한다. (10) 사유재산권을 보호한다("What Washington Means by Policy Reform," in Williamson ed. *Latin American Adjustment: How Much Has Happened*, 1989). 이 모든 항목들이 공통적으로 공유하는 원칙은 경제활동에서 국가의 역할은 최소화해 안보와 치안에 국한시키고 시장의 역할을 제약 없이 자유롭게 허용해야 한다는 것이다. 이 시장-친화적 신자유주의는 자본주의와 거의 같은 내용을 포함했다.

신자유주의를 정책으로 실시하는데 미국은 리더십을 행사했다. 미국의 수도에서 존재했던 IMF와 세계은행도 이 정책에 공감했다. GATT와 WTO도 자유무역을 지향한 다자협상을 주도해 이에 동조했다. 이러한 사실에 근거해 신자유주의는 "**워싱턴합의**"(Washington Consensus)라고 했다. 냉전종식 후 레이건은 미국의 금리를 올렸고 남미국가들이 겪고 있는 외환위기에 대해 "선의의 무시"(benign neglect) 태도를 보였다. 클린턴은 1994년에 멕시코와 북미자유무역협정(NAFTA)을 체결했고 1995년에 WTO를 출범시켜 자유무역을 적극적으로 추진했다.

이론적으로 자유무역은 18세기 초에 리카도(David Ricardo)가 제시한 **비교우**

위론에 근거한 정책이다. 그는 지적으로 매우 혁신적인 이론을 제시해 현대무역관계에 크게 기여했던 인물이다(*On the Principles of Political Economy and Taxation*, 1817). 이 이론의 핵심은 국가가 절대적 우위가 아니라 비교우위에 근거해 자국이 타국보다 보유한 좋은 여건에 따라서 산업을 전문화한다면 둘 다 이득을 볼 수 있다는 것이다. 한 국가는 공산품을 수출하면 타국은 농산품을 수출해 양국이 비교우위에 따라 교환하면 된다는 것이다. 그 후 학자들은 각국이 가진 생산요소의 정도에 따라 비교우위가 달라질 수 있다는 보다 정교한 이론을 전개했다. 비교우위의 기본정신은 오늘날까지 국제무역을 관리하는 대원칙으로 작동되고 있다. 아담 스미스는 인간만이 사물을 교환한다고 지적한 바 있다(Adam Smith, *The Wealth of Nations*). 인류는 선사시대부터 물물교환을 실시해 왔기 때문이다. 아래에 국제경제기구들이 어떻게 신자유주의를 실천했는지를 간략하게 고찰해 본다.

(1) WTO: 다자무역

세계무역기구는 회원국들이 합의한 규칙에 근거한 다자무역을 실현하기 위해 설립되었다. 이 기구는 IMF와 세계은행과 달리 회원국들 전부의 합의에 의해 규칙을 정하고 협상하는 제도를 도입했다. 이 합의가 이행될 때 자유무역이 신장할 수 있다. 이 기구에서 미국이 리더십을 행사해 합의를 도출했을 때 WTO는 잘 작동했다. 2003년 칸쿤 무역장관회의에서 미국무역대표 졸릭(Robert Zoellick)이 2001년에 시작된 도하 개발 라운드를 타결하기 위해 리더십을 시도했다. 그는 농산품에 대한 보조금문제에 대해 선진국들과 개도국들이 견지해 왔던 견해 차이를 좁히지 못했다. 이 회의 이후 미국은 양자협상을 통해 자유무역협정을 체결했다.

GATT는 1994년에 우루과이 라운드를 완성하기까지 8차례의 다자협상을 성사시켜 제조품에 대한 관세는 거의 다 제거해 세계화를 심화시켰다. WTO는 자유무역을 실현하기 위해 모든 회원국들을 차별하지 않고 그들에게 자국이 누리는 대우, 즉 "최혜국" 대우를 제공해야 한다는 원칙을 실시했다. 이 원칙과 함께 회원국들은 다른 지침들도 준수해야 한다. 어느 다른 회원국이 자국에 대해 관세를 올리면 당사국도 관세를 올릴 수 있다. 그들은 모든 거래를 투명하게 실시해 다른 국가들이 이해하도록 조치한다. 갑자기 늘어나는 수입이 자국의 취약한 부문을 심각하게 위협한다면 당사국은 일시적으로 그 부문을 보호하기 위해 적절한 **안전조치**를 취할 수 있다. 그들은 당사국들 간에 발생하는 갈등을 상호 간에 타결하지 못한다면 WTO의 분쟁해결기구에 제소할 수 있다. 지금까지 분쟁해결기구는 약 400건을 심판했다. 이 기구가 최종판결을 내기까지는 오랜 시간을 요한다. 비록 판결이 나와도 당사국들이 수용하지 않는다면 결국 양자협상을 재개해 정치적으로 타결해야 한다. 이 경우에 강자의 입장이 승리할 확률이 높다. WTO는 이러한 조치들을 통해 다자무역협정을 진흥해 왔지만 2017년에 트럼프 행정부가 출범한 뒤에는 제 기능을 발휘하지 못했다.

2001년에 시작한 도하 개발 라운드는 진전을 내지 못하고 무산되었다. 그 주 이유는 선진국들과 개도국들 간에 농업, 서비스, 노동, 지적재산, 환경 및 첨단기술문제에 대해 합의를 달성하지 못했고 이를 타결하는데 미국이 더 이상 리더십을 효과적으로 발휘할 수 없었기 때문이다. 투자와 달리 무역은 국내정치에 직결된다. 과학기술이 발전하고 세계화가 급진전되자 비교우위도 포터(Michael Porter)가 내세운 **"경쟁우위"**(competitive advantage)로 전환되었다. 자원과 요소에 근거한 비교우위보다도 수요, 지원산업, 기업전략, 경쟁구조 등의 조건과 정보에 근거한 경쟁우위가 더욱 더 중요해졌기 때문이다(Michael Porter, *The Competitive Advantage of Nations*, 1990). 이 추세는 미국을 비롯한 선진국들의 산업구조와 고용분포에 근본적 변혁을 초래했다. 미국은 금융과 같은 서비스와 첨단기술부문에서 경쟁력을 가졌고 풍부한 노동력과 싼 임금을 가진 동아시아 국가들은 제조업에 비교우위를 확보해 수출을 늘리고 외환을 축적할 수 있었다. 특히 중국은 1978년에 덩샤오핑이 개혁과 개방을 단행한 뒤 수출을 급상승시켰다. 이 결과 중국은 연평균 10% 이상의 경제성장을 달성해 30년 만에 미국과 버금가는 경제대국으로 부상했다. 1990년에 중국의 GDP는 세계의 4%를 차지했는데 2010년에는 17.86%까지 올랐다.

아마도 자유무역에서 가장 많이 득을 본 나라는 중국일 것이다. 제조품들을 수출해 중국은 "세계의 공장"으로 부상해 약 3조 달러의 외환을 보유했다. 중국은 이 외환의 일부로 미국채권을 사들여 세계최대의 채권국이 되었고 미국은 최대채무국으로 전락했다. 이는 권력이 미국에서 중국에 이전되고 있는 현상을 잘 말해 주었다. 미국의 제조업은 1960년대에 GDP의 약 40%였는데 2010년에는 9% 이하로 떨어졌다. 이 결과 미국에서는 노동자들은 일자리를 잃었고 그들의 임금수준은 30년간 침체했다. 2000년에 미국이 중국에게 최혜국대우를 허용한 뒤 2001년에 중국은 WTO에 가입해 세계최대개도국임을 자처하면서 개도국들의 입장을 대변했다.

이처럼 무역은 국가가 협상해 타결하는 정치적 문제가 되었다. 무역이 경제성장과 고용증대에 기여해 세계화를 가속화했지만 동시에 빈부격차를 늘이고 환경을 파괴하며 노동 및 인권조건을 악화하기도 했다. 반세계화운동은 이러한 부정적인 면에 치중해 1999년 시애틀에서 열린 무역장관회의에 2만 명의 시위대를 파견해 회의를 중단시켰다. 이러한 폭력사태를 피하기 위해 제9차 다자협상을 위한 무역장관회의는 2001년에 외딴 지역인 도하에서 개최해 도하개발 라운드를 시작했다. 그 후에 이 협상은 포기되었다. 그런데도 164회원국으로 구성된 WTO는 규칙에 근거한 자유무역을 실현하기 위해 전력을 다했다. 이 결과 세계GDP에서 무역이 차지했던 비율은 1994년에 41%였으나 2017년에는 58%에 달했다.

도하개발 라운드가 완성될 기미가 보이지 않자 미국은 양자 자유무역협정(FTA)을 달성하는 데 전력을 기울였다. 2004년에 미국은 호주, 칠레 및 싱가포르와 각기 FTA를 타결했다. 그 뒤 미국은 2006년에 바레인, 모로코 및 오만과 이러한 협정을 체결했고 2007년에 페루와 2012년에는 한국 및 콜롬비아와 자유무역협정을 체결했다. 2010년부터 오바마 행정부는 아시아로 복귀하는 전략을 행동으로 보이기 위해 11개 아시아 및 태평양국가들과 환태평양동반자(TPP)협정을 타결하는 데 리더십을 행사해 2015년에 완결했다. 트럼프는 대통령에 취임하자 곧 이 협정에서 철수할 것을 명령해 노골적으로 보호주의를 추진했다. 그는 WTO도 미국이익을 등한시한다고 판단해 그 분쟁법원에 참여할 미국대표선정을 거부해 이 기구의 기능을 마비시켰다. 왜냐하면 규칙에 근거한 자유무역을 실현하기 위해서는 회원국들 간의 분쟁을 타결하는 사법과정이 필수적이기 때문이다. 2022년 6월에 WTO는 5년만에 제12차 무역장관회의를 개최해 가장 시급한 문제에 대해 몇 가지 합의를 이루었다. 그중에 가장 중요한 항목은 불법적인 어업조업에 대한 보조금을 종식하는 것, 다수 개도국들에게는 코로나바이러스 19에 대한 방역박진의 지적재산권을 면제해 주는 것, 그리고 2024년까지 분쟁법원의 기능을 완전히 부활하는 것이 포함되었다. 이처럼, WTO는 약화한 상태에서 점진적인 진전을 나타내고 있다.

(2) IMF: 최후수단으로서 대여자 및 소방서역할

IMF는 회원국들의 지불균형 상태를 감시하고 그들과 상담해 균형을 유지하도록 자문하는 임무를 갖고 있다. 회원국들의 외환보유액이 부족해 지불불능에 처하면 IMF는 안정을 회복하는데 필요한 자금을 제공해 "**최후수단으로서 대여자**"(lender of last resort)가 되어 급한 불을 끄는 소방서 역할을 발휘해야 한다. 그러나 IMF는 이러한 위기를 사전에 방지할 능력을 갖고 있지 않다. 기본적으로 이 임무는 각 회원국 자신들이 감당해야 할 일이다.

외환위기를 피하려면 국가는 경상수지에서 흑자를 내던지 적어도 균형을 유지할 능력을 가져야 한다. **경상계정**은 수출입수지, 관광과 운임과 같은 서비스수지, 송금 및 무상원조와 같은 소득이전수지를 합한 총액이다. **자본계정**은 자본의 유입 및 유출수지를 말하는데 유출은 자산증가를, 유입은 자산감소를 의미한다. 이 두 계정을 합한 총액에서 흑자를 내거나 균형을 유지하는 국가는 타국에 돈을 빌려 줄 수 있는 채권국이 되고 그렇지 못해서 돈을 빌려 오는 국가는 채무국이 된다. 이처럼 국가가 채권과 채무를 해결하는 단위가 되어 외환지불의 균형을 유지해야 한다. 이를 위해서 국가가 할 수 있는 선택은 제한된다. 단기적으로는 지불균형을 지탱하기 위해서는 관세를 조정하거나 자국화폐 가치를 평가절상 또는 절하해 환율을 조정할 수 있다. 중장기적으로는 국가가 수출을 증가하고 직접투자를 유인해 국가경쟁력을 배양해야 한다.

21세기정치경제에서 국가는 환율과 자본이동을 자율적으로 실시할 수 없다는 것이 큰 문제이다. 이 중요한 사실을 캐나다태생 노벨경제학상수상자 먼델(Robert Mundell)과 플레밍(Fleming)은 이른바 "Mundell－Fleming 3각 딜레마"(trilemma) 또는 "먼델－플레밍 모형의 불가능의 삼각정리"로 설명했다. 즉 한 국가는 자본이동성, 화폐주권 및 고정환율을 다 가질 수는 없고 오직 두 가지만 선택해야 한다는 것이다. 미국은 자본이동성과 화폐주권을 택하고 고정환율이 아닌 유동환율을 실시하고 있다. 중국은 화폐주권과 고정환율을 택하고 자본이동성 대신에 자본

통제를 실시하고 있다. 미국이 금리를 올리면 중국에서 자본은 정부통제에도 불구하고 미국으로 이탈할 것이다. 이렇게 되면 중국정부는 악성부채로 연명해 온 국영기업들에 대해 융자를 하기 위해 지폐를 더 많이 찍어내야 한다. 트럼프는 이렇게 중국이 고의적으로 환율을 조작하고 화폐가치를 평가절하해서 무역흑자를 내고 있다고 비난했다. 이와 같이 환율과 자본에 대해서도 국가 간에 일정한 정치적 합의가 있어야 안정과 협력을 유지할 수 있다.

IMF는 세계의 중앙은행이 아니고 회원국들이 비치한 기금으로 외환 및 금융위기에 처한 국가를 2차적으로 지원할 임무를 띠고 있다. 1차적 책임은 당사국들에 지어진 것이다. IMF가 사용할 수 있는 자금은 극히 제한된 액수이므로 차관을 요구하는 국가는 일정한 조건을 수용할 때에만 자금을 제공한다. 이를 "**조건부**"(conditionality)라 하는데 많은 논쟁을 일으켜 왔다. 거시정책의 균형을 회복하기 위해 IMF가 기본적인 긴축재정과 시장개방 등과 같은 조건을 요구할 때 많은 개도국들은 그것을 수용하기 어렵기 때문이다. IMF가 중요한 정책결정을 하는데는 이사회의 동의가 필요하다. 외환위기를 타개하는 일도 미국의 개입 없이 거의 불가능한 것이 사실이다. 미국은 순전히 경제적인 동기로 행동하지 않고 자국의 안보가 위협받는 국가에 우선적으로 개입했다. 1994년 12월에 멕시코의 페소가치가 폭락하고 자본이 이탈했을 때 미국이 IMF와 함께 500억 달러의 구제(bailout) 금융을 조직했다. IMF는 기타 G-7 국가들 및 국제결재은행(BIS)과 함께 이 조정계획을 관리했다.

IMF가 중요한 정책을 결정하는데 미국과 서방국가들이 개도국들보다 월등한 권한을 행사한다. 그들은 의사결정과정에서 각자가 갖고 있는 쿼터의 비율에 따라 투표권을 행사한다. 미국은 2017년에 17.18%, 일본은 6.5%, 중국은 6.41%, 독일은 5.67%, 영국은 4.29%의 쿼터를 갖고 있고 한국은 16번째로 1.83%를 가졌다. 미국이 거부권을 행사한다면 아무것도 할 수 없는 것이 현실이다. 2010년에 G-20은 이러한 불균형을 개선하기 위해 쿼터의 6%를 개도국들에게 할당하는 개혁안을 추천했다. 미국의회는 아직도 이 안을 비준하지 않고 있다.

현재 189개 회원국들을 가진 이 국제기구는 최후수단으로서 대여자 역할을 수행하는데도 힘이 부족하다. 그 주 임무는 회원국들의 지불상황을 잘 사찰(surveillance)하는 일이다. 이 일도 결코 쉬운 것이 아니다. 비록 잘 사찰해 다가 오는 위기에 대해 경고를 발표할 수는 있어도 사전에 그것을 막을 능력은 부족하다. 2010년에 발생한 그리스의 금융위기에 대해 IMF는 경고를 했지만 그리스정부가 그것을 외면해 위기를 촉발시켰다. 미국은 그리스위기에는 직접 개입하지 않았다. 근본적으로 이 위기는 그리스와 독일이 주도권을 행사하는 유럽중앙은행(ECB) 및 EU가 힘을 모아 타결했다.

(3) 세계은행: 개도국발전에 대한 지원

세계은행은 현재 193개 회원국과 코스보가 제출한 기금으로 운영되고 있다. 2017년에 이 기금의 분담은 미국이 16.8%, 일본이 6.84%, 중국이 4.42%, 독일이 4%, 영국이 3.75%, 프랑스가 3.75%, 한국이 1.57%를 부담했다. 초기에 이 은행은 유럽의 재건에 지원을 집중했으나 1960년대부터는 주로 개도국의 경제발전을 지원해 왔다. 그 산하에 5개의 유사기관들과 하나의 집단을 형성하고 있다. 세계은행이야말로 IMF보다 더 많은 자본이 필요하다. 2000년대에 들어 와서는 중국과 인도와 같은 신흥국가들이 더 많은 융자를 받았다.

그러나 현실은 너무나 다르다. 개도국들의 수요는 천문학적으로 증가하는데 이 은행의 자금공급은 태부족하다. 이 상태를 극복하기 위해 중국은 미국이 주도하는 기존 기구들에 직접 도전은 피하고 그들 주변을 돌아서 2014년에 아시아 인프라투자은행(AIIB)과 BRICS 국가들만으로 구성하는 새로운 개발은행(New Development Bank)을 출범시켰다. 중국은 AIIB의 자본금 1000억 달러 중 30.34%를 부담했다. 이 은행에 한국이 참가해 3.81% 지분을 가졌다. 미국과 일본은 AIIB에 참가하지 않았으나 영국 등 기타 G-20 국가들은 다 참가했다.

위에서 약술한 3개의 다자적 국제기구들은 트럼프의 보호주의 정책으로 인해 여러 가지 도전에 직면했다. 이 중에서 트럼프가 고의적으로 무력화시키려고 기도했던 기구는 WTO다. 이 결과 WTO의 분쟁해결기능은 미국대표의 불참으로 거의 마비되었다. 그럼에도 불구하고 이 세계무역기구는 더욱 더 원활한 무역을 위한 개혁을 시도하면서 기타 기구들과 함께 통상적 기능을 유지해 왔다.

제16장

세계화의 결과와 금융위기

유동환율 제도는 자본의 이동을 더욱 더 용이하게 만들어 금융의 세계화를 가속화시켰다. 금융의 세계화가 예측불가능하게 진전하면 할수록 경제적으로 취약한 국가들은 그것이 초래하는 위험에 더 많이 노출되었다. 이 불안한 과정에 적절하게 적응하지 못한 국가는 갑작스럽게 금융위기를 당했다. 세계화가 초래한 복잡한 상호의존 망에서 한 나라에서 생긴 위기는 다른 나라로 전염되었다. 그 대표적인 예가 1997－1998년 태국, 한국, 인도네시아 그리고 러시아에서 발생했던 금융위기다.

금융의 세계화를 가속화한 데는 정보기술, 특히 컴퓨터와 인터넷이 큰 기여를 했다. 하루에 약 4조 달러의 돈이 세계에 유통되고 있다. 이 돈의 흐름은 국가 간의 차관과 원조뿐 아니라 개인, 집단, 은행 및 기업 간에 더 많이 거래된다. 어느 경우에도 외환으로 하는 거래는 주권국가가 총괄한다. 이 거래에서 가장 큰 부문을 차지하고 있는 것이 직접투자로 주로 은행과 다국적 기업 간에 행해진다. 직접투자는 어디든지 수익이 나고 생산성을 높일 수 있는 곳을 찾아 이루어진다. 그런데도 자본이동과 다국적 기업을 관리하는 국제협정과 기구는 존재하지 않는다. 1990년대에 미국이 자본이동을 자유롭게 하기 위해 다자투자협정을 제안했으나 개도국들의 반대로 실현되지 않았다.

국가 간의 거래에서 자본이 부족한 국가는 계약을 맺고 자본을 빌려서 사용할 수 있다. 만약 채무국이 계약기간 내에 이자와 원금을 갚지 못한다면 부채를 감당하기 어렵게 된다. 대체로 부채는 1년 내에 갚아야 하는 단기부채와 그 이상을 요하는 장기부채로 나누어진다. 단기부채는 채권은행이 갚는 기간을 늘여서 장기부채로 연기(rollover)해 줄 수 있다. 많은 경우에 무슨 이유에서인지 "뜨거운 돈"(hot money)이라는 단기부채를 장기부채로 갈아타는데 실패한다면 금융위기를 맞게 된다. 이러한 자본은 빨리 들어 왔다가 빨리 떠나기 때문에 감시하기가 곤란하다. 토빈(James Tobin)은 국가가 이러한 단기자본에 대해서는 세금을 부과해야 한다는 "토빈세금"을 제안했으나 아직도 이 아이디어는 국제적으로 채택되지 않고 있다.

이러한 부채를 관리하는데 각 국가가 발휘하는 신용도는 흥미롭게도 미국의 민간회사들이 평가한다는 사실에 주목할 필요가 있다. 현 세계에는 3개의 미국평가회사들(Moody's Investor Services, Standard and Poor's−S & P, Fitch Group)이 전 세계부채의 95%를 평가하고 있다. 이들은 각국의 기업, 정부 및 기타경제실체의 신용도를 주기적으로 조사해 평가결과를 발표한다. 은행과 투자회사는 여기서 높은 수준의 평점을 유지해야 투자와 자본차입을 쉽게 획득할 수 있다. 특히 각 국가는 비교적 높은 신용도를 과시해야 한다. 그래야 채권은행과 채권국들이 그 국가가 부채를 갚을 수 있는 능력을 믿고 돈을 빌려 주기 때문이다. 그러나 이 평가회사들의 공정성과 미국이 그들을 독점하고 있는 현실에 대해서는 많은 논란이 계속되고 있다. 하나의 실례를 들자면 2008년에 한 거대한 투자은행(Lehman Brothers)이 갑자기 도산되기 전에 신용평가 회사들은 이 은행에 좋은 평점을 주었기 때문이다. 이런데도 국제자본시장에서 그들의 영향력은 여전히 막강해 주권국가의 운명을 좌지우지해 왔다.

1997년에 한국이 갑자기 외환위기를 겪었다. 당시 한국의 거시적 지수와 국가신용도는 기본적으로 양호했다. 그런데도 한국의 기업들은 지나치게 많은 단기자본을 도입했으나 그것을 사찰하고 관리할 수 있는 규제와 은행체제는 미비했다. 심지어 주무 관청과 한국은행은 당시 외환보유가 정확하게 얼마나 되었는지도 잘 파악하지 못하고 있었다. 그해 7월에 태국에서 조성된 자산거품이 터지자 높이 평가되었던 바트(Baht)의 가치가 폭락하는 사태가 발생했다. 이 사태를 목격한 외국은행들은 한국의 종합금융회사와 은행에 빌려 준 단기자본을 철수했다. 그동안 한국에서 새로 형성되었던 종금사들은 너무 많은 단기자본을 들여와 재벌들에게 제공했었다. 재벌들은 이 돈으로 수많은 사업들에 착수해 이른바 "문어발 투자"를 과도하게 실시했다. 그들의 대자산부채율(debt−asset ratio)은 400% 이상으로 치솟았다. 사태가 이렇게 진전되고 있었는데도 김영삼 정부는 그것을 효과적으로 규제하고 관리할 부서나 능력을 갖지 못했다. 10월에 재벌급의 한보그룹과 기아그룹이 도산하자 정부는 공황상태에 들어갔다. 관계 장관들이 채권은행들에게 단기부채를 장기부채로 롤오버해 줄 것을 요청했으나 거부당했다. 그들은 한국은행에 준비된 달러가 고갈됐다는 것을 알았을 것이다. 이 위기가 대통령선거전이 절정에 달했을 시기에 일어났으니 사태는 더욱 복잡해 졌다.

이제 미국과 IMF에 긴급 구제금융을 호소하는 길밖에 없었다. 김영삼 정부가 미국에 이를 요구했다. 미국재무부는 처음에 이에 대해 거부반응을 나타냈다. 왜냐하면 과도한 투자와 실수를 한 회사들을 구하는 것은 "도덕적 해이"가 되기 때문이다. 국방부와 국무부는 3만 명의 미군이 주둔하는 한국이 도산하면 한반도 안보에 치명적 타격을 줄 수 있다는 위험을 내세워 대규모의 구제금융을 건의했다. 클린턴 대통령의 명을 받아 루빈(Robert Rubin) 재무장관은 친히 관계부처와 IMF에 전화해 역사상 최대액인 570억 달러의 구제금융을 조직했다. 이 행동은 금융위기에도 안보 및 정치적 고려가 경제적 고려를 압도한다는 것을 다시 보여 주었다.

이러한 위기의 재발을 방지하기 위해 아시아 국가들은 역내에서 화폐안정에 대한 협력을 모색했다. 일본은 IMF와 비슷한 형태의 "아시아 화폐기금"을 출범시키자고 제안했다. 이 아이디어는 기존하는 IMF와 세계은행 및 아시아개발은행(ADB)의 역할을 손상할 수 있다는 우려를 나타낸 미국의 반대로 실현되지 않았다. 2000년에 ADB 연차총회에서 아세안 10개국과 한국, 일본 및 중국 3개국의 대표들은 단기 유동성 부족에 대비하기 위하여 회원국들 간에 양자협상을 통해 화폐를 교환(swap)할 수 있게 하는 기금을 조성하기로 합의했다. 여기서 탄생한 장치가 **치앙마이구상**(Chiang Mai Initiative)이다. 2011년에 13개 회원국들은 이 양자협정을 다자협정으로 전환하기로 합의했다. 이 때 조성된 1200억 달러를 2400억 달러로 늘이고 그 분담은 일본과 중국이 각기 32%를, 한국이 16%를 그리고 아세안10개국들이 20%를 충당하게 조치했다.

1. 금융위기의 원인

전 세계에서 금융위기가 1973년과 1997년 사이에 94번 일어났다. 왜 이러한 금융위기가 빈번히 발생하는가? 그 원인에 대해서는 하나의 일반적 이론은 없으므로 여러 가지 측면을 고려할 수 있다. 첫째, 심리적 측면이다. 민스키(Hyman Minsky)에 의하면 투자자들은 주기적으로 흥분하는 경향(maniac−panic, and crash)을 갖고 행동한다는 것이다. 호황기(boom)에는 과도하게 투자하고 불황기(bust)에는 공황상태에 들어가 마침내 충돌하게 된다는 것이다. 1997년 한국의 은행들도 이러한 행동을 보였다. 당시 한국의 환율이 1달러에 대해 1700원에 도달했을 때 평가절하 가능성이 임박했다는 징후를 감지한 외국은행들은 한국은행들에게 빌려 준 단기자본을 철수했다. 이를 목격한 기타 은행들도 군중심리에 의해 집단적으로 급하게 자본을 빼어가는 행동(stampede)을 나타냈다. 자본주의의 역사에서 이 호황기와 불황기가 반복하는 주기를 많이 발견한다. 자본주의하에서 인간이 과욕을 추구하는 한 이러한 주기를 완전히 제거할 수는 없는 것이다.

둘째, 투자자들이 자본을 과도하게 빌려서 투기를 하게 되고 이는 결국 파산을 갖고 온다는 것이다. 한 투자자가 싼 은행금리를 이용해 많은 자본을 융자받아 집 한 채를 산다. 그는 이 집을 담보로 삼아 한 채의 집을 더 산다. 이처럼 빌린 돈으로 더 많은 주택을 사들이는 행동(leveraging)을 계속한다면 어느 때에 가서 원금과 이자를 갚지 못하게 된다. 중앙은행이 금리를 올리지 않는다면 이렇게 과도하게 빌리는 현상이 지속하기 마련이다. 이 결과 돈을 과도하게 빌려 준 은행이 파산을 선언한다면 이는 대규모의 금융위기를 초래한다. 2008년 미국에서 이러한 위기가 현실화했다.

셋째, 구조적으로 금융기관들을 감독하고 규제하는 정부부서와 은행체제가 미비할 때 위기가 일어나기 쉽고 위기가 발생한 뒤에도 그것을 효과적으로 수습하지 못하게 된다. 1997년 한국에서 외환위기가 오기 전 1996년에 한국은 OECD에 가입해 선진국의 진열에 동참한 것을 자축하면서 자본시장을 너무 일찍 개방했다. 사실 당시 한국의 거시경제상황은 양호하고 수출도 잘되고 있었다. 만약 사전에 금융당국이 단기부채를 장기부채로 이전하는 일에 성공했다면 외환위기를 면할 수도 있었을 것이다. 소 잃고 외양간을 고친다는 한국 속담처럼 위기를 겪은 후에야 한국은 금융위원회와 금융감독원을 설치했고 재벌들에 대한 구조개혁을 강행했다.

2. 세계적 불균형

금융이 위기와 직접적인 원인은 아닐지라도 경상수지 흑자국가들과 적자국가들 간에 증가해 온 세계적 불균형(global imbalance)이 위기의 배경을 조성했다는 견해가 있다. 예컨대 중국이 "세계의 공장"으로 부상해 미국에 막대한 수출을 기록했다. 여기서 번 돈을 은행과 기업에 저축해 저축률이 50%에 달했다. 한편 미국인들은 소비에 많은 돈을 지출하면서 약 10% 정도의 저축을 했다. 연방준비이사회는 9·11사태 이후 민심을 안정시키기 위해 오랫동안 매우 낮은 금리를 지속했다. 중국은 저축한 자본의 일부로 유동성과 안정성을 지닌 미국공채를 사는데 사용했다. 이 결과 중국에서는 저축이 넘쳤고 미국에서는 돈이 넘치는 현상을 이루어 이른바 "세계적 불균형"을 초래했다는 것이다.

이러한 불균형이 미국에서 금융위기를 촉발시키는 환경을 조성했다. 중국의 초과저축과 미국의 초과자금은 상호 연관되어 위기의 소지를 마련했다. 미국의 소비자들은 낮은 금리를 활용해 주택을 구입할 수 있었다. 그들이 위험을 감수하면서 이렇게 차입한 자본으로 주택구입에 투자한 것이 주택 거품을 초래했다. 그들에게 자본을 빌려 준 은행과 회사가 부도에 직면했고 연쇄작용을 가져왔다.

3. 대 불황(the Great Recession)

2008년에 미국에서 대공황 이후 최대 규모의 금융위기가 발생해 2009년까지 19개월간 계속되었는데 이를 "대불황"이라 불렀다. 이 위기는 은행들이 섭프라임(subprime－저신용자용) 대출로 거액의 자금을 주택가입자들에게 빌려준 데서 출발했다. 그들의 일부가 부도를 내자 그들에게 더 많은 자금을 빌려준 큰 은행들과 투자회사들이 파산 직전까지 갔다. 그 대표적 예로서 200여 년의 역사를 가졌던 대 은행(The Lehman Brothers)이 파산을 선고했다. 이 여건에서 미국정부와 중앙은행이 개입하지 않으면 예상할 수 없을 정도의 도산과 실업이 일어날 수 있었다. 곧 들이닥칠 유동성부족을 막기 위해 결국 미국정부가 대규모의 구제금융을 마련했다. 이 위기가 극복된 후에도 미국경제는 저성장과 실업을 벗어나지 못했다가 2014－2015년에 회복되기 시작했다. 이 결과 미국의 국력은 약화되었고 국위도 큰 손상을 입었다.

2001년에 미국인들은 9·11사태를 겪은 뒤 상당한 기간 동안 테러와 경제파탄에 대한 불안감을 가졌다. 미국은 아프가니스탄과 이라크에서 두 전쟁을 수행하고 있었으므로 내부에서는 무엇보다도 안정과 단합을 유지할 필요가 있었다. 이러한 분위기에서 지방은행들은 중산층 가정에 싼 이자로 융자를 제공해 주택구입을 쉽게 해 주었다. 상업은행과 달리 일부 투자회사들은 준비금을 보유하지 않고서도 은행들에게 단기자본을 빌려 주었다. 이러한 활동은 잘 알려지지 않고 투명하지 않은 형태로 진행되었다. 경제학자들은 이러한 기제를 "그림자은행"(shadow banking)이라고 명명했다. 대규모의 투자은행들도 이러한 활동에 참여해 수익을 확장하려 노력했다. 이 제도의 말단에서 주택소유자들이 계약했던 이자와 원금을 갚지 못하게 되자 이는 더 높은 수준의 은행들과 투자회사들의 유동성 부족을 초래해 연쇄반응을 일으켰다.

2008년 9월 15일에 미국 최대투자회사 Lehman Brothers가 도산위기에 처해버렸다. 이 때 미국재무부와 금융당국은 공황상태에 빠졌다. 아마 그처럼 실패하기에는 너무나 큰(too big to fail) 회사도 도산할 수 있다는 것을 보여주기 위해 재무부는 이 회사의 도산을 방치했다. 그러나 재무부는 이와 비슷하게 대규모의 더 많은 부채를 축적했던 다른 기업과 은행들의 파산을 모르는 체 할 수는 없었다. 그들이 파산한다면 수백만 명의 실업자들을 낼 것이며 심지어 중소기업과 자영업자들의 생업을 위협해 장기간의 불황을 초래하기 때문이다. 부시행정부의 재무장관 폴슨(Henry Paulson)과 1930년대의 공황을 깊이 연구했던 연방준비이사회 총재 버냉키(Benjamin Bernanke)는 의회를 설득해 7000억 달러의 공적 자금을 시장에 투입하는데 성공했다. 그들은 이 구제금융으로 AIG, Goldman Sach, GM과 같은 다국적 기업들을 회생시켜 주었다. 혹자는 이 행동은 부채를 사회화한 실례이며 초부유층을 더 부유하게 만들었다고 비난했다. 이것이 사실일 것이다. 동시에 이러한 위기관리는 더 많은 근로자들과 소비자들의 일자리와 생업을 보존시킨 것도 사실이다.

미국이 이러한 위기를 사전에 방지하지 못한 것은 미국과 IMF의 위상을 크게 손상시켰다. 이때까지 중국은 미국에서 많은 것을 배워 왔는데 이러한 위기가 미국에 돌발한 것을 보고 2009년 당시 중국의 부총리 왕치산은 중국은 더 이상 미국에서 배울 것이 없게 되었다고 폴슨(Henry Paulson, *Dealing with China: An Insider Unmasks the New Economic Superpower*, 2016)에게 말했다는 것이다. IMF도 이 위기를 예측하지 못했고 이를 극복하는 데도 기여하지 못했다. 부시 및 오바마행정부가 취한 극약처방으로 효력을 발휘했지만 그 여파는 더 장기간 계속해 경기후퇴를 남겼다.

4. G-20의 결집: 위기관리를 위한 국제조정

미국에서 자본이 해외로 이탈하는 것을 막고 동시에 금융위기가 다른 나라로 전염해 세계적 공황으로 확대되는 것을 방지하기 위해 미국은 기타 경제대국들과 집단행동을 취할 필요가 있었다. 이 목적으로 2008년 말에 부시대통령은 19개 국가의 정상들을 워싱턴에 초청해 G-20 정상회의를 출범시켰다. 이 임시로 구성한 세계적 관리집단에 초청된 국가들은 G-7국가들과 중국이 주도한 5개 신흥국들, 그리고 한국, 터키, 멕시코, 아르헨티나, 사우디아라비아, 인도네시아 및 호주다. 여기에 EU와 IMF와 같은 국제경제기구들도 참여했다. 이 모임은 G-8을 대체해 세계적 경제관리기제로 등장했다. 회원국들의 GDP는 전 세계의 85%, 인구의 63%, 그리고 무역의 80%를 차지했다. 이 회의에 들어가지 못한 기타 173개 UN회원국들은 소외감을 갖지 않을 수 없었다. 다만 주최국은 비회원국들의 극소수를 초청해 왔다. 이 모임은 국제경제를 관리하는 상임위원회(steering committee) 역할을 담당해 UN, IMF, WTO, 세계은행과 같은 기존하는 기구들의 역할을 보완하려고 노력했다.

이들은 당면한 금융위기에 효과적으로 대처하기 위해 협력하기로 합의해 2009년에는 각기 고액의 공적자금으로 유동성을 시장에 투입했다. 그들은 이처럼 공감대를 이루어 당면한 위기를 타결하는데 필요한 정책조정을 실시해 일종의 집단행동을 취한 결과 위험한 고비를 넘길 수 있었다. 그 뒤 이 G－20은 IMF와 세계은행의 기금확대를 건의했고, Financial Stability Forum을 모든 회원들이 참가하는 Financial Stability Board로 재편하게 조치했으며 은행들의 준비자본을 대폭 늘이는 Bassel III 합의를 도출시켰다.

이렇게 긍정적 기여에도 불구하고 G－20은 세계적 상임위원회의 목적을 이루는 데는 미흡했다. 세계금융위기가 극복되자 G－20 회원들은 이견을 표출해 합의를 이루지 못했다. 그들이 국내에서 가졌던 정치 및 경제사정이 다르게 전개되었기 때문이다. 어느 국가도 국제협력을 달성하기 위해 자국의 거시경제를 희생할 수 없었다. 최대 금융위기에 처한 미국도 타국에 이래라 저래라 할 처지도 못되었고 그렇게 해도 다른 국가들이 그것을 수용할 리 만무했다. 2010년에 서울에서 열린 G－20 회의에서 미국과 중국 및 독일 간에 이견이 표면화했다. 미국은 흑자국가들과 부채국가들 간에 이미 심각해진 "세계적 불균형"(global imbalance)을 해소하기 위해 경상수지의 4%를 초과하는 국가는 흑자를 감소해야 한다고 주장했다. 중국과 독일은 이에 반발했다. 그들의 흑자는 자유무역에서 경쟁력을 유지한 결과 조성된 것이라는 입장을 표시했다. 심지어 선진국 자신들도 긴축재정을 실시하는 문제에 대해 이견을 계속했다.

이 회의는 연례회의를 계속해 왔다. 이 회의는 회원국들이 합의할 수 있는 일반원칙과 쉽게 조치할 수 있는 행동을 담은 선언문을 채택해 왔다. 이 중에는 균형적이며 지속가능한 성장을 달성하는 원칙과 시장원칙에 근거한 환율, 조세피난처를 감시하고 돈 세탁을 방지하는 노력, 그리고 기후변화를 방지하고 환경보호를 강화하는 정책들이 포함되었다. 동시에 이 회의는 금융문제 외에 강대국들의 정상들이 중동과 시리아에서 계속된 안보 및 인도주의문제를 논의하는 기회를 마련했다. 2021년 11월에 로마에서 개최되었던 이 회의에서 바이든은 미국의 리더십을 부활하려고 기도했다. 이 노력의 일환으로서 이 회의는 개도국에서 다국적기업들이 노리는 탈세를 방지하기 위해 법인세를 적어도 15%까지 부과하자는 합의를 도출했다. 시진핑은 다자협력을 지지한다고 공언했지만 이 회의에 불참했다. 2022년에 인도네시아에서 개최되었던 G－20에서는 중진국들이 러시아의 우크라이나 침략을 규탄하는 합의를 도출하는 데 성공했다. 2023년 9월에 인도에서 개최되었던 G－20정상회담에는 시진핑과 푸틴은 참석하지 않았다. 바이든은 이 회담에 참석했다. 인도의 모디

수상은 우크라이나 전쟁에 대해 서방과 동방 간에 중재를 실시해 UN헌장 정신을 인용한 선언을 채택하는 데 리더십을 발휘했다.

5. 그리스의 금융위기와 EU의 미래

2010년에 그리스에서 매우 타결하기 어려운 금융위기가 발생해 EU의 미래를 위협했다. 그리스 위기는 외환위기의 성격을 전형적으로 나타낸 경우로서 EU의 생존을 좌우할 근본적인 문제를 제기했다. 2001년에 그리스는 EU에 가입해 유로를 자국 화폐로 사용했다. 국내정치에서 정권이 빈번하게 교차했는데 대체로 좌파 포퓰리스트 정권은 노동자들과 공무원들의 요구를 수용해 그들의 이익을 보호하는 경제정책을 추구했다. 그들은 수출보다 수입을 더 많이 했고 생산성보다 임금을 더 많이 올려 주었다. 이 결과 그리스는 국제경제에서 경쟁력을 상실했고 부채를 증대시켰다. 이 상태를 탈피하는 하나의 방법은 자국의 화폐를 평가절하하는 것이다. 1991년의 아르헨티나의 경우와 달리 그리스는 EU회원이기 때문에 이 방법을 취할 수 없었다. 부채를 갚기 위해 다른 회원국, 특히 독일로부터 유로를 빌려와야 했다. 이 결과 그리스는 국가가 담당해야 할 "구가부채"(sovereign debts)를 많이 누적했다. EU를 탈퇴한다면 자국 화폐를 부활해 돈을 더 찍어내어 채무불이행(default)을 면할 수 있었다. 하지만 그리스는 EU에 남아 있기를 원했다.

EU는 그리스의 탈퇴를 허용할 수 없었다. 그리스가 떠난다면 이와 비슷하게 약한 경쟁력을 나타내고 있던 남유럽국가들(Spain, Portugal, Italy)도 그 뒤를 따를 것이고 이 경우 EU가 붕괴할 수 있기 때문이다. EU, ECB 및 IMF(troika)는 공동으로 구제금융을 마련해 그리스를 회원으로 잔류하도록 도와 주었다. 그 대신 그들은 그리스정부가 긴축재정을 실시하고 세금을 늘려야 한다는 요구를 했다. 그리스의 국민들은 이 요구를 거부했다. 그들이 새로 선출한 정권은 채권당국이 요구조건을 수정할 것을 요구했고 더 많은 융자를 해 달라고 요청했다. 이에 대해 독일국민들은 냉담했고 정부도 부정적인 태도를 보였다. 이 반응에 대해 일부 그리스인들은 나치의 침범과 악행에 대해 독일은 보상해야 한다고까지 했다. 자유로운 선거에서 다시 좌파 정권이 집권했지만 이 정부도 결국 채권단의 요구를 받아들였다. 이처럼 금융의 세계화는 민주주의와 주권을 제약했던 것이다. 이 현상은

로드릭(Dani Rodrik)이 지적한 대로 "초세계화"(hyper globalization)는 민주주의와 양립할 수 없으며 주권도 제약한다는 것을 잘 말해 주었다. 그는 민주주의, 주권, 세계화 중에서 국가는 모두 다 가질 수는 없으며 두 가지만 선택해야 한다는 "**세계화역설**"을 주장했다(*The Globalization Paradox: Democracy and the Future of the World Economy*, 2012).

그리스와 EU의 위기가 남겨 준 교훈은 무엇인가? 크루그먼(Paul Krugman)은 원래부터 그리스와 EU는 공존할 수 없었다고 지적했다. 그는 이 곤혹스런 공존을 "유럽의 불가능한 꿈"이라고 표현하면서 그것은 산술과 역사를 무시한 결과라고 했다(*New York Times*, 2015.7.21). 그리스는 EU를 탈퇴하지 않고서는 외환위기를 극복할 수 없고 EU는 모든 회원국들에게 공통적으로 적용할 재정정책 없이 순전히 화폐정책만으로 공동통화(euro)를 지탱할 수 없었기 때문이다. 단기적으로도 그리스가 EU가 요구한 긴축정책을 다 실현하더라도 경제성장을 달성하기보다 오히려 더 악화시킬 것이라고 주장했다. 외환위기는 국가의 주권을 약화시키고 심지어 민주주의와 충돌한다. 채권국가들의 요구는 민주주의 복지국가의 생존을 위협할 수 있다. 결국 국가는 경쟁력을 보존해 수출과 투자를 늘리고 경기변화에 잘 적응할 수 있는 국가경쟁력을 배양해야 생존할 수 있다.

6. Brexit와 트럼프의 함의: 반세계화와 보호주의추세

2016년에 영국이 EU에서 탈퇴를 선언한 것과 2017년 미국에서 트럼프가 대통령으로 취임한 것은 지나치게 진전되고 있었던 세계화에 대한 반발과 자유무역에 반대하는 보호주의의 득세를 의미했다. 이 추세는 과거 70년간 미국과 영국이 주도했던 규칙에 근거한 자유주의가 쇠퇴하고 민족주의와 중상주의가 득세하고 있다는 징조이다. 구체적으로 이 변화는 양국의 국내경제에서 생산시설이 외국으로 이전하자 일자리를 상실한 중하층 노동자들이 자유무역을 반대하고 자기들의 신분을 위협하는 이민자들을 배척하는 운동에서 시작되었다.

트럼프 당선의 의미와 여파는 미국의 역사와 세계적 맥락에서 이해해야 한다. 트럼프의 당선은 자유주의(리버럴)적 기득세력에 대한 중하층 백인들의 대중영합주의(포퓰리즘)적 반동을 의미한다. 이 추세는 영국의 유럽연합탈퇴를 지지한 브렉시트와 같이 이른바 "신자유주의"가 주도해 왔던 세계화에 대한 민족주의적인 반발이다. 사실 포퓰리즘은 1820년대에 미국의 잭슨대통령이 이미 선명하게 표출한 후 미국역사에서 뿌리 깊게 이어 온 한 전통이다.

미국의 민주당과 공화당의 리버럴한 세력들은 지난 40년간 줄곧 국내에서는 소수민족의 시민권신장과 다문화주의정책을 추진했다. 대외적으로 그들은 세계화와 자유무역을 지지했다. 오바마 대통령은 과감한 복지정책을 추진해 모든 시민들이 다 가담할 수 있는 의료보험법을 밀어붙였다. 동시에 그는 아태지역에서 11개국과 환태평양동반자(TPP)협정을 타결했다. 필자가 미국에서 대학원교육을 받고 있었던 1965년 당시 존슨대통령이 흑인 및 소수민족의 참정권과 자유를 허용하는 입법을 통과시키자 그들의 시민권은 대폭 신장되었다. 이 추세는 그 후에도 계속해 2008년에 오바마는 역사상 처음으로 흑인 대통령으로 당선되었다. 1989년에 냉전이 종식된 후 미국은 세계화의 명분하에 자유무역과 국경을 개방하는 이민정책을 추진했다. 이 결과 멕시코 등 주변국에서 오는 라틴족의 수가 급증해 2017년에 전 인구의 약 17%를 차지했다. 흑인들의 수도 13% 이상으로 늘어났다. 반면에 백인들의 수는 60% 이하로 줄고 있었다. 라틴족 및 흑인들과 아시아 등 다른 나라에서 이민 온 소수민족이 미국의 제조업의 각 분야에 고용되었다. 한편 미국의 대기업들은 임금이 싼 멕시코와 기타 개도국에 생산시설을 이전하자 중하층 백인근로자들의 다수가 실직했다. 일자리를 유지했던 근로자들의 임금도 30년간 거의 인상되지 않았다. 이와 비슷한 상황에 처한 농촌의 백인들도 미국정치의 주류에서 점차 소외되고 있었다.

트럼프는 바로 이 "잊어버린 백인계층"의 좌절, 분노 및 불만을 동원해 기성세력에 대한 근본적 변화를 외치는 대중운동을 전개했다. 이 전략이 주효했던 것은 대학에 가지 않은 백인들의 72%와 대학을 졸업한 백인들의 54%와 백인여자들의 절반 이상이 트럼프에 투표한 사실이 증명했다. 경제와 달리 정치에는 이성보다 감정이 행동을 지배한다. 이미 중산층 지위를 상실한 이 백인들이 지나치게 나가버린 자유주의정책에 대해 공유했던 울분과 반감이 얼마나 깊었다는 것을 힐러리 클린턴과 오바마는 깨닫지 못했던 것이다. 사실 2017년에 미국경제는 호전되어 실업률이 5% 이하로 줄고 오바마의 인기도 53%까지 상승하고 있었다. 한편 선거전에서 보여주었던 트럼프의 언행은 존경을 받지 않았는데도 불구하고 백인근로자들은 트럼프를 택했다. 더구나 불법이민자들의 수가 천백만 명을 초과하고 있는데도 오바마와 클린턴은 그들 중 일부를 사면하겠다고 했다. 트럼프는 당선된 직후 이들에 대한 규제를 강화해 불법이민을 막기 위해 멕시코국경에 거대한 장벽을 구축할 것을 명령했다.

대외적으로 트럼프는 미국제일원칙을 주창해 강렬한 민족주의적 외교정책을 표방했다. 2017년 1월 20일에 트럼프가 45대 미국대통령으로 취임해 새로운 시대를 열었다. 그는 취임사에서부터 "미국 대학살은 여기서 이제 끝났다"는 말 폭탄을 뱉으면서 어느 타국보다 미국을 제일 먼저 챙기겠다고 재삼 강조했다. 이는 제2차 세계대전 후 70년 동안 미국이 세계적으로 주도해 왔던 자유주의질서의 종언을 고한 것이다. 그의 취임사는 1961년에 케네디대통령이 미국은 자국만이 아니라 전 세계에서 "자유의 생존과 성공"을 보장하기 위해 어떤 희생도 다할 것이라고 다짐했던 것과 실로 날카로운 대조를 보였다.

경제정책에 대해서 트럼프는 자유무역이 타국들을 부유하게 만들었고 미국근로자들의 일자리를 빼앗아 갔다고 주장하면서 앞으로는 "보호주의가 더 큰 번영과 국력을 초래할 것"이라고 선언했다. 그는 미국이 이미 체결한 다자 협정인 NAFTA를 재협상하고 오바마 대통령이 세계 전략의 축을 아시아로 이전하기 위해 야심적으로 추진했던 TPP를 파기하는 동시에 한미FTA도 개정했다. 이러한 조치는 영국의 EU탈퇴와 함께 세계화에서 후퇴한다는 징조이다. 이 결과 세계화를 옹호했던 IMF, WTO, 세계은행 및 EU는 약화되었다. 그 대신에 양자협상이 득세해 무역전쟁 및 통화갈등을 초래했다. 사실 반세계화추세는 2008년에 세계 금융위기가 발생한 뒤 유럽을 넘어서 전 세계적으로 파급되었다.

제17장

세계화의 미래: 불평등과 새로운 합의의 가능성

세계화과정에서 경쟁력을 확보한 국가와 계층은 승자가 되고 그렇지 못한 국가와 계층은 패자가 되어 불평등을 초래했다. 불평등을 극복하기 위해 자유주의는 신자유주의를 지양해 공익을 해치지 않는 보다 “규제적 자유주의”를 지향해 새로운 합의를 모색했다. 미국이 제1위 위치에서 세계적 리더십을 행사하고 유럽 국가들이 동조한다면 자유주의는 신자유주의의 약점을 보완하고 국가자본주의의 강점도 원용해 21세기 국제경제의 현실에 맞게끔 변천할 것이다.

1. 세계화에서 승자와 패자 간의 불평등

세계화는 국가와 계층 간에 승자와 패자를 초래했다. 세계화에서 경쟁력을 가진 국가와 계층은 승자가 되었고 그렇지 못했던 국가와 계층은 패자가 되었다. 그 결과 불평등이 심화했다. 세계화는 대체로 중국과 인도의 부상이 보여주듯이 국가들 간의 불평등은 좁혔으나 국내에서는 계층들 간에는 더욱 더 확대했다. 빠르고 폭넓게 진행한 세계화는 일종의 세계적 중산층을 형성해 1988년과 2011년 사이에 소득을 배증했다. 세계적인 수준에서는 1%의 최고층은 모든 소득의 29%를 획득했고 모든 자산의 46%를 소유했다(Branko Milanovic, *Global Inequality: A*

New Approach for the Age of Globalization, 2016). 이러한 불평등은 세계화 자체가 초래한 것이 아니라 각 국가가 세계화를 잘 관리해 자국에 유리하게 적응하느냐 못하느냐에 따라 발생한 것이다. 세계화에 잘 적응해 자국의 경쟁력을 착실하게 키워온 국가와 계층은 승자가 되고 그렇지 못한 국가와 계층은 패자가 된 것이다.

브렉시트와 트럼프에도 불구하고 세계화는 완전히 끝나지 않았다. 2020년에 수많은 국가들을 강타했던 코로나바이러스19도 세계화의 속도를 잠시 늦추었지만 그것을 중단시키지 못했다. 2022년에 돌발한 우크라이나 전쟁도 세계화를 약화했으나 그것을 완전히 중단시키지 못했다. 세계화는 갑자기 왔다가 가는 것이 아니라 변천하는 과정이다. 트럼프시대의 세계화에는 미국이 앞장서서 지도력을 행사하지는 않았다. 이것은 한 개인인 트럼프만이 선택한 것이 아니라 미국인들의 대부분이 그것을 원했다. 2016년 피우조사(the Pew Research)에 의하면 미국인들의 57%가 미국이 국내문제의 해결에 집중하고 국외문제는 타국들이 스스로 해결하게 그냥 내버려 둘 것을 원했다. 만약 미국이 세계에 등을 돌린다면 그것은 리더십공백을 초래한다. 2017년 다보스경제포럼에서 중국의 시진핑은 중국이 자유무역을 옹호한다고 선언했다. 중국이 세계화를 위해 리더십을 발휘할 것인지에 대해서는 많은 의문이 있다. 2022년에 우크라이나 전쟁이 발생한 뒤에 일부 학자들은 세계화는 끝났다고 선언했다. 그러나 세계화는 끝나지 않고 그 범위와 속도가 변하고 있을 뿐이다. 21세기 세계에서 강대국들이 패권경쟁을 격화하자 지정학이 시장을 압도하고 있는 것은 사실이다. 그런데도 정보기술과 금융의 세계화는 여전히 계속하고 있다.

세계화에 대해 이데올로기와 정책은 바꿀 수 있지만 정보와 기술은 번복할 수 없다. 정보와 기술 그 자체는 중립적인 존재이다. 미국과 영국이 자유주의를 전파하는 일에 앞장서지 않는다면 이 변화는 국제경제에 분명히 부정적 영향을 미친다. 그런데도 통신과 첨단기술의 발달은 계속한다. 과학기술의 비약에 의해 더 혁신적 기술과 경영기법이 발견되면 정보와 기술의 세계화는 더욱 더 빨라지고 확대할 것이다. 특히 인공지능(AI)과 빅 데이터(Big Data)는 자동화와 로봇화를 가속화해 인간생활과 사회구조를 변혁하고 있다. 한 조사에 의하면 미국에서도 자유무역에 의해서 노동자들이 실직한 것은 13%에 지나지 않고 그 나머지는 기계화와 자동화에 의해서 발생한다고 했다(*New York Times*, 2016.12.21). 제조업이 쇠퇴하고 서비스와 첨단기술업종이 빠르게 발달하고 있는 제4차 산업혁명에서 모든 사람들에게 일자리를 마련하는 것은 결코 쉬운 일이 아니다. 현재 선진국들이 이 문제에 골몰하고 있지만 중국과 기타 신흥 및 개도국들도 이 문제에 직면하고 있다.

이처럼 정보화 과학기술이 세계화를 지배하는 시대에는 오직 새로운 지식과 기술 및 경영기법을 발견해 혁신을 지속하는 국가가 경쟁력을 갖는다. 이러한 세계화는 사회학적으로 계층화를 심화시킨다. 이 추세가 진행되면 될수록 사회적 양극화가 확대된다. 극소수의 계층은 자본, 기술 및 지식을 확보해 고액의 소득을 누린다. 그 밑에 처한 중산층이나 근로자들의 임금은 침체하고 심지어 일자리를 상실한다. 그 밑에 처한 최하층은 장시간 육체노동을 하는 빈곤층이 되어 주로 국가가 제공하는 사회안전망에 의존해 생존한다.

2011년에 미국의 뉴욕에서 이 현실에 대해 항의하는 대중운동이 일어났다. 일부 지식인들과 근로자들은 월가(Wall Street)의 자본가들이 미국인들의 소득 중 1%를 독점하고 있지만 나머지 99%는 경제적 고통을 당하고 있다고 외치면서 이른바 "월가점령"운동을 조직해 시위를 벌였다. 이러한 시위는 2014년까지 다른 도시에서도 계속되었다. 유럽에서도 이러한 운동이 간헐적으로 전파되었는데 사실상 반세계화운동의 연속이다. 이론적으로 이들의 주장을 지지하는 저서가 2013년에 발간되어 선풍적인 반응을 초래했다. 프랑스의 경제학자 피케티(Thomas Piketty)는 그의 저서(*Capital in the 21st Century*, 2014)에서 자본에서 오는 소득의 비율이 경제성장의 비율보다 더 크게 일어났다는 사실을 개량적 분석을 통해 입증했다. 이 결과 자본은 극소수에 집중되고 대다수의 소득은 증가하지 않아 불평등을 초래한다는 것이다. 다른 경제학자들은 불평등이 오로지 자본에 의해서만 생기는 것이 아니며 정치적 및 제도적 여건에 의해서 이루어진다고 지적했다. 그러면서도 그들은 피케티의 주장을 부인하지 않았다. 인터넷과 AI가 융합하는 제4산업화 시대에서 불평등은 더욱더 심화해 자본주의가 당면할 최대난제가 될 것이다.

2. 탈 워싱턴합의는 가능할까?

노벨경제학상을 받은 스티글리츠도 금융의 과도한 세계화가 대공황의 한 원인이 되었다고 지적했다. 그는 이러한 정책을 "시장원리주의"(market fundamentalism)라 하면서 이를 지향하기 위해서 새로운 "탈 워싱턴 합의"(post-Washington consensus)의 필요성을 역설했다. 혹자는 중국의 경제발전경험을 토대로 "베이징 합의"가 가능하다고 주장했다. 그 내용에 대해서는 다양한 견해가 있다. 여기서는 워싱턴 합의를 요약했던 윌리암슨의 설명을 소개한다. 그는 베이징 합의를 다섯 가지 특징으로 요약했다. 이들은 점진적 개혁, 개방정책, 수출주도의 성장, 국가자본주의 및 권위주의다. 이 가운데 국가자본주의와 권위주의는 공산주의 일당독제 체제가 가진 강점이므로 민주주의 국가들이 그것을 채택할 수는 없다. 중국의 경제발전은 1978년에 사실상 자유주의의 요건인 시장기제와 개방무역을 수용한 뒤에 연평균 10% 이상의 성장을 기록했다. 이 결과 중국이 미국시장을 압도하기 시작하자 2017년부터 미국은 보호주의정책을 추구했다. 이 결과 중국의 수출이 위축하자 2022년에 제3차 공산당총서기로 선출된 시진핑은 수출주도정책을 지양하고 국내소비와 기술자립을 강조해 "중국특색의 현대화"를 제시했다.

미국과 중국 간에 격화한 패권경쟁은 양국 간의 경제관계에 파급되기 시작했다. 미국은 지정학적으로 중국이 현상을 변화하려는 수정주의정책을 억지하기 위해 미국경제를 중국경제에서 분리(decoupling)하려고 노력했다. 바이든은 중국에 대해 국가안보를 우선시하는 경제 전략을 추구했다. 2023년 4월에 바이든의 안보보좌관 설리번(Jake Sullivan)은 이른바 "**신 워싱턴 합의**"(New Washington Consensus)를 제시해 혁신기술과 공급망을 창출하려는 산업정책을 정당화했다. 미국은 반도체와 AI등 혁신기술경쟁에서 중국이 앞서 미국을 위협하는 것을 막기 위해 이러한 조치를 취했다. 미국은 동맹국 및 동반자국가들과 이러한 합의를 결성하기 시작했다. 이러한 여건에서 전 지구적 수준에서 세계화에 대한 새로운 합의를 이루기는 어려울 것이다. 이 결과 미국은 보호주의를 가미한 자유주의적 자본주의를 추구하고 중국은 명분상으로는 자유무역과 정치적 자본주의를 실시해 서로 경쟁할 것이다.

21세기에 자유주의가 어떻게 진화할 것인지를 지금 정확하게 예단하기는 어렵다. 다만 그 윤곽은 "**규제적 자유주의**"(regulatory liberalism)를 지향할 것이다. 강대국들은 이미 이러한 방향으로 몇 가지 합의를 모색하고 있다. 그들이 천연자원보다 좋은 경제정책을 강조하는 것, 경제발전에서 상이한 지방조건들을 중시한 것, 사회간접자본과 교육 및 보건을 중시하는 것, 그리고 기후변화를 방지하고 기타 세계 공유지(대양, 우주, 사이버공간, 남극과 북극)에 대한 글로벌 거버넌스를 개혁하는 것이 그 대표적 동향이다. UN이 주도해 온 "지속가능한 발전계획"도 이러한 방향을 지향하고 있다. 이처럼 국가는 공익 및 공공재를 생산하기 위해 필요한 규제를 실시하고 시장은 경제성장을 위해 자본, 노동 및 기술을 자유롭게 관리하는 체제가 "규제적 자유주의"다. 이렇게 진화하고 있는 자유주의의 구체적 내용에 대해 하나의 세계적 합의는 조성되지 않고 있다. 미국은 여전히 시장주도의 자유주의를 고수하고 중국은 국가주도의 정치적 자본주의를 옹호해 서로 경쟁하고 있다.

제18장

글로벌 거버넌스의 현황과 문제점

모든 국가들이 인류가 공동으로 직면하는 문제를 집단적으로 관리하는 과정이 **"글로벌 거버넌스"**다. 원래 이 개념은 국가가 공공문제를 효과적으로 해결하기 위해서는 정부뿐 아니라 비정부조직들과 대기업들을 정책결정과정에 참여시킬 필요성에서 나왔던 것이다. 1995년에 UN은 글로벌 거버넌스 개념을 세계적 수준에서 정의하기 위해 하나의 위원회를 구성했다. 이 위원회는 세계수준에서 야기되는 문제를 척결하기 위해 국제기구들과 함께 각국의 시민사회와 비정부조직, 그리고 다국적 기업들이 모두 참여하는 과정이 글로벌 거버넌스(global governance)라고 정의했다. 이때부터 세계수준에서 활발한 활동을 실시했던 환경, 인권 및 여성단체들이 UN총회와 산하기구들의 회의에 관찰자 자격으로 참가했다.

세계화가 심화하자 많은 학자들은 글로벌 거버넌스를 매우 희망적으로 다루었다. 실제로 그들은 이 개념을 현실화하는 운동에 적극적으로 참여했다. 그런데도 글로벌 거버넌스의 현황은 매우 미약한 상황에 처해 많은 문제에 당면하고 있다. 트럼프가 미국민족주의를 제창했고 영국이 EU에서 탈퇴한 이후 이 글로벌 거버넌스는 등한시되었다. 특히 2022년에 일어난 우크라이나 전쟁은 글로벌 거버넌스를 대대적으로 파손하고 정글과 같은 강대국정치를 초래해 세계적 위기를 조성했다. 이 결과 UN을 위시한 글로벌 거버넌스기구들은 더욱 더 약화되었다. 그 대신에 민족국가들이 강화해 위기관리기구로 변했다. 글로벌 거버넌스에는 다음과 같이 네 가지 종류가 있다.

1. 자유주의 국제기구의 절차정당성: UN, IMF, WTO, WB, UNFCCC, WHO

이 국제기구들은 주권국가들이 협상해 합의를 이룬 헌장과 규칙에 근거해 자유로운 환율, 무역, 융자 및 기후변화방지를 실현하기 위해 수립되었다. 법적으로 그들은 회원국들 간에 다자협력을 실시할 권위와 절차정당성을 보유했다. 실질적으로 그들의 고위간부들은 강대국들이 선택한 전문가와 기술관료들로 충원되었다. 이 기구들의 수장들은 선거에 의해 당선되지 않고 합의에 의해 임명되었다. 그들은 각자가 수행하는 임무에 대해 회원국들에게 투명하게 보고하지도 않고 책임소재도 불분명하다. 이 결과 이 국제기구들은 공통적으로 "**민주적 적자**"(democratic deficit)를 나타내고 책임(accountability)소재가 불분명한 문제를 제기하고 있다.

이보다 더 심각한 문제는 이 기구들이 합법적인 권위와 정당성을 갖지만 그들의 결정을 집행할 권력과 수단을 갖고 있지 않다는 사실이다. 회원국들이 헌장과 규칙을 위반하면서 무임승차를 노릴 때 그들을 효과적으로 징벌할 방법이 없다. 2022년 2월에 러시아가 우크라이나를 침범했을 때 세계최고 국제기구인 UN은 본연의 역할인 전쟁방지와 평화유지를 달성하는데 무력함을 그대로 노출했다. IMF와 세계은행은 충분히 비축한 예금부족으로 인해 소기의 기능을 십분 이행하지 못하고 있다. WTO는 중국이 불공정한 무역정책을 추구하는 것을 제지하지 못했다. 2020년에 중국의 우한에서 코로나 바이러스가 발생했을 때 WHO는 그 원천에 대한 자료를 중국이 제출하도록 누차 요구했으나 거부당했다. 특히 인류가 공통적으로 당면한 기후변화방지를 위해 출범한 UNFCCC는 회원국들의 탄소배출감축계획을 관리하는데 거의 무력한 상태에 처했다. 한편 이러한 국제기구들은 회원국들이 제출한 분담금으로 운영하는데 다수회원국들이 미불 사태에 처해 항시 자금난을 겪고 있는 것도 사실이다. 그런데도 그들의 조직은 비대해져서 관료주의화해 비효율과 부패를 초래한다. 이 국제기구들의 직원들은 책상에 앉아서 서

류만 뒤적거리고 현장을 정확하게 파악하지 못한다는 비난이 계속되고 있다.

이러한 점들을 고려하면 강대국들이 필요한 자금을 제공하고 유능한 인물을 수장으로 천거하고 리더십을 행사하지 않는다면 이 국제기구들은 통상적 임무를 안정적으로 이어갈 뿐 스스로 개혁하고 변신하기는 어렵다. 이는 그들의 업적을 과소평가하는 것이 아니라 그들이 표출한 문제점을 지적할 뿐이다. 그런데도 이 기구들은 미국의 패권이 약화된 뒤에도 자기들의 임무를 나름대로 수행했고 적지 않은 업적을 달성했다. 다만 그들의 힘과 기능은 종전보다는 약화되고 있다.

2. 위기관리를 위한 임시 집단의 업적정당성: G-7에서 G-20으로

국제경제에서 예상하지 않았던 대위기가 발생했을 때 강대국들은 위에서 열거한 공식기구들의 역할을 보완하기 위해 임시로 정상회담을 소집했다. 이 모임은 헌장이나 사무국도 없이 임시로 조성되었기에 절차정당성은 결여했으나 위기에 처했을 때 합의를 공유해 실질적 협력을 창출함으로서 업적정당성을 발휘했다. 1975년에 환율변동과 중동에서 발생한 석유파동에 대비하기 위해 서방 7개국들이 G-7을 결집했다. 냉전시기에는 미국이 지도력을 행사해 비공식적으로 거시정책을 조정하는 데 공감대를 이루었다. 2008년에 대 금융위기가 미국에서 갑자기 터지자 부시대통령은 황급히 G-20을 소집했다. 이 위기가 세계적으로 파급되는 것을 막기 위해 중국을 비롯한 20개 국가들이 세계적 공황을 방지하기 위해 막대한 양의 유동성을 시장에 공급해 위기를 극복했다. 이 임시모임도 법적 또는 절차적 정당성은 결어했지만 회원 국가들이 권력을 보유했기 때문에 국제협력을 달성해 업적정당성을 과시했다. 그러나 급한 위기가 점차 해소되자 이 모임은 종전처럼 뚜렷한 정책조정을 이루지 못해 정상들의 회담장(talkshop)으로서 계속되고 있다. 2020년에 인류가 당면한 코로나바이러스에 대해 G-20은 2008년처럼 집단행동을 취하는데 실패했다. 2023년에 G-20은 러시아가 시작한 우크라이나 전쟁에 대해서도 이렇다 할 집단적 해결책을 찾지 못했다. 한가지 흥미로운 변화는 2023년에 인도의 모디수상은 이 회담에서 남방의 지도자로 부상해 동방과 서방 간에 중재를 시도한 것이다.

이상과 같이 경제적 세계화가 초래했던 금융위기는 국제정치의 구조, 즉 세력 분포에 지대한 영향을 끼쳤다. 2008년의 금융위기는 미국이 주도했던 자유주의질서를 결정적으로 약화시켰다. 이 결과 보호주의가 득세하자 다자주의적 글로벌 거버넌스는 약화되었다. 바이든은 이 다자모임에서 미국의 리더십을 회복하려고 노력했다. 2022년에 러시아가 우크라이나 전쟁을 개시한 뒤 글로벌 거버넌스 기구들은 거의 무력화했다. 그들은 중국과 러시아의 협력 없이 소기의 목적을 달성하기는 여전히 어려운 처지에 처해 있다.

3. 세계적 시민사회: 주권의 종식과 중세주의의 부상

냉전 이후의 세계화는 구조적 변혁을 이루어 국가의 주권은 종식되고 세계적 시민사회(global civil society) 또는 중세주의(Medievalism)가 형성되고 있다는 견해가 부상했다. 주권국가 대신에 비정부조직과 시민운동단체들이 상호 의존된 국제경제와 사회를 관리하게 되었다는 견해다. 그 대표적 예는 환경, 인권 및 여성문제를 선도했던 "신 사회운동"과 최근에 기후변화방지를 위해 조직된 각종단체들이다. 이들은 일정한 쟁점에 초점을 집중해 세계여론을 조성하고 정부와 국제기구에 압력을 가하면서 자기들의 주장을 정책결정에 반영하려고 안간힘을 다해 왔다. 이러한 활동 중 뚜렷한 업적을 낸 것은 인간의 생명을 앗아가는 지상지뢰(land mines)를 제거하자는 운동으로 국제협약을 이끌어 내는 데 큰 기여를 했다. 이 운동을 주도했던 여성 지도자 윌리암스(Jody Williams)는 1997년에 노벨평화상을 수상했다. 전 미국부통령 고어(Al Gore)는 기후변화 방지를 위한 대중운동을 선도해 2007년에 IPCC와 함께 노벨평화상을 수상했다.

여기서 중세주의는 5세기에서 15세기까지 중세유럽에서 봉건주의적 왕국들과 교회들이 이중적으로 구성했던 국제관계와 비슷한 현상이 20세기 후반에 부상했다는 뜻이다. 1992년에 리오 데자네이로에서 열린 지구정상회의(the Earth Summit)는 환경운동을 주도했던 시민단체들의 압력이 주효해 이루어졌다. 이 정상회의가 UNFCCC를 출범시켰고 Kyoto Protocol에 관한 협상도 주도했다. 이처럼 강력한 영향력을 발휘한 시민운동이 국제적 유대를 확대해 "초국가적 시민사회"(transnational civil society)가 형성되었다고 주장하는 학자(Anne–Marie

Slaughter, *A New World Order*, 2004)도 있다. 이러한 운동 중에서 특히 인권 보호를 추구하는 국제단체들이 적지 않은 업적을 내었다.

그런데도 세계적 시민사회가 조성되어 국가주권을 종식시키고 있다는 담론에는 무리가 있다. 그들의 영향력이 중요한 업적을 냈지만 국가주권을 크게 견제하지 못했기 때문이다. 그들이 주권국가와 국제기구들과 협조해서 동반자관계를 이룰 경우에 중요한 업적을 산출했다. 궁극적으로 주권국의 정부가 최종적인 결정을 내리며 심지어 이미 합의한 협정도 파기할 수 있다. 그 좋은 예가 트럼프는 오바마가 주도해 성취했던 기후변화에 대한 파리협정의 이행을 중단했던 것이다. 한편 중국과 러시아 등 권위주의국가들은 시민사회를 탄압하거나 아예 고사하고 있다.

4. 세계적 탈 정부 그물망

20세기국제경제에서 각국정부의 계층들은 다른 나라들의 정부계층들과 그물망(networks)을 조성해 정보를 교환하고 협력해 업무를 수행한 결과 세계적 탈 정부 그물망(global trans–governmental networks)이 형성되고 있다는 견해다. 실제로 정부는 자기 업무수행을 더욱 원활하게 수행하기 위해 변호사, 의사, 기술자 및 기타전문가들에게 권한을 위임하고 있다. 이 전문가들과 그들의 단체들은 타국의 동반자들과 복잡한 그물망을 조성해 협력하고 있다.

이 견해는 몇 가지 가정을 내포하고 있다. 민족국가의 구성부서들은 타국의 부서들과 직접 교류하고 상호 조정한다. 순전히 기능적 문제들을 척결하는데 정치가 개입하지 않는다. 이러한 그물망은 국가안보와 정체성과 관계없이 자발적으로 결정하고 협력한다. 이러한 가정은 현실과 먼 것이다. 세계적 그물망은 분명히 정보교환과 협력을 촉진해 어느 정도의 영향력을 행사하는 것은 사실이다. 그러나 그물망은 자신이 권력을 행사하지 않는 한 구체적 행동을 취할 수 없다. 그물망은 기능주의에 입각해 기술적 협력이 정치적 협력으로 파급된다는 가정에서 제시되었다. 유럽 국가들이 EU를 달성하는데 이러한 가정은 실현되지 않았다. 정치적 리더십과 의지가 기능적 협력을 정치적 협력으로 밀어 붙여야 행동이 취해졌다. 세계화의 와중에서 분명히 그물망이 조성되고 정보가 공유되고 있는 것은 사실이다. 그러나 중국, 러시아, 북한 등 권위주의국가들은 인터넷 사용을 엄격하게 통제해 세계적 그물망형성을 고의적으로 방지하고 있다.

이상과 같이 글로벌 거버넌스 개념은 여러 가지 문제를 제기한다. 도대체 그것은 누구를 위한 거버넌스인가? 국가 정체성이 불분명한 세계그물망이 가능할까? 주권국가에 대항하는 그물망이 생존할 수 있을까? 권력의 행사는 일정한 목적을 달성하기 위해 행해진다. 그물망은 정보와 영향력을 제공하지만 정책과 행동을 생산하는 권력은 행사하지 못하고 있다(Robert Gilpin, *Global Political Economy: Understanding the International Economic Order*, 2001). 글로벌 거버넌스의 현황은 매우 취약한 상태에 처해 있기에 세계정부와는 거리가 아주 멀다. 실제로 글로벌 거버넌스는 인류가 공통적으로 당면한 세계화문제들을 관리하는데 소기의 역할을 발휘하지 못하고 있다. 그 주 이유는 국제기구들이 회원국들의 주권을 침범할 수 없기 때문이다. 트럼프는 이 다자협력기구들을 거의 무시했다. 그는 WTO를 고사시키려고 안간힘을 다했다. 그런데도 불구하고 공식적 국제기구들과 비정부 및 시민사회운동은 명맥을 유지하면서 정상적 업무를 유지해 왔다. 글로벌 거버넌스가 당면한 구체적 문제점이 무엇인가는 기후변화에 대한 글로벌 거버넌스의 현황을 자세히 분석해 보면 더욱 더 분명해진다.

제19장

하나의 사례연구로서 기후변화에 대한 글로벌 거버넌스

글로벌 거버넌스가 당면한 문제점은 기후변화관리기구가 지구온난화를 방지하는 노력에서 가장 뚜렷하게 나타났다. 기후변화방지는 인류가 공동으로 해결해야 할 가장 시급한 문제다. 2023년 9월에 UN사무총장 구테레레스(Antonio Gutrerres)는 총회에서 이 문제가 얼마나 심각한지를 알리기 위해 이렇게 경고했다: "인류는 기후위기 악화를 방치해 지옥으로 가는 문을 열었다." 사실 기후변화를 방지하려면 모든 주권국가들이 협력해 집단행동을 해야 한다. 그런데도 현재 주권국가들은 국내정치 및 경제사정에 따라서 여전히 개별행동을 취하고 있다. 이 문제에 대해 미국과 중국 등 강대국들도 국제협력을 회피하고 있는 것이 현 국제정치의 현실이다.

2015년 12월 12일에 196개 회원국들은 마침내 2020년에 발효하는 파리협정을 체결했다. 이 협정은 지구온난화를 2100년까지 산업화이전 수준보다 **섭씨 2도 또는 1.5도 이하**로 유지할 것을 목표로 삼고 있다. 기후변화를 걱정해온 수많은 인사들은 이 협정을 하나의 역사적 전환점이라고 높이 평가했다. 왜냐하면 이 협정의 이행은 기후변화가 초래할 가장 큰 재앙을 방지할 마지막 계획이기 때문이다. 이 협정을 관리하는 UN기후변화기초협약(**UNFCCC**)이 어떠한 문제에 직면하고 있는가를 따져 봐야 한다. 파리협정은 200여 개의 주권국가들이 자국의 이익을 고수하기 위해 치열하게 경쟁한 결과 체결된 문서다(이 장은 Ahn Byung−joon, "The State of Global Governance on Climate Change: Issues and Prospects," *학술원논문집,* 제55호 2호, 2016, 논문을 수정한 것임).

2018년 12월에 폴란드의 카토비체에서 열렸던 제24차 UNFCCC총회는 파리협정이행의 세부상황을 다소 강화하는 조치를 취했다. 그러나 미국, 사우디아라비아, 쿠웨이트 및 러시아의 반대로 인해 그 이행은 여전히 회원국들이 자발적으로 취하는 행동 여부에 맡겨졌다. 2021년 11월에 글래스고에서 열렸던 제26차총회(COP26)는 지구온난화를 1.5도 이하로 유지하고 탄소배출을 조속히 중단하기로 합의했지만 그 이행은 여전히 회원국들의 국내정책우선순위에 맡겼다. 이 결과 2015년에 회원국들이 다짐했던 약속들은 이행되지 못하고 또 다시 미래로 미루어 놓았다.

여기서 "**기후변화**"(climate change)라 함은 대기에서 평균기후조건이 변하는 현상을 말한다. "**지구온난화**"(global warming)는 기후변화가 가져 오는 따뜻한 온도다. 기후변화는 "느린 폭력"(slow violence)으로 표현되고 있다. 이 폭력은 천천히 진행되어 잘 보이지 않지만 시간과 공간을 넘어서 분산해 큰 파괴력을 가진다. 이 소모적 폭력은 실제로 폭력같이 보이지 않지만 시간이 지나면 엄청난 파괴를 가져 오고 그 결과 빈곤한 나라가 더 많은 고통을 받는다(Robert Nixon, *Slow Violence and Environmentalism of the Poor*, 2013).

이 사례연구의 핵심주제는 기후변화는 인류가 당면한 최대 **집단행동문제**라는 것이다. 기후변화를 방지하려면 세계적 집단행동이 필요하다. 그러나 파리협정은 주권국가들이 의무가 아니라 순전히 자발적으로 취하는 평행행동의 결합체에 불과하다. 초기에는 UNFCCC가 위에서 밑으로 하달하는 원칙을 담은 Kyoto Protocol을 집행해 일종의 집단행동을 시도했었다. 그러나 이 협정은 의무적으로 할당한 온실가스의 감축목표를 실제로 달성하지 못해 실패했다. 그 주 이유는 선진국들과 개도국들 간에 갈등이 심화했고 당시 최대 탄소배출국이었던 미국과 중국이 참여하지 않았기 때문이다. 이 경험을 토대로 파리협정은 밑에서 위로 실시하는 접근법을 채택해 선진국 또는 개도국을 구별하지 않고 모든 회원국들이 다

자발적인 평행행동을 취하게 만들었다. 회원국들은 탄소가 감축된 지구를 실현하기 위해서 보다 실현가능한 해결책을 모색했다. 현존하는 국제체제의 성격을 고려할 때 이러한 노력은 과학, 경제 및 정치 간에 복잡하게 발생하는 상호작용의 결과로 이루어졌다.

1. 글로벌 거버넌스의 논리: "공유지의 비극"

글로벌 거버넌스의 논리는 국경 없이 생기는 기후변화방지와 같은 세계적 공공재를 생산하기 위해서는 세계적 집단행동이 필요하다는 것이다. 논리적으로 중앙정부가 없는 글로벌 거버넌스는 대기를 세계적 공유지로 보호해 모든 국가들이 다 같이 혜택을 받게 할 수 있다. 그러나 현실적으로 각 국가는 이와 상치된 행동을 취하고 있다. 각 국가는 이 공공재를 생산하는데 "무임승차"(free ride)하면서 타국이 온실가스감축에 필요한 비용을 더 많이 부담할 것을 기대한다. 이러한 행동을 지속한다면 종국적으로 모든 국가들이 더 큰 피해를 보게 된다. 그럼에도 불구하고 게임 이론가들은 이렇게 무임승차하는 것이 합리적 행동이라 한다. 모든 국가들이 이렇게 무임승차를 한다면 국제협력은 실현되기 어렵다. 이렇게 하면 할수록 대기 온도는 더 상승하고 결국에는 지구의 대기가 위험에 빠뜨려져 전 인류는 더 많은 고통을 받게 된다. 이것이야말로 "**공유지 비극**"(the tragedy of the commons)의 전형적 사례이다. 그런데도 이것이 21세기국제정치의 현실이라는 점에 문제의 심각성이 있다.

이 비극은 현대국제체제가 어떻게 작동하고 있는지를 생생하게 말해 준다. 여기서 어느 국가도 세계적 공공재를 생산하기 위해 자국의 국익을 희생하지 않으려 한다. 현재의 국제체제에서는 오직 각국의 정부만이 공공재를 생산하기 위해 집단행동을 취할 수 있다. 그러나 국제적으로 세계정부는 존재하지 않는다. 오직 합의에 의해 작동되고 있는 UNFCCC의 권력은 너무나 미약했기 때문에 협상이 교착상태에 빠졌고 파리협정을 타결하는 데도 근 23년이 걸렸다. 이 결과 합의된 파리협정은 아직도 세계를 거의 무정부상태에 방치하고 있다. 이 협정은 온실가스 배출 감축목표와 그것을 집행할 파워 없이 회원국들이 자발적으로 약속한 계획을 제출할 것을 촉구하고 있을 뿐이다.

세계정부 대신에 하나의 선의를 가진 제국이나 헤게모니를 행사하는 강대국이 세계정부의 역할을 대신할 수 있다. 사실 미국은 집단행동의 성격을 가졌던 Kyoto Protocol을 1997년에 출범시켜 선의의 헤게모니를 시도했었다. 미국상원이 이 협정을 비준하지 않았기에 미국은 더 이상 헤게모니를 행사할 수 없었다. 이러한 배경에서 2015년 파리협정은 회원국들의 자발적인 개별행동을 공식적으로 제도화했다. 트럼프는 2017년에 미국을 파리협정에서 철수했다. 2021년에 바이든은 대통령으로 취임하자마자 곧 미국을 파리협정에 복귀해 다시 리더십을 행사하기 시작했다. 2022년 8월 16일에 그는 “인플레 감축법”을 서명해 이 법안의 일환으로 기후변화를 척결하는 것을 법으로 정했다. 미국은 3690억 달러를 기후변화 방지에 투자하기로 결정했다. 미국은 온실가스 배출을 2030년까지 2005년 수준의 절반으로 감축해 2050년까지 탄소중립을 달성할 계획이다. 그러나 미국이 단독으로 리더십을 행사하는 데는 한계가 있다. 파리협정의 목표를 달성하기 위해서는 탄소배출 최대국가인 중국이 약속한대로 2060년까지 탄소중립을 성취해야 파리협정이 추구하는 섭씨 1.5도 목표가 달성될 것이다.

2. 기후변화 거버넌스의 변천: Kyoto Protocol로부터 파리협정까지

기후변화 거버넌스는 UNFCCC가 주관한 조약과 합의에서 변천했다. 이 가운데 가장 중요한 것이 **Kyoto Protocol**과 **파리협정**이다. 전자는 회원국들에게 일정한 배출가스 감축량을 의무적으로 실시할 것을 요구했다. 후자는 그들이 순전히 자발적으로 약속하는 것을 허용했다. Kyoto Protocol은 국제수준의 협상에서 도달해 구속력을 갖는 조약이다. 이와 대조적으로 파리협정은 대부분 구속력이 없는 조항으로 구성되어 회원들이 먼저 국내에서 할 수 있는 조치들을 의논한 뒤 자발적으로 국제적 약속을 제출하게 허용했다. 아래에서 위로 진행되는 이 신축적 접근법은 선진국들과 후진국들을 다 포함해 하나의 보편적 합의에 도달하는 새로운 형식이다. 그런데도 이 협정은 거의 모든 국제협정들이 그렇듯이 효과적인 이행기제를 결여하고 있다.

3. 기후변화에 관한 정부 간의 협의체: The Intergovernmental Panel on Climate Change(IPCC)

이 세계적 거버넌스 조직은 1988년에 세계기상조직(WMO)과 UN환경프로그램(UNEP)이 기후변화의 원인과 영향을 평가하기 위해 설립했다. 기후과학자들과 전문가들로 구성된 IPCC는 지금까지 과학적이며 매우 영향력 있는 6개의 보고서를 세상에 내놓았다. 2014년에 나온 제5차 보고서는 인간의 활동이 기후변화의 주원인이라는 데는 아무 의심이 없다는 사실을 확인하고 이를 방지하기 위해서는 전반적인 탈탄감축소조치가 필요하다고 지적했다. 이 공동목적을 달성하기 위해 IPCC는 UNFCCC를 출범시켜 기후변화문제를 인류가 당면한 가장 시급한 과제로 추진해 왔다. 이러한 공헌으로 인해 IPCC와 전 미국부통령 고어(Al Gore)는 2007년에 노벨평화상을 수상했다. 2016년에 한국의 이회성 교수가 이 위원회의 위원장으로 선임되었다.

이 IPCC는 2018년에 발표한 보고서에서 UNFCCC회원국들이 그때까지 이행했던 성과는 계획했던 결과를 내지 못했다고 지적했다. 2100년까지 기온을 섭씨 1.5도로 내리기 위해서는 12년 내에 녹색가스배출을 대폭 감축해야 한다고 보고했다. 만약 그렇지 않을 경우 지구는 북극 및 남극의 빠른 속도의 해빙을 초래해 크나큰 재앙을 맞이할 것이라고 경고했다.

4. UN기후변화기초협약(UNFCCC)

UN은 1992년에 리오 데자네이로에서 지구정상회의를 개최해 이 협약을 출범시켰다. UNFCCC는 196개 참여자들과 사무국으로 구성되어 있다. 이 조직의 주 임무는 극심한 기후변화를 방지하기 위해 매년 참여자회의(COP)를 열어 세계적 합의를 생산하는 것이다. 파리협정은 21차회의(COP21)에서 체결되었던 합의문이다.

5. 교토의정서(Kyoto Protocol)

이 국제조약은 1997년에 UNFCCC가 Kyoto에서 소집한 회의에서 달성되었고 2005년에 발효했다. 이 조약은 참여자(parties)들에게 구속력 있는 배출감축을 약속하게 만들었다. 이때부터 Kyoto Protocol은 기후변화에 대해 선진국들이 더 많은 책임을 질 것을 요구했다. 그 이유는 현재 온실가스배출의 대부분은 선진국들이 과거 150년간 산업화를 수행해 초래한 것이라고 주장했던 개도국들의 입장을 그대로 수용했기 때문이다. 따라서 Kyoto Protocol은 "공동적이지만 분리된 책임과 각자의 능력"을 고려해야 한다는 원칙을 명문화했다. 이 조약은 참여자들에게 최대한도의 탄소배출수준을 할당하고 그것을 탄소시장에서 교환하도록 허용했다.

실제로 Kyoto Protocol은 참여자들을 두 집단으로 나누었다. 제1부(Annex I)는 37개 선진국들과 EU국가들을 포함했고 제2부(Non-Annex I)는 개도국들을 포함했다. 배출제한은 제1부 참여자들에게만 부과해 2008-2012년까지 1990년 수준보다 평균 5% 가량 낮게 배출할 것을 규정했다. 제2부의 개도국들은 탄소시장에 참가해 배출 허용권을 선진국들에게 팔 수 있게 조치했다. 이 조약은 2012년에 만기가 되었지만 원래의 목적을 달성하는 데 실패했다. 왜냐하면 우선 그 감축할당량이 전 세계의 배출의 오직 14%에 불과했고 당시 최대배출국이었던 미국과 중국이 제외되었기 때문이다. 중국은 2006년에 미국을 제치고 세계최대 배출국이 되었으나 자신은 최대 개도국임을 자처하면서 개도국입장을 두둔했다. 한편 지구온난화는 날로 악화되고 있었다. 이 파국을 피하기 위해 오바마 대통령이 2009년 코펜하겐정상회의에 참석해 새로운 기후협정의 타결을 시도했던 것이다.

6. 코펜하겐합의

코펜하겐회의도 여전히 선진국들과 개도국들 간의 교착상태를 타파하지 못했다. 그 주 쟁점은 어느 쪽이 더 많은 감축을 해야 하며 누가 그 비용을 부담하느냐에 집중되었다. 심지어 볼리비아, 쿠바, 페루 및 베네수엘라와 같은 약소국가들은 협정체결 그 자체를 거부했다. 이때 브라질, 러시아, 인도, 중국 및 남아공과 같은 신흥국들을 포함한 개도국들의 탄소배출총량은 이미 선진국들의 총량을 초과했다. 그런데도 개도국들은 아직도 과거에 선진국들이 지구온난화를 초래한 데 대해 더 큰 책임을 져야 한다고 주장했다. 특히 미국이 제1차 책임을 져야 하고 선진국들이 기후변화에 적응할 비용을 부담할 것을 요구했다. 물론 선진국들은 미래를 더 중시해 개도국들도 부담금을 공유해야 한다는 입장을 고수했다. 그들은 개도국들이 경제성장을 달성하고 빈곤을 퇴치하기 위해서는 화석연료에 더 많이 의존한다는 것을 지적했다. 인도에서는 3억 명의 인구가 전기 없이 살고 있다. 인도는 기후변화보다도 경제성장을 이루는 것이 더 시급하다는 논리를 내세웠다. 이러한 이견으로 인해 협상은 끝까지 교착상태에 빠졌다. 그 배후에는 개도국들의 입장을 지지하는 중국과 배출감축에 투명성과 포괄성을 강조하는 미국이 첨예하게 대결했다. 브라질, 중국, 인도 및 남아공 대표들이 정책조정회의를 하고 있었을 때 초청도 받지 않았던 오바마는 이 회의장에 직접 나타나 정상회의의 붕괴를 막기 위해 그들과 최후로 임시적 정치타결을 이루어 냈다.

이 회의의 주동자들은 비록 Kyoto Protocol을 대체할 포괄적 합의를 이루지 못했지만 몇 가지 중요한 원칙에는 공감대를 형성했다. 가장 중요한 원칙은 Kyoto Protocol과 달리 선진국들과 개도국들이 모두 자발적으로 온실가스배출감축을 실시해야 한다는 것이다. 그들은 제4차 IPCC 보고에서 자연과학자들이 세계적 배출에 대폭 감축이 필요하다고 주장했던 것을 인정했다. 참여자들은 중국과 미국의 협조 없이는 기후변화를 성취하기 어렵다는 점에도 공감대를 이루었다. 개도국들이 제출했던 요구의 일부를 수용하기 위해 당시 미국국무장관 힐러리 클린턴은 2020년까지 개도국들을 지원하기 위해 매년 2000억 달러를 동원해 녹색기후기금(the Green Climate Fund)을 조성하자는 제안을 했다. 결국 중국도 배출감축을 보고하는데 필요한 국제적 심사를 일부 수용했다. 동시에 참여자들은 금세기말까지 지구온도증가를 섭씨 2도 이하로 유지하는 데도 합의를 이루었다. 그럼에도 불구하고 이 정상회의는 험악한 분위기로 종결되었다. UNFCCC는 이 구속력 없는 합의를 다만 주시한다는 선언을 했다. 그 후 114개 국가들이 결국 이 합의를 지지하고 새로운 합의를 2015년에 파리에서 완결하는 데 동의했다.

7. 파리협정: 집단행동이 아닌 평행행동

코펜하겐합의의 실패를 반복하지 않기 위해 이번에는 미국이 먼저 진정한 리더십을 행사했다. 먼저 미국은 중국, 인도 및 EU와 양자협력을 이루어 새 세계협정을 달성하는데 필요한 기초작업을 실시했다. 2014년 9월에 UN사무총장 반기문은 UN본부에서 기후변화에 대한 새로운 협상을 촉진시키기 위해 회원국들 정상회의를 소집했다. 이 회의에서 그는 특히 미국과 중국을 포함한 모든 회원국들이 더 적극적으로 협조할 것을 촉구했다. 그해 11월에 오바마는 직접 중국을 방문해 시진핑과 정상회담을 갖고 양국이 자발적으로 온실가스배출을 감축할 계획을 발표했다. 2014년 말에 UNFCCC는 리마에서 기후변화에 대해 20차협상을 성공시켜 5페이지의 윤곽을 생산했다. 이 문서는 참여자들이 공통적이지만 분류된 책임을 지고 각기 다른 여건에서 배출감축을 실시한다는 원칙을 담았다. 이 리마회의가 2015년 12월에 파리에서 열릴 21차회의에서 Kyoto Protocol을 대체할 새 협정을 체결하게 조치했다.

기후변화를 방지하려면 모든 국가들이 세계적 집단행동을 취해야 한다. 그러나 파리협정은 다만 개별적인 **평행행동**(parallel action)을 나타냈다. 이것은 미국, 중국, 인도 및 EU 간에 형성되었던 양자 또는 지역동반자관계와 선진국들과 후진국들이 상호 간에 중복된 연합을 구축한 결과로 이루어졌다. 이 협정도 무임승차문제를 완전히 해소하지 못했다. 이 타협을 이룬 관건은 미국과 중국이 동반자관계를 조성해 과감한 행동을 취했고 리더십을 함께 발휘해 하나의 돌파구를 마련하고 본보기를 보였던 것이다. 이는 리마와 파리에서의 협상에 큰 영향을 끼쳤다. 파리협정은 193개 UN회원국들과 Niue, Cook Islands, EU를 포함해 처음으로 선진국들과 개도국들 간의 분리를 중단했다. 이 협정은 현재의 국제체제에서는 최선책이라 볼 수 있다. 그 내용에는 여전히 모호한 점이 많았다. 이 협정의 최대약점은 섭씨 2도 이하로 지구온난화를 유지한다는 유일한 공동목표를 달성하는데 필요한 구체적 계획을 결여한 것이다. 우선 각 회원국이 취해야 할 구체적 행동계획과 그것을 이행하는데 필요한 금융조치가 부족하다. 뿐만 아니라 이 협정을 집행하게 만드는 국제기구의 힘이 너무 약하다.

(1) 평행행동을 지향한 미-중 동반자관계

2014년 11월에 세계의 제1 및 제2 배출국인 중국과 미국이 기후변화에 대해 역사적인 동반자관계를 형성해 두 가지 중요한 약속을 했다. 오바마는 베이징에서 시진핑과 정상회담을 갖기 전에 미국국내에서 일방적으로 석탄을 태워 생산하는 전력을 제약하는 계획(the Clean Power Plan)을 발표하고 2025년까지 온실가스 배출을 2005년 수준보다 26－28% 가량 감축하겠다고 서약해 기후변화를 위한 세계 일정을 주도했다. 그러고 나서 그는 중국의 협조를 구했다. 시진핑은 처음으로 2030년경에 탄소배출이 절정을 이루도록 배출을 줄여가고 동시에 비 화석연료를 20%까지만 증가시키겠다고 약속했다. 중국에서는 하루에 4천 명 그리고 매년 160만 명이 대기오염으로 사망한다(*Time*, August 14, 2015)는 현실을 감안할 때 이는 불가피한 선택이었다. 세계적 배출의 23.43%를 차지하는 중국과 14.69%를 차지하는 미국이 탄소포획기술과 에너지 능률을 제고하는 데도 협력하기로 합의했다. 이처럼 두 초강국들은 평행행동을 취해 서로 협력하는 모범적 본보기를 보여 주었다.

이는 세력다툼을 벌이고 있는 두 강대국들도 그들의 국가이익이 서로 협력하고 조정을 실시하면 평행행동으로나마 리더십을 공유할 수 있다는 것을 잘 보여주었다. 이러한 행동으로 그들은 리마와 파리에서의 다자협상에 대해 세계적 어젠다를 설정해 기타 국가들도 비슷한 행동을 취하게 하는데 하나의 촉매제 역할을 수행했다. 이 양자 동반자관계는 중복되는 국익에 대해 리더십을 공유해 위에서 밑으로 하달하는 협력방법이 되었다. 이러한 방법은 기타 국가들이 밑에서 위로 상달하는 협력을 실시하는데 적지 않은 영향을 끼쳤던 것이다.

(2) 유일한 집단적 목표로서 섭씨 2도 또는 1.5도 표준

파리협정은 대기의 평균온도 증가율을 2100년까지 산업화 이전 수준보다 섭씨 **2도** 이하로 유지하고 가능한 한 **1.5도**까지 제한한다는 것을 유일한 집단 목표로 결정했다. 1.5도 규정은 구속력 없이 선진국들과 개도국들이 가능한 한 배출절정을 조기에 달성하도록 독려하는 조항이다. 왜냐하면 대부분의 과학자들이 2도 표준은 지구온난화를 막기에 너무 부족하다고 지적했기 때문이다. 사실 EU는 1990년대부터 1.5도 표준을 일관되게 주장했었다. 그러나 134개 국가들로 구성된 G－77집단의 일원임을 자처한 중국과 인도 및 산유국인 사우디아라비아와 기타 개도국들은 1.5도 표준에 반대했다. 한 가지 흥미로운 현상은 많은 개도국들, 특히 곧 대양의 수위상승으로 인해 침수될 작은 섬나라들은 기후취약포럼(Climate Vulnerable Forum)을 형성해 1.5도 표준을 지지했다는 사실이다. 마샬군도와 EU가 이 포럼을 주도했다. 그 후 미국이 개도국들과 EU가 이미 구성했던 "야심찬 온실가스 감축을 위한 연대"(the Coalition for High－Ambition)에 동참해 1.5도 표준을 지지했다. 개도국들도 이제 선진국들보다도 그들 자신들이 기후변화에서 더 많은 피해를 받는다는 사실을 자각했다. 그제서야 중국과 인도도 1.5도 표준을 마지못해 받아 들였다. 이러한 진전이 있었음에도 불구하고 구체적으로 어떻게 이 야심적 목표를 달성하느냐는 전적으로 각 회원국들의 선택에 맡겨졌다.

(3) 각 국가가 의도하고 결정한 공헌(*Intended Nationally Determined Contributions—INDC*: 평행행동)

파리협정의 핵심은 "각 국가가 의도하고 결정한 공헌"(INDC)이라고 하는 아주 계산된 용어다. 각 국가는 집단행동이 아닌 개별적 평행행동을 취해 이 INDC를 UNFCCC에 자발적으로 제출한다는 것이다. 이 협정에는 모든 국가들이 공동으로 추구하는 계획이나 시간표는 없다. 이 결과 기후변화의 미래는 전적으로 각국 정부에 일임했다. 이러한 조치가 필요했던 이유는 모든 참여자들을 협상테이블에 데려오기 위해서였다. 여기서 각 참여자는 오로지 하나의 투표권을 행사한다. 세계 배출의 약 30%를 내뿜는 중국도 한 표를 갖고 0.02%만 내뿜는 감비아도 한 표를 행사했다. 전 회원국들이 일치한 합의를 이루기 위해 오바마는 직접 작은 나라들이 조직한 동맹(AOSIS)의 대표들과 만나 그들을 설득해 자발적인 약속을 제출하도록 독려했다. 이 약소국들이 극심한 기후변화 결과에 더 많은 피해를 받는다는 것을 인식해 마침내 이 보편적 협정을 받아들였다. 선진국들은 Kyoto Protocol이 자기들에게만 지구온난화에 대한 책임을 떠넘긴 데서 벗어났다. 이는 미국에 안겨준 큰 외교적 승리였다. 이 결과 INDC는 미국 및 중국과 같은 대국과 기타 약소국들의 이익을 다 충족시킬 수 있었다. 인도는 배출이 절정에 달하는 연도를 지정하지 않고 일정한 시기에 33-35%까지 배출강도를 감축하겠다는 제안을 했다. 이렇게 개별적으로 각국이 수립한 목표를 실제로 달성하게 만드는 집단적 제도는 존재하지 않는다. 이 때문에 많은 과학자들은 각 국가가 그런 식으로 INDC를 이행한다면 그 총액은 2100년까지 섭씨 2도 이하로 지구온난화를 유지하기는 불가능하다고 지적했다. 그들은 2017년에 지구온난화가 이미 1.8도에 달했으니 2100년까지는 2도 이하가 아니라 오히려 2.7도 이상으로 올라갈 것이라는 예측했다.

파리협정에서 INDC를 제출하는 절차는 구속력을 갖지만 각국이 배출목표를 정하는 구속력은 없다. 미국이 바로 이 애매모호한 협정을 원했던 것이다. 왜냐하면 법적 구속력을 가진 조약이 상원에서 통과될 확률이 매우 낮기 때문이다. 오바마는 처음부터 상원의 비준을 요하지 않는 행정협정(executive agreement)형식을 선호했다. 이 협정은 각 국가가 INDC의 범위와 내용을 결정하는데 어떤 공통적 기준이나 형식을 규정하지 않았다. 각국은 국내정치과정을 통해 그 내용을 결정했다. 세계수준에서 UNFCCC는 배출절정을 가능한 빨리 달성한 뒤 금세기 후반에 배출중단을 이룰 것을 목표로 삼고 있다. 이 목표를 달성하기 위해서는 선진국들이 선도적 역할을 해야 하고 개도국들도 점진적으로나마 배출약속을 지켜야 한다. IPCC는 위험한 지구온난화를 방지하기 위해서는 2070년까지 완전한 무 배출상태를 달성해야 한다고 보고했다. 그런데 이렇게 높은 기대와 달리 그러한 목표가 달성된다는 보장은 없다. 그 이유는 이 협정을 집행하게 만드는 기제가 아주 약하기 때문이다. 이 협정의 본문은 위반자들에게 "비적대적이고 비형벌적"(non-adversarial and non-punitive) 방법을 사용해 설득할 것을 분명하게 규정했다.

(4) 집행을 위한 동료압력과 주기적 심사

파리협정에는 이를 집행하게 만드는 법적 장치는 없다. 참여자들이 약속한 INDC를 이행하게 만드는데 이 협정은 주로 동료압력(peer pressure)에 의존한다. 파리협정은 모든 참여국들이 스스로 미래에 과거보다 나은 약속을 하고 후퇴하지 않도록 5년마다 정규적으로 심사를 하도록 규정하고 있다. 잠재적 위반자들의 이름을 밝히고 창피하게 하는(naming and shaming) 방법은 무임승차할 여지를 남겨 둔 것이다. 회원국들은 여전히 최소의 공헌을 하면서 타국의 공헌에서 득을 볼 수 있다. 그들은 다른 국가들이 무슨 일을 하는지를 알지 못하고 그들의 행동에 대해 책임을 따질 수도 없다.

이 상태를 보완하기 위해 파리협정은 5년마다 외부 전문가들로 하여금 참여자들이 제출한 배출총액을 심사하는 제도를 도입했다. 참여국들은 미래에 약속분량을 점진적으로 늘이고 가능한 야심적으로 행동해야 한다. 2018년에 이 문제에 대한 대화가 시작했다. 2020년에 이 과정이 실시되었고 그 후 갱신되었다. 5년마다 이렇게 약속을 승격시키는 주기가 반복되어 2023년에 그 첫 번째 세계적인 심사가 이루어졌다. 그러나 약속한 시기를 지키지 못하는 국가를 징벌하는 방법은 없다.

이 제도가 할 수 있는 일은 모든 국가들이 그들의 공약을 공개적으로 보고하고 감시하며 검증하는데 동일하고 투명한 기준을 지키게 하는 것이다. 특히 미국이 이 원칙을 중국과 인도에게 요구했다. 그런데 이러한 햇볕규정은 "촉진적, 비간섭적, 비처벌적"이어야 한다. 이는 어떠한 "간섭적" 조치에도 반대한다는 중국의 입장을 수용한 결과다. 여기서 중요한 점은 참여국들이 공개적으로 그들의 공약을 보고해야 한다는 조항이다. 기본적으로 이 협정은 복종 대신에 투명성을 중시한다. 아직도 UNFCCC는 세계적 공공재를 생산하기 위해 기후변화 거버넌스를 효과적으로 집행할 수 있는 수단을 갖지 못했다.

(5) 금융과 상실 및 손상("loss and damage")

선진국들은 개도국들이 기후변화에 적응하고 깨끗한 에너지로 이전하는데 계속적인 금융지원을 할 의무가 있다. 이 원칙에 따라 이미 약속한 1000억 달러는 2025년까지 1000억달러를 모금해야 한다. 이 금액은 2012년 칸쿤회의에서 설립하기로 합의했고 2013년 한국의 인천에 그 사무국을 개시한 녹색기후기금(The Green Climate Fund)이 관리하게 되었다. 미국은 30억 달러를, 일본은 15억 달러를 내겠다고 밝혔다. 그러나 트럼프는 이 협정에 회의를 표시했고 분담금을 내지 않겠다고 공언했기에 이 기금의 전망은 밝지 않았다. 2022년까지 약 80억 달러 정도가 모금되었다. 중국은 이와 별도로 개도국들을 돕기 위해 31억 달러를 지원하겠다고 발표하면서 아직도 "최대 개도국" 위치를 자처하고 있다.

한편 이 협정에는 개도국들이 기후변화가 초래하는 부정적인 결과로 일어나는 "상실과 손상" 문제를 해결해야 한다는 규정이 있다. 미국은 이에 대해 보상해야 한다는 개도국들의 요구를 외면했다. 이 규정에 단서를 달아 이 문제는 보상이나 책임을 포함하지 않는다는 것을 분명하게 밝혔다. 협정초안에서 선진국들은 절대적 배출목표를 달성하기 위해 폭넓은 경제적 지원을 계속하는데 선도적 역할을 "다할 것"(shall)이라는 구절이 있었다. 미국은 즉각 이 표현에 반대하고 수정을 요구했다. 프랑스 외교관들은 마지막 순간에 이 협정의 붕괴를 막기 위해 "다할 것"을 "해야 할 것"(should)이라고 변경했다. 이 일화는 파리협정이 완수하기까지 23년 동안 각 쟁점에 따라 전개되었던 수많은 타협과 연대를 통하여 정말로 어렵고도 절실한 협상을 계속한 결과 가까스로 이루어졌다는 사실을 잘 알 수 있다.

(6) 탄소가격과 산림파손에 대한 문호개방

파리협정이 "국제적으로 이전된 완화결과"를 언급함으로써 세계시장에서 조성되는 탄소가격이 기후변화를 관리할 수 있다는 것을 인정했다. 동시에 파리협정은 산림파손을 방지하고 환경을 보호하기 위해 일하고 있는 과학자들의 노고를 인정하고 이 분야에서 배출감축 필요성을 언급했다. 2021년 글래스고에서 회원국들은 가축동물들이 내뿜는 매탄가스를 줄이고 세계적 탄소시장을 활성화하는데 동의했다. 그들은 탄소배출량을 점진적으로 줄여서 21세기 중엽까지는 완전한 탄소중립을 달성하기로 동의했다. 이 목적을 지향해 회원국들은 화석에너지에 대한 보조금을 중단하는데도 원칙적 합의를 이루었다. 다만 탄소감축을 이루는 방법에 대해 이견이 노출되었다. 미국과 EU는 탄소배출을 아예 중단(phase out)하자고 주장했으나 이 회의의 막판에 중국, 인도 및 사우디 아라비아는 그것을 단계적으로 감축(phase down)하자고 제안했다. 결국 미국은 이 제안을 수용했다. 현재 중국은 전 세계탄소배출의 절반 이상을 내뿜고 있다. 중국과 인도의 협력 없이 금세기에 탄소중립을 달성한다는 것은 현실적으로 불가능하다.

(7) 파리협정의 총체적 메시지

파리협정의 총체적 메시지는 **탈 탄소의 청정에너지 시대**가 작동하기 시작했다는 것이다. 혹자는 이것은 인류역사에서 석탄 석유 및 가스에 대한 투자가 비 화석연료와 기후변화에 대한 투자로 이전하는 패러다임적 변화라고 주장한다. 그러나 이 전망은 확실하지 않다. 기후변화방지운동과 현상유지를 위해 고투하는 정치세력 간의 투쟁은 앞으로도 치열하게 계속할 것이다. 이미 큰 장애물이 등장하고 있다. 2015년부터 원자재가격이 폭락해 염가의 석탄과 석유가 충분해 졌다. 이 새 여건에서 거의 모든 국가들이 공통적으로 당면한 과제는 경제성장과 배출감축 간에 적절한 조화를 이루는 것이다. 2016년에 그들이 사용하는 연료 중에서 화석연료가 81%를 차지했으니 2040년까지 이 비율을 74%로 줄여야 한다(IEA, *The World Energy Outlook* 2016). 과연 이 계획이 예정대로 실현될지는 여전히 확실하지 않다.

(8) 파리협정 이후의 성과

2018년 12월에 폴란드의 카토비체에서 개최되었던 UNFCCC회의는 파리협정의 이행결과를 평가해 모든 회원들이 공통된 절차와 이를 검증할 수 있는 방법을 더욱 더 투명하게 만들었다. 이 회의는 각 회원국의 목표달성임무를 강화했고 그 절차의 투명성이 보장되도록 조치했다. 여기서 중요한 것은 중국도 종래의 태도를 바꾸어서 이에 동의했다는 사실이다. 그 결과 모든 회원국들이 선진국과 후진국 간의 차이 없이 모두가 동일한 절차와 계획에 따라서 행동하게 되었다. 그런데도 UNFCCC는 여전히 협정이행을 집행할 권한을 갖지 못한 채 단지기술적인 정보만을 수집하고 회원국들에게 협의 및 합의를 위한 포럼을 제공하고 있을 뿐이다.

2019년 12월에 마드리드에서 열렸던 UNFCCC(COP25)도 그 소기의 합의를 달성하지 못했다. 절대다수 과학자들이 공유한 합의는 2020년에 파리협정이 실시되기 전에 회원국들이 이미 공약했던 배출가스감축계획보다 훨씬 더 많이 감축해야 한다는 것이었다. 그러기 위해서는 중국, 미국, 인도, 브라질이 솔선수범해야 한다. 그런데 이 회의에서 바로 이러한 나라들이 이 목표를 더 거세게 반대했다. 당시 미국은 이미 파리협정에서 탈퇴했다. 호주도 국내정치 상황을 우선해 더 야심적 감축에 주저했다. 그들은 개도국들과 EU가 요구했던 배출가스감축, 탄소시장 및 금융지원을 모두 거부했다. 여기서 주목할 점은 세계 최대배출국인 중국이 미국 대신에 리더십을 행사하기는커녕 미국과 별로 다르지 않게 행동했다는 사실이다. 2021년에 바이든은 글래스고회의에 직접 참석해 리더십을 부활했다. 시진핑은 이 회의에 불참했다. 다만 기후변화특사로서 맹활약했던 미국의 존 케리 대사가 열심히 노력해 미국은 중국과 기후변화에 대해서 협의하는 실무그룹을 조성하기로 합의했다.

2022년 4월 4일에 IPCC는 제6차평가의 최종보고를 발표했다. 이 문건에서 IPCC는 지금까지 회원국들이 약속했던 배출량감축은 달성되지 않았다고 결론지었다. 21세기에 대기온도증가율을 1.5% 이하로 떨어뜨리려면 탄소배출량감축을 2025년에 시작하고 2030년까지 43%를 감축해야 2050년대에 100%를 감축할 수 있다. 만약 이 목표에 미달한다면 예측 불가능한 재앙이 닥쳐 올 것이다(*New York Times,* 2022. 4. 4.). 현재 이 목표를 달성하는데 필요한 기술은 존재한다. 하지만 그것을 실천하는데 필수적인 정치적 결단이 지연되고 있는 것이 가장 어려운 문제다. 2022년 11월에 이집트에서 열린 UNFCCC 제27차 회의에서 선진국들은 개도국들이 요구했던 손상과 보상을 위해 재정적 지원요구를 처음으로 수용했다. 이것이 이 회의가 이룬 유일한 업적이다. 그러나 어떻게 그 기금을 비축하는 문제는 미결상태에 있다.

8. 결론: 해결책을 모색하면서

글로벌 거버넌스의 현황은 아주 약한 상태다. 국제 및 국내정치가 이러한 현황을 제약하고 있다. 이는 과학, 경제, 외교 및 정치가 복잡하게 상호작용한 결과 발생한 것이다. 과학은 기후변화에 대한 진실을 밝힌다. 경제는 글로벌 거버넌스가 비용과 혜택에서 실현가능한지를 평가한다. 외교는 협상을 통해 타협과 합의를 도출한다. 정치는 현재 가능한 목적과 수단에 기초해 실현할 수 있는 대안을 선택하고 구체적 행동을 취한다. 종국적으로는 정치가 선택을 결정한다. 현실적으로 기후변화를 더욱 효과적으로 방지하려면 현존하는 국가들이 구체적 행동을 취하고 타국과 양자 또는 지역적 동반자를 형성해야 한다.

(1) 취약한 글로벌 거버넌스

UNFCCC와 같이 합의에 의해 행해지는 글로벌 거버넌스는 매우 취약하다. 이는 세계 공공재를 생산하기에는 너무나 부족하다. 지구온난화도전은 그 범위에서 지구적 성격을 갖고 있으나 파리협정은 회원국들이 평행행동들을 합친 최저 공통분자를 나타내고 있다. 일찍이 기후변화의 위험에 대해 경고한 학자 한센(James Hansen)은 이 협정은 말뿐이고 행동이 결여된 "사기"라고 혹평했다. 이러한 점을 고려할 때 파리협정은 선의의 정치적 성명이다. 거의 모든 국제법이 그렇듯이 이 협정도 "약속은 지켜야 한다"는 신사협정이다. 이를 이행하는 일은 각국의 국내정치의 변덕에 달려 있다.

(2) 리더십 없는 G-0세계

현재 글로벌 거버넌스는 주권국가들이 국력을 쟁취하기 위해 투쟁하고 있는 지도자 없는 세계(G-0 World)를 그대로 반영한다. 이러한 세계는 미국이 헤게모니를 행사했던 단극화 체제도 아니고 미국과 중국의 이른바 "G-2"도 아니다. 중국은 글로벌 거버넌스 개념에 대해 속극적 태도를 보이고 미국과 집단행동을 취하는 데도 주저하고 있다. 중국은 자국의 국익에 도움이 될 경우에 한해서만 미국과 일시적인 동반자관계를 유지했다. 중국이 미국과 기타 강대국들과 협조한다면 글로벌 거버넌스를 개혁할 수 있다. G-0세계에서도 미국은 강대국들 중에서 제1위치(*primus inter pares*)에 놓여 있다. 아직도 미국의 개입 없이 중요한 국제쟁점이 해결되지 못하고 있는 것이 현실이다. 바이든은 리더십을 행사하려고 노력하고 있다. 하지만 중국이 동반자로 행동하지 않는 한 기후변화방지의 전망은 여전히 암울하다.

(3) 탄소가격과 "기후클럽"

집단행동을 취할 수 있는 또 하나의 방법은 시장이 탄소가격을 결정해 국가나 기업이 탄소배출을 사고팔게 하는 제도이다. 세계적으로 결정되는 탄소가격이 실현하기 어렵다면 EU에서처럼 뜻을 같이하는 몇 나라들이 "탄소클럽"을 형성해 국가나 회사들이 탄소배출을 일정한 한도까지 달하면 나머지는 판매(cap and trade)하도록 조치하자는 방안이다. 이와 연관한 또 다른 방안은 오염국들의 수출에 관세를 부과하는 "**탄소세**"를 도입하는 것이다. 경제학자 크루그만과 스티글리츠가 이 제도를 옹호한다. 다른 학자들은 자유무역협정과 같은 기후클럽을 조직하자고 제안한다. 이들의 공통점은 시장이 증가하는 비용부담에 자발적으로 적응하게 만들자는 것이다. 이러한 제도는 유럽과 캘리포니아에서 이미 시행되고 있고 중국은 2017년부터 그것을 전국적으로 실시했다. 현재 40개 국가와 23개 대도시에서 이러한 제도가 이행되고 있다. 글래스고회의는 이 제도를 다시 활성하기로 합의했으나 전 세계적으로 통용될 수 있는 단일가격이 실현되지 않는 한 실효를 내기는 여전히 어려울 것이다.

(4) 기술적 돌파구

가장 이상적 해결책은 화석에너지를 새로운 에너지로 바꾸어 인류가 탄소 없는 사회를 즐길 수 있도록 만드는 기적적 기술을 발견하는 것이다. 이렇게 되면 적어도 "탄소중립", 즉 대기에 인간이 내뿜는 이산화탄소보다 더 많은 양을 산림과 대양이 빨아들이는 상태가 조성된다. 실제로 혁신적 기술이 기후변화를 방지할 수 있다고 주장하면서 빌 게이츠(Bill Gates)는 기타 대기업지도자들과 배출을 0-수준까지 감축하는 데 필요한 "브레이크스루에너지연합"(the Breakthrough Energy Coalition)을 발족시켰다. 27개 대투자자들이 참여한 이 집단은 각종 단체들로부터 3500억 달러를 염출할 계획이다. 자신이 20억 달러를 약속한 게이츠는 이 세대에 "에너지 기적"이 이루어 질 것이라 믿고 있다. 인도는 2030년까지 태양에너지를 40%까지 늘이기로 약속한 후 "국제태양력동맹"(International Solar

Alliance)에 가입했다. 프랑스가 이 단체를 주도했는데 여기에 다수의 국가와 대기업들이 참가해 1조 달러 기금을 조성하고 있다. 과연 재생가능에너지인 태양력, 풍력, 파도, 지열, 및 생물집체 에너지가 화석에너지를 지구에서 사라지게 할 것인지는 아직도 확실하지 않다. 국제에너지기구(IEA)의 추산에 의하면 2013년부터 2050년까지 축적될 배출감축량에서 연료 및 전기효율이 38%, 재생가능에너지가 32%, 탄소포획 및 저장이 12%, 그리고 원자에너지가 7% 가량 기여할 것이라고 보고했다(CNBC, June 5, 2016).

(5) 지방 및 시민사회단체에 의한 극소적 접근

또 하나의 가장 현실적 해결책은 분산된 지방과 시민사회 집단들이 밑에서부터 서로 협력해 “소 다자”(minilateral) 행동을 취하는 방법이다. 수많은 비정부조직들이 활발하게 이러한 활동을 전개하고 있다. 국제무대에서 수많은 환경단체들(Climate Action Networks, Greenpeace, the Union of Concerned Scientists)은 이 분야에 상당한 영향력을 행사해 권력자들에게 진실을 말하고 있다. 이 접근법에 대해 학문적 근거를 제시해 분권화하고 점진적인 “다극적 거버넌스”(polycentric governance)가 글로벌 거버넌스보다 더 효과적이라 주장하는 학자도 있다. 2009년에 경제학자 윌리엄슨(Oliver E. Williamson)과 공동으로 노벨경제학상을 수상한 정치경제학자 오스트롬(Elinor Ostrom)은 지방수준의 공유지에서는 집단행동이 실현가능하다는 경험적 연구를 발표했다(*Governing the Commons: The Evolution of Institutions for Collective Action*, 1990). 이는 밑에서 위로 자발적으로 전개하는 환경운동의 좋은 실례다. 확실히 이렇게 지방에서 작은 대중운동을 장기간 축적해 가면 마침내 더 큰 실적을 낼 수 있을 것이다. 그러나 기후변화방지에는 장기간 이러한 운동을 해 갈 시간이 없다. 정치와 경제는 통상적 접근(business as usual)으로 시간을 끌 수 있다. 우리의 공통적 미래를 국제정치의 변덕에 맡기고 무한정 기다릴 수는 없다.

(6) 위기관리를 위한 임시 기후-10소위원회의 필요성

시급한 위기를 극복하고 파리협정집행을 가속화하기 위해 가장 많은 이산화탄소를 배출하는 10개국들의 소위원회(Climate-10 Caucus)를 구성할 필요가 있다. 여기에는 중국(23.43%), 미국(14.69%), 인도(5.7%), 러시아(4.87%), 영국(4.17%), 일본(3.61%), 인도네시아(2.31%), 독일(2.23%), 한국(1.75%), 캐나다(1.57%)가 들어가야 할 것이다(*Statista 2015*). 이들이 세계배출의 약 70%를 차지하고 있으므로 세계적 행동을 취하기 위해서 그들의 단호한 리더십이 절실하다. 가령 2014년에 경험했던 바와 같이 초강풍이 일어나 전 세계의 해안을 강타해 엄청난 해일이 생긴다면 2008년 금융위기가 돌발했을 때 미국이 황급하게 G-20을 소집했던 것처럼 이제 미국 대신에 중국이 C-10을 소집해야 할 것이다. 이미 중국의 리카청 총리는 미국의 파리협정탈퇴를 리더십을 포기한 무책임한 행동이라고 비난했다(*The New York Times*, 2017. 6. 1). 2021년에 중국은 전 세계 탄소배출의 28%를 차지해 최대 배출국이 되었다. 이 점을 감안한다면 중국은 기후변화에 선도적으로 리더십을 발휘해야 한다. 중국은 아직도 이러한 조짐을 보이지 않고 있다. 인류를 위협하는 위기에는 무엇보다도 시급한 집단행동을 취해야 한다. 이러한 위기를 미연에 방지하기 위해 이 위원회는 UNFCCC사무국으로 하여금 파리협정을 위반하는 국가에 IAEA처럼 특별사찰을 할 수 있도록 조치해야 한다. 이렇게 되면 UNFCCC가 업적정당성을 획득해 현존하는 현재 미약한 거버넌스의 절차정당성을 보완할 것이다.

(7) 세계적 공공재를 위한 한국의 역할

지난 반세기에 한국은 산업화와 민주화를 성공시킨 유일한 국가로서 이제 UN이 주도하는 지속가능한 발전계획에서 가장 모범적인 "녹색성장"을 과시하고 세계적 공공재를 촉진하는 역할을 수행해야 한다. 2015년에 한국의 기업체들의 3분의 2가 배출교환제도를 도입했다. 동시에 한국은 2030년까지 녹색가스배출을 37% 이하로 감축하고 그중에서 25.7%는 국내에서, 11.3%는 국제시장에서 거래한다는 INDC를 제출했다. 문재인은 2030년까지 탄소배출량을 40% 감소하겠다고 발표했다. 그는 한국이 당면한 산업현실에서 구체적으로 어떻게 이 목표를 달성할 것인지를 설명하지 않았다. 현실적으로 한국은 이 목표를 달성하기는 거의 불가능할 것이다. 2020년에 한국의 탄소배출량은 세계에서 10위로 최하위 군에 속했다. 2017년에 녹색기후기금의 사무국을 인천에 주재했고 3개 세계기구들의 수장(UN의 반기문, 세계은행의 김용, IPCC의 이회성)을 배출한 한국은 탄소배출감축에서도 구체적인 결실을 내어 세계적 리더십을 발휘해야 할 것이다.

제20장

세계화에서 민족국가의 역할: 위기관리자 혹은 발전국가

20세기 말에 세계화가 급속도로 진전하자 민족국가의 역할은 약화되고 글로벌 거버넌스가 강화해 평화, 안정 및 쾌적한 환경 등 세계적 공공재를 달성할 것이라는 낙관적 전망이 유행했다. 예컨대 1995년에 경영전략가 오마에(Kenji Ohmae)는 민족국가는 사라질 것이라고 예언했다(*The End of the Nation State: the Rise of Regional Economies*, 1995). 이 예언은 실현되지 않았다. 민족국가는 사라지지 않고 오히려 주권과 역할은 강화하고 있기 때문이다. 세계정부가 실현되지 않는 한 민족국가는 여전히 가장 높은 효율성과 정당성을 발휘하는 정치실체로 지속할 것이다. 세계화의 결과 민족국가의 기능은 더 복잡해졌고 변화했지만 그 기본적 역할, 즉 안보, 경제발전 및 정체성 또는 문화는 확대하고 있다. 예기치 않았던 위기가 닥쳐올 때 민족국가가 최초수단으로서의 위기관리자(crisis manager of first resort)가 되어 급한 불을 꺼야 한다. 2020년대에 돌발한 코로나 바이러스 팬데믹과 우크라이나 전쟁은 정글과 같이 약육강식의 세계에서 민족국가의 역할이 얼마나 중요한가를 재삼 상기해 주었다.

경제적 초세계화는 대 금융위기를 초래했다. 이 위기를 극복하는데 민족국가가 최초수단의 위기관리로 부활했다. 기후변화를 방지하는 과제도 궁극적으로 민족국가에게 맡겨졌다. 글로벌 거버넌스는 제 기능을 발휘하지 못하고 있기 때문이다. 미국도 혼자서 이 위기를 관리하지 못하고 있다. 이러한 세계에서 민족국가는 가장 중요한 문지기(gate keeper)로 부상해 환율과 자본이동 및 심지어 기후변화까지 관리하고 있다. 미국도 이러한 역할을 과감하게 수행해 금융위기가 더 큰 공황으로 발전하는 것을 방지했다. 민족국가가 금융위기와 팬데믹과 같은 위기에 봉착하면 정치가 경제를 압도해 위기관리자의 역할을 수행해야 한다.

1. 민주주의의 쇠퇴와 민족국가

20세기말에는 민주주의가 상승세를 탔으나 21세기 초에 세계화의 부정적 결과가 노출되자 민주주의는 번복되거나 쇠퇴하기 시작했다. 역설적으로 민주주의가 쇠퇴하는 과정에서도 민족국가는 사라지지 않았고 끊임없이 닥쳐온 위기를 관리하는 최초수단으로 강화되고 있다. 1990년대는 역사적으로 민주주의의 제3차 물결을 이루었던 시기였다. 헌팅턴(Samuel P. Huntington)은 그의 저서 "*제3의 물결*"에서 1974년부터 1990년까지의 세계에서 30개국들이 민주주의정부를 수립했던 배경을 설명했다. 제1의 물결은 1828–1921년 사이에, 그리고 제2의 물결은 1943–62년에 일어났다. 제3의 물결은 1989년에 냉전과 소련이 붕괴한 뒤에 신흥국가들이 의회민주주의를 채택한 결과 발전되었다(*The Third Wave: Democratization in the Late Twentieth Century*, 1991). 경제적 세계화와 정보혁명이 대공황을 초래한 뒤 미국의 국력이 하락하고 중국의 국력이 상승하자 민주주의도 쇠퇴했다. 2000년과 2015년 사이에 29개국에서 민주주의정부가 무너지거나 쇠퇴하고 있었다(Larry Diamond, "Democracy in Decline," *Foreign Affairs*, July/August 2016). 2017년에 발표한 Freedom House의 평가에 의하면 195개 국가들 중에서 87개국(45%)이 자유를 누리고, 59개국(30%)이 부분적으로 자유를 누리며 49개국(25%)이 아예 자유를 누리지 못하고 있다고 보고했다.

민주주의가 후퇴한 데 대해서는 여러 가지 이유가 있다. 가장 중요한 이유는 민주화된 국가가 안보와 경제발전에서 유권자들이 지지할 만한 업적을 내지 못했다는 것이다. 대부분의 경우 민주주의파괴는 실패한 국가에서 일어났다. 시리아 및 이집트와 기타 중동 및 아프리카국가에서는 부족들 간의 갈등이 내전을 초래했다. 2023년 4월에 수단에서는 군벌들이 권력을 장악하기 위해 내전을 실시했다. 이 내전에서 기존정권은 독재화해 무자비하게 반대세력을 탄압했다. 남미에서는 베네수엘라에서 정부가 주민들의 식량문제를 해결하지 못했기 때문에 폭동이 일어났다. 이를 탄압하기 위해 마두로(Nicolas Maduro)정부는 더욱더 독재정권으로 변신했다.

한 국가가 단순히 선거에 의해 절차적 정당성을 획득하더라도 국가의 기본기능인 안보, 경제발전 및 정체성을 발전시켜 업적정당성을 과시하지 않고서는 그 국가가 민주주의를 보존할 수 없다. 후쿠야마는 인류역사에서 강력한 국가는 법치 및 책임(accountability)을 실현하는 제도를 겸비해야 안정과 질서를 유지했다는 사실을 강조했다(Francis Fukuyama, *Political Order and Decay: From the Industrial Revolution to the Globalization of Democracy*, 2014). 경제적 세계화가 초래했던 금융위기는 이러한 제도를 위협했다. 그 좋은 실례가 그리스다. 그리스에서는 자유로운 선거에 의해 탄생했던 민주주의정부가 채권국들의 압력에서 흔들리고 있었다. 대외적으로 미국헤게모니의 약화가 각 국가의 국내정치에 영향을 끼쳤다. 미국은 2003년에 이라크와 아프가니스탄에서 민주주의 국가를 건설하는데 실패한 후 중동, 아프리카 및 남미국가에 개입하지 않았다. 이 결과 부족들 간의 갈등과 내전을 겪고 있는 국가에서는 민주주의는커녕 무정부상태와 혼란이 계속했다.

냉전이 종식된 뒤 일부 국가들은 외적인 군사쿠데타보다도 내적인 정치변화에 의해 민주주의 후퇴를 겪었다. 비록 경쟁적 선거에 의해 당선되었던 정치인들이 정권을 장악한 후에 민주주의제도를 왜곡 또는 도태시킨 경우가 더 많아졌다. 독재자성향을 가진 정치인들이 내적 분열과 전쟁 또는 테러행동을 빌미로 삼아 민주주의 규범과 제도를 약화해 민주주의가 쇠퇴했다. 이러한 현상은 이집트, 태국 및 베네수엘라에서 일어났다. 미국과 유럽 국가에서는 포퓰리스트가 권력을 장악해 민주주의가 후퇴했다. 트럼프하의 미국과 폴란드와 헝가리에서 우파 독재자가 득세했던 것이 그 좋은 예다. 이러한 정치발전에는 네 가지 공통점이 존재했다. 그것은 곧 민주주의 게임의 법칙을 무시하는 것, 반대당의 정당성을 부인하는 것, 폭력사태를 용인하는 것, 시민자유를 축소하는 것이다. 이 결과 민주주의에서 가장 중요한 비공식적 규범으로 작동해 온 상호관용과 법치주의가 약화해 성숙한 민주주의는 사망했다(Steven Levitsky and Daniel Ziblatt, *How Democracies Die*, 2019).

이 맥락에서 미국과 유럽에서는 경제적 세계화로 인해 소외되었던 백인 근로층은 자기들이 여태까지 누렸던 사회적 지위를 상실해 자신들의 자존을 회복하려는 "**정체성 정치**"(identity politics)를 실시했다. 이 현상을 잘 활용해 트럼프와 같은 권위주의 지도자들이 정권을 잡았던 것이다. 이 소외된 계층은 해외에서 이민해 온 비 백인들이 자기들의 일자리를 박탈했다고 인식했다. 정치인들은 그들의 불만과 요구를 수용해 반 이민정책을 강력하게 추구해 우파 민족주의를 고취했다. 이 "정체성 정치"는 민주주의 규범을 부정하고 나아가 제도와 법치를 손상했다. 이러한 여건에서 다시 성숙한 민주주의를 회복하기 위해서는 다원주의 문화와 종족을 하나의 통합된 사회로 동화시키는 "신조적 정체성"(creedal identity)을 배양해야 헌법질서와 법치주의 규범을 회복할 수 있다고 후쿠야마는 주장했다(Francis Fukuyama, "Against Identity Politics: The New Tribalism and the Crisis of Democracy," *Foreign Affairs,* September/October, 2018).

2. 위기관리자로서의 민족국가

2008년에 미국이 경험했던 금융위기는 위기관리에 대해 중요한 교훈을 남겼다. 이 위기는 국가가 개입하지 않는다면 시장은 자율적으로 작동해 평형을 유지한다는 신자유주의의 주장을 무색하게 만들어 시장도 실패한다는 것을 실증했다. 이 위기에서 세계최대 자동차제조업체 GM과 은행 Merrill Lynch도 금융이 부실해 쓰러졌다. 이 실패를 만회하고 나아가 시장의 기능을 부활하기 위해서도 민족국가는 시장에 개입하지 않을 수 없었다. 미국정부는 중앙은행과 함께 화폐 및 재정정책을 통해 유동성을 제공하고 금융시장을 규제하는 법안(예컨대, Frank-Dodd Act)을 통과시켰다. 한편 IMF나 ECB는 긴급 구제금융을 마련했지만 회원국들 간에 거시정책을 조정하지는 못했다. 그들은 다만 회원국들이 현명한 거시정책(macro-prudential policy)을 취해 과감하게 구조조정을 실시할 것을 건의했을 뿐이다. 실제로 1997년에 외환위기를 겪었던 아시아 국가들이 유럽 국가들보다 대공황을 더 효과적으로 극복했다. 이 가운데 한국은 가장 빨리 벗어났다.

각 국가의 사정은 서로 다르기 때문에 모든 국가들이 다 성공적으로 따를 하나의 패러다임은 존재하지 않는다. 그러나 그들이 공유하는 역할들은 발견할 수 있다. 두 번이나 국가부도(default)를 겪었던 아르헨티나와 지금도 위기를 벗어나지 못하고 있는 그리스가 경험했던 것처럼 지나친 금융의 지나친 세계화는 국가주권의 약화를 초래했다. 국가가 생존하고 위기를 극복하기 위해서는 환율과 자본이동을 규제해야 했다. 그러한 국가는 구제금융을 받기 위해 채권국들의 요구를 전적으로 거부할 수 없었다. 국가는 자신이 생존하기 위해서도 그들의 조건을 수용해 긴축재정과 증세를 실시해야 했다.

비단 금융위기만이 아니라 테러, 홍수, 지진 및 전염병 등이 갑자기 발생할 때도 국가는 최초수단의 위기관리자의 역할을 수행해야 한다. 예컨대 2017년 8월에 미국 텍사스주에 발생했던 허리케인(Harvey)으로 미국에서 4번째로 큰 도시인 휴스턴은 물속에 잠겨 수많은 인명과 재산피해를 초래했다. 이 위기를 관리하는 데는 주정부에 더해서 연방정부가 신속하게 개입해 긴급지원을 마련했다. 이 수해가 남겼던 주택과 시설을 복구하기 위해서는 수년에 걸쳐 연방정부는 수십억 달러의 재정지원을 제공했다. 미국 국내뿐 아니라 바깥세계에서도 지진과 전염병 등이 발생해 단시일 내에 해결해야 할 위기가 끊임없이 일어나므로 현대 민족국가는 사실상 위기관자로서 작동하고 있다.

2019년 12월에 중국의 우한에서 발생했던 코로나바이러스가 그 좋은 예다. 이 위기를 적시적소에 잘 극복할 수 있느냐에 따라 민족국가의 역량이 적나라하게 표출된다. 재난관리에 대해 우한 바이러스가 남긴 교훈은 네 가지로 요약된다. 첫째, 재난관리에서 시급히 요청되는 절제절명의 타이밍을 놓치지 말아야 한다. 둘째, 재난관리에 대해서는 전문가, 즉 과학자들의 건의를 무시하거나 심지어 정치적 고려에 의하여 정책결정과 집행을 해서는 안 된다. 재난관리에는 정치적 접근을 지양하고 가능한 초당적이고 과학적 지식과 판단을 존중해야 한다. 셋째, 방역에는 예방조치를 선제적으로 취해야 한다. 넷째 보건당국과 환자들 간에 신뢰관계가 조성되어야 한다. 이러한 요건들이 부족하면 사태는 더욱 더 악화한다.

3. 경쟁적 국가의 중요성

궁극적으로 국가는 자조원칙하에 자구책을 마련해야 한다. 장기적으로 국가는 경제성장을 달성하고 수출을 증가하며 많은 직접투자를 도입할 능력을 스스로 길러야 한다. 유럽에서 자유주의 국가는 대체로 복지국가를 지향했다. 금융위기는 복지국가의 지속을 어렵게 만들었다. 결국 세계화에서 살아남기 위해서 국가는 경쟁력을 회복해야 한다. 따라서 바람직한 국가상은 군사 및 정치적으로 강력한 국력을 보유하고 경제적으로 경쟁력을 지탱하는 국가다. 바람직한 국가상은 정치안정과 국가안보를 유지하고 경제발전을 효과적으로 달성해 업적정당성을 확보하는 동시에 민주주의와 법치를 실현해 대내외적으로 지지를 받아 절차정당성도 누리는 국가다.

경쟁적 국가는 건전한 거시정책을 통해 구조조정을 실시해 경쟁력을 지탱하는 국가다. 실제로 민족국가는 높은 생산성과 비교우위를 유지해야 경쟁적 국가로 남을 수 있다. 그러기 위해서는 성장과 금융에서뿐만 아니라 기타 부문에서 국가는 첨단기술과 지식을 가진 인재를 배양해 부단히 개혁하고 혁신해야 한다. 이 목적을 달성하기 위해 국가는 정당성과 효율성을 겸비한 제도를 개발해야 한다. 그래야 국가는 외부에서 오는 변화에 적절하게 적응할 수 있으며 부도를 면할 수 있다. 장기적 안목에 본다면 자유주의국가가 권위주의국가보다는 상대적으로 더 나은 정당성과 효율성을 누릴 수 있다.

4. 절차정당성과 업적정당성을 겸비한 국가

이상적인 국가상은 절차정당성과 업적정당성을 겸비한 국가다. 민주주의 국가는 헌법 및 법률에 근거해 자유로운 선거를 통해 정부를 조직한다. 이처럼 적법 및 민주적 절차를 통해 국가가 누리는 지지를 **절차정당성**이라 한다. 국가가 당면하는 정책문제들을 효과적으로 해결해 얻는 지지를 **업적정당성**이라 한다. 실제로 이 양자는 서로 보완할 수 있고 충돌할 수도 있다. 긴 안목에서 국가는 양자 중 하나만 발휘해서 생존하고 발전하기는 어렵다. 따라서 국가는 양자 간에 적절한 균형을 유지하면서 신축성 있게 발전해 가야 한다. 시시각각으로 변하는 환경에서 모든 국가들은 예측할 수 없는 위기에 대해서도 효율과 지지를 동원할 거버넌스를 유지해야 한다. 지진, 해일, 폭우, 코로나 바이러스와 같은 전염병이 갑자기 일어날 경우에 국가는 최초수단으로서의 위기관리자 역할을 효과적으로 수행해야 한다.

제21장

21세기국제질서는 어디로 가는가?

이 물음에 대한 해답은 복잡하게 전개하고 있는 국제정치경제에서 지속성과 변화를 총체적으로 다루어 단순화해야 설명이 가능하다. 여기서 "질서"는 일정한 기간 계속하는 안정과 예측의 정도를 의미한다. 리더십은 이러한 질서를 회복하고 유지하는 일에 지도자가 발휘할 능력과 의지의 결합이다. 보다 구체적으로 질서는 힘 또는 규칙에 의해서 유지된다. 리더십은 질서의 방향과 내용을 결정하고 그것을 집행하고 실현하는 능력이다. 국제정치도 인간이 하는 활동이다. 여기서 지도자가 현명한 리더십을 발휘해 그것을 집행해야 국제질서를 유지할 수 있다.

1. 혼란 속의 세계: 지도자 없는 21세기국제정치

오늘의 세계는 혼란 속에 빠져 있다. 냉전이 종식된 후 강화되었던 자유주의 질서는 시장의 세계화와 주권국가의 파편화에 직면해 약화되었다. "신 세계질서"에 대한 희망은 사라지고 오히려 무질서가 출현하고 있다. 국제정치에서 질서를 주도하고 집행하는 제도와 지도자가 없기 때문에 이러한 현상이 발생한다. 하스(Richard Haas)는 이 상황을 "혼란 속의 세계"라고 묘사했다. 냉전 후의 세계에서 미국이 독점했던 권력은 중국, 러시아, 인도 등 신흥국가들에게 분산했다. 정보와 과학기술은 급속도로 발전되었으나 여기서 소외된 국가에서는 국제테러, 핵무기확산, 국내정치 분열이 심화해 전통적 주권사상에 근거했던 구질서는 심각한 위기에 처했다. 강대국들은 상호 간에 치열한 세력경쟁을 전개하고 있다. 하스는 이 혼란을 극복하기 위해서는 새로운 주권개념이 필요하다고 역설했다. 그는 이제 모든 국가들이 "주권의무"(sovereign obligations)를 담당해야 한다고 했다. 주권국가는 전통적인 자율성과 국경개념을 유지하면서도 동시에 타국들과 함께 테러와 기후변화를 방지하는데 응분의 책임을 분담해야 한다는 것이다(*A World in Disarray: American Foreign Policy and the Crisis of the Old Order*, 2017).

이상적으로는 모든 국가들이 자발적으로 이러한 주권의무를 수행한다면 세계질서가 회복될 수 있을 것이다. 대부분의 국가들은 책임을 분담하지 않고 있으므로 혼란은 계속되고 있다. 이 혼란에 대해서는 여러 가지 이유가 있다. 첫째, 21세기국제정치에는 주권국가뿐 아니라 비정부조직들과 다양한 집단들이 행위자로 참여해 누가 아군이고 누가 적군인지가 불확실해졌다. 냉전기에는 세계가 양극화되어 적대관계가 분명해져서 미소 간에 억제가 성립했다. 권력이 여러 국가들 간에 다극화하고 있는 오늘의 세계에는 어느 국가가 권력과 정당성을 더 많이 누리는지가 분명하지 않다.

둘째, 주권국가에 대한 위협의 원천과 형태가 다양하고 분명하지 않다. 테러는 언제 어디서 올 것인지를 사전에 파악하기 힘들다. 기후변화는 "느린 폭력"이지만 현시점에서는 그 위협에 대한 실감이 약하다. 사이버위협은 더욱 더 복잡하고 육안으로 확인할 수 없다. 중동과 북아프리카의 내전이 생산한 피란민과 이민에 대해 미국과 유럽 국가들을 수용하는데도 혼란은 계속되고 있다.

셋째, 정보혁명은 사람들의 일상생활을 편리하게 했으나 개인과 소집단들은 그것을 나쁜 목적으로 악용하고 있다. 2017년 5월에 하나의 악성 랜섬웨어(ransomware)가 150여 개 국가들의 컴퓨터를 공격해 영국에서는 대형병원들의 업무를 교란시켰다. 테러주의자들이 이러한 공격을 가한다면 어떻게 될 것인지 생각할수록 끔찍하다. 인터넷과 사회망 체계에서 생산되는 정보는 싼 비용으로 빠르게 획득할 수 있지만 그것이 진실인지 혹은 가짜인지를 가리기가 어렵다. 그의 저서, "*세계질서*"에서 키신저가 지적한바와 같이 정보의 범람은 정보, 지식 및 지혜의 차이를 흐리게 만든다. 이러한 여건에서는 역사, 지리 및 정치에 대해 깊은 지식을 가진 인사들보다 사실을 과장해 홍보하고 왜곡하는 능력을 가진 인사들이 더 실권을 행사한다.

2. 리더십의 중요성

이 혼란을 극복하기 위해서는 누군가 리더십을 행사해야 한다. 결국 강대국들이 합의를 이루어 지도력을 행사한다면 혼란을 해소할 수 있다. 민족국가들이 치열하게 경쟁하고 있는 세계에서 파워를 많이 보유한 강대국이 안정과 예측성을 집행해야 질서가 정립된다. 이 사실은 인류가 겪어 온 역사가 잘 보여 주었다. 키신저는 세계질서를 달성하려면 정당성과 권력 간에 어떤 형태로든지 균형을 이루어야 한다고 주장했다. 정당성이 있어야 많은 국가들의 지지를 확보할 수 있고 권력이 있어야 질서를 집행할 수 있다.

트럼프대통령은 미국이 리더십을 행사하는 데 주저했다. 이 징조는 2017년 7월에 독일 함부르그에서 개최되었던 G－20정상회의에서 생생하게 표출되었다. 이 G－20은 그 출범 후 처음으로 미국의 참여 없이 19개 회원국들만이 기후변화에 대한 2015년 파리협정을 이행하기로 결의했다. 무역에 대해서도 미국의 반대로 인해 독일수상 메르켈은 최종성명에서 “세계적 접근”(global approach)이라는 말을 삭제했다. 2018년 G－20의 성명에는 보호주의를 배격한다는 문구가 아예 사라졌다. 이처럼 21세기 국제정치는 패권을 행사하는 지도자가 없는 G－0세계로 변천했다.

3. 국제정치의 서열: 세계는 여전히 평평하지 않다

세계는 여전히 평평하지 않다. 국제정치에는 힘 있는 국가와 힘이 부족한 국가, 부유한 국가와 빈곤한 국가들이 공존해 불평등한 서열을 나타내고 있다. 여기에서 세계화와 파편화가 동시에 진행되고 있다(Benjamin R. Barber, *Jihad vs. McWorld: How Globalism and Tribalism Are Reshaping the World*, 1995). 선진국들은 국경을 초월해 자유롭게 무역, 자본 및 기술을 교환한 결과 이른바 “맥도날드세계”를 형성했다. 이슬람지역에서는 부족들이 성전(Jihad)을 외치며 분열했다. 회교도들도 전 세계에서 미국이 전파한 햄버거를 먹을 것이다. 그러나 그들은 맥도날드세계화에 통합되는 것을 거부했다. 급속하게 진전한 세계화에도 불구하고 국가 간의 권력분포는 불평등한 서열,즉 하이어라키를 나타냈다.

국력전이론(power transition theory)을 제시했던 오간스키(A.F.K. Organski)에 의하면 하나의 패권국에 집중되었던 권력이 기타국가들에게 전이하면 그 결과 지배적 국가, 강대국, 중진국 및 약소국가들이 조성된다고 지적했다(*World Politics*, 1958). 1975년에 선진 서방 국들만으로 구성되었던 G－7이 2008년에는 G－20으로 재편된 것이 이 변화를 잘 상징했다. 국력의 차이에서 G－20국가들과 기타국가들이 형성하고 있는 하이어라키는 그들의 군비지출에서 잘 나타났다. 2015년에 그들이 지출했던 군사비의 순서는 미국(5,760억 달러), 중국(2,150억), 사우디아라비아(872억), 러시아(660억), 영국(555억), 인도(513억), 프랑스(509억), 일본(409억), 독일(394억), 한국(364억), 브라질(246억), 이태리(238억), 호주(236억), 아랍에미레이트(228억), 이스라엘(161억), 터키(152억), 캐나다(150억), 스페인(141억), 이라크(131억), 폴란드(105억)로 나타났다. 이 중에서 가장 높은 GDP대비 군비지출을 한 국가는 사우디아라비아(13.7%), 이스라엘(5.7%), 아랍에미레이트(5.7%), 러시아(5.4%)다. 미국은 3.3%, 중국은 1.9%, 인도는 2.3%, 영국은 2.8%, 프랑스는 2.1%, 독일은 1.2%, 한국은 2.5%를 군비로 지출했다(SIPRI, 2016).

이 군사력의 하이어라키는 경제력에서도 비슷한 양상을 보였다. 2015년에 20개 국가들의 환율로 측정한 GDP는 미국(18조 달러), 중국(11조), 일본(4.3조), 독일(3.3조), 영국(2.8조), 프랑스(2.4조), 인도(2조), 이태리(1.8조), 브라질(1.7조), 캐나다(1.5조), 한국(1.3조), 호주(1.3조), 러시아(1.3조), 스페인(1.1조), 멕시코(1.1조), 인도네시아(0.8조), 네덜란드(0.7조), 터키(0.6조), 스위스(0.7), 사우디아라비아(0.6조)의 순서를 보였다. 이 가운데 스페인, 네덜란드 및 스위스는 G－20 회원국이 아니다. 그 밖의 국가들은 모두 강력한 군사력을 유지하고 있다. 이 두 집단에 들어가지 못한 국가들은 개도국들 또는 약소국들로 볼 수 있다. 이들이 대등한 수준에서 강대국들과 경쟁한다는 것은 현실적으로 매우 어렵다. 물론 긴 역사에서 그들은 부상했다가도 낙하한 것은 사실이다. 적어도 21세기에는 이들이 국력을 다투어 그들 간에 세력균형을 재편해 갈 것이다.

이 지표에서 나타난 하이어라키에서 미국은 아직도 정상을 차지하고 있다. 상대적으로 중국과 기타신흥국들의 국력이 부상함에 따라 미국의 헤게모니는 약화했다. 순전히 양적인 경제력에서 중국은 2014년에 구매력으로 환산한 중국의 GDP는 미국을 초과했다. 스코틀랜드출신 역사학자 퍼거슨에 의하면 미국인들은 타국을 정복하는 것보다 자신들의 소비를 더 중시해 자국이 제국임을 부인하고 있지만 사실상 자유주의제국이라고 주장했다. 이 제국예찬자는 역사적으로 제국들은 그 영역을 보존하려는 의지를 상실하게 되면 쉽게 쇠퇴했다고 지적했다. 그는 21세기는 아마도 중국의 세기가 될 것이라고 했다(Niall Ferguson, *Colossus: The Rise and Fall of the American Empire,* 2004). 군사력에서는 미국이 아직도 압도적인 최대강국 위치를 차지하고 있다. 미국은 130여 개 국가에서 750여 개의 군사시설을 유지하고 있다. 종합적 국력에서 미국은 기타강대국들의 앞자리를 보존하고 있다. 일부 학자들은 21세기에도 미국이 이러한 위치를 지속할 것이라고 주장한다. 그러나 중국, 러시아, 이란 및 기타 신흥국가들이 미국에 대해 도전을 가속화함에 따라 미국의 지도력은 상대적으로 약화되고 있다.

4. 자유주의질서의 위기

초세계화가 초래한 대 금융위기와 국내정치변화로 인해 자유주의질서(liberal order)는 위기에 봉착했다. 이 질서를 주도했던 미국이 질서를 집행할 의지를 상실하자 위기는 더욱 더 심각해 졌다. 자유주의질서는 국제관계를 관리하는 규칙, 규범 및 제도의 결합이다. 그람시(Antonio Gramsci)에 의하면 헤게모니는 단순히 강제력만이 아니라 가치와 이데올로기를 포함해야 더 큰 힘을 발휘한다고 했다. 미국은 자신이 역사적으로 경험했던 자유와 인권을 세계에 전파했다. 트럼프는 이러한 노력을 회피하면서 미국우선주의를 추진했다.

중국은 이 기회를 포착해 자신의 영향력을 확대하는 길을 모색했다. 이 움직임은 두 가지 형태로 나타났다. 중국은 우선 WTO, IMF 및 세계은행과 같은 기존 국제기구 내에서 러시아와 인도와 제휴해 자기지분을 늘이고 불리한 규칙은 개정하려고 노력했다. 또 다른 형태는 중국이 아시아투자은행(AIIB)과 1조 달러 가량을 투자할 “일대 일로” 계획을 창설해 중국특색의 국제협력을 추구하는 방법이다. 미국과 달리 중국은 이 새 다자협력에서 거부권을 행사하지 않으며 인권, 노동 및 환경보호에 대한 조건을 요구하지 않았다(Eswar Prasad, "How China Aims to Limit the West's Global Influence," *New York Times*, 2017. 9. 1).

트럼프는 예외주의를 외면하고 미국최우선의 민족주의와 자유무역에 반대하는 보호주의를 제창했다. 이러한 민족주의는 미국에서만이 아니라 유럽 국가들과 러시아에서 상승세를 나타냈다. 다행히 2017년 5월에 프랑스의 대선에서 EU의 중요성을 강조했던 중도파 마크롱(Emmanuel Macron)이 프랑스의 탈퇴를 옹호했던 르펜(Marine Le Pen)에 압도적으로 승리했다. 이는 유럽에서 자유주의질서의 전망을 밝게 해 주었다. 그런데도 2017년 5월의 NATO정상회의에서 트럼프는 집단방위를 규정한 조항 5조를 언급하지 않았다. 이 회의를 참석한 뒤 독일수상 메르켈(Angela Merkel)은 유럽이 미국에 의존했던 시대는 끝났다고 했다. 2017년 9월 선거에서 독일수상으로 4선된 메르켈은 마크롱과 더불어 유럽에서 자유주의질서를 지탱하기 위해 리더십을 행사했다. 2019년에 메르켈은 마크롱과 "다자주의를 위한 불–독 동맹"(The Franco–German Alliance for Multilateralism)을 출범시켰다. 이 움직임에 대해 약 50여 개 국이 호응했다. 아시아에서는 일본의 아베와 인도의 모디수상이 규칙에 근거한 자유주의질서를 옹호했다. 트럼프하의 미국이 자유주의질서를 보존하기 위해 리더십을 행사하지 않더라도 과거에 미국이 수립했던 규칙, 규범 및 제도는 다소 약화했지만 그 기반은 계속적으로 작동했다.

5. 중동과 아프리카에서 국가의 파편화

미국이 해외분쟁에 개입을 하지 않고 기타 서방국가들도 국내문제에 몰두하자 중동과 아프리카에서는 극단주의적 이슬람운동과 테러행동이 계속되어 부족주의 또는 파편화를 촉진했다. 이라크와 시리아에서 ISIS추종자들이 파괴적인 내전과 테러행동을 전개했다. 이 지역에서는 민족국가가 권력과 정당성을 보유하지 못한 결과 극단적 이슬람주의의 도전에 직면해 파편화되었다. 미국은 알카에다 및 ISIS를 파괴하는 데는 강력히 대응했으나 소규모의 내전이나 부족갈등에는 일일이 개입하는 것을 피했다.

중동국가에서 ISIS가 차지한 영토에서 완전히 소탕된다면 이란이 이 지역에서 패권국으로 등장할 것이다. 키신저는 ISIS의 궤멸과 이란의 부상이 초래할 위험에 대해 경고를 발표했다. 그는 ISIS가 사라진 중동에서는 "급진적 이란제국"(the radical Iranian Empire)이 수립되어 중동에서 패권을 행사해 세계의 세력균형을 파괴할 것이라고 주장했다(Henry Kissinger, Chaos and Order in a Changing World, *CapX* 웹사이트에 기고한 글, 2017.8.2). 미국은 이 가능성에 대비책을 강구해 중동에서도 역외균형자로서 파편화와 무질서를 방지하는 역할을 수행해야 한다.

6. 세력균형의 재부상: 양자 및 지역주의

자유주의국제질서가 쇠퇴하고 강대국정치가 다시 부상했다. 강대국관계는 다자협력보다 양자협상과 지역주의협력을 강화했다. 미국은 캐나다 및 멕시코와 무역에 대한 재협상을 실시했다. 2019년 11월에 트럼프는 그동안 계속했던 무역전쟁을 중단해 시진핑과 제1단계 협정을 체결했다. 일본은 인도, 호주 및 동남아국가들과 양자 및 지역협력을 심화했다. 독일과 프랑스는 영국이 탈퇴한 EU를 더욱 더 보강했다. 이러한 추세가 계속해 간다면 강대국들 간에 느슨한 세력균형이 초래할 것이다. 여기서 미국과 중국 간의 양자관계가 국제정치의 기조를 좌우할 것이다. 하나의 압도적 패권국이 없는 21세기세계에서는 느슨한 세력균형, 다자주의, 양자관계 및 지역주의가 공존할 것이다.

제22장

21세기 강대국정치는 어디로: 자유주의국제질서 또는 강대국정치로?

21세기 초의 세계에서 자유주의국제질서는 약화하고 강대국정치가 회귀했다. 사실 인류역사에서 강대국정치가 떠난 일은 없었다. 다만 그 형태가 다소 변천해 왔을 뿐이다. 구조적으로 21세기 강대국정치는 20세기 초에 조성되었던 동서 간의 양극화와는 다르게 다수의 강대국들 간에 다극화할 것이다. 이 질서는 서로 비슷한 국가규모와 동질적 가치 및 문화를 공유했던 19세기 유럽 국가들의 다극화와 다르게 21세기 강대국정치는 규모가 상이하고 이질적 문화를 가진 미국, 중국, 일본, 인도, 러시아 및 기타국가들 간에 유동적으로 전개될 것이다. 여기서 자유주의질서는 여전히 지속해 권위주의체제와 경쟁해 갈 것이다.

1. 자유주의국제질서는 어디로?

2017년에 트럼프 대통령이 주창한 미국제일원칙과 메이 총리가 추진한 EU탈퇴(Brexit)가 자유주의국제질서에 대한 도전으로 부상하자 많은 사람들은 자유주의질서의 종말을 우려하기 시작했다. 도대체 자유주의국제질서는 무엇이며 그것이 어떻게 발전했는가? 구체적으로 어떤 도전들이 자유주의질서를 위협하고 있는가? 자유주의질서는 트럼프와 브렉시트 이후에도 생존할 것인가? 만약 21세기에도 이 질서가 생존한다면 누가 그 것을 영도할까? 이러한 문제는 미중관계가 앞으로 어떻게 전개되느냐에 따라 달라 질 것이다.

이해를 돕기 위해 자유주의질서를 좀 단순화 표현한다면 그것은 국제정치경제에서 주요행위자들을 통치하는데 적용하는 자유주의적 규칙, 규범 및 제도를 의미한다. 국내정치에서 자유주의는 민주주의, 법치 및 인권을 의미한다. 국제경제에서 자유주의는 자본주의, 개방되고 규칙에 기초한 자유무역 및 다자협력을 의미한다. 냉전이 종식한 후 자본주의는 전 세계를 지배해 왔다. 미국식 자본주의의 상징인 코카콜라는 북한을 제외한 거의 모든 나라 사람들이 즐기고 있는 것이 그 좋은 예이다. 북한도 외화를 벌기 위한 한 수단으로 관광사업을 본격적으로 추진한다면 콜라를 무시하기 어려울 것이다. 지정학적으로 자유주의는 국가 간에 평화와 안정을 도모하기 위해 작동하는 집단안보와 다자협력을 증진하기 위해 설립한 각종 제도들을 의미한다.

역사적으로 자유주의정신은 18세기의 계몽사상에서 싹텄던 것이다. 1941년에 루스벨트 대통령과 처칠 수상은 이 정신을 담은 대서양헌장(the Atlantic Charter)을 발표했다. 이 선언은 인간의 이성과 자유를 국제질서의 핵심가치로 여겼던 문건이다. 1945년에 제2차 세계대전이 종식된 후 미국과 영국은 개방되고 규칙에 기초한 자유주의국제질서를 공식적으로 추진했다. 이때부터 미국은 자유주의질서를 전파하는데 스스로 책임과 비용을 부담하면서 세계적 지도력을 발휘했다. 그렇게 함으로써 미국은 혜택도 많이 받았지만 동시에 과중한 비용도 부담했다. 이것이 가능했던 이유는 정치지도자들이 강한 의지로 이 질서를 밀어 붙였고 중산층이 합의를 이루어 그것을 지지했기 때문이다. 미국은 세계안보를 도모하기 위해 UN과 NATO를 주도했으며 IMF, 세계은행 및 세계무역기구 등으로 구성되었던 브레튼우즈 체제를 출범하는데도 결정적 리더십을 행사했다. 냉전기에 양극화했던 세계에서 미국은 소련과 대결하기 위해 동맹국들에게는 어느 정도 "무임승차"(free ride)를 허용해 사실상 세계적 헤게모니를 행사했다. 이 결과 자유주의질서가 우세한 위치를 유지했다.

냉전이 끝난 뒤에 미국은 이 자유주의질서를 전 세계적으로 확장하려고 노력했다. 미국이 이 계획을 너무나 과도하게 추진해 의도하지 않았던 결과를 초래했다. 그 중에 가장 중요한 두 가지 예를 든다면 유럽에서는 미국이 러시아주변국들을 NATO에 참가시켰던 것과 중동에서는 자유와 민주주의를 심기 위해 이라크와 아프가니스탄에 군사개입을 했던 것이다. 이 두 개입은 소기의 목적을 달성하지 못했으며 오히려 상황을 악화시켰다. 국제경제관계에서는 오랜 기간 지속되었던 평화와 정보통신기술의 가속화로 인해 민족국가들 간에 상호의존이 심화해 하나의 지구촌을 형성했다. 이 결과 1989년과 2008년 사이에 이른바 "신 자유주의"가 절정을 이루었다. 2008년에 갑자기 미국에서 터졌던 금융위기는 "신 자유주의"(neo－liberal)적 세계화의 많은 결점들을 노출했다. 무엇보다도 이 위기는 중국 등 신흥국가들이 미국에 대해 가졌던 신뢰를 크게 손상시켰다. 이 위기의 심각성을 극복하기 위해 미국은 황급하게 세계의 20개의 주요경제대국들의 정상회담(G－20)을 워싱턴에 소집했다. 이 사태가 급전한 것은 미국의 상대적 쇠퇴와 중국이 새로운 초강대국으로 부상한 배경을 잘 말해 주었다. 이처럼 트럼프가 등장하기 이전에도 미국과 유럽에서는 초세계화(hyper－globaliation)와 자유주의질서에 대한 반발이 이미 일어나고 있었다.

2. 자유주의질서에 대한 도전: 포퓰리즘, 보호주의, 민족주의, 강대국정치

경제의 세계화는 자본주의와 자유무역의 명분하에 자본과 기술을 확보하기 위해 치열한 경쟁을 초래했다. 이 결과 국제 및 국내정치경제에서 승자와 패자가 결정되었다. 미국에서는 노동을 제공하는 근로자들의 임금이 한 세대 동안 침체해 그들이 종래에 즐겼던 중산층지위를 상실했다. 자본과 기술을 소유한 최고층엘리트들은 엄청난 부와 번영을 누렸다. 이 결과 미국정치에서 이른바 "대단히 중요한 중산층"(the critical middle class)이 붕괴해 민주당과 공화당 간의 정치적 간극은 극심한 양극화로 발전했다. 트럼프는 이 양극화를 잘 활용해 2016년의 대선에서 어렵게 당선되었다. 그는 세계화와 규칙에 기초한 다자무역을 반대하면서 노골적으로 포퓰리즘과 보호주의를 옹호했다. IMF, 세계은행 및 WTO등 자유주의적 국제제도 중에서 트럼프는 특히 WTO를 약화 또는 고사시키려고 기도했다. 그는 자유무역의 명분하에서 WTO는 사실상 중국과 개도국을 우대했고 미국이익을 도외시했다고 주장했다. 실제로 그는 WTO의 분쟁해결을 위한 상소기구에 미국의 새 위원 임명을 거부해 큰 위기를 조성했다.

영국에서도 이와 비슷한 정치변화가 일어났다. 영국에서 실시되었던 국민투표에서 유권자들의 다수가 EU에서 탈퇴하는 선택을 지지했다. EU에서는 한 회원국에서 다른 회원국으로 사람들과 물품들이 자유롭게 이동하는 것이 그 창립 정신이었다. 그러나 현재 이 정책은 심각한 위협을 받고 있다. 왜냐하면 유럽의 지도자들은 중동과 아프리카에서 밀려오는 이민자들에 항의하는 대중반란을 처리하는 데 머리를 앓고 있기 때문이다. 트럼프도 선거전에서 멕시코에서 밀입국하는 불법이민자들을 단호하게 금지하겠다는 약속을 해 백인근로자들의 열광과 지지를 얻어 냈다.

미국에서 중산층이 붕괴한 것은 자유주의질서를 유인했던 국내 지지세력이 상실했다는 징조이다. 이 현상은 국내에서 자유민주주의의 경제적 기반이 더 이상 지속할 수 없게 된 것으로 매우 심각한 도전이다. 이러한 의미에서 자유주의국제질서는 이 국내정치적 변화에 의해 더 많이 위협받고 있다고 해야 할 것이다. 대다수의 유권자들은 소득에서 극심한 불평등을 체험하게 되자 전통적으로 자본과 노동 간에 이루어졌던 흥정은 파괴되고 말았다. 이러한 여건에서 종전의 중산층과 같은 계층을 재건하기는 매우 곤란하다. 지금 급속하게 진전하는 자동화, 인공지능(AI) 및 기타 첨단기술의 도약을 감안할 때 노동집약적 제조업에 의해 새로운 중산층을 조성하기는 쉽지 않다. 트럼프가 보호주의무역과 미국우선("America First")을 외쳤던 것은 미국이 세계적 리더십을 포기했다는 뜻이다. 이는 규칙에 기초한 다자무역과 기타 글로벌 거버넌스의 생존을 위협하는 도전이다. 트럼프의 일방주의 중에서 두 가지 분명한 실례는 미국을 환태평양동반자(TPP)와 기후변화에 대한 파리협정에서 탈퇴한 행동이다.

21세기국제정치에서 민족주의와 강대국정치가 다시 부상했다. 이 변화를 가장 선명하게 보여 준 것은 2022년 2월에 러시아가 우크라이나를 침략한 사건이다. 푸틴은 우크라이나가 미국과 NATO가 추진한 자유주의질서에 동참하는 것을 막기 위해 제국주의 전쟁을 부활했다. 미국은 자유주의국제질서를 수호하기 위해 우크라이나에 군사지원을 실시하는 데 리더십을 발휘했다. 이처럼 미국과 러시아 및 중국은 각자의 영향력 권을 보호하기 위해 패권전쟁을 개시했다. 이 결과 미국과 러시아, 미국과 중국 간에 패권경쟁은 계속할 것이다.

3. 자유주의국제질서의 미래: 종말, 개혁, 지역질서

자유주의국제질서의 미래에 대해서 세 가지 다른 시각이 있다. 그것은 곧 자유주의자, 현실주의자 및 중간 노선자들의 견해이다. 자유주의자들은 자유주의질서가 트럼프와 브렉시트 이후에도 생존할 것이라고 주장한다. 그 이유는 자유주의 질서의 속성은 그 끈기며 개혁을 위해 자신의 결점을 스스로 고치는 회복능력(resilience)을 내포하고 있다는 것이다. 현 세계에서 국가 간에 경제적 상호의존이 지속하는 한 주권국가들은 다자협력을 통해 함께 노력할 수밖에 없으며 보다 나은 대안이 없다는 것이다. 역사적으로 미국은 자유와 개인의 기본권을 무엇보다 중시해 이른바 "예외주의"를 일관성 있게 발휘했으며 그러한 사상을 전 세계에 전파했다. 자유주의자들은 자유와 인권은 전 인류의 보편적 가치 또는 문화이기에 이 질서의 결점들도 더 많은 민주주의와 자유를 진흥해야 극복할 수 있다고 주장한다. 중국, 러시아, 이란 및 기타 비 서방국가들은 이 주장에 대해 강한 반발을 나타내고 있다.

현실주의자들은 이러한 주장은 하나의 "**신화**"라 하면서 그러한 질서는 존재하지 않았다고 반박한다. 그들은 냉전기에 실제로 존재했던 실체는 미국의 패권 또는 제국이라는 견해를 표시한다. 자유주의질서가 평화와 번영을 초래한 것이 아니라 "억지력"(deterrence)이라고 하는 세력균형과 핵무기가 미국과 소련 간에 열전을 방지했다는 것이다. 사실상 미국은 자유주의질서를 주관하고 고수하는데 필요한 국력과 국부를 보유했기 때문에 그러한 질서가 유지되었다는 주장이다. 만약 자유주의질서에 가까운 질서가 존재했더라도 그것은 세계적인 것이 못되었고 단지 서방 국가들에게만 제한되었던 것이다. 이러한 시각에서 본다면 미국은 그렇게 예외적인 것이 아니라 기타 강대국들과 크게 다를 바 없이 행동했다는 것이다.

자유주의 질서에 대해 가장 신랄한 비판을 가한 학자는 미어싸이머이다. 그의 주장에 의하면 강대국들은 말은 자유주의처럼 하지만 행동은 현실주의같이 한다는 것이다. 실제로 "자유주의 꿈"을 실현한다는 것은 "**대 망상**"에 지나지 않는다는 것이다. 예컨대 미국이 이라크전쟁에서 자유주의정권을 수립하려는 계획을 실현하기 위해 사담 후세인정권을 전복했으나 민족주의를 내세우는 회교분파들의 저항으로 인해 실패했던 사례가 그 좋은 증거이다. 이처럼 자유주의헤게모니의 추구는 끝없는 전쟁을 초래할 것이나 끝내는 민족주의와 현실주의가 마침내 그것을 압도하고 만다는 것이다. 결국 강대국들은 생존을 위해 세력균형을 추구하지 않을 수 없기 때문이다(Mearsheimer, *The Great Delusion: Liberal Dreams and International Realities,* 2018).

지금같이 다극화된 세계에서 어느 한 나라가 자신의 힘만으로 규칙을 결정할 수 있는 충분한 힘을 갖고 있지 않다. 비록 자유주의질서가 한 대통령의 임기보다 오래갈지라도 미국이 단독으로 이 지구에서 자유주의 열반을 다시 회복할 수는 없다. 미국은 과거 좋은 시절에 향유했던 구 지위를 부활하려 할 것이 아니라 이제 미국인들이 허용할 위험과 비용을 솔직하게 계산해 실현 가능한 대안을 개발해야 한다는 것이 중간노선이다. 중간 노선자들은 자유주의자들과 현실주의자들이 다 같이 장점과 결점을 내포하고 있다고 지적한다. 그들은 자유주의질서는 신화를 넘어서 실존하는 실체라고 반박한다. 현존하는 세계적 제도들은 어느 한 대국이 창조한 것이 아니라 수많은 회원국들의 이익을 수렴한 결과 탄생했으며 아직도 작동하고 있다는 것이다. 이 시점에서 제기해야 할 중요한 문제는 왜 자유주의질서가 지금 시들고 있느냐 보다도 어떻게 그것이 그렇게 장기간 동안 지속해 왔느냐에 집중해야 한다. 그것이 지속해 올 수 있었던 것은 더 많은 다양성을 반영해 그 질서를 새 현실에 적응해 왔기 때문이다. 중국도 자기의 자신의 국익에 일치하는 한 세계무역기구의 규칙을 많이 수용했다. 자유주의질서도 자신만의 노력으로 생존할 수 없다. 만약 이 질서를 구출할 가치가 있다면 어느 강대국이 그것을 **힘으로** 이끌어야 하고 그 규칙을 이행하고 추진해 리더십을 발휘해야 한다.

누가 이 질서를 영도할 것인가? 미국이 강대국들 중에서는 아직도 첫 번째 지위를 계속하고 있는 만큼 미국이 어떤 형태로든지 유럽 국가들과 함께 세계적 리더십을 계속해야 한다. 처칠이 민주주의에 대해 언급한 것을 원용한다면 자유주의질서가 최악일지라도 그 보다 나은 대안이 없는 것이 현실이다. 뿐만 아니라 현 자유주의질서에 반대하는 각국의 포퓰리스트들도 다만 현 상황에 대해 불만을 표시하는 이상으로 국제적 조직과 제휴는 나타내지 않고 있다. 이러한 배경에서 미국이 더 이상 세계를 자기의 이미지대로 만드는 것은 불가능할지라도 자유주의국제질서를 포기하기보다도 그것을 갱신하는 것이 더 의의 있는 일이다. 2021년에 민주당이 집권한 뒤 바이든은 자유주의질서를 회복하려고 안간힘을 다했다. 그런데도 2008년 이전처럼 미국이 자유주의헤게모니를 행사하기에는 역부족일 것이다. 이 결과 세계적 수준에서는 미국이 패권을 행사했던 시절에 잘 가꾸어졌던 정원과 같은 자유주의질서는 완전히 소멸하기보다는 약화된 형태로 존속할 것이다. 그 대신에 잘 정비하지 않는 상태의 공원과 같이 조잡한 형태로 지속할 것이다. 적어도 서방에서는 자유주의를 공유하는 미국, 유럽국가들, 일본 및 인도가 이 질서를 옹호하고 유지하려고 노력할 것이다.

4. 21세기 강대국정치는 어디로: 정글 또는 제국주의

자유주의질서가 쇠퇴하면 그 대신에 새로 부상할 강대국정치는 어디로 갈까? 21세기강대국정치의 양상을 정확하게 예측할 수는 없지만 한 가지 확실한 것은 미국과 중국 간에 패권경쟁이 지속해 더욱 더 격렬해 질 것이라는 점이다. 이 경쟁에서 어느 쪽이 승리할 것인가도 불확실하다. 다만 어느 한 쪽이 세계적 헤게모니를 행사하기는 어려울 것이다. 이 경쟁의 중심은 동아시아에 집중할 것이다. 혹자는 이 경쟁을 "신 냉전"으로 보지만 그것은 오히려 강대국들이 영향력 권을 확보하기 위해 경쟁해 제국주의적 양상을 나타낼 것이다. 강대국정치의 이러한 추세는 2022년에 러시아가 우크라이나를 침략한 데서 적나라하게 노출되었다.

자유주의자, 현실주의자 및 중간 노선자들 모두가 대체로 두 가지 관점을 공유하고 있다. 첫째, 헤게모니 또는 국제제도의 중요성에 대해서는 강한 이견을 보이지만 1945년부터 "자유주의국제질서"에 가까운 실체가 존재해 왔다는 사실이다. 둘째, 미국이 이 질서를 주도했으나 2008년경부터 미국은 단독으로 그것을 집행할 의지와 국력을 점차 상실했다는 사실이다. 카건의 견해에 의하면 규칙과 제도에 근거한 자유주의질서는 미국이 **힘과 자원**을 투입해 희생적으로 잘 가꾸어 왔던 "정원"인데 이제 미국은 더 이상 이렇게 할 의지와 능력을 발휘하지 못하게 되자 세계에는 "정글"이 다시 성장해 넝쿨과 잡초들이 무성해지고 야수들이 들끓기 시작했다는 것이다. 이 현상을 지정학적으로 표현하면 제국들이 지배하는 "**영**

향력 권"(spheres of influence)의 세계이다. 19세기에서처럼 21세기에도 미국, 중국 및 러시아는 각기 자기 주변에 영향력 권을 확보하기 위해 경쟁하고 있다. 2022년에 우크라이나 전쟁에서 러시아군은 죄 없는 민간인들을 학살해 정글의 맹수처럼 매우 잔혹한 모습을 나타냈다.

냉전기에 미국이 지배했던 하나의 영향력 권이 이제 수개의 권역으로 분산하고 있다. 여기서 미국의 역할은 크게 감소하고 있으며 그 대신에 중국과 러시아의 역할은 증가하고 있다. 이 현상의 대표적 예가 남지나해에서는 중국이 이미 지배적 영향력을 행사하고 러시아는 우크라이나에서 비슷하게 행동하고 있는 것이다. 2022년에 동아시아의 세력균형은 중국에 유리하게 전개했다. 이에 대한 하나의 뚜렷한 예는 2020년에 중국의 국방예산은 일본, 인도 및 10개 아세안국가들을 합한 것보다 더 많다는 사실이다. 이러한 여건에서 미국이 대만문제로 인해 만약 중국과 전쟁을 실시할 경우에 과연 어느 편이 승리할 수 있을까? 미 국방부는 대만해협에서 중국이 대만을 침범할 경우 미국이 이를 제지하는 국지전에 대해 18차례의 워 게임을 실시해 보았는데 미국은 18차례 다 패배했다. 미국이 다시 유리한 위치를 확보하기 위해서는 무엇보다도 동맹국들과의 유대를 강화해야 한다고 엘리선은 주장했다(Graham Allison, "The New Spheres of Influence: Sharing the Globe with Other Great Powers," *Foreign Affairs,* March/April 2020).

트럼프는 2020년 2월에 필리핀이 미국과 조인했던 군사협정을 중단했는데도 큰 관심을 보이지 않아 동아시아안보에 대한 미국공약에 대해 의심을 자아냈다. 2019년 10월에는 트럼프가 에르도완 터키대통령과의 통화에서 시리아에 주둔했던 미군을 철수하겠다고 약속했을 때 이미 중동에서는 강대국정치의 급류가 표면화했다. 이 조치로 미국은 ISIS 소탕전에서 함께 목숨을 걸고 싸웠던 쿠르드 군을 팽개쳐 나쁜 선례를 남겼다. 한국에 대해서도 이러한 사태가 일어나지 않는다는 보장이 없다.

(1) 권위주의체제의 도전

미국에 도전을 가하는 적대국들은 과거 소련이 전파했던 공산주의국가가 아니라 중국, 러시아 및 이란과 같은 권위주의 국가라는 사실이 냉전기와 또 다른 점이다. 이 권위주의는 인간의 본성인 질서의 필요성에 호소해 자유주의질서의 약점을 노리고 있다. 이처럼 21세기의 패권경쟁은 상충하는 정치체제에 집중되고 있다. 이러한 의미에서 중국 권위주의체제의 성공은 대외적으로 미국 자유주의체제를 위협하는 요소들 중에서 가장 심각한 도전이다(Kagan, *The Jungle Grows Back*).

개인의 자유도 인간의 중요한 본성이므로 이를 보장하기 위해 기본권 및 법치를 옹호하는 자유주의질서에 대해 국가가 개인의 전화를 엿듣고 얼굴을 인식하며 행방을 감시하는 권위주의체제가 과연 하나의 대안이 될 수 있을까? 2019년 11월에 실시되었던 홍콩의 지방선거와 2020년 1월의 대만총통선거의 결과는 자유에 대한 인간의 열망이 질서에 대한 것보다 훨씬 더 간절하다는 것을 행동으로 보여주었다. 중국이 주권을 회복하려는 홍콩과 대만에서는 자유와 자치를 갈망하는 유권자들이 권위주의체제를 옹호했던 세력을 제치고 압도적인 승리를 거두었다. 홍콩에서는 중국이 원했던 범인 인도법을 포기하게 만들고 민주주의를 수호했던 세력이 지방의회선거에서 95% 이상의 의석을 차지해 압승했다. 대만에서는 중국간섭 배제를 주장했던 민진당 후보 차이잉원(蔡英文)이 유권자들의 57% 지지를 얻어 총통으로 재선되었다. 이 결과 홍콩과 대만은 중국공산당의 정당성을 위협하는 최대난제로 계속하고 있다. 권위주의체제의 약점은 2022년에 강대국 러시아가 약소국 우크라이나를 침략한 전쟁에서도 생생하게 나타났다.

그런데도 이미 자유를 맛본 국가들과는 달리 중국식 권위주의는 내전과 혼란을 계속하고 있는 개도국들과 일부 아랍국가에게는 무질서에 대한 하나의 대안으로서 그 호소력을 발휘할 것이다. 이처럼 자유주의체제와 권위주의체제 간의 경쟁과 갈등은 개도국들의 "글로벌 남방"에 집중할 것이다. 미국과 중국은 개도국들을 상대로 치열한 경쟁을 전개할 것이다. 개도국들이 민주주의를 지탱할 수 있느냐가 관건이다. 그들이 이 노력에서 실패한다면 중국은 그곳에 권위주의체제를 확대할 것이다. 유럽과 동아시아에서는 자유주의질서가 지속할 것이다.

(2) 미국과 중국 간의 안보경쟁

동아시아에서는 기존세력으로서 미국과 수정주의세력으로서 중국이 각자가 선호하는 지역질서를 추구하는데 강렬한 안보경쟁을 나타내고 있다. 이 경쟁은 군사 및 물질적 능력만이 아니라 새로운 매체와 기술발전으로 인해 더욱 더 복잡해져 사이버전쟁, 인공지능 및 심지어 심리전과 각종선전을 내포해 일종의 **"혼성전쟁"**(hybrid war)을 나타내고 있다. 이 전쟁의 구체적 양상은 제국 간의 힘겨루기, 경제 및 기술전 및 정치체제 간의 갈등으로 확대할 것이다.

중국은 중국의 주변부에서 지역패권을 회복하기 위해 모든 역량을 동원할 것이다. 미국과 중국은 인류역사에서 자주 볼 수 있었던 제국들이 각자의 영향력 권을 확보하기 위해 보였던 갈등과 비슷한 행태를 나타낼 것이다. 미국이 추구하는 "개방되고 자유로운 인도-태평양" 전략과 중국이 추구하는 일대일로전략 간에 갈등은 면하기 어려울 것이다. 2018년에 이미 공개적으로 치열해진 무역 또는 경제전쟁은 2019년 11월에 첫 단계 타협을 이루었지만 결코 중단하지 않을 것이다.

(3) 기술전쟁

20세기에 미소 간의 냉전과는 다소 다르게 21세기의 미중경쟁은 무엇보다도 기술경쟁에 집중할 것이다. 적어도 이 **테크** 분야에서 중국은 냉전 후에 상호의존해 왔던 경제관계에서 분리(decoupling)해 미국의 기술헤게모니에 도전했다. 브레머는 이 경쟁을 "기술냉전"이라 불렀다. 그 이유는 미국과 중국이 각기 다른 두 가지 유선생태체제(online ecosystem)를 개발하고 있기 때문이다. 미국의 인터넷 체제는 민간부문이 건축했으나 정부가 그것을 규제하고 있다. 이와 대조적으로 중국의 인터넷은 정부가 독점하며 그것을 직접 관리하고 있다. 미국의 인터넷은 밑에서 위로 연결되고 있으나 중국의 인터넷은 위에서 밑으로 연결되고 있다. 이렇게 전개하고 있는 두 체제 간에는 갈등과 대결이 불가피하므로 기술전쟁은 더욱 더 격화할 것이다. 특히 AI, Big Data, 5G networks에 대해서 이러한 경쟁을 지속한다면 이 두 초강대국들 간에 무슨 일이 일어날지 정확히 예측하기 어렵다(Ian Bremmer, "The End of the American International Order: What comes Next," *Time*, 2019. 11. 19).

두 초강국은 첨단기술 및 사이버전쟁을 전개하고 있다. 이 분야에서 타협점을 찾기는 매우 어렵다. 2019년에 이미 기술전쟁이 5G 이동전화의 기술에 집중했다.

트럼프는 중국의 최대통신회사 Huawei가 불공정한 행동, 즉 미국의 이동전화 및 민간기업에서 기술 및 정보를 훔쳤다고 주장하면서 이 회사제조품들의 판매를 전면 금지했다. 2022년에 이 5G경쟁에서는 중국이 미국을 앞서 가고 있었다(*EurAsian Times*, 2022. 2. 20.). 로봇기술에서도 중국이 미국보다 앞서 가고 있다. 2015년에 중국은 연구 및 개발(R&D)에서 세계총지출 2조 달러 중에서 21%를 차지했다. 미국은 26%를 차지했다. 2000－2015년에 중국이 연구개발에 투입했던 지출은 연평균 18%가량이었다. 2017년에 중국은 전 세계특허권응모에서 44%를 차지했다. 중국은 2018년에 136.000기의 로봇을 생산했는데 미국은 겨우 34,000기만 출품했다.

21세기에 미국과 중국은 무인기, 로봇, 반도체 AI와 같은 첨단 기술분야에서 치열한 경쟁을 전개할 것이다. 엘리선은 AI가 미래의 경제성장과 국가안보의 원동력이 될 것이라 했다. 미국과 중국은 이미 이 분야에서 첨예한 경쟁에 돌입했다. 그 질에서는 미국이 아직도 선두를 차지하고 있다. 미국은 전 세계 77억 명 인구 중에서 가장 뛰어난 인재와 혁신기술을 충원하고 있으며 영어를 사용해 platform에서도 이점을 선점해 최초의 기술을 개발했다. 중국은 14억 인구 중에서 인재와 재능을 강제로 선발하고 미국보다 훨씬 많은 양의 투자와 자원을 동원할 수 있으므로 5년 내에 미국과 대등한 위치를 획득할 것이다. 중국은 현재 119개의 슈퍼컴퓨터를 보유하고 있는 데 비해 미국은 116개를 갖고 있다. 이 두 디지털 초강국들이 AI 기술을 둘러싸고 치열한 경쟁을 전개해 가면 사전에 예측하기 어려운 위기가 발생할 수도 있다. 이를 방지하기 위해서도 미국과 중국은 삼성과 Apple이 시장점유에서 경쟁하면서도 부품공급에서는 상호간에 협조하고 있는 것처럼 경쟁과 동시에 호혜적 협력의 길을 모색해야 한다(Graham Allison, “Is China Beating America to AI Supremacy?” *National Interest,* 2019. 12. 22). 2018년에 시진핑은 이미 AI무기개발에서 2030년까지 중국이 미국을 앞지를 것이라고 선언했다. 2019년 11월에 미국 국방장관 에스퍼(Mark Esper)는 이 분야에서 미국은 중국과 경주를 벌이고 있다는 것을 시인했다. 그는 군사용 AI에서도 결국 미국이 중국을 따돌릴 수 있을 것이라고 주장했다(*Asia Times,* 2019. 11. 7).

(4) 패권경쟁

이 경쟁은 결국 두 제국 간에 패권경쟁으로 발전했다. 패권경쟁의 핵심은 군사력과 그 배치에서 가장 뚜렷하다. 미국은 아직까지는 세계최대의 군사력을 전진 배치하고 있다. 미국은 세계를 4개 권역으로 나눠 본토는 북부사령부, 유럽은 유럽사령부, 중동은 중부사령부, 아시아－태평양일대는 인도－태평양사령부가 지휘－통제하고 전략사령부에서 이를 총괄하고 있다. 이 지역지휘부들은 세계 전 지역에서 발생하는 모든 군사활동을 탐지하고 이에 대한 대응책을 마련하고 있다. 중국, 러시아 및 이란도 이러한 미국의 태세에 대응할 군비를 보강하고 있다.

2017년에 트럼프행정부는 중국과의 관계를 종전의 전략적 동반자에서 전략적 경쟁자로 전환했다. 2017년 국가안보전략(NSS), 2018년 국가방위전략(NDS) 및 2019년 인도태평양전략보고(IPSR)에서 미국은 중국, 러시아 및 이란을 “수정주의”국가로 규정하고 “강대국경쟁”이 미국의 외교 및 국방정책의 최우선 초점이라는 점을 분명하게 선언했다. 이 전략에서 미국은 동맹국들이 스스로 자신들의 진로를 선택할 자유가 있다는 점을 강조했다. 이처럼 트럼프행정부는 비록 자유주의 질서를 전파하는데 리더십행사는 외면했지만 원칙적으로는 이 질서의 보전에 대한 공약은 지속했다(Ashley J. Tellis, “The Return of U.S.－China Strategic Competition,” *U.S－.China Competition for Global Influence, Strategic Asia 2020*). 만약 미국이 동아시아에서 안보와 번영의 보장자 역할을 중단한다면 그것은 세력 공백을 초래할 것이다. 중국이 이 공백을 채워서 패권국으로 등장한다면 기타 국가들을 종속국가로 만들어 자유주의질서를 위협할 것이다. 2049년까지 중국이 미국을 제치고 세계 패권국이 된다면 그 주변 국가들과는 이른바 새로운 “동반자체제”를 건축하고 나아가서 “전 인류를 위한 운명공동체”를 형성하려고 기도할 것이다. 과연 중국이 21세기에 이처럼 세계를 지배할 것인지는 매우 불확실하다.

5. 결국 미중관계는 어디로: 세 가지 시나리오

미중관계의 장래에 대해 세 가지 가능한 시나리오를 상정해 보면 갈등, 동반자 및 공존이다.

첫째 시나리오는 미국과 중국 간에 갈등과 심지어 전쟁가능성이다. 현재 미국과 중국은 무역전쟁 이외에 대만해협, 남 및 동지나해, 북한핵 등 영토 또는 지역 영유권에 대해 갈등을 나타내고 있다. 이 가운데서 북한핵문제는 잠재적으로 가장 긴급하고도 위험한 난제로 남아있다. 2021년 11월에 대만문제로 인해 미국과 중국 간에 전쟁가능성이 치솟고 있을 때 바이든과 시진핑은 첫 영상정상회담을 가졌다. 그들은 이 회담에서 새 돌파구를 찾지 못했으나 적어도 무력충돌은 피해 가능한 평화적 경쟁을 실시하는 데 공감대를 이루었다. 대만문제는 단지 미국과 중국만이 아니라 전 동아시아지역과 심지어 전 세계의 안전에 영향을 끼칠 수 있다. 비범한 비전을 가진 국가지도자라면 어떻게 하든지 투키디데스 함정을 피할 방법을 모색해야 한다.

둘째 시나리오는 미국과 중국이 상호간에 이익을 공유하는 동반자관계다. 오바마가 기후변화에 대해 시진핑과 이러한 동반자관계를 결성했지만 트럼프는 그것을 중단해 버렸다. 2008년의 세계공황과 같은 공통적인 위협이 재현한다면 다시 이러한 동반자관계가 복원될 수도 있다. 2023년 현재 양국이 처한 국내외상황을 고려한다면 이러한 화해나 협력이 성사되기는 쉽지 않다. 양국이 각자의 입장을 고수하면서도 상대방의 이익도 존중해 협력의 길을 모색해야 다 함께 망하는 파국을 면할 수 있다(Robert Zoellick, “The China Challenge,” *National Interest,* February 14, 2020).

셋째 시나리오는 양국 간에 갈등과 협력을 겸비하는 “서늘한 전쟁”(cool war)이다. 핵무기의 보유는 양국 간에 열전을 불가능하게 만든다. 미국이 민주주의체제를 고수하고 중국이 권위주의체제를 고수하는 한 양국은 정치체제에 대해 경쟁과 갈등은 불가피하게 계속할 것이다. 중국은 경제적 세계화에 관해서는 공식적으로 다자협력과 자유무역을 옹호했다. 이 노력은 중국이 “지역경제협력동반자”(RECP)를 추구한데 나타났다. 국제금융에서도 중국은 브레튼우즈체제에 정면

도전은 피했다. 중국은 이 제도에 직접 도전을 하지 않고 아시아 인프라투자은행(AIIB)과 "일대일로"구상과 같은 대안적 제도를 주도하고 있다. 금융에서 중국은 미국과 심화해 온 상호의존을 아직도 지속하고 있다. 미국은 급속도로 부상하는 중국을 현재 자신이 누리고 있는 우위에 대해 최대위협으로 인식한다. 한편 중국은 미국이 자신의 대국추구를 방해한다고 인식한다. 2019년에 홍콩에서 일어났던 민주주의수호 시위로 인해 중국은 미국이 주도해 온 자유주의의 영향력을 더욱더 경계했다. 미국과 중국은 이러한 사실을 민감하게 의식해 가능한 한 현안문제들을 대화와 협력을 통해 해결하려고 노력하면서 전쟁으로 치닫는 파국은 피하려고 노력했다.

6. 코로나바이러스19 이후의 세계는 어디로: 더 폐쇄되고 더욱 더 거세진 민족주의

2020년에 한평생 국제정치를 연구하고 직접 체험한 97세의 노학자 키신저는 코로나바이러스가 세계질서를 "영구히" 변경시킬 것이라 했다(Henry Kissinger, "The Coronavirus Pandemic Will Forever Alter the World Order," *Wall Street Journal,* 2020. 4. 3.). 이 재난은 성벽을 쌓은 도시를 부활하고 세계정치 및 경제에 대혼란을 일으켜 자유주의질서를 위협했다. 이 위기를 극복하기 위해 미국은 자유주의의 원천인 계몽주의 가치를 수호하는 데 전력을 기울여야 한다. 더 구체적으로 코로나바이러스는 새 전환점을 초래하기보다도 이미 진행 중인 다섯 가지 추세를 증대했다.

(1) 초세계화의 쇠퇴와 민족주의의 재부상: 20세기후반에 신자유주의가 추진했던 과도한 세계화는 쇠퇴하고 민족주의와 보호주의가 더 큰 힘을 발휘했다. 그 예가 27개 EU회원국들이 다시 국경을 폐쇄한 것이다. 세계화는 아주 중단되지는 않을 것이다. 기후변화 및 감염질병의 세계화는 계속할 것이다. 이 재난으로 인해 국가는 최초수단의 위기관리자로 변신해 시장보다 더 큰 역할을 수행했다.

(2) 글로벌 리더십의 실종과 국제기구의 무력화: 미국은 이 바이러스를 퇴치하는데 리더십을 행사하지 않았다. 이러한 임무가 맡겨진 국제기구인 UN과 WHO(세계보건기구)도 주어진 역할을 수행하지 못했다. 미국과 중국의 최고지도

자들은 말로는 협력과 조정을 실시해야 한다고 하면서도 실제로 행동은 취하지 않았고 오히려 상대방의 실책을 비방했다. 전 인류의 생명을 위협하는 이 재난을 타결하기 위해서는 미국과 중국이 동반자로서 협력해야 한다. 그런데도 현실은 패권경쟁에 몰두하고 있으니 이는 강대국정치의 추악한 면이다. 사실 코로나바이러스19는 2019년 11월에 중국의 우한에서 발생했다. 이 사실을 목격했던 젊은 의사 리완량은 이 위험에 대해 중국당국에 경고했다. 중국공산당은 이 사실을 은폐하고 심지어 그를 체포했다. 중국은 2020년 1월 6일에 이 사실을 WHO에 통보했다. 시진핑은 1월20일에 이 위협의 심각성을 인정하고 인구 1000만의 우한에 대해 전면봉쇄조치를 취했다. 1월 23일에 WHO는 중국정부가 적절한 조치를 취했다고 발표했다. 2월 7일에 리완량은 이 바이러스에 감염되어 34세의 나이로 세상을 떠났다. 3월 11일에서야 WHO는 이 감염이 "pandemic"(대유행)이라고 선언했다. 이 국제기구가 왜 그때까지 기다렸는지 그 이유가 석연하지 않았다. 미국은 이 기구가 중국의 눈치를 보다가 선제적 방역에 실패했다고 주장했다.

미국에서도 정보당국은 2020년 1월부터 이 바이러스의 위협에 대해 트럼프대통령에게 보고했다. 트럼프는 이를 무시 또는 회피하다가 3월초에 가서 구체적 방역대책을 발표했다. 트럼프는 이를 "중국바이러스"라 칭하면서 중국과 WHO에 그 책임을 떠 넘겼다. 그는 4월 14일에 WHO에 대해 조사가 실시되는 동안 미국의 분담금 4억 5천만 달러의 지불을 중단했다. 이 액수는 WHO예산의 20%에 해당한다. 한편 대만은 3월초에 중국과 실시해 왔던 대대적 경제 및 인적교류에도 불구하고 이를 전부 차단해 세계에서 가장 모범적인 방역을 과시했다. 그런데도 대만은 중국의 반대로 인해 아직도 WHO에 가입하지 못하고 있다.

(3) 글로벌 공급망의 파손과 경기불황: 경제적으로 이 바이러스는 글로벌 공급망을 중단 또는 파손해 2008년의 대불황보다 더 장기적인 경기침체와 성장감소를 초래했다. 2020년 3월에 G-20은 영상회의를 개최해 회원국들이 5조 달러의 유동성을 마련하기로 합의했으나 실제로 정책조정과 구체적 이행조치가 실현되지 않았다. 이 재난으로 인해 인터넷기술 분야에서 미국과 중국 간에 시작되었던 경제적 분리(decoupling)는 기타 분야에 확대했다.

(4) 개도국 및 중동에서 인도주의적 재앙 심화: 개도국들과 중동에서 이 재난은 인도주의적 재앙을 자아냈다. 이 지역의 국가들은 내전 또는 부족 및 종교적

갈등에 직면해 코로나바이러스에 대해 효과적인 방역을 취하지 못했다. 이 결과 다른 지역에 비해 이 지역에서는 감염자들과 사망자들이 늘어나 극심한 위기가 계속했다. 그럼에도 불구하고 박진의 접종에서 개도국들은 여전히 등한시되었다. 2022년에 대부분의 선진국들은 인구절반이상의 접종률을 기록했지만 개도국들은 단지 5%에 머물고 있었다.

(5) 미국과 중국의 대응책 비교: 코로나바이러스를 퇴치하는데 미국과 중국은 각자의 장점과 단점을 노출했다. 2008년 금융위기는 미국식 자본주의의 단점을 노출했다. 이 위기를 극복하기 위해 2008년에 미국은 G－20을 출범시켜 세계적인 집단행동을 취하는데 성공했다. 이와 대조적으로 2020년 코로나19는 중국에서 발생했으나 중국은 초기대응에 실패했다. 이것은 중국권위주의체제의 단점을 그대로 반영했다. 전자는 미국에서 트럼프의 포퓰리즘을 초래했으나 후자는 중국에서 체제변화를 초래하지 않았다. 중국은 극단적인 봉쇄를 실시해 그것을 개방적인 자유주의에 대한 한 대안으로 삼았다. 적어도 정치체제의 정당성에 관해서는 중국은 수세를 벗어나기 어려웠다.

7. 우크라이나 전쟁 후 국제질서는 어디로: "신 냉전"과 다극화한 강대국정치 시대

2022년 2월에 발생한 우크라이나 전쟁은 21세기의 **탈 냉전기**(post－cold war period; 1989－2022)에 미국이 주도했던 자유주의국제질서 시대를 끝냈다. 그 대신에 중국과 러시아가 미국에 도전하는 **"신 냉전"**과 일본, 인도 등 열강이 다극화하는 **강대국정치**가 공존하는 시대가 시작했다. 우크라이나 전쟁을 수행하는데 미국은 유럽과 NATO회원국들과 함께 자유주의국제질서를 보전하기 위해 결정적 리더십을 부활했다. 이 전쟁이 장기화하자 러시아는 쇠퇴의 길에 들어갔다. 중국이 러시아를 지지하자 미국주도의 서방과 중국주도의 동방 간에 "신 냉전"이 초래했다. 인도, 브라질, 남아공, 이스라엘, 인도네시아 등 남방의 개도국들은 울타리에 앉아 어느 한쪽을 택하지 않으려고 기도했다. 이 결과 세계는 크게 **3분화**해 다극화를 조장했다. 이 전쟁은 극심한 인플레이션과 경기침체를 초래하고 인류공동의 문제의 해결을 더욱 어렵게 만들었다.

(1) 미국의 리더십 부활과 자유주의국제질서 보호

바이든은 유럽 국가들과 함께 우크라이나에 무기를 공급하고 경제 및 정보지원을 실시하는데 결단력 있는 리더십을 회복해 자유주의국제질서를 보호했다. 푸틴은 우크라이나 전쟁에서 단시일 내에 승리하겠다는 기대와 정반대의 사태에 직면했다. 미국과 NATO회원국들은 일체 단결해 적극적으로 우크라이나를 지원했다. 미국은 2023년 2월까지 우크라이나에 약 1960억 달러를 지원했다. 더욱 더 놀라운 사실은 여태까지 중립국이던 핀란드와 스웨덴이 NATO에 가입했다. 동아시아에서는 일본, 호주, 한국이 적극적으로 우크라이나를 지원했다.

바이든은 국내정치에서 공화당과의 대결에서 고전했지만 외교에서는 자못 대담하게 세계적 리더십을 발휘했다. 그는 러시아에 대해 EU 및 NATO와 공동전선을 구축하는데 성공했다. 그는 민주주의 국가들과 폭넓은 연대를 형성해 중국과 러시아의 권위주의체제를 공격했다. 이 결과 미국과 중국 및 러시아 간에 "신 냉전"이 초래했다. 2022년 6월의 NATO정상회의에서 바이든은 일본, 호주, 뉴질랜드 및 한국을 초청해 합의를 이루어 권위주의체제를 비판하고 규범과 규칙에 기초한 자유주의국제질서를 옹호했다. 이 신 냉전은 구 냉전과 달리 자유주의와 공산주의 간의 이념대결보다도 세계 및 지역패권을 장악하려는 경쟁에 치중했다. 미국은 중국과 러시아의 팽창을 봉쇄하기 위해 기본적으로 현실주적 역외균형자 역할을 추구했다.

2022년 10월에 바이든은 미국의 새로운 "국가안보전략"을 발표했다. 이 문건에서 그는 2017년에 트럼프가 발표했던 전략과 같이 중국이 국제질서를 변경할 수 있는 최대위협으로 보고 미국이 인도－태평양지역에서 우방국들의 안보보장자로 남아 역외균형자역할을 계속할 것을 다짐했다. 이 문건이 종전의 문건과 다른 점은 21세기의 세계에서 미국은 군사, 경제, 기술 및 기타분야를 총망라한 "**통합억지력**"을 유지할 것을 강조한 것이다. 이 전략을 달성하기 위해서 바이든은 트럼프와 달리 일본 및 한국과의 동맹과 기타 우방국들과의 유대를 강화했다.

그는 중국의 기술도전에 대비하기 위해 반도체등 첨단기술 분야에서 미국의 우위를 확보하기 위해 과학기술과 혁신을 장려하는 **국가주도 산업정책**을 도입했다. 그는 중국과의 경쟁에서 미국의 우위를 확보하기 위해 2022년 10월에 반도체 뿐만 아니라 AI, 슈퍼컴퓨터 칩 및 quantum computing 기술을 중국과 공유하는 것을 금지했다. 한편 그는 대만, 일본 및 호주와 반도체기술을 공유하기 위해 이른바 **"칩4동맹"**을 결집했다. 2023년 1월에 반도체제조장비 기술을 보유한 일본과 네덜란드도 이 협력에 동참하기로 결정했다. 반도체는 21세기에 국가안보의 생명줄이다. 미국은 반도체기술에서 중국의 추월을 억지하기 위해 세계반도체칩의 약 70%를 생산하는 대만회사(TSMC)의 중국수출도 금지했다. 8월에 바이든은 중국의 반도체산업에 대한 미국의 투자를 금지하는 행정명령을 발표했다.

2023년 1월 28일과 2월 4일 사이에 미국과 중국 간의 기술경쟁을 자극한 사건이 발생했다. 중국의 첩보풍선이 미국의 몬타나 주의 핵무기 시설 바로 위 하늘에 갑자기 나타났던 것이다. 이 예기하지 않았던 사건은 1957년에 소련이 인공위성 스푸트니크를 지구궤도에 발사했던 때와 같이 미국에서 중국에 대한 공포와 경각심을 부채질 했다. 이 급변사태가 발생한 직후 미국의회는 반도체칩과 과학기술배양을 촉진하는 법안을 긴급히 채택했다. 중국과 대만문제에 대해서는 민주당과 공화당이 결속해 초당적으로 바이든을 지지했다. 2023년 초에 미국의 하원의장 펠로시가 대만을 방문한 뒤 중국은 대만해협에서 미국해군 및 공군에 대해 위험한 군사시위를 감행했다. 미국은 이러한 대결이 초래할 우발적 사고를 방지하려고 기도했다. 바이든은 6월에 국무장관 블링컨(Anthony Blinken)을 베이징에 파견해 중국당국과 협상해 경제교류와 고위급대화를 재개하기로 합의했다. 그러나 중국은 위기관리를 위해 필수적인 군부 간에 소통을 재개하는 것은 거부했다. 이 결과 미국과 중국은 체제 및 군사대결을 여전히 계속하고 있다. 이러한 여건에서 미국은 우크라이나 전쟁에 대해 취한 것과 같이 21세기에도 여전히 세계유일 초강국으로서 정당성과 힘으로 자유주의국제질서를 수호할 것이다.

(2) 러시아의 쇠퇴

우크라이나 전쟁이 장기화하자 러시아 국력은 점차 쇠퇴의 길에 들어갔다. 이 전쟁을 수행하는데 러시아가 보여준 재래식 무력은 미국이 우크라이나에 제공한 무력을 압도하지 못했다. 미국이 제공한 무기들은 첨단기술로 무장했으나 러시아의 무기들은 대부분 고물에 가까웠기 때문이다. 러시아는 주로 천연가스와 석유에 의존해 국력을 유지해 왔지만 서방의 경제제재로 인해 경제적 위축을 면하기 어려웠다. 2022년에 가스와 석유가격이 상승하고 있었는데도 러시아는 외채에 대해 지불불능을 당했다. 이 결과 러시아는 오직 핵무기에 의존해 강대국위상을 유지했다. 푸틴은 2022년 10월에 약 30만명의 징병을 추가로 동원했으나 전세는 호전하지 못했다. 급기야 그는 전술핵무기사용도 고려하겠다고 위협했다. 바이든은 이를 제지하기 위해 푸틴의 안보 및 정보최고 지도자들에게 만약 러시아가 핵무기를 사용한다면 미국은 상상할 수 없을 규모의 보복을 감행할 것을 분명하게 전달했다.

이 전쟁이 장기전으로 오래 지속한다면 1990년대에 브레지네프가 시작한 아프가니스탄 군사개입이 9년간 계속한 뒤 소련이 약화했던 것처럼 푸틴도 러시아의 쇠퇴를 가속화 할 것이다. 2023년 3월 11일에 국제 형사재판소(ICC)는 부차에서 러시아군대가 어린아이들을 납치해 강제 추방한 것을 묵과한 푸틴을 인류에 대한 전범으로 판결해 체포영장을 발부했다. 현실적으로 어느 나라도 푸틴의 체포를 허용하지 않겠지만 이 사건은 국제여론에서 푸틴의 위상을 크게 손상했다. 결국 푸틴은 체포를 피하기 위해 8월에 남아공화국에서 열리는 브릭스 정상회담에 가지 않겠다고 통보했다. 푸틴은 7월에 아프리카의 54개 국가들의 정상을 모스코바에 초청해 2019년의 제1차정상회담에 이어 2023년의 제2차정상회담을 주최했다. 2019년에는 이 회담에 43개국이 참가했으나 2023년에는 17개국이 참가했다. 이 차이는 아프리카에 대한 러시아의 영향력도 쇠퇴하고 있다는 것을 뚜렷하게 보여 주었다.

2023년 6월 24일에 푸틴의 권력과 정당성을 더 크게 손상시킨 군사적 반란이 일어났다. 2014년부터 시리아와 아프리카 국가에서 러시아의 대외정책을 지원하기 위해 결집했던 용병(돈 받고 싸우는 군대)의 수장 프리고진(Yevgeny Prigozhin)이 러시아 국방부장관과 최고사령관을 체포하기 위해 모스코바 앞까지 진군했다. 푸틴은 이 반란을 "등을 겨냥한 비수"로 표현하면서 프리고진을 반역자로 체포할 것을 명령했다. 벨라루스 대통령 루카생코(Alexander Lukashenko)가 중재에 나서서 프리고진의 망명을 주선했다고 알려졌으나 그 전말은 미궁으로 남아있다. 프리고진은 이 반란에서 우크라이나 전쟁에 대한 **진실**을 전 세계에 전파해 큰 파장을 남겼다. 그는 우크라이나는 나치주의자가 통치하고 NATO가 사주해 전쟁을 개시했다는 푸틴의 설명은 거짓이라고 주장했다. 그는 푸틴을 직접 지명하지는 않았지만 그의 부패한 최고군사 부하들이 자기들의 특권과 영웅심을 충족하기 위해 전쟁을 시작한 것이 진실이라고 폭로했다. 이처럼 그는 러시아의 최고엘리트들이 전개하고 있었던 권력투쟁을 폭로했다. 푸틴은 7월 5일에 인도에서 개최된 상하이협력기구에 방영한 연설에서 러시아는 종전보다 더 단합하고 있다고 자랑했다. 이는 사실상 러시아가 분열했다는 것을 암시한 것이다. 푸틴은 이 반란이 쿠데타나 내란으로 비화하는 것을 방지했다. 그런데도 이 반란은 23년간 러시아를 통치한 푸틴에게 가한 중대한 시련이다. 이 결과 그의 권력 장악력은 분명히 약화했으며 그의 정당성도 큰 상처를 입었기 때문이다. 미국의 최고정보 당국자는 미국이 이 사건에 전혀 관여하지 않았다는 것을 상대방에 통보해 러시아의 붕괴에 대한 우려를 나타냈다. 프리고진은 8월 23일에 그가 탑승한 비행기가 공중폭격을 당해 결국 사망했다. 긴 안목에서 보면 이러한 사태는 러시아의 쇠퇴를 가속화할 것이다.

미국은 러시아를 중국의 군사동맹국으로 밀어붙이는 것을 방지하려고 노력했다. 미국은 러시아의 붕괴가 유럽에 초래할 세력공백을 피하기 위해서 결국 정전과 협상에 의한 타결을 수용할 것이다. 미국, 러시아 및 우크라이나가 타결할 합의는 1953년에 한국과 북한이 합의했던 정전협정과 같이 우크라이나와 러시아가 점령한 영토의 지상균형을 그대로 반영할 것이다. 이 타결의 구체적인 내용을 사전에 정확하게 예단하기는 어렵다. 다만 그것은 미국, 러시아, 우크라이나 및 NATO가 다 수용할 수 있는 최소공통분모가 될 것이다. 이 타결은 당사국들이 만족하지는 못하더라도 적어도 평화공존을 위해 필요하다고 인정해야 가능하다. 어느 경우에도 러시아는 국력쇠퇴를 피할 수 없을 것이다.

(3) 중국의 초강국으로 부상과 "신 냉전"

중국은 러시아를 압도적으로 추월해 초강국으로 부상했다. 2022년에 NATO가 발표한 "전략개념"은 중국을 장기적 "도전"으로 겨누고 러시아를 "현존하는 위협"으로 명시했다. 이 결과 미국이 영도하는 서방과 중국 간에 "신 냉전"이 부상했다. 2022년 10월에 열렸던 중국공산당의 제20차 전당대회에서 시진핑은 미국과 대결하기 위해 중국이 추구할 청사진을 발표했다. 그는 21세기 세계에 **서방은 쇠퇴하고 동방이 부상하고 있다**는 기본인식을 피력했다. 이 비전을 실현하기 위해 그는 2049년까지 중국은 "**현대적 중국특색의 사회주의국가**"를 완성해 미국을 압도하겠다고 다짐했다. 이 "새로운 여정"은 서방의 현대화와 다른 모형이다. 2023년 2월에 개최한 최고지도자회의에서 그는 중국이 서방의 자본주의보다 더 능률적인 현대화의 길을 창조할 것이라고 선언했다. 동시에 그는 이 야심적 목표의 성공 여부는 공산당의 리더십에 달려 있다고 말했다(*Bloomberg,* 2023. 2. 8.). 이 "**중국 꿈**"을 실현하기 위해 중국은 군사력의 현대화를 가속화하고 있다. 그 한 예로서 중국은 2027년까지 7기의 항공모함을 건설할 계획이다.

시진핑은 대만을 통합하기 위해서는 군사력사용을 절대로 포기하지 않겠다고 누차 다짐했다. 그는 구 소련에서 공산당이 붕괴했던 데 대해 중국공산당이 가졌던 불안을 해소하기 위해 후 진다오의 집단지도체제를 중단하고 1인독제체제를 선택했다. 이 변화를 상징적으로 보인 것이 20차 전당대회에서 후 진다오를 강제로 퇴장시킨 장면이다. 대외적으로도 그는 중국 꿈을 실현한다는 과대야심을 투사해 국내에서 그의 정당성을 보강하려고 노력했다(Susan Shirk, *Overreach: How China Derailed Its Peaceful Rise*, 2022). 그는 대만과의 전쟁을 준비하기 위해 새 정치국에 그의 충신들과 대만문제를 담당했던 군사령관 허 웨이동을 당 군사위원회의 부위원장으로 기용했다. 이처럼 시진핑이 추구하는 외교 전략은 인도-태평양지역에서 대만을 보호하고 중국을 봉쇄하려는 미국의 역외균형전략과 정면 충돌한다.

중국공산당 전당대회가 개최된 직후 중국에서 예기하지 않았던 변화가 나타났다. 2022년 11월에 갑자기 시진핑의 코로나 전무(0-corona)정책에 항의하기 위해 젊은 세대가 입을 가리고 시위한 "**백지 운동**"이 발생했다. 중국 중산층이 지도자 없이 자발적으로 거행했던 이 무언의 항의가 전국적으로 확대했다. 이 돌발시위를 극복하기 위해 시진핑은 그가 집요하게 고수했던 코로나 전무정책을 갑자기 중단해 백기를 들었다. 이 U-턴은 시진핑과 중국공산당도 큰 실책을 할 수 있다는 것을 백일천하에 보여 주었다. 중국의 방역당국도 사전에 이렇다 할 준비도 없이 갑자기 이 정책변화를 발표했다. 사실 시진핑은 중국의 권위주주의체제가 미국의 자유주의체제보다 월등하다는 것을 증명하기 위해서 코로나 전무정책을 고집했던 것이다. 공산당이 이제 와서 돌연히 그것을 중단하자 중국 사람들은 무조건 공산당을 신뢰할 수 없게 되었다. 투명성 없이 새로 선포한 개방정책이 초래할 결과도 예측하기 어렵다. 다수 방역전문가들은 이 변화는 코로나 바이러스 감염자 수를 증폭할 것이라고 예측했다. 그런데도 시진핑은 국내에서 공산당체제를 보호하기 위해 대외적으로 공세적인 외교정책을 계속했다.

한 가지 분명한 사실은 시진핑이 3년간 강행했던 코로나 전무정책은 중국경제의 성장에 부정적으로 작용했다는 것이다. 코로나 바이러스가 초래한 비용은 이미 3,840억 달러에 달했고 중국의 GDP는 22.2%가량 추락했다는 보도가 있다(*Time*, 2022. 12. 21.) 사실 중국의 경제성장은 2010년대부터 이미 저조하기 시작했다. 2000년대에 중국의 경제총요소 생산성은 3.5%였으나 2010년대에는 0.7%로 하락했다(*Christian Science Monitor*, 2022. 10.14). 2022년에 중국의 GDP 성장률은 3%로 내렸고 총 인구는 61년 만에 처음으로 감소해 중국경제의 하강조짐을 그대로 반영했다. 인구학적으로 중국의 경제발전을 가장 크게 제약하는 요소는 급속도로 진행하는 인구감소와 노령화다. UN의 인구전문가들은 중국의 인구는 현재의 14억 명에서 2050년에는 13억 명으로 줄 것으로 예측했다. 중국의 인구가 감소하고 노령인구가 늘면 노동인구는 줄고 은퇴자들은 늘어나 이들을 부양하는 비용은 상승한다. 이 결과 중국경제의 성장속도가 둔화한다면 중국국력도 약화할 것이다.

대외적으로도 중국의 수출시장은 미중관계의 악화로 인해 크게 위축되었다. 이러한 난관을 극복하기 위해 중국정부는 2022년 12월 15일에 대외수출을 줄이고 국내소비를 진작하려는 장기계획(2022–2035)을 발표했다. 이 계획을 실현하는 데도 여러 가지 어려움이 있다. 아직도 중국에서는 안전한 생활과 건강을 보장하는 연금 및 보험 등 사회안전망이 미비하다. 이러한 여건에서 보통사람들은 언제든지 올 수 있는 질병과 은퇴 후의 생활에 대비하기 위해서 여전히 소비보다도 저축을 해야 한다. 결국 소비증대는 민간부문보다도 공공부문에 집중되어 국내수요를 크게 진작하고 고용을 늘이는 데는 한계가 있다. 특히 2023년 초에 젊은 세대의 실업률은 20%에서 40%에 달했다. 이 결과 중국경제는 디플레이션을 나타냈다. 이 상황을 극복하기 위해 중국은 8월 10일에 중국관광객(유커)들의 단체해외관광을 전면 부활했다. 중국경제가 침체하고 있는 근본적 이유는 생산성과 노동인구가 감소하고 있기 때문이다. IMF에 의하면 중국경제는 당분간 연 평균 4% 정도의 성장을 지속할 것이다(Paul Krugman, "Why is China's Economy stumbling?," *New York Times,* 2023, 8. 10.).

이처럼 경제가 악화하고 있는데도 불구하고 시진핑은 2049년까지 반도체생산의 자립을 위해 1430억 달러의 투자를 투입했다. 2023년 7월에 중국은 반도체생산에 꼭 필요한 2개의 금속부품(Geranium, Gallium) 수출을 금지했다. 중국은 2023년에 세계 희토류의 63%를 차지했다. 중국은 이처럼 희소한 자원 수출을 금지해 반도체 공급의 자립을 추구하고 있다. 사실 중국은 과학 및 기술 분야에서 미국보다 더 많은 논문과 특허권승인을 산출했다. 2022년에 중국은 미국을 추월하기 위해 GDP의 2.5%를 연구개발에 투입해 세계최대 기술투자국이 되었다. 2022년에 중국의 AI와 로봇기술은 미국을 앞섰다. 21세기에는 반도체와 AI와 같은 첨단기술이 세계지정학을 좌우할 것이다. 중국은 미국의 수출금지조치로 인해 미국과 서방에서 반도체부품을 수입할 수 없게 되었다. 2023년 6월에 중국은 국가안보에 관한 정보를 보호하기 위해 "반 간첩법"을 채택했다. 이 조치는 중국 국내에서 외국기업들의 투자를 위축시킬 것이다. 이러한 상황에서 과연 중국이 첨단기술의 자급자족을 달성할 수 있을 것인지는 불확실하다. 만약 이 과대야심목표를 달성하는 데 큰 차질이 생긴다면 시진핑의 업적정당성은 크게 손상할 것이다. 이렇게 되면 그가 집요하게 추구해 온 "중국 꿈"을 실현할 시간은 점점 촉박해 진다. 시진핑이 이 지경에 빠진다면 그는 국내에서 정당성을 유지하기 위해서도 더 강렬한 중화민족주의에 호소해 대만을 침략할 가능성이 있다.

우크라이나 전쟁이 시작한 후 중국은 강대국들 간의 세력균형에서 다소 유리한 위치를 얻었다. 이 전쟁은 러시아가 전략 및 경제적으로는 중국에 더 의존하게 만들었고 그 결과 중국의 영향력은 강화되었기 때문이다. 중국은 이 전쟁에 대해 UN에서 러시아를 지지하고 러시아에서 대폭 할인한 가격으로 석유와 가스를 수입했다. 이 전쟁이 장기화해 러시아의 국력이 지나치게 약화하면 중국은 미국에 항거하는 데 유력한 동반자를 상실하고 유럽 국가들과의 경제관계는 더 악화했다. 중국은 이러한 점을 치밀하게 계산해 러시아에 군사적 지원은 하지 않고 정전과 교전국들 간의 평화회담을 제안했다. 2023년 3월 23일에 시진핑은 전격적으로 러시아를 방문했다. 그는 푸틴과의 정상회담에서 우크라이나 전쟁에 대해서는 러시아의 입장을 지지했다. 한편 푸틴은 정전에 대한 중국의 평화 제안을 긍정적으로 평가했다. 시진핑과 푸틴은 핵무기를 사용하지 않는다는 원칙에 동의했다. 러시아는 미국과 유럽 국가들이 가한 경제제재의 피해를 극복하기 위해 중국과의 경제협력을 더욱 더 심화해 출구를 찾았다. 이 결과 중국의 국제적 위상은 격상했고 러시아는 속국으로 전락했다. 이 회담에서 중국과 러시아는 정치적인 반미연대를 재확인했지만 군사동맹은 결성하지 않았다. 미국은 이 회담 전부터 중국이 러시아에 살상무기를 제공한다는 첩보를 입수해 강력하게 경고했다. 4월 14일에 당시 중국의 새 외교부장 친 강은 이를 부인하고 러시아에 무기를 제공하지 않을 것이라고 공개적으로 선언했다. 푸틴정권이 아주 위태로운 경지에 빠지지 않는 한 중국은 무기를 제공하지 않는 것이 유럽 국가들과 경제 및 기술협력을 유지할 수 있다고 판단한 것이다. 이와 같이 중국은 러시아에 대한 지지와 유럽과의 협력 간에 살얼음 위를 걸어가는 외교균형을 연출했다.

미국과 중국 간의 신 냉전은 구 냉전처럼 서방과 동방 간에 이념적으로 경직하게 양극화하지 않고 주로 정치체제경쟁과 기술경쟁에 집중했다. 바이든은 이 경쟁을 민주주의와 권위주의 간의 가치경쟁이라고 주장했다. 이 시각에서 본다면 우크라이나 전쟁은 자유주의질서가 권위주의질서와 싸우는 세계적 전쟁이다. 지정학적으로 이 경쟁은 자유주의진영과 권위주의진영이 각자의 영향력 권을 확보하기 위해 전개하는 패권경쟁이다. 중국과 러시아가 주도하는 동방은 미국이 주도하는 서방의 자유주의질서를 거부하고 자신이 주도하는 권위주의체제와 "다극화질서"를 추구한다. 서방국가들이 우크라이나 전쟁에 보였던 단합을 지속한다면 이 경쟁에서 서방은 아직도 동방보다 유리한 위치에 있다. 2022년에 중국과 러시아의 GDP는 세계의 약 21%가량이지만 미국, 유럽 및 일본의 GDP는 50%에 달했다. 경제성장에서도 중국의 성장은 2023년에 벽에 부딪쳤으나 미국의 GDP는 앞으로 한 세대 동안 세계 제1위치를 유지할 것이라고 전 재무장관 서머스(Lawrence, H. Summers)가 주장했다(*Washington Post,* 2023. 8. 23.). 미국은 아직도 국제통화체제에서 달러헤게모니를 유지하고 있다. 2022년에 달러는 세계무역 결제에서 75%, 중국의 위안은 2%를 차지하고 세계 각국의 외환보유에서 달러는 59%, 위안은 3%를 차지하고 있기 때문이다. 중국은 국제거래에서 위안화의 태환을 허용하지 않는 한 국제화폐로 달러를 대체하기는 어려울 것이다. 21세기에도 미국은 단독으로 세계적 헤게모니를 행사하기는 어렵겠지만 여전히 초강국으로 남아 세계적 리더십을 행사할 것이다.

(4) 일본의 강대국부상

일본은 미국이 주도하는 NATO전략에 동참해 하나의 강대국으로 부상했다. 2022년 4월에 일본은 처음으로 방위비예산을 GDP의 2%까지 증가하기로 결정했다. 이 계획이 실현되면 일본의 방위비는 1060억 달러에 달해 세계3위를 차지한다. 이는 유럽에서 독일이 시작한 재무장과 못지않게 않게 동아시아서 일본이 시작한 지각적 변화다. 기시다 총리는 2022년 7월에 개최된 NATO정상회의에 참석해 오늘의 우크라이나가 내일의 동아시아가 될 수 있다고 하면서 중국의 도전이 NATO의 "전략적 우선"이라는 원칙에 동의했다. 2022년에 발표한 국가안보전략에서 일본은 어느 국가가 "일방적으로 현상유지를 변경하는 것을 억지"할 수 있는 능력을 확보하겠다고 선언했다. 이러한 군사력은 단순히 자위를 위해서가 아니라 동아시아지역으로 투사하기 위해 필요한 것이다.

기시다는 2022년 12월에 아베가 남겼던 유산을 계승해 아－태지역에서 중국과 북한의 위협에 대응하기 위해 방위비를 두 배로 증액하는 5개년계획을 발표했다. 이 계획은 잠재적 적국이 일본에 대해 미사일을 발사하려는 징조를 보이면 일본은 즉각 그 발사원점을 공격한다는 내용을 포함했다. 일본은 이러한 반격능력을 가진 순항미사일 1000여기를 도입할 계획이다. 2023년 1월에 기시다가 워싱턴을 방문했을 때 바이든은 기시다의 계획을 전폭 지지했다. 2023년 3월 20일에 시진핑이 푸틴과 정상회담을 하고 있을 바로 그때 기시다는 우크라이나를 방문해 젤렌스키와 정상회담을 가졌다. 2023년 5월에 제2차 세계대전 때 원자탄 세례를 받았던 히로시마에서 개최한 G－7 정상회담에서 기시다는 인도, 인도네시아 및 브라질의 정상들을 초청해 서방과 남방 간에 다리를 구축하려는 건설적 외교를 시도했다. 이처럼 일본은 인도－태평양지역에서 미국이 가장 신뢰하는 동맹국으로 부상하고 있다.

(5) 울타리에 앉기 시작한 인도 및 남방의 개도국들

인도는 러시아에 대한 경제제재에 가담하지 않고 울타리에 앉아 종전의 "비참여"태세를 나타냈다. 브라질, 인도네시아, 남아공화국, 사우디아라비아, 이스라엘 및 기타 개도국들은 이러한 태세로 가능한 한 자국의 이익을 방어하기 위해 중간위치를 선택했다. 이 입장은 중립이 아니라 어느 편을 선택하지 않고 양다리를 걸치려는 시도다. 2022년에 UN이 러시아를 규탄하는 결의안을 상정했을 때 주로 남방(global south)의 개도국들 중 58개국들이 기권했다. 2022년 11월에 인도네시아에서 개최되었던 G20회의는 우크라이나 전쟁에 대해 인도 총리 모디가 제시했던 "지금은 전쟁의 시대가 아니다"라는 원칙에 합의했다. 이처럼 인도는 동방과 서방에 양다리를 걸친 국가들과 제휴했다. 2022년 12월 9일에 인도와 중국의 군대가 북부국경지역에서 주먹으로 싸워 40여 명의 부상자를 초래했다. 이 사건은 인도해군이 미국해군과 공동으로 군사연습을 실시하고 있을 때 2년 만에 다시 발생했던 것이다. 이 대결로 인해 인도는 중국과는 다시 거리를 두고 미국에 접근하게 되었다. 2023년 6월에 모디는 미국을 방문했다. 그는 바이든과의 회담에서 양국이 제트기 엔진(GE－F414)을 공동생산하기로 합의했다. 이러한 군사협력은 인도가 중국을 견제하기 위해 취한 과감한 조치다.

2023년 9월에 모디는 인도에서 개최된 G－20 정상회담에서 남방의 대표로서 활동해 서방과 동방 간에 다리를 놓는 외교를 실시해 가시적인 성과를 냈다. 그는 이 회담에서 우크라이나 전쟁에 대해서 미국, 중국 및 러시아가 동의하는 공동선언을 채택하는 데 성공했다. 이 선언은 우크라이나를 침략한 러시아를 규탄했던 2022년 선언과 달리 단지 강제력으로 타국의 영토를 침략하지 않아야 한다는 UN 헌장만 인용했다. 한편 모디는 55개 국가로 구성된 아프리카연합(AU)을 G－20의 새로운 회원으로 동참하게 만드는데 외교력을 발휘했다. 이 회담에서 바이든과 모디는 "**인도－중동－유럽 경제행랑**"을 구축하는 구상을 발표했다. 이는 중국의 "**일대일로**"계획에 대한 하나의 대안으로서 3개 지역을 관통하는 철도, 항만 및 인프라 시설을 연결해 상호 협력한다는 장기계획이다. 이 구상의 구체적 내용은 미국, 인도, 사우디아라비아, 독일 등 주도국들의 합의에 의해서 점차 자세하게 밝혀질 것이다. 시진핑과 푸틴이 처음으로 참석하지 않았던 이번 G－20정상회담에서 모디는 이러한 야심적 계획을 발표해 남방의 지도자로 부상하기 시작했다. 21세기에 인도의 경제규모는 일본을 제치고 미국과 중국 다음의 제3대국가로 격상할 것이다. 이 결과 인도는 서방과 동방 간에 중재역할을 시도하면서 남방의 지도자로 부상할 것이다.

사우디아라비아는 2022년 12월에 시진핑을 초청해 중국과 약 340억 달러 규모의 경제협력에 합의했다. 그런데도 사우디아라비아는 상호간의 무역에서 중국 화폐 위안으로 결제하자는 시진핑의 요청은 수락하지 않았다. 2023년 3월에 사우디아라비아는 중국의 중재로 이란과 외교관계를 부활해 7년간의 긴장관계를 끝냈다. 중국은 이 중재에 성공해 중동에서 미국과 경쟁하기 시작했다. 이 움직임에 대해 미국은 사우디아라비아와 이스라엘 간에 관계개선을 적극 추진했다. 이처럼 중동의 아랍 국가들이 이스라엘과 관계개선을 추구하자 팔레스타인은 고립되기 시작했다. 2023년 10월 7일에 가자지구에서 2007년부터 통치해온 이슬람 무장단체 하마스는 이 고립에서 탈피해 자신들의 입지를 고수하기 위해 이란에서 무기지원을 받아 이스라엘에 기습공격을 가했다. 이 결과 사우디아라비아와 이스라엘의 화해기도는 당분간 진전하기 어렵게 되었다. 그런데도 이 노력은 중단하지는 않을 것이다. 중동의 주권국가들은 이슬람과 이스라엘 간의 전통적인 갈등에서 벗어나 자신들의 독자적인 국가이익을 추구하려고 계속 노력할 것이다. 이는 중동에서도 민족국가들 간의 정상적 국제관계가 정립하고 있는 징조다.

이처럼 인도와 사우디아라비아, 이집트, 남아 공화국, 브라질, 인도네시아 등 남방국가들은 미국과 중국 간에 일종의 중간위치를 모색했다. 냉전후기가 끝난 뒤에 점차 다극화하고 있는 국제정치에서 그들은 미국과 중국 간에 어느 한쪽을 택하지 않아도 생존할 수 있다는 것을 보여 주었다. 이러한 현상은 강대국관계가 “신 냉전”으로 경직하게 양극화하지 않고 느슨하게 다극화하는 데 기여했다.

(6) 미국과 중국 간에 전쟁위험이 고조하고 있다.

기본적으로 21세기의 국제정치는 양극화보다도 다극화한 강대국정치를 지향하고 있다. 여기서 미국과 중국이 패권경쟁을 가속화하자 **전쟁위험이 고조하고 있**

다. 2023년 현재 미중관계는 대만과 우크라이나 문제로 인해 긴장과 갈등이 확대하고 있다. 이러한 추세는 이른바 "투키디데스 함정"의 전형적 징후다. 이 두 초강국이 전쟁을 피할 수 있을 것인지는 21세기의 최대 관심사다. 미국과 중국은 가능한 한 전쟁을 피하기 위해 의식적으로 여러 가지 노력을 전개하고 있다. 그들은 각자의 영향력 권을 확보하기 위해서는 경쟁하면서도 공동이익의 영역에 대해서는 협력과 타협을 시도하고 있다. 미국은 안보와 직결된 첨단기술과 공급망에 대해서만 그것을 중국과의 교류에서 **분리**(de－couple)했으나 기타부문의 경제교류를 다 금지하지 않았다. 2023년 5월에 일본에서 개최된 G－7정상회담은 중국 경제 및 기술도전에 대해 서방의 경제 및 기술을 보호하기 위해 일종의 집단적 경제방어 조치를 취했다. 이 조치를 실현하는 방법에서 G－7은 프랑스 등 유럽 국가들의 의견을 수용해 중국의 "경제적 강압"에 대처하는 행동을 "분리"(decoupling)라는 말 대신에 **"위험축소"**(de－risking)와 다변화라는 용어로 표현했다. 서방국가들이 이처럼 중국에 대해 신중하게 대응한 것은 중국과 대결과 전쟁을 추구하지 않고 오로지 안보 및 경제적 위협을 축소하는 데 역점을 두기 위해서다. 서방국가들은 인류를 위협하는 기후변화와 코로나 바이러스에 대해서는 중국과 협력을 계속 추구했다.

21세기 세계의 세력균형은 크게 봐서 서방, 동방 및 남방 간에 **3분화**하고 있다. 서방에서는 자유주의질서가 지속하고 있다. 동방에서는 중국 및 러시아가 권위주의질서를 고수하고 있다. 남방에서는 개도국들이 서방과 동방에 편승하지 않고 양자 간에 중간위치를 시도하고 있으나 단합되지 않고 있다. 우크라이나 전쟁에서 서방국가들은 자유주의질서를 지키기 위해서 집단적으로 우크라이나를 지원했다. 이처럼 다극화하고 있는 강대국정치는 맹수들이 들끓는 정글은 아니더라도 매우 위험하게 전개되고 있다. 이러한 세계에서는 언제든지 전쟁이 일어날 수 있다. 2023년 5월 27일에 100세가 된 키신저는 5년 내지 10년 내에 제3차 전쟁이 발생할 것을 심각하게 우려했다. 그는 현재 세계는 "제1차 세계대전 직전상황의 고전적 반복"을 나타내면서 3차 대전을 향해 가고 있다고 지적했다. 다만 지금이 제1차 세계대전 때와 다른 두 가지 점은 미국과 중국이 핵무기를 가진 것과 AI를 개발하고 있는 것이다. 특히 그는 AI의 위험에 대해 집중적으로 경고했다. 만약 이 미지의 능력을 가진 기계가 자신의 작동을 스스로 멈추기를 거부한다면 인류를 파멸할 수 있다는 것이다. 그는 이러한 위험을 피하기 위해서도 미국과 중국은 서로 자제하고 공존할 수 있는 길을 모색해야 한다고 주장했다(*The Economist*, 2023. 5. 17.). 인공지능이 인간을 통제하지 않고 인간이 인공지능을 통제하기 위해서도 미국과 중국은 AI운용에 대해서는 국제적 지침과 규범을 마련하는데 협력해야 할 것이다.

2023년 6월에 미국은 의도하지 않는 우발적 전쟁위험을 불식하기 위해 중국과 대화와 협력을 정상화하려고 기도했다. 이 노력의 일환으로 미국의 블링컨 국무장관, 옐린 재무장관 및 케리(John Kerry) 기후변화담당 특사가 중국을 방문해 보다 안정된 미중관계를 탐색했다. 중국은 대화와 교류를 복원한다는 원칙에는 동의했지만 양국군부 간에 직접적인 소통부활은 거부했다. 중국이 군사대화를 거부한 공식이유는 미국이 가한 제제이지만 그보다 더 중요한 이유는 대만에 대한 미국정책에 대한 반발이다. 세계 녹색가스의 4분의 1을 배출하고 석탄의 절반을 태우고 있는 중국은 아직도 자신이 정한 속도에 따라 이를 감축하다는 입장을 고수하면서 기후변화에 대해 미국과의 협력을 외면했다. 이러한 여건에서 키신저도 직접 베이징에 가 시진핑과 국방장관 등 고위층과 대화했지만 가시적인 성과는 없었다.

2023년 11월에 미국의 샌프란시스코에서 열렸던 APEC정상회담에서 미국과 중국은 정상회담을 가졌다. 이 회담에서 시진핑은 시급한 국내경제위기를 극복하기 위해 중단되었던 군사소통을 부활하고 마약차단과 AI위험에 대한 대화를 재개하기로 바이든과 합의했다. 대만문제에 대해서 중국은 "하나의 중국정책"을 끝까지 추구하며 이를 실현하기 위해서는 무력도 사용한다는 입장을 계속 고집했다. 이처럼 미국과 중국이 대만문제에 대해 각자의 입장을 끝까지 고집한다면 양국 간에 지도자의 오판에 의한 전쟁이 언제든지 일어날 수 있다.

(7) 세계적 경기침체와 식량, 에너지 및 생태적 위기

우크라이나 전쟁은 세계경제의 공급망을 파손해 극심한 인플레이션과 경기침체, 식량 및 에너지 위기, 기후변화 및 코로나 팬데믹의 악화를 초래했다. 2022년의 기후변화정상회담은 여전히 대 재앙을 피하기 위해 필요한 획기적인 탄소감축안을 채택하는 데 실패했다. 이 결과 21세기말까지 섭씨 1.5도 이하로 기온을 낮추는 목표는 거의 불가능해 졌다. 2023년 3월 20일에 IPCC는 2035년까지 세계가 온실가스의 60%를 감축하지 않는다면 세계는 더 큰 재앙을 맞이할 것이라고 재차 경고했다. 2023년 7월에 지구가 거의 열대화하는 징후를 나타내자 실제로 이러한 재난이 발생했다. 갑자기 내린 폭우로 베이징이 물바다로 변한 것이 그 증거다. 그런데도 강대국들은 이러한 기후변화를 방지하는데 아직도 협력하지 않고 있는 것이 끔직한 현실이다.

2022년에 우크라이나 전쟁을 개시한 후 러시아는 독일 등 유럽 국가들에 가스와 석유수출을 감축 또는 중단했다. 이 결과 세계 에너지 가격이 폭등해 물가는 오르고 성장은 둔화해 세계경기가 침체했다. 식량공급에서 러시아와 우크라이나는 세계가 소비하는 밀의 3분의 1을 생산한다. 2023년에 러시아는 우크라이나의 밀 수출을 중단했다가 UN과 터키가 중재해 흑해를 통한 밀 운송을 허용한 곡물협정을 체결했다. 7월에 전쟁이 격화하자 러시아는 다시 이 협정을 중단했다. 이 결과 많은 아프리카국가들은 심각한 식량위기에 처했다. 4월에 군벌들이 수단에서 시작한 내전은 수백만 명의 난민들을 해외로 유출했다. 이러한 갈등은 식량가격을 폭등시켜 세계적 식량위기를 초래했다. 세계 식량프로그램(WFP)은 79개 국가에서 3억 4천 5백만 명이 절대빈곤을 겪고 있다고 보고했다(*Christian Science Monitor,* 2023. 5. 17). 중국과 러시아는 기후변화, 우주개발 및 핵무기 확산 방지 등 세계적 문제에 대해서도 미국과 협력을 중단했다. 이처럼 동시다발적으로 인류의 생존을 위협하는 문제에 대해서는 강대국들은 다시 협력을 부활해야 할 것이다.

제2부

동아시아는 어디로 가는가?
동아시아의 정치경제와 미중관계:
신 냉전 또는 강대국정치

동아시아에서는 20세기 중반부터 미국의 국력은 상대적으로 쇠퇴하고 중국, 일본 및 인도의 국력이 성장하자 국제정치의 중심축이 유럽에서 아시아로 이전했다(Gideon Rachman, *Easternization: Asia's Rise and America's Decline from Obama to Trump and Beyond*, 2017). 동아시아는 세계에서 가장 큰 영토와 인구를 가진 지역으로 지구의 30%를 차지하고 있다. 이 방대한 지역은 서쪽에 태평양, 남쪽에 인도양, 북쪽에 북극양과 인접하고 있다. 이 동아시아지역에서 세계의 위대한 문명과 종교가 탄생했다. 21세기에 세계의 무역, 투자 및 생산이 44억 명의 인구를 가진 아시아에 집중되고 있다. 미국과 중국이 이 지역에서 체제 및 패권경쟁을 격화하고 있다. 일본을 제외한 강대국들(미국, 중국, 러시아, 인도)과 북한은 핵무기를 보유하고 있다. 이 결과 긴장이 고조하고 있으며 특히 대만해협과 한반도에서 전쟁이 일어날 가능성이 존재한다.

제23장

21세기동아시아질서는 어디로: 중화질서와 중국의 현대화

여기서 '**동아시아**'라 함은 동북아시아와 동남아시아를 포함한 지역을 말한다. 동북아시아는 중국, 일본 및 한국이 위치한 지역이다. 역사적으로 이 지역에서는 16세기까지 중국의 중화질서가 군림했다. 16세기부터 19세기까지 유럽 국가들은 산업화와 과학기술혁명을 수행하면서 민족국가로 발전해 현대화에 성공했다. 동아시아국가들은 16세기부터 서양의 제도를 도입해 현대화를 수행하려고 기도했지만 대체로 실패했다. 19세기에 영국, 유럽열강 및 미국이 경쟁하는 강대국정치가 중국, 일본, 조선 및 기타 동아시아 국가에 파급되었다. 이 과정에서 일본이 중국보다 먼저 현대화에 성공했다. 중국은 현대화에 실패해 중화질서는 와해했다. 조선도 현대화에 실패해 일본식민지가 되었다. 20세기의 동아시아에서 일본은 자국중심 질서를 구축하려고 노력했으나 태평양전쟁에서 패배했다. 1945년부터 미국은 동아시아에서 자유주의질서를 추진했다. 21세기 초부터 중국은 미국 중심질서에 수정주의 도전을 개시해 미국과 패권경쟁을 전개하고 있다.

1. 16세기이전의 유럽과 동아시아

16세기까지 아시아는 유럽에서 멀리 격리되었던 대륙이었다. 12세기부터 유럽인들은 아시아를 지리적으로 근동(Near East)과 중동(Middle East)보다 더 동쪽에 위치했기에 이를 극동(Far East)이라 불렀다. 1960년대에 일본, 한국, 동남아국가들 및 중국경제가 급부상하자 미국학자들은 이 지역을 "**동아시아**"(East Asia)라고 부르기 시작했다. 16세기 이전에 동아시아국가들은 고대부터 유럽과 무역, 종교 및 문화적 교류를 실시했지만 공식적 외교관계는 거의 발전하지 않았다. 이 시기에 동아시아와 유럽을 연결했던 대통로는 이른바 **실크로드**(Silk Road)다. 이는 기본적으로 동쪽에서 한국, 일본, 중국 및 인도 등과 유럽남부와 지중해까지 연결되었던 무역통로를 말한다. 이 대 무역통로를 통해 유럽, 중동 및 중국의 상인들이 비단, 향료, 차 및 도자기를 거래했다. 중국에 파견된 인도와 유럽선교사들은 불교와 기독교를 전파했다.

최근에 동아시아와 유럽을 지역을 연결하는 실크로드에 중요한 교량구축 역할을 했던 것은 페르시아제국(the Persian Empire)이었다는 사실이 발견되었다(Peter Frankopan, *The Silk Roads: A New History of the World*, 2015). 페르시아(지금의 이란)상인들이 아시아와 유럽의 여러 나라를 왕래하면서 무역과 문화를 교류했다는 것이다. 이 견해에 의하면 실크로드는 하나가 아니라 많은 통로들이라는 것이다. 중국에서는 기원2세기에 한조가 이 통로를 보호하기 위해 만리장성을 서쪽으로 확대했다. 13세기에 칭기즈 칸(Genghis Khan)이 유럽에까지 세력을 확장했을 때 동아시아와 유럽 간에 종교 및 문화교류가 활발히 전개되었다. 당시 몽고군은 전쟁만 한 것이 아니라 문화 및 종교의 통로를 개척했다. 이 시기에 기독교와 회교는 상호 간에 관용적 관계를 유지했다. 2013년 9월에 시진핑이 "일대일로"(一帶一路)라는 야심적 계획을 발표했는데 이는 사실상 고대의 실크로드를 중국을 중심으로 다시 부활하겠다는 구상이다.

원래 기원1세기부터 15세기까지 동방의 문명은 서방보다 앞섰던 것이 사실이다. 중국과학사를 깊이 연구했던 영국의 과학 및 역사학자, 니덤(Joseph Needham)은 15세기 이전에 천문학과 수학에서 중국의 과학수준은 유럽보다 우월했다고 지적했다. 16세기부터 중국은 유럽이 이루었던 과학혁명과 산업혁명을 완수하려고 기도했으나 결국 실패해 유럽 국가들에게 뒤처지기 시작했다. 여기서 말하는 "**과학혁명**"은 17세기에 갈릴레오와 뉴턴이 그리스의 아리스토텔레스가 주도했던 고대 및 중세과학에서 탈피해 새로운 "과학적 방법"을 개시했던 변화를 말한다. 아리스토텔레스는 우주와 자연에 대해 천동설을 연역적으로 설명했다. 이에 반하여 1542년에 코페르니쿠스는 귀납적으로 지동설을 발표했다. 갈릴레오와 뉴턴은 지동설과 중력의 법칙을 관찰 또는 실험을 통해 인과법칙으로 설명했다. 이처럼 귀납적으로 자연의 법칙을 설명하는 것을 "과학적 방법"이라 불렀다. 17세기부터 유럽의 과학자들은 이 "과학적 방법"에 의해 자연을 정복하는 지식을 터득해 재화를 생산하는 산업혁명을 수행했다. 유럽은 이 과학기술혁명을 활용해 산업혁명과 현대화를 성취해 중국에 앞섰던 것이다.

니덤은 왜 이러한 과학 및 산업혁명이 중국에서는 일어나지 않았는지를 규명해 보려고 노력했다. 그는 그 주원인을 유교의 영향에서 찾았다. 유교는 연역적 통치철학과 정신적 학문을 과학적 실험과 수학적 측량보다 훨씬 더 중시해 주로 과거에 급제한 인재들을 관료조직에 등용했다. 이 선비출신의 관료들은 물리적 실험을 하는 장인들과 장사를 하는 상인들을 홀대했다. 이러한 유교풍토에서 과학혁명과 산업혁명이 발전하기는 어려웠다는 것이다(Needham, *The Grand Traditions: Science and Society in East and West*, 1959). 여기서 "현대화"라는 개념은 사회 경제적으로 도시화 및 산업화(공업화), 정치적으로 통치체제의 구조적 변화, 문화적으로 합리적 사고를 의미한다. 유럽에서는 이러한 현대화가 16세기부터 점진적으로 발전했다. 중국에서는 이 현대화가 19세기에 서양열강이 침범해 올 때까지 일어나지 않았다.

13세기에 마르코 폴로(Marco Polo: 1254－1324)는 베니스의 한 상인으로서 중국을 방문했다. 이탈리아에 귀국한 뒤 그는 여행기록을 출판해 중국, 인도 및 일본의 생활상을 유럽인들에게 소개했다. 콜럼버스도 이 기록에서 크게 자극을 받아 미주대륙발견에 나섰다. 마르코 폴로는 중국에 지도를 작성하는 기술을 소개했지만 중국 관리들과는 접촉하지 않았다. 17세기에 이태리의 구교선교사 마테오 리치(Matteo Ricci: 1552－1610)가 유럽인으로서는 처음으로 명나라의 자금성에 들어가 당시 萬歷황제의 고문이 되어 서양의 천문학과 세계지도를 소개했다. 그는 유교와 기독교(구교)가 서로 상반된 종교가 아니라 보완한다고 주장하면서 중국에서 구교를 전파했다. 당시 명나라에 가서 그를 만났던 조선의 사신들도 귀국한 뒤 조선에서 구교를 전파했으며 실학에도 영향을 끼쳤다. 동서양 간에 이렇게 간헐적으로 발생했던 접촉은 중국의 문명에 큰 영향을 끼치지 못했다.

18세기부터 서양의 강대국들이 본격적으로 중국에 진출해 유럽에서 이미 정착했던 민족국가, 민주주의, 자본주의, 과학기술, 기독교 및 세력균형과 같은 제도를 본격적으로 전파했다. 동아시아에서는 1800년부터 1945년 사이에 중국, 일본 및 조선이 서양제도를 도입해 어떻게 현대화하느냐에 따라서 그 국가운명이 달라졌다. 이 현대화의 도입에서 중국은 실패해 공산주의혁명을 겪었다. 이와 대조적으로 일본은 먼저 현대화에 성공해 강대국으로 부상해 제2차 세계대전에 개입해 싸웠으나 패배했다. 조선(한반도)은 현대화에 실패해 일본의 식민지가 되었다. 제2차 세계대전의 종전 후에 조선은 남북으로 양단되어 전쟁까지 치렀다.

1945년부터 동아시아국가들은 유럽과는 다른 조건에서 현대화를 추진했다. 이러한 역사적 발전에 대해서 대중적 인기를 모아온 역사학자 퍼거슨의 견해에 한번 주목해볼 필요가 있다. 그는 *"문명"*이라는 저서에서 1500년부터 서방국가들이 중국과 이슬람(회교)국가들보다 앞서 발전했던 것은 그들이 여섯 가지 "**킬러 앱**"(살인적 응용: killer apps)을 철저히 실천했기 때문이라고 주장했다. 이들은 곧 경쟁, 과학, 법치, 의약, 소비주의 및 직업윤리다. 1500년에 유럽은 지구의 10%를 차지했고 세계적 부(wealth)의 40%를 생산한 산업혁명을 성취했다. 유럽은 1913년에는 지구의 60%를 지배했고 세계부의 80%를 생산했다. 이 업적은 유럽 국가들이 짐승과 같이 맹렬하게 경쟁과 전쟁을 실시했으며 뉴턴 경(Sir Isaac Newton)과 같은 위대한 과학자들을 배출해 다른 지역보다 먼저 과학혁명과 산업혁명을 달성했기 때문에 서방이 동방보다 앞서게 되었다(Niall Ferguson, *Civilization: The West and the Rest*, 2011).

1500년부터 1895년까지 동아시아에서는 중화질서가 군림했다. 19세기에 영국과 기타 유럽열강이 중국에 진출해 중화질서에 도전을 가했다. 중국은 서양열강이 이미 성취했던 정치체제변혁과 산업화를 달성하지 못해 그들과의 전쟁에서 패배했다. 이 결과 중화질서는 와해했으며 중국인들은 극심한 굴욕을 겪었다. 이와 대조적으로 일본은 19세기에 청나라보다 먼저 개방해 메이지유신과 산업혁명을 수행해 1895년에 중국과의 전쟁에서 승리했다. 1895년부터 1945년까지 동아시아에서 일본중심질서가 형성되었다. 1945년에 일본이 미국에게 항복한 뒤 2008년까지 동아시아에서 미국중심질서가 계속했다. 2008년부터 중국이 동아시아에서 미국이 누렸던 헤게모니에 도전을 가하자 미중 간에 패권력경쟁이 가열했다. 21세기에 중국이 18세기까지 누렸던 중화질서를 부활할 것인가? 중국이 주도할 동방의 문명은 서방의 문명과 어떻게 다른 모습을 보일까? 이러한 문제에 대한 답을 찾으려면 먼저 중화질서의 유산과 중국의 현대화과정을 살펴보아야 한다.

2. 중화질서(1500-1895)의 유산

역사적으로 동아시아에서는 1500년부터 1895년까지 중국이 구축했던 중화질서가 군림했다. 이 질서의 구조는 불평등한 서열을 나타냈다. 중국인들은 이 서열을 텐샤(天下)라고 불렀다. 즉 하늘아래의 세상이 곧 중국이라는 뜻이다. 이 서열의 정상에는 텐지(天子)라고 하는 황제가 기타 어느 나라들보다 우월한 중국의 문명을 천하에 전파했다. 중국의 주변부에 위치했던 국가들은 텐지의 권위를 공경했으며 그에게 조공을 바쳤다. 만약 어느 한 종속국이 이 의례를 거부했을 때 중국의 텐지는 군사력을 사용해 가차 없이 그 나라를 징벌했다(Howard French, *Everything under the Heavens: How the Past Helps China's Push for Global Power*, 2017).

매년 종속국의 사신들은 베이징을 방문해 중국의 황제, 즉 텐지에게 아홉 번 절을 하고 조공을 바쳤다. 천자는 이 사신에게 册封(국가승인)을 내리고 예물을 주었다. 종속국이 이러한 의례를 수용했을 때 텐지는 그 내정에 공식적 간섭은 피하고 비공식적 독립을 인정해 주었다. 일본은 바다에 의해 중국에서 격리되어 있었기에 이러한 공식적 의례를 피할 수 있었다. 그러나 조선, 티베트, 베트남과 기타 주변국들은 중국에 대해 이러한 국제관계의례를 충실하게 이행했다. 중국의 마지막 왕조인 청나라의 국제관계도 주로 이러한 외교 및 무역을 통해 이루어 졌다. 이처럼 “공식적 서열”과 “비공식적 불평등”을 결합한 국제관계는 5세기 동안 동아시아에서 평화와 안정을 유지하게 만들었다(David C. Kang, *East Asia before the West: Five Centuries of Trade and Tribute*, 2010).

18세기에 들어와서 서양의 열강들이 동아시아에 진출해 이러한 국제관계에 도전을 가하자 중화질서는 붕괴하기 시작했다. 1497년부터 유럽 국가들이 중국과 무역을 개시하려고 기도했다. 이 때 주로 포르투갈과 네덜란드의 상선들이 동아시아에 와서 탐험과 무역을 추구했다. 1602년에 네덜란드는 네덜란드동인도회사를 설립해 해양무역을 전담시켰다. 그 뒤 영국, 프랑스, 독일과 같은 열강이 아프리카와 아시아에 식민지를 개척했다. 그들은 동아시아에 진출해 1648년의 웨스트팔리아조약에서 정립되었던 규범인 주권국가의 평등과 국제법에 근거해 중국과 외교관계를 수립할 것을 요구했다. 영국이 최초로 청나라와 국교를 수립하고 무역을 개시할 것을 원했다. 이에 대해 1793년에 청나라의 첸롱(乾隆)황제는 영국왕 조지3세(King George III)에게 서신을 보내어 청나라의 텐샤는 방대한 영토로서 기타 모든 국가들에게 덕을 베풀고 있으므로 그들의 왕들이 천자에게 사신들을 보내 조공을 바치고 있다고 자랑했다. 조지왕은 첸롱 황제의 80주년 탄생일에 인도에서 근무했던 매카트니 경(Lord George Macartney)을 청나라조정에 보내어 축하와 선물을 전달하도록 지시했다. 이때 대영제국을 대표한 매카트니 경은 청나라 황제에게 9번 절하는 의례를 거부했다. 치엔롱은 결국 영국관례에 따라 한번만 절하는 것을 허용했으나 무역은 거부했다. 역사학자들은 이 사건이 서양의 웨스트팔리아질서와 동양의 중화질서 간의 갈등을 상징했다고 설명했다(John K. Fairbank, Edwin O. Reischauer, Albert M. Craig, *East Asia: Tradition and Transformation*, 1973). 당시 청나라의 치엔롱 황제는 당시에 영국의 막강한 국력실상을 잘 알고 있었기에 대영제국에 대해 사실상 실용주의적인 반응을 보였던 것이다(Warren I. Cohen, *East Asia at the Center*, 2000).

3. 중화질서의 붕괴와 중국의 현대화(1800-1949)

1800년부터 1945년까지 청나라는 서양열강과 교류한 뒤 정치 및 경제적 현대화를 달성하려고 노력했다. 이 노력에서 청나라가 결국 실패하자 중화질서는 1911년에 붕괴했다. 1911년부터 1949년까지 중국에서는 국민당과 공산당이 정권을 장악하기 위한 내전을 전개했다. 이 투쟁에서 공산당이 결국 승리해 1949년에 공산당정권을 수립했다. 중국현대사에서 주목해야 할 점은 현대화에 대한 청나라의 태도는 도쿠가와 시대 말기의 일본의 대응과는 매우 달랐다는 사실이다.

청나라는 중국왕조의 오랜 전통과 문화를 근본으로 삼고 다만 서양에서 필요한 기술만 배워 국력을 키우겠다는 "**中體西用**" 원칙을 고수했다. 이는 청나라는 중국의 전통을 지키면서 다만 서양에서는 기술을 도입하겠다는 것이다. 서태후가 섭정을 행사하는 동안 청나라조정은 가능한 한 개방을 지연시키려고 온갖 노력을 다했다. 황제와 조정의 고위관리들은 19세기 유럽에서 진행했던 강대국정치의 급류에 대해 무지해 여전히 중화질서를 강하게 옹호했다. 그들은 어떻게 이 질서를 개혁해야 할지에 대해서 합의를 이루지 못했다. 그 결과 현대화를 지향한 개혁세력이 정권을 장악할 수 없었다. 단기적으로 청나라관리들과 개혁파들의 공통된 목적은 자신들의 권력을 유지하는 것이었다. 이 목적을 위해 그들은 지속적인 투쟁과 분열을 나타냈다. 이러한 투쟁이 조정과 사회에 만연되자 天子는 "天命"을 상실하기 시작했다. 여기서 천명은 현대정치학에서 말하는 정당성과 같은 개념이다. 청나라의 각 지방에서는 새로운 세력들이 조성되어 항의운동과 농민반란을 일으켰다. 이러한 상황에서 청나라는 서양열강과의 전쟁에서 매번 굴욕적인 패배를 당하자 천자는 천명을 상실하고 천하(중화질서)는 점차 와해했다.

19세기국제정치에서 청나라와 영국 간에 어느 쪽이 승리하느냐는 국력, 특히 해군력이 결정했다. 공식적 무역을 거부당한 영국무역상들은 인도에서 재배했던 아편을 중국의 동해안에 밀수했다. 청나라당국은 이 밀수선들의 아편을 몰수하고 선박들을 불태워 버렸다. 영국은 이미 대양을 제패했던 해군함정들을 보내어 중국해안에 포격을 개시해 아편전쟁(1839－42)을 개시했다. 이 전쟁에서 패배한 청나라는 1842년에 **난징조약**을 서명해 영국에 홍콩을 이양했고 기타 항구도시들을 개방했다. 이렇게 개항한 도시에서 영국인들은 조차지를 건축해 거기서 치외 법권을 누리고 무역에서 최혜국대우를 받았다. 그 뒤 청나라는 프랑스, 독일, 러시아 및 일본과도 이러한 "불평등조약"을 체결해 80여 개 항구들을 개항했다. 여기서 외국인들은 교회, 학교, 클럽 등을 개설해 그들만의 특권을 향유했다. 이 결과 19세기중엽에 중국은 사실상 열강의 반식민지로 변화하고 있었다.

이 외세의 침범은 중화질서의 붕괴를 더욱 더 가속화했다. 청나라 국내에서 외국문명이 사회전반에 파급되자 여러 가지 충격을 자아냈고 격심한 반발을 초래했다. 각 지방에서는 외국인들의 침입과 이를 방지하지 못했던 청나라조정에 대해 항거하는 농민반란이 지속적으로 일어났다. 이중에서 가장 유명한 반란이 1850년에서 1864년까지 계속되었던 "**태평천국의 난**"이다. 홍슈취안(洪秀全)이라는 과거에서 실패했던 한 인물이 자기가 예수의 동생이라 자처하면서 청나라를 구하겠다는 명분으로 이 반란의 지도자로 등장했다. 그는 과거제도를 철폐하고 평등한 사회와 태평한 국가를 건설하기 위해 농민들을 동원해 이 반란운동을 지휘했다. 이 반란은 전국에 확대해 간수성을 제외한 모든 성에 파급해 청나라의 권위와 정당성을 위협했다. 당시 청나라조정에서는 어린 황제를 대신해서 섭정을 맡았던 시타이후(西太后)는 리훙장(李鴻章)과 쩡궈판(曾國藩)을 지휘관으로 임명해 이 반란을 진압하게 지시했다. 한편 반란군들의 지도층은 대부분 하카와 장족으로 구성되었기에 그들의 지도자들 간과 각 지방 간에 분열이 일어나 청나라관리들의 지지를 확보하지 못했다. 결국 한족출신 리훙장(李鴻章)과 쩡궈판(曾國藩)이 이끈 관군들이 이 반란을 진압했다. 이때부터 청나라의 지배계층은 만주족에서 한족으로 이전하기 시작했다. 이러한 과정에서 漢민족주의가 서서히 고개를 들기 시작했다.

태평천국의 난은 결국 실패했지만 그 여파는 후세의 중국사회 및 정치권에서 보다 과감한 혁명이 불가피하다는 것을 보여 주었다. 마오쩌둥은 이 난이 나중에 성공했던 농민 및 공산주의혁명의 원천이 되었다고 주장했다. 당시에도 이 반란은 중국사회를 뿌리째 뒤흔들어 놓았던 대사건이었다. 이 농민반란을 겪으면서 대부분의 중국인들은 청나라가 어떤 형태로든지 근본적으로 변혁해야 한다는 것을 공감하게 되었다. 1861년의 제2차 아편전쟁과 프랑스와의 전쟁에서 청나라는 다시 패배해 베이징 및 텐진조약을 체결하고 외국군대의 주둔을 허용했다. 이 굴욕적 강압을 당한 후에도 조정과 지도층은 진지하게 청나라의 후진성을 극복하려는 모습을 보이지 않았다. 물론 그들은 서양에서 군사 및 산업기술을 배우고 도입할 필요성은 인정했다. 그러나 일본의 메이지지도자들과 달리 그들은 여전히 "야만인들을 극복하기 위해서 야만인들에게서 배운다"는 소극적인 자세를 고수했다. 이러한 시각에서 그들은 중화질서의 연명을 위해 꼭 필요한 과학기술만 배우고 수백 년 계승해온 유교가치와 특권은 유지하려고 고집했다. 청나라의 최고층에서 天子가 여전히 모든 권력을 독점해 개혁세력이 정권을 장악할 기회를 차단했다. 1861년에 당시 함풍황제의 첩이었던 서태후의 5살 된 아들 동치(同治)가 황제로 즉위했다. 서태후는 이때부터 1908년에 사망할 때까지 계속적으로 섭정을 행사해 정통적인 방식으로 청나라를 통치했다. 서태후는 권력에 대해 강한 의욕을 가졌고 고집이 센 여인으로서 기본적으로 중화질서를 유지하기 위해 전력을 기울였다.

청나라의 현상유지가 지속되는 동안 중화질서가 가졌던 내구성과 장점은 서양식 현대화를 성취하는 데 크나큰 장애가 되었다. 서태후는 만주족이 아닌 한족 리훙장(李鴻章)과 쩡궈판(曾國藩)에게 우선 군사 및 행정제도를 개혁하라는 지시를 내렸다. 이 과제를 달성하기 위해 이 두 장군들은 1861년부터 1895년까지 "자강운동"(또는 洋務運動)을 전개했다. 청나라는 1860년대에 서양식 군대를 양성하고 영국인(Horatio Nelson Lay)을 관세청장에 임명해 무역과 관세업무를 맡겼다. 리훙장(李鴻章)은 난징과 텐진에 무기고를 구축해 새로운 군대에 필요한 무기를 생산하고 동시에 상업, 공업 및 농업에서도 서양의 기술을 도입하도록 조치했다. 1870년에 리훙장은 국제법에 근거한 외교를 실시하기 위해 종리아몬(總理衙門–외교부)을 설치해 직접 외교업무를 관장했다. 1870년대에 서양식 무역회사와 섬유공장들이 개설되었다. 쩡궈판(曾國藩)은 현대적 해군양성에 필요한 조선소와 무기고를 푸조우에 설립했다. 1880년대에 청나라에서 자본주의적 무역과 섬유공업이 발전하기 시작했다.

1860년대에 서양기술을 도입하려는 이 노력은 서태후와 조정의 심한 반대에 부딪혔다. 그 좋은 예가 철도개설에 대해 서태후가 보였던 태도다. 1864년에 영국이 하나의 시범사례로 베이징에 600m 길이의 철도를 건설했을 때 청나라조정은 이를 철거시켰다. 리훙장은 청나라의 산업화를 위해 철도와 전보통신과 같은 기간시설의 중요성을 이해했다. 철도의 편리함을 서태후에게 직접 깨우쳐 주기 위해 그는 1888년에 황실의 거처인 중난하이에 2km의 철도를 하나의 모범사례로 건설했다. 서태후는 그 소리가 풍수를 해친다는 이유로 내시들을 동원해서 이 철도를 철거했다. 1895년에 청나라가 일본과의 전쟁에서 패한 뒤에야 비로소 청나라조정은 본격적인 철도건설을 장려했다.

이 개혁은 여러 지방에서 분산되어 진행되었고 중앙집권적인 국가계획은 존재하지 않았다. 이 결과 각성에서는 야심적이고 유능한 총독들은 권력과 부를 축척해 군벌을 형성했으나 그렇지 못했던 총독들은 고전했다. 서태후는 총독들 간에 견제와 균형을 유지해 청나라를 통치했다. 청나라 조정에서는 고위관리들이 권력투쟁을 계속해 부패한 정치를 전개했다. 이 여건에서 서양열강은 청나라에서 더 많은 양보를 얻어내기 위해 서로 치열한 경쟁을 전개했다. 북쪽에서는 러시아가, 동쪽에서는 프랑스가, 남쪽에서는 일본이 청나라에서 자기 세력권을 확보하려고 기도했다. 1884년에 프랑스는 베트남의 지배를 둘러싸고 청나라와 대결했다. 청나라는 이 전쟁에서도 패배했고 베트남은 프랑스의 식민지가 되었다. 1894년에 일본은 조선에서 군대를 파견해 세력을 확장하고 있었다. 청나라가 이를 제지하려 하자 청일전쟁이 일어났다. 리훙장의 북양함대는 압록강입구에서의 전투에서 일본함대에 의해 대패하고 말았다. 1895년에 리훙장은 이토 히로부미와 시모노세키 조약을 체결해 조선의 주권을 인정했고 랴오둥반도와 대만을 일본에 이양했다. 청나라가 작은 섬나라 일본에 항복한 것은 중국인들에게 더 치욕적인 굴욕감을 안겨주었다. 바로 이 해(1895)에 고대부터 계승되어 왔던 중화질서는 사실상 종식되었으며 동아시아에서는 일본중심질서가 시작했다.

당시 청나라의 국내에서는 1898년 6월 11일부터 9월 21일까지 일본의 명치유신을 본뜨자는 이른바 **"100일 개혁"**이 시도되었다. 일본에서 유학했던 姜有爲와 그의 제자 梁啓超가 광수황제에게 입헌군주제도와 각종의 제도개혁을 감행할 것을 상소했다. 그들은 청나라가 열강에 대처할 강대국이 되기 위해서는 정치체제를 변혁해야 한다고 주장했다. 1899년에 17세의 광서황제는 이 상소를 받아들여 과거제도의 중단, 입헌군주의 도입, 교육제도의 개혁, 신식 군대의 출범 등을 포함한 40여 개의 개혁지침들을 발표했다. 그는 103일간 이러한 조치들을 관철하려고 노력했다. 서태후는 이 개혁이 자신에 대한 개인적 도전으로 인식해 쿠데타를 성공시켜 자기 사촌인 광서황제를 자금성의 작은 인공섬에 가택연금한 후 개혁주도자들을 처형했다. 캉유웨이(姜有爲)와 량치차오(梁啓超)는 각각 홍콩과 일본에 도주해 목숨을 건졌다. 이 결과 캉유웨이가 "大同"이라는 명분하에 정의와 평등을 실현하려는 유토피아는 하나의 헛된 꿈으로서 사라졌다. 이 와중에 1900년 7월에 미국의 국무장관 헤이(John Hay)는 유럽열강에게 "문호개방교서"(Open Door Note)를 보내 중국에서 미국의 대등한 대우를 요구했다. 이 교서에서 그는 열강이 중국의 주권과 행정실체의 보전을 존중해야 한다고 주장했다. 이 문호개방정책은 미국이 동아시아에서 19세기의 유럽에서 영국이 실시했던 역외균형자 역할을 처음 시도했던 것이다.

열강의 외교관들, 군대, 상인 및 선교사들이 청나라의 각 지방에서 영향력을 확대해가자 이 추세에 강하게 반발하는 세력들이 거센 반외국인운동을 전개했다. 그 대표적 사례가 1900년에 발생했던 "**의화단 사건**"이다. 한 비밀조직이 점차 전국적으로 확대해 "의화단"을 결성한 뒤 외국인들과 선교사들을 나포해 살상하는 대중운동을 전개했다. 서태후는 그 배후에서 물심양면으로 이 운동을 지원했다. 이 극단적 민족주의자들은 서양세력을 쫓아내고 청나라를 구한다는 명분하에 서양선교사 및 외국인들을 무차별하게 살상했다. 이때의 사회분위기가 얼마나 험악했는지 당시에 "백성들은 관리들을 무서워하고, 관리들은 양귀신들을 무서워하며 양귀신들은 백성들을 무서워 한다"(老百姓怕官, 官怕洋鬼子, 洋鬼子怕老百姓)는 소문이 파다하게 청나라사회에 널리 펴졌다. 외국인들은 그들의 공관시설에 피신했다. 서태후는 열강에게 선전포고를 발표해 이 시설들을 포위했다. 이처럼 사태가 긴박하게 전개되자 8개 열강(영국, 일본, 독일, 프랑스, 미국, 이태리, 오스트리아-헝가리, 러시아)이 연합군을 조직해 그들의 공관과 시민들을 보호하기 위해 청군에 반격을 가했다. 서태후는 농민평복으로 변장해 시안에 도주했다. 러시아는 이 기회를 이용해 만주에 군대를 파견했다.

이 전투에서 승산이 없다는 것을 알아차린 리훙장과 그의 제자 위안스카이(袁世凱)는 열강의 요구를 대폭 수용해 의화단을 진압하는 데 협조했다. 청나라는 1901년에 의화단의정서를 열강과 체결해 의화단을 말소하고 열강에게 막대한 배상금을 지불하기로 합의했다. 미국은 이 배상금을 장학금으로 사용해 미국에서 청나라유학생들을 지원했고 베이징에서는 칭화대학을 설치하는 데 충당했다. 베이징에 귀환한 서태후는 그제야 입헌군주 제도를 지향한 개혁들을 수용해 1905년에 과거제도를 폐지했다. 그녀가 1908년에 사망할 때까지 47년간 청나라를 통치하는 동안 현대화를 추진하는데 건설적인 리더십을 행사하지 않았던 점에서 그녀는 후쿠야마가 지적했던 "나쁜 황제"의 한 전형적 사례다. 후쿠야마는 이 "나쁜 황제문제"가 황제를 견제하는 법치와 의회가 없었던 전통적 중화질서의 최대 약점이라 지적했다(Francis Fukuyama, *The Origins of Political Order*, 2011).

의화단 사건 이후에 민족주의자들은 국민당을 조직해 청나라의 퇴조를 가속화하기 위해 노력했다. 외과의사 쑨원(孫文)이 국민당의 지도자로 등장해 청나라를 타도하는 운동을 전개해 1911년에 청나라를 종식시켰다. 그는 국민당정부의 수반으로 선정되어 민족주의, 민주주의 및 민생주의로 구성된 이른바 "**3민주의**"를 국민당의 이념으로 제시했다. 쑨원은 중국을 현대적 민주주의국가로 승격시키려고 전력을 다했으나 역부족이었다. 한편 열강은 제1차 세계대전이 종식한 후 1919년에 열렸던 베르사유회의에서 만주에 대해 중국의 주권을 회복해 달라는 국민당정부의 요구를 묵살했다. 이 회의에서 열강은 산동성에서 독일이 지배했던 영토를 일본에게 할애했다. 그런데도 일본은 만주에서 더 많은 이권을 노리는 이른바 "21개 요구"를 발표했다.

이 소식이 중국에 전해지자 이러한 열강의 행동에 항의하기 위해 1919년 5월 4일에 중국 각 지방에서 대학생들이 대대적 시위운동을 전개했다. 국민당정부는 이 "**5.4운동**"을 진압했다. 그런데도 중국의 지식층은 이러한 민족주의운동을 계속해 중국인들의 사고를 근본적으로 전환시키려는 문화운동으로 격상했다. 중국의 지식인들은 이때부터 중국이 계승해 왔던 유교문화와 가치를 지양하고 새로운 가치로서 과학과 민주주의를 실현할 것을 적극 고취했다. 이 결과 대중들은 과학자들을 "賽先生", 민주주의자들을 "德(democracy 첫자)先生"이라 부르며 그들의 사상을 새로운 시대정신으로 높이 평가했다.

4. 중국공산주의의 전개과정

중국지식인들의 문화운동은 점차 좌파사상으로 전환해 공산주의혁명만이 중국이 앓고 있었던 중병을 치유할 수 있다고 믿기 시작했다. 1921년 7월 21일에 상하이에서 천두슈(陳獨秀)와 리다자오(李大釗) 등 12명의 지식인들이 한 호수에서 배를 타고 중국공산당을 창당했다(Orville Schell, *Discos and Democracy: China in the Throes of Reform*, 1988). 한편 국민당에서는 1925년에 쑨원이 사망한 뒤 그를 승계한 장제스(張介石)는 1927년에 공산당을 제압하기 위해 북벌을 시작했으나 공산당을 섬멸하지 못했고 다만 井江山의 깊은 산 속으로 쫓아 버렸다. 이 지역에서 중국공산당은 "소비에트"정부를 수립했다. 1934년에 장제스의 국민당군대가 독일에서 도입한 공군기로 무장해 징강산을 침범하자 마오쩌둥(毛澤東)은 주더(朱德)와 함께 공산당원들을 데리고 약 1년 걸려 옌안(延安)의 산 속으로 도피하는 서사적인 "**장정**"(長征)을 강행했다. 이 여정에서 공산군은 낮에는 산 속에 숨었고 밤에만 진군했다. 이 행군이 얼마나 어려웠는지는 그에 동참했던 미국 기자 스노우가 가장 생생하게 세계에 소개했다(Edgar Snow, *Red Star Over China*, 1937). 이 장정을 지휘하는 과정에서 마오는 중국공산당의 총서기로 선출되었다.

한편 일본의 관동군은 1931년에 만주를 점령해 만주국을 수립한 뒤 1937년에 중국본토를 침범한 것이 중국공산당이 생존할 수 있는 절호의 기회를 제공했다. 마오쩌둥은 슬기롭게 이 기회를 포착해 장제스에게 중국인들끼리의 싸움을 중단하고 일본군을 물리치기 위해 모든 중국인들이 함께 싸우는 일에 힘을 합치자는 국공합작을 제의했다. 이에 대해 장제스는 처음에는 그 제안을 거부했다. 1936년 12월 12일에 그는 국민당 동북부군 지휘관 張學良을 격려하기 위해 시안에 갔을 때 장쉐량은 그를 감금해 국공합작 수용을 강요했다. 장제스는 마지못해 이 제안을 수용한 뒤 풀려나왔던 것이 유명한 **"시안사건"**이다. 이 결과 국민당과 공산당 간에 위로부터 국공통일전선이 성사되었다. 이 약속에도 불구하고 실제로는 합작이 잘 되지 않자 마오쩌둥은 농촌에서 농민들을 동원해 밑으로부터의 통일전선을 형성해 국민당이 점령하고 있었던 도시들을 포위하는 게릴라 전략을 잘 구사해 공산당지역을 확장했다.

1945년 태평양전쟁이 종결되자 장제스는 국민당이 만주에 있는 관동군의 항복을 받아내겠다고 주장하면서 만주에 군대를 파견했다. 국민당군이 본격적으로 작전을 전개하기 앞서서 스탈린은 신속하게 소련군을 만주에 진입시켜 큰 희생을 내지 않고 만주의 거의 전 지역을 점령했다. 중국공산당이 통솔했던 인민해방군이 만주에 진입하자 국민당과의 내전이 부활했다. 미국의 트루먼대통령은 제2차 세계대전 중 참모총장으로서 연합군의 작전을 성공적으로 지휘했던 마샬(George Marshall) 장군을 중국에 파견해 국공 간의 휴전을 중재하게 조치했으나 이 노력은 성공을 거두지 못했다. 드디어 1949년 9월 9일에 공산당군대가 베이징을 점령한 뒤 21일에 인민대표자회의에서 마오쩌둥은 "중국인민들은 일어섰다"고 선언했다. 10월 1일에 그는 천안문에서 중화인민공화국의 출범을 공식적으로 선포했다. 마오쩌둥이 영도한 중국공산당은 청나라와 국민당이 완성하지 못했던 중국의 현대화를 공산주의 집단행동으로 달성하게 되었다.

제24장

일본의 현대화(1868-1895)와 일본중심의 동아시아질서(1895-1945)

일본은 동아시아에서 식민지를 겪지 않고 현대화에 성공해 강대국으로 부상했다. 이러한 일본은 중화질서에 도전해 이른바 "대동아공영권"을 구축하려고 기도했다. 1895년에 일본은 중국과의 전쟁에서 승리한 뒤 대만과 한반도를 식민지로 만들었다. 1868년에 일본은 봉건주의적 도쿠가와 체제를 중단하고 중앙집권화한 메이지제국으로 전환했다. 이 구조적인 개혁은 1860년대에 사무라이지도자들이 주도했다. 그들은 서양의 기술과 제도를 도입하는 데 합의를 이루고 천황을 정상으로 하는 입헌군주체제를 수립했다. 이것이 명치유신이다. 그 후 일본정치에는 1930년대에 군부가 득세했다. 그들은 동아시아에서 서양열강을 몰아내고 일본이 새 질서를 창출한다는 명분하에 노골적인 제국주의 정책을 추구했다. 동양의 맹주로서 일본이 만주와 중국본토까지 침범했다. 1941년에 일본해군이 미국의 진주만을 폭격하자 미국이 결국 태평양전쟁에 개입해 1945년에 일본제국주의를 종식시켰다.

동아시아에서 일본은 중국과 달리 서양의 봉건주의와 비슷하게 이중적인 정치구조를 유지했다. 도쿠가와 체제는 중앙에서 쇼군이 최고 권력을 행사했지만 지방에서는 다이묘라고 하는 봉건적 자치집단들이 그 지방을 통치했다. 쇼군은 다이묘와 사무라이들 간에 견제와 균형을 이루어 정권을 유지했다. 19세기 초에 쇼군의 통치는 부패하자 상대적으로 다이묘들이 권력을 강화했다. 이러한 배경에서 미국이 일본에 접근해 개방을 요구하자 쇼군은 불평등조약을 수용해 개방했으나 도쿠가와 체제의 약점을 노출시켰다. 이에 불만을 가졌던 큐슈지역의 다이묘들이 쇼군을 철폐하고 천황을 부활시키는 운동을 전개해 "명치유신"을 달성했다.

1. 명치유신: 일본의 현대화

일본의 지도층은 18세기에 중국보다 먼저 서양의 문물을 도입했을 때 서양열강의 국력을 실감했다. 그들은 아편전쟁에서 청나라가 당했던 경험에서 현대화가 절실하다는 것을 자각했다. 그전에 도쿠가와 쇼군은 1720년에 나가사키에 네덜란드상인들의 주재를 허용하고 그들의 역사와 제도를 연구하는 "난학"을 장려해 서양의 산업화와 해군에 대한 지식을 습득했다. 1853년에 미국의 페리(Matthew Perry)제독이 미국해군선박들을 대동하고 동경 만에 와서 개방을 요구했으나 거절당했다. 그 다음해에 페리는 당시 미 해군의 4분의 1에 해당하는 군함들을 대동하고 다시 와서 일본의 개방과 수교를 얻어냈다. 이때부터 사무라이들은 일본의 개방과 현대화를 가속화해야 한다는 데 일치된 공감대를 형성했다.

사쓰마 번과 조슈 번은 동맹관계를 수립하고 도쿠가와 체제를 타파하기 위해 다른 다이묘들과 제휴해 연합군을 결집해 교토에 진군했다. 당시 도쿠가와 요시노부 쇼군이 스스로 정권을 포기하자 그들은 천황을 교토에서 에도(동경)로 이전하고 천황제를 부활시켜 도쿠가와 시대(1603－1867)를 종식시켰다. 1868년에 그들은 당시 14세의 明治(메이지)를 천황으로 추대해 그를 국가수반과 국가종교인 新道의 수장으로 받들었다. 그들은 일본의 통합과 현대화를 수행하기 위해 일치단결했다. 메이지천황은 도쿠가와 통치를 단절하고 **維新**을 지지해 새로운 정당성을 획득했다(William G. Beasley, *The Meiji Restoration*, 1973).

明治維新은 이토 히로부미와 마츠카타 마사요시 같은 막부말기 사무라이 출신 젊은 지도자들이 추진했던 혁명적 변혁이었다. 1963년에 조슈에서 영국으로 유학 갔던 이토를 포함한 5명의 20대 청년들이 귀국해 일본의 개국과 현대화를 달성하는데 필요한 새로운 외교, 해군, 조선, 철도 및 은행 등을 도입하는 일에 중추적 역할을 수행했다. 메이지지도자들은 1871－73년에 이와쿠라 도도미가 인솔할 해외사절단을 유럽의 12개 열강에 파견해 일본이 도입할 제도를 연구하도록 지시했다. 이 사절단은 1년 8개월 동안 서양의 정치 및 외교를 연구했다. 이토 히로부미도 이 사절단의 일원으로서 프러시아의 정치제도를 집중적으로 연구했다. 이들이 일본에 귀국한 뒤 파격적인 제도개혁을 밀어 붙였다. 그들은 당시 유럽강대국들이 산업화 및 현대화를 달성한 가시적 업적을 몸소 체험했다. 중국이 서양열강에 당했던 경험을 목격한 뒤 그들은 일본이 독립된 민족국가로 성장하기 위해서는 무엇보다도 **부국강병**정책을 추진했다. 그들은 압축적 산업화와 강력한 군대를 건축하는데 필요한 인적 및 물적 자원을 총동원했다. 1873년에 그들은 전국적인 조세제도를 도입하고 190만 명의 사무라이들을 해산했다. 1890년에 이토는 프러시아 헌법에 기초해 천황을 국가수반으로 하고 영국식 내각 제도를 모방한 메이지헌법을 초안했다. 이 초인에 근거해 1869년에 일본은 일본제국헌법을 제정해 동아시아에서 처음으로 입헌군주국을 출범했다.

메이지지도자들은 전통적 교육제도를 유럽식으로 개혁하고 징병제를 도입해 현대적 군대를 양성했다. 동시에 그들은 부국을 달성하기 위해 야심적인 산업혁명을 추진했다. 이 개혁조치들 중 가장 중요한 부분은 본격적으로 서양의 사상과 학문을 도입했던 것이다. 1879년에 메이지정부는 1660년부터 활동해 왔던 세계에서 가장 오래된 영국학술원(the British Royal Society)을 본떠서 일본학사원(the Japanese Academy)을 설립했다. 이 학사원은 매년 탁월한 업적을 이룬 학자들에게 가장 권위 있는 제국상과 학사원상을 수여했다. 이렇게 서양학문을 도입하는 작업에서 1897년에 정식으로 설립된 동경제국대학이 중추적 역할을 담당했다. 당시 동경대학의 교수들은 서양에서 물리학 및 화학과 같은 자연과학과 철학, 역사 및 정치사상과 같은 인문사회과학서적을 체계적으로 번역했으며 강의도 원어로 실시했다. 실제로 어떻게 이것이 이루어졌는지는 잘 알려지지 않았지만 메이지지도자들이 얼마나 심각하게 서양의 사상과 학문의 필요성을 실감했는지는 가히 짐작할 수 있다. 메이지정부는 토지개혁을 단행하고 상인들과도 협력해 자본주의 경제제도를 정착시켰다. 이러한 정책 어젠다에 대해 그들은 뚜렷한 목적의식을 갖고 일치 단합해 비전을 가진 리더십을 발휘했다. 이러한 정책을 이행하는데 그들은 일본의 전통과 지방의 조건에 적합하도록 신축성을 잃지 않았다. 메이지정부는 단기간에 세계에서 가장 신속하고 압축된 현대화를 성취했다.

이 현대화의 결과 국력이 급성장하자 일본의 외교정책은 한반도, 만주, 중국 및 동남아로 국력을 투사해 제국주의를 나타냈다. 메이지지도자들은 중국과 인접한 한반도(조선)를 지정학적으로 "일본의 목을 겨냥한 칼"로 비유했다. 그들의 인식은 한반도를 일본의 영향권에 들여놓아야 일본이 안전할 수 있다는 것이었다. 그들 중 일부는 아예 한반도를 정복해버리자는 "정한론"을 주장했다. 그러나 청나라는 종속국인 조선에 일본의 진출을 억제하려고 노력했다. 당시 청나라의 외교를 지휘한 리훙장은 1882년에 조선이 미국과 수교조약을 성사시켰다. 그는 미국이 조선에 일본의 간섭을 억지해 주기를 기대했다. 조선의 조정에서 일고 있었던 분란은 청나라와 일본의 간섭을 끌어들이게 만들었다. 명성황후(민비)는 청나라에 친근한 태도를 표시했으나 대원군은 친일적 태도를 보였다. 1882년에 대원군은 민비세력을 제거하는 쿠데타를 시도하다가 실패했다. 리훙장은 23세의 위안스카이를 서울에 상주시켜서 청나라의 영향력을 행사하게 명했다. 1885년의 일본에서는 이미 런던유학시절에 해군에 대해 깊이 공부했던 이토 히로부미가 초대 내각총리로 선출되었다. 그 후 그는 4번이나 총리를 하면서 일본을 통치하는 동안 일본의 현대화와 외교를 직접 관장했다. 1885년에 이토는 리훙장과 상대국의 양해 없이 조선에 군대를 파견하지 않는다는 합의를 이루었다.

2. 일본중심의 동아시아질서(1895-1945): "대동아공영권"

1895년부터 1945년까지 사실상 동아시아에서는 일본중심의 질서가 수립되었다. 1895년에 일본은 청나라와의 전쟁에서 승리해 조선에서 청나라 세력을 배격했다. 20세기 초에 일본은 만주와 조선반도를 장악한 뒤 중국본토를 침범해 동아시아의 패권국으로 부상했다. 그 후에 일본은 "**대동아공영권**"이라는 일본중심의 지역질서를 수립하려고 노력했으나 1945년에 태평양전쟁에서 패배해 실패했다. 1890년대의 조선에서는 청나라에 친근한 파벌과 일본에 친근한 파벌이 정권투쟁을 계속해 청나라와 일본의 개입을 자초했다. 1894년에 조선에서 제2차 동학란이 터지자 조선의 왕 고종은 청나라에 지원을 요청했다. 일본은 청군이 도착하기 전에 서울에 군대를 파견해 고종을 감금하고 대원군이 섭정을 맡아서 청나라에 대해 선전포고를 하게 설득했다. 이 결과 청일전쟁이 일어났다. 일본은 인천 앞바다에 정박한 청나라해군을 대파해 승리했다. 1895년에 당시 53세의 이토는 리훙장과 시모노세키조약을 체결해 청나라의 항복을 받았다. 이 조약에서 청나라는 조선의 독립을 존중한다고 약속하고 일본은 청나라에서 대만과 요동반도를 획득했다. 이때부터 일본은 조선에서 청나라세력을 배격한 뒤에 동아시아의 맹주로 부상했다.

러시아는 만주에 진출해 유럽과 극동을 연결하는 환 시베리아철도를 건설할 권한을 획득한 뒤 조선에 개입하자 일본과 충돌했다. 러시아해군은 태평양에 진출하기 위해 남하정책을 추구했고 일본은 이 움직임을 억지하려 했다. 1902년에 영국은 러시아해군의 태평양진출을 막기 위해 일본과 동맹을 결성했다. 일본은 조선 대신에 만주에서 러시아의 이익을 보장하겠다고 제안했으나 러시아는 이를 거절했다. 일본은 전쟁이 불가피하다고 판단해 1904년 2월에 포트 아서(다롄)에서 러시아함대를 포격해 러일전쟁을 개시했다. 이 전쟁에서 일본은 러시아의 극동함대를 파괴하자 미국의 테디 루스벨트 대통령은 1905년에 양국 간에 중재를 성공시켜 포츠머스조약(the Treaty of Portsmouth)이 체결되었다. 루스벨트는 이 업적으로 세계최초의 노벨평화상을 수상했다. 일본은 사할린을 할애 받았고 조선에서 지배적 위치를 획득했다. 러시아의 패배는 짜르제국의 멸망을 재촉해 공산주의 혁명이 성숙할 토양을 제공했다. 일본은 현대화에 성공한 민족국가로 부상해 처음으로 서양열강을 제압해 동아시아 패권국이 되었다.

강대국으로 성장한 일본의 외교정책은 서양열강의 것과 다를 바 없는 제국주의를 나타냈다. 1904년 2월에 일본은 조선에서 일본군에게 토지사용권한을 준다는 "한일의정서"를 체결했다. 1905년 11월에 일본의 특사로 조선에 온 이토는 조선의 외교권을 박탈한 제2차 한일협약(을사조약)을 체결해 조선을 일본의 보호령으로 만들었다. 궁실경호대수장 민영환은 이 조약을 거부할 것을 요구한 상소를 두 차례 했으나 고종은 거부했다. 그는 결국 자결했다. 그런데도 고종은 이토에게 자신을 돕는 고문이 되어달라고 간청했다는 것이다(박종인의 땅의 역사, *조선일보*, 2022. 2. 16.). 1907년에 일본은 조선에 "통감부"를 설치했다. 이토가 그 첫 통감이 되어 조선 내정에 직접 간섭했다. 1909년에 이토는 하얼빈에서 안중근에 의해 암살되었다. 1910년에 일본은 마침내 조선을 일본제국에 합병해 식민지로 만들었다.

1912년에 즉위한 다이쇼시대의 요시히도 천황은 건강이 좋지 않아 메이지와 같이 강력한 통치를 실시하지 못했다. 이때부터 일본정치에서는 군부세력이 점차 득세했다. 1930년대에 군부출신의 장군들이 총리가 되어 군사적 권한을 강화했다. 메이지헌법은 군부가 내각을 거치지 않고 직접 천황에게 보고할 수 있게 규정했다. 이 제도적 장치는 일본에서 군국주의가 성장할 수 있는 토대를 마련했다. 군국주의자들은 "국체론"을 내세워 천황과 일본인들은 하나의 유기적 실체를 이룬다고 주장했다. 사실 이때부터 "국민"이라는 용어도 "황국신민"과 같은 뜻으로 사용되었다. 1931년에 만주에 주둔했던 일본의 가장 강력한 관동군이 남만주철도를 중단시킨 방화사건을 일으켰다. 이 묵덴사건(만주사변) 이후 관동군은 만주에서 이른바 "만주국"이라는 위성국을 설립했다. 명목상으로는 청나라의 최후황제 부의가 국가수반으로 선출되었으나 사실상 일본군부가 이 정부를 통제했다. 일본 국내에서는 군부가 사주한 쿠데타기도가 계속 발생했다. 1937년에 마르코 폴로교에서 관동군과 중국 국민당군이 충돌한 사건이 발생했다. 이 사건 후 관동군은 중국본토를 침범해 제2차 중일전쟁을 개시했다. 그 후 일본은 동남아를 침범한 뒤 이 전쟁을 태평양전쟁으로 확대했다. 이 전쟁을 수행하는 과정에서 일본은 동아시아에서 패권을 행사했다. 1940년에 일본정부는 모든 정당들을 해산해 군사독재정권을 완성했다.

공식적으로 일본의 동아시아 질서구상은 1940년에 아리타 하치로 외상이 "대동아 공영권"을 발표했을 때 세상에 알려졌다. 그 핵심주장은 일본이 중국 대신에 동아시아의 패권국이 되어 아시아 국가들을 서양열강의 식민지에서 해방시킨 뒤에 아시아인들에 의한 공동체를 조성하자는 것이었다. 실제로 1943년 11월에 일본은 조선, 만주국, 국민당정부 및 기타 국가들의 대표들을 동경에 초청해 "대동아회의"를 개최해 이러한 공동체의 필요성을 역설했다. 그 뒤 일본은 동아시아국가들 간에 화폐, 금융 및 기타경제정책을 조정하려고 노력했다. 1945년 8월 15일에 태평양전쟁에서 일본이 미국에 항복한 후 이 "대동아 공영권"구상은 무산되었다.

제25장

미국중심의 동아시아질서(1945-2008)

20세기초반에 동아시아에서 중화질서 및 일본중심질서가 와해한 뒤 1945년에 미국이 이 지역에서 자기중심의 동아시아질서를 구축했다. 냉전기(1945–1990)에 미국은 일본, 한국 및 필리핀과 양자동맹을 결성해 동아시아국가에 군사력을 전진배치하고 그들의 안보에 대한 확신을 제공했다. 이 장치는 1951년에 샌프란시스코에서 조인된 평화조약에 근거해 마련되었다. 2010년에 미국이 중동과 유럽에 집중되었던 군사력을 아시아로 재균형하자 중국이 동아시아의 현상에 도전해 수정주의를 표시했다. 미국은 동맹국들과의 양자관계를 더 강화해 현상유지를 고수했다. 2008년부터 중국이 남지나해와 동지나해에서 영유권을 주장하자 미국과 중국 간에 패권경쟁이 시작했다.

1. 샌프란시코 체제: 중심과 바퀴살 간의 양자안보관계

1951년에 샌프란시스코에서 미국은 50여 개 국가들과 평화조약을 체결하고 일본과 그 주변에 미군을 주둔해 그들의 안보를 지원하기 시작했다. 1952년에 발효한 이 조약에 근거해 미국은 일본, 한국 및 필리핀과 양자동맹을 결성해 미국이 그 중심(hub)이 되고 동맹국들은 바퀴살(spoke)이 되는 안보체제를 구축했다. 미국이 동맹국들의 안보에 대해 확신을 해주고 동맹국들은 이 우산아래 주로 경제발전에 전력을 기울였다. 일본의 요시다 총리는 미군정을 될수록 빨리 중단시켜서 독립을 획득했고 그 대신 미국에 군사기지를 허용했다. 샌프란시스코회의에 중국과 한국은 초청되지 않았다. 러시아는 이 조약을 거부해 아직도 사할린을 차지하면서 일본과 평화조약을 체결하지 않고 있다.

미국중심의 동아시아질서는 미국과 기타 국가들 간의 양자관계로 발전했다. 이것이 NATO와 같은 집단방위기구를 가진 유럽과 다른 점이다. 당시 동아시아에서는 일본과 국민당하의 중국(대만)은 아직도 성숙된 민주주의국가로 볼 수 없었다. 한국과 필리핀은 새롭게 민주주의정치를 겨우 시작하고 있었다. 이러한 상황의 동아시아에서 미국은 NATO와 같은 다자안보기구를 수립하기는 어려웠다. 미국은 소련의 세력확장을 봉쇄하고 일본과 기타 작은 동맹국들과의 관계를 효과적으로 관리하기 위해 그들과 양자동맹을 체결했다. 이 양자관계들 중에서 미국은 미일동맹을 가장 중시해 동아시아에서 미군사력을 배치하는 전진기지로 활용했다(Victor Cha, *Powerplay: The Origin of the American Alliance System in Asia*, 2016).

이 양자관계의 또 하나의 특징은 미국과 그 동맹국들 간에 비대칭성을 내포한 점이다. 미국이 일방적으로 동맹국의 안보를 책임지지만 동맹국은 미국의 방위의무를 분담하지 않았다. 덜레스(John Foster Dulles)가 고안했던 미일상호안보조약이 1952년에 체결되었을 때 이 비대칭 관계가 공식화했다. 그 주 이유는 일본이 핵무기나 공격적 무력을 보유하지 못하게 하기 위해서였다. 1953년에 한국전쟁이 계속되고 있는 와중에서 이승만대통령은 한반도에서 전쟁을 억지하기 위해 미국과 상호방위조약을 체결한 뒤 미군이 한국에 계속 주둔하는 데 동의했다.

1969년에 닉슨대통령과 사토 수상은 정상회담을 갖고 미국이 일본에게 오키나와를 돌려주고 일본은 미국이 오키나와에 해병 및 해군기지를 계속하는 데 합의했다. 이 합의에서 미일동맹이 한반도를 포함한 동아시아의 평화와 안보에 긴요하다는 것을 재확인했다. 냉전이 종식되었던 1990년대에 미일동맹은 NATO와 유사한 지역안보역할을 발휘하기 시작했다. 한반도에서 북한이 핵무기를 개발하고 중동에서 석유파동과 분쟁이 일어나자 일본은 그때까지는 일본국토에 한정된 방어를 넘어서 동아시아와 중동의 안정에 대해 미국과 안보협력을 보강했다. 이 추세는 일본이 1979년에 미국과 방위협력에 대한 지침을 공동으로 작성했고 이를 1997년, 2013년 및 2015년에 갱신해 주변정세의 변화에 적응했던 행동에서 잘 나타났다. 이러한 일련의 노력은 2015년에 일본이 정식으로 자위를 넘어서 집단 방위개념을 공식적으로 채택했을 때 그 절정을 나타냈다.

2. 중소분쟁과 미중화해

냉전이 격화하는 동안 미국중심의 안보관계는 분명히 공산주의를 봉쇄하는 역할을 효과적으로 수행했다. 1960년대 초에 흐루쇼프가 스탈린이 중국에 약속했던 핵무기제공을 거부하자 마오쩌둥은 1964년에 단독으로 핵실험을 감행해 소련과의 분열을 가속화시켰다. 1949년에 중소동맹을 결성했던 두 동맹국들이 1969년에 만주의 우수리 강에서 국경분쟁을 야기해 잠깐이나마 열전을 치렀다. 확실히 민족주의는 공산주의보다 더 강한 위력을 발휘했다. 1971년에 닉슨의 안보 보좌관 키신저는 당시 격화하고 있었던 중소분쟁을 전략적으로 이용해 파키스탄에 가서 은밀하게 베이징으로 비행해 마오쩌둥과 저우언라이(周恩來)와 비밀회담을 갖고 미중관계개선에 합의했다. 그 다음 해에 닉슨대통령이 직접 베이징을 방문하고 정상회담을 한 뒤 그 유명한 **상해공동성명**을 발표해 제3국에 의한 패권주의를 반대한다고 선언했다. 이러한 미중화해가 성사한 직후 브레지네프는 닉슨을 모스크바에 초청했으니 미국은 이 3각외교의 중심에서 양쪽과 동시에 관계를 개선했다. 이처럼 과감하게 실시한 세력균형정책은 키신저와 닉슨이 연출했던 외교적 업적으로서 당시 *타임(Time)*지는 세계를 변화시킨 한 주일이라고 보도했다. 미국과 중국은 양국의 수도에 연락사무소를 설치하고 실질적인 대사관의 역할을 수행했다. 카터도 이 정책을 계속해 1979년에 정식으로 중국과 외교관계를 수립하고 대만과의 외교관계를 단절했다.

3. 덩샤오핑의 "4개 현대화"와 중국의 부상

중국에서는 덩샤오핑이 "4개 현대화"를 추구한 뒤 중국은 동아시아에서 미국과 버금가는 강대국으로 급부상하기 시작했다. 1978년 말 3중전(제3차 공산당중앙위원회)에서 그는 개혁과 개방을 통해 중국이 20세기 말까지 농업, 공업, 과학기술 및 국방에서 생산수준을 4배 이상을 달성하자는 **4개 현대화** 계획을 발표했다. 이 제안은 그때까지 중국공산당이 추구했던 노선을 근본적으로 변경하는 것이다. 그는 이 목적을 달성하기 위해서 “검은 고양이든 흰 고양이든 쥐를 잘 잡는 고양이가 좋은 고양이다(黑猫白猫 抓老鼠 就是好猫)”라는 쓰촨성의 속담을 행동지침으로 제시했다. 이는 수단과 방법을 가리지 않고 돈만 벌면 된다는 뜻이다. 이 실용주의노선은 마르크스-레닌주의 대신에 사실상 자본주의를 옹호한 발언이다. 그러나 중국공산당은 이 새 노선을 공식적으로 서술하기 위해 “중국특성의 사회주의”라는 표현을 사용했다. 덩샤오핑은 1979년에 미국을 직접 방문해 중국의 경제개혁과 개방에 미국의 협조를 구했다. 그는 중국의 외교정책에서 **滔光養晦**(빛을 감추고 힘을 길러라)라는 저자세를 권장했다. 1982년에 레이건은 중국 내의 인권상황을 비판했지만 대만관계법을 의회에 통과시켜 하나의 중국정책을 계속하면서도 양안관계의 현상유지와 대만에 대해 방어적 군사원조를 합법화시켰다. 이러한 정책은 1989년 6월에 대학생들이 주도했던 천안문사태가 일어날 때까지 계속되었다. 중국공산당은 인민해방군을 동원해 이 학생운동을 탄압했고 다수의 사상자들을 초래했다. 2019년에 발견된 자료에 의하면 이 탄압은 덩샤오핑이 직접 명령했다는 사실이 알려졌다(Bao Pu, ed. *The Last Secret: The Final Documents from the June Fourth Crackdown*, 2019). 공식적으로 미국은 이 사건 후 중국에 경제제재를 가했지만 비공식적으로 그 전에 베이징에서 연락사무소장을 지냈던 부시(George H.W. Bush) 대통령은 비밀리에 자신의 안보보좌관을 베이징에 보내 정상적 관계의 지속을 약속했다.

1990년대에 중국공산당 내에서는 덩샤오핑이 추진했던 개혁조치를 반대하는 세력이 일어났다. 1992년 봄에 덩샤오핑은 개혁에서 성과를 내고 있는 남부지방을 직접 방문했다. 이 남방순방에서 그는 “부자가 되는 것은 영광이다”(致富光榮)라고 주장하면서 개방 및 개혁정책을 적극 장려했다. 이 구호는 사실상 자본주의 정신을 다시 고취한 것이다. 그 후 중국공산당의 총서기로 선출된 장쩌민은 덩샤오핑의 노선을 계승해 4개 현대화를 완성하는 데 전력을 기울였다. 21세기 초에 이 계획의 목표는 거의 달성되었다. 중국경제는 1978년 이후 30여 년간 매년 약 10% 가량 성장했다. 이처럼 중국의 제조업이 급속도로 발전해 중국은 1990년대에 세계의 공장으로 부상했다. 1992년 8월 1일에 중국은 당시 대만의 국민당 정부와 "중국은 하나이며 다만 두 체제가 공존한다"는 **"92합의"**를 발표했다. 한편 1997년에 영국은 이 "**一國兩制**" 원칙하에 홍콩은 현상유지하고 2047년에 중국에 반환한다는 원칙에 합의했다. 이 합의가 실현되기도 전에 그해 2월에 덩샤오핑은 사망했다. 그때까지 그는 중국현대사의 과정을 180도로 바꾸어 놓아 19세기 후반에 서태후가 이루지 못했던 산업화를 달성하는 데 결정적 리더십을 발휘했다.

1970년대에 닉슨과 키신저가 주도했던 대 공산권 화해(détente)는 미소 간에 경직되었던 양극화체제를 완화시켰다. 이 결과 기타 동아시아국가들이 중국 및 소련과 외교관계를 정상화할 기회를 갖게 되었다. 미국의 돌연한 대중화해에 놀란 일본의 다나카 총리는 1972년에 미국에 앞서 중국과 수교를 단행해 버렸다. 일본에 이어 동아시아에서 고도성장을 기록했던 한국은 1988년에 헝가리에 4억 달러의 차관을 제공해 국교를 수립했다. 이 해에 열렸던 서울올림픽에 소련, 중국과 동구공산국들 모두가 참여해 한국의 발전상을 직접 목격할 기회를 가졌다. 이처럼 올림픽을 서울에 유치한 거사는 경제력을 활용한 노태우 대통령의 북방정책이 결실을 낸 산 증거이다. 1990년에 한국은 소련에 30억 달러의 차관을 제공해 국교를 정상화했다. 1992년에 한국은 베이징에서 개최된 아시안게임을 지원해 중국과도 수교를 달성했다.

1995－1996년에 미국은 대만문제로 인해 중국과 군사적으로 대결했으나 중국의 후퇴로 위기를 극복했다. 1995년 7월에 대만에서 국민당출신 총통 리덩후이(李登輝)가 대만의 자주성을 강조하자 그의 재선을 막기 위해 중국은 대만근해에 단거리미사일을 발사해 대만을 위협했다. 클린턴 대통령은 대만해협에 두기의 항공모함들이 이끄는 전단을 파견해 대만을 방어할 태세를 분명하게 과시했다. 1996년 3월에 리덩후이 총통은 자기 모교인 코넬대학을 방문하기 위해 미국비자를 신청했다. 처음에 미국무부는 이에 부정적 태도를 보였으나 하원은 396대 0의 투표로 비자발급을 지지하는 결의안을 통과시키자 비자를 발급했다. 중국이 다시 대만에 미사일공습을 가하자 미국은 두 항공모함을 재차 배치했다. 중국은 미국과 군사충돌을 피하기 위해 마침내 미사일공격을 중단해 위기는 면했다.

2000년에 대만에서 처음으로 야당인 민진당의 후보 천수이볜(陳水扁)이 총통(대통령)으로 당선되었다. 그는 1992년에 국민당정부가 대만과 합의했던 "중국은 하나고 두 체제"를 유지한다는 원칙과 달리 대만의 자주성을 강조하자 양안관계는 다시 긴장되었다. 2005년에 중국은 이른바 "반 분리법"을 통과시켜 대만이 독립을 선언해 분리할 경우 무력을 사용하겠다는 결의를 보였다. 제2부시행정부는 대만의 현상유지와 양안관계의 평화적 해결원칙을 재차 천명한 뒤 중국과 연례적 전략 및 경제대화를 출범시켜 대화를 통해 중국과 현안쟁점을 타결하기로 합의했다. 이 해에 미국무부 부장관 조일릭(Robert Zoellick)은 중국이 국제체제에서 "책임있는 이해당사자"(responsible stakeholder)가 되어 미국과 협력해 갈 것을 촉구했다.

4. 중국의 수정주의도전과 미국과 중국 간의 패권경쟁 (2008-?)

중국의 국력이 초고속적으로 신장하자 중국은 종전의 저자세에서 벗어나 미국중심의 동아시아질서에 대해 수정주의적 도전을 개시했다. 이결과 미국과 중국은 동아시아에서 패권경쟁을 시작했다. 2008년에 미국에서 돌발한 대 금융위기가 이 경쟁의 계기가 되었다. 이 돌발적 위기를 목격한 중국지도자들은 미국 자본주의와 국력에 대해 근본적인 재검토를 실시했다. 그 결과 그들은 더 이상 중국이 미국이 요청했던 책임 있는 이해당사자 노릇을 한다면 미국이 파놓은 함정에 빠져들어 오히려 중국의 국익을 해칠 수 있다는 것을 자각했다. 이제 중국도 미국과 공동이익에는 협조하지만 "자신이 해야 할 일은 주도적으로 한다"(主動作爲)는 입장을 취해 미국과 경쟁하기로 결정했다.

이 변화는 그 뒤 중국이 취했던 여러 가지 사례에서 분명하게 나타났다. 2009년의 코펜하겐 기후정상회의에서 원자바오 총리는 오바마 대통령이 주도했던 새 기후협정초안을 단숨에 거부한 뒤 인도 등 개도국들과 새 합의를 모색했다. 2010년에 오바마가 세계전략의 축을 유럽에서 아시아로 회귀한다고 발표하자 중국은 남지나해와 동지나해에 미국의 군사적 접근을 막기 위해 남지나해에 7개 인공섬을 건설한 뒤 거기에 군사력도 배치했다. 중국은 동지나해에 대해 항공방위제한지역(ADIZ)을 일방적으로 선언한 뒤 센가쿠/댜오위다오에 대해 영유권을 주장해 일본과 분쟁을 개시했다. 특히 2013년에 시진핑은 오바마에게 "신형강대국관계"

구상을 제안해 미국이 중국의 핵심이익을 존중해 줄 것을 요구했다. 2019년에 시진핑은 대만은 중국의 한 성이므로 본토에 통합해 통일을 달성하겠다고 선언했다. 이 결과 동아시아에서 현상유지를 고수하려는 미국과 그것을 수정하려는 중국 간에 패권경쟁이 격화했다. 이 두 초강대국 외에 일본, 인도, 한국 및 동남아시아 국가들은 미중 간의 경쟁이 경직된 신 냉전으로 양극화하는 것을 방지하려고 노력했다.

5. 중국의 동아시아패권 추구와 미국의 "자유롭고 열린 인도-태평양지역" 다자안보망 구축

중국은 2020년대에 남지나해를 넘어서 태평양에까지 군사력을 투사해 동아시아패권을 추구했다. 이러한 중국의 태평양진출을 억지하기 위해 미국은 일본 및 호주 등 동반자들과 "자유롭고 열린 인도－태평양지역" 다자안보망을 구축하기 시작했다. 2021년 9월에 미국은 종전에 일본, 한국 및 필리핀과 맺었던 양자관계를 넘어서 인도－태평양지역에서 호주 및 영국과 해군협력을 실천하는 다자안보망으로 "**오우커스**"(AUKUS)를 출범시켰다. 중국이 호주에 대해 취했던 행동이 이 전환을 촉발했다. 당시 호주가 코로나바이러스의 진원지에 대한 국제조사를 강력하게 요구하자 중국은 호주산 와인수입을 중단해 보복조치를 취했다. 중국이 남지나해와 태평양에서 해군의 작전영역을 확대하자 호주는 이를 견제하기 위해 미국과 군사협력을 실시하기로 결정했다. 한편 중국은 2022년 3월 30일에 호주 동쪽에 있는 인구 65만 여명의 작은 섬나라 솔로몬제도와 안보협력협정을 체결했다. 이 협정에서 중국은 솔로몬에 무장결찰을 파견할 권한을 획득해 태평양에 군사력을 투사하기 시작했다.

이처럼 미국과 중국의 패권경쟁은 14개의 작은 섬나라들로 구성된 태평양도서국들에 파급되었다. 이 지역은 세계 참치의 70%를 생산하고 풍부한 어로자원을 갖고 있다. 21세기에 이 지역은 미국과 중국이 추구하는 패권경재의 중요한 요충지로 부상했다. 중국이 지금까지 호주의 영향력 권인 태평양도서국에 침투하자 호주는 신속하게 자구책을 모색했다. 이 노력의 일환으로 호주는 종전에 재래식 잠수함건조를 위해 프랑스와 채결했던 계약을 파기하고 그 대신 미국 및 영국과 핵잠수함기술을 공유하기로 합의했다. 미국은 오직 영국과만 공유했던 핵기술을 이제 호주와도 공유했다. 이러한 전략적 전환으로 미국은 인도-태평양지역에서 중국의 해군력을 견제하는데 매우 중요한 동반자를 얻었다. 2022년에 바이든은 2007년에 이미 일본의 아베 총리가 미국, 호주 및 인도와 결성했던 비공식 4자 안보대화 모임인 쿼드(Quad)를 확대해 호주 및 영국과도 3자 동반자관계 오우커스(AUKUS)의 정상회담을 출범했다. 2023년 3월 13일에 바이든은 미국의 최대해군기지 산디 애고에서 영국총리 수나(Rishi Suna) 및 호주총리 알바니스(Anthony Albanese)와 정상회담을 개최했다. 이 회담에서 호주는 미국과 영국의 기술로 제작할 원자력잠수함 5대를 구입하고 그 일부를 호주에서 자체 생산할 계획을 발표했다. 이 획기적인 공약은 미국이 21세기에도 인도-태평양지역에 남아서 역외균형자역할을 지속하겠다는 것을 과시했다.

이러한 다자회담에서 미국은 안보 및 기술문제만이 아니라 기후변화, 공급망 및 인프라 구축분야에서도 상호협력을 확대해 규칙과 규범에 기초한 자유주의국제질서를 보존하려고 노력했다. 이처럼 미국은 일본, 호주, 영국, 인도 및 기타 유럽 국가들과 다자안보협력을 확대해 인도-태평양징역에서 중국을 봉쇄하는 데 공동전선을 구축했다. 이러한 노력은 사실상 중국을 포위하는 전략이다. 2023년 3월에 뉴델리에서 열렸던 쿼드회의에서 미국, 일본, 호주 및 인도의 외상들이 공동성명을 발표했다, 여기서 그들은 인도-태평양지역에서 "현상을 일방적으로 변경하려는 어떠한 행동도 강력하게 반대한다"고 선언했다. 그들이 이처럼 다소 애매모호한 선언을 발표한 것은 중국을 자극하지 않기 위해 고의적으로 마련한 것이다. 중국은 이러한 다자안보 협력을 아태지역에서 자신을 겨냥한 NATO로 인식했다. 이처럼 미국과 중국은 21세기의 동아시아 및 인도-태평양지역에서 패권을 장악하기 위해 치열하게 경쟁하고 있다. 이 결과 한반도, 대만해협 및 남지나해에서 미국과 중국 간에 전쟁이 발생할 가능성이 고조하고 있다.

제26장

동아시아 국제정치는 어디로: 신 냉전 또는 강대국정치로?

2023년 현재, 동아시아에서는 과거 78년간 미국이 주도했던 자유주의국제질서가 강대국정치로 이전하고 있다. 이 전환기에 미국과 중국의 어느 한쪽도 자기중심의 질서를 강행하지 못하고 있다. 일본, 러시아, 인도 및 동남아시아 국가들 미국과 중국의 패권경쟁이 양극화로 치닫는 것을 피하고 있다. 동아시아 강대국정치는 미국과 중국 간의 "신 냉전"보다도 다극화해 5대 강국 또는 더 많은 국가들 간에 다극화하기 시작했다. 19세기 유럽과 달리 동아시아 국가들은 이질적 역사와 정치체제로 인해 공동목표와 이익을 찾기 어렵기 때문에 NATO와 같은 다자안보체제를 구축하기는 쉽지 않다. 중국이 현재 차지한 대륙세력의 위상을 넘어서 해양세력으로의 전환하자 아-태국가로 자처해 왔던 미국은 중국을 견제해 패권경쟁을 계속했다.

이 패권경쟁이 동아시아의 미래를 결정할 것이다. 중국이 남지나해와 동지나해에서 미국의 접근을 방지하려 하자 이 지역에서 균형자로 남으려는 미국의 대전략과 충돌했다. 이와 같이 미중대결은 안보딜레마 성격을 갖게 되었다. 미국과 중국이 파괴적인 대결과 전쟁을 피한다면 동아시아에서는 미국, 중국, 일본, 러시아 및 인도 간에 강대국정치가 작동해 느슨한 세력균형을 조성할 것이다. 이러한 추세는 그들의 외교정책에서 이미 나타나고 있다. 이해를 돕기 위해 그것을 다소 단순화해 보면 중국은 고전적 현실주의를, 일본은 방어적 현실주의를, 러시아는 핵무기에 의존한 고전적 현실주의를, 인도도 방어적 현실주의를, 미국은 구조적 현실주의를 나타내고 있다.

1. 중국: 고전적 현실주의

중국은 고대 삼국지에서 잘 묘사된 바와 같이 "세"(勢)의 흐름을 잘 파악해 그에 발맞추어 자국의 국력을 극대화하려는 고전적 현실주의 정책을 추구하고 있다. 이러한 정책은 국내정치과정을 통해 결정된다. 20세기말부터 중국은 국방예산을 연평균 두 자리 숫자로 증가해 오다가 2017년에 처음으로 7%로 낮추었다. 걸프전쟁에서 미국이 과시했던 첨단무기와 기술의 위력을 목격했던 중국은 국내에서 군사력의 현대화계획을 꾸준히 실시했다. 2000년대에 J－20이라는 초음속 전투기를 실전배치했고 2015년에 처음으로 항공모함 라오닝을 배치한 뒤 2017년에 처음으로 새로운 국산항공모함 산동의 건조를 완성했다.

중국이 강대국을 지향하고 있다는 징조는 2008년에 국영텔레비전에 방영되었던 "강대국들의 부상"과 베이징 올림픽개회식에서 전 세계에 보여준 중국의 역사와 무술에서 잘 표현되었다. 2013년에 시진핑은 오바마와의 정상회담에서 "신형강대국관계"를 제의했을 때 "**중국 꿈**"을 실현한다는 중화민족주의를 강렬하게 표출했다. 18세기 초까지 청나라가 누렸던 세계의 중심, 즉 "중국"천하를 회복하기 위해 시진핑은 남지나해의 90%에 대해 영유권을 주장했다. 동지나해에서는 일본과 영토분쟁을 격상시키고 공중방위제한지역을 일방적으로 선포했다. 2016년 7월 헤이그에 있는 해양법에 관한 상설중재재판소(the Permanent Court of Arbitration)는 이러한 중국의 주장에는 국제법적 근거가 없다는 판결을 내렸다. 그런데도 중국은 이 판결을 무시하고 여전히 남지나해에서 영유권을 주장했다. 2017년 8월에 중국은 아프리카의 작은 나라, 지부티(Djibouti)에 처음으로 해외군사기지를 설치해 동아시아 이외의 지역에도 군사력을 투사했다. 중국의 이러한 모습은 기타 강대국들과 크게 다르지 않다.

중국은 사실상 웨스트팔리아조약 이후 계속해 온 현대국제체제에 통합되어 최대민족국가로 발전해 초강대국으로 부상했다. 이러한 중국이 동아시아에서 전통적인 중화질서를 부활하려고 기도하겠지만 자유주의질서를 완전히 벗어나기는 어려울 것이다. UN안보회의의 상임이사국으로서 중국은 국제법을 이행해야 하고 WTO, IMF 및 세계은행의 주요회원으로서 상호 의존된 국제경제체제와 자본주의질서에 통합되어 더 많은 권력과 이익을 챙길 수 있기 때문이다. 다만 안보 및 영토문제에 대해서 중국은 미국의 헤게모니에 도전해 세력경쟁을 계속할 것이다. 최근에 중국이 적극적으로 국력을 과시하는 이유는 미국이 중국 주변부에 접견하는 것을 방지하고 나아가서 동아시아에서 지역패권을 회복하기 위해서이다. 이러한 행동은 일찍이 덩샤오핑이 내세웠던 저자세를 탈피해 적어도 미국과 대등할 정도의 강대국지위를 누리겠다는 결의를 보인 것이다.

2017년 10월에 열렸던 제19차공산당대회에서 총서기로 재선된 시진핑은 "**중화민족의 위대한 중흥**"을 달성하기 위해 강력한 군사력과 경제력 육성을 재천명했다. 2022년 2월에 바이든은 대만에 대한 중국의 군사적 개입을 억지하기 위해 군사지원을 증대하고 회교를 신앙하는 위구르족에 대한 중국의 인권탄압을 강하게 비판했다. 이러한 미국의 공세를 견제하기 위해 2월 4일에 시진핑은 베이징 동계올림픽 개회식에 참석한 푸틴과 정상회담을 가졌다. 여기서 시진핑은 중국과 러시아의 "우호에는 끝이 없고 협력에는 성역이 없다"고 선언했다. 그 직후 러시아가 우크라이나를 침략했을 때 중국은 그동안 강하게 옹호했던 주권, 영토보전 및 내정불간섭원칙과 대조적으로 러시아의 침략을 지지했다. UN총회가 러시아를 규탄하는 결의안을 통과했을 때에 중국은 기권했다. 우크라이나 전쟁이 러시아가 예측한바와 달리 점차 장기화하자 중국은 러시아에 무기는 제공하지 않고 표면상으로 중립을 견지했다.

러시아가 전쟁의 교착상태에 빠져 들자 중앙아시아에 세력공백이 초래했다. 2023년 5월에 일본에서 G−7 정상회담이 진행하고 있는 바로 그 시간에 시진핑은 카자크스탄 등 5개 중앙아시아 국가의 정상들을 고도 시안에 초청해 전통적 황제의전으로 대 환영식을 개최했다. 이들과의 정상회담에서 시진핑은 경제 및 안보협력을 강화하자고 제의했다. 원래 중앙아시아는 러시아의 영향력 권에 속해 있었다. 우크라이나 전쟁으로 인해 이 지역에 세력공백이 조성되자 중국은 신속하게 영향력을 투사하기 시작했다. 이처럼 중국이 비용과 이익을 냉철하게 계산해 주어진 기회를 잘 활용하는 행동은 고전적 현실주의의 전형적인 모습이다.

2. 미국: 구조적 현실주의

미국은 동아시아에서 자기를 중심으로 구축했던 안보관계의 현상유지를 위해 구조적 현실주의 정책을 전개했다. 구조적으로 동아시아서 어느 한 국가가 패권을 누리는 것을 막기 위해 미국은 일본, 한국 및 동남아국가들과 동맹을 맺고 군사력을 전진 배치해 균형자 역할을 수행했다. 오바마 행정부가 중동과 유럽에서 집중했던 미국의 군사력의 70%를 아-태지역으로 이전하기 시작한 것도 미국이 아시아에 돌아와 중국의 패권을 방지하고 동맹국들에 대한 안보공약을 재확신을 제공하기 위해 취한 조치이다. 대서양과 태평양 사이에 위치한 미국은 지정학적으로 세계적인 초강대국으로 군림했다. 구조적으로 미국은 고립주의를 택해서 이익을 보지 못하므로 기타 어느 강대국보다 더 세계적인 세력균형을 중시한다. 이제 종전처럼 공세적 현실주의 정책으로 세계적 헤게모니를 구사하지 못하지만 적어도 동아시아에서는 안정과 평화를 유지하기 위해서 역외균형자 역할은 계속할 것이다. 트럼프행정부도 인도-태평양구도를 제시해 이 전략의 대 방향은 포기하지 않았다.

2022년 2월에 러시아가 우크라이나를 침략한 뒤 미국은 유렵국가들과 기타 민주주의국가들과 폭넓은 동반자관계를 형성해 자유주의질서를 수호했다. 동아시아에서도 이러한 구상을 구체화하기 위해 바이든은 "인도-태평양 전략"(Indo-Pacific Strategy)을 발표했다. 이 문건에서 그는 중국의 지역패권추구를 억지하기 위해 "통합억지"전략을 제시했다. 인도-태평양지역에서 동맹국가 및 및 아세안국가들과 안보, 경제 및 기술협력을 대폭 강화하겠다고 밝혔다. 미국은 러시아가 우크라이나를 침략한 뒤에 중국이 대만을 침략하는 것을 억지하기 위해서는 군사개입을 하겠다는 것을 분명하게 밝혔다. 이처럼 미국은 중국을 봉쇄하는데 모든 노력을 집중해 동아시아에서 균형자역할을 계속했다. 미국은 동아시아의 현상을 수정하려는 중국의 기도를 억지해 세력균형을 유지하려는 구조적 현실주의를 추구했다.

3. 일본: 방어적 현실주의

일본은 태평양과 한반도 사이에 위치한 동아시아에서 가장 먼저 현대화한 선진국이다. 1947년에 미국점령군이 초안한 헌법 제9조는 일본이 해외에서 전쟁이나 군사행동을 하는 것을 금지하고 오로지 평화와 자위를 위한 행동만 허용했다. 그 후 70년 동안 국제정치는 엄청나게 변했다. 일본은 이 변화에 적응하기 위해 외교정책의 기조를 평화주의에서 점차 방어적 현실주의로 전환했다. 이러한 전환을 촉진시킨 것은 중국의 부상과 북한의 핵무장이다. 2000년에 일본의 국방비는 중국의 3배에 도달했으나 2015년에는 중국의 절반에 머물렀다. 일본은 이제 "보통국가"를 넘어서 강대국으로 전환해 미국과 군사동맹을 강화하면서 동시에 자주적으로 중국과 북한의 위협에 대응할 억제력을 격상시키고 있다.

21세기국제정치에서 일본은 외부환경에 소극적으로 반응하는 "반동적 국가"에서 벗어나 적극적으로 대응하는 "능동적 국가"로 전환하고 있다. 전후 반세기 동안 일본은 1952년에 미국과 체결했던 상호방위조약에 의해 안보에 대해서는 미국에게 거의 전적으로 의존하고 경제발전에 전력을 기울여 고도성장을 이루었다. 1950년대에 이미 자민당이 의회의 다수를 차지했고 요시다 총리가 이러한 방향으로 정책을 추진해 기적적인 성장을 기록했다. 이러한 방향의 정책노선을 이른바 "요시다 독트린"이라 하는데 이 전통은 그 뒤에도 지속했다. 1970년대에 후쿠다 총리는 아시아를 중시한다는 정책을 표방해 "후크다 독트린"을 선언하고 동남아국들과 경제협력을 확대하기 시작했다. 1980년대에 일본은 대외무역에서 수출을 증대시키고 수입을 규제했는데 이러한 정책을 학자들은 "중상주의적 현실주의"라 불렀다. 그런데도 일본은 주로 경제력에서 세계로 뻗어가는 국력을 신장했기에 아사히신문의 기자 후나바시는 이를 "세계 민간국력"(global civilian power)이라고 설명했다.

1990년대에 일본국내에서 미국은 일방적으로 일본을 방어하는데 일본은 미국의 대외군사활동을 지원하지 않고 있는 데 대한 비판이 일기 시작했다. 중동에서 위기가 발생해 원유공급이 차질을 내면 일본은 치명타를 입게 되었다. 일본도 단순히 자위대만 유지할 것이 아니라 경제와 에너지를 포함한 "포괄적 안보" 개념을 도입해야 한다는 여론이 비등했다. 일본은 군사력이 아닌 경제력과 인도주의적 지원에 의해 보다 적극적인 국제협력을 실시해 자위를 집단안보로 전환해야 한다는 것이다. 이에 대한 반응으로 일본은 해외안보역할을 모색했는데 이 추세를 그린(Michael Green)은 "마지못한 현실주의"(Reluctant Realism)라고 표현했다(*Japan's Reluctant Realism: Foreign Policy Challenges in an Era of Uncertain Power*, 2003).

21세기 초에 일본은 더욱더 능동적 안보태세로 방어적 현실주의를 추구했다. 2010년에 일본이 그 영해에 들어와서 조업했던 중국어부를 체포했고 중국이 그의 석방을 요구했던 사건이 일본의 외교정책을 현실주의방향으로 전환시키는 계기가 되었다. 일본이 이 어부를 석방한 뒤에도 중국은 일본정부의 공식사과를 요구한 것은 중국위협에 대한 일본인들의 두려움을 부채질했다. 그 뒤 중국은 일본이 통제하고 있는 센가쿠/댜오위다오에 대해 영유권을 주장하자 일본은 미국과 공동으로 행동하기 시작했다. 오바마 행정부는 미일방위조약이 이 무인도를 방위하는데 적용된다는 것을 명확하게 밝혔다. 2012년에 제2차로 집권한 아베 총리는 헌법 제9조를 재해석하는 법안을 의회에 통과시켜 집단안보를 합법적으로 추진했다. 그는 국가안보회의를 총리직속하에 설치해 외교안보정책을 중앙에서 직접 지휘하기 시작했다. 아직도 방위비는 GDP의 1% 내에 국한했지만 아베는 중국을 봉쇄하고 견제하려는 정책을 공개적으로 추구했다. 북한핵문제를 해결하기 위해 그는 한미일 조정을 다시 강화하는 동시에 국내에서 방위비를 증액해 중국과 군비경쟁을 시작했다. 아베는 2017년 10월에 중의원의 임시선거를 실시해 헌법 개정을 달성할 수 있는 다수의석을 확보했다. 2019년 참의원선거에서 자민당이 절대다수를 차지했지만 개헌에 필요한 2/3에는 미달했으나 자민당의 아베 파는 헌법 개정의 목표를 포기하지 않았다.

현재 일본은 동아시아에서 중국 다음으로 제2위의 경제규모를 유지하고 있다. 일본은 114기의 전함들과 45,800명의 병력으로 구성된 아시아최강의 해군을 갖고 있다. 일본해군은 2기의 헬리콥터를 탑재할 수 있는 *JS Izumo*와 *카가(Kaga)*를 포함해 48척의 구축함을 배치하고 있다. 일본은 20여 척의 잠수함도 보유하고 있다. 일본은 현재 군사위성 8개, 이지스구축함 8척, 탐지거리 1000km 지상레이더 4기, 조기경보기 17대, 해상초계기 110대를 운용하고 있다. 일본공군은 현재 900

대의 항공기와 최첨단전투기 42기의 F－35Bs를 보유하고 있으며 앞으로 100여 기를 더 도입할 예정이다. 일본공군은 미국, 러시아, 중국, 인도 다음으로 항공기 수에서 세계 5위다. 일본의 국방예산은 2019년부터 8년째 상승해 왔으며 우크라이나 전쟁 후에 두 배로 늘어나고 있다. 이제 일본은 종전의 "전수방위"정책에서 벗어나 해외에 군사력을 투사할 수 있는 공세전략으로 전환하고 있다.

일본은 세계에서 가장 안정된 사회와 정치를 실천하고 높은 수준의 첨단 과학기술을 보유한 나라로 발전했다. 이 결과 일본은 군사적으로도 동아시아에서 2－3위를 유지하는 강대국으로 전환했다. 일본은 1960년대부터 강대국지위의 한 요건인 핵무기를 언제든지 만들 수 있는 기술을 꾸준히 개발해 왔다. 사실 1967년에 사또 에이사쿠 총리는 일본이 핵무기의 제조, 보유 및 도입을 하지 않겠다고 약속해 노벨평화상을 수상했다. 그러나 그는 은밀하게 원자력기술을 개발할 것을 지시했다. 1987년에 나카소네 야수히로 총리는 미국과 집요하게 협상해 당시 과대평가 되었던 일본엔화의 환율을 평가절하라는 미국의 요구를 수용하는 반면에 핵물질을 재처리할 권한을 담은 원자력협정을 얻어냈다. 이렇게 선견적인 국가 관리로 인해 일본은 현재 47톤의 플루토늄을 비축해 최단 시일 내에 이를 핵무기로 만들 능력을 갖고 있다.

2019년 11월에 나루히토(德仁)가 새 천황으로 즉위해 레이와(箒和)라는 새 연호를 개시했다. 아베는 일본역사상 최장수총리로서 일본이 전쟁을 수행할 수 있는 강력한 "보통국가"를 부활했다. 이처럼 아베가 야심적으로 추구했던 경제재건과 군비강화계획이 착실하게 진전시키면서 일본은 동아시아에서 제2군사대국으로 부상해 명실 공히 강대국으로 행동하고 있다. 아베는 2007년에 미국, 인도 및 호주와 쿼드라는 4자 안보협력을 출범시켰다. 2019년 12월에 일본은 인도와 안보협력을 위해 그동안 미국과 실시했던 이른바 "2＋2회의", 즉 양국의 외교 및 방위장관의 제1차 회담을 개최했다. 이 회담에서 두 대표는 양국 간의 안보대화 및 협력이 인도－태평양지역의 안정에 관건이 된다는 점을 재확인했다. 2022년 1월에 일본은 호주와 방위협력을 실시하기로 합의했다. 일본은 영국과 제6세대 전투기의 엔진개발에 협력하기로 합의했다. 한편 일본은 미국과 안보협의회를 개최해 군사기술과 인공지능에서 상호협력을 확대하기로 합의했다. 이처럼 일본은 미국과의 양자동맹을 보강하면서 동시에 인도, 호주 및 영국과 군사협력을 격상했다. 2022

년 2월에 러시아가 우크라이나를 침략하자 새로 당선된 기시다 후미오 총리는 러시아에 대한 경제제재에 가담하고 우크라이나에게는 10억 달러의 경제지원을 제공했다. 기시다는 5월에 영국을 방문해 방위협력협정을 체결해 인도－태평양지역에서 협력하기로 합의했다. 이처럼 일본은 자위를 넘어서 동아시아와 유럽에까지 영향력을 투사해 명실 공히 강대국으로 행동했다.

4. 러시아: 핵무기에 의존한 고전적 현실주의

러시아는 소련이 붕괴한 뒤 강대국지위를 부활하기 위해 핵무기에 의존한 고전적 현실주의 정책을 추구했다. 역사적으로 러시아는 유럽과 더 많이 접촉했다. 러시아의 영토는 유럽에서 블라디보스토크까지 세계최대대륙을 차지해 10개의 표준시간대를 갖고 있다. 러시아연방의 인구는 81%가 러시아족이고 기타는 190여개 소수민족으로 구성되고 있다. 러시아의 동부지역은 중국과 한반도에 접속되고 있고 제2차 세계대전 말에 점령했던 일본의 4개 도서를 반환하지 않고 있다. 소련이 붕괴된 후에 아직도 러시아는 2017년에 7,000개의 핵탄두를 보유해 이것을 강대국외교의 가장 중요한 도구로 사용하고 있다(미국은 6,780개의 핵탄두를 가지고 있다). 이 목표를 달성하기 위해 푸틴은 그의 임기 동안 군비를 약 2.5배가량 증가했다.

냉전 후에 러시아는 동아시아의 지역협력에서 제외되는 것을 원치 않았다. 1993년 ARF에 동참했고 2011년에는 동아시아정상회담에 참석해 러시아는 아시아의 일원임을 자처했다. 2012년에 재차 대통령으로 당선된 푸틴은 소련의 붕괴를 역사상 “최대 재앙”이라 규정짓고 그것을 초래한 고르바초프를 신랄하게 비난했다. 그는 미국의 헤게모니를 견제하는데 전력을 기울이면서 NATO가 러시아의 주변부, 즉 “근 해외”에 접근하는 것을 방지하기 위해 핵무기를 포함한 군사력을 재건했다. 그는 이러한 정책의 일환으로 2014년에 크리미아를 합병했고 우크라이나 동부에 군사개입을 실시했다. 소련이 붕괴했을 때 상실했던 영토를 다시 회복하려는 이 기도는 고전적 현실주의의 전형적인 모습이다.

국내정치에서도 그의 정당성을 확보하기 위해 푸틴은 러시아정통교회를 부활시켰고 반 서방민족주의를 고취했다. 그는 2013년에 러시아에서 활동했던 모든 서방 비정부조직과 시민단체들을 추방하고 대중매체에 대한 통제를 강화했다. 2016년에 러시아의 해커들은 미국대선에서 민주당전국위원회의 전산망을 공격해 민주주의질서를 약화하려고 기도했다. 이처럼 러시아는 냉전기에 소련이 누렸던 강대국지위를 회복하기 위해 수정주의적 외교정책을 추구하고 있다. 러시아는 중국과 달리 과감한 경제개혁을 단행하지 않고 주로 원자재수출에 의존해 왔다. 러시아의 수출에서 원유가 63%를 차지했으나 석유 및 천연가스가격 하락으로 인해 러시아경제는 침체를 면하지 못했다. 인구감소와 사회불안요인들을 내포하고 있는 러시아가 다시 초강국지위를 회복하기는 어려울 것이다. 1992년부터 2016년까지 러시아의 경제성장률은 연평균 1.5%였으나 중국은 8.9%, 인도는 5.1%를 기록했다. 2013년에 러시아의 GDP는 2.2조 달러로 절정에 달했지만 2016년에는 1.3조 달러로 떨어져 세계GDP의 3%에 그쳐 이탈리아, 브라질 및 캐나다보다도 낮아졌다. 러시아인들의 1인당 소득도 9천달러 이하로 급락했다(*Washington Post,* 2016. 12. 31). 2020년부터 에너지가격이 상승한 뒤 러시아경제는 다시 회복세를 나타냈다. 그런데도 2020년에 러시아의 GDP는 1.383조 달러로 한국의 1.63조 달러보다 적다. 1인당 국민소득은 10,115달러로 한국의 31.489달러의 약 3분의1에 해당했다.

크리미아와 우크라이나사태 이후 미국과 EU가 경제제재조치를 취하자 푸틴은 중국과 동반자관계를 보강했다. 2014년에 그는 베이징을 방문해 시진핑과 정상회담을 갖고 대규모의 에너지협력합의를 이루었다. 2016년에 그는 일본의 아베 총리와도 정상회담을 갖고 북방 4개 도서의 반환에 대한 협상을 재개했다. 이 문제에 대해서는 아직도 구체적 진전은 없지만 일본과 경제협력을 확대하기로 두 정상은 합의했다. 2018년에 트럼프가 중국과 무역전쟁을 개시해 미중 간에 대결이 장기화하자 러시아는 중국과 공동으로 군사연습을 실시해 군사협력을 강화했다. 특히 2019년에 미국이 중거리 핵 군사력조약(INF)에 탈퇴하자 러시아도 이 조약을 포기한 뒤 원래 이 조약을 조인하지 않았던 중국과 제휴해 군비경쟁을 계속했다.

2021년 3월에 러시아는 우크라이나의 동부국경에 대규모의 군대를 집결했다. 2022년 1월에 푸틴은 미국의 국력이 약화되었다고 판단해 병력을 약 12만 명으로 증대했다. 과거 유럽에서 구소련이 누렸던 위치를 회복하기 위해 그는 대서양동맹의 자유주의질서에 도전을 가해 우크라이나를 위협했다. 푸틴은 구 소련에서 탈퇴한 국가들에 주둔한 미군의 철수와 우크라이나의 NATO가입을 강하게 반대했다. 2022년 2월 24일에 푸틴은 우크라이나 동부 국경지역에 러시아군의 침략을 명령했다. 러시아는 UN회원국인 우크라이나의 주권을 무시하고 침략을 강행했다. 이는 UN헌장과 자유주의국제질서에 대한 심각한 도전이다. 이에 대해 바이든은 유럽동맹국들과 함께 러시아에 대해 강력한 경제제재를 가했다. 미국 이외에 37개국들이 경제제재에 동참했다. 이 침략으로 인해 러시아는 전 세계에서 더욱 더 고립되었다. 3월 3일에 UN총회는 러시아의 침략을 규탄하는 결의안을 투표했는데 찬성 141, 반대 5, 기권 35로 통과했다. 기권한 국가들 중에 중국과 인도가 동참했다. 이 결의안은 구속력을 갖지 않고 다만 반대여론을 조성할 뿐이다. 러시아군이 부차에서 민간인들을 학살한 사실이 드러나자 4월 7일에 UN은 러시아를 인권이사회에서 퇴출했다. 이 예방적 전쟁이 장기화하면 할수록 러시아는 더욱더 고립되고 국력은 쇠퇴했다. 우크라이나 전쟁이 장기화하자 푸틴은 핵무기를 사용하겠다고 위협했다.

러시아는 동아시아에서 미국패권을 견제하기 위해 중국과 군사협력을 강화했다. 러시아는 2007년부터 UN안보이사회에서 중국의 거부권행사를 일관되게 지지했다. 2022년 베이징동계올림픽의 개회식에 미국을 위시한 서방국가정상들은 불참했으나 유일하게 푸틴은 참석해 시진핑과의 친분을 과시했다. 그런데도 러시아가 중국과 정식으로 군사동맹을 결성할 것인지는 회의적이다. 지정학적으로 러시아는 중국과 세계최장거리의 국경을 공유하고 있다. 시베리아에서는 이미 중국 상인들이 증가하고 있다. 중국의 국력이 러시아를 크게 앞서 가자 러시아는 점점 더 중국에 의존했다. 이 추세가 심화하면 할수록 러시아는 자신의 안보에 대해 미국의 위협보다도 중국의 위협이 더 커질 수도 있다. 지정학적으로 중국과 2,672마일의 세계최장거리 국경을 공유하는 러시아가 중국과 공식적 군사동맹을 결성하기는 어려울 것이다.

5. 인도: 방어적 현실주의

인도도 일본처럼 수정주의를 추구하지 않고 자국의 이익에 초점을 둔 방어적 현실주의를 추구한다. 냉전기에 네루 총리는 미소 중 어느 편에도 경도하지 않는 비동맹운동을 외교정책의 기조로 삼았다. 1991년까지 인도는 대체로 소련과 더 친근한 관계를 유지했고 국내에서도 사회주의 경제정책을 추진했다. 1991년에 집권한 라오 총리는 비동맹정책에서 벗어나 인도를 개방하고 동아시아 국가들과 협력을 추진하는 동방정책(Look East Policy)을 개시했다. 중국이 급부상하고 파키스탄과의 관계가 긴장되자 인도는 세력균형을 통해 국가이익을 극대화하려는 현실주의 외교정책을 추구했다. 2014년에 집권한 힌두민족주의를 옹호해온 BJP당의 모디(Narendra Modi) 총리는 더 역동적인 외교정책을 추구했다. 2019년에 압도적 지지로 재선된 모디는 인도가 정정당당하게 강대국대열의 일원임을 분명하게 표명했다. 이러한 의미에서 2018년에 구매력(PPP)에 의해 추정한 10대 강대국대열의 순위는 매우 흥미로웠다: 중국, 미국, 인도, 일본, 독일, 러시아, 인도네시아, 브라질, 영국 및 프랑스. 여기서 나타난바와 같이 21세기 초에 인도는 중국과 경쟁할 또 하나의 초강국이 될 전망이다.

21세기 초에 인도는 중국과 비슷한 고속성장을 기록하자 그 외교정책은 강대국 위치를 지향했다. 1974년에 인도는 처음으로 핵폭발실험을 수행했고 1998년에 6차의 추가실험을 실시한 뒤 명실 공히 핵보유국이 되었다. 2013년에 인도는 4만 5천톤의 항공모함을 실전배치했다. 인도의 해군은 2035년까지 175척의 군함을 실전배치 할 계획이다. 인도는 2019년까지 2척의 핵잠수함을 운용해 왔었는데 앞으로 6척을 더 건조할 것이다. 1962년에 인도가 중국과 국경전쟁을 치른 뒤 중국의 위협은 더 증가했다. 파키스탄도 핵무기를 개발하고 카슈미르분쟁을 지속했다. 이렇게 급변하는 환경에서 모디 총리는 중국과 파키스탄을 견제하기 위해 미국, 일본, 호주 및 베트남과 안보협력을 확대했다. 이러한 인도에 대해 미국과 일본도 적극적인 반응을 보였다. 2005년에 부시행정부는 처음으로 NPT의 회원국이 아닌 인도와 원자력협력합의를 이루었다. 2015년에 모디는 오바마를 “공화국 국빈”으로 초청해 경제 및 안보협력을 강화하기로 합의했다. 2016년에 아베는 인도를 방문해 모디와 정상회담을 갖고 병참기술교류에 대한 협정을 체결했으며 해군협력도 확대하기로 합의했다. 2020년 2월에 트럼프는 인도를 방문해 모디와 정상회담을 가졌다. 여기서 두 정상은 범세계적 전략동반자관계를 재확인하면서 30억 달러의 군사장비에 대한 구매협정을 체결했다. 인도는 호주 및 베트남과도 이와 비슷한 군사교류협정을 체결했다. 이러한 군사협력은 인도가 중국의 패권추구를 묶시적으로 견제해 동아시아의 세력균형에서 한 강대국 위치를 차지하고 있다는 징조다. 2017년에 인도의 방위비는 513억 달러에 달해 세계에서 6번째를 기록했다. 중국의 해군이 태평양과 인도양에 진출하면 할수록 인도는 더욱 더 적극적으로 미국과 일본이 추진하고 있는 인도-태평양구도에 동참했다. 2019년에 재선된 모디 총리는 그의 통치기간 중 매년 평균 6%의 경제성장을 지속하도록 전력을 기울였다. 그러나 이 해에 중국군은 인도와의 국경에서 20명의 인도군인을 사살했다. 이 사견 후에 인도는 중국보다 일본, 미국, 호주 및 한국과 같은 자유주의국가들과 더 활발한 교류협력을 추구했다.

그런데도 2022년 3월에 UN총회가 러시아의 우크라이나 침략을 규탄하는 결의안을 채택했을 때 인도는 기권했다. 이는 인도가 미국과 러시아간의 대결에 말려들지 않고 러시아에서 미사일과 무기 및 비료를 염가로 도입해 단기적으로 자신의 국익을 화보하려는 고육책이다. 우크라이나 전쟁에 대해 모디 총리는 “지금은 전쟁의 시대가 아니다”라는 입장을 표시하면서 가능한 한 중간노선을 모색했다. 지정학적으로 미국과 중국이 인도-태평양지역에서 패권경쟁을 격화하자 인도는 러시아보다도 미국 및 일본과의 전략적 제휴를 더욱 더 중시했다. 2023년 4월에 인도의 인구는 중국을 초월해 세계최대 국가가 되었다(*Washington Post*, 2023. 4. 14.). 21세기에 인도의 경제는 빠르게 성장해 중국과 경쟁할 것이다.

6. 5 강대국들 간의 느슨한 세력균형

미국, 중국 일본, 러시아 및 인도가 이상과 같은 외교를 추구하는 21세기 동아시아에서는 미국과 중국이 패권경쟁을 전개하고 있다. 일본, 러시아 및 인도는 이 경쟁이 경직된 신 냉전으로 격화하는 것을 방지하려고 노력하고 있다. 이 결과 동아시아 국제관계는 신 냉전보다도 5강 간에 **느슨한 세력균형**(loose balance of power)으로 진화할 것이다. 중국은 고래의 중화질서를 회복하려고 기도하면서 미국을 제치고 독자적인 지역패권을 추구했다. 미국은 인도-평양지역에서 역외균형자역할을 계속해 중국을 봉쇄해 갈 것이다. 일본은 미국과의 동맹을 강화해 중국패권을 억지하는 데 동참했다. 인도는 가능한 한 중간노선을 취하려 하겠지만 자신의 안보를 직접 위협하는 중국보다도 점차 미국 및 일본과 더 많은 이익을 공유하고 있다. 동남아시아 국가들은 ASEAN을 유지하면서 미중간의 패권경쟁을 완화하려 노력할 것이다. 이 결과 동아시아는 느슨한 세력균형을 나타낼 것이다. 미국과 중국은 장기간에 걸쳐 패권경쟁을 계속하겠지만 어느 쪽도 독자적인 헤게모니를 행사하기는 어려울 것이다.

중국이 미국패권을 견제하기 위해 러시아와 반미동맹을 결성하는 것도 쉽지 않다. 일본과 인도도 미국과 중국 간의 패권경쟁이 신 냉전으로 양극화하는 것을 방지하려고 기도할 것이다. 중국의 국력이 신장하면 할수록 미국도 종전처럼 독자적으로 지역패권을 행사하기는 어렵다. 동아시아국가들 간의 경제적 상호의존도 미중간의 양극화를 크게 제약한다. 이러한 여건에서 동아시아의 세력균형은 19세기 유럽에 조성되었던 빽빽한 형태보다도 각 쟁점에 따라 당사국들이 대결하면서도 동시에 협력하는 무정형하고 **느슨한** 형태로 변천할 것이다. 특히 동남아시아국가들과 아세안은 예기치 않았던 위기에 직면할 때 그 상황에 따라서 뜻을 공유하는 국가들 간에 유동적인 연합(coalitions of the willing)을 형성할 것이다. 대만, 한반도, 남지나해 및 일본 북방도서에서 영토분쟁이 해결될 때까지 동아시아는 여전히 불안한 상태를 지속할 것이다.

제27장

21세기동아시아 정치경제는 어디로: 동아시아의 기적은 계속되는가: 발전국가에서 발전 자본주의로?

동아시아는 현재 세계경제의 중심으로 부상하고 있다. 동아시아는 세계육지의 30% 정도를 차지하고 있지만 인구는 60%를 갖고 가장 빠른 경제성장을 기록한 국가들을 포함하고 있다. 동아시아 정치경제의 특징은 시장보다도 국가가 경제발전을 주도해 세계 어느 지역보다 높은 성장을 기록했기에 세계은행은 이를 "**동아시아의 기적**"이라 불렀다. 20세기에 급진전한 세계화의 물결 속에서 동아시아국가들도 금융위기를 면할 수는 없었다. 동아시아국가들도 세계금융위기의 영향을 받았지만 남미 및 남유럽과 달리 위기를 신속하게 극복했다. 동아시아에서는 여전히 국가의 역할이 계속되고 있는 것이 미국이나 유럽과 다른 점이다. 동아시아 정치경제는 세계화의 결과 자유주의방향을 지향하면서도 여전히 국가가 주도하고 있다. 역사적으로 일본이 먼저 "발전국가"로 성공해 이러한 모습을 나타냈다. 그 뒤에 한국과 같은 신흥국가들이 이 전통을 계승했다. 중국이 이 대 추세에서 다소 예외적 사례를 보였으나 그 발전 방향은 발전국가의 경험과 크게 다르지 않았다. 동아시아국가들은 남미국가들과 달리 국가가 주도하는 자본주의를 추구했다. 이러한 의미에서 동아시아 정치경제는 21세기에도 **"발전자본주의"**를 유지할 것이다. 이러한 추세는 아래에 서술한 동아시아경제발전의 역사에서 엿볼 수 있다.

1. 남아시아의 드라마: "연식국가"의 빈곤함정

남아시아국가들은 오랫동안 전통과 현대화가 공존하는 빈곤의 함정에서 빠져나오지 못했다. 이러한 처지를 가장 깊이 연구한 경제학자는 스웨덴의 뮈르달(Gunnar Myrdal)이다. 1968년에 그는 3권으로 구성된 대작 "***아시아의 드라마***" (*Asia's Drama: An Inquiry into the Poverty Nations*, 1968)를 세상에 내놓아 인도, 파키스탄, 버마 및 태국 등 남아시아국가들의 빈곤상태에 대해 심층 분석한 저술들을 발표했다. 원래 그는 사회학을 전공했지만 경제학에 관한 논문도 많이 발표해 1974년에 하이에크(Friedrich Hayek)와 함께 노벨경제학상을 수상했다.

뮈르달은 남아시아의 경제발전에 대해 자못 비관적 평가를 했다. 그는 남아시아국가들을 **"연식국가"**(soft states)로 표현하면서 그들이 당면한 현실을 적나라하게 파헤쳤다. 그들은 역사 및 종교적 전통을 그대로 계승하면서 동시에 산업화하려고 안간힘을 다했지만 실패를 거듭하고 있었다. 기본적으로 농업 국가들로서 체계적 경제정책을 수립할 능력이 부족할 뿐 아니라 정책을 효과적으로 집행할 의지와 규율도 결여했다. 이러한 여건이 사회전반에 만연되고 있는데도 정부는 부패, 나태, 혼란 및 무질서를 방치하고 있었다. 이 비참한 현실을 극복하기 위해 그는 장기적으로 교육과 문화를 개혁해야 하며 단기적으로는 차라리 쌀 생산과 중소기업을 육성해 수입대체산업을 추진할 것을 권고했다.

남아시아의 최대국가 인도도 이와 비슷한 상황에 있었다. 이 현상을 탈피하기 위해 인도출신의 노벨경제학상 수상학자 센(Amitaya Sen)도 우선 교육과 보건개혁을 조속히 실시할 것을 제안했다. 후쿠야마도 인도는 중국과 달리 영국식민지를 경험해 강력한 현대국가를 건설하기 앞서서 법치를 도입했다고 했다. 이 결과 인도는 민주주의를 실천하고 있지만 연식국가를 탈피하지 못해 경제발전정책을 효과적으로 이행하지 못하고 무질서와 침체를 방치하고 있었다는 것이다. 인도의 정치경제는 절차적 정당성을 누리지만 업적정당성을 결여했다. 1990년대에 라오 총리가 "동쪽을 보자"는 구호를 제시하고 인도경제를 개방하고 개혁을 개시한 후 인도도 빈곤의 악순환에서 탈피하기 시작했다. 여기서 동쪽은 일본 및 한국 등 발전국가를 의미했다. 2019년에 재집권한 모디 총리는 더욱 더 과감한 개방과 개혁정책을 실시해 동아시아 발전국가처럼 연평균 6-7%의 경제성장을 이루었다. 2020년대에 인도는 "빈곤함정"에서 벗어나 동아시아와 국가들과 같이 발전국가로 변화해 드디어 강대국으로 부상하기 시작했다.

2. 날아가는 기러기형의 경제발전: 동아시아 신흥국들의 "발전국가"

남아시아의 드라마와 달리 동아시아국가들은 1960년대부터 이른바 **"날아가는 기러기"**(*Flying Geese*)형 경제발전을 나타내어 세계최고율의 경제성장을 기록했다. 이 이론은 일본의 경제학자들이 먼저 제시했다. 일본이 이 기러기 무리의 우두머리에서 날고 그 뒤에 한국, 대만, 홍콩, 싱가포르 등 신흥국들과 기타 동남아국들이 일본을 따라잡으려는 발전전략을 추구했다는 것이다. 일본은 먼저 섬유 및 전자산업과 같은 소비재생산에 주력해 수출을 증대한 뒤 자동차 및 조선과 같은 자본재산업으로 산업구조를 격상했다. 1970년대에 일본은 연평균 10% 내외의 경제성장을 기록했다. 이 시기에 일본 G-7의 회원국이 되어 선진국대열에 진입했다. 그 후 일본은 2010년까지 미국 다음으로 제2경제대국 위치를 유지했다. 한국이 이 선례를 따라 적극적으로 산업정책을 추진해 1980년대에 비슷한 고도성장을 이루었다. 대만과 기타 동아시아 국들도 각기 다른 여건에서 일본 및 한국과 유사한 형태로 경제발전을 추진했다.

이러한 경제발전은 영국과 미국의 경제학자들이 옹호했던 자유주의 시장경제와 큰 대조가 되었다. 이처럼 일본이 서양과 다른 방법으로 "기적"을 달성한 점에 착안해 존슨(Chalmers Johnson)은 **"자본주의 발전국가"**론을 제시했다. 그는 정부가 민간기업의 활동범위를 정하는 미국을 "규제국가"로 명시하고 정부가 경제발전을 국가의 주목적으로 삼고 민간기업을 지도하는 일본을 "발전국가"로 정의했다. 발전국가는 경제발전을 국가의 주목표로 설정하고 이를 달성하기 위해 필요한 모든 수단을 동원하는 국가다. 이러한 국가는 5개년계획과 같이 중장기적 산업발전계획을 수립해 구체적인 생산목표를 설정했다. 이 목표를 달성하기 위해 유능한 관료조직인 통산성은 행정지도를 통해 정책이행을 점검하고 관철시켰다. 국가가 산업정책을 수립하고 수출증대를 위해 비교우위를 창출했다. 가장 중요한 요소는 국가가 시장에 적극 개입해 민간기업의 순종과 협력을 이끌어 내는 일이었다. 이 모든 조치들도 어디까지나 사유재산을 허용하고 장려하는 점에서 이는 자본주의 발전국가로 본 것이다(*MITI and the Japanese Miracle*, 1982).

한국의 경제발전에 대해서 암스덴(Alice H. Amsden)은 존슨과 유사한 분석(*Asia's Next Giant: South Korea and Late Industrialization*, 1992)을 했다. 그녀는 후진산업화를 겪는 국가는 고의적으로 "물가를 틀리게 정하는"(getting the price wrong) 정책을 실시해 국가주도의 산업화를 이루었다고 주장했다. 한국에서는 국가가 투자와 생산을 주도해 국내산업을 해외경쟁에서 보호해 주었다. 한국은 직접투자 대신에 주로 원조와 차관을 도입해 전자, 철강, 자동차, 조선 등 중공업과 소비재산업을 동시에 추진해 수출을 증가시키고 기술을 습득했다. 예컨대 현대자동차회사에서는 자동차엔진을 생산하는 현장에서 엔지니어들은 실제로 엔진과 부품을 동시에 제조하면서 기술을 배웠다는 것이다(learning by doing). 이러한 산업화를 지도했던 경제기획원은 혁신하고 수출을 증가하는 기업에게 보조금을 제공했고 우선적으로 외환을 사용하게 조치했다. 박정희 대통령은 정규적으로 수출확대회의를 직접 주관해 재벌과 관료들이 협력해 목표달성을 해내도록 독려해 단호한 리더십을 발휘했다. 한편 정부는 노동쟁의를 탄압했고 노동조합활동을 통제한 것도 사실이다.

3. 세계은행: "동아시아기적"

세계은행은 1993년에 "***동아시아기적***"(*The East Asian Miracle: Economic Growth and Public Policy*)이라는 책자를 출판해 발전국가들의 정책을 소개했다. 이 연구에서 세계은행은 일본, "네 마리 호랑이"(홍콩, 한국, 싱가포르, 대만), 중국, 동남아의 "새롭게 산업화하는 경제"(NIEs) 등 8개 국가들이 고압적 성장을 기록한 사례들을 분석했다. 한국의 경험에 근거해 이들이 나타냈던 공통점을 요약하면 다음과 같다. (1) 한국은 경제발전을 안보에 더해 가장 중요한 국가목적으로 정하고 5개년계획을 통해 그 목표를 달성해 업적정당성을 획득했다. (2) 경제기획원과 같은 강력한 관료조직이 명확한 목표를 달성하도록 리더십과 행정능력을 발휘했다. (3) 한국은 산업화를 가속화하기 위해 고의적으로 수출 지향적 발전전략을 추구했다. (4) 정부는 기업과 밀접한 관계를 유지해 외환과 세제에서 재벌에게 혜택을 제공하고 노동조합은 통제했다. (5) 국가가 연구소들을 출범해 교육, 훈련 및 연구개발을 고무해 적극적으로 인간자원을 육성했다. (6) 국가는 경제정책의 "기본을 바르게 하려고"(getting the basics right) 노력해 시장 친화적 발전을 추진했다.

여기서 한 가지 흥미로운 사실은 동아시아 국가들은 이러한 정책을 뒷받침한 문화적 배경을 공유하고 있었다는 점이다. 그것은 바로 유교의 역할이다. 영국과 미국에서 개신교윤리가 자본주의를 지탱한 윤리라 한다면 동아시아에서는 유교가 이러한 역할을 했다는 것이다. 사회학자 보겔(Ezra Vogel)은 이러한 현상을 "**신유교적(주자학적) 산업주의**"(Neo－Confucian Industrialism)라 하면서 아시아의 "*네 마리 작은 용들*"이 이를 공유했다고 주장했다(*The Four Little Dragons: the Spread of Industrialization in East Asia*, 1993). 이러한 문화적 요소들 가운데는 직업윤리와 자기규율, 서열과 복종, 교육에 대한 경의, 가족주의, 근검절약, 신축성이 포함되었다. 이러한 문화가 정치적 안정과 기업가정신을 지탱하는 데 기여했다는 것이다.

동아시아 발전국가들은 실제로 기적적인 경제성장을 기록했다. 1960년부터 1985년까지 4개 신흥 산업화국가들은 연평균 9% 성장률을, 아세안 4국(인도네시아, 필리핀, 태국, 말레이시아)은 6%, 남아시아국가들은 4.1%, 아프리카는 3.2%를 기록했다. 1980년부터 2006년까지 동아시아 국가들의 GDP성장률은 EU의 4배, NAFTA의 4.7배를 나타냈다. 1980년에 동아시아는 세계GDP의 17.2%를 차지했지만 2006년에 22.2%를, EU가 30.3%, NAFTA가 31.7%를 차지했다. 동아시아의 역내무역은 1980년에는 33.3%였으나 2006년에는 43%에 달했다(EU－58%, NAFTA－42.1%). 동아시아국가들은 그들 상호 간에 경제적 상호의존도 심화했다.

4. 동아시아의 금융위기

1997－1998년에 동아시아에서 발생한 금융위기는 발전국가들의 기적을 의심케 한 사건이었다. 어떤 의미에서 이 위기는 동아시아발전국가들의 경제가 서방국가들의 신자유주의가 추구했던 금융의 세계화와 충돌해 발생한 것이라 볼 수 있다. 그들이 너무 성급하게 금융시장을 개방해 단기자본이 대량 유입했는데 자신들의 금융제도, 특히 은행은 그 유통을 관리할 시간적 여유와 능력을 갖지 못했다. 그들의 중앙은행들은 갑자기 빠져나간 외환을 메울 보유고를 상실하자 채권은행들에게 단기부채를 장기부채로 전환해 줄 것을 요구했지만 거절당했다. 할 수 없이 그들은 IMF와 미국에게 구제금융을 호소해 위기를 극복할 수 있었다. 이 사태가 태국에서 먼저 일어나 한국, 인도네시아, 말레이시아에 전파했다. IMF는 이들에게 약 1000억 달러의 구제 금융을 제공해 위기관리를 하도록 지원했다.

동아시아국가들은 이 위기를 신속하게 극복했고 경제성장을 회복했다. 중국과 한국은 경상수지에 흑자를 내어 막대한 양의 외환보유국이 되었다. 1994년에 크루그먼은 아시아의 기적은 국가가 마련한 투자에 의한 것으로 지탱하기 어려울 것이라고 지적했다(Paul Krugman, “The Myth of Asia's Miracle,” *Foreign Affairs*, November 1994). 신 고전경제학적 시각에서 본다면 이 견해에 일리가 있다. 그런데도 동아시아국가들은 그 후에도 국가가 명령하고 계획하지는 않더라도 여전히 경제정책의 조정과 감독기능을 그대로 유지해 발전국가의 역할을 지속했다. 종전처럼 매년 10% 성장은 아닐지라도 각국의 발전정도에 따라 3－7%의 성장을 달성했다. 이 대열에 베트남, 인도네시아, 태국 및 인도가 동참하고 있으므로 발전국가의 미래는 아직도 밝다.

근래에 경제발전에서 제도(institutions)의 역할을 강조하는 “**제도경제학**”이 대두하고 있다. 이 추세 중 우리의 이목을 끄는 저술이 있다. 그것은 바로 터키태생의 한 경제학자 아체모글루(Daron Acemoglu)와 미국 정치학자 로빈슨(James A. Robinson)이 공저한 “*국가들은 왜 실패하는가*”(*Why Nations Fail? The Origins of Power, Prosperity, and Poverty*, 2012)다. 이 저서에서 그들은 제도에는 “포용적”(inclusive) 정치제도와 “착취적”(extractive)인 정치제도가 있는데 전자를 선택한 국가는 경제발전에 성공했고 후자를 선택한 국가는 실패했다고 지적했다. 즉 국가의 흥망은 제도의 차이가 결정한다는 것이다. 그들은 역사적으로 이 핵심주제를 남미와 동아시아 국가들 및 영국의 발전경험을 비교했다. 남미에서는 스페인황제가 통치했을 때 식민지에서 자원과 생산품을 착취했으며 현지주민들을 정치 및 경제정책결정과정에서 배제했다. 이러한 경험을 겪었던 남미에서는 국가권력에 대해 아직도 "복종은 하지만 이행은 하지 않는다"는 풍조가 만연되고 있다. 한편 한국과 같은 동아시아국가에서는 정부가 정책결정과 경제경영에 관료, 학자, 기업가 및 서민들이 참여하는 제도를 실천해 경제발전을 이룩했다. 이러한 국가에서는 대체로 정부가 주도하는 정책과 법치가 효과적으로 이행되어 발전목표를 달성했다. 이러한 점들을 예시하면서 그들은 중국의 비약적 경제발전이 앞으로 계속할 것인지를 의심했다.

5. 발전국가로서 중국: 세계의 공장에서 미국을 추월할 초강대국으로

21세기 초에 중국은 대량의 제조품들을 생산하고 수출해 **세계의 공장**으로 부상했다. 2010년에 중국은 일본을 제치고 세계 제2경제대국이 되었다. 2013년에 시진핑이 "중국 꿈"을 제시한 후 중국은 2049년까지 미국을 앞질러 세계초강대국으로 발전하겠다는 목적을 추구하고 있다. 지금까지 중국은 일본 및 한국과 같은 발전국가들과 많은 점들을 공유했다. 중국은 이 상태를 넘어서 첨단과학기술에서 경쟁력을 양성해 모든 수단과 방법을 동원해 미국에 도전했다. 트럼프는 이러한 기도를 저지하기 위해 2018년부터 무역전쟁을 개시했고 미국의 첨단기술과 지식을 보호했다. 이 결과 미국과 중국 간의 패권경쟁이 무역 또는 경제전으로 발전했다.

중국의 정치체제는 공산주의 일당독재이며 국가가 생산수단을 소유해 명령경제를 실시하고 있다. 이것이 한국과 다른 면이다. 이 제약에도 불구하고 중국은 정치와 경제를 분리해 경제에는 자본주의를 대폭 수용했다. 계획경제가 자본주의적 생산을 개시하자 중국은 싼 임금, 풍부한 노동력 및 경제발전에 필요한 토지를 쉽게 수용하는 것 등 많은 이점을 가졌다. 이 결과 중국은 해외에서 다량의 직접

투자를 유인해 제조업에서 비교우위를 누릴 수 있었다. 적어도 노동집약적 제조업에서 중국은 세계의 공장으로 성장했다. 1978년에 중국의 무역은 206억 달러였으나 2010년에는 3조 달러로 143배 늘어나 전 세계 수출의 10.4%, 수입의 9.1%를 차지해 세계경제의 성장엔진이 되었다. 2010년에 중국은 세계에너지의 20%, 농산품들의 23%, 철광석의 40%를 흡수했다. 2012년에 중국은 세계최대수출국이 되어 막대한 외환을 벌어들여 3조 달러 이상을 비축한 최대외환보유국이 되었다. 2015년에 중국은 세계 태양열 패널의 75%, 이동전화기의 70%, 구두의 63%를 생산했다. 과거 30년간 매년 10% 가량 고속경제성장을 이룬 중국에서 약 2억 명이 절대빈곤에서 벗어났다.

이렇게 중국이 발전국가로서 비상하는 동안 일본, 한국 및 기타 산업화하고 있는 발전국가들은 중국의 각 생산단위와 실시하는 부품무역을 통해 중국을 중심으로 3각적 생산망을 구축했다. 이러한 경제협력은 국가가 협상해 이행하는 자유무역지역과 달리 시장이 주도해 기업들이 자율적으로 결성한 실질적(de-facto) 통합을 이룬 것이다. 중국은 일본, 한국 및 대만으로부터 중간재를 수입해 국내에서 완제품을 조립해 그것을 미국과 유럽에 수출하는 3각 관계를 형성했다. 이는 수직적 투자와 분업에 의해 각국이 다른 부품을 제조해 상호 교환해 완제품을 생산하는 방법이다. 중국수출의 거의 70%가 이러한 형태의 무역에 의해 이루어졌다. 2003년에 중국은 일본, 한국, 대만 및 기타 동아시아국가들의 최대무역대상국이 되었다. 2010년대에 중국은 일본수출의 30%를, 한국수출의 25%를 흡수했다. 이 교역에서 일본과 한국은 흑자를 내었고 중국은 적자를 내었다. 2007년부터 10년간에 중국의 GDP는 4배, 무역은 6배로 성장했다. 2015년에 중국의 무역의존도, 즉 GDP대 무역의 비율은 41%, 일본은 36%, 한국은 85%를 나타냈다.

중국의 고속성장은 2010년대에 들어와서 완만해 졌다. 2017년에 트럼프가 노골적으로 보호주의를 실시했다. 중국도 한국이 미국에서 '사드'라는 미사일방어무기를 도입하자 한국에 무역보복을 가했다. 이 정치적 조치는 중국과의 무역에서 마찰을 초래했다. 이처럼 다소 불리하게 전개되었던 대외환경에서 중국의 경제성장속도는 정점을 넘어서 낙하하기 시작했다. 2010년부터 중국의 성장은 연평균 6-7%로 내려가자 세계의 공장에서 세계의 시장으로 전환했다. 중국은 과거에 수출과 저축에 많이 의존했던 경제발전계획을 내수와 소비로 이전해야 하는 압력을 받기 시작했다. 세계은행과 IMF는 오랫동안 이러한 전환과 함께 과감한 구조조정을 추천했다. 전 세계적으로 확대되고 있는 불황과 국내경제여건을 감안할 때 이 선택은 불가피했다. 인구의 노령화가 급속하게 진행하고 임금은 상승해 노동부족을 초래하자 중국에 생산시설을 설치했던 외국기업들은 아직도 임금이 싸고 풍부한 노동력을 가진 베트남과 기타 동남아 국가들로 공장을 이전했다. 중국은 저렴한 임금에 의한 노동집약적 산업화에서 비교우위를 유지할 수 없게 되었다. 지금부터 중국은 생산성과 기술혁신에 의한 산업화를 이루어야 한다.

이러한 현상은 중국에서만 일어난 것이 아니라 산업화하고 있는 국가들의 거의 모두가 경험했던 것이다. 이를 경제학자들은 **"중간소득함정"**(the middle income trap)이라 하는데 이 상태는 국민소득이 약 만 달러에 근접하는 나라에서 공통적으로 생긴다는 것이다. 이 문지방을 넘어야 선진국에 진입한다. 세계은행은 13개 국가들이 이를 극복하는데 성공했다고 보고했다. 2015년에 중국의 1인당소득은 명목상 8,300달러에 달했으니 중국은 이 함정을 극복해야 할 시점에 도달했다. 중국의 성장률은 2014년에 7.4%, 2015년에 6.9%, 2016년에 7.5%로 낙하했다. 한국과 같은 중진국과 달리 중국은 13.5억의 인구와 방대한 영토를 가진 대국도 더 이상 세계성장의 핵심엔진역할을 수행할 수 없게 되었다. 이미 중국의 중산층은 약 3억 명에 달했다. 중국정부도 연구개발에 GDP의 2%를 할애하고 300만 명의 연구 인력과 1800만 명의 대학생을 교육하고 있었다. 중국은 빠른 시기 내에 중간소득함정을 극복해 낼 것이다. 중국은 이미 정보기술, 인공지능, 로봇기술, 항공업, 신소재, 생화학 등 첨단기술과 혁신분야에 막대한 양의 연구비와 투자했다. 2012년에 OECD는 2030년에 중국의 GDP는 세계의 28%를 차지해 미국을 초과하는 경제초강국이 될 것이라고 예측했다. 그러기 위해서 중국은 현재 극심해지고 있는 공해문제, 인구의 노령화, 누적되어 온 지방정부의 부채 및 구조적인 부패문제를 해결해야 한다.

적어도 동아시아에서는 중국이 최대경제대국위치를 유지할 것이다. 2013년에 중국이 출범시켰던 AIIB와 일대일로계획은 중국중심의 경제발전을 촉진시킬 것이다. 2015년 5월에 당시 부총리 리커청은 단시일에 중국제조업의 도약을 성취하기 위해 "중국제조 2025"(영어로는 Made in China 2025)계획을 발표했다. 이는 제약, 자동차, 반도체, IT, 로봇 및 우주산업과 같은 첨단 기술 분야에서 국내내용을

2020년까지 40%, 2025년까지 70%를 도달하도록 한다는 것이다. 이렇게 야심적인 목적을 초단시일에 성취하기 위해 중국은 미국의 제조기술을 훔치는 산업 간첩활동을 전개해 왔다고 트럼프행정부는 지적하면서 이를 저지하기 위해 2019년에 중국의 5G 통신회사 Huawei의 제품을 금지했다. 미국의 정보당국과 FBI는 중국의 첩보 및 간첩활동을 미국경제 및 안보에 대한 심각한 도전으로 인식했다.

2017년 5월에 시진핑은 29개국들의 정상들을 베이징에 초청해 **일대일로**계획을 공식적으로 출범하면서 자유무역의 중요성을 강조했다. 그는 이 육지 "신 실크로드"계획을 실현하기 위해 중국이 1,240억 달러의 투자를 약속했다. 약 1조 달러를 소요하는 이 야심적 인프라구축 계획은 세계인구의 60%에 해당하는 64개국들이 중국에 연결되게 만드는 대규모의 장기계획이다. 중국은 이들을 자기 세력권에 편입시켜 세계의 중심으로 복귀하려고 기도하고 있다. 인도는 이 계획이 자국에 대한 안보위협으로 인식해 이 개회식에 참여하지 않았다. 이러한 계획들이 성사되면 중국은 일본과 같은 발전국가로서의 경제발전모형을 제시하지는 못하더라도 그 주변부에서는 무역과 투자를 유인하는 하나의 거대한 경제권을 조성할 것이다. 2023년 현재 이 계획에 참여한 국가들은 중국이 지원한 차관을 갚지 못해 감당하기 어려운 부채에 직면하고 있다.

6. 21세기동아시아는 발전자본주의를 지향하는가?

위에서 약술한 바와 같이 아직도 동아시아국가들은 미국과 영국에서처럼 시장이 자유롭게 경제발전을 주도했던 경험과는 다르게 여전히 국가가 경제발전을 주도하고 있다. 여기서 "발전"이라 함은 단순히 경재성장만을 지칭하는 것이 아니라 사회복지를 포함한 넓은 의미에서 사용하는 용어이다. 1990년대의 아시아금융위기와 2008년의 세계금융위기이후 동아시아 국가들은 종전의 발전국가에서 점차 **발전자본주의를** 나타냈다. 이는 동아시아 특색의 자본주의다. 경제발전에서는 중국도 이 추세에서 벗어나지 않았다. 2014년에 중국경제에서 민간부문이 총GDP의 2/3를 차지했기 때문이다(Nicholas Lardy, *Market over Mao: The Rise of the Private Business in China*, 2014). 2020년대에 민간부문은 총생산의 60%, 투자의 70%, 수출의 90%를 차지했다. 이 현상은 공산당체제하의 중국에서도 자본주의가 작동할 수 있다는 실증이다. 그런데 시진핑은 2021년부터 알리바바 등 거대한 민간기업을 통제하기 시작했다. 한편 바이든은 미국경제를 중국경제에서 분리한다는 원칙을 실시해 세계반도체 공급망에서 중국을 제외했다. 이 결과 중국이 세계경제에서 고립된다면 중국은 과거처럼 활기찬 경제성장을 지속하기 어렵게 된다.

동아시아 국가들은 시장자본주의를 수용하면서도 정당성을 확보하는 방법과 정도에서 서구국가들과 다른 면을 표출했다. 서구국가들은 적법하게 선거를 통해 시민의 동의를 얻어 자유와 복지를 증대하려고 노력하면 절차정당성을 확보해 정권을 유지할 수 있다. 동아시아 발전국가들은 경제발전에 성과를 내어 업적정당성을 과시해 정권을 유지했다. 그들은 민주주의와 시장경제를 동시에 정착시켜 절차정당성과 업적정당성을 확보하려고 노력했다. 성숙한 민주주의 국가들과 다른 점은 동아시아에서는 아직도 국가가 경제발전의 방향을 제시하고 실적을 내어 업적정당성을 확보하는 것을 더 중시한다는 사실이다. 밀리노비치에 의하면 중국의 "**정치적 자본주의**"에서는 국가가 시장보다 훨씬 높은 자율성을 행사한다. 정치적 자본주의가 자유주의적 자본주의에 대해 한 대안이 될 수는 있으나 많은 문제들을 내포하고 있다. 그 중에서 가장 중요한 문제는 경제성장에서 끊임없이 업적을 내어야 하며 동시에 고질적인 부패를 척결하는 일이다(Branko Milanovic, "The Clash of Capitalism: The Real Fight of the Global Economy's Future," *Foreign Affairs,* January/February, 2020).

2022년에 시진핑은 그의 새로운 지도노선으로 마르크스주의 "투쟁"을 다시 강조했다. 이 돌발적 변화는 중국의 "정치적 자본주의"에 적지 않은 영향을 끼칠 것이다. 사실 중국경제는 1970년대부터 시장자본주의를 도입한 후 개인과 민간 기업이 자유롭게 경쟁하고 모험을 무릅쓰고 이윤을 추구했기에 과거 30년간 고속성장을 달성했다. 그런데 이제 와서 공산당이 다시 마르크스주의를 부활한다면 공산당이 모든 경제적 결정을 내린다. 이러한 여건에서 과연 "정치적 자본주의"가 시장자본주의보다 더 높은 업적을 낼지는 불확실하다. 한 가지 흥미로운 점은 2023년에 미국과 중국 간에 패권경쟁이 격화하자 양국은 다 같이 각자의 첨단기술과 공급망을 보호하기 위해 국가주도의 산업정책을 도입했다는 사실이다. 첨단기술과 공급망에 대해서는 미국도 중국과 비슷하게 안보위주의 산업정책을 추구하기 시작했다.

7. 동아시아 기적은 계속될까?

동아시아에서 미중 간에 신 냉전이나 대만 및 남지나해에서 전쟁이 일어나지 않는다면 동아시아경제는 기타 지역보다는 더 높은 성장을 계속할 것이다. 2019년에 아시아개발은행은 아시아의 경제성장은 2050년에 세계GDP의 절반을 넘을 때까지 계속 착실히 성장할 것이라고 예측했다(ADB, *Asia 2050: Realizing the Asia's Century*, 2019). 동아시아 국가들은 과거에 보여 주었던 고도성장이 아니더라도 연평균 약 3-7% 가량의 경제성장을 계속할 것이다. 중국이 매년 약 6% 내외의 성장을 지속한다면 일본, 한국 및 동남아국가들의 최대시장으로 작동할 것이다. 여기서 각국의 경제성장률을 정확하게 예측할 수는 없다. 다만 한국과 일본은 선진국대열에 진입한 국가로서 연평균 2-3%의 성장률을 유지할 것이다. 신흥국가로서 인도, 인도네시아, 베트남, 필리핀 및 기타동남아국가들은 이보다 더 높은 성장률을 기록할 것이다. 특히 인도는 앞으로 인간자본 배양에 더 많은 투자를 투입한다면 중국과 대등할 정도로 고도성장을 이룰 것이다. 이 전망이 실현된다면 동아시아의 발전자본주의는 1990년대에 발전국가들이 기록했던 고도성장은 아닐지라도 미국, 유럽, 남미 및 아프리카 국가들보다 높은 경제성장을 나타낼 것이다. 이러한 의미에서 동아시아의 기적은 계속될 것이다.

이 낙관적 전망이 실현가능할지는 동아시아의 정치 및 지정학적 변화에 달려 있다. 2023년까지 중국에서는 일당 독재하에서도 자본주의와 과학기술이 조화롭게 발전해 왔다. 동아시아의 경제발전은 앞으로 급변하는 강대국정치의 영향을 많이 받을 것이다. 동아시아국가의 경제는 미국과 중국의 패권경쟁, 중국과 대만의 양안관계, 북한핵문제 및 남지나해에서의 영토분쟁 등 지정학적 환경의 제약을 피할 수 없기 때문이다. 이러한 전망은 미국과 중국이 추구하는 대전략과 그것이 동아시아의 지역협력에 미치는 영향을 검토해 보면 더 분명해 진다.

제28장

미국의 대전략: 미국은 동아시아에서 역외균형자로 남을까?

미국의 대전략방향은 세계적으로는 선택적 개입과 동아시아에는 역외균형자 역할을 수행하는 것이다. 2010년에 오바마 대통령이 미국외교정책의 방향을 이미 이러한 방향으로 전환했다. 트럼프와 바이든 대통령도 이러한 방향에서 벗어나지 않았다. 21세기 세계에서 중동과 아프리카에서는 종교 및 부족주의 갈등이 격화하고 있다. 중국, 러시아, 이란은 미국이 주도해 온 자유주의의 질서에 수정주의적 도전을 가하고 있다. 이러한 세계에서 미국은 현재의 국력과 국내지지에 부합하는 대전략을 모색하고 있다. 21세기에도 미국은 동아시아 및 인도-태평양지역에서 세력균형을 유지하기 위하여 역외균형자로 남을 것이다(이 장은 안병준, "냉전이후 미국의 대전략 변화추세와 한반도의 미래," *학술원논문집, 인문-사회과학편* 제48집1호, 2009, 논문을 수정한 것임).

대전략(grand strategy)은 외교정책을 수행하는데 실현가능한 목적과 가용수단을 가장 효과적으로 맞추는 과정이다. 미국의 대전략은 외교 및 국내정책을 다 포함해 전 세계에 대해 미국이 국가이익을 종합적으로 추구하는 최고수준의 전략이다. 안보, 번영 및 국위선양과 같은 외교정책의 공통적인 목적은 널리 알려져 있으므로 대전략의 초점은 대체로 군사, 외교 및 경제적 수단을 동원하고 그 목적을 달성하는데 필요한 정치적 의지와 지지를 결집하는데 집중된다. 고대의 쑨지, 중세의 마키아벨리, 19세기의 클라우제비츠와 같은 전략가들은 대전략을 전쟁에서 승리할 수 있는 군사전략으로 간주했다. 미국대전략의 특징은 미국인들이 중시하는 역사와 가치를 그대로 반영하는 것이다(William C. Martel, *Grand Strategy in Theory and Practice*, 2015). 대전략의 개념적 윤곽은 2002년에 부시행정부가 발표했던 "미국의 국가안보전략"이라는 문건에서 잘 나타났다. 이보다 넓은 의미에서의 대전략은 미국역사에서 변천해 왔던 대외전략의 지속적인 추세다.

20세기에 미국대통령들은 국내정치와 대외관계에 적합한 대전략을 추구했다. 루스벨트(Franklin Roosevelt) 대통령의 위대한 업적 중 하나는 자유주의에 근거해 국내정치에서는 초당적 합의를 이루는 동시에 서방국가들과 동반자관계를 구축해 **자유주의적 국제주의**를 출범했던 것이다. 냉전기에 양극화한 세계에서 미국은 소련이 유라시아로 확장하는 것을 봉쇄하기 위해 자유주의적 국제주의를 성공적으로 이행했다. 냉전이 종식된 직후에 제1기 부시(George H. W. Bush) 대통령은 1991년에 이라크의 사담 후세인대통령이 쿠웨이트를 점령하는 것을 막기 위해 수행했던 걸프전에도 이 전략을 적용했다. 냉전이 종식되고 "단극화 순간"이 조성되었던 시기에 그는 러시아와 중국이 UN안보의사회에서 미국이 실시했던 걸프전에 대해 거부권을 행사하지 않도록 협조를 얻어냈다. 그는 미군이 바그다드까지 진군하지 않도록 명령해 후세인정권의 유지를 허용했다. 1991년 말에 소련이 붕괴한 뒤 그는 "새로운 세계질서"의 시작을 선언했지만 그의 외교정책은 자제를 나타내어 일종의 구조적 현실주의를 실천했다.

1994년에 클린턴(Bill Clinton) 대통령은 이러한 자제를 지양하고 보다 공세적으로 **신자유주의적 국제주의**를 추구했다. 이 변화는 그가 1994년에 "관여 및 확대 국가안보전략"(*the National Security Strategy of Engagement and Enlargement*)을 발표해 전 세계에 민주주의와 인권을 전파하겠다고 선언한 데서 잘 나타났다. 1999년에 클린턴행정부는 동유럽의 구공산주의 국가였던 폴란드, 체코슬로바키아 및 헝가리의 NATO가입을 허용했다. 그러나 공산주의위협이 사라진 세계에서 권력은 미국을 넘어서 기타 다수 국가들 간에 분산되자 자유주의적 국제주의에 대한 지지는 감소했다. 미국의 외교정책은 일정한 중심개념을 상실했고 방향감각 없이 표류했다.

무엇보다도 2001년 9월 11일 뉴욕에서 발생한 테러행위는 미국인들을 놀라게 했을 뿐 아니라 미국의 대전략을 근본적으로 변경시킨 계기가 되었다. 제2 부시(George W. Bush) 대통령은 그의 첫 임기에서 과감하게 **자유주의적 헤게모니** 전략을 추진했다. 사실 이 아이디어는 당시 국방부 부장관 울포위츠(Paul Wolfowitz)가 국방지침을 초안했을 때 이미 포함되었던 것이다. 이 초안에서 울포위츠는 미국의 첫째 목표는 또 다른 적대국의 출현을 방지하는 것이며 궁극적으로 세계질서도 미국이 지지해야 가능하다고 주장했다. 그는 만약 집단행동이 불가능해 질 경우 미국은 독자적으로 행동을 취할 태세를 갖추어야 한다고 강조했다. 2002년 9월에 백악관이 "**국가안보전략**"이라는 문건을 발표했을 때 부시는 테러와 대량살상무기를 제거하기 위해서 미국은 필요하다면 선제적이고 일방적 행동을 취할 권한을 행사하겠다고 천명했다. 이러한 태세는 세계를 미국식 자유의 이미지로 재형성하려는 것이다. 이것을 행동으로 옮기기 위해 그는 이라크, 북한 및 이란을 "악의 축"으로 규정하고 미국을 방어하기 위해 본격적으로 미사일방어체계를 개발했다.

2003년의 제2차 이라크전쟁에서 부시는 사담 후세인을 제거했지만 대량살상무기를 발견하지 못했고 민주주의국가를 창출하는 데도 실패했다. 이라크는 아랍 시아파와 수니파 사이의 분열로 인해 더욱 불안해지자 국제정치에서 미국외교정책에 대한 지지가 급락했다. 2008년에 최대금융위기가 진행하고 있었던 와중에 오바마는 대선에서 승리해 대통령으로 당선되었다. 그는 미국외교정책의 방향을 재설정했지만 뚜렷한 대전략을 제시하지는 않았다. 그의 수사학은 자유주의질서를 강조했으나 그의 행동은 이라크와 아프가니스탄에서 미군을 철수했다. 그는 시리아 내전에 군사개입을 극구 피해 선택적 개입전략을 지향했다. 중동에서 ISIS지도자들이 테러와 파괴를 자행하고 있었을 때도 오바마는 미군개입을 피하고 단지 드론(무인기)과 특수부대가 그들을 제거하도록 명령했다. 한편 트럼프의 외교정책 방향은 확실한 실체를 내보이지 않았지만 그 방향은 전통적인 민족주의와 보호주의를 지향했다. 미국의 군사력을 더 강화해 힘을 가진 외교로 미국을 위대하게 만들겠다는 그의 공약은 역외균형을 지향했다. 2021년에 바이든은 수사학에서는 자유주의국제질서를 강조했으나 행동에서는 절제된 현실주의를 계속했다. 이 징조는 아프가니스탄에서 전격적으로 미군을 완전히 철수한 데서 엿볼 수 있었다. 2022년 2월에 러시아군이 우크라이나를 침략했을 때 바이든은 러시아에 엄격한 경제제재를 가하고 우크라이나를 적극 지원했으나 러시아 본토에 대해서는 군사 개입을 하지 않으면서 역외균형자 역할을 계속했다.

1. 미국대전략에 대한 제약들: 역사, 지정학, 경제 및 국내정치

미국의 대전략은 역사, 지정학, 경제 및 국내정치의 제약을 받는다. 역사적으로 미국은 유럽과 다른 외교를 시도했으나 실제 행동에는 자유주의와 현실주의가 교차했다. 지정학적으로 미국은 대서양과 태평양에 인접해 비교적 유리한 지리적 우위에 처했다. 경제적으로 미국은 풍부한 자원과 고도의 과학기술을 지속적으로 발전해 왔다. 국내정치는 민주주의 가치와 제도를 착실하게 발전해 왔으나 21세기에 민주당과 공화당 간에 양극화가 심화했다.

(1) 역사: 자유주의와 현실주의의 교차

미국의 역사에서는 자유주의와 현실주의가 교차했다. 미국외교정책은 1776년 건국에서 1870년대까지 고립주의를 나타내 유럽의 강대국들 간의 갈등에 말려들지 않으려는 노력을 보였다. 초대 대통령 워싱턴은 그의 고별연설에서 미국은 어느 국가와도 영구적 동맹은 회피할 것을 주문했다. 그 후 이 전통이 계승되어 1823년에 먼로 대통령은 유럽 국가들이 미국대륙에 개입해서는 않된다는 "**먼로 독트린**"을 공포했다. 이 교리는 미국이 유럽 국가들의 세력균형정치와 다른 독특한 외교정책을 고수해야 한다는 취지에서 유래했다. 학자들은 이 전통을 "예외주의"라 하는데 이는 자유와 민주주의를 강조해 온 미국역사에서 전승되어 왔다. 1898년에 맥킨리(William Mckinley) 대통령이 스페인과의 전쟁을 수행해 필리핀을 정복했을 때 그는 그것이 제국주의가 아니라 필리핀인들에게 민주주의를 계몽하기 위해 취한 행동이며 그렇게 하는 것이 "백인들의 분명한 운명"(white man's manifest destiny)이라고 정당화했다.

키신저는 20세기 초에 테디 루스벨트(Theodore Roosevelt) 대통령이 처음으로 현실주의 외교를 구사했다고 주장했다. 1905년에 루스벨트는 일-러전쟁을 종결시키는 중재를 성공해 포츠머스조약을 체결케 한 뒤 미국을 세계적 강대국으로 부상시켰다. 미국은 러시아의 남하정책을 중단했고 일본은 조선을 보호령으로 만들었다. 이처럼 테디 루스벨트는 외교정책에서 민주주의 가치보다 세력균형을 중시하고 미국의 국력을 격상시키는 전통을 개시했다. 그러나 이 전통은 윌슨(Woodrow Wilson) 대통령에 의해 중단되었다. 윌슨은 제1차 세계대전에 미국을 개입시켜 전쟁을 종식하고 파리평화조약을 중재한 뒤 전 세계를 법치와 민주주의로 안전하게 만들기 위해 국가연맹(the League of Nations)을 출범시켰다. 미국 상원은 이 기구에 미국이 가입하는 것을 거부해 그는 자유주의외교의 결실을 보지 못했다. 윌슨은 미국의 지방을 순방하면서 미국인들을 직접 설득하려고 안간힘을 다했지만 효력을 보지 못했다.

1960년대에 소련이 베를린을 봉쇄해 동서냉전이 절정을 이루고 있었을 때 케네디 대통령은 자유주의를 부활했다. 그는 베를린을 직접 방문해 군중집회에서 자기도 베를린시민이라 선언하면서 미국은 세계에서 자유를 보호하기 위해 어떠한 희생도 감수하겠다고 다짐했다. 미국이 베트남전쟁에 개입하기 시작한 것도 공산주의를 봉쇄하고 자유를 수호하기 위해서였다. 1970년대에 닉슨-키신저 팀은 냉전기에서도 먼저 중국을 방문해 관계를 전격적으로 개선했다. 이 조치는 소련도 미국과 협상해 화해를 자청하게 만들었으니 닉슨과 키신저는 현실주의 외교의 실적을 과시했다.

2009년에 집권한 오바마는 명분상으로는 자유주의를 표방했으나 행동에서는 중동과 시리아 내전에 개입을 피했고 러시아와도 협상을 추진해 현실주의외교를 나타냈다. 그는 시리아가 생화학무기가 사용한다면 미국은 개입하겠다는 이른바 "레드라인"(red line)을 설정했다. 아사드정권이 실제로 이 무기를 사용해 어린이들까지 살해했다는 것이 입증되었는데도 그는 개입하지 않았다. 이 때문에 오바마는 "뒤에 숨어서 하는 리더십"을 꾀한다는 비판을 받았다. 트럼프는 이러한 행동을 신랄하게 공격하고 힘의 우위에서 미국을 최우선하는 민족주의외교를 실시하겠다고 다짐했다. 그의 언행과 그가 임명한 안보팀의 견해에서 일정한 방향의 대전략은 찾아보기 어려웠다. 바이든은 명분상으로 자유주의를 강하게 내세웠으나 2022년 우크라이나 전쟁에 대해서는 직접적인 군사개입은 적극 회피해 구조적 현실주의정책을 견지했다.

(2) 지정학: 지리적 우위와 국제주의

21세기 초에 세계화가 상대적으로 후퇴하자 지정학이 국제정치에 회귀했다. 세계의 지정학은 미국과 중국 간의 양극화하기보다도 여러 강대국들 간에 다극화하기 시작했다. 이 전환기에 미국은 여전히 제1위를 확보하고 있다. 미국이 가진 가장 유리한 점은 대서양과 태평양 사이에 위치한 지리적 조건이다. 이 지리적 조건과 방대한 영토 및 풍족한 자원은 미국이 초강대국이 될 수 있는 경제적 기반이다. 이 지리적 조건이 미국을 국제주의를 추구하게 만든다. 1990년에 냉전이 종식한 후에도 키신저는 그의 최대걸작 "*외교*"에서 미국은 세계에서 철수할 수 없고 세계를 지배할 수도 없을 것이라고 지적했다(Henry Kissinger, *Diplomacy,* 1994). 카플란도 이 지리적 조건으로 인해 미국은 운명적으로 세계적 리더십을 행사해야 하며 배타적 민족주의를 택할 수 없다고 주장했다(Robert D. Kaplan, *Earning the Rockies: How Geography Shapes America's Roles in the World,* 2017).

즉각 통신과 탄도미사일 시대에서도 국가가 위치한 지리는 외교정책에 지대한 영향을 끼친다. 두 대양은 미국을 유라시아대륙에서 격리시켜 방파제로 작용하고 있다. 이 예외적 조건은 미국에 안겨준 큰 축복이다. 다른 강대국과 달리 미국은 동부에서 서부로 그리고 대서양에서 태평양으로 개발해 왔고 영토를 확장했다. 이 결과 미국의 해군은 핵무기보다 더 강력한 군사력을 갖게 되었다. 1980년대부터 아-태 국가들과의 무역량이 유럽과의 양을 초과했다. 중국의 해군이 서태평양으로 진출하자 오바마 행정부는 미국 대전략의 중심축을 아시아로 이전하기 위해 해외에 배치했던 해군력의 70%를 아시아로 이전했다. 세계 각 지역에 배치한 11척의 항공모함, 50여 척의 핵잠수함 및 60여 척의 이지함은 미국해군의 위력을 잘 과시하고 있다. 미국해군은 두 대양을 제패하면서 항해의 자유를 보호하고 있다. 2017년에 트럼프는 대외원조와 국제기구들에 대한 예산을 삭감했지만 국방예산은 10% 가량 증액했고 355척의 해군으로 군사력을 더욱 더 강화하겠다는 계획을 발표했다.

(3) 경제: 경쟁력 우위와 보호주의 및 자유주의

냉전이 종식한 후 미국은 경제적 세계화를 적극 장려해 자유무역을 추구했다. 2001년에 중국이 WTO에 가입한 뒤 세계의 최대시장으로 부상해 미국의 경쟁력 우위를 위협하기 시작하자 미국은 자유주의를 지양하고 보호주의를 나타냈다. 2017년에 집권한 트럼프는 자유무역을 비판하고 노골적으로 보호주의 정책을 실시했다. 2021년에 집권한 바이든은 중국이 개시한 경제 및 지정학적 도전을 극복하기 위해 국가안보에 필요한 혁신기술과 공급망을 보호하기 시작했다. 이 안보위주전략을 추진하기 위해 바이든은 2023년에 경쟁력을 강화하는 국가주도의 산업정책을 의회에 상정해 입법화했다. 이는 경제발전을 국가안보에 집중하는 민족주의적 현상이다.

세계인구의 4.5%를 차지한 미국은 수많은 분야에서 아직도 경쟁력우위를 확보하고 있다. 미국이 여전히 세계의 중요한 수출국이며 전 세계의 직접투자에서 약 15%를 유인하고 있는 것은 높은 생산성과 혁신적 기술개발에서 우위를 갖고 있다는 증거이다. 세계에서 우수한 대학들의 등급에서 10개 미국대학들이 그 정상을 차지하며 노벨수상자들의 70% 이상을 배출하고 있다. 대기업의 브랜드등급에서도 미국은 정상 8개를 차지하고 있다(Apple, Google, IBM, McDonald, Coca Cola, AT&T, Microsoft, Marlboro, Visa). 이와 같은 경쟁력을 유지하는 데는 해외에서 미국에 이민 온 인재들이 크게 공헌했다. 현재 미국에서 일하고 있는 엔지니어들의 절반이 인도인들이라는 사실이 이를 단적으로 말해 준다. 금융위기 이후에도 뉴욕의 월가는 세계금융의 본부이며 실리콘 밸리(Silicon Valley)는 첨단기술실의 산실이다. 2015년에 미국의 실업률은 5%로 떨어져 거의 완전고용을 나타냈다. 이러한 경제회복에 자신감을 갖게 된 연방 준비기금은 금리를 점진적으로 올렸다. 중국의 도전에도 불구하고 미국달러는 세계의 기축통화로 사용되어 2017년에 세계 중앙은행들의 외환보유 중 62%를 차지하며 기타 국제거래의 85%가 달러로 결제되었다. 적어도 국제금융에서는 미국이 아직도 **달러헤게모니**를 장악하고 있다. 첨단기술에서도 미국은 다른 강국들을 앞서는 경쟁력을 갖고 있다. 사이버 전쟁에서도 미국은 월등한 능력을 보유하고 있다. 이 물질적 경쟁력이 미국의 국력을 보강하고 있다.

(4) 국내정치와 리더십: 양극화와 포퓰리즘

21세기 미국 국내정치에서 공화당과 민주당 간의 양극화는 더 확대했다. 이 상황에서 트럼프는 경제적 세계화에서 소외되었던 세력을 선동해 대통령으로 당선했다. 그의 예측 불가능한 리더십은 미국외교정책에 대한 대외신뢰를 크게 손상시켰다. 미국정치에서 슬레진저(Arthur Schlesinger, Jr.)가 지적했던 정치적으로 "대단히 중요한 중심"이 와해했다. 그 결과 정당정치가 양극화되자 외교정책에 대한 초당주의는 사라졌다. 루스벨트가 대 공황기에 결성했던 민주당 대연합은 1960년대에 존슨(Lyndon Johnson) 대통령이 "위대한 사회"를 선포하기까지 지속했다. 21세기 초부터 이러한 초당주의는 점차 약화하고 양극화 현상이 심화했다.

1970－80년대에 닉슨과 레이건이 대통령에 당선된 것은 많은 근로자들이 공화당을 지지했기 때문이다. 1990년대에 중산층과 근로자들은 민주당을 지지해 클린턴을 당선시켰다. 그 후 그들의 대부분은 조지 W 부시를 지지했다. 그들은 문화, 종교, 가족 및 총기소유에 대한 지지로 공화당을 택했다. 이러한 사태가 일어나자 신보수주의자들은 외교정책에서 이라크에 일방적으로 군사개입을 적극 건의했다. 2006년에 하원의 중간선거 때부터 신 보수주의 헤게모니에는 금이 가기 시작했다. 그 대신에 자유주의자들(미국용어로는 liberals)이 의회에 많이 진출했다. 2008년의 대선에서 오바마는 전통적인 노동자들과 흑인 및 라틴족들과 같은 소수민족, 지식인들과 젊은 세대들 간에 폭넓은 연합을 구축해 대통령에 당선되었다. 그는 공화당의 거센 반대를 무릅쓰고 저소득층을 포함한 모든 사람들이 참가할 수 있는 건강보험법을 통과시켰다. 그는 갑자기 닥쳐 온 금융위기를 무난하게 극복해 2012년에 재선되었다.

2016년 대선에서는 세계화의 물결에서 소외되었던 백인 근로자들과 약화되고 있는 중산층은 일자리를 잃고 안정된 생활에 대한 위협을 강하게 느껴 그들의 분노는 폭발 직전에 도달했다. 트럼프는 이들과 복음주의 기독교인, 천주교도 및 몰몬 교도들의 지지를 획득해 45대 대통령으로 당선되었다. 이 선거전에서 트럼프가 동원했던 포퓰리즘은 양극화를 더욱 더 심화시켰다. 이에 못지않게 중요한 점은 트럼프의 특이한 정책집행 스타일이다. 기존 제도와 규범을 도외시하고 심지어 정통매체를 무시하기까지 행동하는 그의 기이한 스타일은 외교정책에서 자유주의 질서를 약화해 심각한 문제를 야기했다. 트럼프는 오바마가 야심적으로 타결시켰던 TPP와 기후변화에 대한 파리협정에서 미국을 철수시켰다.

미국정치의 특징은 헌법이 규정한 삼권분립원칙에 따라 행정부, 입법부 및 사법부 등 "**분리된 제도들이 권력을 공유**"(separated institutions sharing power)하는 것이다(Richard Neustadt, *Presidential Power and the Modern Presidents: The Politics of Leadership,* 1960). 이 제약이 트럼프의 권력행사를 크게 제약했다. 이처럼 권력을 공유하는 제도는 어느 한 부서가 권력을 독점하거나 독주할 수 없게 만든다. 외교정책에 대해서는 대통령이 비교적 더 많은 권한을 누리지만 주요 인사들의 임명에 대해서는 상원의 비준을 받아야 하고 비용을 요하는 사안에 대해서는 반드시 하원의 동의를 얻어야 한다. 결국 분리된 제도들이 타협을 통해 합의를 이루지 않고서는 중요한 정책을 결정하고 이행하기 어렵다. 2021년에 미국정치는 여전히 양극화해 타협과 합의를 생산하기가 어려워 졌다. 그런데도 바이든은 최대한 초당적인 합의와 타협을 부활하려고 모든 노력을 다했다.

2. 미국대전략을 위해 경쟁하는 비전들

미국의 외교정책에서는 현재까지 몇 가지 비전들이 경쟁해 왔다. 이들 중에서 신고립주의는 제외했다. 트럼프도 이를 반대했으니 그는 고립주의자라기보다는 일방주의자다. 여기서는 자유주의 헤게모니, 역외 균형자, 자유주의적 국제주의 및 선택적 관여만 비교해 보고자 한다. 단순화해서 이들의 목적과 수단, 범위, 전략, 경제정책, 이행스타일 및 미국의 역할을 아래 표와 같이 비교해 볼 수 있다.

표 3 미국대전략을 위해 경쟁하는 비전들

	자유주의 헤게모니	역외 균형자	자유주의적 국제주의	선택적 관여
목적	자유/안보	안정	질서/규칙	안정과 질서
수단	권력과 가치	권력	외교/제도	권력, 외교
범위	세계적	지역적	세계적	지역적, 세계적
전략	억지 선제 미사일방어	균형자 재확신	안정자 통합 그물망 구축	억지, 재확신
경제	시장개방	보호주의	세계화	보호주의, 세계화
스타일	일방주의	세력균형	다자주의	균형, 다자주의
미국역할	헤게모니	최고위치, 리더십	동반자	리더십, 동반자

이 비교는 각 비전이 강조하는 점들을 표출하기 위해 정도의 차이에서 서술한 것이다.

(1) 자유주의 헤게모니(liberal hegemony)

자유주의 헤게모니 전략은 2003년에 미국이 이라크를 침범해 그것을 정당화한 주장에서 생생하게 표현되었다. 이 전쟁은 서방동맹국들의 반대에도 불구하고 개시했기에 선택에 의한 예방적 전쟁이었다. 엄밀히 따진다면 이 전쟁은 UN안보이사회의의 결의 없이 치러졌으니 국제법을 위반한 것이다. 명분상으로 부시행정부는 이라크에서 자유를 회복하기 위해 하나의 주권국가에 일방적으로 개입해 강제력을 사용해 대량살상무기와 테러활동을 선제하기 위해 전쟁을 수행했다. 그는 사실상 정권을 변경시켰고 이를 정당화했다. 표면상으로 부시는 이라크에서 **자유주의 헤게모니**를 적용해 미국의 이익과 가치를 아랍세계에 수출하는 시험장으로 삼았다. 당시 부통령 체니(Richard Cheney)와 국방장관 럼스펠드(Donald Rumsfeld)와 같은 신보수주의자들이 이 전쟁을 적극 옹호했다.

(2) 역외균형자

현실주의자들은 자유주의 헤게모니를 유사제국주의라고 비판하고 그 대신 **역외균형자**(off-shore balancing)전략을 제안했다. 이 전략의 핵심은 미국은 오로지 서반구, 즉 미주대륙에서만 헤게모니를 유지하고 중동, 동아시아 및 유럽에서는 역외균형자역할을 수행해야 한다는 것이다. 이 주장은 미주 이외의 지역에서 기타강대국이 그 지역을 독점하려고 할 때 미국이 그곳에 개입해 세력균형을 회복해야 한다는 것이다. 이러한 역할은 19세기 유럽에서 영국이 수행했던 것과 같은 것이다. 이 전략의 중요한 부분은 미국이 해외에 배치한 지상군사력을 축소하는 대신에 해-공군력을 강화해 균형자역할을 추구해야 한다는 것이다. 이 전략도 두 가지 다른 형태로 나눌 수 있다. 그 극단적 형태는 기타강대국들의 부담을 늘리고 자신들의 방어에 대해 1차적 책임을 지도록 요구해야 한다는 것이다. 다만 지역적 세력균형이 파괴되는 징후가 보일 때 미국이 개입해야 한다는 견해이다. 예컨대 중국이 동아시아에서 일본을 제치고 패권국이 될 마지막 순간에 미국이 개입해 균형을 회복시켜야 한다는 것이다. 미국은 제1차 세계대전에서 이러한 개입을 실천했다(Christopher Layne, *The Power of Illusion: American Grand Strategy from 1940 to the Present*, 2006). 이것은 미국이 **최후수단의 균형자**가 되어야 한다는 논리다. 이러한 자세는 고립주의로 발전해 중동, 동아시아 및 유럽의 안정을 해칠 위험성을 내포한다.

이보다 다소 능동적인 역외균형자전략은 미국이 해외에 전진배치한 군사력을 계속해 **최초수단의 균형자**(balancer of first resort)역할을 이행해야 한다는 것이다. 미국은 현재 중동, 동아시아 및 유럽에 전진배치한 군사력을 유지해 이란, 러시아 및 중국이 그 지역의 균형을 파괴하는 것을 사전에 억지해야 한다는 주장이다. 그래야 미국은 잠재적 지역패권국이 부상해 동맹국들의 안보를 위협하는 것을 억지할 수 있다는 확신을 제공할 수 있다. 이 역할을 수행하기 위해 미국은 헤게모니가 아니더라도 가능한 최고위치(primacy) 혹은 적어도 세계적 지도력을 행사해야 한다. UN안보이사회에서 합의가 불가능할 경우 미국은 NATO와 같은 강대국들 간의 협의회(concert of powers)를 주도할 수 있다. 미국은 세계에서 후퇴하지 않고 사활적 국익을 보호하기 위해 충분한 군사력을 투사해야 한다(Stephen M. Walt, *Taming American Power: The Global Response to U.S. Primacy*, 2005). 이 전략의 옹호자들은 동아시아에서 중국이 지역패권을 장악하는 것을 사전에 억지하도록 강조한다. 그들은 냉전 후의 국제정치에서 이러한 대전략이 기타 어느 대안보다 우월하다고 주장했다(John J. Mearsheimer and Stephen M. Walt, "The Case for Offshore Balancing, A Superior Grand Strategy", *Foreign Affairs*, July/August 2016).

(3) 자유주의적 제도주의

역외균형자와 대조적으로 자유주의자들은 국제제도와 세계적 상호의존을 강화해 집단 혹은 협력안보를 실현할 것을 강조한다. 이 전략은 **자유주의적 제도주의**(liberal institutionalism)라 하는데 그 핵심은 미국이 국제법 아래 자유의 세계를 실현해야 한다는 것이다. 이 전략의 주창자들은 국제제도와 국제법의 역할을 강조한다. 미국이 UN과 같은 국제제도를 창설하고 운영하는데 주도적 역할을 해 왔으므로 앞으로도 이 제도를 자유주의 가치에 일치하도록 개혁하고 강화해야 한다고 주장한다. 중국도 거기에 참가했고 많은 이익을 누려 왔기 때문에 탈퇴하지 않고 국제적 규칙과 규범에 "사회화"되어 책임 있는 이해당사자가 될 것으로 기대했다(G. John Ikenberry, *Liberal Leviathan: The Origins, Crisis, and Transformation of the American System*, 2011). 1990년대에 클린턴행정부가 대체로 이러한 전략을 추구해 세계적으로 민주주의를 확대하려고 기도했다. 이에 대한 비판은 그러한 미국은 "자유주의 제국"이 될 것이며 그러한 제국은 강제력을 사용하지 않고는 자유주의질서를 집행할 수 없을 것이라고 지적한다. 2022년의 우크라이나 전쟁에서 중국, 러시아 및 이란은 이 자유주의질서를 거부하고 수정주의정책을 추구했다.

(4) 선택적 관여(selective engagement)

선택적 관여전략은 역외균형자와 자유주의적 제도주의를 결합한 것이다. 역외균형자와 달리 이 전략은 심각한 안보위협을 방지하기 위해 미국이 최고지위를 확고하게 지탱해야 한다고 강조한다. 자유주의적 제도주의와 달리 선택적 관여는 국제적 규칙을 집행하기 위해 필요한 강제력의 중요성을 인정한다. 무엇보다도 이 전략은 미국이 일정한 우선순위를 설정해두고 이에 따라 해외공약의 계층을 결정하고 엄밀히 선택해 개입할 것을 강조한다. 그 최고계층은 미국본토를 방위하고 테러와 대량살상무기를 방지하는 사활적 이익이다. 그 다음 층은 유라시아의 평화와 걸프 만의 석유에의 접근과 합당한 가격을 유지하는 매우 중요한 이익이다. 그 최하층은 국제경제의 개방, 민주주의 및 인권신장, 극심한 기후변화의 방지를 유지하는 중요한 이익이다. 이와 같이 중요성의 계층에 따라서 이 전략은 균형자와 제도의 강점들을 더 정교하게 분류해 선택적으로 미국이 개입할 것을 제시하고 있다(Robert J. Art, *A Grand Strategy for America*, 2003). 이 선택적 관여의 문제점은 그 우선순위를 결정하는데 필요한 기준과 그에 대한 합의를 이루는 것이 쉽지 않다는 것이다.

3. 미국대전략의 대 추세: 선택적 개입과 역외균형자

21세기에 미국대전략의 대 추세는 전 세계에 대해서는 대체로 **선택적 개입**을, 동아시아와 중동에 대해서는 **역외균형자**를 나타내고 있다. 2010년 오바마행정부가 이라크와 아프가니스탄에서 대부분의 미군을 철수한 뒤 미국은 미국의 국가이익에 큰 영향을 미치지 않는 내전과 지역갈등에 개입하는 것을 의도적으로 회피해 왔다. 그러나 동아시아와 같이 세계적 세력균형에 지대한 영향을 미칠 수 있는 지역에서 중국과 러시아가 미국이 주도해 왔던 현상유지를 수정하려고 한다면 미국은 그것을 억지하기 위해 역외균형자 역할을 수행하겠다는 전략이다.

오바마는 중동과 아프리카에서는 선택적 개입을, 동아시아에서는 역외균형자 전략을 실천했다. 그는 리비아에 미군의 공중폭격을 허용했고 시리아 내전에는 개입하지 않았다. 그는 미국세계전략의 축을 동아시아로 이전하고 중국의 패권을 방지하기 위해 TPP를 타결시켰고 미일동맹과 한미동맹을 보강했으며 남지나해에서 미국해군이 항해의 자유를 집행하는 군사연습을 실시하도록 조치했다. 전반적으로 오바마의 외교정책은 피동적이고 신중한 반응을 나타냈다. 그러면서 그는 핵무기의 비확산과 기후변화방지에 대해서는 자못 능동적인 리더십을 발휘했다. 민주주의와 인권을 신장하는데 그는 자유주의적 수사를 강조했다.

2017년 1월 20일에 트럼프는 그의 취임사에서 그날부터 미국을 첫째로 하겠다는 대원칙을 선언했다. 그런데도 그의 외교정책에서 대전략 같은 흔적은 보이지 않았다. 다만 그가 미국우선의 민족주의와 보호주의를 강조했고 강력한 군사력에 기반을 가진 외교정책을 추구하는 면은 현실주의 방향을 지향하는 징조다. 그의 스타일은 예측하기 어렵고 능동적인 행동을 취하는 것 그 자체를 즐기는 경향을 보이기 때문에 그의 행동에서 체계적이고 일관성 있는 전략을 찾기는 쉽지 않았다. 다만 중동에서 이란, 유럽에서 NATO, 동아시아에서 중국에 대해 트럼프가 보였던 정책방향은 역외균형자전략을 벗어나지는 않았다.

2017년 11월에 트럼프는 일본, 한국, 중국 , 베트남 및 필리핀 등 아시아 5개국을 방문했을 때 일본이 이미 인도 및 호주와 공동으로 추진했던 "자유롭고 열린 인도－태평양"구상을 강조했다. 이는 동아시아에서 중국의 패권추구를 견제하기 위해 미국이 아시아 국가들과 양자관계를 심화해 동반자관계를 결성하자는 기도였다. 2018년에 미국은 호놀룰루에 설치되었던 태평양사령부를 아예 인도태평양사령부로 개칭했다. 2019년 6월에 국방부는 "인도태평양전략보고서"를 발표했다. 이 보고서는 이 지역에서 미국이 직면한 4대 도전을 지적했다. 그들은 (1) 패권을 추구하는 중국, (2) 악성 방해자 러시아, (3) 불량국가 북한, (4) 테러 등 비국가적 위협이다. 2022년에 바이든은 이 전략의 핵심을 그대로 계승했다. 그는 우크라이나 전쟁에 대해 NATO와 긴밀하게 협력하면서 러시아에 강력한 경제제재를 가하고 우크라이나를 적극 지원했으나 직접적인 군사개입은 하지 않았다. 이처럼 미국은 21세기에도 중국패권을 억지하고 세력균형을 유지하기 위해 동아시아 및 인도－태평양지역에서 **역외균형자 전략을 추구하면서 안정자 역할**을 수행할 것이다.

제29장

중국의 대전략은 어디로: 지역패권을 지향한 근역균형에서 한반도의 중요성

21세기에 중국의 부상은 무엇을 의미하는가? 이에 대한 대답은 중국이 추구하는 대 전략을 분석해 보면 어느 정도 밝혀진다. 이 일은 결코 쉬운 일이 아니다. 중국의 역사와 지리는 너무나 방대하고도 다양하며 인구는 현재 13.5억 명에 달하고 있으므로 중국에 대해서는 무슨 말을 해도 맞을 수 있고 동시에 틀릴 수 있기 때문이다. 1960년대에 필자가 컬럼비아대학에서 중국에 대한 공부를 시작했을 때부터 이러한 생각은 계속됐다(Byung-joon Ahn, *Chinese Politics and the Cultural Revolution*, 1976). 아마 이러한 의미에서 처칠(Winston Churchill)도 중국은 하나의 수수께끼에 휩싸인 미스터리라 했을 것이다. 이러한 중국에 대해서 1803년에 나폴레옹은 당시 중국은 잠자는 사자이지만 잠에서 깨어난다면 세계를 떨게 할 것이라고 예언했다. 이 말대로 오늘날 중국은 정말로 세계를 놀라게 하고 있다.

1. 중국의 대전략: 평화굴기에서 지역패권을 지향한 근역균형자로 전환

중국의 부상이 나타내는 정확한 성격과 함의는 동아시아와 한반도의 미래를 가늠하는 가장 중요한 문제다. 중국은 유구한 역사에서 혼란이 닥칠 가능성에 대해 항시 우려했다. 이 우려를 불식해 국가안보를 보존하는 것이 대전략의 핵심적 목적이다. 이 전략을 수행하는 구체적인 방법은 시대의 변화에 따라 다르게 나타났다(Sulmaan Wasif Khan, *Haunted by Chaos: Chinese Grand Strategy from Mao Zedong to Xi Jinping,* 2018). 2010년에 중국은 일본을 제치고 세계 제2대 경제대국이 된 뒤 남지나해에서 영토주장을 격상했다. 냉전종식 후에 미국의 국력 쇠퇴를 상징하는 금융위기가 발생한 뒤 중국은 이전보다 훨씬 더 적극적인 외교 및 군사정책을 표시했다(이 장은 안병준, "냉전종식 후 중국의 대전략추구동향과 한반도의 미래," *학술원논문집, 인문-사회과학편* 제 51집 1호, 2012, 논문을 수정한 것임).

2008년에 미국에서 파생한 대 불황 이후 중국이 나타낸 여러 가지 적극적 외교행태들을 분석해 보면 중국의 대 전략은 국내경제발전을 원만하게 추진하기 위해 주창했던 平和掘起에서 탈피해 동아시아에서 미국이 중국근해에 접근하는 것을 억지하기 위해 "**지역패권을 지향한 근역균형자**"(Near-shore Balancing toward Regional Hegemony)로 전환했다. 이 추세는 적어도 동아시아에서 중국은 지역패권을 추구한다는 뜻이다. 아래 분석은 냉전이 종식한 뒤 중국이 보여준 외교 정책동향을 현존하는 문헌에 근거해 유추해 본 것이다. 중국에서는 미국에서와 달리 안보정책에 대해 발표된 교리나 문서는 없기 때문이다. 냉전종식 후 중국은 모든 국가노력을 당면한 국내문제를 해결하기 위해 외교정책에서는 덩샤오핑이 선언했던 *稻光養晦*(빛을 감추고 어둠 속에서 은밀히 힘을 기르는) 원칙에 근거해 평화굴기를 추구했다. 2008년에 대 성공리에 치른 베이징올림픽과 돌연히 일어났던 미국의 금융위기 이후에 중국은 이 저자세외교에서 벗어나 보다 적극적으로 동아시아 패권을 지향한 근역균형으로 대전략을 전환했다. 2013년부터 시진핑은 미국의 세계패권에 수정주의적 도전을 개시해 적어도 동아시아에서 중국은 지역패권을 행사하고 나아가서 세계패권을 추구했다.

중국의 대전략에 대한 네 가지 제약은 역사, 지정학, 경제 및 국내정치다. 비교적 시각에서 중국역사와 국내정치는 중국의 대전략의 의도, 의지 및 실천방법을 많이 제약한다. 중국의 지정학과 경제는 중국의 물질적 국력과 능력을 제약한다. 이 네 가지 제약요소에서 중국의 대전략에 대해 네 가지 비전을 유추해 보면 그들은 중화민족주의, 현실주의, 세계주의 및 유교주의다. 이 중에서 민족주의와 현실주의가 세계주의와 유교주의보다 중국 대전략의 전체적 방향에 더 많은 영향을 끼친다. 이 동향에서 나타나고 있는 중국대전략의 방향은 "지역패권을 지향한 근역균형자"로 표현할 수 있다. 이 전략은 동아시아에서 미국이 추진해 온 역외규형전략과 상충한다. 미국이 동아시아에서 전진배치를 강화하면 할수록 중국의 저항과 반동이 심해진다. 중국은 중국 중심의 단극화한 동아시아, 즉 미국을 제외한 배타적인 동아시아 공동체를 추구한다. 미국은 다극화한 동아시아, 즉 기타국가들을 포함하는 열린 태평양공동체를 추구한다.

2. 중국의 역사, 지정학, 경제 및 국내정치

중국역사는 대전략에 대한 중국적 사고와 전략문화의 근원을 제공한다. 지정학은 세계에서 중국의 위치와 세력분포에 대한 반응을 알려 준다. 경제는 중국이 보유한 자원과 물질적 힘의 한계를 결정한다. 국내정치는 중국외교정책을 정의하는 과정과 리더십 및 그것을 이행하는 스타일을 결정한다.

(1) 역사

중국은 세계에서 가장 오랜 역사, 언어 및 문자를 가진 나라들 중의 하나다. 중국은 인류역사상 가장 풍부한 문명의 하나임을 자랑한다. 중국인구의 93% 이상이 실로 유구한 전통을 공유하고 있는 漢족이다. 56개의 소수민족들은 7%에 불과하다. 현재 중국에서는 60여 종의 방언들이 사용되고 있지만 전 인구의 53%가 한족의 언어(國語 또는 Mandarin)를 사용한다. 이러한 유산이 2천년 이상 유지되었다는 사실은 그들의 내구성과 장점을 잘 말해 준다. 그들은 중국인들이 민족정체성을 유지하는데 크게 기여했다. 한편 이러한 역사는 중국의 현대화 과정에서 과거전통을 변화시키려는 기도를 매우 어렵게 만들었다. 저명한 역사학자 스펜스에 의하면 중국현대사는 "中國"이 무엇을 의미하며 그것이 어떻게 현대화할 수 있는가에 대한 투쟁이었다고 설명했다(Jonathan D. Spence, *The Search for Modern China*, 1990). 헨리 키신저의 회고에 의하면 1972년에 중국을 방문한 닉슨 대통령이 고대 문명을 그처럼 대대적으로 변혁시킨 마오쩌둥을 칭찬했을 때 마오는 자기도 그것을 다 변화할 수 없었고 다만 베이징 부근의 몇 군데만을 바꾸어 놓았을 뿐이라고 응답했다(Henry Kissinger, *On China*, 2011). 이처럼 쉽게 변화할 수 없는 역사와 전통은 중국인들에게 실로 강렬한 역사인식과 정체성을 제공했다.

이러한 인식은 약 5000년간 지속된 중국의 유구한 역사에서 유래했다. 夏와 같이 전설적인 고대 왕조들까지 포함한다면 중국에서는 기원전 476년부터 청나라가 몰락한 1912년까지 적어도 17개 왕조가 부침했다. 이 긴 역사에서 **治**(질서)와 **亂**(혼란)이 교차했다. 질서 있는 治기간에는 주로 유교가 통치이념으로 작동했다. 무질서한 亂기간에는 법가사상이 통치이념이 되었다. 기원전 221년에 폭군으로 알려진 진시황이 당시 군웅들이 활거했던 戰國들을 강제력으로 통일해 秦나라를 수립했다. 진시황이 최초황제로 군림해 통일된 중국을 통치했다. 기원전 202년에 시작되었던 漢나라 때부터 중국인들은 통일된 언어를 가진 민족으로서의 정체성을 공유하기 시작했다. 漢나라는 그 주변에 존재했던 소수민족들을 夷라 불렀고 그들 간에 夷以制夷라는 정책을 잘 구사해 그들을 지배했다.

전통적으로 중국인들은 "天下"와 "中國"이라는 말이 상징하는 바와 같이 자국이 온 우주의 중심으로 여겼다. 이 때문에 마틴 작스(Martin Jacques)는 중국은 하나의 민족국가라 하기보다는 하나의 "**문명국가**"(civilization state)라 했다. 중국인들은 누구나 "중국제국근성"(Middle Kingdom mentality)을 갖는다고 그는 지적했다. 19세기 중엽의 전쟁에서 이러한 중국이 영국과 프랑스와 같은 유럽열강들을 격퇴할 수 없게 되었을 때부터 중국인들은 서방 강대국들에 대해 강한 굴욕감과 분노를 지녀 왔다(Jacques, *When China Rules the World: the End of the Western World and the Birth of a New Global Order*, 2009). 지금 중국인들은 이 분노를 설욕하기 위해 강렬한 중화민족주의를 부활하고 있다. 2019년

10월 중화인민공화국 수립의 70주년 기념식에서 시진핑은 이제 중국인들이 이러한 굴욕감을 극복할 정도로 강력한 중국을 이루어 냈다고 선언해 강렬한 중화민족주의를 공포했다.

중국의 유구한 역사가 남긴 유산 중에서 가장 중요한 것이 있다면 중국인들의 세계관이다. 그들은 기본적으로 세계를 계서적인 질서로 보고 그 속에 중국을 우월적인 상위에 두는 인식이다. 정치권위는 덕을 지닌 지도자, 즉 "天子"가 부여한다. 질서와 조화는 천자를 중심으로 자연히 형성된다는 것이다. 이러한 중국의 국제관계는 중국이라는 종주국과 기타 속국 간에 冊俸과 朝貢의 불평등관계로 이루어졌다. 여기서 속국은 종주국으로부터 책봉을 받아야 하고 그에게 조공을 바쳐야만 했다. 이것이 곧 치자가 그의 덕에 의해 천하를 다스려야 한다는 天命이론이다. 여기서 중국은 인류와 세계질서의 유일한 문명중심이 된다(Christopher A. Ford, *The Mind of Empire: China's History and Modern Foreign Relations*, 2010). 이 세계관은 모든 민족국가가 대등한 주권을 행사한다는 서구의 웨스트팔리아 개념과는 대조를 이룬다. 중국의 상대적 국력이 급부상함에 따라 중국인들은 자기중심적인 중화민족주의를 표출하면서 세계질서를 전통적인 중국중심 중화질서와 비슷한 외교를 시도하고 있다.

(2) 지정학

중국의 지정학은 중국의 전략적 사고에 지대한 영향을 끼친다. 중국도 자신의 지리적 위치를 인식해야 하고 대외적 세력균형과 안보환경의 범위에 반응해야 하기 때문이다. 사실 중국의 위치는 유럽과 아시아대륙의 중심이다. 그 주변에는 기나긴 국경과 중국이 夷라고 부르는 소수민족들이 사는 변방(주변부)이 존재한다. 고래로 중국은 하나의 대륙세력이었으나 현재 산업화와 세계화한 결과 에너지와 자원을 추구하는 해양세력으로 전환하고 있다. 영토보전과 민족정체성을 보존하기 위해 중국은 대체로 **以夷制夷(오랑캐로서 오랑캐를 제어하는)**정책을 잘 구사해 왔는데 이는 현대판 세력균형정책에 해당한다.

중국은 러시아 및 인도와 최장거리의 국경을 공유하고 기타국경에는 남아시아, 중앙아시아, 동남아시아, 동북아시아 및 아태지역의 14개 국가들이 둘러 싸고 있다. 중국은 대만, 티베트 및 신장에 대해 “핵심국익”을 주장하고 있고 최근에 심지어 남지나해에 대해서도 이러한 입장을 표시했으며 동지나해의 일부에 대해서도 영유권을 내세우고 있다. 특히 중국은 미얀마, 파키스탄 및 한반도와 같은 변방에서의 불안에 대해 심각한 우려를 나타내고 있다. 그 이유는 여기서 일어나는 급변사태가 중국본토에 파급될 수 있기 때문이다. 이 변방을 넘어서 중국은 세력균형의 대상으로서 러시아, 일본 및 미국과의 전략관계를 더욱 중시한다. 냉전기간에 중소분쟁이 격화했을 때 마오쩌둥은 닉슨과 키신저를 초청해 미국과 화해하고 소련을 견제했다. 냉전이 종식된 뒤에 미국이 유일 초강국으로 남게 되자 중국은 다극화 질서를 옹호하면서 미국의 패권을 견제하기 위해 러시아와 제휴하면서 국내경제개혁과 안정을 다졌다. 원래 대륙세력이었던 중국은 현재 해군과 공군을 대대적으로 강화해 강력한 해양세력으로 부상하고 있다. 이 결과 중국은 지금 인도양에서 인도 및 미국과 해군경쟁의 “새로운 대 경기”(New Great Game)에 진입했다(Robert Kaplan, *Monsoon: The Indian Ocean and the Future of American Power*, 2010). 미국이 이라크와 아프가니스탄에서 군대를 철수하면서 “아시아로 복귀”하자 중국은 이를 억지하기 위해 남지나해에서 공개적으로 군사활동을 전개하고 나아가서 태평양에까지 해군력을 확대하고 있다. 중국해군은 인도양과 태평양에서 미국해군과 경쟁하기 시작했다.

(3) 경제

중국은 세계정치경제의 중심으로 부상해 세계화하고 있는 체제 속에 정착했다. 2010년에 중국경제가 일본경제를 추월한 뒤 이러한 추세는 더욱 더 분명해졌다. 2010년대에 중국은 약 1.5조 달러에 달하는 생산품을 파는 세계최대 수출국, 연간 약 500억 달러를 유치하는 최대직접투자 대상국, 에너지 및 기타자원의 최대수입국, 그리고 최대 탄소배출국이 되었다. 중국은 세계의 공장으로서 각종의 제조품을 수출했다. 중국은 세계최대의 시장이 되어 약 3.2조 달러의 최대외환보유국으로 전 세계 외환의 1/3을 축적했다. 지난 30년 동안 매년 10% 가량 성장했다. 중국의 국내총생산(GDP)은 2020년대에 세계 GDP의 20%를 차지한 후 미국의 15%를 초과할 예정이다.

국제경제관계에서 중국은 기타 신흥국가(이른바 BRICS: 브라질, 러시아, 인도, 남아공)들과 함께 제2차 세계대전 이후 미국이 주도해 온 서방 자본주의 체제에 성공적으로 통합되었다. 세계인구의 1/5을 차지한 중국의 무역의존도는 41%를 초과해 세계철광석의 1/3과 알루미늄의 1/4을 소비하고 있다. 더욱 중요한 사실은 금융에서 중국경제와 미국경제는 상호 의존되고 있는 현상이다. 2010년 말에 중국은 8,956억 달러의 미국의 연방채권을 보유했는데 이는 당시 외국인들이 보유했던 2.8조 달러 중 32%를 차지했다. 이 결과 중국은 미국달러의 가치를 지원하는 최대채권국이 되었다. 한편 미국은 중국수출의 20%를 매입하는 최대시장이다. 개도국에 대해서도 중국은 2009년과 2010년에 적어도 1100억 달러의 차관을 제공했는데 이는 세계은행이 한 것보다 많은 액수이다. 이처럼 경제적으로 초강국으로 등장하고 있는 중국은 여기서 나오는 경제력을 군사력을 증강하는데 지출하고 있다.

(4) 국내정치

다른 나라와 마찬가지로 중국외교정책은 국내정치를 많이 반영한다. 정책의 내용과 방법은 공산당이 주도하는 정치과정을 통해 정의된다. 민주주의국가와 달리 중국정치는 기본적으로 법치보다는 人治를 나타내고 있다. 중국정치는 공산당에 의한 일당독재다. 중국정치는 1976년에 마오가 사망할 때까지는 대약진운동(1957－62)과 조정기(1962－65), 문화대혁명(1965－76)과 공고기(1976－2000)가 교차하는 변동을 거듭했다(Byung－joon Ahn, *Chinese Politics and the Cultural Revolution*, 1976). 대약진과 문화혁명이 진행하는 동안 수천만 명이 희생되었다. 1976년에 덩샤오핑이 복권한 뒤 중국은 산업화를 위한 경제적 현대화에 착수해 안정을 회복했다. 21세기에 들어와서 중국정치는 20세기에 보였던 대대적 동원정치를 지양해 점차 제도화했으며 그전보다 안정되고 예측성 있는 일당독재로 발전했다.

중국정치는 최고수준에서 공산당의 정치국에서 9인으로 구성되는 상임위원 간에 이루어진다. 이 최고지도자들은 기타 정치인들과 같이 대내외적으로 자신들의 생존과 공산당의 정당성을 가장 중시한다. 총서기인 후진타오는 덩샤오핑이 선택한 마지막 지도자였다. 그는 최종결정을 내리는데 집단 지도력을 행사해 대등한 최고지도자들 중에서 하나의 선임자에 불과했다. 이 제4세대 지도자들은 그들의 선배들이 긴 투쟁과 전쟁을 통해 어렵게 이룩한 공산당의 단합과 안정을 해치지 않을까 두려워해 불안해하는 인물들이다. 중국의 국력이 급부상해 외부에서는 중국이 강한 것으로 보이지만 내부에서 중국지도층은 항시 불안한 상태에 있다. 중국지도자들이 대외적 위기에 직면한다면 그들은 국내에서 정당성을 확보하기 위해 민족주의감정에 호소했다(Susan L. Shirk, *China, Fragile Superpower*, 2007).

2012년에 중국공산당의 총서기로 선출된 시진핑은 자신에게 권력을 집중해 집단지도를 외면하고 일인지도체제를 강화했다. 그는 당료들과 관료들에 대해 야심적인 반부패운동을 추진했다. 대외적으로 그는 "중국 꿈"을 실현하기 위해 남지나해에 군사력을 투사해 강렬한 중화민족주의를 투사했다. 이는 과거 2세기 동안 중국이 서양열강에 당했던 굴욕을 만회하고 다시 동아시아에서 중화질서를 구축하기 위한 노력이다. 공산주의 이데올로기가 무의미해진 중국에서 그는 중화민족주의를 고취해 공산당통치와 그의 리더십에 대한 정당성을 확보했다. 2017년 10월 말에 중국공산당은 "시진핑 사상"을 "마오쩌둥 사상"과 동일한 위치로 승격해 모든 권력을 그에게 집중시켰다. 2021년에 공산당중앙위원회는 이러한 역사적 해석을 공식화했다.

3. 시진핑 리더십하의 중국은 어디로 가는가?

2019년에 중국인민대표자회의(전인대)는 헌법개정을 단행해 국가주석에 대한 임기제한을 철폐하고 시진핑에게 종신주석의 길을 열어 주었다. 시진핑하의 중국은 모든 권력을 그에게 집중시킨 1인권위주의체제를 정당화했다. 시진핑은 2035년까지 중국을 미국과 대등한 "위대한 현대사회주의국가"로 발전시켜 중화민족의 중흥을 실현하겠다고 다짐했다. 이 목표를 달성하기 위해서는 무엇보다도 안정과 단결이 필요하며 이를 실현하기 위해서는 공산당이 결속된 지도력을 행사해야 한다고 역설했다.

(1) 시진핑 사상

2018년 11월의 중국공산당전당대회는 "習近平新時代 中國特色社會主義思想"을 새 당노선으로 발표했다. 이 결과 시진핑 사상은 마오쩌둥 사상과 대등한 위상으로 승격해 모든 중국인들이 학습해야 할 경전으로 부각했다. 여기서 "신시대"는 덩샤오핑시대의 종언과 시진핑시대의 출범을 의미한다. "중국특색"은 유구한 중국의 역사와 전통을 암시한다. 왜 하필 이 시점에서 시진핑은 구 헌법에서 주석의 임기를 10년으로 제한했던 것을 중단하고 종신집권을 가능하게 만든 헌법개정을 했을까? 거기에는 그만한 이유가 있었을 것이다. 2021년 11월에 열렸던 중국공산당제6차 전체회의는 역사에 대한 결의에서 시진핑은 "중대 업적과 역사적 경험"을 달성해 마오쩌둥과 같은 위치로 성격시켰다. 이결과 모든 시진핑의 발언은 곧 당 노선을 의미하게 되었다. 이 사실은 2022년에 열린 제20차 전당대회에서 공식화되었다.

얼른 봐서 이 변화는 공산당 내부에서 일고 있었던 권력투쟁의 결과로 볼 수 있다. 사실 중난하이(中南海—최고위공산당간부들의 거처)에서 벌어지고 있는 중국정치의 실상은 밖에서 잘 알려지지 않고 있다. 표면적으로는 시진핑은 "중국꿈"을 실현하기 위해서는 공산당의 "핵심영도"층이 흔들림 없이 단합된 리더십을 행사해야 한다는 명분을 내세웠다. 중국이 소련이 겪었던 붕괴를 피하기 위해서는 공산당통치를 강화하는 것 외에 다른 대안이 없다는 것이다. 이처럼 1인이 권력을 독점하는 공산당체제의 내부에는 여전히 권력투쟁이 계속할 것이다.

(2) 왕후닝의 전략관

왕후닝은 장쩌민, 후진타오 및 시진핑을 모두 자문해 온 전략가로 일해 왔던 막후 실력자다. 아마도 시진핑 사상은 왕후닝(王滬寧)의 구상에서 나왔을 것이다. 중국의 제갈량으로 알려진 왕은 2019년에 공산당정치국 상무위원회에서 제5위로 당선되어 시진핑에 친히 자문하기 시작했다. 1980년대에 푸단대학에서 정치학교수를 역임했던 그는 1988년에 미국정치학회의 초청으로 6개월 동안 미국을 방문한 뒤에 중국에는 미국식 민주주의는 적합하지 않다는 논리를 전개했다. 그는 중국이 단기간 내에 강력한 현대국가로 발전하기 위해서는 정치개혁에 앞서서 경제개혁을 먼저 완수하고 개인보다도 집단의 안정과 복지를 우선시해야 한다고 주장했다. 구 소련에서 고르바초프가 정치개혁과 경제개방을 동시에 실시한 후 소련체제는 급속하게 붕괴했고 냉전이 종식된 것이 왕후닝의 사상에 큰 영향을 끼쳤다. 2008년에 미국이 대 금융위기를 겪은 뒤 왕후닝은 비록 서구자본주의를 원용하더라도 중국은 특수이익단체들이 선거와 정권을 좌지우지하는 미국의 자유주의 대신에 중국의 유교전통을 계승할 것을 제안했다. 왕후닝은 개인의 권한 및 자유 및 법치를 보장하는 자유민주주의보다도 국가 및 민족의 안정과 발전을 도모하기 위해서는 영도자가 덕과 인을 베푸는 인치, 즉 "신 권위주의"가 중국의 현실에 더 적합하다고 설파했다. 2012년에 시진핑이 공포한 "**중국 꿈**"의 논리도 왕후닝이 구상한 것이다. 이 주장은 중국이 현대국제체제에서 "책임 있는 이해당사자"가 될 것을 요구했던 미국의 제안을 외면한 것이다.

2017년에 트럼프가 미국의 세계리더십을 포기한 뒤 세계에서 지도력공백을 초래하자 시진핑은 이 틈을 타서 자신감을 갖고 중국의 국력을 투사하기 시작했다. 2019년의 전인대에서 행한 연설에서 그는 중국이 비상할 "새로운 기회"가 도래했다고 선언했다. 중국은 덩샤오핑이 제창한 저자세를 탈피해 미국과의 세력경쟁에서 당당하게 중국의 "핵심이익"을 추구해 강력한 중화민족주의를 옹호했다. 이 중국 꿈을 현실화한다는 명분하에 그는 국내에서 부패를 청산하고 반대세력을 제거하면서 권력구조를 재편한 후 경제개혁을 추진했다. 2022년의 제20차 공산당대회에서 시진핑이 발표한 "**중국식 현대화**"도 왕후닝의 작품이다. 2023년 3월에 왕후닝은 중국 인민정치협상회의 주석으로 선출되어 공산당서열의 4위로 승진해 여전히 시진핑의 3기 체제에서도 책사역할을 계속할 것이다.

(3) 왕치산의 반부패운동과 사정

실제로 반부패운동과 사정작업을 집행한 인물은 왕치산(王岐山)이다. 그는 부시행정부 때부터 매년 미국과 실시했던 경제 및 전략대화에서 중국을 대표해 신축성있는 외교력도 발휘했던 사람이다. 왕은 미국이 실시했던 중국과의 무역전쟁을 무마하는 데도 큰 역할을 담당했다. 그는 시진핑의 친구요, 심복으로서 친히 반부패운동을 지도해 134여 만명의 크고 작은 간부들을 숙청했다. 그는 시진핑이 임명한 현 정치국에서는 제외됐지만 전인대에서 중국의 부주석으로 선출되어 자기부하들을 국가감독위원회에 배치해 체제의 구조개혁활동을 총괄했다. 이처럼 시진핑은 종전에 장쩌민이 조성했던 상하이세력을 청산하고 자기 세력을 장악한 뒤 후진타오가 10년간 실시했던 집단지도제를 중단하고 1인지도체제를 강화했다.

왕치산은 반부패운동을 지휘하는 동안 인권탄압, 언론기관에 대한 검열 및 시민사회의 통제를 강화했다. 중국당국은 미국의 주요사회매체인 Facebook, Google, Twitter를 금지했으며 외국기업과 언론기관에 대한 규제를 강화했다. 이 조치는 미국매체에 대해 사실상 관세를 부과한 효과를 초래했다. 2016년에 미국의 Brookings 연구소는 미국의 대 사회매체들이 24억 달러의 손실을 보았다고 보고했다. 중국은 Great Firewall이라는 관제 인터넷 이외에 개인과 집단들이 인터넷을 사용하는 것을 규제했다. 이러한 조치는 자율적인 시민사회의 생존을 위협했다. 대학에서는 서구문명과 문헌에 대한 교육도 제한했다. 왕치산은 반부패운동과 규제를 계속 강화해 시진핑 체제를 방어했다. 이와 같이 첨단기술을 동원해 개인 및 집단을 효과적으로 통제하는 현상을 서방의 관찰자들은 “감시 권위주의국가”로 비판했다.

(4) 류허의 경제개혁

시진핑체제에서 GDP가 약 18조 달러인 세계 제2초강국의 경제를 개혁하고 관리하는 인물은 류허(劉鶴)다. 그는 금융안정 및 발전위원회의 수장으로서 세계은행이 제시한 경제개혁을 완수했다. 전인대의 발표는 시장이 자원배분에서 더 적극적 역할을 담당할 것이라고 선언했다. 하버드대학의 케네디행정대학원출신인 그가 실시해야 할 과제는 국내에서는 금융기관과 지방정부가 축척해 온 GDP의 270%에 달한 부채문제를 척결하는 것이다. 대외적으로 그는 미국과 무역마찰을 해소하는 것이다. 그는 미국식 globalization에 대해 한 야심적 대안으로 출범한 一帶一路계획을 수행하기 시작했다. 국내에서 그는 도시와 농촌 및 각 계층 간에 심화하고 있는 불평등과 매일 수천명의 생명을 앗아가는 심각한 공해를 방지하기 위해 노력했다.

국제금융체제에서 중국은 人民幣의 태환을 허용하지 않고 자본통제를 유지하면서 부채문제를 해결할 수 있을지도 큰 관심거리이다. 중국이 화폐주권을 고수하면서 금융개혁을 실시하는 일은 비단 중국 자신뿐 아니라 국제금융체제에 지대한 영향을 끼친다. 류허는 중국인민은행 총제 이강과 함께 이 문제를 해결해야 한다. 그는 기후변화에 대해서 온실가스의 세계최대배출국인 중국이 리더십을 행사했다. 류허는 2023년 3월에 부총리 직에서 해임되었다.

중국경제는 증가하고 있는 중산층의 기대상승을 만족시켜야 한다. 이 과업은 결코 쉬운 것이 아니다. 대체로 1인당국민소득이 만 달러를 능가하면 중산층은 물질적 풍요함에만 만족하지 않고 개인의 자유와 권리를 추구한다. 2019년 9월부터 홍콩에서 대학생들이 추동한 민주주의수호 운동도 이 맥락에서 이해해야 한다. 중국에서도 지속적 성장이 갑자기 중단된다면 기대상승의 혁명을 경험했던 중산층은 욕구좌절의 혁명을 초래할 수 있다. 이 현상이 바로 이른바 "토크빌 역설"이다. 시진핑체제는 절차정당성은 외면하고 주로 업적정당성에 의존하고 있다. 시진핑은 국내에서는 공산당체제를 강화하고 대외적으로는 강렬한 중화민족주의에 호소하고 있다. 2023년 3월에 시진핑은 중국주석의 제3차 임기를 시작했다. 이러한 장기집권은 단기적으로 체제안정에 기여할 것이다. 그러나 장기적으로 이 체제는 안정을 영속시키기는 어려울 것이다. 악톤 경(Lord Acton)이 말했던 바와 같이 권력의 속성상 제약을 받지않는 권력은 부패하기 마련이고 절대적 권력은 절대적으로 부패하기 때문이다. 바로 이러한 의미에서 시진핑체제도 자신이 스스로 달성하는 예언(self-fulfilling prophecy)이다. 앞으로 이 예언은 현실 시험을 치르면서 구체적으로 변천할 것이다.

중국이 한국과 공유하는 한 가지가 있다면 박정희 대통령이 보여준 "발전국가"의 모습이다. 1987년 후 한국은 이 발전국가를 하나의 "발전자유주의"로 전환해 경제발전에서 오는 업적성취정당성에 더해 민주주의의 실행에서 오는 절차정당성을 함께 확보했다. 중국은 민주주의 대신에 여전히 일당독제로서 업적정당성에 의존하고 있는 것이 한국과 다른 점이다. 단시일에 경제목표를 성취하기가 점차 어려워진다면 중국지도자들은 분열과 불안에 대응하는 효과적 방법으로 배타적 민족주의를 동원할 가능성이 있다. 중국이 산업화와 세계화를 진척함에 따라 공산당과 관료조직이 더 큰 힘을 행사했다. 특히 중국군부는 거센 민족주의를 표출하기 시작했다. 인민해방군 내에서 해군과 공군이 더 많은 자원을 획득하고 있다. 경제부서에서는 국가기업들이 수출을 증대해 다른 기업들보다 많은 권력을 행사했다. 인터넷이 널리 사용되자 젊은 세대도 강한 민족주의감정을 나타내고 있다. 이 결과 중국외교정책의 기조는 적극적 민족주의를 견지할 것이다.

4. 중국의 대전략에 대해 경쟁하는 네 가지 비전들

위에서 설명한 제약요소에서 네 가지 전략비전들을 유추한다면 그들은 민족주의, 현실주의, 세계주의 및 유교주의다. 여기서 분명히 밝혀 둘 것은 이 비전들은 그 정도의 차이에 따라 폭넓게 고찰한 동향이라는 점이다. 실제로 이들은 서로 보완하며 맥락에 따라 상호보완하고 있는 것이 사실이다. 상대적으로 평가한다면 민족주의는 중국역사와 더 많이 관련된다. 현실주의는 지정학과, 세계주의는 경제와, 그리고 유교주의는 국내정치와 더 많이 관련되고 있다.

(1) 中華民族主義(Sino-centric Nationalism)

중국에서는 과거 두 세기에 서방열강에 의해 굴욕당한 것을 만회하는 한 기도로서 **중화민족주의**를 고취하고 있다. 지난 한 세대 동안 경제 및 군사력을 축척한 결과 중국인들은 이제 자긍심과 자신감을 스스로 느끼게 되었다. 이 적극적 민족주의 파도 속에서 중국이 다시 도덕적 및 정치적 우월감을 갖고 이 우주의 중심으로 복귀해야 한다거나 적어도 동아시아에서는 19세기에 청나라가 누렸던 지역패권의 위상을 되찾아야 한다는 견해가 득세하고 있다. 공개적으로 이러한 열망을 표시하면서 중국이 기타국가들로부터 존경 받아야 하며 적어도 미국과 대등한 대접을 받아야 한다는 소리가 커지고 있다.

중화민족주의는 중국의 정체성에 대한 담론을 지배한다. 중화민족주의의 핵심은 과거에 중국이 누렸던 위치를 회복하는 것이다. 중국은 현 국제질서의 현상유지에 만족하지 않고 미국과 충돌을 무릅쓰고라도 미국을 압도할 국력배양을 추구한다. 중국은 19세기말의 청나라보다 더 강해져야 서방열강과 일본에 대한 한을 풀 수 있다는 것이다. 이 현상은 중국이 최근에 주관한 국가행사에서 분명하게 표면화되었다. 그 좋은 예가 2008년 베이징올림픽이다. 이 행사의 개회식은 중국 그 자체를 온 세계에 알린 획기적인 사건이었다. 과거와 현재 중국이 향유해 온 영광을 전통적인 무술과 현대체조로 대대적인 드라마를 연출함으로서 중국의 열망을 잘 보여 주었다. 중국이 진실로 강대국이며 위대한 문명국임을 과시해 자긍심과 자신감의 강한 신호를 전달한 것이다. 2008년 베이징올림픽 개회식에 미국의 부시대통령이 참석했다. 이 개회식에서 한 가지 흥미로운 것은 단상에는 중국공산당 간부들이 착석했으나 부시는 그 아래 일반석에서 기타국가들의 정상들과 같이 앉혔다는 사실이다. 2022년 베이징동계올림픽의 개회식에 바이든 대통령은 아예 참석하지 않았다. 그는 위구르 등 소수민족에 대한 중국의 인권탄압에 항의를 표시한 것이다. 2013년에 시진핑은 중국이 2049년까지 "중화민족의 위대한 중흥"을 완성한다는 "**중국 꿈**"을 제시했다. 2022년의 제20차 공산당전당회에서 그는 이 꿈을 실현해 "중국식 현대화"를 완성하겠다고 선언했을 때 중화민족주의에 대한 그의 열정은 절정에 달했다. 구체적으로 이 야심적 꿈을 실현하는 것은 대만을 중국에 통합해 민족통일을 완성하는 것이다. 그는 이 목적을 달성하기 위해서는 무력사용을 절대로 포기하지 않겠다고 누차 선언했다.

(2) 현실주의(Realism)

현실주의는 중국의 대 전략을 실현하는데 행동지침을 제공하는 시각이다. 현실주의는 중국이 종합적 국력을 배양하고 이를 핵심국익을 방위하는데 사용하는 방법을 제시한다. 이 비전은 중국의 전통적인 전략문화에 뿌리 깊게 계승되어 지금도 국제정치학자들이나 실제로 안보정책의 결정과정에 종사하고 있는 전문가와 직업군인들이 공유하고 있다. 다소 중국적 특색을 지니고 있지만 이 비전은 서방문헌에서 볼 수 있는 고전적 현실주의와 공통점을 많이 갖고 있다. 중국도 주권국가를 국제정치의 가장 중요한 행위자로 보며 기회가 허용하면 국력을 극대화하려고 노력한다. 현재의 세계에서 존재하는 힘의 분포에 반응하는 데 있어서 중국은 세력균형을 추구한다. 핵심국익을 방어하고 자기영토와 변방에 대한 침략을 억지하기 위해서 중국은 군사력을 사용하는데 주저하지 않는다. 구체적으로 이러한 행동을 취하는 방법은 지도자의 개성과 의도에 따라 다르게 나타난다.

중국의 안보정책 사례에서 우리는 몇 가지 일관된 전략문화와 행태를 발견할 수 있다. 孫子의 兵法에서 나타난 바와 같이 중국인들은 "勢"라고 하는 한 시대의 총괄적 전략추세를 철저하게 평가해 인내와 계산을 하는 것을 중시한다. 규범적으로 유교주의 패러다임은 방어적 태세와 협조를 강조한다. 그러나 실제로 중국인들은 필요하다면 강제력을 단호하게 사용한다. 이러한 행동을 존스턴(Alastair L. Johnston)은 "파라벨룸(parabellum)패러다임"이라 했다. 이 전통은 중국이 당면한 물질적 및 구조적 조건에서 나온 것이다(*Cultural Realism: Strategic Culture and Grand Strategy in Chinese History*, 1995). 키신저에 의하면 이러한 행동은 서방국가들이 적국에 대해 압도적 보복을 약속해 결단력 있게 강제력을 사용해 전면전을 수행하는 전통과는 다르다고 지적했다. 중국의 전략문화는 공세적 또는 선제적 억지를 선호하면서 적국이 미래에 불가피하게 공격해 올 전쟁을 사전에 방지하는 것을 중시한다. 그렇게 해야 적의 의지를 사전에 꺾을 수 있다는 것이다. 비록 중국이 약한 위치에 있으면서도 이처럼 계산된 모험을 감수하면 실제로 싸우지 않고서도 강한 적에게 이길 수 있다는 것이다. 이 전략의 흔적은 1950년의 한국전쟁에 중국이 파병을 감행한 데서 엿볼 수 있었다. 당시 서방전략가들은 중국이 한국전에 개입하지 않을 것이라고 보았다. 마오가 정권을 장악한 지 2년도 채 되지 않았을 때 중국이 이미 핵무장한 미국과 전쟁하는 것은 아주 무모한 짓이라고 생각했기 때문이다. 그 뒤에도 중국은 이와 비슷하게 선제적 억지전략을 구사했다. 이러한 행동은 1950년대에 중국이 대만해협에서 야기한 위기들, 1962년의 중-인도국경전쟁과 1979년 중국-베트남전쟁에서 잘 나타 났다(Kissinger, *On China,* 2011).

이 전략은 바둑이라는 "포위 게임"에서 유래했다. 전면적 승리를 꾀하는 서방의 체스와 달리 중국의 바둑은 상대방을 포위하고 거기를 탈피하는 것을 꾀한다. 두는 사람들은 바둑판에 차례로 돌을 두어 유리한 고지를 차지해 상대방의 돌을 포위하고 그것을 마침내 나포하려고 한다. 이러한 놀이에서는 곧 승자가 결정되지 않으므로 중요한 목표는 상대방을 점령하기보다는 포위하는 것이다. 이러한 시각에서 보면 중국은 남지나해와 한반도와 같은 주변부에서 미국의 군사력이 다시 복귀하는 것을 선제적으로 억지하려는 행동을 취하고 있는 것이다. 이와 같이 세력균형을 슬기롭게 구사해 명목적으로는 아직도 개도국임을 자처하면서 지구적 관리의 책임과 비용은 회피하지만 실제로는 강대국으로 행사해 고전적인 현실주의를 실천하고 있다.

(3) 세계주의(Globalism)

중국경제가 세계의 무역, 금융 및 생산의 중심으로 부상함에 따라 세계정치경제에서 중국이 어떠한 역할을 수행해야 하느냐에 대해 관심이 비등해 졌다. 중국은 세계에서 미국보다 더 많은 124개 국가들과 무역을 실시하고 있다. 이러한 배경에서 중국 내의 지식인들과 당국자들은 세계주의 비전을 제시했다. 이 시각은 중국의 대외관계에서 상호의존이 중요하다는 사실을 강조한다. 중국의 경제발전과 번영은 비단 동아시아뿐만 아니라 미주, 유럽, 및 아프리카지역의 시장, 투자 및 자원에 크게 의존하고 있기 때문이다. 사실 중국이 2001년에 세계무역기구(WTO)에 가입한 후 중국경제는 점차 세계화하고 있는 세계경제에 빠르게 통합되었다. 크게 보아서 중국은 제2차 세계대전 이후 서방국가들이 건축해 온 자유주의적 규칙과 제도를 준수했다. 이 결과 수출에 종사하는 국영기업과 국제관계를 전문으로 하는 학자들과 법조인들은 세계화의 이점과 국제협력의 중요성을 잘 이해한다. 2008년까지 이들은 기존하는 국제체제를 유지하기 위해 중국도 "책임 있는 이해당사자"(responsible stakeholder)의 역할을 다해야 한다는 미국의 주장을 수용했다. 경제적 쟁점에 관한 한 이들은 다자주의를 지지했다. 중국이 실제로 다자집단(ASEAN Plus Three, APEC, G20)에 가담했다. 국제안보역할을 공유하기 위해 중국은 2013년에 UN의 19개 평화유지 사업에 17,390명의 군대를 파견했다. 2007년에는 해적퇴치를 위한 국제협력의 일환으로 소말리아 근해의 아덴만에 자국 상선을 호위하기 위해 해군 선박들을 파견했다.

중국경제의 폭발적 성장은 중국이 해외에서 시장과 자원을 추구하게 만들었다. 전 세계를 망라해 시장과 자원을 확보하기 위해 중국은 자원외교를 동남아시아, 호주, 아프리카 및 남미로 확대했다. 중국정부가 수단, 배네수엘라 및 이란을 정치적으로 지지하고 있는 것은 부분적으로나마 중요한 석유 자원을 확보하기 위해 취하는 조치다. 이 자원탐색의 결과 중국의 족적은 머나먼 아프리카와 남미로 파급하고 있다. 중국은 자신이 "최대 개도국"임을 자처하면서 조건이 없는 대외원조를 제공해 "남－남 협력"을 옹호하고 있다. 이 명분하에 중국은 UN의 천년개발목표(UN Millennium Development Goals)와 중－아프리카 협력포럼을 적극 지원했다.

글로벌 거버넌스 문제에 대해서는 중국은 아직도 애매한 입장을 견지해 지도력 및 부담을 하는 데는 주저하고 있다. 물론 중국도 G20와 같은 세계관리조직에 적극 동참하고 있다. 중국은 금융안정, 시장, 유동성 및 기후변동을 세계적인 공공재로 여겨서 책임과 지도력행시를 분담하는데 주저했다. 이러한 의미에서는 중국의 세계주의자들은 서방학자들이 말하는 "자유주의적 제도주의자"(liberal institutionalists)"라 말할 수는 없다. 국제규범과 규칙을 준수하라는 미국의 요구에 대해서 중국은 자국의 국익을 증대하는 한 그것을 준수하면서 그러한 규칙을 제정하는데 참여할 것을 원한다. 무비판적으로 "책임 당사자"가 되라는 요구를 수용한다면 중국의 국익을 해칠 수 있기 때문이다. 다만 중국도 현존하는 국제경제질서 속에서 활동하고 있다는 의미에서는 중국의 세계주의는 중국특색을 나타내면서도 서방의 자유주의에 가깝다.

(4) 유교주의(Confucianism)

유교주의는 해외에 일어나고 있는 중국위협인식을 희석시키고 자유주의와 이른바 "워싱턴 합의"(Washington Consensus)에 대한 하나의 대안 또는 "연식국력"(soft power)으로서 부활하고 있다. 후진타오는 서방의 "국제문화"는 강하고 중국의 문화는 약하다는 사실을 시인하면서 중국문화와 이념에 대한 서방의 공격에 대해 자국을 방위하기 위해 문화생산을 강화해야 한다고 역설했다. 사실 중국의 국력이 부상해 왔지만 연식국력은 결여했다. 이것을 의식한 중국의 학자 및 논객들은 유교를 중국연식국력의 중요한 원천으로 부활했다. 유교는 중국이 착하고 평화애호적인 나라로 가르친다. 이를 상징하는 사건이 2010년에 일어났다. 갑자기 공자의 동상이 天安門광장에서 수립되었다가 수일 후 철거되었다.

유교는 정치적 업적과 조화라는 가치를 중요시한다. 유교는 지식인들이 정부의 잘못을 비판할 의무를 갖는다는 사실을 인정하고 제도개혁을 통해 도덕적 힘을 회복할 수 있다고 강조한다. 이제 공산주의는 거의 불신되고 있으므로 이러한 **"좌파유교주의"**(left Confucianism)가 중국의 정치현상유지에 가장 적합한 대안이라고 사회학자 벨(Daniel A. Bell)은 주장했다(Daniel Bell, *China's New Confucianism: Politics and Everyday Life in a Changing Society*, 2010). 유교주의를 전파하기 위해 중국정부는 약 500여 개 유교연구소를 세계각지에 개설해 지원하고 있다. 2011년 1월 후진타오 자신도 시카고에 있는 한 유교연구소(공자학원)를 직접 방문했다. 유교는 중국의 소프트파워를 대표할 뿐 아니라 "평화굴기" 메시지를 지속하는 데도 기여했다. 2011년 10월에 중국정부는 이에 대한 3페이지의 백서를 발표했다. 그 핵심내용은 중국은 아무도 위협하지 않으며 외교정책의 목표도 여전히 경제발전에 필수적인 평화롭고 안정된 국제환경을 조성하는 것이라 역설했다. 이 연식국력결여를 극복하는 노력과 더불어 중국은 서구적 근대화에 대한 대안을 제시하는 움직임도 나타냈다. 이러한 기도는 다음과 같은 한 지식인의 주장에서 잘 반영되었다.

"중국의 현대화가 엄청난 서방의 영향을 받은 것은 의심의 여지가 없다. 그런데도 그 본질은 현대화가 아니며 될 수도 없다. 오늘의 중국에서 개인은 집단의 일부이며 결코 독립적인 기본단위가 아니다. 정치적 권력은 분리되거나 견제되지 않고 유일권위하에 집중되고 있다. 서방에서 원용된 시장경제는 능률적인 자원배분과 고도성장을 달성하고 있고 수백만 명을 빈곤에서 벗어나게 했다. 그러나 이는 분명히 자본주의는 아니다. 보통 중국 사람들은 서방의 어느 곳의 사람들과 마찬가지로 폭넓은 자유를 즐기고 있다. 그렇지만 국가와 사회의 집단목적에 대치하는 정치적 열망을 가진 자들은 심하게 규제를 당하고 심지어 억압되고 있다"(*Christian Science Monitor*, 2011. 4. 28). 이 주장은 중국식 권위주의를 서방의 자유주의에 대한 대안으로 한 지식인이 변호한 것이다.

자유주의는 자율적인 시민사회의 기본조건들을 보호하는 입헌 민주주의국가를 선호한다. 유교주의는 사회의 도덕적 가치와 집단적 복지를 추진하는 인자로운 권위주의국가를 선호한다. 이 양자는 공히 국가권력을 정당화한다. 자유주의가 유교주의와 다른 점은 和, 德, 禮, 仁과 같은 가치를 규범적으로 이해하는 대신에 국가가 법치를 통해 개인의 자유와 행복 및 기본권을 보호해야 한다는 것이다. 자유주의국가가 개인의 자유와 기본권을 인류의 보편적 가치로 보는 것과 중국이 집단적 덕목으로 여기는 仁, 이 두 가지 중에서 어느 것이 미래의 세계에서 우세할 것인지는 두고 볼 일이다. 나이(Joseph S. Nye Jr)는 연식국력을 창출하기 위해 문화와 이야기를 이용하는 노력은 그것이 국내 정치현실과 일치하지 않는다면 힘을 발휘하기는 쉽지 않을 것이라 지적했다(*New York Times*, 2012, 1, 17).

5. 중국의 지역패권을 지향한 근역균형전략과 미국의 역외균형전략 간의 갈등

동아시아에서 중국이 추구하는 대전략방향은 지역패권을 지향한 근역균형이다. 중화민족주의와 현실주의는 적어도 그 의도와 야심에 있어서는 중국대전략을 지역 또는 세계패권추구를 정당화한다. 세계주의와 유교주의는 대전략의 범위를 제약해 우선 그 근역에 집중하게 만든다. 중국이 근역균형을 넘어서 지역패권을 추진한다면 미국 및 일본과 패권경쟁(rivalry)을 피할 수 없다. 2011년에 일본이 미국이 주도한 환태평양동반자(Trans－Pacific Partnership－TPP) 협상에 동참하자 중국은 미국을 제외한 동아시아지역협력을 모색했다. 중국은 아세안국가들, 한국 및 일본과 함께 동아시아 공동체(ASEAN Plus Three)를 형성하자는 꿈을 추구했다. 미국은 TPP를 통해 다극화한 아태지역공동체를 추구했다. 시진핑은 중국중심의 "일대일로"구상을 발표했다. 트럼프는 "자유롭고 개방된 인도－태평양"구상을 선포했다. 이처럼 미국과 중국은 아태지역이라는 침대를 공유하고 있지만 각기 다른 꿈을 꾸고 있다.

(1) 지역패권을 지향한 근역균형자전략

역사적으로 중국이 가져 온 두 근본적 안보관심은 국내사회의 혼란에 대한 강한 두려움과 변방에서 오는 위협이다. 중국은 동원가능한 모든 수단을 동원해 적대적인 세력이 본토와 변경에 접근하는 것을 선제적으로 방지하려고 노력했다(Michael D. Swaine and Ashley J. Tellis, *Interpreting China's Grand Strategy—Past, Present and Future*, 2000). 미국의 군사전문가들은 이 태세를 "반 접근 및 지역부정"(Anti-Access and Area Denial)전략이라고 부른다. 2001년 4월 1일에 중국이 이러한 의도를 보여 준 사건이 일어났다. 미국의 정찰기(EP-3)가 중국 근역을 비행하자 중국 전투기가 이를 추종하고 방해해 충돌했던 사건이다. 중국조종사는 사망했고 미국정찰기는 海南島에 강제로 불시착륙을 당했다. 2009년 3월에도 중국해군이 남지나해의 중국 배타경제수역에서 작전을 수행했던 미국 정찰함(*Impeccable*)을 방해했다. 2010년에 중국은 남지나해, 동지나해 및 황해에서 이러한 군사행동을 강화해 그동안 자처해 온 "평화굴기"론에 대해 의심을 자아냈다. 이 해 3월에 한국의 천안함이 북한 어뢰에 의해 피폭되었을 때 중국은 북한의 도발을 비난하지 않았고 이에 대한 UN의 제재결의에도 동참하지 않았다. 종전과는 달리 미국항공모함 죠지 워싱턴이 한국해군과 황해에서 군사연습을 하겠다고 발표하자 중국은 이를 공개적으로 항의했다. 그해 4월에 중국은 베트남의 영해에서 베트남이 어로작업을 하는 것을 금한다는 조치를 일방적으로 발표했다. 7월에 중국의 3개 함대는 그 근해에서 주요군함의 절반과 폭격기 및 대함미사일 등을 포함한 대대적 군사연습을 강행했다.

2010년 8월에 중국은 남지나해의 해저에 중국국기를 설치해 영토야심의 한계를 확대했다. 9월에 일본당국이 일본영해라 간주하는 해역에 침범한 중국어부를 나포해 해경함선에 강제이송하자 중국정부는 극도의 적대감을 표시했다. 11월에 북한군이 연평도에 기습 표격해 수명의 군인과 민간인들이 사망했을 때도 중국은 이 만행을 고의로 외면했다. 이렇게 공세적인 행동은 미국이 중국세력권 내에 "복귀"하는 것을 선제하기 위해서다. 중국의 의도가 공개적으로 표현된 것은 2010년 7월 하노이에서 미국의 국무장관 클린턴이 한 말에 대한 반응이었다. 당시 클린턴은 남지나해에서 미국은 기타국가들과 마찬가지로 항해의 자유, 해양의 공공재 및 국제법의 준수를 지지한다고 했다. 일부 동남아국가들의 외상들이 이 발언에 동조하자 중국의 외교부장 양지에지는 동남아문제에 제3국(미국)이 간섭해서는 안 된다고 주장했다. 중국은 기타 작은 국가들과 달리 거대한 국가로서 그들과 다른 입장을 갖는 것은 당연한 사실이라고 그는 말했다. 이 견해는 동아시아에 대한 중국식의 먼로 독트린이다.

중국해군은 근역에 떨어져 있는 해역에 군사력을 투사하기 위해 이른바 "원양방위"교리를 개발했다. 2006년 12월에 후진타오 자신이 중국해군은 대양해군능력을 추구하기 위해 현대화하라고 지시했다. 2010년에 중국은 남지나해의 전체에 대해 대만 및 티베트와 같이 "핵심국익"을 갖는다고 주장했다. 이 남지나해는 전략적으로 매우 중요한 해로이다. 이 해협을 통해 중국, 일본 및 한국무역의 2/3 이상이 운송되고 있다. 이 해역은 석유, 천연가스와 기타광물이 풍부하게 매장된 것으로 알려져 있다. 중국은 이 지역을 자기 뒷마당으로 여긴다. 중국은 이 해역을 통제하는데 필요한 선박, 항공기 및 함대를 개발하고 있다. 중국지도자들은 해외에서 시장과 자원을 개척하기 위해서는 우선 해양의 통신망을 확보해야 한다고 지적한 마한(Alfred Thayer Mahan)의 해양론을 실천하고 있다. 중국은 남지나해에 건설했던 7개 인공섬에 군사시설을 구축했다. 이처럼 증국은 "살라미 방법"을 잘 구사해 이 작은 섬들을 하나씩 차지한 뒤에 그들을 기정사실로 만들고 있다.

동아시아에서 중국의 국익을 방어하기 위해 인민해방군은 먼저 대만해협에서 미국의 군사개입을 억지하기 위해 접근금지와 지역부정을 할 수 있는 군사능력을 배양하는 데 재원을 집중했다. 중국의 연안과 변방에 미군이 접근하는 것을 막기 위해 중국은 항공모함 하나를 시험 배치했으며 상하이 조선소에서 두기의 핵 항공모함을 더 건조하고 있다. 이중에 하나는 2017년 4월에 완성되었다. 중국은 미국의 항공모함을 공격할 수 있는 해상탄도미사일을 개발했고 레이더를 피할 수 있는 새 전투기(J-20)도 보여 주었다. 중국해군은 아직도 태평양에서 미국의 공군 및 해군을 제압할 능력은 갖고 있지 않다. 이 상태를 극복하기 위해 중국은 "비대칭적" 무기를 개발하고 있다. 2007년에 중국이 실험했던 인공위성파괴능력과 적의 통제 및 통신을 공격할 수 있는 사이버무기가 이에 속한다.

중국은 동아시아에서 미국의 전진배치를 방지하고 가능하다면 지역패권을 행사하겠다는 결의를 나타냈다. 2011년 11월에 중국해군은 서태평양에서 군사연습을 실시했다. 이는 현재 보유하고 있는 6척의 핵잠수함으로 근역을 넘어서 멀리 태평양에까지 진출하려는 기도이다. 미국의 군사당국은 중국이 종래의 접근부정전략에서 점차로 지역 국가들에 대한 작전을 수행할 수 있는 "지역통제"(area control)전략으로 전환하고 있다고 평가한다. 외부 관찰자들에게는 이러한 행동은 패권주의로 보일 것이다. 중국인들에게 그것은 100년 전에 청나라가 차지했던 위치로 원상복귀하려는 노력으로 당연시되고 있다. 시진핑은 2013년부터 이러한 시각을 "중화민족의 중흥을 이루는 중국 꿈"으로 포장해 지역패권추구를 정당화했다.

(2) 미국의 역외균형전략과의 갈등

중국의 지역패권추구 및 근역균형전략과 미국의 "역외균형"전략 간에 불가피하게 갈등이 고조하고 있다. 2010년에 오바마는 호주에서 21세기의 아태지역에 미국이 존재한다는 것을 의심하지 말라고 경고했다. 그는 이 전략을 행동으로 과시하기 위해 호주의 다윈에 2,500명의 해병대를 순환배치하기로 결정했다. 그는 중국의 영향력을 견제하려는 상징으로 클린턴장관이 미얀마를 방문하게 명했다. 클린턴장관도 세계정치의 미래는 아프가니스탄이나 이라크가 아니라 아시아에서 결정될 것이고 미국은 바로 그 행동의 중심에 있을 것이라 주장했다. 2011년에 클린턴장관이 미국의 한 해군함정에서 필리핀과의 군사관계를 재확인했을 때 이러한 징표가 나타났다. 그녀는 미국과 동맹국의 집단적 방위능력이 이 지역에서 군사도발을 억지하는데 필요한 충분한 능력을 갖고 있다고 공언했다. 미국국방성이 발표한 신 방위전략지침도 아태지역에서 전쟁을 수행할 능력을 갖고 있다고 지적했다. 미국은 중국이 남지나해에 건설한 인공섬들을 인정하지 않는다. 미국해군은 거기서 항해의 자유를 관철하기 위해 주기적으로 함정들을 파견해 군사력을 투사하고 있다.

(3) 적극적 민족주의와 상처받은 민족주의 간의 갈등

중국이 일본을 제치고 세계 제2경제대국이 된 후 중국의 "적극적 민족주의"(assertive nationalism)와 일본의 "상처받은 민족주의"(wounded nationalism) 간에 갈등이 더욱 더 격화했다. 2010년과 2011년에 일어났던 세 사건들이 중일 간에 감정적 대립을 확대시켰다. 무엇보다도 2010년 9월에 일본 측이 당시 체포했던 중국어부를 이미 송환해 주었는데도 불구하고 중국 측이 일본정부의 공식사과를 요구한 것은 일본인들의 상처받은 민족주의 감정을 더욱 촉발했다. 이 사건이 터진 후 중국이 돌연히 희토류의 수출을 중단하자 사태는 더욱 악화했다. 2011년 3월에 후쿠시마에서 발생한 지진과 해일로 인해 일본의 국력은 약화되자 미국은 가능한 모든 지원을 제공해 일본의 사기를 제고했다. 반면에 일본의 쇠퇴는 중국의 적극적 민족주의감정을 한층 더 북돋아 주었다. 일본은 2011년 11월에 호놀룰루에서 개최된 APEC에서 미국이 추진해 온 TPP에 가담한다고 발표했다. 그 뒤 발리에서 열린 동아시아정상회담에서 일본은 동남아의 기간산업시설건설을 위해 260억 달러의 원조를 제공하겠다고 밝혔다. 2012년에 재차 총리로 당선된 아베는 경제재건과 군비확장에 성공을 거두어 일본도 강하고 부유한 강대국이 될 수 있다는 자신감을 투사했다.

(4) 미중관계의 미래: 同床異夢

미국과 중국은 동아시아의 미래에 대해 동상이몽을 나타냈다. 중국은 10개의 아세안회원국들과 한중일 3개국으로 동아시아공동체를 구성하자고 제시해 미국을 제외했다. 남지나해문제에 대해서 동남아국가들은 아세안과 중국 간에 다자협상을 원했지만 중국은 베트남 및 필리핀등과 각기 양자협상을 할 것을 요구했다. 미국은 열린 지역주의 또는 다자주의 태평양 공동체를 추구했다. 원래 TPP는 중국을 대등하게 취급해 이른바 "G2 동반자"로서의 책임 있는 당사자로 기대하고 아태지역에서 지도력을 공유하자는 아이디어에서 나온 발상이다. 이에 대해 중국이 별로 성의를 보이지 않자 미국은 브루나이, 뉴질랜드, 칠레, 싱가포르, 호주, 페루, 말레이시아, 베트남과 다자 무역협상을 개시해 TPP를 추진했다.

중국은 이러한 움직임을 자신을 포위하려는 미국의 전략으로 인식했다. 미국이 중국에게 무역과 환율뿐 아니라 지적 재산 및 인권에 대해 국제규범과 규칙을 준수하라고 요구하자 중국은 고립감을 가졌다. 중국과 미국은 경제, 테러, 핵 확산 및 기후변화 등에는 이익을 공유했으나 안보와 정치문제에 대해서 갈등했다. 2008년에 금융위기가 발생한 직후 클린턴과 양지에지는 미중관계를 같은 배를 타 닥쳐오는 폭풍을 함께 극복하는 양자관계로 표현했다. 2009년 9월에 오바마와 후진타오 간의 제1차 정상회담에서 양측은 각자의 "핵심이익"을 존중하는 것이 양자 간에 지속적인 발전을 보장할 수 있다고 지적했다. 2011년 1월의 제2차 정상회담에서 중국은 대만과 티베트에 대한 "핵심이익"을 언급하지 않았다. 2011년에 오바마는 매우 강하게 중국의 위협적인 행동을 결코 용납하지 않겠다고 했다. 시진핑이 2012년 2월에 워싱턴을 방문했을 때 미중 간의 견해차이가 분명해 졌다.

오바마는 무역불균형시정, 중국위안화의 평가절상, 인권개선 등을 강하게 요구했다. 시진핑은 미중협력의 중요성을 강조하면서도 중국의 "핵심이익"을 존중할 것을 요구했다.

미중관계의 미래에 대해서는 다소 상이한 두 견해가 있다. 키신저가 제안한 낙관적인 비전이 그 하나이다. 그는 미국과 중국은 태평양공동체를 공동으로 건설할 수 있다고 주장했다. 양국이 비록 동반자가 아니더라도 대결을 피하고 협력을 평행적으로 추진해 간다면 "공동진화"(coevolution)를 발전시켜 나갈 수 있다는 것이다. 협조로 가는 길은 매우 복잡하지만 양국이 각기 다른 "예외주의"(exceptionalism)를 극복해 가면 가능하다는 것이다. 중국의 예외주의는 기타 국가들이 중국을 도덕적인 존재로 본뜨는 것이다. 미국의 예외주의는 선교적 열정으로 자유의 메시지를 전파하는 것이다. 이 견해에 대한 반론으로 프리드버그(Aaron Friedberg)는 아시아와 전 세계에서 미국과 중국은 각자의 영향력을 확대하기 위해 투쟁하기 시작했다고 주장했다. 양국 간의 경쟁은 단지 패권경쟁만이 아니라 상충하는 이념과 가치에 대한 갈등이기 때문이다(Aaron Friedberg, *A Contest for Supremacy: China, America and the Struggle for Mastery in Asia*, 2011). 흥미롭게도 중국의 국제정치 학자 옌쉐퉁(閻學通)도 이 견해에 동의했다. 그는 중국의 세계리더십추구와 미국의 현상유지 노력은 제로섬게임(zero sum game)인데 궁극적으로 어느 쪽이 더 많은 사람들의 심금을 얻느냐에 따라 결판 날 것이라고 주장했다("How China Can Defeat America," *New York Times*, 2011, 11, 20).

6. 한반도의 미래에 대한 중국의 시각

한반도의 미래는 미중관계의 향방이 좌우한다. 이 반도는 미국과 중국만이 아니라 일본과 러시아 등 4강의 이익이 교차하는 중요한 전략요충지이기 때문이다. 중국은 북한을 脣齒로 표현해 무엇보다도 안정을 최우선시 한다. 한국은 북한에 의한 전쟁을 억지하기 위해 한미동맹을 유지하지만 중국은 그것을 자신에 근접한 변방에 미국이 군사력을 투사하는 것으로 인식한다.

(1) 중국의 변방으로서의 한반도

중국은 한반도를 동북국경에서 가장 중요한 변방(주변부)으로 매우 중시한다. 이 지정학적 이익 때문에 중국은 한반도를 자기 영향권 안에 두고 외부세력이 침범하는 것을 방지하려 한다. 바로 이러한 고려에서 중국은 1950년 한국전에 개입했다. 당시 새로 탄생한 마오쩌둥 정부는 미군이 38선을 넘지 말라고 누차 경고했다. 그런데도 미군이 압록강에 근접했을 때 비로소 중국 "의용군"이 개입해 미군의 진군을 억지해 북한의 일부를 **완충지**로 보전했던 것이다(Allen S. Whiting, *China Crosses the Yalu: The Decision to Enter the Korean War*, 1960). 중국과 미국의 패권경쟁을 전개하고 있는 상황에서 한반도의 전략적 가치는 증대했다.

(2) 북한생존과 안정 보호

한반도에 대한 중국의 전략이익은 핵확산을 포함한 기타 어느 것보다도 북한정권의 생존과 안정을 보호하는 것이다. 이러한 태도는 脣亡齒寒(입술이 다치면 이가 시리다)이라는 전통적 사고와 잘 부합한다. 2008년에 김정일이 뇌졸중을 앓았다는 사실이 알려졌을 때 중국지도부는 북한정권의 붕괴가능성에 대해 심각하게 우려했다. 2009년 5월에 북한이 제2차 핵실험을 감행했을 때 중국정부의 반응은 놀라움과 비판이었다. 김정일이 그의 3남 김정은에게 권력계승계획을 밝혔고 그 해 11월에 갑자기 실시한 화폐개혁이 큰 실패로 나타난 뒤에 중국지도부가 북한정권의 생존과 안정에 대해 가졌던 우려는 심각했다. 2012년 1월 17일에 김정일이 사망하자 후진타오가 주베이징 북한대사관에 직접 가서 조문했다. 그 직후 9명의 정치국상임위원 전원이 조문했다. 중국지도부는 북한정권의 생존 및 안정을 위해 김정은의 권력계승에 대한 지지를 신속하게 발표했다. 중국은 바깥세계의 비난을 무릅쓰고도 자신의 지정학적 이익을 고수하기 위해 실로 냉혈적인 판단을 했다. 2011년 5월에 김정일이 일년 내에 세 번째 중국을 방문했을 때 중국지도부는 그와 일종의 "양해"에 합의했다. 여기서 북한은 단기적으로 "문제를 일으키지 않기로" 했고 중국은 북한에 자본과 기술을 지원하기로 합의했다.

중국의 이러한 정책은 김정은 정권에서도 계속되었다. 북한정권의 붕괴를 가장 걱정하기 때문이다. 중국은 이 가능성에 대해 예비계획을 마련해 국경지역에 군대를 배치했다. 중국에게 북한은 신뢰할 수 있는 유일한 동맹이다. 북한의 핵무기가 북한정권의 생존과 안정을 지탱한다면 중국은 그것을 묵인했다. 중국은 한반도의 비핵화보다 북한의 붕괴를 더 우려하기 때문에 북한에 대해 외교 및 경제적 지원을 지속했다.

중국은 남북한을 대미 및 대일본관계의 일환으로 인식한다. 중국은 한국군에 대한 작전통제권이양을 원래 합의했던 2012년에서 2015년으로 연기한 것에 대해서도 불만을 표시했다. 서해에서 미국이 한국과 해군연습을 하는 데 대해서도 중국은 반대했다. 중국은 이러한 군사행동을 자신을 포위하는 기도로 인식하기 때문이다. 북한의 도발을 견제해 달라는 한국의 요청은 외면하면서 중국은 미국의 요구를 무시하기란 어려웠다. 2011년 1월에 오바마가 북한의 우라늄농축과 도발을 자제하지 않으면 미국은 군사행동까지 고려할 것이라고 경고하자 후진타오는 우려를 표시했고 미국과 대결을 피하기 위해 북한의 자제를 요구했다. 중국은 자국안보에 대한 완충지로서 북한의 현상유지를 일관되게 옹호했다.

(3) 한국외교의 방향

한국은 점차 증가하고 있는 미중 및 일중 간의 세력다툼에 당면했다. 원칙적으로 원만한 미중 및 일중관계가 한국의 안보 및 번영에 기여한다. 미중 및 일중관계가 제2의 냉전이나 양자대결로 악화한다면 한국은 둘 중에서 한편을 선택할 것을 강요받게 된다. 이 최악상황은 피해야 한다. 미중관계가 아주 좋은 동반자로 밀착한다면 중국과 미국은 한국을 자신들 간의 양자관계에 대한 하나의 부차적 존재로 취급한다. 한국의 입장에서 본다면 미중 및 일중 간에 심화하고 있는 "따뜻한" 경제적 상호의존과 "찬" 안보관계의 지속이 최악 또는 최선의 양자관계보다 낫다고 하겠다. 갈등과 대결 대신에 협력과 경쟁상태가 한국외교의 운신의 폭을 넓혀주고 자율성을 증대시키며 두 강대국 간에 교량구축의 가능성을 제공한다. 이 강대국들의 막강한 국력을 감안할 때 양자 간에 균형을 실시하기란 지극히 어렵다. 북한이 파키스탄처럼 핵국가로 생존하고 군사도발을 계속하는 한 한국은 한미동맹을 최선의 보험정책으로 유지해야 한다.

한국은 안보, 번영 및 통일을 달성하기 위해 한미동맹유지와 미중 간에 교량구축노력을 동시에 실시해야 한다. 한미동맹은 안보 및 경제이익뿐 아니라 정치적 가치를 공유하는 포괄적 동맹으로 존속해야 한다. 한국은 중국과 경제교류를 유지해 미중 간에 교량구축을 시도해야 한다. 이명박 대통령과 후진타오 대통령은 2012년 1월 정상회담에서 한중자유무역협상을 개시하기로 합의했다. 중국은 한미 FTA와 TPP를 희석시키기 위해 이 협상을 강하게 요구했다. 2013년에 시진핑이 집권한 뒤 한중FTA는 체결되었다. 2017년에 중국은 한국의 사드미사일 배치에 대해 강한 보복조치를 취해 위기를 조성했다. 중국어로 위기란 위험과 기회를 동시에 포함한다. 한국은 위험을 기회로 반전시키는 방법을 체계적으로 탐색해야 한다.

제30장

21세기에 동아시아 공동체는 실현가능할까?

미국과 중국이 추구하는 대전략은 동아시아 공동체에 대해 양국이 선호하는 구상에서 그대로 반영되었다. 21세기에 중국이 동아시아에서 패권을 행사할 것인지 또는 미국이 최고지위를 지속할 것인지는 이 지역에서 하나의 공동체가 실현가능한지를 살펴보면 알 수 있다(이 장은 Ahn Byung-joon, "Is an East Asian Community Feasible?" *대한민국학술원 국제학술교류보고서* 제6집, 2015, 논문을 수정한 것임). 동아시아에서는 EU와 같은 지역공동체나 NATO와 같은 집단방어기구는 없다. 그 이유는 무엇일까? 이에 대한 해답은 동아시아와 유럽을 비교해 보면 쉽게 찾을 수 있다.

1. 동아시아 공동체는 무엇을 의미하는가?

동아시아 공동체는 공통적 안보, 경제, 정치가치 및 정체성을 공유하는 동북아시아국가들(한국, 일본, 중국)과 10개 동남아국가들이 구성하는 지역실체다. 역사적으로 EU는 가장 성공적인 지역공동체다. 동아시아는 유럽과 분명히 다르다. 그런데도 비록 다른 맥락에서라도 동아시아는 유럽이 겪었던 경험에서 귀중한 교훈을 배울 수 있다. 유럽이 제시하는 총체적 교훈은 유럽공동체를 건설하는데 유인요소와 함께 추진요소들이 다 존재했지만 오직 프랑스와 독일의 지도자들이 비전을 가진 리더십을 행사해 강력한 정치적 의지로 유인요소들을 밀어붙인 결과(추진요소) 유럽공동체가 결실했다는 사실이다. 원래 동남아국가들이 이미 구성했던 ASEAN이 지리적 근접성, 경제성장과 상호의존, 아시아 금융위기와 같은 유인요소들을 촉진해 동아시아 공동체를 조성하는 노력에 중심적 역할을 시도했다. 그러나 중국이 경제 및 군사적으로 강해진 권력을 획득하고 미국이 아시아로 회귀하자 공동체 구성운동은 주변부(ASEAN)에서 중심부(중국과 일본 및 미국)로 이전했다. 중국은 미국을 제외한 국가들을 포함한 포괄적 지역동반자(RCEP)와 아시아인프라투자은행(AIIB)을 추진했다. 미국은 TPP와 아시아개발은행(ADB)을 옹호했다. 이 결과 동아시아지역주의의 방향은 유동적 상태에 처해 중복된 자유무역협정 수준에 머물고 있다. 그 주 이유는 공통적 안보인식, 지역적 정체성, 정치적 의지와 리더십이 결여되고 있기 때문이다.

일본과 중국의 지도자들이 강한 정치적 의지를 갖고 진실로 혁신적 리더십을 행사해 양국 간에 전쟁이 불가능할 정도로 역사적 및 정치적 화해를 이룬다면 동아시아 공동체를 실현할 수 있을 것이다. 2010년부터 동아시아에서는 강대국들 간의 경쟁이 격화되어 공동체의 전망은 밝지 않다. 단기적으로는 낮은 수준에서 일종의 아-태 경제공동체가 나타날 것이다. 장기적으로는 일본과 중국이 경제이익만이 아니라 공통적 안보이익과 집단 정체성을 공유할 정도로 화해한다면 EU처럼 높은 수준의 동아시아 공동체를 실현할 수 있을 것이다.

2. 동아시아와 유럽의 차이점과 교훈

동아시아는 유럽인들이 어떻게 역사적인 차이와 민족적 갈등을 극복하고 화해와 협력을 통해 안보 및 경제공동체를 건설했는지를 배워야 한다. 우선 차이점들을 살펴보자. 동아시아에서는 역사, 언어, 종교, 문화 및 정치가 이질적이다. 유럽인들은 동질성을 많이 공유하고 있다. 그들은 기독교, 시장경제 및 민주주의와 동시에 역사, 종교, 문화 및 정치적 동질성을 공유하고 있다. 동아시아에는 이질적 정체성과 동시에 계속되고 있는 역사 및 영토분쟁으로 인해 국가들 간에 일종의 안보딜레마가 존재한다. 유럽에는 32개국들로 확장한 NATO와 같이 그 회원국가들 간에 전쟁이 불가능한 다자안보공동체가 작동하고 있다. 지금도 동아시아에는 민족주주의 파도가 점점 거세게 일고 있다. 유럽에서는 27개 국가들이 주권을 EU 제도에 집합하면서 집단적 정체성을 구축하고 있다. 물론 2016－2017년에 Brexit를 감행한 영국과 기타 국가에서 일고 있는 극우파들이 민족주의 감정을 고취하고 있는 것도 사실이다. 비교적 안목에서 유럽 국가들은 의식적으로 민족국가를 초월해 지역협력을 촉진했다. 2017년에 프랑스에서 마크롱이 당선된 뒤에 이러한 전망은 다소 밝아졌다. 동아시아국가들은 시장이 주도하는 열린 지역주의를 추구했다. 반면에 유럽 국가들은 처음부터 국가가 주도의 배타적 지역주의를 추구했다. 그들은 먼저 석탄과 강철 생산에 대해 경제협력을 시작했으며 그 다음에 관세동맹을 이루었고 나아가 공동시장과 정치연합을 조성했다. 동아시아에는 아직도 범 동아시아조직은 존재하지 않는다.

유럽에서는 지역주의를 선호하는 **유인요소**(pull factors) 및 **추진요소**(push factors)가 공존했다. 정치지도자들이 미래지향적 비전과 강한 정치적 의지를 갖고 고의적으로 유인요소들을 밀어붙여 경제 및 정치적 통합을 이루었다. 유인요소로는 지리적 근접성, 공통적 전통 및 문화, 정치적 가치, 경제적 상호의존 및 소련(러시아)위협에 대응하기 위해 결성한 NATO를 들 수 있다. 추진요소로는 유럽통합에 대한 폭넓은 공중지지, 비전을 가진 프랑스와 독일지도자들이 달성한 역사 및 정치적 화해, 이에 대한 미국의 지지를 들 수 있다. 여기서 리더십이 얼마나 중요한가는 실로 비범한 비전을 가졌던 지도자들의 언행에서 분명히 찾아볼 수 있다. 프랑스 외무장관 슈만(Robert Schuman)은 1951년에 유럽석탄 및 강철공동체를 출범한 목적은 전쟁을 생각할 수 없을 뿐 아니라 물질적으로 불가능하게 만드는 것이라고 했다. 당시 유럽석탄 및 강철공동체의 초대 위원장 모네(Jean Monnet)는 자신들은 국가연합이 아니라 사람들을 통일한다고 말했다. 독일수상 아데나워Conrad Adenauer)는 유럽의 연합은 모든 대륙에 평화를 초래할 것이라 했다. 프랑스 대통령 드골(Charles de Gaulle)은 1963년에 나폴레옹전쟁 이후 처음으로 독일을 방문해 불－독 우호조약(엘리제 조약)을 조인했을 때 대서양에서 알프스까지의 유럽이 세계의 운명을 결정할 것이라고 선언했다.

이처럼 유럽에서 최고지도자들이 전쟁가능성을 제거하기 위해 추진한 운동이 유럽통합의 원동력이 되었다. 유럽인들은 수없이 많이 겪었던 전쟁에서 실증을 느꼈던 것이다. 유럽을 여행했던 사람들은 누구나 이 지역에서 목격한 대부분의 문명유산들은 종교와 전쟁의 결과 건축되었던 사실을 알게 된다. 파리에서 볼 수 있는 노트르담대성당과 개선문이 그 대표적 예다. 프랑스와 독일은 20세기에도 전쟁을 두 번 치렀다. 평화를 보장하는 안보공동체 없이 성공적 지역공동체를 성취하기는 어려운 것이다. 동아시아에서는 이직도 전쟁가능성이 상존하는 것이 공동체건설을 어렵게 하고 있다.

3. 동아시아공동체의 현황: 동상이몽

13개 국가들이 동아시아의 같은 지역에 위치하고 있지만 그들은 각기 다른 꿈을 추구하면서 경쟁하고 있다. 대체로 동남아국가들과 중국은 아세안과 3개국(ASEAN plus Three)의 회원국들만으로 결집한 순수한 동아시아 공동체를 선호한다. 중국은 아시아의 최대강국으로 부상하자 새로 획득한 외환과 자본을 십분 활용해 중국중심의 지역질서를 추구했다. 일본은 처음에는 아시아국가들만의 공동체를 지지했다. 그러나 점점 거세지고 있는 중국의 위협을 인식한 일본은 미국이 추진해 왔던 TPP협상에 동참했다. 2011년에 미국은 해외에 배치했던 군사력을 다시 균형적으로 재배치하기 위해 전략의 축을 아시아로 전환했으며 TPP를 촉진시켜 적극적으로 아-태공동체를 추진했다. 동아시아 공동체가 진전하지 못하는 이유는 그것을 실현할 정치적 추진요소들이 부족하고 일본과 중국이 정치적 화해를 이루지 못하고 있기 때문이다.

(1) 동남아: ASEAN, APT, EAS, RCEP, AEC

1960년대부터 동아시아 공동체를 지향한 몇 가지 유인요소들이 발생했다. 1967년에 지리적으로 인접한 인도네시아, 말레이시아, 필리핀, 싱가포르, 태국이 당시 진행중이었던 베트남전쟁에 휘말리지 않기 위한 비동맹정책을 공동으로 관철하기 위해 ASEAN(the Association of Southeast Asian Nations)을 출범했다. 1975년에 베트남이 통일된 뒤 1990년대에 베트남, 브루나이, 캄보디아, 라오스,

미얀마가 이 지역모임에 동참했다. 일본이 고도성장을 기록한 뒤 한국, 대만, 싱가포르가 새롭게 산업화하고 있는 국가로 등장하자 세계은행은 이 현상을 "동아시아 기적"이라 평가하면서 그들 간에 형성했던 생산 및 무역의 상호의존을 지역협력으로 승격할 것을 촉구했다. 1990년대 말까지 이들의 GDP는 세계의 25%를 기록했다. 일본, 중국 및 한국의 외환보유고는 세계보유의 절반에 달했다. 이러한 배경에서 1990년에 말레이시아는 동아시아 경제협의체(the East Asian Economic Caucus)를 제안했으나 실현되지 못했다.

1997년에 발생한 아시아금융위기는 동아시아 공동체를 지향한 큰 촉진요소를 제공했다. 1999년에 ASEAN은 일본, 중국 및 한국을 참가시켜 순수한 아시아 집단으로 이른바 APT(ASEAN plus Three)를 출범시켰다. 금융위기를 겪은 뒤 2000년에 이 집단은 미래에 올 수 있는 위기에 대비한 긴급조치로서 상호간에 화폐를 교환해 비치하는 **치앙마이구상**(the Chiang Mai Initiative)을 발족시켰다. 2001년에 이 집단은 동아시아비전그룹(EAVG)을 조직했다. 이 그룹은 동아시아 공동체실현을 최종 목적이 되어야 한다는 보고서를 제출했다. 2003년에 ASEAN은 단독적으로 2015년까지 아세안 경제공동체를 건설하겠다는 결의안을 통과시켰다. 2005년에 APT가 그 최초의 동아시아정상회의(EAS)를 말레이시아에서 개최했을 때 인도, 호주 및 뉴질랜드를 초청해 동아시아의 지역적 정체성을 희석시키기 시작했다. 세계금융위기가 2008년에 미국에서 돌발했다. 2010년에 금융위기가 그리스, 스페인 및 이태리와 같은 유럽의 주변부에 전파했다. 2012년에 APT는 양자간의 화폐교환 기제를 제도화한 칭마이 구상을 다자적 기구로 승격시켰다. 이 새로운 기금에 일본과 중국은 각기 32%, 한국은 16%, 아세안은 20%를 기증해 총 1,200억 달러를 비축했다.

2010년에 중국이 일본을 제치고 세계의 제2대 경제대국으로 부상하자 공동체 구축활동은 점차 약소국가들로 구성한 주변부에서 일본과 중국과 같은 강대국들의 중심부로 이전했다. 남지나해 및 동지나해의 남사도와 센가쿠/댜오위다오에 대해 중국이 영토 확대행동을 나타내자 일본과 중국 간에 세력다툼이 격화했다. 이 와중에 일본과 인도는 2011년에 미국과 러시아를 동아시아정상회의에 초청했다. 이는 중국의 독주를 견제하기 위해 취해졌다. 이렇게 18개국으로 확대된 EAS는 더욱 더 동아시아의 정체성을 흐리는 결과를 초래했다. 2012년 11월에 중국은 미국을 제외한 16개 국가들로 구성될 역내포괄적지역동반자협정(RCEP: The Regional Comprehensive Economic Partnership)계획을 제안했다. 이처럼 중국, 일본 및 미국은 동아시아 공동체에 대해 동상이몽을 표출시켰다. 이처럼 각기 다른 꿈들의 초점은 미국을 동아시아 공동체에 포함시키느냐 마느냐의 문제에 집중했다.

ASEAN, APT, EAS, RCEP 및 AEC는 모두 미국을 제외한 아시아국가들만으로 공동체를 구성하자는 모임이다. 처음부터 ASEAN은 자신이 공동체의 “중심”이 되어 “운전석”을 차지해야 한다는 입장을 취했다. 실제로 ASEAN은 아시아에서 가장 성공적인 소지역을 형성했다. ASEAN은 이 업적을 달성하기 위해 특이하게 비공식이고 비대결적인 “아세안 방법”으로 합의를 도출해 자신의 끈기를 과시했다. 그러나 경제협력을 촉진하는데 지금까지 ASEAN이 성취한 것은 역내에서 무역과 투자를 증대했지만 아직도 관세동맹을 달성하지 못하고 있다. 안보분야에서 ASEAN은 ASEAN 지역포럼(ARF)을 개시해 미국, 중국, 일본, 러시아 및 인도 등 강대국들에게 유익한 대화의 장을 마련했다. 여기서 그들은 아시아문제뿐만 아니라 기타지역의 위기에 대해서도 실질적 협의를 실시했다.

ASEAN 회원국들은 중국, 일본 및 한국과 양자자유무역협정을 추진하면서 동시에 아세안공동체(AEC)에 관한 협상을 가속화해 2015년에 완성했다. 이 지역공동체는 6억 명의 인구와 2.3조 달러의 GDP를 가진 집단이다. 그러나 이 집단은 단일 시장이 아니다. 그 회원국들의 최우선과제는 국내에서 자신들의 민족국가를 강화하는 일이다. 경제통합에서도 2009－2013년에 그들이 역내에서 실시한 무역은 전체 무역의 24%에 불과했다. 오히려 그들은 일본, 한국 및 중국과 같은 동북아국가들과 더 많은 경제적 보완관계를 유지하고 있다. 그들은 원자재를 수출하고 동북아국가들은 제조품을 수출하기 때문이다. 그들의 대부분은 국내 경제 및 지방조건들의 제약을 받아 RCEP와 같이 낮은 수준의 경제협력을 선호하고 상충하는 관세표준과 법적 제도를 조화하지 못하고 있다.

RCEP는 APT와 인도, 호주 및 뉴질랜드를 포함하고 미국과 러시아를 제외한 집단이다. 이 집단은 사실 순수한 동아시아국가들이외의 국가도 포함시켜 열린 지역주의를 옹호했다. 트럼프가 TPP를 포기한 뒤 중국이 자유무역의 중요성을 역설하면서 RCEP에 대한 협상을 가속화하는 데 리더십을 행사했다. 세계인구의 49%, GDP의 29.5%를 포함한 이 집단이 완성되면 중국중심의 거대한 영향권을 형성한다. 2019년에 이 협상이 완성되었으나 인도는 국내경제문제로 농산품의 개방이 어려운 사정으로 동참을 보류했다. 2020년부터 나머지 15개국들이 그것을 조인한 뒤에 이 협정은 이행될 것이다.

동북아시아에서는 일본, 중국 및 한국이 1999년에 3국 정상회담을 시작했다. 이 회담의 제5차 회의를 개최한 직후 2012년 말에 아베 신조가 일본의 총리로 선출된 후 중지되었다. 2012－2013년에 이들 3국은 그들 간의 자유무역협정에 대한 협상을 개시했으나 2013년 12월 아베가 야스쿠니 신사를 공식적으로 방문한 뒤 중단되고 말았다. 2015년 3월에 3국의 외교장관들이 서울에서 회담하고 3국 정상회담을 재개하기로 합의했다. 이와 같이 역사 및 영토분쟁은 동북아의 지역협력을 가로막는 원인이 되었다.

(2) 동아시아 질서에 대한 중국 꿈: RCEP, Asian Security Architecture for Asians, East Asian Sea Air Defense Identification Zone(ADIZ), AIIB

일본과 중국이 상호 간에 세력경쟁을 개시하자 중국은 동아시아에서 중화질서를 회복해 궁극적으로는 지역헤게모니를 장악할 꿈을 공개했다. 중국의 구상은 그동안 ASEAN이 추구했던 동아시아 공동체에서 미국을 제외한 데서 분명해졌다. 이 움직임을 억지하기 위해 일본은 2011년에 개최되었던 EAS에 미국을 참가시켰다. 중국은 미국이 주도했던 TPP를 반대하고 RCEP를 지지했다. 이러한 중국에 대해 싱가포르의 전 총리 리콴유는 중국은 중국이기를 원하며 미국과 서방의 명예회원이 되는 것은 거부했다고 평가했다. 2013년에 시진핑이 오바마와의 정상회담에서 "신형 강대국관계"를 제의했을 때 중국꿈을 언급했다. 그가 고취했던 "중국민족의 중흥"은 고대부터 중국 자신이 천하의 중심이라는 "중국제국근성"(middle kingdom mentality)을 그대로 반영한 것이다. 이처럼 중화질서를 회복하려는 기도는 시진핑이 제안했던 "아시아인들에 의한 아시아를 위한 안보건축," ADIZ, 5000억 달러 기금의 AIIB, 400억 달러를 요하는 중앙아시아의 새 실크로드, 200억 달러로 동남아를 개발하겠다는 새 해양실크로드계획에서 잘 나타났다. 이 야심적 경제계획은 10년간에 2.5조 달러의 무역과 투자를 창출할 "一帶

一路”구상(One Belt, One Road Initiative)에서 더욱 구체화되었다.

AIIB는 동아시아 공동체에 대한 중국의 구상을 가장 선명하게 반영했다. 이는 미국이 주도했던 브레튼 우즈체제에 대한 대안이라기보다는 중국이 별도로 취한 하나의 평행적 행동이다. 2014년 4월에 중국과 기타 20개국, ASEAN 10개국 중 인도네시아를 제외한 모든 국가들이 이 은행을 출범하는 각서를 조인했다. 2015년 4월에 미국과 일본은 참가하지 않았고 기타 서방국들과 한국을 포함한 57개국들이 이 은행에 가입했다. 이 거대한 은행은 미국이 주도하는 ADB, 세계은행, IMF에 대한 평행적 기구다. 중국은 ADB에서 6.47%, 세계은행에서 5.17%, IMF에서 3.81%의 지분을 갖고 있다. 중국은 AIIB에서는 26.06% 지분을 갖고 한국은 3.37%를 가졌다. 중국은 2015년에 상하이에서 출범한 BRICS의 신개발은행의 기금 1000억 달러 중 410억 달러를 충당했다. 브라질, 인도 및 러시아는 각기 180억 달러를, 남아공은 50억 달러를 충당했다. 중국은 4조 달러 외환을 보유한 세계 최대 채권국으로 부상해 최후수단의 세계적 대여자가 되었다. 2015년의 보아포럼에서 시진핑은 대국이 된 중국은 동아시아지역을 위해 더 큰 책임을 지겠다고 다짐했다.

중국은 동아시아에서 지역헤게모니를 지향한 중국 꿈을 실현하기 위해 미국이 그 주변부에 접근을 방지할 수 있는 군사력을 대폭 강화했다. 2015년에 베이징이 발표한 군사전략백서는 인민해방군이 남지나해에서 이미 건설한 7개의 인공섬들을 넘어서 태평양에 해군력을 투사할 계획을 담고 있다. 동북아시아에서 중국은 일본의 센가쿠/댜오위다오 근해에 해군을 파견했다. 중국은 한국의 사드미사일 도입을 반대해 내정간섭도 서슴지 않았다. 중국이 RCEP와 아태자유무역협정(FTAAP)을 적극 추진하는 것은 동아시아에서 미국 대신에 자신이 헤게모니를 회복하려는 대전략의 중요한 부분이다. 중국은 2021년 9월에 갑자기 일본이 주도했던 CPTTP에 가입하겠다고 발표했다. 중국이 가입하려면 이 협정을 조인한 11개국 모두가 동의해야 한다. 이에 필요한 협상을 완수하는 것은 결코 쉽지 않을 것이다.

(3) 일본의 아-태공동체 지지: CEPA, AEC, TPP, CPTTP

일본은 1997년에 아시아통화기금(Asian Monetary Fund)의 수립을 제안했으나 IMF를 약화시킬 우려를 표시한 미국의 반대로 실현하지 못했다. 2006년에 일본은 무역과 에너지 협력을 포함한 포괄적 경제동반자협정(CEPA)을 제안했다. 이 안은 동아시아정상회담에 인도, 호주 및 뉴질랜드를 초청해 중국의 영향력을 견제하는 기도의 일환이었다. 2007년에 아베총리는 민주주의 국가 미국, 호주 및 인도와 "자유롭고 열린 아태지역협력"을 위한 비공식 대화(Quad)를 출범시켰다. 2009년에 일본에서 민주당이 정권을 장악했을 때 하토야마 유키오 총리는 투명성과 우애에 근거한 다소 애매모호한 동아시아 공동체제안을 발표했다. 여기에 미국을 참가시킬 것인지가 분명하지 않았다. 2013년에 일본의 대중국관계가 악화되자 아베 총리는 **TPP**협상에 동참하기로 결정하고 그것을 경제 재건을 위해 기획한 "세 화살"의 하나로 추진했다. 2015년에 그는 오바마와의 정상회담에서 TPP에 대한 일본의 확고한 공약을 표시했다. 그는 중국이 주도한 AIIB와 경쟁하기 위해 ABD와 협력하면서 일본이 1100억 달러를 제공할 계획을 밝혔다. 2015년 7월에 일본은 이 계획의 일환으로 메콩강 지역개발을 지원하기 위해 캄보디아, 라오스, 미얀마, 태국 및 베트남에게 61억 달러를 원조를 약속했다.

트럼프가 TPP를 포기한 뒤 일본은 미국의 참여 없이 미국 이외의 11개국들과 이 협정을 타결하는 데 리더십을 발휘했다. 아베의 저돌적인 리더십과 수완이 성공해 2018년 12월 30일에 이 협정은 **CPTPP**(Comprehensive and Progressive Agreement for TPP)로 개명해 발효했다. 이 새 협정은 TPP와 큰 차이가 없이 자유무역의 중요성을 강조했다. 그는 트럼프에게 TPP를 수용할 것을 간청했으나 거부당했다. 바이든은 의회의 지지가 미비하다는 이유로 이 협정에 동참하지 않았다. 지역안보에 대해서도 아베는 2013년부터 미국, 호주 및 인도와 함께 "자유롭고 개방된 인도-태평양"을 추구하는 대화를 실시했다. 이 네 나라들은 비공식대화를 격상해 기술교환과 군사연습을 실시했다. 2018년에 미중관계가 더욱 긴장되자 트럼프도 이 구상을 수용해 일본과 협력했다. 이렇게 일본은 미국과 동맹을 강화하면서 동시에 아태지역의 통합노력에서 선도적 리더십을 발휘해 일본의 정치적 위상을 높였다. 2021년부터 기시다 총리는 아베의 유산을 계승해 더욱 더 적극적으로 미국과 안보협력을 추진했다.

(4) 미국의 태평양공동체 추진: APEC, TPP, 인도-태평양경제프레임워크(IPEF)

1989년에 미국은 호주와 함께 태평양 공동체를 추진하기 위해 21개국으로 구성된 APEC을 출범시켰다. 그 후 이 기구가 무역협력에서 뚜렷한 업적을 내지 못하자 2011년에 오바마는 세계시장에서 미국의 경쟁력을 회복하고 아시아에 대한 전략적 공약을 갱신하기 위해 TPP협상에서 리더십을 발휘했다. 이 협상에 12개 국가들(미국, 일본, 호주, 캐나다, 브루나이, 칠레, 말레이시아, 멕시코, 뉴질랜드, 페루, 싱가포르, 베트남)이 참가했다. 이 협정은 RCEP와 달리 단순히 상품 무역만이 아니라 WTO가 다루지 못했던 농산품 및 서비스와 함께 해외투자, 지적 재산권, 국내규제, 노동환경, 국유기업 및 정부구매와 같은 매우 민감한 부문도 포함했다. 미국은 이 협정을 "21세기 FTA" 또는 "WTO plus approach"라고 추켜올렸다. 이 협정은 참여국들 간에 규제표준을 조화할 것을 지향함으로서 세계적 규칙과 규범으로 발전할 잠재력을 가졌다. 이 협정이 효력을 발생하면 7억 9천 2백만 명의 인구, 세계GDP의 40%, 세계무역의 절반을 차지해 최대의 무역권을 달성한다. 2015년 연두교서에서 오바마는 중국이 세계의 무역규칙을 정하는 것을 그대로 방치해서는 안 될 것이라고 하면서 신속히 TPP를 완결하겠다고 다짐했다. 그는 10월에 이 협상을 완결해 약속을 지켰다. 트럼프는 2017년 취임사에서 TPP의 파기를 선언했다. 무엇보다도 이 행위는 아태지역에서 미국에 대한 신뢰를 손상했을 뿐 아니라 미국 자신의 영향력을 감축했다. 그런데도 이 다자협정을 외면하면서 트럼프는 한국과 맺었던 FTA를 재협상했고 2019년에 일본과도 양자무역협정을 체결했다. 트럼프가 취했던 이러한 결정은 아태지역에서 다자협력에 대한 지도자공백을 초래해 중국이 지도력과 세력을 확대할 수 있는 공간을 제공해 주었다. 이러한 우려를 불식하기 위해 그는 2018년에 부터 일본이 주도해 왔던 인도-태평양구상에 동참했다.

2021년에 집권한 바이든은 트럼프와 달리 다자협력을 중시해 인도-태평양경제협력을 추구했다. 그는 아베가 시작했던 4자대화, 쿼드를 공식화해 군사협력을 논의하기 시작했다. 2022년에 그는 태평양에서 중국의 패권기도를 억지하기 위해 "자유롭고 열린 인도-태평양"협력계획을 수립했다. 5월 11일에 그는 "인도-태평양 전략"을 발표해 자유 및 개방, 연결, 번영, 안보, 회복성이라는 원칙을 강조했다. 5월 13일에 그는 백악관에서 아세안국가들과 정상회담을 개최했다. 5월 23일에 그는 일본을 방문해 동경에서 쿼드 정상회담에 참가했을 때 "인도-태평양 경제프레임워크"(Indo-Pacific Economic Framework—IPEF)를 제시했다. 그는 이 구상을 "21세기를 위한 새로운 규칙"이라 하면서 공정하고 탄력 있는 무역, 공급망, 회복력, 인프라, 조세 및 부패 반대에 대한 협력을 강조했다. IPEF의 핵심내용은 중국을 봉쇄하기 위해 규칙과 규범에 기초한 기술 및 공급망 동맹을 구축하는 것이다. 미국 이외에 이 제안에 동참한 국가들은 13개국(Australia, Brunei, India, Indonesia, Fiji, Japan, South Korea, Malaysia, New Zealand, the Philippine, Singapore, Thailand, Vietnam)이다. 중국, 캄보디아, 라오스, 미얀마는 가담하지 않았다. 미국이 주도한 이 조직은 세계 GDP의 40.9%를 차지해 30%를 차지하는 중국주도의 RCEP를 압도한다. 2023년 5월에 IPEF의 장관회의는 중국이 희토류 등 중요한 자원수출을 금지할 경우에 회원국들의 자원 공급망을 보호한다는 새로운 협정을 채택했다. 이 협정의 주목적은 중국의 경제적 보복에 대해 회원국들의 반도체 공급망을 방어하는 것이다. 이처럼 동아시아의 지역협력에 대해서도 미국과 중국은 패권경쟁을 치열하게 전개하고 있다.

4. 추진요소들의 결여

동아시아 공동체가 실현되지 못하고 있는 주 이유는 공동체를 추진하는 요소들이 결여하고 있기 때문이다. 동아시아 공동체에 대해 현재 경쟁하고 있는 조직들은 그동안 미국과 중국이 전개해 온 전략적 경쟁을 그대로 반영했다. 동아시아에서 상승하고 있는 민족주의도 경제적 통합이 정치적 협력으로 파급하는 것을 어렵게 만들었다. 경제협력과 안보갈등이 공존하는 이 "아시아 패러독스"의 뿌리에는 미국과 중국, 일본과 중국 간에 존재하는 안보딜레마다. 현재 지속하고 있는 동아시아의 공동체조직들은 상호 간에 중복되어 유동적인 FTA 수준에 머물고 있다. 이러한 협상은 매우 복잡한 원산지규칙과 상이한 관세율을 내포해 단일시장은 고사하고 관세동맹에도 못 미치는 것이다. 이렇게 얽히고 뒤엉킨 "스파게티 사발"

에는 국가 간의 갈등을 초월한다는 목적의식과 공동체를 밀어붙이는 리더십 및 의지를 찾아 볼 수 없다.

우선 동아시아 공동체의 목적에 대한 합의가 존재하지 않는다. 어느 나라가 회원이 되어야 하며 그들이 공유하는 정체성도 없다. 대부분의 아시아인들은 아시아인이라는 정체성이나 공통적 책임감을 갖고 있지 않다. 영토 및 역사분쟁은 아마도 가장 중요한 장애물로 남을 것이다. 이 결과 전쟁가능성이 존재하는 한 한 동아시아국가들은 현재의 경제적 협력을 넘어서 정치 및 안보협력으로 승격하기는 어려울 것이다. 안보위협이 계속하는 가운데 조약이나 합의에 근거한 공동체를 달성하기는 더더욱 어렵다. 가장 중요한 사실은 중국, 일본 및 한국에서 상승하고 있는 배타적 민족주의가 집단행동을 어렵게 만든다는 것이다. 중국과 일본에는 서로 다른 민족주의가 일어나고 있다. 중국에서는 **적극적 민족주의**(assertive nationalism)가, 일본에서는 **상처받은 민족주의**(wounded nationalism)가 나타나고 있다. 시진핑은 자기 권력을 공고히 하고 중화민족의 중흥을 이루자는 "중국꿈"을 실현하기 위해 적극적인 중화민족주의를 고취하고 있다. 그는 남지나해와 동지나해에 인접한 국가들이 중국을 존경하고 중국문화를 부러워하게끔 중국의 힘을 과시해 아시아인들의 지지를 동원하고 있다. 이러한 행동은 특히 젊은 세대의 인기를 모으고 있다. 그는 유교가 설파한 전통적 가치가 서방의 민주주의 및 법치에 못지않게 귀중하다고 강조했다.

중국이 이 적극적 민족주의를 주장하면 할수록 일본은 20년간 지속된 긴 불황에 대한 하나의 집단적 자위행동으로 상처받은 민족주의를 표출했다. 아베는 침체된 경제를 부활하는데 필요한 "동물 정신"을 되살리기 위해 복고주의적인 상처받은 민족주의에 호소했다. 이러한 민족주의는 일본인들이 잃어버렸던 자신감을 되찾고 대중의 지지를 결집하기 위해 고취되었다. 일부 극우파 정치인들은 심지어 수정주의 역사관을 표시해 제2차 세계대전 시에 일본이 서방국가들과 크게 다른 행동을 취하지 않았다고 우겼다. 이러한 논지를 펴면서 그들은 전쟁 중에 일본이 저질렀던 악행까지 부인하고 나아가서 교과서와 언론에서 "올바른" 역사를 가르쳐야 한다고 주장했다. 이 태도는 메르켈이 독일은 과거사를 직시했기 때문에 프랑스와 화해할 수 있었다고 말한 것과 큰 대조를 이루었다. 일본이 수정주의역사관을 고집하면 할수록 한국과 중국은 더 거세진 반일감정을 갖게 되었다. 이 악순환이 계속한다면 예기치 않았던 우발적 사건도 일어날 수 있다. 2015년에 아베는 피해자를 분명히 밝히지 않으면서 과거침략에 대해 사죄한다는 성명을 발표했다. 이 직후에 한국과 일본은 위안부문제에 대한 합의를 이루었고 양국관계를 정상화하기 시작했다. 2019년에 문재인은 이 합의를 부정하자 한일관계는 최악상태에 도달했다. 한편 국내 및 국제정치에서 괄목할 업적을 과시한 아베 총리는 일본을 미국 및 중국에 버금하는 강대국으로 격상했다. 이제 일본도 자신감을 회복해 적극적인 민족주의를 표출하기 시작했다. 이러한 민족주의는 아직도 저항적인 한국의 상처받은 민족주의와 정면충돌한다.

2023년의 동아시아에서는 일찍이 1978년에 역사 및 영토문제는 후세대에 맡겨 두고 현재 시급히 필요한 공동개발을 추진하자고 했던 덩샤오핑과 같이 역사의 흐름을 바꿀 수 있는 변혁적 리더십이 거의 없는 상태다. 또 하나 중요한 현실은 미중 및 일중경쟁이 치열한 상황에서 미국의 지지 없이 동아시아국가들이 자율적으로 공동체를 완성하기는 쉬운 일이 아니다. 유럽과 달리 집단방어기구가 없는 동아시아에서는 미국이 균형자역할을 계속해야 평화와 안정이 유지될 것이다.

5. 동아시아 공동체에 대한 전망

동아시아에서 미국과 중국, 일본과 중국 및 한국과 일본 간, 남지나해 및 동지나해에서 일고 있는 갈등을 고려할 때 공동체에 대한 전망은 그리 밝지 않다. 이 지역에서 상승하고 있는 극렬한 민족주의는 일본과 중국, 한국과 일본 간에 근본적인 화해를 이루는 것을 어렵게 만들고 있다. 세 가지 결론을 조심스럽게 시도해 본다. 첫째, 단기적으로 일본이 주도하는 CPTTP, 중국이 주도하는 RCEP, 미국이 주도하는 IPEF가 공존하면서 경쟁할 것이다. 둘째, 장기적으로 동아시아 공동체는 일본과 중국이 역사 및 영토분쟁에 대해 근본적 화해를 달성한다면 실현될 수 있을 것이다. 진실로 미래지향적인 지도자들이 권력을 장악해 강력한 리더십을 발휘하지 않는 한 이 과정은 오래 걸릴 것이다. 셋째, 미국은 인도-태평양지역에서 균형자 및 안정자로 남아 있어야 할 것이다. 넷째, 하나의 중진국 한국은 미국과 중국 및 일본과 중국 간에 다리를 놓는 외교를 수행해야 할 것이다.

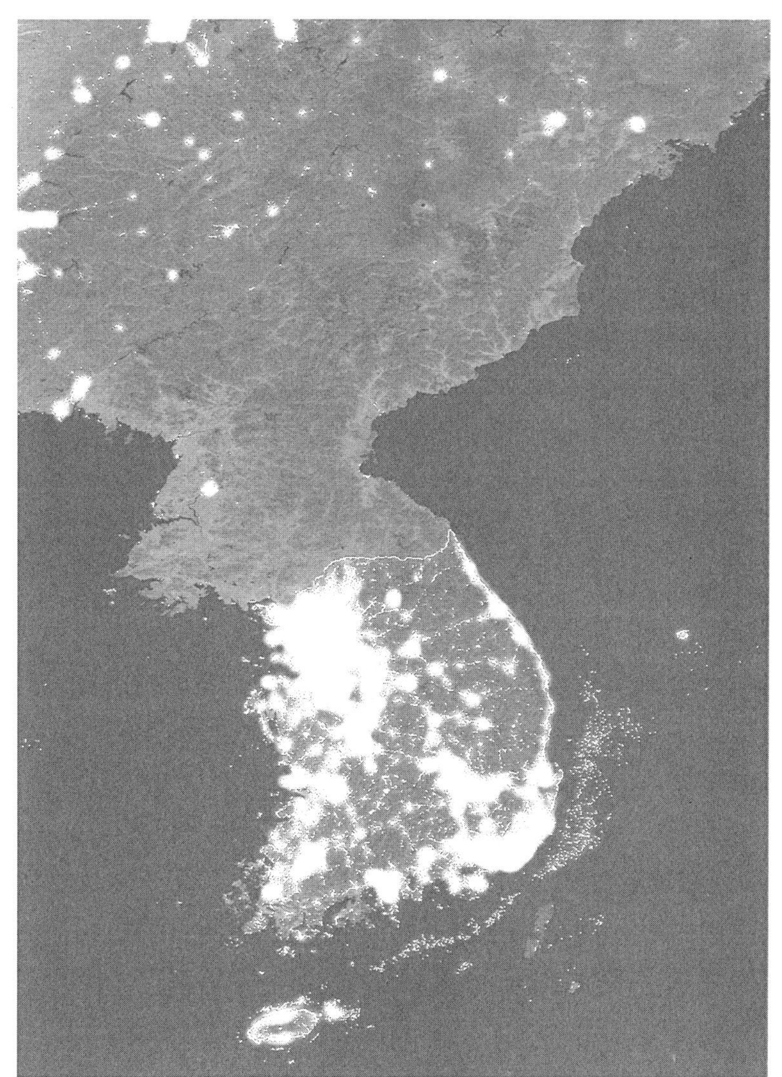

제3부

한반도는 어디로 가는가?
양단된 현상유지 또는 통일된 민족국가로?

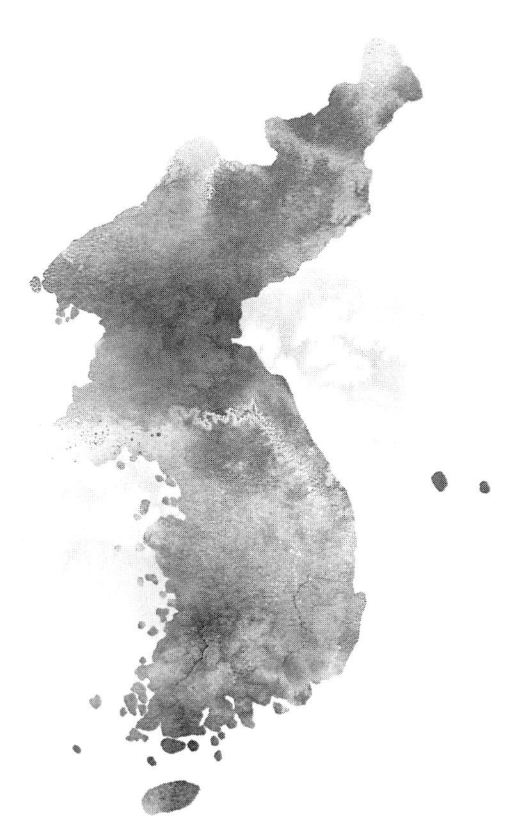

세계적 헤게모니 국가가 없는 21세기 국제정치와 미중갈등이 격화하고 있는 동아시아에서 한반도는 어디로 가는가? 국제정치의 중심이 동아시아로 이전한 뒤 부상하고 있는 미중갈등과 일중갈등이 한반도에 어떠한 영향을 끼칠까? 19세기와 20세기에 한반도의 운명은 어떻게 결정되었는가? 냉전기와 그 후에 남한과 북한은 어떻게 발전해 왔는가? 더 구체적으로 미중갈등이 남북관계 및 통일과 북한핵문제에 미치는 영향은 무엇인가? 미중갈등이 고조되고 북한핵문제가 더 심각한 상황에서 한국이 가야할 길은 어떠한 것이어야 할까? 이러한 문제들을 풀기 위해서는 한반도가 겪어 왔던 역사를 살펴 보아야 한다.

한반도는 과거 수세기 동안 강대국들의 그늘에 놓여 있었다. 지정학적으로 한반도는 중국, 일본, 러시아 및 미국세력이 교차하는 전략적 요충지다. 사실 하나의 민족이 두 국가로 양단된 현재의 한반도도 강대국들 간에 일어났던 갈등의 산물이다. 갈등이 여전히 지속되고 있는 상황에서 한반도는 어디로 가고 있는가가 다시 절실해지고 있다. 16세기에서 1895년까지 한반도는 중화질서 속에 속해 있었다. 조선은 19세기부터 일본, 러시아 등 열강들이 전개한 강대국정치의 급류에서 현대화를 성취하려고 노력했다. 이 급류에서 일본이 먼저 헤쳐 나와 현대화를 수행했으나 중국과 조선은 헤쳐 나오지 못해 현대화에 실패해 떠내려 갔다. 19세기에 조선은 대체로 중국이 겪었던 경험과 비슷하게 현대화를 달성하지 못했다. 그 결과 서양열강 및 일본의 강대국정치에서 주권을 상실했다. 1895년에 일본이 청나라와의 전쟁에서 승리한 뒤 조선은 일본중심질서 속에 편입되었다. 1945년에 미국이 태평양전쟁에서 일본에 승리하자 한반도는 미국 중심질서에 통합되었다. 2008년부터 한반도는 미중 간의 패권력경쟁에 서서히 말려들기 시작했다.

제2차 세계대전 직후 미국, 영국, 러시아 및 중국은 자기들 각자의 국가이익에 유리한 방향으로 대한반도정책을 추진했다. 한반도에서는 정치적 내분이 일어나 한국인들은 하나로 결속된 민족주의와 현대화를 달성하지 못했다. 미국과 소련은 한반도에서 우선 일본군의 항복을 받아내기 위해 남북으로 나누어 점령했고 결국 이것이 1948년에 남북에 두 정부를 수립하는 계기가 되었다. 이 결과 한반도에는 하나의 민족 중에 두 개의 국가가 수립되었다. 1950년에 북한은 남한을 침범해 한국전쟁을 일으켰다. 1953년에 남북 간에 정전협정이 체결되었지만 양측은 군사적으로 대치해 전쟁상태를 계속했다.

남한은 성공적인 산업화와 민주화를 달성해 중견국가로 부상했다. 북한은 군사적 현대화를 이루어 핵무기를 개발한 병영국가로 변신해 3대세습에 의한 1인독재 체제를 유지했다. 북한의 핵무장은 남북화해에 가장 큰 장애물이 되어 한반도 문제를 국제화했다. 미국, 일본, 중국 및 러시아는 기본적으로 한반도의 현상유지를 선호한다. 북한핵문제가 상존하는 한 남북관계는 큰 진전을 이루기 어렵고 화해와 통일은 요원해질 것이다. 궁극적으로 북한의 정치체제에 근본적인 변혁이 일어날 때 한반도의 평화와 통일의 길이 열릴 것이다. 역사적으로 지금까지 한반도가 겪어 온 긴 과정의 중요한 윤곽만을 아래에 간추려 본다.

제31장

중화질서에서의 한반도와 조선의 현대화(1500-1895)

한반도는 역사적으로 거의 천 년간 중국의 영향권에 속해 중국의 문화, 정치 및 사고의 영향을 엄청나게 많이 받았다. 고대의 한반도에서 생성되었던 민족의 기원에 대해서는 여러 가지 설이 있다. 그중에서 지배적인 설은 한반도의 원 민족은 시베리아 등 북부지방에서 형성되어 한반도에 이동했다는 것이다. 최근에 새롭게 제시된 하나의 설은 기원전 2세기에 고조선이 해체되기 이전에 이미 한반도에서 "한"민족이 자생적으로 형성되었다는 것이다(신용하, *한국민족의 기원과 형성 연구*, 2017). 6세기 이전의 3국 시대에 고구려(37BC－668)는 만주와 시베리아까지 통치했던 **강대국**이었다. 그런데도 2000년대 초에 중국당국은 "東北工程"이라는 역사재평가사업을 실시해 고구려는 고대중국의 한 지방 국가라고 주장했다. 이 "공정"은 미래에 한반도가 통일될 때 중국에 거주해 온 조선족들의 정체성이 통일된 민족국가로 이전할 가능성을 사전에 방지하기 위해서 시도한 것이다.

역사적으로 중국은 漢朝(202BC－AD220) 때부터 華夷思想을 시작해 한족 이외의 소수민족들을 夷(오랑캐)로 불렀고 한반도에 형성되었던 국가들을 東夷로 다루었다. 한반도에서 신라(57BC－935)는 668년에 고구려와 백제(18BC－668)를 제압해 한반도에서 처음으로 통일된 국가를 완성했다. 이때부터 한국어가 공통어로 발전되었을 것이다. 이 신라가 과감한 개방정책을 실시해 중국에서 불교와 유교를 수입해 찬란한 문화를 발전시켰다. 신라도 부족국가의 형태를 크게 벗어나지 않았다. 918년에 고려(918－1392)가 탄생해 비로소 현재의 한반도에 가까운 영토를 차지했다. 이 때문에 서양에서는 고려를 "*Corea*"라 불렀고 그 뒤에 "Korea"로 변천했다. 고려 말에 명나라에서 주자학이 전파되어 통치이념으로 작용해 조선은 중화질서 속에서 중국이외의 국가에 대해서는 쇄국정책을 고수했다.

1. 조선의 쇄국정책(1393-1800)

1393년에 이성계가 군사력으로 고려를 제압한 쿠데타에 성공해 조선(1393－1910)왕조를 시작했다. 이때부터 조선은 여전히 중화질서 속에 남았다. 조선은 대내적으로는 주자학을 통치이념으로 숭상했고 대외적으로는 쇄국정책을 고수했다. 1644년에 명나라가 와해하고 청나라가 수립된 뒤에도 조선은 명나라에서 도입했던 주자학의 가르침을 그대로 추종했다. 18세기의 조선에서는 정약용과 같은 일부학자들이 주자학에서 탈피해 고유한 조선문화를 강조한 **實學**을 발전시키려고 기도했다. 이 새로운 학풍은 조선에서 자주적인 정체성을 가진 학문을 새롭게 모색했던 움직임이다. 그런데도 그들의 노력은 實事求是정신에 입각해 당시 조선의 현실을 개혁하기 위해 주자학을 경험적으로 해석하는 데 치중했다. 결국 이 실학자들도 주자학의 범주 안에 머물면서 중화질서를 완전히 벗어나지는 못했다(박충석, *한국정치사상사*, 제2판, 2010). 이 결과 조선은 중국의 *텐샤*(天下), 즉 중화질서에 귀속해서 자기 나라, 즉 조선이라는 국가가 독립해 주권을 행사한다는 인식을 갖지 못했다. 이 결과 17세기부터 서구국가들과 일본이 중국과 별도로 조선과 외교 관계수립을 요구했을 때 조선은 이를 거부해 철저한 쇄국정책을 고수했다. 이 결과 조선은 독자적 주권을 행사하는 현대 민족국가로 발전할 기회를 스스로 포기했다.

조선의 국제관계는 매년 3차례의 조공사절단을 중국조정에 보내어 예를 갱신하는 것이 전부였다. 조선이 이러한 중화질서의 예를 준수해 명나라의 우위를 존경하는 한 명나라는 내정에 극심한 간섭은 피했다. 당시 조선의 조정에서는 선비들이 주자학에 푹 빠져서 당파싸움을 계속했다. 그들은 바깥세계가 어떻게 돌아가고 있는가에 대해서는 별로 관심을 두지 않아 한반도주변의 강대국인 일본과 중국이 어떻게 변하고 있는지를 잘 파악하지 못했다. 조선은 명나라, 청나라 및 일본의 침범을 억지하고 자기영토와 주권을 스스로 방어하는데 필요한 군살사력 배양을 게을리 했다. 이 결과 어떤 일이 일어났는지는 임진왜란과 병자호란에서 잘 나타났다.

(1) 임진왜란

1592년부터 1598년까지 조선과 일본 간에 계속되었던 임진왜란은 일본이 중화질서에 도전하기 위해 먼저 조선을 침범해 일어났던 전쟁이다. 사실 이 전쟁은 새로 통일된 일본이 당시 동아시아의 강대국이었던 명나라를 제압하기 위해 시도한 패권전쟁이다. 실제로 일본은 명을 치러하니 길을 내라(征明假道)는 입장을 표시했다. 당시 조선의 왕 선조는 이 전쟁의 가능성을 예측하지 못했으며 그의 신하들은 서인과 동인으로 분열해 붕당정치를 벌리고 있었다. 이 와중에도 율곡, 이순신과 류성룡은 국방을 보강하기 위해 10만 명의 양병을 제안했으나 선조는 이를 받아들이지 않았다. 이 엄청난 군사적 침략을 당한 후에도 선조는 자력에 의해 조선을 방어하지 못해 명나라에게 군대지원을 요청해 조선의 안보를 유지했다.

일본의 도요토미 히데요시(豊臣秀吉)는 120년간 분열되었던 전국시대의 일본을 통일한 후 동아시아패권을 장악하기 위해 명나라를 점령하기 전에 그 길목인 조선을 먼저 침략했다. 1585년에 이미 도요토미 히데요시는 중국침략계획을 수립했다. 1587년 2월에 왜구 5척이 순죽도 앞바다에 나타났을 때 조선군은 전의를 상실했다. 당시 지방 관리들은 이 사실을 은폐해 조정에 보고하지 않았다. 1591년에 부산포 앞바다에 약 15만 8천여 명의 일본군이 상륙해 진군했을 때 저항했던 조선군은 거의 전멸 당했다. 그 즉후 일본군이 한양(서울)에 근접해 왔을 때 조정에서는 한양을 포기하느냐 마느냐 문제에 대해 격론이 벌어졌으나 합의를 이루지 못했다. 일본군은 일주일 만에 한양을 함락시켰다. 일본군은 이미 1543년에 포르투갈에서 도입했던 조총으로 공격했고 조선군은 여전히 죽창과 활로 싸웠으나 일본이 압승했다. 이 긴박한 와중에도 선조는 수도와 백성을 버리고 명나라를 향해 의주로 야반도주했다.

이 전쟁이 조선에서 얼마나 참혹한 파괴와 희생자들을 초래했는지는 당시 영의정으로서 도망가는 임금 선조를 보필했던 柳成龍이 그의 저서 *懲毖錄*에서 생생하게 서술했다. 류성룡은 이 책에서 조선이 외부에서 오는 전쟁에 미리 대비하지 않았던 것이 임진왜란이 주원인이라고 지적했다. 그는 후세에 다시는 이러한 참변이 일어나지 않도록 미리 대비할 것을 주문한 저서 *징비록*(미리 경계하여 후환을 경계하다)을 남겼다(김기택, 임홍빈, 유성룡원작, *징비록*, 2015). 당시 이 책은 일본에서 먼저 번역해 읽혀졌으나 조선에서는 그 출판을 금했다. 당시 이 전쟁이 긴박하게 전개되고 있었는데도 선조는 조선을 이탈해 명나라영토 요동으로 귀순하기를 원했으나 유성룡의 간곡한 만류로 포기했다. 선조가 한양에서 도주해 평안도의 안주에 도착했을 때 명나라의 장수 유원외는 그에게 이런 말을 했다고 한다: "귀국은 고구려 때부터 강국이라 일컬었는데 근래에 선비와 서민이 농사와 독서에만 치중한 탓으로 이와 같은 반란을 초래한 것이다"(박종인의 땅의 역사," *조선일보*, 2017. 8. 17). 이 전쟁의 와중에서 선조는 차남 광해군을 세자로 책봉했다. 조선은 명나라로부터 5만 여명의 지원군을 받아 제1차전에서 일본군을 격퇴했다.

1592년과 1593년에 명나라는 일본과 종전협상을 실시했다. 명나라의 심유경(沈惟敬)과 일본의 고니시 유키나까(小西 行長)가 직접 협상을 실시해 일본이 명나라에 조공을 바치고 명나라는 히데요시를 왕으로 책봉한다는 내용의 합의를 이루었다. 이때 심유경과 고니시는 이 사실을 조정에 알리지 않고 은폐하려고 시도했다가 나중에 탄로되어 종전협상은 무산되었다. 여기서 중요한 사실은 명나라와 일본은 당시 조선8도를 양분해 남쪽4도는 일본이 지배한다는 내용이 논의되었던 것이다. 이처럼 국가의 운명을 좌우하는 협상에서 선조는 제외되어 조선의 주권을 행사하지 못했다. 이 현상은 오늘날 한국 언론에서 거론하는 "Korea passing"에 해당한다. 당시 선조는 이러한 주권인식을 갖지 않았다.

1597년에 도요토미는 제2차 공격을 개시해 130여 척의 함정들을 조선근해에 파견했다. 이 전쟁이 재발했는데도 조선의 조정에는 동인과 서인사이에 사색당쟁을 계속했다. 이 와중에서 류성룡은 이순신을 유일한 희망으로 보고 그를 발탁해 파격적으로 6계급 진급해 삼도수군통제사로 천거했다. 이순신은 복직했으나 경상우수영 원균의 모함에 의해 관직에서 다시 해임되었다. 일부 유림들은 선조에게 이순신을 죽이라고 간청했다. 이처럼 험한 분위기에서도 당시 영의정 이원익은 전쟁 중에 총사령관을 해임하는 것은 정도에 어긋나는 것이라고 주장하면서 이순신의 유임을 요청했다. 선조는 이 청을 받아들여 이순신을 수군통제사로 복직시켰다(송복, *류성룡, 나라를 만들 때가 되었나이다*, 2015). 복직한 이순신은 강력한 의지로 탁월한 군사전략을 구사했다. 그는 세계최초의 철갑선 "거북선"을 배치해 일본군함을 격퇴시켰다. 특히 명량 해전에서 그는 133척의 일본군함들을 물살이 빠른 만안으로 유인해 단지 12척으로 31척의 일본함정들을 격파했다.

1598년 9월에 도요토미가 사망하자 일본은 이 사실을 비밀로 숨기고 있다가 결국 조선에서 일본군을 철수했다. 이때부터 일본에서는 새 지도자 도쿠가와 이에야스(德川家康)가 권력을 장악해 막부체제를 출범했다. 도쿠가와는 조선과의 관계를 개선하려고 노력했다. 조선과의 교역에서 전초지역할 해 왔던 쓰시마의 다이묘는 조선과 협상해 1609년에 기유조약을 체결하고 국교를 재개했다. 이때부터 조선과 도쿠가와막부는 사절단과 통신사를 교환해 200여 년간 화평을 유지했다. 임진왜란의 와중에 일본군은 조선에서 도공들을 데려갔다. 조선도공들은 당시 조선의 최첨단기술인 도예를 일본에 전파해 도자기발전에 중추적 역할을 제공했다.

임진왜란은 당시 동아시아의 두 강대국인 명나라와 일본이 조선의 지배에 대해 최초로 싸웠던 패권전쟁이다. 임진왜란이 종결된 후에도 조선은 청나라가 계승한 중화질서에서 잔존해 청나라이외의 국가에 대해서는 여전히 쇄국정책을 계속했다. 조선이 이 계서적인 중화질서의 의전을 거부했을 때 청나라는 가차 없이 조선에 징벌을 가했다. 17세기 초의 중국에서는 명나라가 쇠퇴하고 만주에서 여진족의 세력이 부상해 명나라에 도전했다. 이러한 여건에서 임진왜란은 당시 여진의 추장인 누루하치에게 승리의 기회를 제공했다. 한편 조선에서는 1608년에 즉위한 광해군은 임진왜란이 남긴 교훈을 중시해 부국강병정책을 추진했다. 1616년에 만주에서 누루하치는 후금국을 수립한 뒤 명나라와 군사적으로 대결했다. 결국 양측간에 전쟁이 일어나자 명나라는 조선을 고분고분한 "順夷"로 취급해 강한 압력을 가하면서 원군을 파견해 임진왜란 때 입었던 은혜에 보답할 것을 요구했다. 광해군은 약 만 명의 병사들을 명나라에 파견했으나 그들로 하여금 의도적으로 후금에 투항하게 조치해 명나라와 후금 사이에 중립을 꾀하는 외교적 솜씨를 보였다. 그는 조선의 북방경비를 강화했으며 임진왜란 중에 단절되었던 일본과의 관계도 복원했다. 그는 당시 기울고 있었던 명나라보다도 새로 떠오르고 있었던 후금을 돕는 것이 조선에 더 이롭다고 판단해 현실주의적 외교를 기도했다. 한편 조선조정에서는 서인과 동인들이 권력투쟁을 계속했다. 이 결과 1623년에 광해군은 서인세력에 의해 폐위 당했다. 서인들은 광해군의 조카 인조를 즉위시키는 이른바 "인조반정"을 수행했다.

(2) 병자호란

임진왜란 후 만주에서는 후금국 세력이 부상하고 있는데도 불구하고 왕좌에 오른 인조는 반금친명정책을 계속했다. 1627년에 후금은 조선에 3만 명의 군대를 파견해 조정을 압박했다. 류성룡이 *징비록*에서 지적했던 경고에도 불구하고 조선은 이 침략에 대해서도 사전에 군사력을 양성해 충분히 대비하지 않았다. 후금은 조선이 자기와 형제관계를 맺고 명나라의 연호를 중단할 것을 요구했다. 인조는 이 요구를 거부하고 강화도에 피신했다가 결국 귀경해 이러한 조건을 받아들였는데 이 사건을 후세에 "정묘호란"이라 불렀다.

1636년에 후금이 청나라를 수립한 후 그 이듬해에 청 태종은 조선에게 형제관계를 청산하고 명나라에게 실시했던 군신의 예를 표할 것을 요구했다. 중국에서 이미 왕조가 변경되어 권력이 명나라에서 청나라로 이전되었는데도 인조는 청나라의 요구를 거부해 전형적인 尊明事大 반응을 보였다. 이는 국제관계에서 이념(명분)을 현실(파워)보다 더 중시했던 행동이다. 인조는 중국대륙의 권력분포에서 패권이 명나라에서 청나라로 이전되고 있었던 현실을 무시했다. 이는 조선이 주변 강대국관계에 무관심 또는 무지했다는 것을 잘 보여 주었다. 만약 조선의 왕과 신하들이 자기 나라에 대한 민족주의 의식을 가졌다면 이 시점이야말로 독립과 주권을 회복할 절호의 기회였다. 당시 조선에서는 이러한 인식이 전혀 없었다.

인조는 여전히 명나라를 종주국으로 섬기고 청나라를 "오랑캐"로 무시했다. 이러한 인조를 징벌하기 위해 청 태종은 몽고족 및 한족들을 포함한 12만명의 대군을 직접 이끌면서 조선을 침략해 10일 만에 한양을 점령했다. 인조는 남한산성에 가서 40여 일간 피신했다. 청군이 남한산성을 포위했음에도 불구하고 조정에서는 여전히 친명반청을 주장하는 척화론이 주류를 이루었다. 당시 인조의 신임을 받았고 영의정까지 했던 최명길은 나라를 지키기 위해서는 현실적으로 청 태종과 강화하는 길 밖에 없다는 것을 주장해 인조를 설득했다. 인조는 그의 간청을 받아들여 하산해 청 태종에게 3번 큰 절하고 9번 머리를 땅에 닫는 굴욕을 당했고 소현세자가 볼모로 끌려간 뒤 전쟁은 끝났다. 청군이 조선을 철수할 때 50여만 명의 조선인들을 붙잡아 가서 노예로 만들어 가혹하게 다루었다.

이처럼 임진왜란과 병자호란에서 약소국 조선은 강대국 중국과 일본 간의 패권전쟁에 의해 희생되었다. 이 두 전쟁을 겪은 뒤에도 조선은 여전히 청나라 이외의 다른 나라에 대해 경직된 쇄국정책을 계속했다. 이 결과 서양에서조선은 "은둔의 왕국"(the hermit kingdom)으로 알려졌다. 물론 1795년에 구교선교사들이 은밀히 조선에 침입했으나 다 체포되었다. 그 뒤에도 개신교 선교사들이 조선에 기독교를 전파하려고 노력했다. 서양의 상인들도 조선에서 교역을 시도했으나 조정은 그들을 엄격하게 탄압했다. 이와 같이 조선의 지도자들은 18세기 말에도 바깥세계에서 전개되고 있었던 냉혹한 국제정세를 제대로 파악하지 못한 채 서양열강의 진출에도 효과적으로 대응하지 못했다(윤영관, *외교의 시대: 한반도의 길을 묻다*, 2015).

2. 청나라, 일본, 러시아 및 열강의 각축에서 조선은 어디로 (1800-1895)

19세기에 동아시아에 전개한 강대국정치가 조선의 운명을 좌우했다. 1800년부터 1895년까지 청나라와 일본 및 서양열강은 조선의 지배를 둘러싸고 서로 각축했다. 이 와중에서 조선은 나름대로 개방과 현대화를 시도했다. 이 과도기에 조선의 군주 고종은 그의 우유부단한 리더십, 지도층의 권력투쟁 및 농민반란으로 인해 청나라의 서태후와 유사하게 정치 및 경제적 현대화를 달성하는 데 실패했다. 당시 동아시아에서 중국(청나라)은 서양열강의 침투로 인해 지역패권을 상실했다. 일본은 명치유신을 수행한 후 강대국으로 부상해 중국 및 러시아와의 전쟁에서 승리해 마침내 동아시아의 패권국으로 부상했다. 그런데도 조선은 여전히 텐샤, 즉 중화질서에 안주하면서 서양에서는 다만 필요한 기술만 도입하겠다는 이른바 "東道西器"론을 고집했다. 19세기부터 한반도에서는 일본과 서양세력이 밀려왔으나 당시 조선의 "위정척사파"는 쇄국정책을 그대로 고수했다. 그들은 청나라와 조공관계를 계속하면서 사실상 조선의 "소중화"정책을 수용했다. 조선 말기에 집권한 고종도 이러한 세계관에서 벗어나지 못했다. 결국 조선은 당시 동아시아에서 일어나고 있었던 강대국정치의 급류에 떠내려가 헤쳐 나오지 못하고 침몰했다.

1863년에 고종이 조선의 왕으로 즉위했을 때 그의 나이는 12세였다. 이 어린 왕을 돕기 위해 그의 부친 흥선 대원군이 섭정을 담당했다. 1871년에 미국함대가 강화도에 침범해 조선의 개국과 교역을 시도했다. 조선군이 미국함대를 포격하자 3명이 전사하고 10여 명이 부상했다. 사실 미국함대는 우월한 화력을 보유했으나 확전을 피하기 위해 철수했다. 이 신미양요에서 대원군은 조선군이 서양오랑캐들을 퇴각했다고 판단해 쇄국정책을 더욱 더 강화했다. 대원군은 전국에 척화비를 세워 오랑캐를 퇴치하기 위해 엄격한 쇄국정책을 실시했다. 그 명분은 서양 오랑캐가 쳐들어오는데 싸우지 않으면 화친하자는 것이고 화친은 나라를 팔아먹는 것이기 때문이다. 조선의 개방과 현대화를 차단한 이러한 쇄국정책은 한 세기 동안 국가발전의 기회를 놓치게 만들었다. 이와 대조적으로 일본은 1871년에 외무대신이 이와쿠라 도모미를 사절단장으로 임명해 미국, 영국, 프랑스 등 열강에 파견해 약 2년 동안 서양문물을 탐구하도록 조치했다. 이 개방정책이 일본의 현대화에 결정적 역할을 수행했다. 대원군은 이러한 일본과 정 반대로 개방의 문을 스스로 닫고 말았다.

청나라는 1842년에 아편전쟁을 치른 후 중국을 개방했고 일본은 1854년에 미국에 자국을 개방한 뒤 1868년에 명치유신을 단행했는데도 대원군은 이 주변국에서 일어나고 있었던 역사적 변화의 의미를 제대로 파악하지 못했다. 1870년에 박지원은 청나라의 최고번성기에 첸륭 황제의 7순연을 축하하기 위해 청나라를 방문했던 사절단의 일원이었다. 귀국 후에 그가 출판했던 견문록 "*열하일기*"는 당시 부국으로 발전했던 청나라의 문물을 소상하게 소개했으나 조선의 선비들은 그러한 청나라를 여전히 "오랑캐"로 멸시했다. 박지원이 청나라의 발전을 있는 그대로 배우자는 "실학"도 청나라의 선비들보다 더 경직하게 주자학을 숭상했던 대원군과 그 부하들의 사고를 전환시키지 못했다.

1866년에 대원군은 고종보다 한살 위인 민비와의 결혼을 허락했다. 민비는 왕족과 별로 친척관계를 가지지 않았기에 대원군은 민비가 궁중정치에는 개입하지 않을 것으로 기대해 그녀를 택했다. 이 기대와 달리 민비는 강한 권력욕을 품었던 여인이었다. 이때부터 대원군과 민비 사이에 권력투쟁이 계속했다. 고종은 이 투쟁에서 단호하게 결단하는 리더십을 행사하지 않았다. 이러한 조선국내정치의 틈을 타서 청나라, 일본 및 서양열강은 조선에 영향력을 확대하기 위해 치열한 각축전을 전개했다. 이 강대국들의 세력경쟁에서 고종은 조선의 주권을 지키고 현대화를 달성하는데 필수적인 강력한 의지와 리더십을 결여했다.

1873년에 고종이 친정을 회복한 뒤에 조정에서는 민비세력이 득세했다. 조정은 개방과 개혁에 대해 수구파(위정척사파)와 개화파(현대화파)로 분열해 위로부터의 현대화에 합의를 이루지 못했다. "위정"은 유교전통(성리학)을 보호하는 것이다. "척사"는 유교 이외의 사상을 사악한 것으로 배척하는 것이다. 조정에서 이 두 파벌이 치열하게 투쟁하고 있는 가운데 동학란과 같은 농민반란이 일어나 기존질서의 혁명을 시도했다. 그러나 동학란의 주동자들도 내부분열을 자아내자 이 밑으로부터의 혁명이 실패했다. 이 혼란을 틈타 청나라와 일본은 각자의 이익을 챙기기 위해 전쟁까지 일으켜 조선은 그 전투장이 되었다. 1880년부터 1910년까지 조선은 사회, 경제 및 정치적 현대화를 나름대로 시도했으나 고종은 큰 성과를 내지 못하고 조선은 결국 붕괴과정에 들어갔다.

1870년대에 일본은 서양에서 배웠던 방법으로 조선을 개방했다. 1876년에 일본은 6척의 해군함정을 조선근해에 파견해 개방을 요구했다. 조선은 이 요구를 받아들여 강화도조약이라는 불평등조약을 수용했다. 이 조약에 의해 조선은 부산, 원산 등 20개 항구를 개항했다. 1881년에 신사유람단의 일원으로 일본에 갔을 때 김홍집은 서울이 동경보다 훨씬 뒤떨어진 도시라는 것을 자각했다. 당시 그는 청나라의 황쭌셴(黃遵憲)이 집필했다는 "*朝鮮策略*"에 접하게 되었다. 이 저서에서 처음으로 서양의 공법(국제법)과 균세(세력균형)개념에 가까운 내용이 포함되었다. 이 저서에서 황쭌셴은 조선이 청나라의 속국위치를 유지하면서 일본과 연결하고 러시아를 견제하기 위해 미국과 수교할 것을 주문했다.

당시 청나라에서는 총리아문(외교부)의 수장이 된 북양대신 이홍장(李鴻章)이 조선의 외교를 관장했다. 그는 조선이 청나라의 종속국위치를 유지하면서 일본세력의 진출을 견제하기 위해 미국과 수교할 것을 원했다. 1882년에 그는 톈진에서 미국공사 슈펠트(Robert Shufeldt)와 직접 조미수호통상조약의 내용을 협상했다. 그 당시에 슈펠트는 곧 조선이 청일 또는 러일 간의 전쟁터가 될 것을 우려해 이 조약에서 조선의 독립을 존중한다는 문구를 넣을 것을 주장했다. 이 협상이 완성되어 양측이 조미수호조약을 조인했을 때 이 문구가 포함되었다. 그러나 고종은 미국정부에게 별도로 서신을 보내어 조선이 청나라의 속국이라는 사실을 상기시켰다. 조선은 역사상 최초로 서양국가와 외교관계를 수립했으나 여전히 청나라의 속국임을 자인하면서 독립된 민족국가로서 주권을 행사하지 않았다. 그 뒤에 조선은 이와 비슷한 조약을 영국, 독일, 러시아, 이태리 및 프랑스와 체결했다.

조선조정에서는 정통적인 중화질서를 고수했던 위정척사파(쇄국파)와 개방과 개혁(현대화)을 옹호했던 개화파가 권력투쟁을 계속했다. 1882년에 구식군대는 고종이 신식 군대에게 주었던 대우에 대해 불만을 폭발시켜 임오군란을 일으켰다. 이 반란을 피하기 위해 고종과 민비는 경주에 피신했다. 고종의 요청에 따라 대원군은 임오군란을 진압한 뒤 다시 정권을 행사하자 민비는 청나라군대의 지원을 요청했다. 이 군란으로 인해 일본공사관이 불에 타버리자 일본은 조선에게 배상과 사죄를 요구하는 제물포조약을 체결하고 공관을 보호하기 위해서 서울에 일본군이 주둔했다. 박영효가 인솔한 사죄사절단은 동경으로 가는 도중에 처음으로 태극기를 국기로 만들었다. 이때부터 개화파는 조선에서도 일본의 메이지정부가 추진했던 부국강병정책을 추진했다.

다시 정권을 회복한 대원군은 명분상으로는 쇄국정책을 고수하면서도 약삭빠르게 자기 권력을 강화하는데 전력을 기울였다. 그가 조정에서 친청정책을 지지했던 민비세력을 숙청하자 리홍장(李鴻章)은 그를 후퇴시키기로 결정했다. 리홍장의 지시에 의해 서울에 주재했던 중국외교관 마젠충(馬建忠)은 대원군을 납치해 텐진에 이송했다. 대원군은 텐진에서 3년간 연금되었다. 1884년에 청나라가 베트남에서 프랑스와 전쟁을 실시하고 있을 때 청나라 군대를 보강하기 위해 서울에 주둔했던 청나라군대 3000명에서 1500명을 철수했다. 이 기회를 이용해 일본에서 유학했던 김옥균과 그 외의 개화파들이 고종에게 입헌군주제도와 기타 각종개혁을 실시할 것을 상소했다. 그들은 이 갑신정변을 촉발시켜 민비정권을 타도한 후 개혁파정권을 수립하려고 기도했다. 리홍장(李鴻章)은 위안스카이를 감국대신으로 조선에 파견해 갑신정변을 진압하게 지시했다. 위안스카이가 지휘한 청나라 군대의 도움으로 다시 대원군이 정치에 복귀해 이 정변을 완전히 진압했다. 이 결과 "3일 천하"라는 위로부터의 현대화계획도 무산되었다. 김옥균은 일본에 피신했다가 1894년 4월 10일에 상해에서 암살당했다. 갑신정변 이후 고종과 민비는 궁내에 무당 박창렬을 상주시켜 그의 의견을 청취했다("박종인의 땅의 역사," *조선일보*, 2019. 5. 15). 1885년에 리훙장과 이토 히로부미는 청나라군대와 일본군대는 조선에서 철수하기로 합의하고 다시 군대를 파견할 경우에는 상대방에 통보하겠다는 텐진조약을 체결했다. 일본은 이 조약에도 불구하고 철군을 하지 않았다.

3. 청일전쟁과 조선

1895년의 청일전쟁은 약소국 조선의 지배에 대해 강대국 청나라와 일본이 첨예하게 대결한 결과 일어났다. 조선의 국내정치에서는 친청파와 친일파 간에 갈등이 깊어져 마침내 전쟁을 초래했다. 당시 조선 국내에서는 새로운 종교로 동학이 탄생했다. 1860년에 최재우가 평등과 외세배격을 옹호하는 동학운동을 시작했다. 조선의 관군은 이 운동을 이단으로 탄압해 1864년에 최재우 교조를 처형했다. 1894년에 동학접주 전봉준은 전라도 고부의 군수 조병갑의 비행에 항의해 관아를 습격했다. 그는 농민들을 동원해 동학군을 결집해 그 총사령관이 되었다. 그는 탐관오리 엄벌, 일본세력배격, 신분평등과 정치개혁 등을 포함한 12개항을 고종에게 상소가 아닌 직접적인 요구로 제시했다. 이 농민반란은 전국의 90개 지역으로 확산했다.

고종은 관군만으로 동학란을 진압할 수 없다고 판단해 청나라와 일본의 지원을 요청했다. 1894년 6월 3일에 고종은 청나라의 파병을 요청했다. 일본은 이미 한양에 군대를 주둔했다. 이 결과 청나라와 일본 간에 전쟁이 불가피해지자 7월 5일에 고종은 미국의 선의조정을 요청했으나 미국은 중립을 고수했다. 이 와중에 영국은 러시아 해군의 남하기도를 견제하기 위해 7월 16일에 일본과 통상조약을 체결했다. 7월 25일에 일본 해군은 청나라가 텐진조약에 의해 사전에 군대파견에 대해 통보해 주지 않았던 행동에 불만을 나타내어 아산만 풍도 앞 바다에서 청나라의 함대를 포격해 전쟁을 개시했다. 8월 1일에 일본은 청나라에게 공식적인 선전포를 발표했다. 이 전쟁은 동아시아에서 중국과 일본이 임진왜란 후 300여 년 만에 한반도에서 두 번째 일어난 전쟁이다. 청일전쟁이 계속하는 동안 8월 17일에 이토 히로부미 총리하의 일본내각은 조선의 독립을 돕는다는 명분으로 조선을 보호국화하기로 이미 결정했다(*조선일보*, 2023. 3. 29. "박종인의 땅의 역사,"). 이 해 11월에 일본해군은 여순에 정박한 리홍장의 북양함대를 전파해 압승을 거두었다.

조선이 청일전쟁의 전투장으로 변하고 있는 가운데도 국내에서는 동학란이 계속했다. 고종은 청나라 군과 일본군의 도움으로 이 밑으로부터의 반란을 진압했다. 이때부터 조선국내에서는 각 지방에서 **의병**들이 일어나 산발적으로 반란을 지속했다. 1894년에 대원군이 다시 권력을 행사해 민씨 친족을 축출하고 김홍집내각을 출범시켰다. 김홍집은 군국기무처(내각)의 수장이 되어 갑오개혁을 단행했다. 이 개혁 중에는 중국과의 사대관계 개정, 신분제 폐지, 문무차별폐지, 과부재혼금지폐지, 노비폐지, 예산제도도입, 과거제도폐지 등이 포함되었다. 이러한 개혁에 당시 미국과 유럽을 여행했던 경험에 근거해 유길준이 저술한 *西遊見聞*의 일부내용이 반영되었다. 개혁파는 이때부터 조선의 정치 및 사회제도를 근본적으로 개혁하고 국력을 배양하기 위해서 여러 가지 형태로 자강운동을 전개했다.

1895년 4월 17일에 이토 히로부미는 리홍장과 시모노세키조약을 체결해 청나라에서 랴오둥반도와 대만을 할애 받았다. 일본은 이 조약의 제1조에 "청국은 조선 종주주권을 영구히 포기하고 조선의 완전한 해방을 승인한다"는 약속을 받아내어 조선에서 청나라세력을 쫓아냈다. 사실상 이때 동아시아에서는 일본중심의 질서가 중화질서를 대체했다. 그제야 조선은 독립국가로서 주권을 행사할 기회를 갖게 되었다. 이 와중에 조선조정은 치욕적인 "을미사변"을 겪었다. 청나라와 일본의 강압을 탈피하기 위해 고종과 민비는 러시아의 협력을 구했다. 일본의 메이지정부는 조선에서 일본세력을 확보하는데 민비가 장애가 된다고 판단해 그녀를 제거하기로 결정했다. 1895년 10월 8일에 서울에서 이 정책을 관철하기 위해 미우라 공사는 일본 낭인배들을 동원해 경복궁에 침범시켜서 민비를 납치해 석유로 불태우게 했다. 이 망칙한 행동에 대해 너무나 겁에 질린 고종은 1896년 2월에 러시아공사관으로 피신해 거기서 1년간 거주했다. 그는 국가주권을 행사하기는커녕 스스로 자기신변을 보호할 힘조차 상실했다. 이처럼 조선말기의 왕족들은 자신들의 안전과 권력을 보존하기 위해 친일, 친청 및 친러 정책을 허겁지겁 반복하면서 정권을 유지하려는 참으로 한심한 모습을 연출했다. 고종은 당시 한반도에 대해 일고 있었던 강대국정치의 급류를 헤쳐 나가지 못한 채 스스로 떠내려가고 있었다.

1896년 7월에 미국에서 유학했던 서재필, 윤치호 및 이상재 등이 독립협회를 조직하고 *독립신문*을 발행하면서 계몽운동을 전개했다. 이승만도 이 운동에 가담했다. 그들은 국왕이 직접 나가서 청나라사신들을 영접했던 영은문을 헐고 그 옆에 조선의 주권을 상징하기 위해 **독립문**을 세웠다. 그들은 고종에게 중추원을 의회로 개혁할 것을 상소했다. 1897년에 만민공동회가 한양에서 개최되었는데 여기에는 백정도 참석했다. 이 회의는 백성들의 자유 민권을 보장하기 위해 의회민주주의를 실현할 것을 요구했다. 이 해에 고종은 경운궁(덕수궁)에 돌아와 **대한제국**의 공식적인 출범을 선포했다. 이 때 그는 비로소 주권을 행사하는 현대 민족국가를 통치하기 시작했다. 그러기 위해 그는 정부조직개편을 단행했다. 그러나 이러한 개혁에서 구체적인 성과를 내는 데는 시간이 너무나 부족했다. 고종은 국가안보보다도 자기생존과 정권을 유지하는데 급급한 나머지 자율적 주권국가를 확립하고 현대화를 완수하는 데 적절한 타이밍을 놓쳤다.

4. 러일전쟁과 조선

20세기 초에 일본과 러시아는 만주와 조선에서 각자의 영향력 권을 확보하기 위해 적나라한 패권경쟁을 전개해 결국 전쟁을 초래했다. 러시아는 만주를 흡수하고 조선도 합병하려 기도하자 일본은 이를 제지하기 위해 러시아와 대결했다(김용구, *러시아의 만주－한반도 정책사, 17세기－19세기,* 2018). 일본은 1902년에 영국과 일영동맹을 결성해 동아시아에서 러시아해군의 남하정책을 저지했다. 1904년에 이미 만주에 진출한 러시아는 독일 및 프랑스와 함께 일본이 차지했던 랴오둥반도를 청나라에 반환할 것을 요구한 “3국간섭”에 동참했다. 일본은 이 제안을 거부했다. 그 대신 일본은 러시아가 만주에서 지배권을 행사하고 자신은 조선을 지배하겠다는 방안을 제안했다. 러시아는 이를 거부하고 조선에서 북위39도 이북에 대한 지배권을 요구했다. 일본은 러시아와 이견을 좁히지 못해 결국 전쟁이 불가피하다고 판단했다. 일본해군은 1904년 2월에 여순항에 기항했던 러시아의 극동함대를 기습 공격해 러일전쟁을 개시했다. 일본연합함대가 러시아 발틱함대를 격파했다. 일본함대는 쓰시마해전에서 러시아함대의 주력함 37척 중 12척을 침몰시켰고 13척을 나포해 동아시아에서 최강의 해군력을 과시했다.

이 전쟁은 일본과 러시아 양국에게 엄청난 비용과 희생을 초래했음에도 불구하고 그 승부는 불확실했다. 1905년에 미국의 티오도르 루스벨트 대통령은 일본과 러시아가 만주에 대한 미국의 문호개방정책을 수용하고 일본은 랴오둥반도를 청나라에 반환한다는 조건을 내세워 이 전쟁의 중재를 자청했다. 러시아와 일본은 이 제안을 받아들여 1905년 9월에 러일전쟁을 종결한 뒤 포츠머스조약을 체결했다. 루스벨트는 이 중재에 성공해 미국을 강대국으로 격상시켜 동아시아에서 미국의 국력을 투사했다. 일본은 남만주에서 영향력 권을 확보했으며 러시아에서 사할린의 절반을 할애 받았다. 이때부터 일본은 단독으로 조선에 대한 지배권을 행사하기 시작했다. 한편 미국 육군 장관 태프트는 일본 총리 가즈라와 협상해 일본은 미국의 필리핀지배를 묵인하고 미국은 일본의 조선 지배를 묵인하자는 밀약에 합의했다. 이처럼 강대국들이 각자의 영향력 권을 확장하려는 패권경쟁에서 조선은 희생되어 일본의 반식민지로 변하고 있었다.

제32장

일본중심질서에서의 한반도(1905-1945): 한국민족주의 유산과 남북분단(1945-1948)

20세기 초반에 조선은 중화질서에서 탈피했으나 곧 일본중심질서로 편입되었다. 일본이 동아시아 패권을 장악하자 조선은 결국 일본제국의 식민지가 되었다. 1905년부터 1945년까지 조선인들은 일본 통치에서 벗어나기 위해 여러 가지 형태로 민족주의운동을 전개했다. 이 운동은 결국 조선의 해방과 독립을 성취하지 못했다. 그 결과 한국민족주의는 반일운동에 집중해 종족주의 및 저항주의 유산을 남겼다. 1945년에 초래한 조선의 해방은 조선인들 스스로가 쟁취한 것이 아니라 태평양전쟁에서 승리한 연합국들이 일본의 항복을 받아내어 타율적으로 이루어졌다.

1. 일본의 보호령

1905년에 이토 히로부미는 대한제국의 외교권을 박탈하는 을사조약을 강요해 조선을 일본의 보호령으로 만들어 한일합병의 기반을 구축했다. 그 자신이 서울에 와서 조선의 외교를 관장하는 초대 통감으로 부임했다. 이 상황에서 고종은 1907년에 헤이그평화회의에 이준 특사를 파견해 조선의 처지를 열강에게 알리도록 조치했다. 이에 분노한 이토는 7월 20일에 고종을 양위시키고 순종을 즉위시켰다. 바로 이 해 10월 7일에 중국의 개혁사상가 량치차오는 그의 글에서 "한국(조선)은 완전히 망했다. 온 세상은 일본인들이 한국을 망하게 했다고 한다. 그러나 어찌 그것이 가능하겠는가 한국황제가 망하게 한 것이오 한국인민이 망하게 한 것이다"(강천석 칼럼, "아 한국, 아 한국대통령 아 한국국민," *조선일보,* 2019. 12. 7). 1909년 12월에 안중근 의사가 하얼빈에서 이토 히로부미를 총살했다. 이 사건 후 일본은 조선을 합병하기로 결정했다. 1910년 8월 29일에 데라우치 통감은 강압적 방법으로 조선을 일본에 합병시켰다. 조선은 마침내 주권을 상실해 동아시아에서 먼저 현대화를 성공했던 일본의 식민지가 되었다.

2. 일본식민통치

1910년부터 1945년간까지 35년간 일본은 조선에서 식민통치를 강압했다. 1910년부터 1918년까지 일본은 조선에서 토지조사를 실시했다. 1918년에 일본인들이 조선토지의 40%를 소유했다. 1937년에 일본은 중국과 제2차 전쟁을 개시한 뒤 1939년에 조선인들의 성명을 일본식으로 바꾸는 "창씨개명"을 강요해 조선의 문화, 언어와 심지어 씨명을 말살하려는 동화정책을 실시했다. 경제적으로 일본은 "內鮮一體"라는 구호하에 조선을 하나의 "작은 일본"으로 만들기 위해 교통, 통신, 전기 및 은행 등 기본적 인프라를 건축했다.

조선인들은 국내에서는 의병을, 해외에서는 광복군을 조직해 항일민족주의운동을 전개했다. 이 가운데서 가장 파격적인 것이 1919년 3월 1일에 33인의 지식인들이 **독립선언서**를 공포하고 전국적인 시위운동을 촉발한 사건이다. 이 운동은 결국 진압되었지만 그 뒤의 독립운동에 지대한 영향을 끼쳤다. 그해 4월 11일에 상해에서는 대한민국 임시정부가 수립되어 이승만이 초대대통령으로 추대되었다. 미국은 이 망명정부를 승인하지 않았으나 러시아와 중국은 승인했다. 이 임시정부는 광복군을 설립해 중국에서 일본군과의 전쟁에 가담했지만 자력에 의해 민족해방, 즉 독립을 성취하지 못했다

1919년에 제1차 세계대전이 종식되어 파리에서 개최되었던 평화회의에서 미국의 윌슨 대통령은 한국임시정부의 대표 김규식을 만나 주지 않았다. 왜냐하면

미국은 조선이 일본의 식민지였다는 사실을 인정했기 때문이다. 1927년 2월에 이상재, 안재홍, 백관수, 신채호, 신석우, 유억겸, 권동진 등 민족주의자들과 사회주의자들이 통일된 독립운동을 전개하기 위해 **신간회**를 출범시켰다. 1930년에 이 조직은 전국에 140여 개 지회와 3만 9000여 명 회원들을 동원했다. 1929년에 광주학생운동에 대한 민중대회계획이 발각되어 많은 회원들이 일본경찰에 검거된 후 일본의 집요한 탄압으로 인해 신간회는 1931년 5월에 해체되었다. 당시 조선일보사장 이상재가 회장을 맡았던 신간회는 좌우합작을 실현한 민족주의단체로서 큰 의미를 가졌다(*조선일보*, 2017. 9. 18).

3. 제2차 세계대전의 종결과 한반도의 해방

제2차 세계대전이 종결되기 직전에 한반도의 운명은 강대국들이 결정했다. 한반도의 해방은 미국, 영국, 소련 및 중국이 일본과의 전쟁에서 승리해 타율적으로 이루어졌다. 1943년에 카이로회담에서 프랭클린 루스벨트, 장제스 및 스탈린은 조선은 "적절한 과정으로" 자유롭게 독립될 것이라는 선언을 했다. 그러나 그때 그들의 주 관심은 어떻게 하든지 제2차 세계대전을 재빨리 종결하는데 집중했다. 1945년 2월에 크리미아에서 열렸던 **얄타회담**에서 루스벨트와 처칠은 태평양전쟁을 빨리 끝내기 위해 스탈린에게 만주에 소련군을 투입할 것을 요구하면서 전쟁이 종결된 뒤에 일본이 지배했던 쿠릴열도를 돌려주기로 약속했다. 이 합의는 훗날 소련군이 한반도에 개입할 여지를 허용해 남한과 북한이 38선을 기점으로 양단할 여지를 남겼다. 이 얄타회담에서 스탈린은 루스벨트와 처칠에게 동구에서 자유선거에 의한 정부수립을 허용하겠다고 약속했다. 여기서 그들은 전후의 세계에서 평화와 안정을 보장하기 위해 세계의 보편적 국제기구 UN을 출범하기로 합의했다.

얄타회담에 대해 일부 인사들은 당시 루스벨트가 스탈린에게 너무 많은 양보를 했다고 비판했다. 그러한 양보는 훗날 소련이 동구에서 위성국가들을 수립하고 한반도에서 남북분단을 초래할 가능성을 열어 놓았기 때문이다. 미국의 현대사에서 루스벨트는 가장 위대한 대통령으로 숭상되고 있다. 그는 4차례 연속적으로 당선된 유일한 대통령으로서 1930년대에 미국대공황을 극복했고 1940년대의 세계에서 처칠과 함께 자유주의국제질서를 구축하면서 제2차 세계대전을 성공적으로 수행하는데 중추적 리더십을 발휘했기 때문이다. 1945년 2월의 얄타회담에서는 그의 건강이 급속히 나빠진 것을 의식해 그는 자기가 살아있는 동안 제2차 세계대전을 재빨리 끝내기 위해 스탈린을 너무 믿었던 것이다. 얄타회담 후 두 달도 안 된 4월 12일에 그는 사망했다. 당시 부통령 트루먼이 대통령직을 계승했다.

1945년 7월에 열렸던 포츠담회담에서 트루먼과 처칠은 스탈린에게 소련군이 만주에서 관동군의 항복을 받아낼 것을 재차 요청했다. 이 회담에서 트루먼은 스탈린에게 미국은 "비상한 파괴력을 가진 새 무기"를 가졌다고 귀띔해 주었다. 당시 스탈린이 이것이 핵무기인지를 알아챘는지는 아무도 모른다. 이 문제에 대해 아직도 역사학자들은 왈가왈부하고 있다. 여기서 중요한 점은 당시 미국, 영국 및 소련은 독일과 일본의 항복을 하루 속히 받아내기 위한 전략을 협의하는 과정에서 쿠릴열도와 한반도의 운명이 결정되었다는 사실이다. 당시 상해임시정부의 대통령 이승만은 소련군의 개입을 반대하는 의견을 미국정부에 제의했으나 반영되지 않았다("복거일의 이승만 오디세이," *조선일보*, 2023. 8. 30.). 오늘날의 한국 언론에서 이러한 현상을 "Korea passing"이라고 비판하고 있다.

1945년 8월 6일에 트루먼은 일본의 항복을 받기 위해 인류역사상 최초로 히로시마 상공에 핵폭탄을 터뜨렸고 한반도에 미군이 주둔할 계획을 세웠다. 이 원자탄은 약 14만 명의 희생자들을 초래했다. 8월 8일에 소련은 일본에 선전포고를 한 뒤에 소련군을 만주에 투입시켰다. 히로히토 천황은 일본이 더 이상 버틸 수 없다고 판단해 8월 15일에 미국군함 미조리 호의 선상에 직접 가서 맥아더사령관이 내려 보는 가운데 일본이 무조건 항복한다는 문서에 서명했다. 이렇게 태평양전쟁이 끝난 뒤 맥아더장군은 미국이 아시아대륙의 전쟁에 다시 개입하지 말 것을 강하게 건의했다. 한편 한반도에 대해서는 그해 12월에 열렸던 모스크바외상회담에서 미국, 영국, 중국 및 소련의 외상들은 한국인들이 자치능력을 가질 때까지 5년간 4대강국들의 신탁통치를 실시하는 계획에 합의했다. 이 소식이 한반도 내에 전해지자 대체로 좌파들은 찬성했고 우파들은 반대해 민족적인 통일전선을 이루지 못했다.

이상과 같이 과거 5천년 역사에서 한반도는 그 지정학적 위치로 인해 수백차례의 외부침범을 당해 강대국들 간의 세력경쟁에 의해 희생되었다. 이 결과 대부분의 경우에 중국, 일본, 러시아 및 미국 등 강대국들이 한반도의 운명을 결정했다. 이 강대국정치의 급류에서 조선은 자력으로 헤쳐 나가지 못해 결국 일본의 식민지로 전락했다. 진덕규는 조선의 민족사에는 영광보다도 고난의 기간이 더 길었다고 지적했다. 이 긴 여정에서 민족주의에 대해 여러 가지 담론이 계속했다(진덕규, *한국의 민족주의론*, 2021). 강대국들의 각축전에서 끊임없는 고난과 시련을 겪으면서도 이 반도에 살아온 한민족은 고유한 언어, 역사 및 민족정체성을 그대로 잘 지켜 왔다. 비교적 시각에서 이 역사적 기록은 실로 놀라운 업적이다.

4. 한국민족주의의 향방: 종족주의 및 저항주의

강대국들이 일본의 통치를 종결해 준 뒤에도 조선은 왜 스스로 통일정부를 수립하지 못했을까? 가장 단순한 원인은 조선에 대해 강대국들의 이익이 상충했으며 조선의 독립운동가들도 그들 간의 내분을 극복하지 못했던 것이다. 좀 더 긴 안목으로 생각해 보면 시간이 부족했고 이 짧은 기간에 한국인들이 자력으로 현대화와 독립된 민족국가를 성취할 **국력**을 배양하지 못했기 때문이다. 한국민족주의는 인종과 혈통을 최우선시하는 종족주의와 반일독립운동을 중시하는 저항주의 유산을 남겼다. 이 전통은 오늘날까지 계속되고 있다. 한국에서는 아직도 통합된 시민사회 및 공식적 민족주의는 미약하다.

이러한 맥락에서 민족주의에 대한 앤더슨(Benedict Anderson)의 연구는 많은 시사점들을 제공한다(*Imagined Communities: Reflections on the Origin and Spread of Nationalism*, 1983). 그는 민족주의가 17세기 이후 발전했던 "인쇄자본주의"와 대중매체로 인해 많은 사람들이 상호간에 일체감을 공유하는 공동체를 상상하게 만들었다고 지적했다. 여기서 중요한 점은 민족주의가 상상의 결과 형성되었다는 뜻이 아니라 출판물과 대중소통의 결과 상상력이 크게 발전한 결과 많은 사람들이 민족적 일체감을 갖게 되어 사회적으로 민족주의의식을 공유했다는 것이다.

민족주의는 때와 장소에 따라 종족적, 시민사회 및 공식적 민족주의로 다소 다르게 발전했다. 이 중에서 가장 원초적인 것이 종족적 민족주의다. 이는 종족과 혈통에 대한 일체감으로 다른 종족과 혈통을 배척하는 배타적인 운동이다. 종족적 민족주의는 종족 또는 인종, 언어, 역사 및 문화의 동질성에 근거해 정체성을 조성한 것이다. 다른 종족(그들)과 달리 같은 종족(우리들)끼리 공감하는 종족적 민족주의는 매우 강한 응집력과 배타적 증오감을 수반한다. 17세기와 달리 20세기의 1990년대에 아프리카에서 이러한 부족주의(tribalism)가 폭발해 수많은 희생자들을 산출했다. 1994년에 르완다에서는 투치족이 그들이 증오하는 약 200만 명의 후투족을 살해한 사태가 발생했다. 그런데도 당시 미국의 클린턴 대통령은 이 제노사이드를 방지하기 위해 미국의 군사개입을 하지 않았다. 냉전기의 코스보에서는 티토가 유고슬라비아를 통치했을 때에는 다수였던 세르비아족과 소수민족이었던 알바니아족이 평화롭게 공존했다. 그러나 냉전이 종식하고 소련과 유고가 붕괴하자 1999년에 세르비아족은 회교를 신봉하는 알바니아족을 무차별적으로 살상하는 이른바 "인종세탁"(ethnic cleansing)을 감행했다. 그제야 클린턴은 NATO군이 세르비아족에 공습을 가해 제노사이드를 방지하도록 조치했다. 2020년에 이러한 부족주의 갈등은 에티오피아에서 다시 폭발했다.

한국에서 반일감정은 **종족적 민족주의**의 한 표현으로 볼 수 있다. 이 전통은 일본식민지통치에서 해방을 추구한 독립운동에 계승되었다. 한국인들은 일본이 식민지시대에 저질렀던 만행을 규탄하고 분노했다. 20세기 초에 민족사학의 창시자로서 알려진 신채호는 처음으로 **"조선민족"**의 주체적 정체성을 강조하면서 당시 일본의 식민통치가 한국인들에게 남겼던 "노예근성"을 신랄하게 비판했다. 그는 민족과 역사의 상관관계를 중시해 민족 없는 역사는 존재하지 않는다고 주장했다. 이처럼 신채호는 조선민족이 오랫동안 동일한 언어와 문화를 공유해 온 백의민족의 역사를 매우 중시했다(申菜浩, *讀史新論*, 1908). 이 견해는 그 후에 전개되었던 한국민족주의담론에서 일관되게 계속되었다.

이 현상은 오늘날 한국인들이 강하게 나타내는 狠이라는 감정과 일맥상통한다. 이는 상처받은 민족주의로 볼 수 있는데 과거잘못에 대해 표출하는 강렬한 노여움이다. 이 **한**은 한국의 국내정치에서 지역감정으로 발전했다. 한국의 민족주의는 아직도 반외세 또는 반체제적 저항민족주의형태를 계속하고 있다. 엄밀히 따지면 국가 간에 이러한 한은 쉽게 풀어질 성질이 아니다. 가해자가 피해자에게 사과를 하거나 피해자가 가해자에게 복수를 해도 감정적 원한은 남아 있을 수 있기 때문이다. 기독교에서 이 원한은 용서해야 할 일이다. 사회학자 김경동은 한국에서 이 한감정은 "氣"로 전환해 교육 및 경제성장을 위해 열심히 공부하고 일하는 동기로 작용했다고 지적했다(Kim Kyong-Dong, *Korean Modernization & Uneven Development: Alternative Sociological Accounts*, 2017). 이러한 현상은 예외적 사례고 대부분의 경우에 한은 피해의식을 가진 사람들의 한풀이로 표출된다. 이제 한국 사람들은 이 부정적 한풀이를 벗어나 보다 긍정적이고 미래지향적인 시민정신을 발휘해야 한다.

시민적 민족주의는 시민들이 국가라는 공동체의 생존과 자치를 실현하기 위해 밑으로부터 자발적으로 헌법과 자유주의가치에 대해 지지와 충성을 표시하고 상호 간에 단합하는 감정이다. 이 시민적 민족주의는 시민의 자유와 자치를 중시하므로 시민권, 평등 및 다민족문화와 같은 민주주의가치와 규범을 옹호한다. 이러한 감정은 타국에 대해 배타적 태도가 아닌 열린 민족주의다. 시민들이 자발적으로 법과 규범을 지키고 공동체의 이익을 위해 자제하고 협조하면서 자치하는 감정이 시민적 민족주의다. 시민적 민족주의는 일정한 종족, 종교 및 문화에 고착하지 않고 다양한 종족과 문화 간에도 시민들이 함께 속하고 있는 공동체, 즉 국가에 대해 공유하는 정체성이다. 이러한 민족주의는 미국과 인도에서 볼 수 있듯이 자유주의와 상충하지 않고 상호 보완한다(Francis Fukuyama, "A Country of Their Own: Liberalism Needs the Nation," *Foreign Affairs*, May/June, 2022.).

한국에서는 아직도 시민사회와 국가, 즉 대한민국에 대한 정체성과 정당성을 강조하는 시민민족주의는 약하다. 동질적 역사, 언어 및 문화와 함께 정치적으로는 국가에 대해 강한 정체성을 공유해야 현대적 민족국가가 성립한다. 민족이 국가에 선행하지만 국가 없는 민족은 생존과 안보를 지킬 수 없다. 이 사실을 가장 실감나게 알려주는 현실을 지적한다면 미얀마의 억압과 학대를 피해 방글라데시로 탈출했던 70여만 명의 로힝야족, 이라크, 시리아 및 터키에 흩어서 살면서 천시당하고 있는 4000여만 명의 쿠르드족, 그리고 오랫동안 이스라엘과 투쟁해 왔으나 아직도 독립국가를 회복하려는 팔레스타인족이 현재 당면하고 있는 비참한 모습이다. 이 참상을 겪지 않기 위해서도 한국인들은 무엇보다도 우리의 국가 대한민국에 대한 정체성과 정당성을 수호하는데 일체 단결하고 결속해야 한다.

공식적 민족주의는 국가이익을 추구하는데 시민들이 참여해 일체감을 공유하는 현상이다. 일본이 아이누와 류큐인들을 일본인으로 대우한 것, 만주족이 세웠던 청나라가 한족의 문화와 언어를 수용해 같은 중국인으로 행동한 것과 러시아가 수많은 소수민족들을 러시아인과 동등하게 취급한 정책이 이 공식적 민족주의의 좋은 실례다. 이러한 민족주의는 애국심과 같은 것이다. 국가는 외교정책에서 이러한 민족주의를 공식적으로 추구하면 시민들은 국가안보를 위해 자발적으로 이를 적극적으로 지지하고 결속한다. 상징적으로 국기, 국가 및 국화에 대한 존경과 애착심을 나타내는 행동이 그 좋은 실례다. 현재 중국은 공산주의 대신에 이러한 중화민족주의를 고취해 정치체제에 대한 정당성을 추구하고 있다.

한국에서는 아직도 당파와 이념을 초월해 국가에 대해 결속하는 공식적 민족주의는 미약하다. 일부 인사들이 대한민국의 건국은 1919년 4월 13일에 상해에서 출범했던 임시정부에서 시작되었다고 주장하면서 1948년 8월 15일을 대한민국의 건국일로 정하는데 반대하고 있는 것이 그 한 실례다. 상해임시정부는 한국독립을 성취해 정식으로 주권을 행사하는 **국가**를 출범하기 위해 설립되었던 말 그대로 "**임시정부**"였다. 1948년에 출범한 국가 대한민국은 한국인들이 동의한 헌법절차에 의해 수립되었다. 이 헌법에 근거해 중앙정부가 구성되어 한국의 영토와 인구를 실제로 통제하고 주권을 행사하기 시작했다. 이 결과 국제법적으로 대한민국은 정식국가로서의 요건들을 다 갖추었다. 동시에 인류의 보편적 국제기구인 UN과 다수의 주권국가들이 이 국가를 승인해 대한민국의 정당성을 공식적으로 인정했다. 이러한 의미에서 대한민국은 국내 및 국제법이 인정한 정당성을 가진 주권국가로 **건국**된 날은 1948년 8월 15일이다. 이것은 엄연한 **사실 그대로다**.

한국민족주의는 두 가지 뚜렷한 특징을 나타냈다. 그 첫째는 **파벌주의**다. 한국독립운동과 상해임시정부에서는 끊임없는 파쟁과 분열이 계속해 민족국가에 대해 하나의 통일전선을 형성하지 못했다(Chong-sik Lee, *The Politics of Korean Nationalism*, 1963). 이 파쟁의 원인으로는 출신지역, 자금, 권력 및 이념적 요소들이 복합적으로 작용했다. 결국 이 분열은 미주파(우파)와 시베리아-만주파(좌파) 간의 갈등으로 격화해 1948년에 남북에 두 정부가 수립되는 배경을 만들었다. 한국민족주의의 둘째 특징은 강한 **종족주의**와 저항주의다. 한국인들이 공유하는 종족적 감정은 그들의 역사적 기억과 과거에 입었던 상처에 대한 강렬한 원한으로 표현되었다(Gi-Wook Shin, *Ethnic Nationalism in Korea*, 2006).

한국인들이 이 종족적 민족주의와 배타적 저항주의를 지나치게 강조해 때로는 한국이 당면한 지정학 및 경제적 현실을 경시하게 만들었다. 이와 대조적으로 베트남인들은 과거에 자신들을 식민통치했던 프랑스, 자신들과 전쟁까지 했던 미국, 일본 및 한국과 화해해 적극적으로 협력하고 있다. 이는 그들이 변화한 전략환경에서 생존하고 발전하기 위해 지정학 및 경제이익을 감성적인 민족주의보다도 더 중시한 행동이다. 유럽에서 이처럼 현실주의적 외교를 실시한 예는 독일에 대해 폴란드가, 영국에 대해 아일랜드가 잘 보여주었다. 그런데 왜 한국인들은 이 나라 사람들과 같이 행동하지 못하고 있는가? 아마도 그 이유는 민족국가로서 대한민국의 역사가 일천하며 무엇보다도 하나의 민족이 아직도 두 국가로 분단되어 대결하고 있기 때문일 것이다.

한국 사람들의 정체성에 대해 함재봉은 매우 흥미로운 담론을 제공했다. 그는 "*한국 사람 만들기*"라는 저서에서 현대화과정에서 한국인들이 표현했던 정체성형성을 다섯 가지 "인간형." 즉 (1) 위정척사파, (2) 친일개화파, (3) 친미기독교파, (4) 친소공산주의파, (5) 인종적 민족주의파로 분류해 그들이 경쟁하면서 각기 다른 정치 및 사상을 추구했던 배경을 설명했다. 특히 그는 위정척사파는 명나라에서 도입된 중화사상과 문명을 자기 민족과 나라보다 더 중시해 "근대화"를 위한 부국강병정책을 거부했다고 주장했다. 한국민족주의는 중화사상에서 벗어나 천하가 아닌 민족을 보전하고 문명이 아닌 나라를 지키는데 도움이 되는 서양사상과 과학기술을 과감하게 수용했어야 했다는 것이다. 현재에도 한국에서는 인종적 민족주의가 거세게 남아있어 진정 한국 사람들이 누구인가는 아직도 "진행형"에 처해 있다는 것이다(함재봉, *한국 사람 만들기*, 2017).

21세기에 한국민족주의가 극복해야 할 과제는 단순히 "반일" 또는 "반미"구호만 외치는 종족 및 저항적 민족주의를 넘어서 자유민주주의와 법치를 중시하는 보다 성숙된 시민적 민족주의와 대한민국의 정체성과 정당성을 지지하는 공식적 민족주의를 달성하는 일이다. 이제 한국인들은 저항적 민족주의를 지양해 자유민주주의 국가 대한민국과 헌법에 대해 자긍심과 정체성을 확립하는 데 집중해야 한다. 이처럼 긍정적인 민족주의는 모든 시민들이 국가이익을 쟁취하기 위해 결속하게 만드는 원동력이기 때문이다.

5. 한반도 분단의 기원(1945-1948): 하나의 민족 두 국가의 탄생

1945년 2월 얄타회담에서 루스벨트는 하루 속히 제2차 세계대전을 끝내기 위해 스탈린에게 소련이 태평양전쟁에 개입해 만주에서 일본군을 격퇴할 것을 요구했다. 이것이 한반도 분단의 씨앗이 되었다. 소련군이 만주를 점령한 뒤에 한반도에 진군하자 8월에 트루먼은 이를 저지하기 위해 황급하게 북위 38도를 기점으로 소련군이 진군을 중지할 것을 제안했다. 소련이 이 제안을 수용한 것이 한반도의 분단의 기원이 되었다. 이 결과 미군은 남쪽을 점령하고 소련군은 북쪽을 점령해 한반도가 분단되고 조선민족이 남북으로 분리되었다. 당시 트루먼은 스탈린의 의도를 불신했기에 한반도 전체를 공산화하려는 그의 계획을 저지하기로 이미 결정했던 것이다(오코노기 마사오, *한반도 분단의 기원*, 한국어번역본, 2019). 다행히 소련군이 38도를 수용하자 미군은 서울을 포함한 38도 이남을 점령했다.

1945년 9월에 맥아더(Douglas MacAarthur) 장군은 하지(John R. Hodge) 장군을 남한에 파견해 군정을 지휘하도록 지시했다. 하지 장군은 상해임시정부대표를 만나지 않았으며 좌파들이 구성한 인민공화국대표도 거부해 독자적 군정을 실시했다. 한편 바로 이 때 스탈린은 이승만이 귀국하기도 전에 김일성에게 북한의 단독정부수립을 지령했다는 사실이 최근에 밝혀졌다. 그는 미군이 한반도 전체를 점령하기 전에 적어도 38선 이북에 공산정권의 수립을 기도했던 것이다. 스탈린은 1945년 9월 20일에 북한을 점령한 소련군에게 38도 이북에 공산정권을 수립하라는 지령을 내렸다. 김일성은 스탈린이 내린 이 지령을 따라 1946년 2월에 북조선임시인민위원회를 출범했다. 이 위원회는 2년 후에 김일성을 수반으로 한 정식정부로 전환했다(Chong-sik Lee, *North Korea: Building of the Monolithic State*, 2017, *조선일보*, 2017. 8. 9).

1947년의 한반도에서는 좌파와 우파 간에 극심한 분란이 반복되어 그들은 민족의 정치적 장래에 대해 합의를 이루지 못했다. 이승만은 스탈린이 한반도 전체를 공산화하는 것을 막기 위해 UN의 감시하에 우선 남한에서 선거에 의해 정부를 수립할 것을 주장했다. 10월에 미국은 이 제안을 받아들여 한반도문제를 UN

에서 해결책을 모색했다. 11월에 UN은 우선 남한에서 총선거를 실시하기로 결정하고 이를 감시하겠다는 결의안을 통과했다. 소련과 국내좌파는 이에 반대했다. 1948년 5월에 결국 선거가 가능했던 남한에서 UN감시하에 총선거가 실시되었다. 8월 15일에 남한은 이승만을 대통령으로 선출하고 대한민국을 출범시켜 서울을 국가수도로 정했다. 북한에서는 8월 25일에 최고인민회의대의원들을 선출했다. 이 회의가 8월 27일에 전 소련군 대위로서 항일투쟁이 전무한 김일성을 내각수반으로 선출했다("박종인의 땅의 역사," *조선일보*, 2023. 5. 17). 1948년 9월 9일에 북한은 조선민주주의 인민공화국을 출범했다. 1948년 12월에 UN은 총회결의안 195호를 채택해 한반도에서 대한민국을 유일한 합법정부로 인정했다. 1949년 6월에 미국은 남한에서 주둔한 군대를 모두 철수했다. 이 결과 한반도에서는 하나의 민족이 남북에 두 국가가 탄생했다. 1950년에 이승만은 남한에서 농지개혁을 단행해 한국사회의 구조적 변혁을 이루어 산업화의 기반을 구축하기 시작했다.

제33장

냉전기의 한반도: 한국의 산업화 및 민주화, 북한의 3대 독재 및 핵무장

1950년에 일어난 한국전쟁은 제2차 세계대전 후 유럽에서 이미 시작했던 냉전이 동아시아로 이전되어 한반도에 파급한 첫 번째 국지전이다. 냉전이 미국과 소련 간에 격화하고 있었을 때 발생한 한국전쟁은 두 진영 간의 대리전의 성격을 가졌다. 냉전이 점차 해소되자 한국과 북한은 동서대결을 초월해 더 많은 국가들과 외교관계를 수립했다. 한국과 북한의 국내에서는 상호 간에 아주 상이한 정치 및 경제체제가 발전했다. 한국은 한국전쟁을 치른 뒤 국가안보를 유지하는데 전력을 기울이면서 정치민주화와 경제산업화의 기반을 구축해 압축적인 현대화를 달성했다. 북한은 김일성, 김정일 및 김정은하에 3대 독재체제를 계속해 별로 변화하지 않은 채 핵무장한 국가가 되었다.

1. 한국전쟁의 기원과 정전협정(1950-1953)

한국은 북한과 1950년부터 1953년까지 한국전쟁을 치렀다. 이 전쟁의 기원에 대해서는 수많은 연구와 논란이 계속했다. 1950년 1월 12일에 미국의 국무장관 에치슨(Dean Acheson)은 한 언론인들 모임에서 행한 연설에서 동아시아에서 미국의 방위선(defense perimeter)은 필리핀에서 일본의 오키나와까지라고 하면서 그 속에 한반도를 포함하지 않았다. 그 후 일부학자들은 이 연설이 김일성으로 하여금 남침을 감행하게 만들었다고 주장했다. 냉전이 종식된 뒤 중국과 소련의 역사적 기록물이 공개되어 한국전쟁에 대해서 더 자세히 알게 되었다. 이 기록에 의하면 김일성과 스탈린은 **1950년 1월 이전**에 이미 남침계획을 논의했다는 것이 밝혀졌다. 따라서 에치슨의 연설이 스탈린의 결정에 별로 영향을 끼치지 않았던 것이다(James I. Matray, "Dean Acheson's Speech Reexamined," *Journal of Conflict Studies,* vol.22, no.1, 2002). 미국이 먼저 이 전쟁을 유발시켰다고 주장했던 일부 수정주의 학자들의 주장도 사실이 아니었다. 김일성이 이 전쟁의 필요성을 스탈린에게 먼저 제의했던 것이다. 당시 스탈린은 처음에는 미국의 개입을 두려워해 전쟁에 반대했다. 그는 김일성에게 우선 마오쩌둥과 상의해 그의 동의를 얻어낸 뒤에 전쟁을 허가했다. 스탈린은 무엇보다도 미국과의 대결을 우려했기에 김일성에게 전쟁이 잘못되면 소련은 북한을 도울 수 없으므로 중국에게 의존해야 할 것이라고 다짐했다(William Stueck, *Rethinking the Korean War: A New Diplomatic and Strategic History,* 2002). 스탈린은 미국을 한국전쟁에 끌어들여서 중국과 싸우게 한 뒤 그가 이미 추진했던 동유럽의 공산화계획에 개입하지 못하게 하기 위해서 김일성에게 한국전쟁을 권장했던 것이다.

1950년 6월 25일에 북한인민군이 38선을 넘어 기습공격을 개시했다. 당시 UN안보회의는 대만에 피난해 왔던 중화민국이 중국을 대표하는 것에 반대하기 위해 소련대표가 이 회의를 보이콧 하고 있는 동안 북한을 침략자로 규정하고 남침을 중단할 것을 촉구하는 결의안을 통과시켰다. 트루먼은 맥아더 장군에게 명령해 일본에 주둔한 미군을 한반도에 급파시켰다. 그해 1월에 행한 연설과 180도로 다르게 국무장관 에치슨은 트루먼 대통령에게 한국전에 즉각 개입할 것을 권유했다. 트루먼은 이때 미국이 개입하지 않으면 나중에 더 큰 전쟁에 직면할 위험이 있다고 판단했다(Harry S. Truman, *Memoirs of Harry S. Truman, Years of Trial and Hope: 1946–1952,* 1965). 트루먼은 한반도뿐 아니라 기타지역에 소련이 세력을 확대하는 것을 사전에 봉쇄하기 위해서도 먼저 한국전에 개입하지 않을 수 없었던 것이다.

UN군사령관으로 임명된 맥아더는 1950년 9월 15일에 미국해병대를 인천에 상륙시키는 작전에 성공한 후 서울을 탈환했다. 그 뒤에 미군이 38선을 넘어서 압록강까지 진군하자 중국의 "의용군"이 개입했다. 마오쩌둥은 국내에서 공산당정권이 완성되지 않았는데도 불구하고 중국주변부에서 미군의 접근을 사전에 억지하고 동시에 강대국지위를 획득하기 위해 한국전에 중공군개입을 명령했던 것이다. 맥아더는 중공군의 은신처로 활용되었던 만주를 포격할 것을 미국정부에 건의했다. 트루먼은 한국전을 중국본토에까지 확대해 중국과 전쟁을 피하고 어디까지나 "제한전쟁"으로 유지하기 위해 맥아더를 해고했다. 맥아더 장군은 귀국해 영웅대우를 받아 미국의회에서 한 연설에서 "노병은 죽지 않는다. 다만 사라질 뿐이다"라는 말을 남겼다.

1952년에 한국전쟁이 교착상태에 빠지자 스탈린과 마오는 휴전을 제안했다. 이 결과 UN군 대표들이 판문점에서 중국대표를 포함한 북한대표와 군사정전회담을 개최했다. 이 정전회담이 계속하는 동안 전쟁은 더욱더 격화했다. 1952년에 아이젠하워가 미국대통령으로 당선되자 그는 이 "트루먼 전쟁"을 종결하기 위해 원자탄사용도 불사하겠다는 결의를 발표했다. 1953년 3월에 스탈린이 사망한 후 정전회담이 재개했다. 4월에 이승만은 정전에 적극 반대했다. 만약 정전이 되어 중공군이 북한에서 계속 주둔한다면 통일은 요원해 질 것을 우려해 한국군이 단독으로 북진해 승공통일을 완성하겠다고 주장했다. 당시 미국은 이승만의 이러한 행동을 제지하기 위해 그를 감금해 하와이로 이송할 계획을 수차례 세웠다. 5월 30일에 이승만은 미국이 한국을 보호하기 위해 미군주둔과 한미방위조약을 체결할 것을 요구했다. 6월 8일에 판문점군사정전회담은 포로송환에 대한 협정을 타결했다. 6월 17일에 양측은 정전협정에 잠정 합의했다. 이에 항의하기 위해 6월 18일에 이승만은 국제법을 어기면서 2만 7천여 명의 반공포로를 석방했다. 그는 계속적으로 **한미방위조약**을 집요하게 요구했다. 7월 27일에 미국은 마침내 이승만의 요구를 받아들인 뒤 군사정전협정에 조인했다. 이 정전은 단지 교전상태를 중단한 것에 불과하며 평화조약이 아니다. 법적으로 남북한은 여전히 상호 간에 교전상태를 지속해 왔다. 이 정전이 발효한 직후 1953년 8월 8일에 한국과 미국은 한미방위조약을 합의해 한국에 미군이 계속 주둔해 한국을 보호했다. 이처럼 이승만은 불굴의 의지로 한미동맹의 초석을 다지는 데 헌신했다. 이 결과 그는 대한민국을 자유주의국제질서 속에 확실하게 정착시킨 위대한 지도자가 되었다.

2. 한미동맹과 조소 및 조중 동맹(1948-1961)

한국에서는 이승만 대통령이 헌법질서하에 국가건설의 기초를 다지고 한미동맹을 강화해 국가안보의 기반을 건축했다. 한국은 1948년에 자유민주주의를 지향한 헌법을 제정해 내각체제를 도입했다. 1950년에 이승만은 농지개혁을 단행해 조선 지배계층을 소멸하고 봉건사회의 구조를 근본적으로 변혁하는 길을 텄다. 정치적으로 이승만은 1952년에 헌법을 개정해 당시의 내각체제를 대통령체제로 전환시켜 다시 대통령으로 당선되었다. 그는 그해 1월에 한반도주변에서 독도를 포함한 공해에 대해 "평화선"(일명 "Syngman Rhee Line"으로서 그 후에 선포된 배타적 경제지역과 거의 일치했음)을 선언해 이 선내에 한국의 영유권을 주장했다.

1953년 10월에 한미상호방위조약이 정식으로 조인되었다. 이승만은 이때 미국이 주도하는 자유주의진영과 소련이 주도하는 공산주의진영 간에 냉전이 계속될 것을 정확하게 예견했다. 그는 1954년 7월 26일부터 8월 13일까지 미국을 방문했다. 당시 미국의회에서 행한 연설에서 그는 공산주의에 대한 전면전을 선언하면서 자유민주주의를 수호하기 위해 함께 투쟁하자고 호소했다. 한편 국내에서 그는 그해 11월에 초대대통령에 한해서 3선연임을 허용한 이른바 "사사오입"헌법개정을 국회에 통과시켜 자신이 종신대통령으로 통치할 수 있게 만들었다. 이 결과 그는 장기집권을 계속할 수 있게 되었다. 이승만은 미국원조의 도움으로 전쟁에서 파괴된 경제를 재건하고 불안한 국내정치를 안정시킨다는 명분으로 장기집권을 정당화했다.

이승만이 12년간 집권하는 동안 그의 통치는 점차 독재화했다. 1960년 4월 19일에 대학생들이 독재를 반대하고 자유민주주의를 외치는 시위를 전개해 그의 사임을 요구했다. 이 시위가 전국적으로 확대하자 이승만은 대통령직에서 스스로 하야했다. 이 돌발적 사건이 바로 **4·19민주화운동**이다. 한국정부는 계엄령을 선포해 시위를 진압했다. 이 대중시위에서 186명이 사망했고 1500여 명이 부상했다. 당시 많은 청소년들이 순수한 마음으로 자유민주주의를 수호하기 위해 용감하게 시위했다. 이처럼 젊은 청소년들이 피를 흘리며 희생했기에 자유민주주의가 명맥을 이어 올 수 있었다. 필자는 당시 연세대의 재학생으로 이 시위에 직접 가담했다. 당시 우리 시위대가 중앙청에 도달했을 때 기마경찰이 발사한 총소리가 들렸고 의예과 학생 한 명이 사망했다는 소식을 듣고 가슴이 서늘했던 것을 아직도 생생하게 기억한다. 4·19 민주화운동은 젊은 대학생들이 민주주의와 정의를 회복하려는 고매한 정신으로 전개한 자발적인 집단행동이었다. 시위가 중단된 직후 필자는 친구 김달중과 함께 전국을 돌아다니면서 4·19에 대한 기록과 자료를 수집했다. 2021년에 이 자료는 국가문화재로 인정되어 연세대학교 박물관에 보존하고 있다.

이승만의 통치는 독재화했지만 그는 공산주의정권수립을 방지하고 대한민국의 안보와 경제재건을 추진하는데 비범한 리더십을 행사했다. 이승만의 하야 이후 한국정치에서는 1960년부터 약 1년간 장면 총리가 내각제를 정착하려 노력했으나 계속적으로 일어났던 정치 불안을 해소하지 못했다. 이 불안을 종식하기 위해 1961년 5월 16일에 박정희 소장은 김종필 등과 함께 군사쿠데타를 거행했다. 그는 정권을 장악한 뒤 이른바 "유신헌법"을 채택해 대통령으로 당선되어 1979년 10월 26일까지 한국을 통치했다.

한편 북한에서는 김일성이 1948년에 북한정부의 내각수반으로 선출된 뒤에 조선노동당의 당수 및 인민군사령관으로 선출되어 모든 권력을 독점했다. 한국전쟁 이후 그는 박헌영 등 정적들을 하나씩 차례로 숙청한 뒤 일인독재와 개인숭배 체제를 강화해 사실상 스탈린 체제를 구축했다. 그는 한국전쟁 동안 미군의 폭격으로 파괴되었던 기간시설들을 재건하기 위해 전력을 기울였다. 이 노력을 수행하는 동안 그는 소련과 중국의 군사 및 경제원조에 크게 의존했다. 1959년에 중국은 북한에서 잔류했던 군대를 모두 철수했다. 1961년에 북한은 소련 및 중국과 상호우호협조조약을 체결해 사실상 군사동맹을 형성했다. 이때부터 북한은 중국을 한국전쟁에서 같이 싸웠던 "혈맹"으로 여겨 왔다.

3. 한국의 산업화와 북한의 "주체"노선(1961-1979)

1970년대에 한국은 박정희 대통령의 통치하에서 압축적 산업화를 수행했다. 김일성은 1961년에 소련 및 중국과 상호우호조약을 체결한 뒤 그들로부터 군사 및 경제원조에 의존했으나 중소분쟁이 격화하자 어느 한쪽에 경도하지 않기 위해 이른바 "주체"노선을 추구했다. 1972년에 한국이 북한과 대화를 개시한 뒤 남북 양측은 국제정치에서 외교경쟁을 치열하게 전개했다. 1976년의 세계에서 한국을 승인했던 나라는 96개국에 달했고 북한을 승인한 나라는 93개국에 달했다. 중소분쟁이 격화한 뒤 김일성은 "주체"노선을 내세워 자력갱생과 민족주의를 고취했다. 1965년에 그는 인도네시아를 방문해 수카르노(Soekarno) 대통령과 정상회담을 가졌다. 여기서 조성되었던 개인적 친분으로 인해 북한은 인도네시아와 우호관계를 계속했다. 1970년대에 김일성은 주로 동구공산국가들과 관계를 개선하는 데 중점을 두었다. 김일성은 1975년에 루마니아와 유고슬라비아를 방문해 티토(Josip Tito) 및 차우셰스쿠(Nicolae Ceausescu)와 정상회담을 가졌다. 1977년에 동독의 공산당당수 호네커(Erich Honecker)가 북한을 방문해 김일성과 정상회담을 가졌다.

한국에서는 박정희 대통령이 정치 불안을 어느 정도 해소한 뒤 경제발전에 집중해 **압축적 산업화**계획을 강행했다. 그는 1962년 1월 5일에 제1차경제발전계획(1962－1966)을 발표했다. 그가 재임하는 동안 4차례의 경제발전5개년계획을 완수하는데 단호한 리더십을 발휘했다. 그는 국가의 주도하에 새마을운동, 가족계획, 산림녹화, 경부고속도로건설 등 각종의 기간시설구축 및 수출주도경제발전을 추구해 한국경제의 산업화를 적극 추진했다. 그는 농촌에서 빈곤을 퇴치하기 위해 **새마을운동**을 전개했다. 기본적으로 이 운동은 농촌이 스스로의 노력으로 자신들의 생활환경을 개선할 경우 그 업적을 국가가 포상하는 자조운동이다. 당시 한국의 인구는 매년 3% 가량 빠르게 증가하고 있었으므로 이를 완화하기 위해 그는 가족계획운동을 적극 장려했다. 이러한 발전계획에 필요한 지적투입과 인재를 양성하기 위해 그는 각 분야에서 국가가 출연하는 연구소들을 설립했다. 그 대표적인 것이 한국과학기술연구원(KIST), 한국경제개발연구원(KDI) 및 한국고등과학기술연구원(KAIST)이다. 1965년에 박정희는 미국을 방문했을 때 조선설계 권위자 신동식을 설득해 그를 귀국시켰다. 그는 1968년에 신동식을 최초의 경제 제2수석으로 임명했다. 신동식은 최형섭과 함께 KIST를 창립했고 한국의 조선사업을 육성하는데 적극적으로 헌신했다. 이처럼 미국 등 해외에서 유학한 과학자와 경제학자들이 귀국해 각 연구소에서 우수한 인재들을 양성해 정부와 민간 기업에 공급했다. 여기서 배출된 엘리트들이 한국의 경제발전계획을 집행하는데 핵심적 역할을 담당했다.

대외적으로 1960년대에 미국원조가 감축되자 한국은 차관 또는 수출에 의해 필요한 외환을 마련해야 했다. 1961년에 미국의 케네디 대통령은 한국에서 군사정부가 시작한 뒤 무상원조를 중단했다. 박정희 대통령은 경제발전에 필요한 달러를 확보하기 위해 여러 가지 자구책을 모색했다. 1963년 말에 정부는 독일에 가서 광부로 일할 한국근로자들을 모집했다. 1966년에 그는 한국간호사들을 독일에 파견했다. 1977년까지 한국은 8600명의 근로자들과 10,400명의 간호사들을 독일에 보냈다. 이에 대한 공식대가는 아니지만 독일정부는 한국을 지원하기 위해 1억 5천만 마르크의 차관을 제공했다. 한국근로자들과 간호사들이 조국에 송금한 금액도 수억 달러에 달했다.

한편 베트남전쟁이 다시 격화하고 있을 때 박정희는 베트남전쟁에 한국군을 파견했으며 일본과 국교를 정상화했다. 1964년에 미국의 존슨 대통령은 베트남전쟁을 성공적으로 수행하기 위해 한국군의 파병을 요청했다. 1965년에 한국은 1개 해병연대와 수도 사단을 파견했고 그 다음해에 제9사단을 추가로 투입했다. 한국군사령관으로 임명된 채명신 장군은 베트남전에서 월맹군에 대한 유격작전을 성공적으로 수행해 한국군의 탁월한 전투력을 과시했다. 미국은 한국군파병에 대한 비용을 전담했다. 이 전쟁이 10여 년간 계속되는 동안 한국의 GDP는 4배로 증가했다. 한편 1965년에 한국은 14년간 계속되었던 한일수교회담을 종결해 일본과 한일기본조약을 체결했다. 일본은 한국에 3억 달러의 무상원조, 2억 달러의 경제원조 및 3억 달러의 차관을 합한 총 8억 달러를 제공했다. 5억 달러의 무상원조는 당시 일본외환보유의 3분지 1에 해당했다. 한국은 이 돈으로 포항제철, 소양강댐, 경부고속도로 등 공적인 기간시설을 건설하는 데 사용했다. 한국과 일본은 이 조약에서 일본 식민지에 대한 배상문제는 법적으로 해결된 것으로 인정했다.

1969년 7월에 미국의 닉슨 대통령은 이른바 "**닉슨독트린**(괌독트린)"을 선포해 베트남에서 미군을 철수할 계획을 발표했다. 이 선언의 핵심내용은 미국은 동맹국들과 이미 맺었던 조약은 준수하겠으나 동맹국들의 방위는 기본적으로 각자가 스스로 담당하라는 것이다. 그해 11월에 미국은 이 계획을 행동으로 보여주기 위해 한국의 반대에도 불구하고 한국에서 미국 제7사단을 철수했다. 1973년에 이 전쟁을 종결하기 위해 "베트남화"(Vietnamization)라는 명분하에 파리에서 닉슨의 안보보좌관 헨리 키신저와 북베트남공산당의 정치국원 레득토(Le Duc Tho)가 협상을 개시했다. 이 회담에서 양측은 베트남에서 미군을 전부 철수하기로 합의했다. 이 평화협정의 성공으로 그들은 공동으로 노벨평화상을 받았으나 레득토는 수상을 거부했다. 1975년 4월에 미국은 베트남에서 미군철수를 완료했다. 미군이 베트남을 떠나는 마지막 날에 주 사이공 미국대사관이 점령되기 전에 미국의 헬리콥터들이 그 지붕 위에서 기다렸던 미국인들을 구조하는 모습이 전 세계에 방영되었다. 이 장면은 실로 막강한 화력을 구사했던 초강대국인 미국이 보잘것없는 무기로 무장했지만 불굴의 의지로 끝까지 싸웠던 유격대에 의해서 무질서하게 철수하는 것을 보여 주었기에 더욱 더 큰 충격을 남겼다. 필자는 당시 미국의 한 대학에서 강의했기에 이 영상을 직접 관람했다.

1973년에 중동에서 석유파동이 시작한 뒤 석유가격이 4배로 상승하고 있을 때 한국은 사우디아라비아 및 리비아 등 중동국가들에게 건설회사들 및 근로자들을 진출시켰다. 그들은 현지에서 열악한 기후와 풍토를 극복하면서 대규모의 항만, 고속도로, 수로 및 주택을 건설해 한국건설기술의 저력을 보여주었다. 한국근로자들은 척박한 사막막사에서 거주하면서 낮에는 잠자고 밤에는 횃불을 켜 놓고 열심히 일했다. 1970년대에 한국의 건설회사들이 중동의 건설시장에서 수주량의 80% 이상을 차지했다. 그들이 힘들게 벌어들였던 대금과 송금은 한국의 GDP의 10%에 달해 모국의 경제발전에 크게 기여했다. 1977년에 박정희 정부는 당시 의사들의 반대를 무릅쓰고 일부시민들을 대상으로 강제의료보험제도를 도입했다.

박정희통치가 이루었던 가장 가시적 업적은 위에서 기록한바와 같이 그가 강한 의지로 밀어 부쳤던 **압축적 산업화**다. 박정희가 18년간 통치하는 동안 4차례의 5개년개획이 집행되었다. 이 계획의 특징은 남미국가들이 실시했던 수입대체산업과 달리 한국은 국가주도하에 수출 지향적 산업화를 달성한 것이다. 1962년에 제1차 개발계획을 출범했을 때 한국의 1인당국민소득은 82달러에 불과했다. 1962년에 국토의 30% 정도가 경작 가능했기에 농업이 주업이었던 1차 산업이 GDP의 40%를 차지했다. 이러한 산업구조는 그 뒤에 추진한 산업화가 성공해 1980년에는 제조업이 GDP의 35%에 달했다. 경제기획원은 산업통상부 및 재무부와 함께 처음에는 섬유와 의류 등 경공업을 지원했으나 점차 철강 및 석유화학

등 중공업을 선택해 제조업의 생산성을 제고하는데 가용자원을 집중적으로 투입했다. 정부는 수출에서 업적을 내는 기업들에게 외환사용, 보조금 및 조세혜택을 제공했다.

1971년 11월 10일에 박정희 대통령은 당시 한국보다 앞섰던 북한의 무기생산에 대비하기 위해 한국자체의 무기생산계획에 착수했다. 그는 당시 상공부 차관 오원철을 제2경제수석으로 임명해 소총, 기관총, 대전차 지래 및 박격포의 생산을 당부했다. 1972년 4월 3일에 국방부가 개최한 시사회에서 한국이 생산한 무기들은 모두 소기의 성능을 발휘했다. 박 대통령이 이때 뿌렸던 방위산업의 씨앗이 그 뒤에 착실하게 결실해 2022년에 한국은 폴란드 등 여러 나라에 전차, 전투기 및 자주포 등을 수출해 100조원 이상의 실적을 내어 세계에서 9위의 무기수출국이 되었다(*조선일보*, 2023. 4. 5. 김창균 칼럼).

1972년에 박정희 대통령은 제3차 5개년계획(1972–1976)을 발표해 중화학공업을 집중적으로 육성했다. 이 계획을 수립하는데 독일유학을 하고 귀국한 김재관이 그 구체적 실현방안을 박 대통령에게 직접 제출해 결정적 역할을 수행했다. 박 대통령이 철강, 승용차 및 조선 산업발전의 필요성을 기업지도자들에게 설명했을 때 당시 찬성한 기업인은 많지 않았다. 그러나 정주영이 하겠다고 나섰다(*조선일보* 2023. 3. 2. 양상훈 칼럼). 이렇게 시작했던 중공업계획이 그 뒤에 큰 성과를 내어 포항제철, 현대자동차 및 중공업, 삼성전자와 같은 대규모의 "종합상사"라고 불렸던 재벌들이 탄생했다. 이렇게 시작했던 한국의 제조업은 2022년에 세계 5위로 발전했다. 이처럼 정부, 기업 및 근로자들이 경제발전을 위해 일치단합하고 협력한 결과 1962년부터 1979년까지 한국경제의 성장률은 연평균 9.6%, 수출은 30%를 기록해 1인당소득은 1968년에 북한을 앞섰고 1980년에는 2400달러에 달했다. 이 결과 한국은 아시아의 네 마리 호랑이들(한국, 대만, 싱가포르, 홍콩) 중에서 가장 모범적 국가로서 압축적 산업화를 이루어 냈다. 이 기록은 19세기 중반에 비스마르크가 독일에서 그리고 메이지지도자들이 일본에서 압축적 산업화를 이룩했던 업적과 유사한 것이다.

1970년대에 박정희의 통치는 점차 독재화해 반대세력들을 탄압했다. 1979년 10월 26일에 박정희는 중앙정보부 부장 김재규에 의해 암살되었다(**10·26사건**). 이 결과 박정희가 영도했던 "유신체제"는 종식되었다. 이 사건 후에 대대적인 반

독재시민운동이 전국을 휩쓸어 거의 무정부상태를 초래했다. 이 반란상태를 진정시키기 위해 12월 12일에 전두환 장군이 주도한 "신군부"가 쿠데타를 일으켜 정권을 장악했다(**12 · 12사태**). 그런데도 1980년 5월 18일에 광주에서 폭력시위가 재현하자 그는 군대를 파견해 유혈 진압했다(**5 · 18운동**).이 운동에서 193명이 목숨을 잃었다. 전두환은 8월에 새로 임명한 선거인단("체육관선거")에 의해 제11대 대통령으로 선출되었다. 전두환 대통령은 1987년까지 재임하는 동안 물가를 안정시켜 경제성장을 촉진하고 국제수지를 개선하려고 노력했다. 그는 김재익과 같은 유능한 관료들에게 경제정책수립과 이행을 맡겼다. 그는 1983년에 당시 군부의 거센 반발에도 불구하고 예산을 동결하는 조치에 서명했다. 그가 8년간 집권하는 동안 10%의 경제성장과 5%의 물가상승률, 2.8%의 실업률을 달성해 완전고용까지 이뤄냈다. 1986년에는 경상수지도 사상처음 흑자를 기록했다(*중앙일보*, 2021. 11. 24, 이철호 칼럼). 전두환의 독재는 민주주의 절차정당성을 결여했으나 경제발전에서는 괄목할 만한 업적정당성을 발휘했다.

4. 한국의 민주화 및 북방외교, 북한의 고립과 핵무기개발 (1987-1994)

1987년에 노태우는 대통령선거에 출마해 6월 29일에 군사정권을 중단하기 위해 전격적으로 대통령직선제를 수용했다(**6 · 29선언**). 이 결과 기존 정당들의 지도자들이 합의한 후 직접투표와 5년간의 단임 대통령을 규정한 새 헌법이 국민투표에 의해 채택되었다. 한편 야당의 후보 김영삼, 김대중 및 김종필 후보들(이른바 "3김")은 상호간에 분열해 대선에서 패배했다. 12월 16일에 실시한 대선에서 전직 장군이었던 노태우는 처음으로 민간인 대통령으로 당선되었다. 이 시점부터 한국정치는 점차 민주화하기 시작했다. 노태우정부가 실시했던 북방외교가 가시적 성과를 내자 이는 공산권에서 북한의 고립을 초래했다. 북한을 둘러 싼 전략환경이 급변하자 김일성은 핵무기개발에 착수했다.

한국이 냉전기에 성취한 경제력은 자유진영과 공산진영 간에 교량을 구축하는데 성공해 냉전을 해소하는 데도 기여했다. 1980－1990년대에 한국의 **"북방정책"**은 공산권국가들의 개방을 촉진했고 동서냉전을 완화시켰다. 1988년에 한국은 헝가리에 4억 달러의 차관을 제공해 국교를 정상화했다. 이처럼 획기적인 "북방정책"은 1984년에 소련이 보이콧했던 로스앤젤레스올림픽과 달리 소련과 모든 동구 공산국가들이 1988년 서울올림픽에 참석하게 만들었다. 1989년에 서울에서 개최된 APEC정상회담에서 한국은 중국과 대만(Taiwan China)이 국가의 정식명칭과 다른 경제명칭(economies)으로 함께 참가하도록 중재했다. 1990년에 한국은 소련에 30억 달러의 차관을 제공해 국교를 수립했다. 1990년에 한국은 중국이 베이징에서 아시안게임을 개최하는데 필요한 기술 및 경제지원을 제공했다. 1991년 9월에 한국과 북한은 동시에 UN에 정식으로 가입했다. 1992년에 한국은 중국과 정식으로 수교했다. 오늘의 시각에서 이러한 업적은 별것 아닌 것 같지만 냉전이 진행되고 있었던 당시에는 상상할 수 없는 성과였다. 한국의 경제력이 이러한 업적을 가능하게 만들었던 것이다.

북한은 1980년대의 국제정치에서 더욱 더 고립되었다. 1984년에 김일성은 모스크바를 방문해 소련에 군사지원을 요청했다. 이때 소련은 부정적 반응을 나타냈다. 이때부터 김일성은 군사력에서도 주체노선을 관철하기 위해 핵무기개발에 박차를 가했다. 북한은 1950년대부터 이미 다수의 유학생들을 소련에 보내어 핵물질에 관한 과학자 및 기술자들을 양성했다. 냉전이 종식된 후 소련이 군사 및 경제지원을 중단하자 김일성은 체제생존을 위한 자구책으로 핵무기개발을 추진했다. 1979년에 북한은 소련의 기술지원을 받아 영변에 핵원자로를 건설했다. 1985년에 북한은 NPT를 조인했으나 그것을 비준하지 않았다. 북한은 소련의 핵우산도 상실하자 극심한 "안보딜레마"에 직면했다. 이 딜레마에서 벗어나기 위해 북한은 핵무기개발을 선택했다(Yongho Kim, *North Korean Foreign Policy: Security Dilemma and Succession*, 2011).

1992년에 IAEA는 북한의 핵시설들이 NPT가 요구하는 안전장치요건들을 결여했다고 보고했다. 당시 북한은 영변에 설치했던 핵시설에서 플루토늄을 추출하고 있었기 때문이다. 1994년 6월에 클린턴은 핵시설을 제거할 계획을 수립해 긴장이 고조했다. 이 해에 전 미국대통령 카터(Jimmy Carter)는 평양을 방문해 직접 김일성과 회담을 갖고 북한이 미국과 핵문제에 대해 직접 협상하겠다는 약속을 받아냈다. 이때 한국의 김영삼 대통령도 직접 평양에 가서 김일성과 정상회담을 갖기로 합의했다. 그러나 1994년 7월 8일에 김일성은 심장마비로 사망했다.

이때부터 김정일이 "영명한 지도자"로 권력을 계승해 북한을 통치했다. 그해 10월에 미국을 대표했던 갈루치(Robert Gallucci)는 제네바에서 북한의 강석주와 핵무기에 대해 양자협상을 실시했다. 이 협상에서 그들은 임시적 합의에 도달했다. 그 내용은 북한이 당시 진행 중이었던 핵시설을 **동결**한다면 한국은 북한의 전기공급을 보완하기 위해 2기의 경수로를 제공한다는 것이었다. 그 후에 이 제네바합의는 이행되지 않았다.

한국은 국내정치에서 1987년에 노태우 대통령은 5년 임기의 단임 대통령제를 시작해 헌법절차에 따라 민주화를 제도화하기 시작했다. 1992년에 김영삼이 민간인 출신 대통령으로 당선된 후 2022년까지 김대중, 노무현, 이명박, 박근혜, 문재인 및 윤석열이 여당과 야당 간에 정권을 평화적으로 교차해 자유민주주의를 정착했다. 북한의 김일성, 김정일 및 김정은은 정치체제에 큰 변화를 보이지 않고 여전히 일인독재를 계속했다. 김정일은 무엇보다도 군부를 우선시해 "선군정치"를 강조하면서 핵 및 미사일과 같은 비대칭무기개발에 가용자원을 집중했다.

5. 발전국가로서의 한국과 핵무장한 병영국가 북한(1994-현재)

1990년대에 한국은 동아시아에서 가장 모범적인 "발전국가"로 부상했다. 북한은 핵무장한 병영국가로 변했다. 한국은 1996년에 선진국들의 클럽인 OECD에 가입했다. 김정일이 영도했던 북한의 경제발전은 침체해 극심한 식량난에 직면해 "고난의 행군"을 겪었다. 그런데도 북한은 핵 및 미사일을 개발해 "강성대국"을 완성하려고 전력을 기울였다. 2002년에 미국은 북한이 핵무기에 필요한 우라늄을 농축하고 있다는 사실을 발견한 뒤 북한에 이를 중단할 것을 요구했다. 북한은 이를 거부한 뒤 NPT를 탈퇴해 핵무기개발을 가속화했다. 2003년부터 2009년까지 북한은 한국, 미국, 일본, 중국 및 러시아와 핵문제를 토의하기 위해 6자회담을 가졌으나 성과를 거두지 못했다. 이 결과 미북 및 남북관계는 다시 악화했다(남북관계와 6자회담에 대해서는 제32장에서 상세하게 분석한다). 2011년 12월 17일에 김정일이 사망한 뒤 그의 차남 김정은이 권력을 계승해 북한은 세계에서 유일하게 3대 세습체제를 시작했다. 김정은은 강성대국을 성취하기 위해 핵무기와 경제발전을 "병진"할 것을 다짐하면서 지금까지 6차의 핵실험을 실시했다.

한국은 1997년에 갑자기 외환위기를 겪었다. 정부가 이 위기를 극복하는데 조금이라도 도움을 마련하기 위해 많은 한국인들은 가정에서 간직했던 금을 한국은행에 비치하는 운동을 자발적으로 전개했다. 국가가 경제적 위기에 봉착했을 때 그들이 자발적으로 이러한 행동을 취했던 것은 다른 나라에서는 흔하지 않은 모습이었다. 2006년에 필자가 KDI국제정책대학원에서 강의했을 때 개도국에서 온 학생(공무원)들은 신기하다는 표정으로 어떻게 그러한 일이 일어났는지를 질문했다. 이처럼 한국은 자발적인 행동과 정부와 민간이 협력해 외환위기를 극복한 뒤 경상수지에서 흑자국가로 발전했다. 21세기 초에 한국의 경제력은 세계 10위권에 진입했다. 한국경제는 세계화를 가속화했다. 한국의 무역이 전 세계의 방방곡곡으로 확대하자 한국은 대부분의 국가들과 FTA를 체결했다. 세계적 브랜드를 가진 삼성, 현대, LG, SK 및 롯데의 제품은 세계 어느 나라에서도 볼 수 있다. 첨단 과학기술에서도 한국은 선진국들과 경쟁할 정도로 발전했다. 2002년에 서울에서 월드컵경기를 성공리에 치렀다. 2018년 평창 동계올림픽에서도 한국은 정보기술과 스포츠의 경쟁력을 과시했다. 2022년에 한국은 세계에서 제5위의 제조업국가로 부상했다. 북한은 오로지 핵무기에 의존해 빈곤한 병영국가로 생존하고 있다.

제34장

한반도의 현주소: 개방한 한국과 폐쇄한 북한

한반도의 현주소는 하나의 민족이 남북으로 양단되어 두 개의 국가들을 구성하고 있는 것이다. 이 두 국가 간의 차이는 개방한 한국과 폐쇄한 북한으로 표현할 수 있다. 이것을 가장 극적으로 나타내는 것이 인공위성이 찍은 사진이다. 여기서 남한은 환하게 밝지만 북한은 까맣게 보인다. 남한과 북한의 구체적 차이점은 다음 표와 같다.

표 4 남북한의 비교

	남한	북한
인구	5070만 명	2540만 명
면적	99,313 평방m	122,762 평방m
GDP	1.622조 달러	400억 달러
수출	5,526억 달러	47.1억 달러
수입	5,140억 달러	40억 달러
1인당소득	37,900달러(구매력)	1,800달러(추정)
평균수명	79.3	69.2
군사력	655,000	1,190,000
군사비	364억 달러	50억 달러 (추정)
GDP대 군사비 비율	2.8%	22.3%

출처: World Bank, SIPRI 2016.

1. 대한민국: 개방한 중견국가

이 표에서 볼 수 있듯이 대한민국은 개방과 개혁을 실시해 반세기에 산업화와 민주화를 동시에 성공한 세계 유일한 중견국가로 부상했다. 1948년 이후 한국은 조선말기의 개화파와 일본식민정부가 못했던 현대화를 압축적으로 달성했다. 한국은 자유주의국제질서 속에서 이러한 업적을 기록해 왔기에 개도국들 중에서는 가장 세계화한 모범적 중견국가로 발전했다.

1950－53년의 한국전쟁은 남북한의 경제적 인프라와 생산시설들을 파괴했다. 이 전쟁은 남한에서 조선시대부터 계속되었던 신분제도를 중단했다. 이 개혁은 경제발전을 가속화하는 효과를 가졌다. 1962년에 한국의 1인당국민소득은 82달러에 불과했으나 2016년에는 37,900달러(구매력에 근거한 환산－PPP)에 달해 한국은 52년 만에 산업화를 성취했다. 한국의 GDP는 세계에서 10－12위, 외환보유는 6위, 수출은 5위, 특허건수 4위, 인터넷 속도 1위를 기록해 중견국 중에서 상위를 기록했다. 군사비지출에서 한국은 10위이고 GDP 중 연구개발비비율은 4%로 세계 1위를 유지했다. 1960년 및 1970년대에는 섬유, 신발 및 전자산업과 같은 노동집약적 산업화를 추진해 연평균 8.6% 성장률을 보였다. 1980년대에 한국의 산업화는 자동차, 철강, 조선 석유화학과 같은 중공업에 치중해 생산성을 제고했다. 21세기에 들어와 한국은 디지털 모터, 이동전화, 반도체 및 화장품과 같은 분야에 투자를 늘려서 첨단혁신기술의 개발에 박차를 가했다.

1996년에 한국은 선진국대열인 OECD에 가입했다. 2008년에 한국은 G－20의 회원국이 되었다. 한국은 세계의 75%에 해당하는 국가들과 FTA를 체결해 경제는 급속도로 세계화했다. 한국은 스마트폰, 반도체, 특수선건조, 자동차부품 및 평판디스플레이의 시장에서 세계 1위를 점유했다. 2017년에 출범한 문재인 정부는 이른바 "소득주도성장"을 추진했으나 성과를 내지 못해 2019년에 경제성장률은 처음으로 2%로 떨어졌고 빈부의 격차는 더 커졌다. 한국이 다시 경제적 경쟁력을 격상해 간다면 수년 내에 10위권에 복귀해 업적정당성과 절차정당성을 동시에 향유하는 모범적 중견국가로 발전할 것이다.

정치발전에서도 한국은 자유민주주의를 착실하게 실현했다. 대체로 자유민주주의는 민주화, 자유화 및 제도화의 단계를 거쳐 심화한다. 한국의 **민주화**는 정치참여를 확대하기 위해 평화적 정권이양, 공정하고 경쟁적인 선거와 자유로운 정당활동을 실천했다. **자유화**는 주로 법치, 독립적인 사법부, 시민권과 프라이버시를 보장하는 과정이다. 한국은 이러한 자유화에도 꾸준한 진전을 보였으나 아직도 미흡한 면이 있다. 예컨대 대중매체와 정치인들이 순전히 사적인 쟁점들을 과도하게 정치화해 개인의 인권과 사생활을 침해한 경우가 종종 발생했다. 2017년에 집권한 문재인 정부는 사법부와 시민사회를 과도하게 정치화해 법치규범을 훼손했다. **정치제도화**는 한국인들이 스스로 시민능력, 시민사회, 시민문화 및 규범을 생활화하는 과정을 말한다. 한국은 이 제도화를 실시하는 과정에서 많은 문제점들을 노출했다. 2017년 초에 박근혜 대통령의 탄핵에 대해 일어났던 촛불운동과 태극기운동에서 항의와 법집행이 대결했지만 큰 사고는 없었다. 이는 헌법절차가 제도화하고 있다는 좋은 징조이다. 그 뒤에 정당정치가 양극화해 타협과 합의를 어렵게 만들었다. 일본정치와 비교해 보면 민주주의를 지탱해 주는 중간계층과 안정된 통치연합이 아직도 형성되지 않고 있다.

한국이 산업화와 민주화를 실시하는 과정에서 많은 희생과 문제점이 발생했다. 이는 서구국가들이 수세기 동안 자유민주주의를 먼저 제도화한 후 산업화를 달성했던 **순서적 현대화**와 달리 한국은 반세기에 산업화와 민주화를 동시에 추진한 **압축적 현대화**에서 불가피하게 생긴 현상이다. 한국은 이러한 문제점을 헌법절차를 통해 질서 있게 극복해 가면 자유주의국제질서 속에 정착할 것이다. 동아시아에서 한국은 일본보다도 더 개방한 국가로 발전할 것이다.

2. 북한: 폐쇄한 핵무기보유국가

이렇게 한국이 정치경제적으로 착실하게 발전하고 있는 것 그 자체가 북한에게는 큰 위협이다. 북한은 중국과 베트남과 달리 아직도 개혁과 개방을 회피하면서 핵무기를 보유한 병영국가로 생존하고 있다. 우선 북한경제는 냉전이 종식한 뒤 소련의 지원이 중단되자 “자력갱생”에 의해 북한인들이 필요한 식량을 생산하고 보급하는데 실패했다. 북한의 GDP는 한국의 1/40에 미달한다. 경제력에서 북한과의 경쟁은 이미 끝났다. 군사력에서도 한국은 월등한 재래식 무기와 공군을 보유하고 있다. 단지 육상군의 수에서 북한은 중국, 미국, 러시아 다음의 세계 제4위를 차지하고 있다. 이 때문에 북한은 핵무기와 미사일, 화학무기와 같은 비대칭 군사력을 배양해 생존의 유일한 수단으로 여겨 한국, 일본 및 미국을 위협했다. 북한은 가용자원의 거의 대부분을 이 비대칭적 대량살상무기를 개발하는데 사용했다. 북한인들 중 약 천만 명이 영양실조를 겪고 있다. 정치적으로 북한은 모든 권력을 김정은 1인에게 집중해 사이비종교와 같은 개인숭배와 물리적 위협 및 감시에 의해 노동당독재를 유지하고 있다.

사람들의 의식주문제를 해결하지 못하고 있다는 의미에서 북한은 실패국가다. 1990년대의 “고난의 행군”이 강요되었던 시기에 약 백만 명이 아사했다. 2000년대 초에 국가가 집행했던 배급제도는 와해했다. 그 대신에 국가는 이른바 “장마당”에 의한 현찰경제를 묵인해 생산자와 소비자들의 수요를 충족했다. 이 결과 북한에서는 실질적으로 자본주의 경제가 작동했다. 2017년에 김정은이 440개의 장마당들을 공식적으로 허락하자 110만 명의 소매상들이 생활필수품들을 교환하기 시작했다. 김정은은 중소기업들에게 독립채산제를 허용했다. 이들 중 40%가 사기업들이었다. 이 비율은 1989년에 헝가리와 폴란드에서 공산정권이 붕괴한 직후 나타났던 비율과 같았다. 사기업에서 돈을 벌어 떼부자가 된 “돈주”들은 당과 정부의 고관들에게 “충성기부”를 해 부패한 상호보완관계를 조성했다. 북한인들의 일상생활에서 시장의 역할이 활성화됨에 따라 정부가 사회를 통제하는 역할은 약화되었다(“As Economy Grows, North Korea’s Grip on Society Is Tested,” *New York Times*, 2017. 4. 30). 이 사실을 경험적으로 확인해 준 한 연구에 의하면 북한인들의 2/3가량이 양식과 소비재를 시장에서 구입했다. 그들이 “비공식 경제”에서 획득하는 소득은 “공식 경제”에서 받는 것의 80배에 달했다. 북한경제에서 이 비공식시장이 차지하는 비율은 70%에 달했다. 이 비율은 소련의 말기에 비공식시장이 차지했던 20%보다 훨씬 높은 것이다(Byung－yeon Kim, *Unveiling the North Korean Economy: Collapse and Transition,* 2017).

북한이 핵 및 미사일을 개발한 뒤 이 북한식 시장경제는 UN안보회의가 결의한 11개의 경제제재로 인해 큰 난관에 봉착했다. 그런데도 김정은은 당과 군을 장악한 뒤 강제력을 무자비하게 구사해 잠재적 반대세력을 억압했다. 2016년에 북한의 총무역양은 65억 달러에 달했는데 이중 중국과의 무역이 93%를 차지했다. 중국은 북한이 소비하는 석유의 60% 및 식량의 50%를 제공하고 있으므로 중국이 북한을 연명시키고 있다. 이 변화에도 불구하고 북한은 여전히 세계에서 가장 폐쇄된 국가로 남았다. 2019년 말부터 코로나 바이러스가 전 세계를 휩쓸고 있을 때 북한은 단 한명도 이 전염병에 걸린 사람이 없다고 주장했다. 북한은 중국 및 러시아와의 국경을 봉쇄해 비공식 무역까지 차단했다. 이 결과 2020년에 북한경제는 4.5%가량 위축했다. 2021년에 북한은 다시 계획경제를 부활해 그동안 500여 개로 늘어났던 장마당을 금지했다. 국가가 다시 식량과 필수품의 거래를 직접 관리했다. 김정은은 장마당을 "반사회주의"행동으로 취급해 이에 대한 전쟁을 선포하고 다시 자력갱생을 강조했다. 이 조치는 북한주민들의 생활을 더욱 더 어렵게 만들었다(*조선일보*, 2021. 3. 4.). 2022년에 북한은 중국과의 국경무역을 일부 재개했다. 김정은은 414개의 장마당을 다시 허락해 경제상황의 악화를 막기 위해 자구책을 취했다.

김정은은 처음으로 2022년 5월 12일에 북한에서 코로나 변이바이러스 오미크론의 감염자가 발생했다고 발표했다. 그제야 북한당국은 긴급사태를 선언하고 중국처럼 전국각지에서 인구이동을 전면 봉쇄했다. 현존하는 의료체제의 열악한 상태를 감안할 때 이 바이러스에 대한 북한의 방역에는 엄청난 어려움이 있었을 것이다. 북한은 이 방역정책을 발표 후 10시간 만에 단거리탄도 미사일의 3발을 동해에 발사했다. 2022년에 북한은 1990년대 이후 가장 심각한 식량난에 봉착했다(UPI 2023. 1. 21.). 이 결과 많은 사람들이 굶주리고 있는데도 북한은 이 해에 95차례 탄도미사일을 발사했다.

2020년에 북한은 코로나 19의 전염을 방지하기 위해 외국과의 소통을 거의 완전히 봉쇄했다. 2023년 8월에 북한은 국내경제의 난관을 극복하기 위해 중국 및 러시아국경을 다시 개방하고 북한인들의 왕래를 허용했다. 2023년 9월 13일에 김정은은 전격적으로 러시아 극동지역의 우주기지에 가서 푸틴과 정상회담을 가졌다. 여기서 그는 푸틴이 시작한 우크라이나 전쟁에 대해 "전적으로 무조건 지지"한다고 말했다. 푸틴은 우크라이나 전쟁을 수행하는데 부족한 포탄과 로켓을 얻어 내기 위해 김정은을 초청했다. 이러한 지원에 대한 대가로 푸틴은 김정은에게 첩보위성과 탄도미시일 발사에 필요한 기술을 제공할 의사를 표시했다. 이처럼 김정은은 중국과 러시아에 밀착해 생존할 방법을 모색하고 있다.

이러한 노력에도 불구하고 북한은 여전히 세계에서 가장 고립된 국가로 남아 있다. 북한은 남한 및 기타 서방국가들과의 정보교류는 계속 차단하고 있다. 특히 젊은 세대가 은밀히 남한의 방탄소년단의 노래를 청취한다는 것이 알려지자 북한 당국은 그들을 가혹하게 처벌했다. 2017년에 북한에는 오직 28개의 웹사이트가 존재했다. 북한의 일반인들은 정부의 허락을 받아 엄격한 통제하에서 인터넷을 사용하고 있다. 이처럼 북한은 여전히 패쇠한 국가로 존재한다. 북한의 실상에서 무엇보다도 이 폐쇄성이 남한과 가장 뚜렷하게 다른 점이다.

제35장

남북관계의 현황과 통일전망

동서냉전이 종식된 후에도 한반도에서는 두 국가, 남한과 북한이 여전히 양단된 채 서로 대결하고 있다. 남북관계의 전개과정은 위에서 이미 서술했기에 다소 중복되지만 여기서 좀 더 자세하게 분석한다(이 장은 안병준, "남북관계와 한반도의 미래," 차화순 외 공저, *한국현대사*, 2013, 수정한 것임). 이렇게 양단된 남북한관계를 청산하고 다시 통일된 한반도를 복원하는 것이 한국현대사의 가장 중요한 과업이다.

1. 한반도의 분단과 북한의 핵무기

1950년에 북한이 감행한 한국전쟁은 한반도의 분단을 더욱 고착시켰다. 그 후 남한과 북한은 한반도 전체에 대한 정당성을 획득하기 위해 대결과 경쟁을 지속했다. 1970년대의 국제정치에서 이루어진 미소 간의 긴장완화와 1989년의 냉전종식은 남북 간에 대화와 관계개선을 초래하는 계기를 마련했다. 이 결과 한국과 북한이 UN에 동시 가입했다. 남북관계는 대결에서 국가 간의 관계로 전환했다. 그러나 이 변화는 남북 간에 자율적인 "**한반도문제의 한반도화**"나 평화과정으로 진전하지 못했다. 북한의 핵무기개발이 자율적 남북한관계 발전(한반도화)을 어렵게 만들었다. 북한핵문제는 남한만이 아니라 일본 및 미국과 세계평화를 위협해 **국제화**했기 때문이다.

실제로 북핵문제는 남북관계개선과 통일달성에 가장 큰 장애가 되었다. 북한은 이 대량살상무기에 의존해 체제생존을 유지하고 있다. 북한은 미국과 직접 협상해 평화협정을 체결하려고 기도하면서 남한과는 긴장완화와 신뢰구축을 회피했다. 북한이 핵무장을 강화해 범세계적인 핵확산을 증대하는 한 이 핵문제는 남북관계에서 완전히 분리할 수 없다. 만약 북한이 핵무장한 국가로 성공해 국제사회에서 승인을 받는다면 통일은 더욱 더 요원해진다. 북한체제가 어떤 형태로든지 변혁해 핵문제가 해결되어야 통일기회가 올 수 있다.

2. 하나의 민족 중 두 국가: 전쟁 및 냉전의 유산

남북관계가 군사정전상태와 정치대결을 탈피하지 못한 것은 분단과 전쟁의 유산이 지속하고 있기 때문이다. 이것이 기타 국제관계나 중국과 대만 간의 관계와 근본적으로 다른 점이다. 중국과 대만 간의 관계는 어느 정도의 내전성격과 체제경쟁을 포함하고 있지만 양자 간에 대대적인 전쟁은 없었다. 한반도의 분단은 미소 간의 냉전의 부산물이다. 한국전쟁은 김일성이 남한을 공산화하고 한반도 전체를 장악하기 위해 도발했던 것이다. 한국전쟁 후에도 북한체제는 정치적으로 남한체제의 정당성을 존중하겠다는 약속을 지키지 않았기 때문에 남북관계가 대결과 갈등을 벗어날 수 없었다.

한반도분단의 유래는 제2차 세계대전의 종전기와 냉전의 시작에서 찾아야 한다. 원래 미국은 소련군이 한반도 전체를 다 점령하는 것을 막기 위해 38선에서 진군을 멈출 것을 요구했다. 이 결과 설정된 38선이 그 뒤에 남한과 북한 간의 정치적 분단선으로 변해 버렸다. 태평양전쟁이 끝날 무렵에 미국은 일본과 한반도를 점령하고 소련은 만주를 점령하기로 합의했다. 그런데 미군이 한반도에 상륙하기도 전에 스탈린은 이미 만주에 소련군을 진입시켰다. 소련군은 크게 피를 흘리지 않고도 만주에서 관동군을 해산한 뒤 한반도에도 진군했다. 이 행동이 한반도에서 냉전이 열전으로 전환하는 소지를 마련했다.

1945년에 미국은 황급하게 소련군의 한반도전체를 장악하는 것을 막는 방법을 찾으려고 노력했다. 트루먼은 스탈린의 야심을 파악한 뒤 소련군의 한반도 전체를 점령하는 것을 중지하는 방법을 찾기 위해 고심했다. 그는 1945년 8월 10일에 국방부당국자들에게 마땅한 대책을 제시하도록 지시했다. 국방부에서는 한반도에 대해 지식이 전혀 없는 두 장교, 러스크(Dean Rusk)와 본스틸(Chris Bonesteel) 대령이 밤을 새우면서 대책을 강구했다. 결국 러스크 대령은 미군점령지에 한국의 수도 서울을 포함하기 위해 **38선을 미군과 소련군 간의 임시군사분계선으로 제시했다.** 트루먼은 이 안을 제가한 뒤 미국은 8월 14일에 이 제안을 소련 측에 전보로 알렸다. 당시 미국은 소련이 이 제안을 수락할지에 대해서는 확신이 없었다. 그러나 8월 16일에 소련은 이 안에 동의했다고 러스크는 회고했다(Rusk, *As I Saw It*, 1991). 이처럼 38선은 미국이 한반도점령에서 군사적 편의상 급하게 결정되었던 것이다. 소련군은 8월 24일에 평양에 입성한 뒤 서울을 향해 남진했으나 38선을 군사경계선으로 준수했다. 이것이 남북분단의 기원이다. 이 분단이 고정될 것이라고는 당시에는 아무도 몰랐다. 이처럼 한반도의 분단은 1945년에 미국이 38선 이남을 점령하고 소련이 이북을 점령한 데서 시작되었다.

그 후 남한과 북한에서 전개한 국내정치의 분열은 이 분단을 더욱 심화했다. 해방직후 남북의 내부에서는 권력을 장악하려는 정치세력들이 극심한 투쟁을 전개했다. 이 내분이 남북분단을 촉진시켰다. 1945년 12월 16일에 모스크바에서 미국, 영국 및 소련의 외무장관 회의가 열렸다. 여기서 그들은 한반도에 대해 신탁통치를 하는 안에 합의했다. 38선의 남북에서 이 안에 대해 격심한 논쟁과 갈등이 전개했다. 대체로 북한에서는 좌파들이 이 신탁통치를 지지했고 남한에서 우파들은 반대했다. 1948년 4월에 남북정치협상이 평양에서 열렸다. 남측의 김구 및 김규식과 북측의 김일성 및 김두봉 등이 참석했으나 합의를 이루지 못했다. 이승만은 남한에서만이라도 자유로운 선거를 통해 민주정부를 수립하자고 주장했다. 1948년 8월 15일에 대한민국정부가 서울에서 수립되고 9월 9일에 조선민주주의인민공화국이 평양에서 수립되어 한반도의 분단이 정식으로 출발했다.

1950년 6월 25일에 북한이 남침을 강행해 한국전쟁을 개시했다. 이 전쟁은 남북 간에 민족의 분단과 갈등을 초래했다. 이 전쟁에서 수백만 명이 사망하고 부상했다. 이 전쟁의 피해는 이루 계량화할 수 없이 실로 엄청난 것이었다. 이 결과 남북 간에는 정치적 분단만이 아니라 정신적, 인간적인 괴리가 심화했다. 1천만 이산가족이 발생해 전 민족의 고통을 가증시켰다. 한국에서는 북한에 대한 적대의식이 형성되었다. 혹자는 이 현상을 "분단체제"라고 설명했다. 한국전에서 북한군은 한반도 전체를 거의 정복할 뻔 했다. 당시 남한에서는 정부가 정규적인 국군을 체계적으로 편성하기 전에 북한인민군은 신속하게 남침해 마침내 부산부근 일부를 제외한 남한의 대부분을 장악했다. 이를 반격한 것은 미군을 포함한 UN군과 국군의 연합군이었다.

트루먼 대통령은 스탈린이 유럽에서 공산주의정권을 확장하자 이를 막기 위해 소련과 북한에 대해 "봉쇄전략"을 실시했다. 이 전략의 일환으로 그는 당시 일본에 주둔한 미군을 한국에 급히 파견했다. 미국은 UN안전보장이사회로 하여금 북한을 침략자로 규정하고 이를 격퇴하기 위해 집단안보를 결의하게 조치했다. 다행히 소련대표가 당시 대만에 있는 중화민국이 중화인민공화국 대신에 UN에 가입하고 있는 것을 반대하기 위해 안보이사회를 보이콧 하고 있는 틈을 이용해 미국이 군사개입결의안을 통과시켰다. 이 결과 15개 회원국들이 보낸 군대로 UN군을 구성했다. 미국이 이 연합군을 주도해 북한과 싸웠다. 한국전에 대해 UN은 그 역사상 처음으로 집단안보를 실천했다. 미국의 본격적인 전투부대가 한반도에 도착하기 전에 북한군은 대부분의 남한영토를 장악해 부산을 향해 진군하고 있었다. 1950년 9월 15일에 맥아더 장군이 지휘한 미군이 인천에 상륙한 뒤 서울을 탈환했다. 미군은 계속해서 38선 이북으로 진군했다. 국군과 UN군이 압록강까지 접근하자 중국은 수십만의 "의용군"을 개입해 북한군과 함께 이른바 "인해전술"로 한미연합군을 격퇴했다. 중과부적이 된 UN군은 다시 이남으로 후퇴했다. 중국의 계속적인 군사력개입을 차단하기 위해 맥아더장군은 만주를 폭격하자고 제의했다. 트루먼은 중국과의 직접적인 전쟁을 피하기 위해 이 제의를 거부했다(Don Oberdorfer, *The Two Koreas*, 2001, revised edition).

이 전쟁이 3년간 지속되는 동안 이승만 대통령은 무력으로라도 북한군을 격퇴해 이른바 "승공통일"을 달성하려고 기도했으나 미국에 의해 좌절되었다. 이 전쟁이 장기간 계속되어 미국은 미군을 증파해 전투를 계속하자 스탈린은 돌연히 휴전을 제안했다. 이승만 대통령은 휴전을 반대했다. 그것은 승공통일을 불가능하게 만들기 때문이었다. 1952년에 미국대통령으로 당선된 뒤 아이젠하워가 한국과 상호방위조약을 체결하겠다고 약속한 뒤에야 이승만은 휴전을 수락했다. 1953년 7

월 27일에 마침내 군사정전협정이 체결되었다. 이 협정은 한국군을 포함한 UN군 대표와 중국군대표를 포함한 인민군대표 간에 체결되었다. 물론 실질적으로는 미군대표가 협정에 조인했다. 이 사실에 착안해 북한은 한국을 제외하고 미국과 직접 협상해 현재의 정전협정을 평화협정으로 대체해 주한미군의 철수를 집요하게 요구했다. 1953년 이후 한국군이 실제로 남북 간에 군사관계를 관리해 왔지만 북한은 한국의 정당성을 부인하면서 미국과 직접 협상을 고집했다. 미국이 영도한 서방과 소련이 영도한 공산권 간의 냉전이 지속하는 동안 남북한은 군사 및 정치적인 대결을 계속했다.

3. 남북대화와 관계개선: 대결에서 국가관계로

냉전기 중에도 미국과 소련은 긴장완화(détente)를 실시하고 미국이 중국과 외교관계를 정상화했다. 이 획기적인 지정학적 변화가 일어나자 남북관계도 적대적 대결에서 정상적 국가관계로 전환했다. 1970년대에 미국이 중국과 외교관계를 정상화하자 남북한도 직접 대화를 개시했다. 1980년대에 한국이 북방정책에 성공해 헝가리, 소련 및 중국과 수교를 한 뒤 남북한은 정상회담을 실현해 화해협력을 모색했다. 1990년대 초에 미국이 이라크전쟁을 성공적으로 완수한 후에 김영삼 대통령과 김일성 주석은 정상회담을 열기로 합의했다.

2000년대 초에는 김대중과 노무현 대통령이 김정일과 두 차례의 정상회담을 갖고 이른바 "햇볕정책"을 추진했다. 한국에서는 두 대통령이 대북관계를 극적으로 전환함으로써 정당성을 강화하려고 노력했다. 제2대 세습을 실시한 김정일도 국방위원회 위원장으로서 자기 정권을 공고히 할 필요가 있었다. 그는 군사력을 우선시하는 "선군정치"의 명분으로 핵무기개발에 박차를 가했다. 국내에서 그는 당면한 식량위기를 극복하기 위해 한국대통령과 정상회담을 수용했다. 이 결과 남북한은 직접 대화를 통해 상호 협력하고 심지어 통일을 지향한 움직임까지 보였다. 김정일은 핵무장과 국지 군사도발을 계속하자 이명박 대통령은 대화협력을 보류했다.

(1) 7.4 공동선언과 남북대화: 한반도문제의 한반도화 시도

1972년 7월 4일에 박정희 대통령의 지시로 이후락이 평양에 가서 김일성과 만나 회담을 갖고 남북관계개선을 협상했다. 그가 귀국한 뒤 남북 양측은 처음으로 자주, 평화, 민족대단결의 3대원칙을 천명하는 **"7.4 공동선언"**을 서울과 평양에서 동시에 발표했다. 당시 미국과 소련은 군축협상을 개시했다. 미국의 닉슨 대통령은 극적으로 중국을 방문해 관계개선을 과시하는 한편 주한미군을 철수하겠다는 것을 시사했다. 이렇게 급변하는 국제정체에 자극 받아 남북한의 정상들은 대화를 통해 평화와 통일을 위한 시도를 과감하게 개시했다.

이러한 의미에서 7.4공동선언은 한반도문제를 한반도화하는 역사적인 첫 걸음이었다. 동시에 이는 양측의 국내에서 권력기반을 강화하는데 이용된 것도 사실이다. 이 때 남한은 유신체제를, 북한은 김일성 유일사상체계를 공고화했다. 1972년 8월 29일에 남북적십자회담이 개최되었다. 새로 출범한 남북조절위원회가 양측간에 당국자회담을 관리했다. 그러나 1976년 8월 18일에 판문점근처 비무장지대에서 북한군이 도끼로 미군을 살해한 사건이 발생한 뒤 남북대화는 북한의 일방적 중단으로 교착생태에 들어갔다. 그런데도 1982년에 전두환 대통령은 북한과 "잠정협정"을 맺고 비정치적, 비군사적 교류를 점진적으로 실시하자는 "민족화합민주통일방안"을 발표하면서 정상회담을 요구했다. 1983년 10월 9일에 전두환이 버마(미얀마)에 가서 아웅산 묘소를 방문했을 때 북한요원들이 한국대표들을 공격해 5명의 남한각료를 포함한 21명의 희생자와 46명의 부상자를 낸 **"랑군사건"**을 감행했다. 이 참혹한 사건에도 불구하고 전두환은 북한에 대해 무력보복 계획을 승인하지 않았다.

1984년 9월에 남한에서 대규모의 홍수가 발생했을 때 북한적십자사는 남한의 이재민을 돕기 위해 쌀 5만석, 1,050만 미터, 시멘트 10만 톤 및 의약품 지원을 제안했다. 전두환 대통령은 이 제안을 전격 수용했다. 1985년에 남북은 적십자 회담의 본 회담을 재개해 이산가족 고향방문과 예술단공연의 교환방문을 실현했다. 필자는 1985년에 제8차남북적십자회담의 자문위원으로서 처음으로 평양을 방문했다. 이 회담 후 남북한 간에 극소수의 이산가족이 쌍방을 방문했다. 1987년 11

월 29일에 북한 공작원 김승일과 김현희가 대한항공 858를 폭파한 사건을 일으켜서 남북관계는 다시 동결되었다.

(2) 남북UN가입과 남북기본합의서: 대결에서 국가관계로

1980년대 말에 한국이 "북방정책"을 표방해 공산권국가들과 관계를 정상화하고 1988년에 서울 올림픽을 개최한 것은 한국외교의 전성기를 이루었다. 노태우 대통령은 1988년 7월 7일에 이른바 **"7.7 선언"**을 발표하고 공산국가들과 외교관계를 수립하기 위한 변화를 시도했다. 이 해에 한국은 헝가리에게 4억 달러의 차관을 제공해 국교를 수립했다. 바로 이 해에 서울에서 개최되었던 서울올림픽에 소련과 중국을 포함한 공산국가들 모두가 참가해 한국의 발전상을 직접 목격해 북방정책의 성과를 과시했다. 1989년에 동유럽의 모든 공산정권들이 붕괴한 뒤 1990년 8월에 한국은 소련에 30억 달러의 차관을 제공해 국교를 수립했다. 한국은 1992년 9월에 중국과는 차관을 제공하지 않고서도 국교를 수립했다. 이처럼 한국의 경제성장과 민주화가 가시적 발전을 보인 것은 한국외교의 자율성을 제고하는 데 크게 기여했다.

1991년 9월에 남한과 북한이 UN에 동시 가입했다. 이 사건은 남북관계를 대결에서 정상적 국가관계로 이전하는 계기가 되었다. 1992년 2월에 남북이 타결한 **"남북기본합의서"**는 "쌍방 사이의 관계가 나라와 나라 사이의 관계가 아닌 통일을 지향하는 과정에서 잠정적으로 형성되는 특수관계"라 천명했다. 이는 남북관계를 사실상 국가관계로 변화했다는 것을 공식적으로 인정한 문건이다. 여기서 남북은 "상대방의 체제를 인정하고 존중"하며 "상대방의 내부문제에 간섭하지 아니할" 것을 합의했다. 남북통일이 될 때까지 남북관계는 민족내부의 "특수관계" 성격을 갖지만 국제법상에서는 정상적인 국가관계에 진입한 것이다. 이 문서에서 남북은 1953년에 당시 UN사령관이 선포했던 서해에서의 북방한계선(NLN)을 남북당국이 잠정적으로 준수하기로 합의했다.

미국은 남북한이 한반도에서 비핵화를 실현하려는 노력을 지원하기 위해 1991년에 한국에 배치했던 전술핵무기를 모두 철수했다. 1992년 2월에 남북한은 핵무기의 시험, 제조, 생산, 배치, 사용을 하지 않기로 약속한 **"한반도 비핵화 공**

동선언"도 채택했다. 이 선언은 남북한이 한반도의 비핵화를 공개적으로 공약한 문건이다. 그러나 이러한 합의와 선언은 남북한이 자발적으로 이행하겠다는 신사 협정에 해당한다. 일방이 자의적으로 이러한 약속을 스스로 어긴다면 이를 부활시키는 국제기구는 없기 때문이다. 그러한 약속의 위반은 쌍방 간에 신뢰를 해치고 불신과 대결을 조장했다. 김정일 통치하의 북한은 실로 합당한 내용을 담은 이 두 선언을 그대로 이행하지 않았다.

(3) 민족공동체통일방안: 선 평화 후 통일정책

1994년 8.15 경축사에서 김영삼 대통령은 자주, 평화, 민주의 3원칙을 포함한 민족공동체 통일방안을 발표했다. 이 안은 통일을 하나의 과정으로 보고 민족적 차원에서 먼저 평화와 경제협력을 통해 공동체를 이룬 뒤 마침내 민주주의적 방법으로 통일을 이루자는 것이다. 당시 이 안을 마련하는 작업에 필자도 참여했다. 김영삼 대통령은 취임초기에는 핵을 가진 북한과는 손을 잡지 않을 것이라 했다. 그런데도 그는 그 후에 한반도에서 핵무기를 방지하고 평화를 정착하기 위해 김일성 주석과 정상회담을 개최하기로 합의했다. 미국의 카터 대통령이 평양에 가서 김일성을 만나 남북정상회담과 미국과 북한 간에 핵무기에 대한 협상을 할 것을 내용으로 한 합의를 도출했다. 그러나 남북정상회담 계획은 김일성의 사망으로 무산되었다.

(4) 6.15 선언: "햇볕정책"

김대중 대통령은 이른바 "햇볕정책"의 이름 아래 대북화해협력정책을 출범시켰다. 노무현 대통령도 이를 계승했다. 이 노선을 선명하게 담은 문건이 2000년 6월 15일에 김대중 대통령이 평양에 가서 김정일 국방위원장과 조인했던 "**6.15 남북공동선언**"이다. 이 선언은 남북교류와 경제협력의 활성화를 강조하면서 경의선 복구, 개성공단 설치, 이산가족 방문과 면회소 설치를 담았다. 여기서 논란이 되고 있는 것은 남한의 "연합제"안과 북한의 낮은 단계의 "연방제"안의 공통점을 살리는 방향으로 통일문제를 논의하자는 것이다. 이 극적인 남북정상회담의 결과 개

성공단 설립과 경제협력에서 가시적 성과가 있었다. 그러나 김대중은 이 정상회담의 대가로 북측에 4억 5천만 달러의 현금을 불법 송금한 사실이 알려지자 햇볕정책의 진정성과 투명성 문제가 논란의 화제가 되었다.

노무현 대통령은 금강산 육로관광과 남북해운합의서를 채택해 햇볕정책을 실천에 옮겼다. 2006년 7월 5일에 북한은 대포동 2호 미사일을 시험 발사했고 10월 9일 핵실험을 강행했는데도 불구하고 그는 잔여임기 4개월을 남겨두고 2007년 10월 4일에 평양을 방문해 북한에게 수십 조 원이 소요되는 대규모의 경제지원을 약속한 "**10.4선언**"을 조인했다. 김대중과 노무현정부가 북한에게 제공한 식량, 비료 및 기타경제지원의 총액은 약 3조 7천억 원에 달했다.

이 정책은 한국이 북한에게 "퍼주기"는 많이 했으나 북한이 남한에게 준 것은 별로 없었다고 비판받았다. 원래 "햇볕정책"은 바람이 벗기지 못한 사람의 외투를 따뜻한 햇볕으로 벗기게 만든 태양에 관한 이솝의 우화에서 비롯했다. 이 정책의 목적은 북한의 의도를 평화와 화해의 방향으로 변경시키는 것이었다. 그러나 북한은 의도를 바꾸지 않았고 오히려 핵과 재래식 군사능력을 더욱 강화했다. "6.15선언"과 "10.4선언"에는 1992년의 "기본합의서"와 "비핵화공동선언"을 계승한다는 언급이 없었다.

(5) 비핵, 개방, 3000: 공존공영

이명박 대통령은 2008년에 취임하자 "**비핵, 개방, 3000**"라는 기치 아래 북한이 핵을 포기하고 개방한다면 남한은 북한주민의 1인당 소득을 3000달러 이상으로 올려 주겠다는 정책을 제시했다. 이 원칙은 북한이 안보위협을 감축한다면 그에 상응해 경제적 지원을 하겠다는 것이다. 북한이 비핵화를 실천하고 군사도발을 지양하는 조건으로 남한은 북한과 공존공영을 진지하게 추구하겠다는 것이다. 북한은 이 아이디어를 거부했을 뿐만 아니라 핵무장과 도발을 계속했다. 2007년 7월 1일에 금강산에서 관광을 하고 있었던 한국의 한 관광객 박광자가 북한경비병에 의해 총격으로 사망했다. 북한당국은 남한이 제의한 합동조사와 사과요구를 거부했으며 아무런 대응조치를 취하지 않았다. 이 결과 금강산관광은 중단되었다. 2009년 4월 5일에 북한이 "광명성 2호로 가장한 장거리 로켓을 발사했고 5월 25

일에 2차 핵실험을 감행해 대량살상무기 개발을 과시했다. 2010년 3월 26일에 북한은 백령도 해상에서 한국 해군함정 천안함을 침몰시켜서 46명이 전사해 더욱 더 긴장을 고조시켰다. 2010년 11월 23일에 북한군은 연평도를 포격해 해병대 2명과 민간인 2명이 사망해 유례없는 국지도발을 실시한 뒤 남북관계는 더욱 더 악화되었다. 북한이 이 전쟁행위를 공공연하게 감행했는데도 이명박 대통령은 북한을 응징하거나 보복을 하지 않았다.

북한이 이렇게 도발을 계속한 데 대해 일부 인사들은 한국 측이 "6.15 선언"을 이행하지 않았기 때문이었다고 주장했다. 보수 인사들은 이러한 주장을 펴는 사람들을 이른바 "종북파"라 비난하자 이러한 담론은 한국 내에서 이른바 "남남갈등"을 야기했다. 2012년의 한국의 대통령선거전에서 북한은 공개적으로 자신에 비판적인 보수 세력을 공격하고 북한에 우호적인 세력을 옹호했다. 북한이 한국의 국내정치에 직접 개입함에 따라 남북관계와 북한 핵 문제는 한국 국내정치의 중요한 쟁점이 되었다.

(6) 신뢰과정: 비핵화와 경제 및 인도주의지원

2013년에 집권한 박근혜 대통령은 북한이 비핵화하면 남한은 경제 및 인도주의적 지원을 제공해 한반도에서 "**신뢰프로세스**"를 이룩하겠다고 선언했다. 그녀는 이른바 "통일대박"을 내세우면서 이 신뢰과정을 실현하기 위해 실제로 6억 7천만원의 의약품을 제공했고 개성공단도 재개했다. 이 정책의 핵심은 북한의 군사적 도발은 단호하게 대처하면서도 경제 및 인도주의교류에는 신축성을 보인다는 것이다. 북한이 종전과 같이 군사적 도발을 강행했을 때 이 정책은 좌초되었다. 2015년 8월 4일에 비무장지대의 한국군의 초소근처에 북한이 매설한 지뢰를 밟아 두 사병이 큰 부상을 입은 사건이 발생했다. 박근혜는 대북정책을 재검토해 북한을 응징하기 위해 북한에 대한 확성기방송을 재개하도록 지시했다. 이 조치에 강하게 반발한 북한은 판문점에서 남북고위급회담을 제의했다. 한국이 이에 응해 김관진 안보실장과 홍용표 통일부장관이 북한의 황병서와 김양근이 판문점에서 밤을 세면서 회담해 북한은 "유감"을 표시했고 한국은 "비상사태"가 발생하지 않는 한 확성기방송을 중단하겠다는 약속을 해 이를 이행했다.

여기서 조성된 화해는 2016년 1월 6일에 북한이 제4차 핵실험을 강행했을 때 다시 중단되었다. 북한이 "수소탄"을 실험했다고 자처하면서 군사위협을 재개했기에 한국은 이를 "비상사태"로 보고 확성기방송을 부활했고 개성공단도 폐쇄했다. 김정은은 9월 9일에 종전보다 규모가 더욱 큰 제5차 핵실험을 실시했으며 수차례에 걸쳐 중장거리탄도미사일을 실험 발사했다. 남북관계는 다시 동결되자 한국은 자위책을 모색하면서 주한미군이 미사일방어무기 사드(THAAD)를 배치하는 것을 허용했다.

(7) 핵문제에 대한 제재와 남북평화과정의 병행

2017년 5월에 당선된 문재인 대통령은 북한핵문제를 평화적으로 해결하기 위해 핵문제에 대해서는 제재, 남북관계에 대해서는 대화를 통해 평화과정을 동시에 추구했다. 그는 한국이 남북관계와 한반도문제를 해결하는데 "운전석"을 차지해 주도적 역할을 하겠다고 선언했다. 북한과 중국을 자극하지 않기 위해서 그는 사드배치를 연기하면서 "**평화적 비핵화**"를 달성하기 위해 노력했다. 이 해 9월 2일에 북한은 제5차 핵실험보다 10배 이상의 위력을 가진 ICBM장착용 "수소탄"을 성공리에 발사했다. 그제야 문재인 대통령은 대화노력을 중단하고 미국 및 일본과 함께 북한에 대해 제재와 압력을 가하는 데 동참했다. 또 다시 북한의 핵 및 미사일문제가 남북대화를 재개하는 최대장애가 되었다.

2018년 2월에 문재인 대통령이 평창겨울올림픽대회에 북한선수단과 대표를 초청한 것이 계기가 되어 4월 27일에 판문점에서 남북정상회담이 성사되었다. 판문점정상회담에서 남북 두 정상이 남과 북간에 전쟁을 종결하기 위해 종전선언을 하고 이를 평화협정으로 전환한다는 "**판문점선언**"을 발표했다. 이 문건에서 그들은 "항구적이고 공고한 평화체제 구축"을 위한 남북미 3자 또는 남북미중 4자회담을 적극 추진해 가자고 합의했다. 이 선언에서 북한의 비핵화에 대한 언급은 없었다. 그런데도 청와대는 "북한의 비핵화의지가 분명하다"고 밝혔다. 이 회담에서 한 가지 가시적 성과는 개성공단 근처에 남북공동연락사무소를 건설하고 남북 간에 직통전화를 개설하기로 합의한 것이다.

결국 비핵화문제는 2018년 6월 12일 싱가포르에서 트럼프 대통령과 김정은 위원장이 개최한 정상회담에서 다루어졌다. 여기서 발표된 "공동성명"에서 미국과 북한은 "완전한 비핵화"를 실현하기 위해 노력할 것이라고만 했다. 이 성명에서 구체적으로 비핵화가 무엇을 의미하는지 그리고 그것을 실현할 방법에 대해서는 아무런 내용이 없었다. 트럼프는 한국 및 심지어 미국국방부와 사전 협의도 없이 한국과 실시해 왔던 연례 군사연습을 중지한다는 것과 북한은 핵 및 미사일발사를 임시 중지한다고 일방적으로 발표했다. 이 매우 애매모호한 성명에는 **검정과 사찰**에 대한 내용이 결여했다. 이는 1994년에 미국이 제네바에서 북한과 채택했던 기본합의서와 2015년에 미국이 기타 강대국들과 함께 이란과 조인했던 합의보다 부실한 문건이다. 이 문건에서 미국과 북한은 먼저 상호관계를 개선하고 한반도에서 항구적 평화체제를 구축하기로 노력하기로 약속했다. 그 다음에 양측은 분명하게 정의하지 않은 '한반도 비핵화'를 달성하기 위해 공동 노력할 것을 다짐했다. 적어도 이를 추진하는 우선순위는 북한이 원하는 바를 그대로 반영했다. 2019년 2월 하노이에서 개최되었던 제2차 트럼프-김정은 회담에서 미국 측은 비로소 북한의 모든 핵시설에 대한 목록을 제시할 것을 요구했다. 북한 측이 이를 거부하자 트럼프는 아무 합의 없이 회담을 끝냈다. 비핵화의 내용과 그것을 이행하는 구체적 방법에 대해서는 미국과 북한의 고위실무자들의 협상에 일임했다. 북한핵무기의 파기를 의미하는 의미에서의 비핵화는 물 건너갔다. 북한핵문제는 다시 미해결상태에서 미궁으로 빠졌다.

그럼에도 불구하고 문재인 대통령은 2018년 9월 19일에 다시 평양에 가서 김정은 위원장과 제3차 정상회담을 갖고 "**9.19공동선언**"과 "**군사합의서**"를 발표했다. 이 군사합의서에서 남과 북은 지상, 해상 및 모든 공간에서 상대방에 대한 적대행위를 중단하기로 약속했다. 남북한은 비무장지대의 최전방에 설치한 초소 일부를 철수하고 판문점의 남북공동경비구역에 배치한 병력의 무장을 해제해 신뢰구축조치를 취했다. 이 중에서 가장 문제가 되었던 것은 비무장지대의 최전방에 공군에 의한 비행을 금지한 조치다. 이 결과 양측은 상대방의 군사행동을 감시할 수 없게 되었다. 이는 통상적으로 양측이 가장 위협적이고 공격적인 병력배치를 변경해 군사적 균형을 이루기 위해 실시하는 군축과 다른 것이다. 특히 한국군과 북한군이 첨예하게 대치하고 있는 현 상황에서 양측은 상호감시를 통해 상대방의 병력배치와 공격능력을 정확히 감시할 수 있어야 군축의 성과를 낼 수 있다는 **투**

명성(transparency)원칙을 도외시했다. 2023년 11월 21일에 북한이 만리경정찰위성발사에 성공하자 남한은 이 선언의 일부를 정지해 휴전선에 대한 정찰을 재개했다. 북한은 이 조치에 대한 반응으로 9.19선언을 전면파기한다고 선언했다. 12월에 남한은 북한위성보다 10배 이상 정확한 사진을 찍을 수 있는 정찰위성을 성공리에 발사했다.

북한은 2019년에 12차례의 단거리탄도미사일을 발사했고 소대형 방사포도 발사해 남한전체의 안전을 위협했다. 2019년 11월 23일에 김정은은 서해5도 접경해역의 창린도에 해안포사격을 지휘했다. 이에 대해 한국국방부는 처음으로 북한이 9.19군사합의를 위반했다는 유감을 표시했다. 이처럼 문재인의 대북정책은 북한의 핵 및 재래식 무기의 능력을 감축 또는 억제하는 것보다도 북한의 선의를 더욱 중시했다. 2020년 6월 9일에 북한은 남한의 탈북단체들이 대북전단을 계속 살포하는 데 항의해 남한과의 모든 연락 채널을 중단했다. 그 뒤에 남한측이 북한에 대해 전단살포를 계속하자 6월 16일에 김정은의 여동생 김여정은 남한이 건립했던 남북연락사무소건물을 공개적으로 폭파했다. 그런데도 문재인 대통령은 집요하게 남북 간에 **종전선언** 체결을 추구했다.

2021년에 남한에서 대선을 향한 선거전에서 집권당이 어려운 처지에 처하자 11월 4일에 김정은은 남북연락선을 다시 복원시켰다. 2022년 3월 9일에 남한에서 차기대통령을 뽑는 선거전이 가열되고 있을 때 북한은 9차례의 단거리탄도미사일을 발사했다. 3월 9일의 대선에서 야당 후보 윤석열이 당선되자 24일에 북한은 미국본토를 공격할 수 있는 초대형ICBM을 발사했다. 그제야 문재인 대통령은 북한 스스로가 2018년에 발표했던 미사일발사유예를 중단했다고 지적했다. 이 결과 그가 집요하게 추구했던 “평화프로세스”와 남북 간의 “종전선언”은 모두 수포로 돌아갔다.

(8) 북한의 비핵화에 대해 한미일 공조와 남북대화

2022년 5월에 취임한 윤석열 대통령은 북한의 비핵화를 최우선시 하는 대북정책을 추구했다. 그는 2022년 6월 29일에 마드리드 NATO정상회의에 관찰자로 참석했을 때 미국대통령 바이든과 일본총리 키시다와 정상회담을 가졌다. 여기서 그들은 북한의 비핵화를 실현하기 위해 3국이 다시 공조하기로 합의했다. 이 결과 **한미일 공조**는 4년 9개월 만에 부활했다. 7월에 통일부 장관 권영세는 윤석열 대통령에게 제시한 업무보고에서 북한이 실질적 비핵화를 수용하는 행동을 보이면 남한은 "담대한" 경제지원과 안전보장을 약속해 구체적으로 협력하겠다고 밝혔다. 2022년 8월 15일에 윤석열 대통령은 북한이 비핵화를 실천한다면 남한은 식량, 의료, 금융, 전력분야에서 구체적으로 지원하겠다고 밝혔다. 이 대북정책의 윤곽은 이명박, 박근혜 대통령의 것과 비슷하다. 이 정책의 핵심은 우선적으로 비핵화를 추구하는데서 북한의 의도보다 능력과 위협을 억지하는데 치중하는 동시에, 남한은 북한과 대화해 경제 및 인도적 지원을 제공한다는 것이다. 북한은 이 제의를 전면 거부했다. 2022년 8월 22일에 김정은은 핵무기보유를 법제화한 뒤 미국과 남한이 북한정권을 위협하는 조짐을 보일 경우 핵무기로 선제공격을 하겠다고 선언했다.

4. 북한 핵문제와 통일: 한반도문제의 국제화와 한반도화

남북관계의 정상화와 민족통일을 가장 저해하는 것은 북한의 핵무장이다. 북한이 핵무장을 자기 체제생존과 안보의 수단으로 계속하는 한 한반도문제는 국제화하고 민족통일의 길은 요원해진다. 미국은 북한 핵을 세계적 비핵화 문제로 여긴다. 중국은 공식적으로는 한반도 비핵화를 주장하지만 사실상 한반도의 현상유지를 추구한다. 중국은 이러한 입장을 6자회담에서 잘 나타냈다. 대한민국이 남북통일을 추구하는 한 이 현상유지를 무조건 수용할 수 없는 것이다.

북한은 말로는 민족통일을 주창하지만 핵무기로 무장하고 있는 것은 북한이 사실상 한반도의 분단을 영속화하고 있는 산 증거이다. 북한이 핵무장을 자기 생존을 보호하고 동시에 미국 등 강대국들로부터 승인과 지원을 받아 내기 위한 가장 효과적인 수단으로 삼고 있는 한 그것을 포기할 가능성은 거의 없다. 북한의 핵무장은 한국의 안보는 물론이고 동아시아 및 전 세계의 평화와 안정을 위협할 뿐 아니라 한반도의 통일을 저해한다. 이러한 현실에서 한국이 핵문제와 남북관계를 완전히 분리하는 것은 불가능하다. 북한은 핵무기를 갖고 있으므로 미국과 한국이 자신을 공격할 수 없을 것이라고 인식해 한국에 대해 국지적 도발을 감행했다.

(1) 북한 핵문제의 국제화: 6자 회담의 함의

북한 핵문제는 남북뿐 아니라 동북아시아 및 세계적 비핵화를 위협하기 때문에 국제화해 주요한 세계적 쟁점이 되었다. 이 문제를 해결하기 위해 한국, 북한, 미국, 중국, 러시아, 일본이 **6자 회담**을 실시한 것이 그 좋은 실례다. 이 회담은 형식에서는 다자회담이지만 실제로는 미국과 중국이 주도했고 미국과 북한이 협상해 작동되었다. 미국은 한국과 협의하고 중국은 북한을 설득해 미국과 북한 간에 조정자 역할을 시도해 외교적 지렛대를 확장했다. 이 회담에서 강대국들은 비핵화문제만이 아니라 남북관계에까지 깊숙하게 개입했다. 이 회담이 지속하는 동안에도 북한은 핵무장을 증대했기에 6자회담은 성공하지 못했다. 강대국들은 북한을 국제체제 속에 관여시켜 사태를 더욱 악화시키는 것을 방지하는데 외교력을 집중했다.

1994년에 김일성이 사망한 뒤 김정일은 그의 선친이 카터와 약속한대로 북한 핵계획의 동결에 대해 미국과 협상에 응해 제네바에서 미국대표 갈루치와 북한대표 강석주가 합의를 도출했다. 이 합의가 성사되기 직전에 미국의 클린턴 행정부는 북한의 영변에 있는 핵 시설을 포격하는 군사작전계획을 수립했다. 김일성이 카터의 제안을 전격적으로 수용한 뒤에야 미국과 북한 간에 합의가 이루어졌다. 이 제네바합의에서 북한은 과거에 추출한 핵물질은 제외했고 다만 당시 개발 중인 핵 계획만을 중단하고 사찰을 받는다는 조건에 동의했다. 미국은 북한에게 체제안전 보장과 경수로 발전소를 지어준다는 약속을 했다. 이를 이행하기 위해 한국과 미국은 "한반도에너지개발조직"(KEDO)을 출범했다. 한국은 자진해서 비용을 부담하고 2002년까지 북한 신포에 10억 달러를 들여서 전기 생산을 위한 경수로를 건축했다. 그 뒤에 북한이 이 합의를 위반한 사실이 발견되자 이 계획은 중단되었다(Joels Wit, Daniel Poneman, and Robert Gallucci, *Going Critical: The First North Korean Nuclear Crisis*, 2005).

2002년 10월에 북한이 미국과의 협의에서 우라늄농축에 의한 새로운 핵개발 의혹을 인정하자 한반도에서 다시 긴장이 고조했다. 북한이 파키스탄에서 우라늄 농축기술을 도입해 핵개발계획을 승격하고 있었기 때문이다. 미국은 북한이 먼저 핵을 포기할 것을 요구했고 북한은 미국이 먼저 불가침조약을 맺는다면 핵문제를 논의하겠다고 했다. 중국이 미국과 북한 간에 조정을 개시해 핵문제를 평화적으로 해결한다는 명분으로 **6자 회담**을 제안했고 미국은 한국을 제외한 북한과 직접 협상하는 것을 피하기 위해서 한국, 일본, 중국 및 러시아와 함께 6자 회담을 개최하자는 안을 받아 들였다. 북한이 2003년 1월에 핵확산금지조약(NPT)을 탈퇴한다는 선언을 하자 국제원자력기구(IAEA)가 이 문제를 UN안보리에 보고하기로 결의했다. 이러한 여건에서 제1차 6자회담이 8월 27일부터 29일까지 베이징에서 열렸다. 북한이 이 회담을 수락한 배후에는 중국의 압력이 작용했다. 북한이 제네바 핵합의를 폐기하고 우라늄농축을 시인했을 때 부시 대통령은 북한에 대해 군사행동도 불사할 것임을 중국당국에게 전달했다. 이를 심각하게 받아들인 당시 중국주석(대통령) 장쩌민은 북한에 석유공급을 일시 중단해 북한이 이 회담에 나오도록 조치했다고 부시의 회고록은 기록했다(George W. Bush, *Decisions Points*, 2010). 이 회담에서 미국은 북한이 먼저 핵을 폐기할 것을, 북한은 핵폐기와 대북지원을 동시에 추진하자고 주장해 성과를 거두지 못했다.

제2차 회담은 2004년 2월 25일부터 28일까지 열렸으나 평화적 해결원칙만 확인하고 끝냈다. 제3차 회담은 2004년 6월 23일부터 26일까지 열렸는데 핵문제의 단계적 해결원칙에 합의했다. 제4차 회담은 2005년에 북한이 핵무기 보유를 선언한 뒤 7월 26일부터 8월 7일까지 열렸다. 이 회담에서 한국은 경수로 대신에 대북 직접송전계획을 제안했으나 북한은 이를 거절했고 미국이 불가침을 약속하라는 요구를 반복했다. 중국의 설득에 의해 그 해 9월에 속개된 회담에서 북한은 처음으로 한반도 비핵화 의사를 밝혔다. 미국은 대북불가침 의사를 표시했다. 9월 19일에 미국과 북한은 "9.19 비핵화 공동성명"을 발표했다. 이 성명에서 북한은 모든 핵개발을 중단하고 NPT에 복귀하겠다고 약속했다. 그 후에 북한은 이 약속을 지키지 않았다.

2005년 11월부터 2007년 2월까지 3단계에 걸쳐 열린 제5차 회담이 개최되었다. 북한은 2006년 10월 9일에 제1차 핵실험을 강행했다. UN안보이사회는 북한에 모든 군사장비 수출을 금지하는 결의안 1718호를 채택했다. 중국도 이 제재결의를 지지하면서 북한이 6자 회담에 복귀할 것을 강하게 요구했다. 2007년 초에 제5차 6자 회담은 북한이 핵 시설의 폐쇄와 불능화를 이행하고 핵 계획을 신고한다면 기타 5개국들은 이에 상응하는 에너지 100만 톤을 지원하고 미국은 북한의 테러지원국 지정을 해제한다는 이른바 “2.13합의”를 채택했다. 제6차 회담은 2007년 7월과 9월 두 단계로 열렸는데 미국은 북한을 적성국무역법에 따른 경제제재를 해제하겠다고 약속했다. 북한은 이 해 말까지 핵 불능화와 폐기 신고를 완료하겠다는 약속을 지키지 않고 오히려 핵 보유국가임을 자칭했다.

2008년 8월에 김정일이 뇌졸중으로 쓰러진 이후 그의 건강 악화설이 파다하게 전파되었다. “강성대국”의 실현에 대한 불안을 해소하기 위해 북한은 2009년 5월 25일에 제2차 핵실험을 실시했다. 그 직후 북한은 탄도 미사일 발사도 강행했다. UN안보이사회는 더 엄격한 경제제재를 포함한 결의안 1874호를 통과했는데 중국도 이 조치에 찬성했다. 이때부터 북한은 6자 회담을 중단시켰다. 이와 같이 전개된 6자회담에서 우리는 북한은 핵 계획을 착실하게 진전하면서 한국과 미국 등 기타 관계국으로부터 경제적 지원을 받아내기 위해 6자회담을 교묘하게 잘 활용해 왔다는 것을 알 수 있다.

우리는 6자 회담의 진행에서 강대국들이 실질적으로 추구했던 국가이익을 엿볼 수 있다. 대체로 한국은 미국 및 일본과 한반도의 비핵화에 대해 같은 입장을 견지하면서 긴밀히 공조했다. 북한은 대체로 중국 및 러시아와 공조했으나 중국은 2009년 말부터는 비핵화보다 북한의 안정을 최우선시했다. 러시아는 원칙적으로 비핵화와 지역안정을 지지하면서 외교적으로 미국의 독점적 힘을 견제하는 데는 동조했다. 러시아는 중국이 미국과 제휴해 압도적인 영향력을 행사하는 데는 부정적인 태도를 나타냈다. 중국은 미국이 이 회담에 독점적 영향력을 행사하는데 반대하면서 자신이 독립적인 힘을 보전하려고 기도했다. 이 결과 어느 한 강국도 단호한 지도력을 행사하지 못해 6자국들이 성과를 낼 수 없었다. 19세기 유럽국가들 간의 외교에서 빈번히 있었던 바와 같이 21세기 동아시아에서도 “회의가 춤추고 있는” 동안 북한은 핵무장을 계속했다.

미국의 오바마 행정부는 북한이 2005년과 2007년에 약속했던 비핵화 및 핵불능화를 이행하지 않는 한 양자회담이나 6자회담에 응하지 않겠다는 “전략적 인내”정책을 고수했다. 2008년에 미국이 선도한 세계금융위기 발생한 후 중국은 미국의 국력에 대한 근본적인 재평가를 실시한 뒤 북한에 대해서는 핵 문제보다도 김정일의 건강과 북한체제의 안정을 더욱 더 우려해 북한을 정치 및 경제적으로 지원했다. 2010년에 중국은 북한이 감행한 천안함 폭침과 연평도 만행에 대해 북한의 책임을 따지지 않았다. 오바마 대통령은 2011년 1월에 중국과의 정상회담에서 만약 중국이 북한의 우라늄농축과 군사도발 등을 견제하지 않는다면 이에 대응하는 군사행동까지 취하겠다고 경고했다. 그제야 후진타오 주석은 미국과의 대결을 피하기 위해 북한이 자제하고 도발을 중단할 것을 언급했다.

2011년 11월 17일에 김정일이 사망한 뒤 그의 차남 김정은이 정권을 장악했다. 김정은은 김정일이 군을 우선시 했던 "선군정치"를 지양해 핵무기와 경제발전을 동시에 추구한다는 "**병진**"정책을 내세웠다. 그는 그의 부친과 달리 가시적 행동과시를 선호하는 성격을 나타냈다. 이러한 행동은 그가 집권한 후 2013년 2월부터 2017년 1월까지 4번 핵실험과 34번 미사일실험을 실시한 데서 잘 나타났다. 2017년 7월부터 9월까지 그는 한국, 일본 및 심지어 미국본토를 타격할 수 있는 탄도미사일을 시험 발사했다. 이럴 때마다 UN안보이사회는 북한에 대해 경제제재결의안을 채택했다. 중국은 이 제재에 찬성했지만 실제로 그것을 이행하지 않았다. 2017년 4월에 트럼프는 시진핑과의 정상회담에서 중국이 북한에 영향력을 행사해 핵문제를 해결하는데 도와준다면 미국은 통화와 무역불균형문제에 대해 중국에게 양보하겠다는 큰 거래를 제안했다. 만약 중국이 이에 긍정적 반응을 보이지 않는다면 미국은 단독으로 북한문제를 해결할 결의를 다짐했다. 이 태세를 행동으로 과시하듯 트럼프는 시리아가 국제법을 어기고 화학무기를 사용해 어린이들까지 살해했을 때 시리아공군기지에 미사일공격을 명령했다. 한편 그는 아프가니스탄의 산악지대에 주둔했던 알카에다기지에 미국공군이 핵폭탄과 같은 위력을 가진 최대재래식 폭탄을 사용해 공격할 것을 명령했다. 4월 15일 김일성의 105번째 생일을 기하여 김정은이 제6차 핵실험을 실시할 경우에 대비해 트럼프는 항공모함(USS Carl Vinson)과 핵잠수함들을 한반도근해에 배치했다. 이러한 분위기에서 중국의 외교부장 왕이는 북한이 미국에 대해 "돌이킬 수 없는 긴장상태"를 조성해서는 안 된다고 경고했다. 그런데도 김정은은 2017년 9월 3일에 2016년 9월에 실험했던 것보다 10배의 위력을 가진 "수소탄"을 실험발사했다. 이때 비로소 중국과 러시아가 북한에 대해 더 강력한 경제제재를 승인한 UN안보이사회결의안 2375를 채택하는데 동참했다.

(2) 평화체제 논의: 북한의 대 미국평화협정 요구

6자회담에 대해 또 하나 주목할 것은 북한이 이 회담에서 미국과 평화협정을 협상할 것을 집요하게 요구했다는 사실이다. 이는 한국이 남북 간에 현재의 정전협정을 대체할 평화협정을 직접 협상하자는 주장을 반대한 것이다. 1950년대에는 북한 자신이 남북 간에 직접적인 평화협정을 요구했다. 북한이 이러한 요구를 재삼 고집하는 이유는 핵위협을 계속함으로서 미국과 직접 협상해 주한미군의 철수를 관철시키기 위해서이다. 미국은 이러한 북한의 획책을 거부하고 북한을 다자회의에 묶어두기 위해서 이른바 "한반도 평화체제"를 6자 회담에서 논의하는 데는 동의했다. 이 결과 2007년에 "9.19공동성명"에서 6개 당사국들은 "동북아시아의 항구적인 평화와 안정을 위해 공동 노력할 것을 공약"하며 "적절한 별도 포럼에서 한반도의 항구적 평화체제에 관한 협상을 가질 것"을 약속했다. 여기서 지적해 둘 점은 6자 회담에서 한반도의 비핵화를 달성한 **다음에** 적절한 시기와 별도의 포럼에서 이 문제를 다룰 수 있다는 원칙에 미국이 동의했다는 것이다. 동시에 미국은 한국의 동의가 없이는 북한과 평화협정이나 체제를 논의하지 않는다는 입장을 고수했다.

(3) 한국의 한민족공동체방안과 북한의 연방제방안: 과정으로서의 통일과 결과로서의 통일

한반도의 통일에 관해서도 한국과 북한은 각지 다른 시각을 나타냈다. 원론적으로 통일문제는 먼저 남북한 당사자들이 직접 협상하고 그 후에 한반도와 동북아지역의 안정과 평화에 대해 이익을 공유하는 미국, 일본, 중국, 러시아가 논의결과를 지지하고 보장하는 방향으로 해결되어야 한다. 한국이 제시해 온 **한민족공동체방안**은 하나의 과정으로서의 통일을 점진적으로 달성하자는 것이다. 이 안의 핵심골자는 **선 평화 후 통일**을 실천하자는 것이다. 북한의 연방제방안은 하나의 결과로서의 통일을 일거에 이루자는 것이다. 남북한의 정상 또는 당국자들이 한국과 북한 간에 "연방제"를 형성하는데 찬성한다면 곧 한반도에서 하나의 통일된 연방국가를 실현할 수 있다는 것이다. 이 안의 핵심은 **선 통일(연방국가) 후 평화**를 달성하자는 것이다. 표면적으로 이 안은 감성적으로 많은 호소력을 갖는다. 그러나 실제로 두 개의 기존하는 주권국가가 하나의 통일된 민족국가를 형성하려면 평화와 협력과정을 거치지 않고서 이루어질 수 없는 것이다. 북한의 연방제는 다분히 정치선전적인 색채를 내포하고 있고 한국의 공동체안은 보다 현실적으로 실현 가능한 정책이다.

한반도의 "평화체제"와 민족통일에 관한 논의는 한국과 북한이 정치체제의 정당성에 대해 경쟁하고 있는 면이다. 한국의 한민족공동체방안은 자유민주주의 체제와 대한민국의 정체성을 반영하는 것이다. 북한의 연방제는 김일성의 유일사상체계와 조선민주주의공화국의 정체성을 수호하기 위한 기도이다. 종국적으로 어느 쪽이 우세할 것인지는 양측에서 국내정치가 어떻게 전개하느냐에 따라 결판날 것이다. 중요한 것은 한국이 자유민주주의와 대한민국의 정체성을 귀중하게 여기고 이를 사수하기 위해 강한 의지와 국력을 결집해야 한다는 사실이다. 평화와 통일도 한국 스스로의 의지와 힘으로 쟁취해야 한다. 한국이 이러한 노력을 진지하게 발휘해야 우방과 국제사회가 그것을 지원할 것이다.

(4) 통일의 가능성: 자충수에 의한 통일

한반도의 통일은 어떠한 방안에 의해서보다도 **자충수**(unification by default)에 의해 올 가능성이 높다. 지금까지의 인류역사상에 나타난 통일유형에는 세 가지가 있었다. 가장 흔한 예는 전쟁에 의한 통일이다. 19세기에 독일과 이태리가 이 방법으로 통일되었다. 20세기에는 베트남이 전쟁에 의해 민족국가로 통일되었다. 가장 바람직한 유형은 합의에 의한 통일이다. 1980년대에 북예멘과 남예멘이 협상을 통해 합의통일을 이루었다. 이러한 통일은 오래 가지 않는다. 결국 남예멘이 반란을 일으켰을 때 북예맨은 전쟁에 의해 남예맨을 정복해 하나의 국가로 통합했다. 세 번째 유형은 흡수통일인데 1990년 10월에 서독이 동독을 흡수해 통일을 이룬 것이 이에 해당한다. 그러나 독일통일을 엄밀하게 분석해 보면 그것은 흡수라기보다는 자충수에 의한 통일이다. 당시 소련의 고르바초프가 동독에서 소련군의 군사적 개입을 하지 않겠다고 밝히자 동독에서 존재했던 공산체제는 자연스럽게 붕괴했다. 동독주민들은 자발적으로 동독이 서독에 편입되기를 공개적으로 요구해 독일통일은 사실상 자충수에 의해 성공했다.

한반도에서도 자충수에 의한 통일이 올 수 있다. 북한에서 예기치 않았던 급변사태가 발생하거나 불안한 변화가 발생한다면 그것이 통일로 이어질 가능성이 있다. 이 사태를 사전에 정확하게 예측하기는 지극히 어렵다. 물론 한국은 북한에서 안정되고 질서 있는 변화가 일어날 것을 희망한다. 그런데도 한국은 모든 가능성에 대해 대비해야 한다. 김일성이 사망한 후 북한체제가 지탱해 온 중요한 이유는 경제난에도 불구하고 "강성대국"과 "선군정치"의 이름아래 김정일과 김정은이 핵무기를 개발했기 때문이다. 외부에서 이 체제유지를 지원한 것은 중국의 경제원조다. 김정은 체제는 핵 및 미사일에 의존해 생존했다. 2017년까지 북한은 약 50kg의 플루토늄을 추출했고 6차례의 핵실험을 했으니 아마도 60여 개 이상의 핵무기를 제조했을 것이다. 2012년 초에 새로 발표된 북한헌법은 "핵보유국"임을 명시하고 있다. 이것은 김정일이 성취한 가장 뚜렷한 업적이다. 2017년 9월 3일에 김정은은 가장 강력한 제6차 핵실험을 실시했다. 이 결과 북한은 실제로 핵무기 보유국이 되었다.

5. 북한의 핵무기는 한반도와 동북아시아 및 세계평화를 위협한다

북한은 한국과 일본 및 미국본토를 공격할 수 있는 핵무기와 탄도미사일 능력을 가졌다는 것을 과시했다. 북한의 핵무기는 한반도에서 남북관계 발전을 저해할 뿐 아니라 동아시아와 전 세계의 안전을 위협한다. 2022년에 북한은 자기체제의 생존을 위해서는 전략 및 전술핵무기를 선제적으로 사용하겠다는 것을 법으로 정하고 핵무력을 "기하급수적으로" 확대하겠다고 공언했다. 동아시아에서 미국과 중국은 패권경쟁을 격화해 대만해협에서 전쟁가능성이 고조하고 있다. 국제정치에서는 러시아가 우크라이나를 침략해 미국이 주도하에 지속되었던 법과 규범에 기초한 자유주의질서를 위협하고 있다. 이처럼 한국의 전략 환경은 급속도로 악화하고 있다. 한국은 이렇게 급변하고 있는 지정학의 급류를 헤쳐 나가 생존할 길을 찾아야 한다.

제36장

북한핵문제와 한국의 전략적 외교

북한 핵문제가 우리에게 주는 교훈은 북한의 **의도보다도 능력과 위협**에 대해 전략적으로 대비해야 한다는 것이다(다음은 안병준, "북한핵문제의 교훈: 의도보다 능력에 대비하자," *대한민국학술원통신,* 제272호, 2016. 3. 1, 수정한것). 과거 27년간 북한의 대남의도를 바꾸기 위해 시도했던 남북기본합의(1991), 남북비핵화공동선언(1991), 햇볕정책(2000-2010), 6자 회담(2003-2008), 한반도신뢰프로세스(2013-2017), 개성공단(2005-2016) 및 9.19공동선언과 군사합의서(2017-2022)는 모두 북한의 의도를 변경하려고 기도했으나 소기의 목적을 달성하지 못했다. 북한은 핵무기의도를 변하지 않고 오히려 공격능력과 위협을 증대해 왔다. 2016년에 제5차 핵실험과 2017년에 6차 핵실험 및 탄도 미사일발사를 강행하고 잠수함발사탄도미사일과 이동식탄도미사일(무수단)을 발사한 것이 가장 뚜렷한 증거다.

혹자는 북한의 핵무기는 순전히 자기방어를 위한 것으로 실제로 사용하지 않을 것이라 한다. 이는 인간의 일반적 심리와 배치된다. 저명한 심리학자 마슬로는 "사람이 가진 유일한 도구가 단 한 개의 망치라면 그는 모든 것을 못으로 보는 경향이 있다"고 지적했다(Abraham H. Maslow, *The Psychology of Science: A Reconnaissance,* 1966), 이러한 경향에 대비하는 것이 군사전략의 핵심이다. 인간의 의도는 언제든지 바뀌어 질 수 있지만 기존하는 무기의 능력과 위협은 쉽게 변하지 않는다. 김정은은 현재 핵 망치를 갖고 있다. 그가 이 망치로 어느 못을 내려칠지가 심각한 문제다. 현재 북한이 박차를 가하고 있는 잠수함발사탄도미사일과 이동식탄도미사일은 한국뿐 아니라 일본 및 미국에 심각한 위협이 된다. 북한이 중-장거리탄도미사일을 개발해 실전배치한다면 상대방에 의해 제1차 공격을 받고 나서도 살아남아 상대방을 요격할 수 있는 제2차 타격능력을 갖게 된다. 실제로 북한은 2019년 10월 2일에 북극성-3형이라는 잠수함발사탄도미사일(SLBM)을 3년 만에 처음으로 동해상에 발사했다. 이러한 미사일은 해상과 육상의 어디에서 오는지를 사전에 탐지할 수 없기 때문에 미국은 "제1차 타격"으로 그들을 완전히 제거할 수 없게 되었다. 한국에 도입된 사드미사일은 북한이 발사하는 고도비행미사일만 방어할 수 있고 북한의 잠수함발사미사일과 이동식 미사일은 방어할 수 없다.

1. 한국의 전략적 악몽

1994년에 김일성이 사망한 직후 미국과 북한은 당시의 핵개발을 동결하는데 동의한 "제네바합의"를 발표했다. 바로 이때 필자는 미국의 한 외교 전문잡지(Byung-joon Ahn, "The Man Who Would Be Kim," *Foreign Affairs*, November 1994)에서 "**북한정권의 핵무장은 남한의 전략적 악몽이 될 것이다**"라 지적했다. 이 악몽이 바로 우리 눈앞에 전개되고 있다. 2006년에 북한이 제1차 핵실험을 실시한 후 전 미국대통령 빌 클린턴은 어느 회의석상에서 그의 최대후회는 1994년에 영변에 구축되었던 핵시설에 대해 군사타격을 실행하지 않았던 것이라고 실토했다(Yoichi Funabashi, "A Third Nuclear Crisis on the Korean Peninsula," *Japan Times*, 2017. 5. 9.). 그 후 북한은 5차례 핵실험을 실시한 후 한국의 전략적 악몽은 더욱 더 심각해졌다.

한국이 독자적으로 북한이 기도할 전쟁과 핵 공갈을 억지하고 국가를 방위할 능력이 부족하다면 한미동맹과 미국의 확장억지를 강화하는 길 외에 마땅한 다른 대안이 없다. 지금까지 한미동맹은 한반도에서 전면전을 억지하는 데는 성공했다. 그런데도 한미동맹은 북한의 국지도발과 핵무장을 억지하는 데는 성공하지 못했다. 미국은 6자 회담과 북한과의 직접협상에서 북한이 되돌릴 수 없을 정도로 비핵화를 이행하도록 촉구했다. 미국은 중국이 북한에 압력을 가해 핵을 포기하도록 종용해 줄 것을 희망했다. 이처럼 말뿐이고 행동이 없는 정책은 마침내 무위로 돌아가자 급기야 미국의회는 독자적으로 북한과 거래하는 제3국의 금융기관을 제재하는 입법(이른바 "secondary boycott")을 서둘렀으나 채택되지 않았다.

한국에서도 중국이 북한의 핵 포기를 위해 건설적으로 영향력을 행사할 것이라는 기대는 허상으로 나타났다. 공식적으로 중국은 남한을 포함한 "한반도의 비핵화"를 지지한다면서도 북한에 대한 강력한 UN제재에 대해서는 반대하며 강 건너 불을 보는 태도로 남북한이 동시에 "냉정과 자제" 할 것을 호소했다. 자신의 안보에 가장 긴요한 한반도에 미국 및 일본세력의 접근을 막기 위해 북한이 비록 핵무기를 보유하더라도 체제안정을 유지하는 것이 중국에 유익하다는 태도를 견지했다. 중국이 2015년에 고위지도자 두 명을 평양에 보내 긴장을 조성하는 일을 삼가 해 줄 것을 종용했는데도 불구하고 북한은 2016년 1월에 제4차 핵실험을 감행했으며 2월에는 장거리탄도 미사일을 지구궤도에 올리는데 성공했다. 그런데도 중국은 북한에 압력을 행사하는 데는 주저했다. 북한은 총 무역의 90%를 중국에 의존하고 부족한 연료와 식량의 대부분을 중국에서 공급받고 있으므로 분명히 중국은 북한의 생명선이다. 중국은 북한이 자신의 안보를 직접 위태롭게 하는 행동을 취한다면 실질적인 영향력을 행사했다. 한국은 이러한 중국을 있는 그대로 이해해야 한다(*조선일보*, 2013년 4월 24일, 필자칼럼). 중국 GDP의 오로지 14% 가량의 GDP를 가진 한국이 중국을 설득해 대북정책을 전환시킬 수 있다는 생각은 중국의 역사와 전략문화를 너무나 과소평가하는 것이다. 실제로 중국은 미국과 같은 강대국을 최우선시하고 그들의 입장이 자국의 국익과 일치할 때 비로소 움직인다. 중국뿐만이 아니라 이렇게 하는 것이 강대국정치의 속성이다. 특히 중국은 자기 영토를 둘러싼 14개 국가들과 기타 소수민족들 간에 *以夷制夷*를 잘 구사해 온 오랜 역사와 전통을 가지고 있다. 바로 이 전략을 남북관계에도 그대로 적용하고 있다. 1972년 닉슨 대통령과 함께 중국을 방문해 닉슨-마오쩌둥 정상회담을 성사시켰던 키신저는 자신이 만났던 외국지도자들 가운데서 중국지도자들이 가장 냉혈적인 지정학자들이라 토로했다. 우리는 이러한 중국에 대해 이제 희망적 사고를 지양하고 냉철한 전략적 사고로 임해야 한다.

UN안보이사회가 채택한 북한제재결의가 실효성을 낼지에 대해서도 많은 의문이 있다. 북한에 대한 제재에 대해서도 중국과 러시아가 적극 동참하고 이행하지 않는 한 실효를 거두기는 어렵다. 우리가 흔히 말하는 "국제사회"란 것도 단합된 실체가 아니라 중요한 쟁점에 대해서는 중국과 러시아 등이 미국을 위시한 기타 강대국들이 각각 다르게 사용하고 있는 추상적 존재이다. 더구나 현재 중국은 남중국해 및 동 중국해와 대만해협에서 미국과 첨예한 패권경쟁을 전개하고 있으므로 당연히 한반도에 대해서도 미국의 군사적 증강 및 접근을 예민하게 경계하고 있다. 이러한 시각은 미국의 "고고도미사일방어체계"(THAAD)를 한국에 배치하는 것을 노골적으로 저지하려는 행동에서 잘 나타났다. 중국이 이 사드배치에 대해 보여준 태도는 17세기 초에 청나라가 조선을 침략했던 병자호란을 연상시켰다.

2016년 7월에 한국이 사드배치를 결정한 뒤에 중국의 대한국정책은 급변해 사드가 중국에 겨냥한 것으로 인식해 강하게 반발했다. 2015년에 한국을 방문했던 중국관광객들은 800여만 명에 달해 한국에서 수억 달러를 소비했다. 한국이 사드를 배치하기 시작한 뒤 중국정부는 국영텔레비전에 한국드라마의 상영과 K-pop공연을 금지했고 여행사들에 의한 단체 한국관광계획을 중단시켰다. 이 결과 2016년에 한국을 방문한 중국관광객들은 66% 가량 감소했다. 2017년 5월에 문재인 대통령이 4기의 사드배치를 중단시켰던 후에도 중국은 보복을 계속했다. 특히 사드배치에 부지를 제공했던 롯데회사는 중국에 172개의 상점들을 운영했는데 중국인들이 롯데의 제품들을 보이콧해 그 절반이 영업을 중단했다. 현대자동차도 중국에 조업했던 4개 공장을 중단했다. 그 후 2년이 지난 2019년말까지도 산업, 관광, 공연 및 게임 등 거의 모든 분에서 중국의 보복이 지속되었다. 2023년 7월에야 중국은 국내경제가 극도로 침체하자 6년 5개월 만에 단체관광의 한국방문을 허용했다. 이 현상은 2010년에 일본과 센가쿠/댜오위다오 분쟁이 악화되었을 때 중국은 일본에게 희토류수출을 중단했다가 그러한 보복이 자국경제를 해칠 것을 자각한 뒤에 곧 보복을 중단했던 것과는 매우 다른 모습이다. 중국은 병자호란 때처럼 자신의 요구를 거역한 한국에 대해서는 혹독한 보복을 실시했던 것이다.

중국이 미국 및 일본과 패권경쟁을 격화하고 있는 틈새에 처해 있는 것이 한반도지정학의 현주소다(*동아일보* 2015년 5월 18일 필자칼럼). 2017년 10월 31일에 중국은 마침내 사드배치로 인한 보복을 중단하고 교류를 부활하기로 한국과 합의를 이루었다. 문재인 정부는 사드의 추가배치를 하지 않을 것, 미국의 미사일 방어체제에 가담하지 않을 것, 한미일동맹을 구축하지 않을 것이라는 이른바 "3불"을 중국에 약속했다. 외교적으로 이 조치는 중국의 보복을 정당화해 주고 스스로 주권을 포기한 참으로 이상한 조치였다. 2023년 8월에 윤석열 대통령은 이 조치를 중단하고 캠프 데이비드에서 미국의 바이든 대통령 및 일본의 기시다 총리와의 3자 정상회담에 참가해 3국 간에 긴밀한 조정과 안보협력을 제도화하기 시작했다.

2. 전략적 외교의 중요성

북한핵문제는 한국에게 전략적 외교가 얼마나 중요한가를 상기시켰다. 이 문제의 타결을 더욱 더 어렵게 하는 것이 미중 간 패권경쟁과 지도자 없는 세계의 등장이다. 그런데도 당장에 이 난제를 해결할 수 있는 빠른 비법(quick fix)은 존재하지 않는데 한국의 고민이 있다(이하는 Ahn Byung-joon, "South Korea's Search for Security Strategy under Sino-American Rivalry and North Korea's Nuclear and Missile Threats," *조선일보*가 주관한 제7회 아시안 리더십 콘퍼런스, 2016년 5월 17일에서 발표한 논문을 수정한 것임).

"**전략적 외교**"는 현존하는 주변정세를 있는 현실적으로 파악하고 거기서 한국이 실현가능한 국가이익을 달성하기 위해 가장 효과적인 수단(능력)과 의지를 결집하는 노력이다. 모든 국가들이 공통적으로 추구하는 목표(what), 즉 핵심국가이익은 안보, 경제발전 및 정체성과 국위선양이다. 이렇게 바람직한 국가이익들을 일거에 다 달성할 수는 없으므로 그들의 우선순위를 주어진 정세에 따라 더욱 구체적으로 정의해야 한다. 핵무기나 재래식 위협이 존재하느냐에 따라서 비핵화와 비확산, 전쟁억지 및 방어에 대해 당사국은 정책의 우선순위를 결정해야 한다. 국가전략의 핵심은 이 목표를 가장 효과적으로 달성하는 **방법**(how)을 찾는 노력이다. 국가이익을 극대화하는데 필요한 물질적 능력과 정치적 의지는 항시 제한되고 있다. 이러한 점들을 고려할 때 전략적 외교는 주어진 현실 속에서 실현가능한 국가이익의 우선순위를 분명히 설정하고 그 중에서 가장 시급한 것을 **선택해** 그것을 가장 효과적으로 달성하는 방법에 **집중**하는 노력이다. 전략적 외교는 주어진

환경에 대해 단순히 적응만 하지 않고 한국이 절실하게 추구하는 국익을 능동적으로 개척하는 노력이다. 여기서 중요한 점은 상대국의 **의도**보다도 **능력,** 즉 위협에 대해 대응하는 것이다. 북한, 중국, 미국, 일본, 러시아, 인도의 실제 국력과 위협을 현실적으로 파악하는 것이 전략적 사고다.

한국은 자신의 국력과 동맹국의 도움으로 가장 시급한 전략목적을 달성하는데 필요한 군사력과 외교능력을 양성하고 배치해야 한다. 북한의 핵 및 재래식 군사력배치에 효과적으로 대응할 수 있는 억지 및 방어능력의 배양에 집중해야 한다. 여기서 가장 시급한 과제는 북한의 핵 및 전쟁위협을 억지해 궁극적으로 **북한의 비핵화(핵무기 포기)**를 달성하는 일이다. 이상적으로 북한핵문제를 외교적으로 해결하는 것이 바람직하다. 이러한 의미에서 전략적 외교는 중국고대의 전략가 孫子가 말한 바와 같이 싸우지 않고 이기는 방법이다. 이러한 의미에서 한국은 정권이 바꾸어지더라도 변할 수 없는 국가전략에 대해서는 강력한 의지와 단합을 이루어야 한다. 전쟁을 억지하고 비핵화를 달성하는 것이 한국외교의 제1차적인 사명이다.

한국은 미중관계가 "신 냉전"으로 악화하는 것을 막아야 한다. 그러기 위해서 한국은 동아시아국가들 간에 다자협력을 적극 고무해야 한다. 다자협력의 장에서 한국은 열린 지역주의, 자유무역, 금융안정, 항해자유, 환경보호, 우주개발, 인권보호 등을 인류가 공동으로 추진하는 **글로벌 공공재**로 옹호해야 한다. 이처럼 폭넓은 외교를 실시하기 위해서 한국은 공식원조를 확대하고 외교역량을 제고해야 한다. 국내에서는 외교에 대해 초당적이고 거국적인 결속을 유지하기 위해 학계, 제계, 시민사회 간에 협조와 조정을 기할 수 있는 기제를 제도화해야 한다.

3. 북한핵위협의 함의와 포괄적 한미동맹의 필요성

북한의 핵무장은 한반도의 안정과 세력균형을 질적으로 변혁할 뿐 아니라 동아시아의 지역안정과 전 세계의 평화를 위협한다. 이 위협에 효과적으로 대응하기 위해서 한국은 미국과 안보와 경제이익에 더해 민주주의가치를 공유하는 **포괄적 동맹**을 유지해야 한다. 가장 시급한 문제는 전쟁을 억지하고 북한의 핵 및 미사일 위협에 대비하는 것이다.

2013년 4월에 북한은 2007년에 중단했던 플루토늄 생산용 원자로를 재가동한 후 핵무기위협은 점차 악화했다. 2013년 1월에 UN안보이사회는 강력한 금융제재를 포함한 결의 2087호를 채택했을 때 중국도 이를 지지했다. 이에 대해 북한은 즉시 반발해 비핵화를 위한 모든 대화를 거부했을 뿐 아니라 1992년에 체결했던 남북비핵화공동선언의 무효화를 선언했다. 북한은 2월 12일에 제3차 핵실험도 실시해 종전보다 더 강한 핵폭발을 과시했다. UN안보이사회는 3월 7일에 북한에 대해 제재결의 제2094호를 만장일치로 통과시켰다. 이 결의는 북한의 금융, 무역 등 경제활동에 심각한 타격을 줄 내용을 포함하고 군수물자의 운송도 검사할 수 있게 만들었다. 북한외무성은 이를 미국의 적대정책의 산물로 비판했다. 북한의 조국평화통일위원회는 정전협정의 백지화와 남북한 간에 체결되었던 불가침합의의 전면무효를 선언했다. 한국이 미국과 연례적 합동군사훈련을 시작하자 북한은 서울과 워싱턴을 공격할 핵단추를 누를 수 있다고 위협했다. 북한은 남북군사당국 간에 작동하고 있었던 직통전화도 일방적으로 차단했다. 2013년 4월 초에 북한은 개성공단에 출퇴근하던 남한근로자들의 입국도 중단해 마침내 공단전체의 조업을 중단했다.

이렇게 승강했던 북한의 위협에 대해 미국은 북한의 지속적인 도발을 억지하고 한국과 일본의 안보에 대한 방위공약을 재확인시키기 위해 확장억지조치를 보강했다. 이 가운데는 한국전 이후 처음으로 B－52 장거리 폭격기를 한반도상공에 파견하는 동시에 레이더에 보이지 않는 B－2최첨단폭격기와 F－22전투기 훈련을 실시했다. 미국은 북한의 핵 및 미사일시설을 폭격할 수 있는 핵잠수함과 구축함도 배치했다. 미국본토를 핵 및 요격미사일로 공격하겠다는 북한의 위협에 대해 미국국방부는 미사일방어체계를 알래스카, 캘리포니아 및 괌에 배치했다. 이 조치는 미국에 대한 중국의 핵 및 미사일능력에 부정적 영향을 끼칠 수 있다. 이 군사력의 전시에 대해 북한이 보여준 반응은 이동차량에 의해 한국, 일본, 괌을 공격할 수 있는 무수단 중거리 미사일과 장거리미사일을 동해안에 배치했다. 북한이 다시 감행할 국지도발을 억지하기 위해 박근혜 대통령은 북한의 도발에 대해 한국군은 정치적 고려를 하지 않고 즉각 반격할 것을 지시했다. 북한의 국지도발을 더욱 효과적으로 억지하기 위해 한국과 미국은 공동작전을 수행하기로 합의했다.

이와 같이 남북이 행동과 반동을 격상해 간다면 오판이나 의도하지 않았던 사건에 의해 국지도발이나 심지어 전면전이 발생할 가능성이 있다. 북한은 핵무기와 미사일을 보유했고 장거리미사일에 탑재할 수 있는 소형핵탄두도 개발했으므로 한국에 대해 도발을 감행하더라도 남한 측은 감히 반격할 수 없을 것이라고 믿고 있다. 실제로 천안함 폭침과 연평도포격에 대해 남한은 응징적인 반격을 하지 않았다. 서울은 휴전선에서 35마일 떨어져 있으므로 북한은 비무장지대에 배치한 8천여문의 장사포로 서울을 선제공격 할 수 있다. 2017년 4월에 북한은 300여문의 장사포를 동해를 향해 투척해 최대 규모의 포병훈련을 실시했다. 북한은 서울을 불바다로 만들 수 있다는 것을 보여주기 위해 이 연습을 거행했다. 전면전에서 북한은 남한의 우세한 재래식 전력을 무력화하기 위해 서울을 위시한 몇몇 도시를 핵과 미사일로 공격하겠다고 위협한 뒤에 한국에게 정전을 요구할 수도 있다. 이러한 전략은 냉전기의 동구공산국가에 배치했던 막강한 재래식 소련군의 전력을 상쇄하기 위해 NATO가 핵무기도 사용하겠다고 한 전략과 비슷한 것이다. 2022년 3월 24일에 북한이 화성－17이라는 대형 미사일을 발사했을 때 한국의 서욱 국방장관은 북한이 남한을 겨냥해 미사일을 발사할 징조를 보일 경우 남한은 사전발사원점을 정밀타격하겠다고 선언했다. 이에 대해 김여정은 남한이 군사대결을 한다면 북한은 핵무력을 사용하겠다고 공개적으로 발표했다(*동아일보*, 2022. 4. 5.). 4월 25일 인민군창건 90주년 기념식에서 김정은은 전쟁방지뿐 아니라 적국이 "국익침탈"을 시도하면 핵무기를 사용하겠다고 공언했다.

북한은 핵무기보유를 기정사실화해 미국이 북한을 인도 및 파키스탄과 같은 핵 강국으로 인정해 줄 것을 기대하고 있다. 북한은 핵무기를 경제원조와 교환하지 않겠다고 선언하면서 핵개발도 하고 동시에 경제발전도 "병진"하겠다고 주장했다. 북한은 핵위협을 격상해 미국과 직접 협상해 현재의 정전협정을 평화협정으로 대치한 뒤 주한미군철수를 기도하고 있다. 2000년대에 주한미국대사와 6자회담의 미국수석대표였던 힐(Chistopher R. Hill)은 북한이 핵무기를 개발하는 진정한 목적은 체제생존보장과 같은 실용주의적인 것이라기보다는 침략적인 것, 즉 미국을 한미동맹에 격리시켜 주한미군철수를 관철하는 것이라 했다("North Korea's Real Strategy," *Japan Times*, 2017. 6. 22). 이 목표는 중국의 한반도전략과 일치한다. 여기서 핵공격의 억지에 대한 한 전문가의 견해를 간과할 수 없다. 나랑(Vipin Narang)에 의하면 김정은이 먼저 핵폭탄을 사용하는 것이 결코 불합리하지 않다는 것이다. 김정은이 핵무기로 미국을 공격해 전면전을 야기한다면 그의 정권은 생존할 수 없겠지만 그러한 전면전쟁을 사전에 억지하기 위해 먼저 중거리탄도미사사일로 괌과 일본에 배치한 미군기지를 공격해 한미동맹을 파손시킨다면 그는 생존을 보존하기 위해 적어도 한번 싸워 볼 기회(a fighting chance)는 갖게 된다는 것이다(Narang, "Why Kim Jong Un Woudn't be irrational to use a nuclear bomb first," *Washington Post*, 2017. 9. 8).

2010년대에 북한의 핵무기발전은 예상했던 것보다 훨씬 빠르게 진전했다. 북한핵문제를 계속적으로 추적해 온 한 연구소에 의하면 북한은 2017년까지 33킬로그램의 플루토늄을 추출했으며 175－645킬로그램의 무기급 우라늄을 농축했다. 이 계획에 의하면 북한은 매년 3－5개의 무기를 생산할 수 있다. 이 속도로 북한이 핵무기를 발전한다면 2020년대에는 25－50개의 핵무기를 갖게 된다(*Institute for Science and International Security Report,* 2017. 4. 28). 2018년과 2019년에 트럼프가 김정은과 정상회담 쇼를 하는 동안 실제로 북한이 20여기의 핵무기를 증가했다는 보도가 있다(*New York Times*, 2020. 6. 12.). 2023년 4월 11일에 상기 연구소가 발표한 새로운 추정에 의하면 2022년 말까지 북한은 **35개 내지 65**개의 핵무기를 생산했다(*Institute for Science and International Security Report,* 2023. 4. 11).

2022년 1월 5일에 북한은 마하5라는 "극초음속미사일"을 동해에 발사해 700km 지점에 안착시켰다고 발표했다. 이 미사일은 하강단계에서 음속 5배속도로 수평비행하기 때문에 탐지 및 요격이 거의 불가능하다. 한국군당국은 북한이 이러한 공격능력을 보유한 것을 믿을 수 없다고 발표했다. 1월 11일에 북한은 그보다 더 빠른 마하10이라는 극초음속미사일을 발사해 동해에 1000km 지점에 안착시켰다고 발표했다. 김정은은 이 실험을 직접 참관했다. 1월 30일에 북한은 중거리탄도미사일(IRBM)을 동해에 발사해 700km지역에 안착시켰다. 이러한 미사일의 공격능력은 한국군과 미군에게 실존적 위협이다. 북한이 핵탄두를 소형화해 이러한 미사일에 장착한다면 한국, 일본 및 심지어 미국까지 타격할 수 있다. 2022년에 북한은 95번의 탄도미사일과 순항미사일을 발사해 이러한 능력을 과시했다. 이 해 말에 한국이 우주고체연료발사체를 성공한 즉후 북한은 다시 탄도미사일을 발사했다. 이처럼 북한은 전략적 및 전술적 핵무기 능력을 지속적으로 발전해 실전배치의 문지방을 넘었다. 미국은 북한의 핵전쟁시도를 억지하고 한국안보에 대한 확신을 제공하는 "확장억지"를 과시하기 위해 2017년에 실시했던 바와 같이 핵무기를 사용할 수 있는 장거리 폭격기 B－52와 전투기 F－22를 한반도상공에 작전 전개했다. 2022년에 윤석열 정부가 출범한 후 한국과 미국은 이러한 연례군사훈련을 전면 복원해 부정에 의한 확장억지력을 과시했다.

4. 미국의 확장억지에 대한 신뢰약화와 한국의 핵무기 개발

이제 북한이 미국본토를 공격할 전략적 핵무기와 한국을 공격할 전술적 무기를 보유한 이상 미국의 확장억지에 대한 한국의 신뢰는 약화하기 시작했다. 원래 **"확장억지"는** 북한이 핵무기로 한국을 공격한다면 미국은 그것을 자국에 대한 공격과 같은 것으로 보고 북한에 대해 핵무기로 반격한다는 개념이다. 만약 북한이 핵무기로 워싱턴을 공격할 경우 과연 미국이 서울을 방위하기 위해 핵무기를 사용할 것인지를 한국이 믿기는 어려운 것이 사실이다. 다만 주한미군이 계속 주둔하는 한 확장억지를 어느 정도 신뢰할 수 있다. 2023년 4월 27일에 윤석열 대통령은 워싱턴을 방문해 바이든 대통령과 정상회담을 갖고 확장억지에 대한 한국의 신뢰를 높이기 위해 "**워싱턴 선언**"이라는 문건을 발표했다. 이 문서에서 한국과 미국은 "핵 협의그룹"을 출범해 핵무기 사용에 대한 정보와 운용을 양국이 공동으로 실행하는 동시에 핵잠수함 등 전략자산전개도 정규화하기로 합의했다. 2023년 7월 19일에 미국은 1981년 이후 처음으로 탄도미사일을 탑재한 핵잠수함(USS Kentucky)을 부산항에 기항해 실제로 이 합의를 이행했다. 이 조치는 북한이 핵무기를 사용할 경우 미국은 반드시 핵무기로 보복해 북한정권을 종식하겠다는 것을 행동으로 재 확신해 준 것이다.

북한은 2022년에 실제로 핵무기사용을 강행하겠다는 법적 조치를 취했다. 9월 22일에 북한은 "핵정책 법"을 제정해 만약 한국과 미국이 북한의 최고지도층(김정은)을 위협할 경우 북한은 "**자동적으로**" 전략 및 전술핵무기로 **선제**공격을 실시하겠다고 발표했다. 2023년 9월에 김정은 "핵 고도화"를 헌법에 명시했다. 북한이 이렇게 격상시킨 핵무기사용 교리를 실천한다면 북한 지휘부의 오판이나 事故에 의한 핵공격이 실제로 일어날 수 있다. 이처럼 이판사판의 자살적 핵전쟁과 우발적 사고를 방지하기 위해서도 한국은 북한의 최고지도부와 어떤 형태로든지 실시간 소통통로를 유지해야 한다. 북한의 핵 및 미사일위협은 필사적이고 더욱 더 위험한 경지에 달하고 있기 때문이다.

한국은 북한의 핵 및 미사일능력에 대해 구체적이고 현실적인 대응책을 신속하게 마련해야 한다. 이상적으로 한국은 독자적으로 핵무기를 개발하고 미사일능력을 격상하는 것이 가장 바람직하다. 한 여론조사에 의하면 이미 한국 사람들의 76%가 독자적 핵무기개발을 지지했다(*조선일보*, 2023, 1. 30.). 당장에 전술핵을 다시 반입하거나 핵무기를 공유하는 것이 하나의 대안이 될 수 있다. 그러나 현실적으로 이러한 조치를 실현하기는 쉽지 않다. 미국은 한국의 핵무장은 국제비핵화레짐을 와해할 뿐 아니라 역설적으로 북한핵무장을 정당화해 줄 수 있다고 우려한다. 미국은 한국의 핵무장은 일본, 대만 및 사우디아라비아의 핵무장을 초래할 것으로 보고 적극 반대한다. 궁극적으로 미국이 핵무기를 사용할 것인지는 오로지 **미국대통령만이 결정하는 권한**이므로 한국의 핵무장을 허용하지 않을 것이다. 다만 핵물질의 평화적 사용에 대해서는 한국은 사용한 원자폐기물의 재처리와 우라늄의 농축도 할 수 있도록 미국과 진지하게 협상해 한국의 입장을 관철해야 한다. 세계 제5대 원자력수출국가로서 한국은 언제든지 핵무기를 생산할 수 있는 **잠재력**을 조용히 개발해야 한다. 동시에 한국은 극초음속미사일도 개발해야 한다.

이러한 한국의 입장을 관철하기 위해서는 한국은 미국행정부만이 아니라 의회, 언론 및 학계의 이해와 지지를 획득하는 노력을 꾸준히 해 가야 한다. 다행히 대부분의 미국인들은 한반도에서 전쟁이 재발할 때 미군을 파견하는 것을 지지하고 있다. 한국은 미국여론과 시민들의 지지를 지속하기 위해 대미 공공외교를 강화해야 한다. 공공지지는 한미동맹에 대한 미국인들의 지지를 확보하고 신뢰를 유지하기 위해 필요하다. 이러한 외교로 한국은 한미동맹을 단순한 안보이익을 넘어서 미국과 경제 및 첨단기술을 공유하는 **포괄적 동맹**으로 착실하게 가꾸어 가야 한다.

중기적으로 한국은 북한과의 대화에 대한 대응책을 사전에 마련해야 한다. 우리는 북한의 군사도발은 봉쇄하면서도 북한체제가 외부적인 도발에만 의존하지 않고 내부에서 스스로 변하고 발전하도록 도와주어야 한다. 원래 케난(George Kennan)이 구소련에 대해 제시했던 봉쇄(containment)개념도 군사적 억지와 동시에 소련내부의 사회변화를 조장하는 것을 중시했다. 한국도 이러한 접근을 통해 북한정권의 변화를 촉진해 가야 한다. 장기적으로 한국도 북한의 핵 및 미사일 사용을 불가능하게 만들 수 있는 독자적인 억지력을 개발해야 한다.

5. 미중세력경쟁에서 한반도문제의 분리와 가교외교

미국과 중국은 한반도문제를 그들 상호간에 패권경쟁의 일환으로 보는 경향을 나타냈다. 중국은 북한을 대미국 또는 대일본 완충지로 여겨 북한의 생존과 안정을 비핵화보다 더 우선시하고 있다. 한국은 한반도문제를 이 강대국들 간의 세력경쟁에서 분리(decouple)해 적어도 전쟁을 억지하고 비핵화를 달성하는 일은 하나의 "**세계적 공공재**"(global public good)로 여겨 이에 대해서는 중국도 적극 협력하도록 미중 간에 가교외교를 추구해야 한다. 중국이 주한미군을 자신에 대한 전진배치로 인식하는 이상 한국이 한미동맹과 한중 "전략적 협력 동반자" 관계를 상호 조화해야 한다고 말하기는 쉽지만 그것을 구체적으로 실현하기는 지극히 어렵다. 그럼에도 불구하고 우리는 한미동맹이 중국을 포위하기 위한 것이 아니고 어디까지나 전쟁억지를 위한 것이며 북한의 핵무장은 중국이 원하는 안정을 더욱 더 해칠 수 있다는 것을 각종의 전략대화와 교류를 통해 일관되게 주장해야 한다.

중국의 대북정책은 근본적인 변화를 하지 않았지만 한반도문제로 미국과의 대결은 피하는 것이다. 미국과의 대결위험을 피하기 위해 중국은 북한에 대해 압력을 가했으나 한국에 대해서는 보복을 계속했다. 2013년 4월에 북한이 도발의 순위를 높이고 있었을 때 시진핑은 어느 나라도 이기적으로 자기이익을 챙기기 위해 혼란을 자아내서는 안 된다고 경고했다. 이는 북한에 대해 그의 우려를 우회적으로 표시한 것이다. 원칙적으로 좋은 미중관계는 범세계 및 지역안정과 한반도의 안정에 기여한다. 미중관계가 극도로 악화해 대결과 갈등을 자아내면 한국은 양측 간에 어느 한편을 택하라는 압력을 받게 된다. 반대로 미중관계가 밀착해 두 강대국들이 아시아를 공동관리하면 그들은 한반도문제를 자기들 간의 양자관계에 부차적인 존재로 취급할 것이다. 미중관계가 지금처럼 경쟁과 협력을 동시에 나타낼 때 한국의 외교공간이 확대되어 한국은 더 큰 레버리지를 행사할 수 있다.

한국은 중국이 한반도에서 전쟁을 원하지 않고 북한의 안정을 우선시하고 있는 점에 각별히 유의하면서 중국과 공동이익 영역을 개척해야 한다. 지금까지 중국은 6자회담이나 미북회담을 고집해 왔지만 실제로 심각한 전쟁위협이 발생한다면 이를 억지하기 위해 북한을 제외한 5자회담이나 기타 다자회담에 참여할 수도 있을 것이다. 한국이 동아시아의 다자협력에서 이러한 외교를 성공한 사례가 있다. 1989년 서울에서 APEC이 개최되었을 때 한국은 중국과 대만이 공동으로 참가하게 주선했다. 2010년에 한국은 한일중정상회담의 사무국을 유치한 것도 이러한 노력의 일환이다. 이처럼 한국은 열린 지역주의를 옹호해 아태지역에서 배타적 다자주의보다 포용적 공동체를 추구해야 한다. 한국은 중국이 선호하는 RECEP에 가담했으므로 아베가 완결한 CPTTP에도 가입해야 한다. 한국은 2021년 12월에 이 협정에 가입신청을 제출했다.

이 노력은 당국자만이 아니라 학계와 재계 등 민간인과 함께 하는 1.5대화나 순전히 비정부조직 간에 하는 2.0대화 등 여러 가지 형태로 개척해 가야 한다. 이러한 대화로 우리가 중국당국자들을 설득해 그들의 인식과 정책을 바꿀 수 있다고 기대하는 것은 비현실적이다. 오히려 솔직하고도 논리적인 논의를 통해 허심탄회하게 대화해 상대방의 의도를 깊이 이해하고 소통하는 데 집중할 필요가 있다. 한중 간에 한국이 균형자 또는 그네역할을 해 중국의 정책을 전환시키려는 것은 비현실적 발상이다. 다만 경제관계에서는 양측이 이익을 공유할 수 있다. 한국은 정경분리원칙을 고수해 중국이 한국경제와 과학기술을 경시할 수 없도록 노력해야 한다. 양국 간에 정상회담과 장관급 고위회담을 제도화도 시도해야 한다. 실무자 간의 대화와 공식 및 비공식 전략대화도 다양하게 추진해야 한다. 신뢰구축과 위기관리를 위해 두 정부 간에 직통전화도 유지해야 한다. 황해에서 재난구조와 어업분쟁을 신속하게 해결할 수 있는 협력도 제도화해야 한다. 한국과 중국 간에 역사공동연구위원회를 출범해 역사분쟁을 해소하는 노력도 필요하다.

6. 한일관계 개선의 중요성

한국과 일본은 각기 미국과 동맹을 맺고 있지만 역사 및 독도문제로 오랫동안 긴장된 관계를 유지했다. 유럽에서처럼 NATO와 같은 집단안보기구가 존재하지 않고 중국이 노골적으로 지역패권을 추구하고 있는 여건에서 한국은 일본과 긴장한 관계를 시급히 해소해야 한다. 한국과 일본은 안보 및 경제적 이익과 정치적 가치를 공유하고 있는 상황에서 양자관계를 개선하는 것이 동아시아의 안정과 평화에 기여한다. 한국과 일본은 북한과 중국의 위협에 효과적으로 대처하기 위해서 과거사와 영토문제에 대해 이견을 유보하면서도 양자관계를 개선해야 한다. 북한 핵문제뿐만 아니라 근해에서 발생하는 해양분쟁과 군사정보에 대해서도 두 이웃나라가 협조해야 문제를 해결할 수 있다. 만약 한반도에서 전쟁이 다시 발생한다면 일본은 1950년에서 했던 바와 같이 후방기지로 작동해야 한다. 지금도 북한의 핵 및 미사일위협을 억지하려면 한국, 미국 및 일본은 긴밀하게 공조하고 협력해야 한다.

2019년에 문재인 정부는 한일기본조약과 위안부문제합의를 부정해 한일관계의 악화를 초래했다. 한국대법원이 일본식민지시기에 강제징용을 당했던 한국근로자들에 대해 보상하라는 판단을 발표하자 일본은 한국에 수출하는 반도체소재 일부에 대해 부여했던 특혜를 중단했다. 일본은 반도체생산에 가장 중요한 3개 소재(flourinated polyimider, resist, hydrogen flouride)의 세계 공급에서 80%를 차지한다. 이 보복이 장기화하면 한국의 반도체생산은 큰 타격을 받게 된다. 이에 대해 문재인 정부도 일본수출품에 대해 보복조치를 취했고 심지어 2016년에 체결했던 한일군사정보보호협정(GSOMIA)의 연장을 중단했다. 미국이 이 협정의 중요성을 한일양국에 강조해 강력한 압력을 가했다. 문재인 대통령은 이 협정이 종료하는 11월 22일에 그 연장을 발표한 후 가까스로 위기를 면했다.

2023년 3월 16일에 윤석열은 한국대통령으로서 12년 만에 처음으로 일본을 방문했다. 그는 동경에서 기시다 총리와 정상회담을 갖고 한일관계를 상호협력관계로 복원하기로 합의했다. 이 결과 일본은 반도체 부품수출규제를 중단했고 한국은 WTO에 재소를 철회했다. 동시에 양측은 군사정보협정도 정상화했다. 이처럼 한국이 일본과 안보 및 경제협력을 정상화한 것은 매우 시의적절한 조치였다. 왜 이러한 협력이 시급한지는 북한이 이 정상회담이 시작하기 직전에 ICBM을 발사해 홋카이도 앞 바다에 낙하시켰던 사실이 잘 보여 주었다. 앞으로 한국과 일본은 이익 및 가치를 공유하는 동반자관계를 구체적으로 심화해야 한다.

이제 한국은 과거사에서 유래하는 원한의 정치는 지양해야 한다. 한국인들은 지금까지 일본에 대해 견지해 온 인식에서 과감히 탈피해야 한다. 서울에서 15년간 외신기자로 일했던 한 영국기자의 관찰에 의하면 한국인들은 세계 제3위 경제대국 일본을 "발톱사이 때만큼도 여기지 않는" 세계 유일한 국가라고 꼬집었다 (Michael Breen, "Speaking About Koreans," KorAme News, 2016. 9.16). 이 지극히 **비이성적**인 행동은 시정해야 한다. 2022년 8월 15일에 윤석열 대통령은 1998년에 "한일관계의 포괄적 미래상을 제시한" 김대중-오부치 선언을 계승해 한일관계를 개선하자고 제의했다. 기시다 총리가 이 제안을 받아들여 2023년 3월의 정상회담으로 결실을 본 것이다.

국제관계에서 과거역사를 무기화해 갈등을 부추기면 그것은 외교적으로 타결하기는 매우 어렵다. 과거가 미래를 가로막게 방치하는 일은 우리의 국익을 손상시킬 뿐이다. 우리도 이제 유럽 국가들처럼 지나치게 감정적인 대결을 지양해 미래지향적 시각을 가져야 한다. 역사, 지정학, 경제 및 문화의 현실은 한국과 일본 간에 불가피하게 상호 호혜적 교류와 협력을 요구하기 때문이다. 순전히 국내정치 시각에서 한일관계를 다루는 일은 협력을 더욱 더 어렵게 만들 뿐이다. 북한이 핵과 미사일로 한국, 일본 및 미국을 위협하는 한 한일관계는 한미관계와 미일관계에서 분리할 수 없다. 한국은 미국 및 일본과 공식적 3자 동맹은 아닐지라도 안보 및 경제에 대해서는 3자 간에 긴밀하게 조정하고 협력해 가는 것이 더 유익하기 때문이다.

2023년 8월 18일에 바이든은 캠프 데이비드(대통령 별장)에서 윤석열과 기시다를 초청해 한미일 정상회담을 개최했다. 이 정상회담은 한국의 전략적 외교를 실천하는 절호의 기회였다. 이 회담에서 미국, 한국 및 일본의 정상들은 안보 및 경제문제뿐만 아니라 공급망 및 첨단혁신공조에 대해서도 포괄적 협의 및 협력을 제도화하기로 합의했다. 미국은 한국 및 일본은 이 합의를 실천하기 위해 정상회담에 더해 외교, 국방 및 산업장관의 실무회담을 정례화할 계획이다. 동시에 이 3국은 상호간에 전략정보를 실시간 공유하기 위해 조기경보체제 운용에 착수했다. 세계 GDP의 32%를 가진 미국, 일본 및 한국이 이렇게 공동전선을 취한 것은 동아시아의 NATO에 가까운 방어적 집단행동이다. 이 회담이 발표한 문건에서 그들은 남지나해에서 중국이 일방적으로 현상변화를 기도하는 행동을 규탄했다. 사실 이 역사적 거사는 이 회담 전에 윤석열이 먼저 한일관계를 획기적으로 개선했기 때문에 실현되었던 것이다. 이 결과 한국은 미국 및 일본과 제휴하는 글로벌 동반자로 부상했다.

7. 글로벌 공공재를 위한 공공외교

세계에서 가장 막강한 열강들의 이익이 교차하는 완충지요 아직도 양단된 반도에서 한국은 동아시아와 세계전체에서 공유지보호, 기후변화방지, 인권 및 비핵화에 대한 글로벌 공공재를 공유하는 **공공외교**(public diplomacy)를 적극 추진해야 한다. 한국은 동아시아에의 지역협력과 자유무역협상에서 어느 국가도 배타적으로 제외하지 말고 다수국가들을 모두 포함하는 열린 지역주의를 견지해야 한다. 한국은 강대국들 간과 선진국과 개도국 간에 교량을 구축해야 한다. 한국의 공공외교는 단지 한국자신을 위해서만이 아니라 모든 국가들과 전 인류가 공유하는 공공재를 생산하기 위해서도 필요하다. 공공외교는 한국의 세계적 프로파일을 확대하고 외교레버리지를 강화한다. 사실 한국은 G－20의 출범과정에 참여해 국제규칙을 피동적으로 수용하는 국가에서 그것을 제정하는 국가로 격상되었다. 하나의 위기관리위원회로 출범했던 이 연례회의는 세계금융위기를 극복한 후 리더십부재로 인해 효과적 운영위원회로 전환하지 못했다. 이 침체상태를 극복하기 위해 한국은 G－7과 BRICS에 속하지 않는 기타 7개 중견국(한국, 호주, 인도네시아, 터키, 사우디아라비아, 멕시코, 아르헨티나)들과 하나의 임시회의(caucus)를 결성할 필요가 있다. 이 모임에서 한국은 글로벌 공공재를 생산하는데 촉매역할을 발휘해야 한다.

한국은 외교의 초점을 북한문제에만 국한하지 말고 그 시야를 인도－태평양지역과 전 지구가 공통적으로 직면하고 있는 문제들로 확대해야 한다. 한국은 2021년에 미국이 제기한 첨단기술의 공급망 문제에 대해서도 협력해야 한다. 반도체제조에서 한국과 대만은 세계생산의 43%를 차지한다. 적어도 반도체산업 매출에서 한국은 미국 다음으로 세계시장의 19.3%를 차지한다(*중앙일보*, 2022, 8. 17). 한국은 미국이 주도하는 공급망 구축에 적극 참여해야 한다. 이렇게 하는 것이 중국에 의존해 왔던 수출시장을 다변화하고 한국의 레버리지를 강화할 수 있다. 한국은 인도－태평양지역과 전 세계에서 개방되고 규칙에 근거한 자유주의국제질서를 유지하는 노력에도 적극 동참해 건설적 역할을 수행해야 한다.

8. 민간외교의 강화: Track II 및 Track 1.5 대화

중견국으로서 한국은 국가차원의 공식외교를 보완하고 한국의 영향력을 증대하기 위해 민간외교를 강화해야 한다. 순전히 민간인들만이 참석해 대화를 통하여 소통하고 교류하는 비공식적 Track II 대화는 공식외교를 지원하고 보완할 수 있다. 한국이 현재 갈등과 이견을 갖고 있는 국가들에 대해서는 가능한 한 대결과 갈등을 해소하기 위해 정책실무자들이 참석하는 Track 1.5 대화가 더 효과적일 수 있다. 현재 한국국제교류재단이 지원하고 있는 미국, 일본, 중국, 러시아와 실시하고 있는 연례적 양자포럼들은 Track II에 속한다. 이와 대조적으로 북한핵문제와 지역안보에 대해 남북한과 상기 4강국의 학자와 정책실무자들이 참석하는 동북아시아협력대화는 Track 1.5에 속한다.

필자가 이 두 방식의 대화에 직접 참석해 경험했던 것 중 일부를 소개한다. 원래 이러한 대화에는 참석자들이 말한 내용은 밝힐 수 있지만 그것을 말했던 사람의 이름은 밝히지 않는 것이 정해진 규범(the Chatham House Rule)이다. 1993년에 한일관계는 일본에서 친한파 인사들도 "혐한파"로 변할 정도로 악화되었다. 이 상태를 개선하기 위해 한국국제교류재단은 필자에게 일본의 국제교류센터의 이사장 야마모토 타다시를 만나서 민간지식인들 간에 한일포럼을 개설하는 협상을 부탁했다. 필자는 동경에 가서 오랫동안 친분을 가졌던 야마모토를 설득해 이 포럼을 출범시키는 데 합의를 이루었다. 그때부터 10년간 필자는 한일포럼의 한국 측 간사로서 양국의 학계, 정계, 언론, 사회, 기업인들로 구성된 **한일포럼**을 관리했다. 처음에는 양측대표들은 얼굴을 붉히고 목소리를 높이면서 대결하는 모습을 보였다. 이 포럼이 해를 거듭하는 동안 양측 간에는 이해가 친분이 축척되어 실질적인 성과를 낼 수 있었다. 그중에서 대표적인 두 성과는 2002년에 월드컵의 공동개최와 청소년교류증대를 건의해 그것을 실현했던 것이다. 이렇게 좋은 분위기와 성과에도 불구하고 그 뒤에 양국의 국내정치가 변화해 정치인들이 과거사문제를 제기했을 때 한일관계는 다시 악화되었다. 그런데도 이 민간포럼에서 양측대표들은 비교적 솔직하게 자신들의 견해를 설명해 양측의 입장을 이해하는 데는 적지 않은 기여를 했다.

이 양자포럼과 동시에 필자는 다자대화도 경험했다. 1993년에 미국 샌디에고의 캘리포니아대학교의 한 연구소는 남북한과 주변4강의 대표들이 참석하는 1.5방식의 **동북아협력대화**(The Northeast Asia Cooperation Dialogue)를 출범했다. 필자는 이 대화의 시작부터 20여 년간 한국대표의 일원으로 참석했다. 이 회의에는 외교부의 정책실장들도 참석했다. 북한은 이 회의를 준비하는 회의에는 대표를 파견했으나 그 뒤에는 참석하지 않았다. 1990년대 말부터 간헐적으로 북한외무성의 실무자들이 참석했던 경우도 있었다. 북한대표가 참석했을 때 미국의 6자회담 대표도 참석했다. 북한대표들이 참석하지 않았을 경우 이 대화는 대체로 미국과 중국 간에 현안문제에 대한 토론에 집중했다. 한국대표들은 가능한 한 대결을 해소하고 이해를 증진하도록 노력했다. 이 대화는 상대방에 대한 적대적 태도와 오해를 해소하고 현안문제에 대해 구체적인 이해를 심화하는 효과를 가졌다. 이러한 노력을 통해 이 다자대화는 공식적인 6자회담에 대해 여러 가지 지적 투입을 제공했다.

이러한 민간외교는 상대방의 공식정책을 변화시키지는 못하지만 상호 간에 보다 진전되고 세련된 이해를 촉진할 수 있다. 한국은 이러한 대화를 더욱더 적극적으로 확대하고 발전시켜야 한다. 글로벌 중견국으로서 한국은 이러한 대화를 통해 한국에 대한 인식과 이해를 증진해야 외교적 레버리지를 강화할 수 있다. 국내에서는 이러한 포럼에 참석하는 인사들을 각계각층에서 균형 있게 선별하고 참가의 폭도 점진적으로 넓혀서 사회전반에 파급하는 효과를 내어야 한다. 이러한 교류를 통해 한국인들의 국제 감각과 이해를 증대시키는 것도 민간외교의 중요한 역할이다.

9. 공식원조의 전략적 제공

한국은 2010년에 OECD의 공식원조위원회(DAC)에 참가해 원조를 받던 나라에서 주는 나라가 되었다. 2012년에 한국은 15.5억 달러의 공식원조를 했고 이 양은 2016년에 약 30억 달러에 달했다. 이 원조도 전략적으로 실시해 한국의 국익을 극대화할 수 있는 상대국들을 선택하고 집중적으로 제공해야 한다. 여러 나라들에 분산해서 찔끔찔끔 주는 것보다도 낭비 없이 소기의 성과를 낼 수 있는 나라들을 골라서 지원해야 생산적 효과를 낼 수 있다. 현금으로 개도국을 도울 한국의 능력은 제한되고 있다. 한국이 이룩한 개발경험을 공유하는 교육, 보건, 의료, 응용기술, 행정 등에서 인재와 능력을 양성하는 사업을 집중적으로 추진해야 한다. 이 분야에서 한국이 갖고 있는 비교우위를 십분 활용할 수 있기 때문이다.

한국은 젊은 세대로 구성한 개발봉사단을 해외에 파견하는 계획을 대폭 확대해야 한다. 그들은 파견국에서 한국의 발전경험을 전수하고 개도국의 수요에 알맞은 활동을 전개할 수 있다. 이 사업은 청년들의 동기를 북돋아 주고 그들의 진로를 마련하는 데도 기여한다. 개도국에서 학생들을 선별할 때도 엄격한 절차와 객관적인 시험 및 면접을 통해 유능한 인사들을 초청할 수 있도록 조치해야 한다. 필자는 2001년에 연세대학에서 정년퇴직한 뒤에 일본의 정책연구대학원(The Japan Graduate Institute for Policy Studies)에서 3년간, 한국의 KDI국제정책대학원에서 10년간 개도국에서 온 중간급관료들에게 국제정치 및 국제정치경제를 강의했다. 이 경험에서 필자는 한국이 개도국들에게 당장 먹을 수 있는 생선을 주는 것보다 생선을 잡는 방법을 가르쳐 주는 것이 얼마나 긴요한지를 실감했다. 실제로 외국학생들은 한국에서 이러한 지식과 기술을 배우려고 한국에 왔다. 그들이 한국에서 가장 배우고자 한 것은 한국이 반세기에 이룩한 산업화와 민주화의 경험과 선진국으로 진입하게 만든 과학기술이다.

대한민국학술원도 이러한 의미에서 국제학술교류를 더욱 활성화하고 격상해야 한다. 필자는 대한민국학술원회원으로서 세계 각국의 학술원들이 주최한 국제회의에 참석했을 때 이 필요성을 절감했다. 미국 및 유럽 국가들의 학술원들은 그들 상호 간에 학술교류를 활발히 전개하는 동시에 개도국들, 특히 아프리카 및 아시아 국가들이 학술원을 개설하고 그것을 운용하는 사업을 지원하고 있다. 특히 200여 개의 세계학술원들로 구성된 국제학술원동반자(The Inter-Academy Partnership—IAP)는 전 인류의 학문, 건강 및 연구를 촉진하는 활동을 활발하게 전개했다. 이태리정부는 이 조직의 사무국을 자국 내에 두고 2016년까지 매년 100만 달러의 재정지원을 제공했다. 노벨상을 관리하는 스웨덴학술원은 전 세계의 학술원들과 이러한 국제교류 및 협력계획을 다양하게 전개했다. 선진국의 학술원들은 대한민국학술원도 이러한 활동에 동참해 더욱 더 적극적으로 협력해 줄 것을 요청했다.

대한민국학술원도 선진국들처럼 국제교류 및 협력 사업을 활발하게 추진해야 한다. 학술원이 이러한 계획을 수행하기 위해서는 국가의 지원이 필요하다. 이러한 의미에서 한국외교부는 대한민국학술원이 국제교류사업을 활성화하는데 필요한 재정적 지원을 제공해야 한다. 외교부가 개도국들에게 지원하는 ODA의 극소부분을 학술원이 사용할 수 있게 조치한다면 학술원은 개도국 및 선진국의 학술원들과 더욱 능동적으로 학술교류 및 협력을 수행할 수 있다. 이 활동은 한국학술원의 국제적 위상을 제고할 뿐 아니라 한국의 연식국력을 강화하는 효과를 산출한다.

한국의 국제학술교류활동을 활성화하기 위해서는 ODA의 정책결정과 이행에 있어서도 한 부처가 총괄하는 사령탑으로서 작동해 일정한 전략하에 체계적으로 관리해야 한다. 지금처럼 무상원조는 외교부가 관리하고 유상원조는 기재부가 전담하는 실태는 시정되어야 한다. 원조분담금을 얻기 위해 고등교육기관 및 연구소, 교회와 시민단체들이 과도하게 경쟁하는 모습도 지양해야 한다. 희소한 자원으로 최대한의 효과를 내기 위해서 공식원조의 배분은 구체적 업적과 경험에 근거해 공정하게 이루어져야 한다.

10. 외교역량의 제고

전략적 외교의 역량을 제고하기 위해 몇 가지를 제언한다. 외교도 경제와 마찬가지로 사람이 하는 일이다. 궁극적으로 외교를 수행하는 사람들의 역량과 품격을 향상해야 전략적 외교를 실천할 수 있다. 최고수준의 정치지도자들은 경제에 대해서와 마찬가지로 외교에 대해서도 전문학식과 경험을 쌓은 인재를 중시해 그들을 적기적소에 임용해야 한다. 세계에서 10대경제권에 속하는 국가로서 매년 1조 달러 이상을 수출하며 11번째로 군비를 많이 지출하는 한국의 외교를 담당하는데 현재의 인원과 예산이 턱없이 부족하다. 더구나 한국의 국가이익을 좌지우지할 수 있는 4대 강국에 파견하는 대사는 적어도 주재국의 언어와 문화를 아는 인사들이어야 한다. 강대국들의 사례와 달리 강대국틈새에 끼여 있는 한국은 그 분야의 전문가들을 발탁해야 한다. 흔히 사람들은 한국이 대북정책과 대미관계를 주도해야 한다고 주장한다. 이러한 외교를 성취하려면 국력과 외교관의 실력이 뒷받침해야 한다. 이에 못지않게 중요한 것이 인력과 예산이 충분히 비치되어야 한다. 동시에 외교관의 교육과 재교육도 체계적으로 실시해야 한다.

일상적인 보고와 위기관리에 몰두해 한국외교는 전략적 외교를 실시하는데 경시하고 있지 않은가? 대통령실에 안보실을 설치했고 외교부가 국립외교원을 출범한 것은 다행한 일이다. 이러한 기구는 전문적 실력과 함께 전략적 사고와 자질을 겸비한 인재를 기용해야 한다. 한국이 당면한 국제환경에서는 지역전문가와 기타 전문지식을 보유한 인재들을 정책결정과 이행과정에 더 많이 활용해야 한다. 한국은 외교역량을 높이기 위해 유능한 인재를 선발하고 양성하는데 더 많이 투자해야 한다.

제37장

한반도통일에 대한 중국의 시각: 남한주도통일 대 현상유지

중국은 한반도 통일에 사활적인 영향을 끼치기에 중국이 통일에 대해 어떠한 시각을 갖고 있는를 살피는 일은 매유 중요하다. 원칙적으로 미국과 중국은 다 같이 남북한 당사자들에 의한 “평화통일”을 지지한다고 표방한다. 미국은 자유로운 선거에 의한 통일을 주장해 남한주도통일을 지지한다. 중국은 “자주평화통일”을 내세워 사실상 현상유지를 선호한다. 핵 문제에 대해서도 미국은 북한의 비핵화를 최우선시하고 있으나 중국은 북한의 핵무기를 묵인하면서 “한반도비핵화”를 반복해 핵무기의 위협보다도 북한의 안정을 더 우선시한다.

1. 미국과 중국의 통일인식

미국과 중국은 지정학적으로 각기 다른 위치에 놓여 있다. 한반도의 통일에 대해서도 기존 초강국인 미국과 신흥 초강국으로 부상한 중국은 다소 다른 시각을 견지해 왔다. 이 두 강대국은 앞으로 한반도의 통일에 대해서도 지대한 영향을 끼칠 것이다. 미국은 아직도 세계의 유일한 초강국으로 남아 있으며 기본적으로 해양세력으로서 동아시아에서 역외균형자 전략을 지향하고 있다. 미국은 한반도

통일도 세계 및 동아시아 지역전략의 일환으로 인식해 북한의 비핵화 및 비확산, 전쟁억제 및 지역안정을 달성하려고 노력하고 있다. 중국은 유라시아대륙의 중심부에 위치한 대륙세력으로서 현재 세계적인 해양세력으로 전환하면서 그 주변부와 근해에서 미국세력의 접근과 개입을 방지하려고 노력하고 있다. 이러한 대응에서 중국은 한반도를 자신의 안보에 가장 중요한 주변부로 여기고 북한을 자국의 안보 및 독립을 방위하는데 매우 긴요한 완충지로 인식하고 있다. 미국과 중국은 원칙적으로 공히 남북한 당사자들 간의 합의에 의한 평화통일을 지지한다. 그들이 실질적으로 추구하는 전략적 이익은 다른 것이다. 미국은 자유로운 선거를 통한 한국주도의 통일을 지지한다. 중국은 한반도통일을 가능한 지연시켜 현상유지를 선호하며 특히 통일 이후의 한반도에서 미군이 존속하는 데 반대한다.

미중 간의 지정학적 경쟁에서 대한민국은 한미동맹을 보강하면서 한반도문제를 가능한 한 미중 간의 세력경쟁에서 격리해 북한의 비핵화 및 통일에 기여할 수 있도록 교량구축 역할을 시도해야 한다. 한국은 언제든지 닥쳐 올 수 있는 급변사태와 통일기회에 대해서도 독자적인 대비책을 체계적으로 마련해 두어야 한다. 여기서 주목해야 할 점은 미국과 중국은 대한민국보다도 상대방과 일본 및 러시아와 같은 기타강대국들을 더욱 더 중시해 자기중심의 전략을 추구한다는 사실이다. 미국은 아시아대륙에서 유일하게 한반도에 군사력을 전진 배치하고 있다. 여기서 미국은 전쟁을 억지하고 북한의 비핵화를 관철하는 것이 자신의 동아시아 전략에 부합한다고 보고 있다. 이러한 관점에서 미국은 안보, 비핵화 및 인권을 세계적인 공공재로 인식하고 한국주도의 통일을 지지한다.

중국은 한반도문제를 대미 및 대일관계의 일환으로 보고 북한정권의 현상유지를 최대한 지속하려고 한다. 왜냐하면 통일이 되면 한반도에서 안보완충지가 없어지고 미국 및 일본과 직접 대결할 수 있기 때문이다. 차라리 남북이 대치하고 있는 것이 대만에 대한 미국의 관심과 개입을 완화할 수 있고 남북 간에 중재 또는 균형을 구사해 대미 및 대일 영향력을 극대화하고 반일감정을 고취하는 것이 자신의 이익이 된다고 중국은 인식하고 있다. 시진핑은 북한에 앞서 한국을 먼저 방문했다. 이는 한국에 대한 영향력을 극대화해 한미동맹을 약화하기 위해서다. 그는 남 및 동 중국해에서는 영해권분쟁을 일으켜서 미국이 일본과 한국에 군사력을 전진 배치하는 것을 어렵게 하려고 기도했다. 경제적으로도 통일이 된다면 현재 한국이 중국과 실시하고 있는 교역과 투자가 북한경제의 부활에 이전될 수 있다는 것도 중국은 우려한다. 실로 냉혈적인 지정학을 적용해 중국은 한반도의 통일을 최대한 지연시키는 것이 자국에 유익하다고 보고 있다. 이처럼 중국은 러시아와 함께 세계에서 가장 전통적인 지정학을 실천하고 있다는 점을 우리는 항시 유의해야 한다.

원칙적으로 중국은 북한이 핵무기를 보유하고 핵을 확산하는 것은 반대했다. 이 때문에서 유엔에서 북한에 대해 경제제재를 취하는 데 동의했다. 2017년에 북한이 제5차 핵실험을 강행한 데 대해 중국은 자못 강하게 반발했다. 그 직후에 북한은 제6차 핵실험을 하지 않았다. 그 당시 김정은이 중국을 방문하지 못한 것도 중국의 반대가 작용했기 때문이다. 그해 7월에 시진핑은 문재인과의 정상회담에서 북한과의 전통적 우호관계와 북한정권의 안전을 강조했다. 대체로 중국은 미국이 취하는 군사적 대응책이 중국 자신의 안보를 해칠 수 있다고 판단했을 때 북한의 자제를 적극적으로 요청했다. 중국은 북한과 남한 양쪽에서 자신의 영향력을 최대한 보존하면서 이들을 자기 영향력권 안에 묶어 두는 것이 자신의 국가이익에 부합한다고 인식했다.

2. 통일 및 급변사태의 시나리오와 중국의 개입

중국의 지역전략에서 한반도의 통일과 급변사태에 대해 중국이 갖고 있는 시각을 추리해 본다. 지금까지 세계에서 성공했던 통일유형 중에는 전쟁에 의한 통일, 합의에 의한 통일, 자충수에 의한 통일이 있다. 한반도에서도 독일통일처럼 자충수에 의한 통일이 가능할 것이다. 북한에서 전개될 급변사태의 시나리오에는 정변, 내전, 체제붕괴가 있다. 이 가운데 가능성이 가장 큰 시나리오는 엘리트 간의 권력투쟁으로 인한 정변, 즉 쿠데타다. 이 정변이 격상되면 내전으로 확대될 수도 있다. 이 경우 일부 세력이 중국의 지원을 요청할 수도 있을 것이다. 체제붕괴와 무정부상태도 배제할 수 없다. 이 경우에는 극심한 인도주의적 위기가 발생할 것이다.

여기서 최대관심사는 중국의 개입 여부이다. 1950년 한국전쟁에서 미군이 압록강 근처까지 진군했을 때 중국은 “의용군”을 개입시켰던 사실을 상기하지 않을 수 없다. 중국은 1950년에 한국전쟁에 개입함으로써 대미국 및 대일본완충지를 확보했고 동시에 강대국으로서의 입지를 획득했다. 현재 제2초강국으로 급부상한 중국이 북한과 같이 중요한 주변부의 급변사태에 개입하는 것은 충분히 가능한 일이다. 중국이 개입할 경우 구체적인 상황전개에 따라서 국경봉쇄, 제한적 개입 및, 전면개입을 상정해 볼 수 있다. 정변의 경우 중국은 난민과 갈등파급을 막기 위해 국경을 봉쇄할 것이다. 내전의 경우 중국은 자기국민의 생명과 이익을 보호하기 위해 제한적 개입을 시도할 것이다. 체제붕괴가 전개되어 안정이 파괴되고 무정부상태가 나타난다면 중국은 전면적인 군사개입을 감행할 것이다. 특히 미군이 휴전선 이북으로 진입할 경우 중국은 다시 군대를 투입해 미국과 대결할 것이다.

3. 한국의 독자적 대비의 중요성

어떤 경우에도 한반도의 미래와 통일에 대해 중국의 건설적 기여가 필수적이다. 한국에게 가장 바람직한 것은 중국의 행동이 한국의 국익에 부합하도록 원만한 협력동반자관계를 유지하는 것이다. 중국의 입장에서 본다면 중국의 대미국 및 대일본이익을 더욱 우선시해 한중관계도 자신의 주변부에 대한 전략의 일환으로 취급한다. 한국도 자신의 힘만으로 중국의 한반도시각을 좌지우지 할 수 없다. 원론적으로 통일과 급변사태에 대해 한국은 중국의 건설적 역할을 유도해야 한다. 한국은 미중관계와 일중관계에서 한반도문제를 가능한 한 격리해 한중 양국이 북한문제에 집중하도록 노력해야 한다. 가능한 한 한국은 슬기롭게 국익을 챙길 수 있는 "영리한 외교"(Smart Diplomacy)를 잘 구사해야 한다.

한국은 북한에 의한 국지전과 급변사태에 대비해 한미동맹을 강화하는 작전계획을 시급히 보강해야 한다. 한국이 핵무기 사용을 두려워해 북한이 재래식 도발을 격상하더라도 감히 반격하지 못 할 것이라고 계산해 극초음속미사일로 도발을 해 온다면 한국은 이 위협에 신속하게 대응할 수 있는 능력을 보유해야 한다. 한국은 이 능력을 가능한 한 자율적으로 개발해 배치해야 한다. 북한에서 내전과 무정부사태가 발생할 것을 상정한다면 한국은 먼저 북한핵시설의 안전을 확보할 수 있는 독자적 계획과 능력을 착실하게 사전에 마련해 두어야 한다. 만약 사태가 위급해 질 경우 한국은 외부 세력이 간섭하기 전에 먼저 **전광석화처럼 신속하게 개입해야 한다.**

이와 같이 언제든지 닥쳐 올 수 있는 급변사태발생에 대해서 사전에 치밀한 예비계획을 독자적으로 수립하고 구체적으로 대비하는 것이 통일준비의 핵심부분이 되어야 한다. 이 시점에서 무엇보다도 중요한 것은 한반도의 통일에 대해 미국과 중국이 추구하고 있는 전략과 정책을 아주 현실적으로 파악하고 그에 체계적으로 대응하는 일이다. 강대국의 공식적 입장에 대해 지나치게 기대하거나 의존해서는 안된다. 한국은 안보와 통일에 관한 한 자신의 사활적인 국익을 보호하기 위해 필요한 조치는 자주적으로 단호하게 실시해야 한다. 다음 장에서 21세기의 국제정치, 동아시아 및 한반도에서 한국이 가야 할 구체적인 진로(roadmap)를 탐색해 본다.

제38장

결론: 21세기 강대국정치에서 한국이 가야 할 길

21세기국제정치는 규칙과 규범에 기초한 자유주의질서에서 적나라한 힘이 지배하는 강대국정치로 이전하고 있다, 동아시아에서는 미국과 중국이 패권경쟁을 가열하고 있다. 한반도에서는 북한의 핵 및 탄도미사일위협이 증가하고 있다. 2022년 2월에 일어난 우크라이나전쟁은 강대국정치의 실상을 그대로 재연했다. 이 전쟁이 우리에게 주는 교훈은 약소국가가 자신을 방어할 국력을 갖지 못하면 강대국에 의해 희생된다는 것이다. 한국도 과거 역사에서 수없이 이런 경험을 겪었다. 또 다른 교훈은 핵무기 없는 약소국은 핵무기 가진 강대국이 침략할 때 자신을 방어하기는 지극히 어렵다는 것이다. 러시아는 1994년에 우크라이나와 합의한 "부다페스트 메모"에서 우크라이나의 주권, 영토보전 및 내정불간섭을 존중하겠다고 약속했다. 우크라이나는 이 약속을 믿고 당시 자국에 배치했던 2000여 개의 핵무기를 모두 폐기했다. 그런데 러시아는 이 약속을 헌신짝같이 팽개치고 우크라이나를 침략했다. 이를 목격한 북한은 핵무기를 결코 포기하지 않을 것이다. 이렇게 거세지고 있는 강대국정치의 급류 속에서 한국은 생존하고 스스로 헤쳐나갈 길을 찾아야 한다.

한국이 갈 길은 분명하다. 그것은 곧 강력한 국력을 양성해 안보를 지키는 것,

경제적 세계화와 제4차 산업혁명에서 경쟁력을 유지하는 것, 자유민주주의 국가에 대한 정체성과 혁신적 과학기술 및 매력적 문화를 배양하는 것이다. 이렇게 바람직한 방향으로 가는 길은 결코 순탄하지 않을 것이다. 왜냐하면 한국이 혼자서 국제정치, 동아시아 및 한반도가 가는 길을 마음대로 바꿀 수 있는 힘을 갖고 있지 않기 때문이다. 한국의 지도자들은 강대국정치의 방향, 즉 19세기말에 비스마르크가 말했던 "사건들의 급류"를 제대로 파악해야 한다. 한국은 이 이 급류에서 압도적 힘을 갖거나 적절하게 적응해야 헤쳐 나갈 수 있다. 여기서 특히 강조할 점은 외교를 국내정치의 일부로 보고 당파싸움을 계속하는 폐습을 탈피해 감정을 개입하지 않고 오로지 국가이익을 쟁취하는데 집중하는 것이다. 우리의 국력이 모자라면 우리와 이익 및 가치를 공유하는 동맹국들과 긴밀히 제휴해야 한다.

국력을 배양하는 일에 못지않게 중요한 것은 한국의 지도자들과 시민들이 외교 및 안보문제에 관한 한 정말로 초당적 결속을 이루어 정책이행에서 지속성과 일관성을 견지하는 일이다. 우리는 안보에 대한 위협인식에서 그것이 어디서 오는지를 바로 인식해야 한다. 한국안보에 대한 위협은 주로 북한, 중국 및 러시아에서 오고 있는 것이 지정학적 현실이다. 한국이 처한 지정학적 환경이 변하지 않았고 오히려 악화하고 있는데도 정권이 교차할 때마다 국내정치에서 정권안보를 위해 외교정책을 바꾸고 분열한다면 강대국정치의 급류를 헤쳐 나가기는 매우 어렵다. 오히려 강대국들은 이러한 분열을 역이용해 자신들의 국익을 극대화한다. 실제로 이러한 현상은 한반도가 겪었던 역사적 위기에서 자주 나타났다. 외교안보에 관한 한 이제 대한민국도 이 폐습에서 벗어나 정권이 변해도 변하지 않고 일관성과 결속을 유지하는 전통을 반드시 확립해야 한다.

1. 한국은 중견국으로 부상해 선진국대열에 진입하고 있다

한국의 영토는 지구의 0.3%에 해당하고 세계에서 107번째 크기를 갖고 있다. 인구는 약 5천만 명으로 인류의 0.67%이며 세계에서 28번째이다. 한국은 현재 180여 개 국가들과 국교를 유지하고 있다. 한국의 제조업경쟁력은 중국, 미국, 일본, 독일 다음으로 세계 **제5위**를 차지하고 있다. 한국은 철강, 자동차, 조선, 반도체, 전기통신, 배터리, biosimile 등에 대해 경쟁력을 갖고 있다. 2021년에 한국의 인터넷 사용률은 97%로 OECD회원국들 중에서 3위고 이동전화 사용률은 118.3%다. 한국이 생산하는 물품과 문화는 세계 각지에 널리 사용되고 있다. 외교적으로 1991년에 한국은 북한과 동시에 UN에 가입한 후 ASEAN 포럼, APEC, OECD, EAS, G－20의 회원국이 되어 매우 활발한 대외활동을 수행했다. 2009년에 한국은 OECD의 개발원조위원회(DAC)의 일원이 되어 공식원조의 수혜국들 중에서 처음으로 원조제공국이 되었다. 2021년에 한 UN기구(UNCTAD)는 한국을 개도국그룹에서 벗어나 선진국그룹으로 승격시켰다. 한국은 미국, EU, 중국 등 16개국들과 FTA를 체결해 대 무역국으로 성장하고 있다. 한국의 GDP에서 무역은 85% 이상을 차지한다. 식량의 자급정도는 41%에 불과하다. 따라서 한국은 세계에서 고립해 생존을 지키고 자급자족 할 수 없는 나라다. 그런데도 한국은 경제 및 문화에서 **세계 5위권과 방위산업수출에서도 5위를 달성한** 국가로 부상했다. 2023년 *세계화력순위(Global Firepower Ranking)*에 의하면 한국의 군사력은 **세계 6위를** 유지했다.

비교적 시각에서 한국이 달성한 이 기록은 실로 놀라운 업적이다. 한국의 국력은 안보, 경제, 과학기술 및 문화에서 강대국위치에는 못 미치지만 통일이 된다면 적어도 후보강대국이 될 잠재력은 충분히 갖고 있다. 이에 대해 한국인들이 지나치게 자만해서는 안 되지만 일부 젊은이들이 말하는 "헬 조선"은 결코 아니라는 사실을 알아야 한다. 한국은 1988년에 하계올림픽을 성공리에 거행했고, 2002년에 월드컵도 차질 없이 치렀다. 2018년에는 평창에서 동계올림픽을 개최해 그보다 더 많은 투자효과와 광고효과를 과시했다. 이러한 행사에서 세계 각국은 한국의 발전상을 생생하게 목격했다. 한국은 약 반세기에 산업화와 민주화를 동시에 달성한 세계유일의 국가다. 혹자는 이 기록을 "한강의 기적"이라고 높이 평가한다. 그것은 기적이라기보다 한국인들이 피와 땀으로 열심히 일해서 이룬 업적이다. 이제 한국은 이 중견국 위치를 넘어 삶의 질을 더욱 더 높여 모범적인 선진국으로 발전해야 한다. 한국이 중견국에서 선진국으로 발전하기 위해서는 그 일에 적합하게끔 노동 및 교육개혁과 기술혁신을 이루어야 한다. 민주주의국가에서는 아무리 바람직한 혁신도 그것을 지지하는 세력 없이 성취하기 어렵다. 정치적으로 한국은 개혁과 혁신을 지지하는 중산층 또는 통치연합을 구축해야 한다. AI시대에 한국은 기술혁신을 이루기 위해 인간본연의 호기심을 충족시켜 탁월한 인재를 많이 배출할 수 있도록 교육 연구체제를 혁신해야 한다.

구체적으로 계량적인 지표에서 한국은 G-20에 포함된 기타 중진국들보다 앞서고 있다. 2016년 군사비지출에서 한국은 10위를 나타냈다. 한국이 이처럼 막대한 군비를 지출하는 것은 양단된 한반도에서 핵 및 미사일로 무장하고 세계 제4 대병력을 보유한 북한과 대치하고 있기 때문이다. 한국보다 더 많은 군비를 지출하고 있는 국가들의 순위를 보면 미국, 중국, 사우디아라비아, 러시아, 영국, 인도, 프랑스, 일본 및 독일이고 그 다음이 한국이다. 북한과 강대국들은 핵 및 미사일과 같이 공격을 목적으로 한 비대칭적 무력을 개발하고 있지만 한국은 방어에 필요한 재래식 장비와 군사력을 개발해 왔기 때문에 오히려 더 많은 비용을 부담하고 있다. 그런데도 2017년에 한국의 GDP대 방위비비율은 약 2.6%로 북한의 23%보다는 아주 낮은 편이다.

경제적 지표에서 한국은 세계에서 10위권을 유지하고 있다. 2016년에 현시가로 측정한 GDP의 순위를 보면 다음과 같다: (1) 미국, (2) 중국, (3) 일본, (4) 독일, (5) 영국, (6) 프랑스, (7) 인도, (8) 이태리, (9) 브라질, (10) 캐나다, (11) **한국**, (12) 러시아, (13) 호주, (14) 스페인, (15) 멕시코, (16) 인도네시아, (17) 네덜란드, (18) 터키, (19) 스위스, (20) 사우디아라비아(세계은행, 2016). 이 순위는 단순히 GDP의 양적 규모를 나타낸다. 동아시아에서 한국의 GDP는 중국의 14%, 일본의 31% 정도에 해당한다. 2016년에 한국의 수출과 외환보유고는 세계에서 6번째와 7번째를 기록했다. 한국은 고속 인터넷, 연구개발 집약도, 정보통신기술, 스마트폰 보급률에서 세계 제1위치를 유지했다. 미국의 경제정보방송사 블룸버그(Bloomberg)의 평가에 의하면 한국은 2014년부터 2017년까지 연속적으로 세계에서 가장 혁신적 사업들을 유지했다고 보도했다. 세계경제포럼이 발표한 세계경쟁력지수(*The Global Competitiveness Index 2016-2017*)에 의하면 세계에서 한국은 138개국들 중에서 26번째다. 스위스가 1번째, 싱가포르가 2번째, 미국은 3번째, 네덜란드가 4번째, 독일이 5번째, 스웨덴이 6번째, 영국이 7번째, 일본은 8번째, 홍콩이 9번째, 핀란드가 10번째이고 중국은 28번째, 인도는 39번째 그리고 러시아는 43번째이다. 2022년에 세계지적재산기구가 발표한 세계 각국의 혁신지수에 의하면 한국은 스위스, 미국, 스웨덴, 영국, 네덜란드 다음으로 **6위**를 차지해 일본(12위)과 중국(11위)보다 앞섰다. 이처럼 한국은 과학기술의 혁신을 통해 선진국가로 발전할 잠재력을 충분히 갖고 있다.

정보통신기술에서 한국은 4G LTE보급률과 같은 첨단통신부문에서 세계 1위를 유지했다. 적어도 교육에 대한 열성과 시간에서 한국은 세계최고를 자랑하고 있다. 한국의 고등학교졸업생 중 대학진학률은 세계에서 최고다. 학생들이 공교육과 사교육에서 보내는 시간도 가장 길다. 한국교육의 방법과 질에 있어서는 개선되어야 할 점이 많다. 2016년에 UNDP가 발표한 인간발전지수(HDI)의 순위는 다음과 같다: (1) 노르웨이, (2) 호주, (3) 스위스, (4) 독일, (5) 덴마크, (6) 싱가포르, (7) 네덜란드, (8) 이스라엘, (9) 아일랜드, (10) 캐나다, (11) 미국, (12) 홍콩, (13) 뉴질랜드, (14) 스웨덴, (15) 리히텐슈타인, (16) 영국, (17) 일본, (18) **한국,** (19) 이스라엘, (20) 룩셈부르크. 이상과 같은 지표는 한국이 적어도 생활의 양에서는 선진국으로 발전하고 있음을 보여준다. 한국의 1인당국빈소득은 2000년에 2만 달러에 달한 뒤 2018년에 마침내 3만 달러를 성취했다. 이는 한국이 이른바 "30－50클럽"에 동참했다는 것을 의미한다. 즉 인구 5천만 명 이상과 소득 3만 달러 이상의 범주에 속한 국가가 되었다는 것이다. 이러한 성과를 이루었던 국가의 순위는 미국, 일본, 독일, 프랑스, 영국, 이태리였는데 한국은 **일곱번째**로 이 집단에 진입했다.

이제 한국은 삶의 질에서도 선진국으로 발전해야 한다. 복지 경제학자 센은 발전을 인간능력의 향상이라고 정의했다. 인간은 빈곤에서 벗어나야 할 뿐 아니라 자기의 능력을 최대한 발휘해 양적 생활수준과 질적 생활수준을 동시에 향상시켜 국가와 세계에 공헌해야 한다는 것이다(Amartya Sen, *Freedom as Development*, 1999). 생활의 질은 기본적으로 주관적으로 평가되고 있기 때문에 한국인의 질적 생활을 수적으로 비교하기는 곤란하다. 한국은 OECD의 회원국으로서 한국인들의 물질적 생활수준은 분명히 선진국수준에 달했다. 한국인들의 질적 생활수준은 비교적 낮은 상태에 있다. OECD의 보건통계2022에 의하면 한국인들의 자살률은 2003년부터 회원국들 중에서 1위를 지속했다. 이 사실은 한국사회가 건강하지 않다는 것을 말해 준다. 그런데도 2019년에 한국인의 평균수명은 83.3세로 선진국그룹 OECD국가들의 평균인 81.0세보다 2년 길었다. 한 호주신문의 보도에 의하면 2030년에 한국여성의 평균수명은 90.8세로, 남성은 84.7세로 세계최장수가 될 것이라 보도했다(*The Australian*, 2017, 3. 3.). 이 숫자는 그 다음 장수국가인 프랑스와 일본을 능가한 것이다. 이 숫자는 한국인들의 질적 생활도 선진국 수준으로 발전할 잠재력은 충분하다는 점을 시사해 준 것이다.

동아시아에서 한국경제는 중국, 일본 및 인도 다음으로 제4위를 차지하고 있다. 그 규모나 국력에서 한국이 미국, 중국, 일본, 인도 및 러시아 등 강대국들과 경쟁해 우세할 가능성은 크지 않다. 한국은 지금은 단독적으로 북한의 핵 및 미사일 위협을 억지할 능력을 갖고 있지 않다. 이 핵위협에 대처하기 위해서도 한국은 한미동맹을 유지해야 한다. 그런데 현재 강대국정치에서 동맹을 당연시할 수 없는 변화가 일어나고 있다. 한국은 지금부터 안보에 대해 더 많은 투자를 해야 한다. 국제경제에서 한국이 선진국으로 발전하려면 혁신적 과학기술을 창출해 국가경쟁력을 더욱 더 높여야 한다. 문화적으로도 한국은 이제 K－pop을 넘어서 보다 보편적이고도 독창적인 문화내용을 생산해야 한다. 정치적으로 한국은 자유민주주의를 잘 가꾸어 제도화해야 한다. 이러한 과제를 성공적으로 이행하는데 필요한 정책방향을 제시해 본다.

한국은 이 국력에 걸맞게 실현가능한 국가전략을 체계적으로 수립하고 그에 근거해 현실주의 외교정책을 추구해야 한다. 외교와 전략도 사람이 하는 일이다. 이 일을 수행하는데 과학, 역사, 지리, 철학 및 정치에 대해 전문적 지식을 습득한 인재들이 많이 참여해야 한다. 한국이 추구할 국가전략의 대 방향을 간략하게 표현하면 **국력신장+한미동맹+가교외교+경제적 세계화 및 문화적 선진화로** 요약할 수 있다. 먼저 한국은 핵심적 국가이익을 수호하기 위해 필요한 국력을 착실하게 길러가야 한다. 정글과 같은 강대국정치의 급류를 슬기롭게 헤쳐 나가려면 충분한 힘을 보유해야 한다. 강대국들보다 힘이 부족한 한국은 한미동맹을 유지하면서 자유주의 국가들과 제휴해야 한다. 그러면서도 한국은 미국과 중국 간에 다리를 놓는 가교외교를 시도해야 한다. 경제와 문화에 관한한 한국은 능동적으로 세계화를 지지하고 모든 국가들과 무역 및 문화교류를 확대해야 한다. 이러한 진로를 추구하는데 한국의 지도자들은 국가전략을 실현하는데 필수적인 결단적 **리더십**을 발휘해야 한다. 이러한 전략을 추구하는데 한국은 지금까지 모범적인 업적을 기록한 국가들의 경험을 참고해야 한다. 안보에 대해서는 **이스라엘**, 경제에 대해서는 **독일**과 **싱가포르**, 과학기술과 문화에 대해서는 **스위스**를 하나의 기준으로 삼아(benchmarking) 그들의 경험에서 진지하게 배워야 한다.

2. 한국은 이스라엘처럼 독자적 억지력 및 방위능력을 길러야 한다

한국은 전 세계에서는 선진국 위치에 진입했지만 동아시아에서는 이스라엘과 같이 매우 열악한 지정학적 처지에 놓여 있다. 이스라엘의 인구는 약 7백만 명이지만 그 주변에는 인구가 약 1억여 명인 아랍 국가들이 둘러싸서 이스라엘에 적대적 정책을 추구하고 있다. 이스라엘의 가자지역에서는 하마스 족이, 레바논에서는 헤즈볼라 족이 이스라엘에 대해 테러 또는 로켓공격을 계속해 왔다. 이스라엘의 국내에서는 팔레스타인 족이 원래 이스라엘은 자기들 땅이었으므로 이를 수복하기 위해 투쟁해 왔다. 당장 독립이 불가능하다면 이스라엘과 공존할 수 있는 독립국가의 수립을 위해 팔레스타인 족은 끊임없이 갈등과 대결을 계속해 왔다.

한국은 세계에서는 약 5천여만 명의 인구를 가진 중견국가다. 한반도 주변에는 14.5억 여명의 중국, 1.2억명의 일본 및 1.4억 명의 러시아가 둘러싸서 한반도에 대해 세력다툼을 벌이고 있다. 인구 약 2천 4백만 여명의 북한은 120만 명의 군대와 핵 및 미사일로 무장해 한국을 위협하고 있다. 이것이 한국이 처한 지정학의 현주소다. 한국을 둘러싼 강대국들, 미국, 중국, 일본, 러시아 및 인도는 모두 현실주의적 외교를 추구하고 있다. 북한은 핵무기보유국이 되어 여전히 한국을 위협하고 있다. 이 현실에서 한국만이 이상주의적 외교를 추구한다면 그것은 중국속담처럼 "계란으로 바위를 치는(以卵激石)" 것과 같다.

이스라엘은 수천년 동안 긴 역사와 언어를 공유한 유대인들이 1948년에 팔레스타인에서 수립한 인구 700만 명의 작은 나라다. 1516년부터 1917년까지 오토만이 이 팔레스타인을 통치했다. 1917년부터 1948년까지 영국이 팔레스타인을 지배했다. 1948년에 유대인지도자, 벤 구리온(David Ben－Gurion)이 영도했던 유대인독립군이 이스라엘국가를 창설한 뒤 전 세계각지에 흩어져 살았던 수많은 유대인들이 돌아와 척박한 사막위에 현대 민족국가를 발전시켰다. 그 주변에는 수적으로 월등한 이집트, 요르단, 시리아, 레바논 및 기타 아랍 국가들이 이 신흥국가를 파괴하려고 꾸준히 기도해 왔다. 그런데도 이스라엘은 1948년의 독립전쟁, 1956년의 수에즈운하를 둘러싸고 일어났던 시나이전쟁, 1967년의 6일 전쟁, 그리고 1973년의 욤 키푸르 전쟁 등 4번의 전면전에서 매번 승리해 자국의 안보를 잘 방어해 왔다. 2023년 10월 7일에 가자에서 하마스가 이스라엘에 기습공격을 강행했다. 이 예기치 않았던 도발에서도 이스라엘은 결국 승리할 것이다.

이스라엘은 먼저 전쟁을 피하기 위해 매우 효과적인 억지전략을 수행했다. 이스라엘은 억지가 실패해 전쟁이 일어났을 때 자국을 방위할 수 있는 군사능력을 충분히 보유했다. 이스라엘은 적대 국가들이 핵무기를 개발해 자국을 위협하려는 조짐을 보였을 때 주저하지 않고 그 시설에 대해 선제타격을 실시했다. 1981년에 이스라엘의 베긴(Menachem Begin) 총리는 F－16전투기로 당시 이라크의 오시라크(Osirak)에서 건설 중이었던 핵시설을 폭파할 것을 명령했다. 그 후에도 이스라엘은 어떤 적국이 이스라엘을 공격할 대량살상무기를 보유한다면 선제공격도 불사한다는 이른바 "베긴독토린"을 실천해 왔다. 2007년 9월에 시리아에서 북한의 지원 하에 핵시설이 건축되고 있다는 징조가 보이자 당시 베긴의 제자 올머트(Ehud Olmert) 총리도 이스라엘공군이 그 시설을 포격하도록 명령했다. 현재 이스라엘에서는 단 한명의 육군중장이 18만 명의 육해공군을 지휘하고 있다. 아직도 ISIS요원들이 이스라엘에 **침투하지 못하고 있는 것은 그들이 이스라엘군의 보복을 두려워하기 때문이다.**

이스라엘은 GDP의 5% 이상을 군사비에 지출해 언제든지 전 시민들을 군인으로 동원할 수 있는 국방태세를 유지하면서 100여기의 핵무기를 보유하고 있다. 이스라엘은 2016－2017년에 세계에서 두 번째로 가장 혁신적 기술을 보유한 국가로 인정받았다. 이스라엘은 지금까지 8명의 노벨상수상자들을 내었다. 이스라엘의 벤처기업들은 미국 실리콘밸리보다 앞선 기술을 보유했기에 350개 글로벌 회사들이 그곳에 연구소를 설립했다(*조선일보,* 2017. 7. 29.). 정보와 AI에서도 이스라엘은 거의 초강국이다. 이스라엘의 정보부 **모사드**는 미국의 CIA와 대등할 정도의 첩보능력을 갖고 있다. 이 실패의 원인은 이스라엘 정부가 지나치게 첨단기술에 의존했으며 이란과 헤즈블라의 위협에 집중했고 국내정치분열로 인해 하마스 위협을 과소평가하고 방심했기 때문이다.

이처럼 유능한 모사드도 2023년 10울 7일에 가자지구에서 이슬람 무장 단체 하마스가 이스라엘에 가한 기습공격을 사전에 예측하지 못해 큰 정보실패를 당했다. 그런데도 이스라엘이 배양한 과학기술은 강력한 재래식 무기를 발전시키는 원동력이 되었다. 영토가 작은 나라지만 이스라엘의 공군능력은 미국과 러시아 다음으로 **세계 3위**라는 사실에 유의할 필요가 있다. 이스라엘은 최첨단무기를 장착한 전투기와 주변에서 수없이 공격해 오는 로켓들을 파괴할 수 있는 미사일을 배치했다. 이스라엘의 잠수함은 이러한 미사일로 공격의 원천지를 타격할 능력을 가지고 있다.

이스라엘이 보유한 핵무기는 이러한 재래식 무기로 전쟁을 억지할 수 없는 사태에 대비하기 위해 비치하고 있는 것이다. 싱가포르도 주변에 강력한 국가들이 둘러싸고 있기 때문에 이른바 "**고슴도치 전략**"을 실천해 탁월한 공군력을 배치하고 있다. 고슴도치는 수만 개의 가시를 가진 작은 동물이지만 다른 큰 동물이 공격하면 그 가시로 상대방의 급소를 찔러서 치명적으로 해칠 수 있다. 도시국가인 싱가포르는 공군을 훈련하는데 필요한 영토와 공중이 부족하기 때문에 호주에서 공군훈련을 실시했다. 이스라엘의 핵무기도 재래식 군사력이 억지할 수 없는 사태에 대비해 생존을 지키기 위한 최후수단으로서 고슴도치역할을 수행하기 위해서이다. 이스라엘은 미래에 올 수 있는 위협을 제거하기 위해 선제(preemption)행동도 과감히 취했다 이스라엘은 이란이 핵무기를 개발해 중동에서 패권을 행사하는 것을 방지하기 위해 이러한 선제타격을 하겠다는 것을 일관성 있게 주장했다. 이란의 핵무장은 자국에 "실존적 위협"이 된다고 보고 2015년에 미국과 기타강대국들이 핵무기개발을 단순히 지연시키려는 합의를 이루자 이스라엘은 그것을 끝까지 반대했다. 이러한 안보태세에 대해 이스라엘의 정치권과 유권자들은 한목소리를 내고 있다.

한국은 이러한 이스라엘의 선제, 억지 및 방위전략을 기준으로 삼아 자력으로 생존과 안보를 지킬 전략을 수립하고 그것을 실천할 수 있는 군사력을 길러야 한다. 원래 군사전략의 핵심은 가용할 능력을 개발하는 것이다. 아무리 좋은 전략을 짜더라도 그것을 실현할 능력을 갖지 못한다면 실패하고 만다. 억지의 목적은 전쟁과 핵무기사용을 방지하는 것이다. 이 목적이 분명하다면 그것을 실현할 능력을 사전에 비치해야 한다. 이러한 능력을 적국이 신뢰하게 만들기 위해서는 필요하다면 선제공격도 불사하고 공격에 대해서는 반드시 반격해 공격보다 더 큰 피해를 증명해 주어야 한다. 이스라엘의 지도자들은 이 모든 요건들을 다 갖추고 그것을 행동으로 실천하는데 결정적 **리더십**을 발휘했다. 이스라엘은 미국의 정치 및 군사지원을 받아 왔지만 미국과 공식적 동맹은 맺지 않았다. 그런데도 미국이 일관되게 이스라엘을 지지해 온 것은 그것이 미국 자신의 이익에 부합하고 미국사람들이 스스로 지지하기 때문이다. 물론 미국에서 거주해 온 유대인들과 그들의 단체들이 상당한 정치적 영향력을 행사해온 것도 사실이다.

한국도 이제 자력에 의해 선제, 억지 및 방어 전략을 뒷받침할 능력을 개발해 배치해야 한다. 한국은 강대국들 간의 세력경쟁에서 하나의 전리품으로 희생되지 않고 북한핵위협의 볼모가 되지 않으려면 위협국에게 치명적인 피해를 가할 정도의 고슴도치능력을 보유해야 한다. 최첨단 스텔스기 F-35전투기로 무장한 공군, 현무4와 같은 최첨단미사일, 사이버 및 핵무기가 이러한 역할을 수행할 수 있다. 핵무장을 하지 않더라도 일본처럼 단시간 내에 핵무장을 할 수 있는 잠재력을 유지해야 한다. 한국은 현재 40여 기의 F-35A을 보유하고 앞으로 25기를 더 도입할 계획이다. 한국의 공군력은 현재 세계 7위 정도인데 이보다 훨씬 발전한 공군으로 보강해야 한다. 2022년에 우크라이나가 보여 준 것처럼 한국도 자국의 주권을 스스로 수호하려는 결의를 행동으로 보여야 우방 국가들이 적극적으로 지원한다.

3. 한국은 미국과의 양자동맹을 이익 및 가치를 공유하는 포괄적 동맹으로 가꾸고 일본과도 호혜적 동반자관계를 심화해야 한다

한국은 자유주의국가들과 더 많은 이익과 가치를 공유하므로 자유주의질서 속에서 살겠다는 국가정체성을 명확하게 천명해야 한다. 특히 미국과는 전통적 동맹을 넘어서 폭넓게 이익과 가치를 공유하는 포괄적 동맹으로 잘 가꾸어 가야 한다. 일본과도 실용적으로 호혜적 동반자관계를 유지할 필요가 있다. 한국이 그렇지 않고 애매모호하게 모든 국가들의 친구라고 자처한다면 이는 사실상 진정한 친구가 없다는 뜻이다. 비록 미국과 중국이 어느 한 편을 택하라는 강요를 하지 않더라도 한국은 미국, 일본 및 인도 등 자유주의국가들과 더 많은 이익과 가치를 공유한다는 점을 선명하게 투영해야 한다. 한국은 "자유롭고 열린 인도-태평양구상"을 지원하고 나아가 전 세계의 안정과 평화등 공동선을 옹호해야 한다. 이 노력의 일환으로 한국은 2017년에 부활했던 미국, 일본, 인도 및 호주 간의 비공식 4자 안보대화("Quad")에도 참가해야 한다. 바로 이러한 의미에서 한미동맹은 세계적 공공재를 추구하는 글로벌 동맹의 성격을 지니고 있다.

2022년 5월 21일에 윤석열 대통령과 바이든 대통령이 발표한 공동성명은 이러한 내용을 명시했다. 윤석열 정부가 이처럼 현실주의외교를 천명한 것은 다행한 일이다. 이 성명은 한국과 미국이 안보경제동맹을 강화하기 위해 소형원자로개발, 반도체개발협력, "규범에 기반한 인도-태평양지역협력"을 구체적으로 실시하기로 약속했다. 이러한 시각은 미국이 주한미군을 철수하려는 시도를 방지하고 세계적 지지를 확보하기 위해서도 필요하다. 2022년 6월에 윤석열 대통령은 NATO정상회의에 처음으로 참가했고 2023년 7월에 리투아니아에서 개최된 NATO정상회의에 두 번째로 참가한 뒤 전격적으로 우크라이나를 방문했다. 이처럼 한국은 미국이 주도하는 서방의 집단안보의 동반자로 부상했다. 우리가 전쟁억지, 비핵화 및 통일을 위해서 주한미군의 존속을 원한다면 이를 실현하기 위해 필요한 모든 지지를 동원해야 한다. 한국은 미국의 의회, 행정부, 학계 및 언론에서도 한국의 입장을 지지하는 세력을 확보해야 한다. 이스라엘과 같이 한국도 미국과 세계 각국의 정계와 사회 각계각층에 친한 세력들을 많이 확보하도록 전력을 다해야 한다.

한국이 1895년 이전과 같이 중국이 원하는 중화질서로 회귀하는 것은 현실성이 없는 대안이다. 그 이유는 중국이 사드배치를 반대하기 위해 한국에 압력을 가하고 무역 및 관광에서까지 보복을 가했던 기록이 잘 말해 주었다. 2017년에 시진핑이 트럼프와 회담에서 과거에 한반도는 중국의 일부였다고 말한 것은 중국인들이 수세기 동안 견지해 온 인식을 그대로 나타낸 것이다. 중국은 북한에 대해 영향력을 행사해 달라는 미국의 요청은 수용하면서도 한국에 대해서는 여전히 보복을 가했다. 이 행동은 원래 중국이 오랫동안 실천해 왔던 전형적인 모습이다. 1636년의 병자호란 때 청나라 태종이 조선왕 인조에게 강압했던 굴욕은 물론이고 1880년대에 리훙장(李鴻章)과 위안스카이가 서울에 와서 보여 주었던 행동과 크게 다를 바 없는 것이다. 그런데도 한국인들은 이러한 역사를 망각하고 중국의 한 속국이 되기 원한다면 이는 결코 작은 문제가 아니다. 한국은 전략적인 맥락에서 손자의 병법 23계가 遠交近攻(먼 나라와 사귀고 이웃 나라를 공격하라)이 무엇을 의미하는가를 다시 새겨 보아야 한다.

강대국들의 틈새에서 살아남는 하나의 대안으로서 한반도의 중립을 고려할 수 있다. 하나의 중립국이 되려면 먼저 한반도에 거주하는 모든 당사자들이 일치단결해 그것을 지지해야 한다. 이 조건과 동시에 주변강대국들도 모두 합의를 이루어 그것을 지지해야 한다. 현시점에서 이 조건들이 충족될 가능성은 매우 희박하다. 혹자는 한국의 장래에 대해 "핀란드화"(Finlandization)가 하나의 대안이 될 수 있다고 한다. 핀란드가 소련 또는 러시아의 영향권에 처해 있기에 친러 외교를 견지하고 기타 분야에서는 자주성을 유지해 온 것을 말한다. 이러한 태세로 한국이 강대국정치의 급류를 헤쳐 나가기는 거의 불가능하다. 2022년 2월에 러시아가 침략한 후 핀란드와 스웨덴도 NATO에 가입하기로 결정했다. 한국은 핀란드보다도 일찍이 노르웨이가 NATO에 가입한 것처럼 한미동맹을 강화하면서 통일에 대해 착실하게 대비하는 것이 가장 안전한 선택이다.

2019–20년에 한반도사태는 한미동맹의 중요성을 더욱 더 절감하게 만들었다. 북한의 핵 및 미사일능력은 이제 한국과 일본을 타격할 단계까지 왔으며 심지어 미국본토까지 타격할 수 있는 대륙간탄도미사일을 발사했기 때문이다. 이는 한국에게 분명히 실존적 위협이므로 그것을 더 이상 방치할 수는 없다. 특히 북한의 무수단이라는 이동식탄도미사일과 잠수함발사미사일은 미국에 의한 제1차 공격을 받은 뒤에도 언제 어디서든지 한국과 동맹국들을 타격할 제2차 능력을 갖게 만든다. 북한은 아직도 이 단계에는 못 미치고 있다고 방심할 때가 아니다. 미국은 북한이 그러한 능력을 결코 허용하지 않겠다는 결의를 누차 천명했기에 무슨 일이 터질지 모른다. 그런데도 현 시점에서는 실제로 취할 수 있는 군사적 대안이 거의 불가능하다는 데 문제의 심각성이 있다. 북한에 대한 선제공격은 전면전쟁을 촉발시킬 위험이 있다. 2017년에 트럼프는 실제로 이러한 공격을 지시했으나 국방장관 매티스(James Mattis)와 군부의 반대로 실시되지 않았다(Jim Mattis and Bing West, *Call Sign Chaos: Learning to Lead,* 2019). 한국에 전술무기를 재도입하는 것은 핵 확산을 고무할 수 있기에 미국이 쉽게 허용하지 않을 것이다. 북한에서 정권변화를 시도하는 것도 중국이 극구 방지할 것이므로 그것을 실현하기 어려울 것이다. 결국 군사적 압력강화와 무역과 금융을 차단해 경제제재를 더욱 더 격상시키는 동시에 한국은 독자적으로 북한의 핵 및 미사일위협을 **상쇄**할 수 있는 군사력을 신속히 배치하는 것보다 더 나은 다른 묘안이 없다.

2017년 8월에 미국의회는 러시아, 이란 및 북한에 대한 무역을 규제하는 법안을 통과시켰고 트럼프는 이에 서명했다. 8월 5일에 UN안보이사회는 북한에 대해 가장 강력한 제재를 포함한 결의안(제2371호)을 만장일치로 통과시켰다. 이 결의안은 북한의 석탄 및 철광석수출을 전면 중단시켜서 매년 약 30억 달러의 무역량 중에서 그 1/3을 감축시킬 것이다. 그러나 이 제재에 북한에 공급하는 원유와 거래하는 은행은 제외되었다. 북한은 강하게 반발해 탄도미사일로 미국의 괌 기지를 타격하겠다고 위협했다. 그럴 경우 북한은 지금까지 세계가 보지 못한 "화염과 분노"를 당할 것이라고 트럼프는 경고했다(*The New York Times,* 2017. 8. 9). 2017년 9월 3일에 북한이 6차 핵실험을 실시했다. 11일에 UN안보이사회는 북한의 석유수입의 30% 가량을 축소하고 섬유제품수출을 제한하는 결의안제 2375호를 만장일치로 통과시켰다. 중국과 러시아는 이보다 더 강력한 제재를 추구했던 미국의 제안을 완화시켰다. 2006년에 북한이 최초로 핵실험을 실시한 뒤 9번째 채택된 이 제재도 큰 효력을 내지 못했다.

중국이 북한의 핵 및 미사일위협을 중단시키는데 적극적으로 협조하게 만들기 위해 여러 가지 제안이 제시되었다. 그중에서 하나는 미국이 북한체제의 현상유지를 원하는 중국의 입장을 먼저 수용해야 한다는 것이다. 한편 중국은 북한이 계속하고 있는 핵 및 미사일계획을 동결하고 국제사찰을 받도록 조치해야 한다. 이 요건들이 작동하면 핵무기의 제거와 동시에 북한이 원하는 평화조약에 대한 협상을 개시해야 한다는 것이다(John Deutch and Garry Saymore, "How America Can Thwart North Korea's Nuclear Threats," *Washington Post,* 2017. 5. 31). 이러한 협상을 촉진시키려면 우선 북한이 핵 및 미사일실험을 일단 중지하고 동시에 미국과 한국도 공동 군사연습을 중지해 이른바 "쌍 중단"을 실시해야 한다. 이와 같이 강대국들은 이미 북한의 핵 및 미사일을 동결하는 것을 우선적으로 추진했다. 2018년 2월부터 트럼프는 김정일과의 정상회담에서 핵실험과 장거리미사일만을 동결하는데 합의한 것은 사실상 북한을 핵보유국가로 인정한 것이다. 이러한 동결이 계속하면 한국과 일본은 북한의 핵 및 중·단거리미사일 위협하에 직면한다. 그럼에도 미국은 북한의 핵개발과 확산을 봉쇄하는데 주력했다. 중국도 자신의 영향력을 보존하기 위해 다른 대안들보다도 이러한 현상유지를 지지했다. 어떠한 경우에도 한국은 미국과 밀접한 조정을 통해 공동전선을 유지하도록 최선을 다해야 한다.

지금까지 북한이 나타낸 행동을 심층 분석해 보면 북한은 핵 및 미사일능력을 계속적으로 격상시키기 위해 체계적인 중장기계획을 수립해 놓고 이에 따라서 핵 및 미사일발사실험을 착착 진행해 왔다. 2017년 4월에 시진핑이 트럼프와 정상회담을 가진 뒤 북한에 대해 영향력을 행사했기에 북한은 제6차 핵실험은 하지 않았다. 5월 15일에 김정은은 약 700km의 사정거리를 가진 탄도미사일 화성12를 동해에 성공적으로 발사했다. 고체연료를 이용한 이 미사일의 사정거리는 약 4500km로서 괌에 있는 미군 기지를 공격할 수 있다. 북한은 5월 21일에 사정거리가 2500－3000km가량 되는 중거리미사일 북극성－2를 발사했다. 5월 29일에는 사정거리 450km의 단거리미사일을 발사했다. 6월 7일에 문재인 대통령은 한국에 배치하기로 되었던 6기 중 이미 배치한 2기 외에 4기의 사드미사일은 환경평가를 완성할 때까지 중단하기로 결정했다. 그런데도 북한은 6월 8일에 4기의 대함정단거리미사일을 발사해 거의 매주 도발을 했다. 6월 22일에 북한은 미국본토까지 공격할 장거리미사일을 운반하는데 필요한 3단계용 로켓을 발사했으나 실패했다. 7월 4일에 북한은 알래스카에 도달할 수 있는 대륙간탄도미사일(ICBM)을 발사해 37분간 2802km 고도로 비행해 동해의 해안에서 930km 지점에 낙하시켰다. 2017년에 11번째로 발사한 이 미사일이 성공해 북한은 미국, 러시아, 중국, 인도 및 이스라엘 다음으로 세계에서 **6번째 ICBM보유국가**가 되었다. 7월 28일에 북한은 이보다 더 진전된 ICBM을 발사해 미국본토를 타격할 능력을 과시했다. 북한은 2017년 8월 29일에 일본을 타격할 수 있는 중거리미사일을 일본상공위로 발사했다. 9월 3일에 북한은 드디어 제5차 핵실험보다 10배 이상의 가장 강력한 인공지진을 나타낸 ICBM장착용 **제6차 핵실험**인 “수소탄”을 실험했다.

이처럼 북한은 한국, 미국, 일본 및 중국의 반대압력을 무시하고 핵 및 미사일위협을 격상했다. 이것은 한국과 미국에게 실로 풀기 힘든 전략적 딜레마를 안겨주었다. 왜냐하면 당장 북한핵문제를 해결하는데 마땅한 대안이 없기 때문이다. 북한의 핵시설에 대한 선제공격은 전쟁을 초래할 것이며 방사능을 누출시킬 위험이 있다. 한국은 이렇게 위험한 전쟁을 각오하든지 또는 북한의 핵 및 미사일위협하에 살든지를 택해야 한다. 한국은 북한의 재래식 전쟁과 핵공격을 사전에 억지하고 그것이 실패할 경우 자신을 방어할 군사적 능력을 완비해야 한다.

북한이 소형핵무기를 장착한 탄도미사일을 완성해 미국본토에 대해 핵공격을 가할 능력을 보유한다면 한국은 두 가지 심각한 안보위기에 직면한다. 그 첫째는 한반도에서 전쟁이 일어날 가능성이다. 정작 북한이 미국본토를 타격할 징후를 보일 때 미국은 이를 방치하지 않을 것이다. 2017년 9월 19일에 트럼프는 UN총회에서 북한이 계속 미국을 위협한다면 미국은 북한을 완전히 파괴할 수밖에 없다고 선언했다. 이렇게 되면 한반도에서 재래식 전쟁이 초래된다. 2017년 11월 7일 서울에서 열렸던 한미정상회담에서 문재인 대통령과 트럼프 대통령은 굳건한 한미동맹을 재확인하고 북한에 대해 최대압력을 가하는데 공동보조를 취하기로 합의했다. 11월 8일에 한국국회에서 트럼프가 한 연설의 핵심메시지는 북한이 미국의 의지를 시험하지 말아야 한다는 것이었다. 이는 북한이 미국에 대해 계속 핵공격을 위협한다면 미국은 전쟁도 불사하겠다는 의지를 의미한다. 사실 트럼프는 그레이엄(Lindsey Graham)상원의원에게 북한이 핵위협을 계속하는 것과 전쟁을 각오하는 것 중에서 선택이 강요된다면 그는 전쟁을 택할 것이라고 말했다(Nicholas Kristof, "Slouching toward War with North Korea," *New York Times,* 2017. 11. 4). 2017년 11월 27일에 북한은 미국본토의 어느 장소도 타격할 수 있는 사정거리 13,000마일의 ICBM 화성15호를 발사했다. 이 즉후에 백악관은 전쟁가능성이 증가하고 있다고 경고했다.

둘째 위기는 미국이 이러한 전쟁을 피하기 위해 중국과 거래해 한반도에서 미군을 철수할 가능성이다. 북한이 **제2차 핵타격 능력**을 갖게 되면 한국에 대한 미국의 확장억지는 약화된다. 미 국방부는 북한이 ICBM에 장착할 소형탄두를 개발했다고 결론지었다. 한미동맹은 그 성격상 항시 두 가지 극복하기 어려운 문제를 내포하고 있다. 첫째, 미국은 동맹국인 한국이 미국이 원하지 않는 전쟁을 시도할 때 그것에 미국이 말려들 수 있는 함정을 피하려 한다. 둘째, 한국은 미국이 그러한 함정을 피하기 위해 전쟁이 일어날 경우에 한국을 포기하지 않을까를 두려워한다. 트럼프는 시진핑과의 회담에서 중국이 북한핵문제를 해결하는데 도와준다면 미국은 무역문제에 대해 양보하겠다는 거래를 시도했다. 앨리선(Graham Allison)은 이보다 더 구체적으로 시진핑이 북한이 장거리미사일발사를 동결해 준다면 미국은 군사연습을 중단해야 한다고 트럼프에게 제안했다. 앨리선은 미국과 중국이 북한핵문제로 인해 전쟁으로 치닫는 대결을 모면하기 위해서는 중국이 북한핵위협을 제거해 준다면 미국은 주한미군의 철수도 고려해야 한다고 주장했다

(Allison, "Thinking the Unthinkable with North Korea," *The New York Times*, 2017. 5. 30). 만약 북한이 붕괴한다면 중국은 완충지를 상실하고 미군이 개입한다는 것을 심각하게 우려한다. 키신저는 이 우려를 불식하기 위해서는 미군철수도 고려해야 한다는 견해를 트럼프행정부에 전했다고 보도되었다(*The New York Times*, 2017. 7. 29). 이처럼 미국의 전략가들은 미국은 북핵문제로 인해 중국과 전쟁은 피해야 한다고 주장했다. 이러한 점을 인식해 미국국무장관 틸러선(Rex Tillerson)이 미국은 북한의 정권변화, 붕괴, 신속한 통일 및 38선 이북에 미군파견 등 네 가지("4 no")를 추구하지 않는다고 공언했다(*Time*, 2017. 8. 2). 이 발언은 중국에게 보낸 메시지다. 왜냐하면 곧 중국외상 왕이가 그것을 긍정적으로 평가했기 때문이다. 2017년 11월 9일에 베이징에서 개최되었던 미중중상회담에서 트럼프와 시진핑은 미국과 중국은 북한위협으로부터 "세계를 해방시킬 힘"을 보유했다고 발표했다(*New York Times*, 2017. 11. 9). 이 선언의 참뜻이 무엇인지는 분명하지 않았다. 이 회담에서 두 정상은 북한핵문제의 해법에 이견을 견지하면서도 계속 협력하기로 합의했다. 이는 미국과 중국이 한반도문제로 인해 양국이 직접 대결과 전쟁은 피해야 한다는 점에 대해서는 인식을 공유하고 있다는 것을 의미한다. 실제로 이러한 노력은 2017년 11월말 워싱턴에서 양국의 고위 장성들이 1962년에 미국과 소련이 겪었던 쿠바미사일위기에 대해 공동사례조사를 진행한 데서 잘 보여 주었다(David Ignatius, "China has a plan to rule the world," *Washington Post,* 2017. 11. 28).

만약 미국과 중국이 전쟁을 피하기 위해 한반도의 미래에 대해 어떤 거래를 시도한다면 그들은 자신들의 이익에만 치중해 한국의 의견이 도외시될 수도 있다. 한국인들은 이를 "Korea passing"으로 우려하고 있으나 강대국들은 얄타회담에서 했던 것처럼 자신들의 이익을 위해서 필요하다면 서슴지 않고 그러한 거래를 해 왔다. 미국이 이러한 거래를 시도하기 전에 반드시 한국의 동의를 구하도록 한국은 미국과 공동으로 견고한 신뢰를 쌓아가야 한다. 만약 이러한 거래가 성공해 미국이 정말 주한미군을 철수한다면 한국은 핵무기를 개발해야 한다. 이 거래가 결실을 내지 못할 경우 미중관계는 더 악화되어 대결과 갈등을 초래한다. 이 가능성에 대해 설마 그럴까 하는 안이한 태도는 금물이다. 이 모든 가능성에 대해서 한국은 사전에 철저하게 대비해 자구책을 조용히 마련해야 한다.

그런데 단기적으로 당장 북한핵문제를 "해결"할 비책은 없는 것이 현실이다. 2018-9년에 트럼프와 김정은이 실시했던 두 차례 정상회담 이후 미국과 북한의 입장이 더 분명해 졌다. 미국은 북한이 보유한 모든 핵시설의 목록을 제시하고 그것을 파기할 구체적 계획을 밝혀 줄 것을 요구했다. 북한은 미국이 먼저 경제제재를 해제하고 북한체재의 안보를 보장한다면 단계적으로 핵시설을 불능화하겠다는 입장을 고수했다. 북한은 2019년 말까지 미국의 태도가 바뀌지 않는다면 "새로운 길"을 택할 것이라고 경고했다. 이를 행동으로 보여 주기 위해서 2019년에 25차례의 단거리 및 중거리탄도탄을 발사했다. 이러한 위협에도 불구하고 트럼프는 제재를 완화할 기색을 보이지 않자 김정은은 2020년 신년사에서 그동안 지속해 온 핵 및 미사일실험 모라토륨을 중지하고 "새 전략무기"를 과시하겠다고 위협했다. 2020년 10월에 북한은 화성-17호라는 초대형 ICBM을 발사했다. 2022년 3월 24일에 북한은 "화성17형"ICBM을 발사해 고도 6000km로 비행한 뒤 1880km 지점에 낙하시켰다. 이와 같이 북한은 4년 전에 자신이 선언했던 미사일발사 모라토륨을 중단하고 괌과 미국본토까지 타격할 수 있는 능력을 보유한 국가가 되었다.

북한은 자진해서 결코 핵을 포기하지 않을 것이다. 이 현실에 대해 한국과 미국이 취할 수 있는 대안들은 (1) 전쟁, (2) 타협, (3) 제재와 봉쇄로 요약할 수 있다. 북한에 대한 전쟁위험을 완전히 피할 수 없다면 한국은 그 가능성에 대해 철저하게 대비해야 한다. 이 최악시나리오를 피하려면 한국은 미국과 함께 북한과 타협점을 모색하면서 핵무장한 북한과 "평화공존"을 해야 한다. 이 시점에서 가장 시급한 일은 북한이 현재 갖고 있는 핵 및 미사일능력을 더 계속 향상하지 못하도록 현 상태를 동결하고 제지하는 것이다. 북한이 핵 및 미사일 생산의 인프라를 모두 동결하고 핵무기를 단계적으로 폐기하겠다는 것을 행동으로 보여 준다면 미국은 경제제재 일부를 해제하는 방향으로 타협이 가능할 것이다. 이러한 타결이 불가능해지면 한국과 미국이 현실적으로 할 수 있는 것은 최대한 핵전쟁을 억지하고 종전과 같이 제재를 계속하면서 사태가 더 악화하는 것을 막는 길 뿐이다.

한국은 가능한 한 자신의 국력으로 북한의 핵능력을 최대한 억지하고 그 사용과 확산을 봉쇄해야 한다. 북한의 핵위협을 효과적으로 억지하기 위해 한국은 북한의 실제 능력을 상쇄하고 반격능력을 승격해야 한다. 중국이 실제로 북한에 대해 건설적인 영향력을 행사하도록 유도하기 위해서는 무엇보다도 미국이 동아시아에서 균형자 또는 안정자 역할을 계속해야 한다. 한편 한국은 독자적인 중-장기자구책을 수립해 그것을 조용히 이행해야 한다. 2018년 싱가포르정상회담에서 트럼프는 연례적 한미군사연습을 일방적으로 중단해 사실상 전쟁억지능력을 약화했다. 이 결과 한반도주변에서 세력공백이 일어나자 2019년 7월에 중국과 러시아 군용기 5대가 동해상의 한국공중방위지역을 침범해 대대적인 군사연습을 강행했다. 이렇게 과감한 군사도발은 한국전쟁 이후 처음이었다. 이처럼 중국과 러시아는 한반도에 공군력을 투사해 한국을 위협했다.

이 여건에서 가장 시급한 것은 천만 명 이상이 거주하고 있는 서울시를 "불바다"로 만들 수 있는 북한의 장사포 배치에 대한 대비책이다. 인구 2천만 명이 거주하는 수도권을 방어하기 위해 한국은 이스라엘이 단거리미사일을 명중하는데 90% 성공률을 보였던 단거리미사일(Iron Dome)을 도입해 배치해야 한다. 2023년 10월에 하마스가 이스라엘에 가했던 기습공격처럼 **북한은 언제든지 남한에 이러한 기습공격을 할 수 있기 때문이다**. 이 사태에 대비하기 위해 한국은 북한의 기습공격을 억지하는데 필요한 장비와 능력을 자체개발해야 한다. 만약 미국이 주한미군을 철수한다면 한국은 핵무기와 탄도미사일도 자체 개발해야 한다. 당장 이 대안의 실현이 불가능하더라도 언제든지 그렇게 할 수 있는 잠재력을 키워가야 한다.

4. 한국은 가교외교를 슬기롭게 실시해 중국의 건설적 역할을 유도해야 한다

자유주의국제질서가 강대국정치로 전환하고 있는 현 세계에서 한국외교는 신축성과 민첩성을 발휘해야 한다. 한국은 미-중 갈등이 한국의 안보에 부정적으로 작용하지 않도록 **가교외교**를 슬기롭게 시도해야 한다. 안보에 대해서만이 아니라 경제발전 및 통일을 위해도 중국의 건설적 역할이 긴요하기 때문이다. 이 두 초강대국들 간에 한국이 균형자 또는 중재자역할을 실시하는 데는 국력이 부족하다. 그런데도 그들이 한반도문제에 대해서는 대결을 지양하고 사안에 따라 협력하도록 한국은 가교외교를 시도해야 한다. 1980-1990년대에 한국의 북방외교는 소련과 중국 및 동구공산국가들이 1988년 서울올림픽에 참가하게 만들었고

1990－1992년에는 소련 및 중국과 국교를 수립할 수 있었다. 한국은 이러한 가교외교를 계속해 미국과 중국이 전쟁을 피하도록 노력해야 한다. 당장 가시적 성과를 내지 못하더라도 한국은 중국과 항시 대화하고 협력하는 관계를 유지해야 한다.

5. 경제발전에서 대해 한국은 독일과 싱가포르를 벤치마킹해 노동자, 사용자 및 정부 간의 합의를 제도화하고 전국토를 개방해 국가경쟁력을 키워가야 한다

독일은 세계에서 4번째 경제대국이다. 한국은 독일의 통일경험과 경제발전에서 많은 것을 배워야 한다. 1989년에 베를린장벽이 무너졌을 때 서독의 콜(Helmut Kohl) 수상은 먼저 미국의 부시 대통령을 설득해 프랑스와 영국이 통일에 반대하지 않도록 조치했다. 그는 모험을 무릅쓰고 서독과 동독의 화폐를 대등한 가치로 태환할 것을 약속해 동독인들의 신뢰를 획득했다. 독일통일로 인해 실업률이 올랐고 엄청난 재정적자가 발생했는데도 독일정부는 비교적 낮은 생활수준을 유지하면서도 공채를 발행해 재정적자를 충당했으며 완전고용을 달성하도록 전력을 다했다. 독일경제에서 민간부문이 비교적 높은 생산성을 유지해 통일비용을 최소화 할 수 있었다. 2002년에 독일이 유로화폐를 사용하자 구동독의 경제는 더욱 더 유럽경제에 통합되었다.

독일의 제조업과 산업평화는 한국에게 유익한 시사점을 많이 제시했다. 독일의 제조업은 자동화와 정보화에도 불구하고 아직도 높은 생산성을 유지하고 있다. 이 업적을 이루는데 **유연성을 가진 노동시장**이 크게 기여했다. 독일의 산업구조는 서비스부문이 70%를 차지하고 그 나머지가 공업부문이다. 독일 산업관계의 특징은 기업수준에서 사용자, 노동조합 및 근로자대표들이 협상해 합의를 이루어 임금과 고용을 결정하는 제도다. 독일산업의 99%가 중소기업들로 구성되어 있다. 2003년에 사회민주당 지도자 슈뢰더(Gerhard Schroder)는 당시 경기침체를 겪고 있는 독일을 "유럽의 병자"(Europe's sick man)라고 개탄했다. 그가 사민당 및 녹색당연합의 대표로 집권하자 "혁신, 성장, 일자리, 지속가능성"이라는 표제아래 "아젠다 2010"을 발표해 유연한 노동시장을 실현하는 개혁을 과감하게 실시했다. 전 폭스바겐회사의 회장 하르트가 슈뢰더의 고문으로서 이 노동개혁(the Peter

Hartz Reform)안을 작성해 중소기업들이 자유롭게 근로자들을 해고 및 고용을 쉽게 할 수 있도록 조치했다. 이 제도는 실업자들의 생업을 보장하는 사회 안정망도 포함했다. 이 결과 실직자들은 12－36개월간 평상시임금의 60－67%에 해당하는 실업수당을 받았다. 근로자들은 실업수당을 받는 동안 재교육을 받아 다른 직장으로 전환할 수 있었다. 이 개혁이 실현된 후 독일의 실업률은 500만 명에서 절반으로 감소해 더 많은 근로자들이 일자리를 획득했다. 슈뢰더는 이 개혁을 실시한 뒤 총선거에서 패배했다. 2017년 9월에 그는 서울에 와서 한 인터뷰에서 정치지도자는 "국가이익을 위해서라면 자기 직책을 잃어버릴 위험부담도 감내하고 개혁을 추진할 용기를 가진 사람이어야 한다"고 했다(*조선일보*, 2017. 9. 11).

독일에서는 이처럼 사용자와 근로자들이 이익을 공유하면서 상생하기 위해 투쟁보다는 타협과 합의를 선호하는 전통과 정치문화를 계승해 조합주의(corporatism)체제를 형성했다. 여기서 중요한 점은 경제발달과 사회복지를 실현하기 위해 정치세력들이 제도적으로 합의하고 협력해야 민주주의와 경제발전을 동시에 실현할 수 있다는 것이다. 독일은 이 "사회적 시장경제"를 유지하면서 기타 유럽 국가들과 달리 금융위기를 격지 않았고 경상수지에서 흑자를 냈다. 한국도 독일처럼 경쟁력을 지탱하기 위해서 무엇보다도 노동개혁을 실시해 유연한 노동시장을 제도화해야 한다. 독일은 유럽에서 최대채권국가로 부상해 사실상 유럽중앙은행(ECB)을 관리했다. 독일은 자동차, 의료기술, 보건, 기계, 전자 및 철강에서 높은 수준의 비교우위를 보유한 복지국가다. 2017년까지 독일은 106개의 노벨상수상자들을 생산해 세계에서 미국 및 영국 다음으로 제3위를 유지했다. 2022년에 우크라이나 전쟁이 발생한 후 독일경제도 극심한 불황에 직면해 다시 "병자"가 되는 모습을 나타냈다. 이 위기의 주원인은 러시아가 염가로 공급해 온 석유와 천연가스를 갑자기 중단해 일어났던 것이다. 독일의 중소기업들은 제4차 산업혁명에 적합한 기술혁신을 실시하는데 미흡했다. 이 결과 독일제조업의 생산성은 저조하기 시작했다. 2023년에 독일은 급변하는 지정학적 여건과 디지털기술에 잘 적응하지 못해 고전하고 있다.

그런데도 한국은 독일에서 꼭 배울 점은 **노동개혁**을 실시하는 것이다. 노동개혁과 함께 한국은 제주도와 송도에만 국한하지 말고 전 국토를 해외투자에 과감하게 개방해야 한다. 좁은 영토에서 제한된 지역에서만 자유로운 투자를 허용하는 조치는 큰 효과를 내기 어렵다. 1990년대에 일부 학자들이 한국을 동북아시아의 물류중심(hub)으로 만들어야 한다고 주장했다. 이것을 실현할 가능성은 아직도 존재한다. 그러기 위해서는 한국도 싱가포르처럼 **서비스부분도 외국투자에 개방해야 한다.** 한미FTA에서 교육과 의료시장이 제외되었던 것이 매우 아쉬웠다. 이 부문도 과감하게 개방해야 경쟁력을 회복하고 고질적인 규제도 철폐할 수 있을 것이다. 한국의 제조업은 세계최강인데 서비스업은 바닥이다. 이처럼 서비스부문의 낙후한 현실을 탈피하기 위해서 한국은 서비스업을 국제경제에 과감하게 노출시켜 외국투자를 적극 유치해야 한다(박병원의 칼럼, *조선일보*, 2023. 8.18,) 서비스분야도 외국투자에 개방해야 좀비기업체들을 정리할 수 있으며 벤처기업들을 육성할 수 있다. 이러한 사례는 이스라엘, 핀란드 및 스웨덴의 경험에서 잘 증명되었다. 아일랜드는 1973년 유럽공동시장에 가입하기 위해 법인세를 12.5%로 낮추고 전 국토를 개방해 정보 및 첨단기업들의 직접투자를 유인하는 데 성공했다. 물론 이 나라도 2014년에 금융위기를 겪었지만 단시일에 경기를 회복시켰다. 아일랜드의 1인당국민소득은 현재 영국의 2배에 달한다. 한국도 **과감한 개방정책**을 실시한다면 시장기제에 의해 구조조정을 이루고 여기서 살아남는 기업은 경쟁력을 획득할 것이다.

6. 한국은 스위스처럼 세계적 공공재를 진흥하는 글로벌 중견국 외교를 실시하고 첨단과학기술과 매력적인 문화를 배양해야 한다

한국은 스위스처럼 강대국들 사이에 끼어 있는 중견 **문명국**으로서 인류의 보편적 가치와 규범을 추구해 주변국들의 오해를 해소하고 세계평화와 안정에 기여해야 한다. 한국은 스위스처럼 핵무기비확산, 평화, 보건, 환경 및 인권을 **세계적 공공재를** 진흥하는 외교를 적극적으로 추진해야 한다. 한국이 이러한 외교를 활발하게 전개하면 할수록 한국의 글로벌 프로파일은 증대하고 더 큰 연식국력을 누릴 수 있다. 한국은 ASEAN이 실시해 온 것처럼 다자대화의 장소와 기회를 확대하는 일에 적극 참여하는 동시에 독자적으로도 적극적인 외교노력을 격상해 가야 한다(정구현, 이신화외 저자들, *서울국제포럼의 제언, 대전환의 파도: 한국의 선*

택, 2017).

스위스는 알프스 산속에 위치한 작은 영세중립국가다. 영토는 세계에서 99번째, 인구는 840만 명을 가진 스위스는 36개의 캐논(cannons)으로 구성된 연방국이다. 스위스는 독일어(74%), 불어(21%), 이태리어(4%), 루만치라는 언어(1%)를 공식용어로 사용한다. 원래 스위스는 오랫동안 독립국가로 존재했었다. 17세기의 30년전쟁(1618－1648)에서 스위스는 중립국지위를 유지했다. 18세기에 나폴레옹이 스위스를 점령했다. 1815년에 이 전쟁이 종결된 뒤 개최되었던 비엔나회의는 스위스의 영세중립을 정식으로 승인했다. 1850년까지 스위스는 유럽에서 영국 다음으로 가장 산업화했던 국가였다. 시계와 같은 정밀기계에서 스위스는 세계최고의 기술은 자랑했다.

이 하나의 아름다운 정원 같은 스위스는 국제적십자사와 UN제2사무국의 주재국이다. 스위스는 인류의 공공재를 진흥하는 다자외교에서 탁월한 업적을 쌓았다. 대부분의 세계적 군축회담은 제네바에서 거행되며 국제적십자사와 세계보건기구(WHO)의 본부도 여기 있다. 이밖에도 인류가 공통적으로 당면한 문제들에 대한 국제회의들의 장소로 스위스가 가장 많이 사용되고 있다. 이 결과 스위스는 선한 국가이미지를 획득했다. 제네바는 평화와 복지를 상징하는 도시로 부각했다. 스위스는 중립국이지만 약 17만 여명의 상주군대와 언제든지 동원할 수 있는 19세에서 24세까지의 예비군과 63대의 공격용전투기들을 유지하고 있다. 중립국으로서 스위스는 다른 나라의 전쟁에는 가담하지 않고 오직 UN의 평화유지군에만 참여하고 있다. 이처럼 스위스는 자국의 중립과 안보를 스스로 보호하기 위해 필요한 군사력을 보유하고 있다.

스위스의 국제활동 중에서 가장 잘 알려진 것이 **다보스포럼**이다. 1971년에 제네바대학의 경영학교수, 슈바프(Klaus Schawb)가 하나의 세계적 경영포럼을 출범해 1987년에 그것을 세계경제포럼(WEF)으로 격상했다. 이 포럼은 매년 1월에 다보스에서 전 세계의 경제, 학문, 정치 및 기타분야의 최고지도자들을 초청해 대화와 토론을 실시해 왔다. 2017년에 2,500여 명이 이 아름다운 스키장의 회의장에 모여 5일간 200여 개의 분과회의에서 인류가 당면한 중요현안쟁점들을 논의했다. 이 포럼에는 다수의 국가원수들이 참석한다. 2017년에는 중국의 시진핑이 처음으로 참가해 중국이 현 세계경제체제를 지지하며 환경과 기후변화에 대해서도 리더십을 행사할 것이라고 말했다. 2020년에는 트럼프도 이 회의에 참가해 미국의 보호주의정책을 옹호했다. 2022년에 윤석열 대통령은 한국대통령으로서는 처음 이 회의에 참석해 활발한 경제외교를 실시했다. 일부 인사들은 이 포럼을 세계의 권력자들과 부자들을 대표한 엘리트들의 회담장으로 비판했다. 그들은 이 포럼에 참석하는 사람들을 "다보스인간들"이라 비하했다. 이 연례회의 이외에 이 다보스포럼은 매년 세계경쟁력보고(*The Global Competitiveness Report*)와 세계위험보고(*The Global Risks Report*)를 발표해 현존하는 국가들의 경쟁력과 위험도를 평가해 왔다. 스위스정부는 이 포럼을 국제조직으로 인정해 세계의 현황을 개선하는 데 기여하도록 지원했다. 스위스의 공공외교에서 이 포럼은 기타 유사조직보다도 월등한 역할을 수행하고 있다. 이러한 활동은 스위스의 관광산업을 크게 활성화시켜서 GDP의 3%까지 도달하고 있다.

스위스는 단순히 관광에만 의존하지 않고 첨단과학기술과 정부투명성 및 시민자유, 경제적 경쟁력 및 인간자원에서도 세계 최고 위치를 확보하고 있다. 2016년에 스위스의 GDP는 4943억 달러였으며 수출은 3030억 달러였다. 스위스는 낙농과 원예에서 양질의 농산품들을 생산하고 있지만 첨단과학기술분야에서도 매우 우수한 공산품들을 수출하고 있다. 특히 보석은 총수출의 32.4%를, 의약품은 22.1%를 차지한다. 스위스는 정밀기계, 시계, 유기화학제품, 광학제품, 전자, 플라스틱, 향수 및 철강제품에서 비교우위를 유지하고 있다.

이러한 업적을 내는 데는 세계적으로 유명한 대학 및 연구소의 역할이 컸다. 또 하나 강조해야 할 사실은 스위스가 26개의 노벨수상자들을 내었다는 것이다. 스위스는 고급두뇌와 인적자원을 적극 장려해 왔다. 사실 노벨상은 높은 교육열과 투자에 의해서 성취되기보다는 탁월한 재능을 가진 **인재**를 양성할 수 있는 교육 및 연구 분위기를 조성해야 달성된다. **노벨상은 하고 싶은 일을 마음대로 하고 자유롭게 호기심을 추구할 수 있는 풍토에서 나온다**.

한국은 세계경제의 10위권에 진입했고 2017년에는 세계에서 최고 비율인 국내총생산의 4.2%를 연구개발에 투입했는데도 과학 및 의학에서는 왜 단 한 명의 노벨상수상자도 내지 못하고 있을까. 그 주 이유는 **호기심을 자유롭게 추구할 수 있는 풍토가 미비한 것이다.** 돈을 좇아 하는 연구에 못지않게 호기심을 좇아 하고 싶은 연구를 마음대로 하는 것도 매우 중요하다. 이는 2016년에 세포의 자가 포식현상을 규명해 노벨생리의학상을 받았던 일본의 오스미 요시노리(大隅 良典) 교수가 확인해 주었다. 그는 아무도 하지 않는 분야를 개척하는 것이 즐거웠다고 했다. 오늘날 한국의 대학과 연구기관들을 선진국들의 것과 비교해 보면 가장 부족한 점이 있다면 그것은 성과에 연연하지 않고 오로지 호기심을 따라 마음대로 연구할 수 있는 풍토다. 정부가 대학과 심지어 고등학교의 미세한 입시방법을 하달하는 풍토에서 노벨상 수상자를 배양하기는 어렵다. 2022년에 세계적으로 반도체의 수요가 급증하자 한국에서도 반도체인력부족이 심각해 졌다. 그런데도 대학은 정부의 대학정원규제 때문에 반도체전공지원자 수를 늘릴 수 없는 실정이다. AI교수를 선발하는 면접에서 출신학교를 밝히지 못하게 한다거나 세계최고의 원자력기술을 가졌는데도 이 분야를 전공하려는 학생이 한명도 없게 만든 교육풍토는 당장 시정해야 한다.

필자는 2002년에 일본정책연구대학원에서 강의할 당시 노벨 물리학상을 탄 고시바 마토시(小柴 昌俊) 교수와 화학상을 탄 다나까 고이치(田中 耕一)가 이와 비슷한 견해를 표시했던 것을 기억한다. 그때 외신기자들은 서구학자들에 비해 일본에는 왜 극소수의 노벨수상자들 뿐인가를 질문했다. 이에 대해 고시바 교수는 자신이 시카고대학에서 초빙교수로 있을 때 미국학생들은 강의 도중에 직설적인 질문을 했지만 동경대학에서의 강의에서는 그렇게 질문하는 학생이 드물었다고 하면서 이러한 분위기에서는 노벨상을 기대하기는 어렵다고 했다. 이 말을 들었을 때 유대인들은 학교에서 돌아 온 아이들에게 오늘 무엇을 배웠느냐고 묻는 대신 어떤 질문을 했느냐고 한다는 말이 떠올랐다. 실제로 과학 및 의학 분야의 노벨상 수상자들 중 약 75%가 유대인들이라는 사실에는 그만한 이유가 있었던 것이다. 그해에 43세의 다나까는 대학원교육이나 박사학위를 받지 않았고 학부를 졸업한 뒤 곧 시마즈 제작소에 취직해 단백질을 분해하는 실험을 성공시켜서 "샐러리맨 수상자"가 되어 큰 화제가 되었다. 일본기자들이 상을 받은 뒤 무엇을 하고 싶으냐고 물었을 때 그는 단지 연구소에서 자기가 해 온 연구를 마음껏 하고 싶을 뿐이라 대답했다. 노벨상을 받은 뒤 곧 고시바 교수는 일본학사원의 회원으로 선정되었다. 다나까는 2006년에 학사원회원이 되었다.

일본은 2017년까지 25개의 노벨상을 배출했는데 이중에서 물리 및 화학분야에서 16개를 획득해 미국 다음의 위치를 차지했다. 이 기록은 기타 서구국가들에

비하면 여전히 빈약하다. 1901－2015년에 수여된 870개의 노벨상들을 국가별로 등급을 보면 미국이 353명, 영국이 125명, 독일이 105명, 프랑스가 61명, 스웨덴이 30명, 스위스가 25명을 차지했고 일본은 일곱 번째로 24명을 기록했다. 2019년에 일본은 3년 연속으로 화학분야에서 배터리연구로 27번째 수상자를 내어 축제분위기를 나타냈다. 제3위의 경제대국으로서는 겨우 5위를 낸 기록은 매우 적은 편이다. 중국은 세계 제2위의 초강국으로 급부상했으나 현재 9명의 노벨 수상자를 갖고 있다. 이중에서 8명은 외국에서 연구하고 귀국한 과학자들이다. 중국국내에서는 2015년에서야 처음으로 84세의 한의학연구원 투유우가 정규대학교육을 거치지 않고 개똥 쑥이 말라리아를 치료할 수 있다는 것을 밝혀 노벨 의학상을 받았다. 이러한 기록은 미국의 한 대학의 기록보다 못한 것이다. 필자의 모교인 컬럼비아대학은 지금까지 80여 명의 수상자들을 배양했으며 경제학과에서는 3명의 노벨수상자들(Robert Mundell－1999, Joseph Stiglitz－2001, Edmund Phelps－2006)이 학생들에게 직접 강의를 했다. 이처럼 명문대학들이 미국을 초강국으로 발전시키는 원동력이 되고 있다.

필자는 2016년 9월 말 동경에서 대한민국학술원과 일본학사원이 공동주최한 제11차 한일학술포럼에 참석했다. 이 때 일본학사원의 회원들 중에서 노벨상 수상자들이 모두 몇 명인가를 문의했는데 10여 명이 된다고 했다. 솔직히 이것이 매우 부러웠다. 그들이 대한민국학술원에 대해 반문하지 않은 것이 마음에 걸렸다. 한국은 단 한 명의 수상자도 못 내고 있는 현실에 대해 아픈 자성을 했다. 한국도 노벨수상자를 내기 위해서는 돈과 권력을 겨냥한 연구보다도 호기심을 북돋아주는 풍토를 조성하고 기초연구를 적극적으로 장려하해 더 과감한 투자를 해야 한다.

인간본연의 호기심은 돈보다 더 강력한 동기를 창출한다. **호기심은 모든 과학적 연구와 교육의 원동력이다**(Mario Livio, *Why? What Makes Us Curious*, 2017). 한국의 교육 및 연구체제도 연구의 자유와 호기심 및 창의성을 최대한 발휘하는 방향으로 개혁해야 한다. 한국은 스위스처럼 일정한 부문에 연구개발을 집중해 첨단과학기술에서 경쟁적 우위를 달성해야 한다. 생물, 물리 및 화학등 기초과학연구에 더 많은 투자를 집중해야 한다. 언필칭 제4차 산업을 육성하자는 구호는 지양하고 구체적으로 재능 있는 인재들을 최대한 발굴할 수 있도록 첨단과학기술분야를 선별해 집중적으로 장려하고 호기심과 혁신을 이룰 수 있는 자유로운 풍토를 조성해야 한다. 문재인 정부가 도입한 주 52시간제도는 이러한 풍토를 방해한다. 대만의 반도체 회사 TSMC의 연구개발팀은 **매일 24시간과 주 7일간** 연구에 집중하고 있는데 한국에서는 이렇게 하는 것은 법으로 금지하고 있다("신장섭 칼럼," *매일경제*, 2023. 10.9.) 이 "반도체전쟁"에서 한국이 경쟁력을 확보하기 위해서는 이처럼 비과학적 제도를 하루속히 철폐해야 한다. 특히 미국과 중국이 첨단기술에서 첨예하게 경쟁하는 세계에서 한국이 장기적으로 생존하고 발전하는 길은 탁월한 재능과 기술을 가진 **인재(human capital)**를 체계적으로 육성하는 것이다. 이 목적을 달성하기 위해서는 현존하는 연구 및 교육체제를 과감하게 개혁해 자율과 경쟁을 장려해야 한다. 적어도 대학과 대학원의 입학 학습 및 연구방법에 대해서는 정부는 대학과 연구소에 간섭을 하지 말고 최대한 자율적인 활동을 고무하고 모험도 허용해야 한다. 더 구체적으로 미국, 중국, 대만 및 일본에 비해 한국은 아직도 반도체, software engineer와 AI(인공지능)개발에 대한 인력이 너무나 부족하다. 단기적으로 이 현실을 극복하기 위해서는 싱가포르처럼 고급기술을 가진 인재의 이민을 적극 장려하고 미래의 인재양성에 과감하게 투자해야 한다.

문화에서도 한국은 인간의 마음을 감동시킬 수 있는 음악, 영화 및 스포츠를 적극 육성해 문명국으로 발전해야 한다. 문화적으로 한국은 강대국이 될 소지를 충분히 갖고 있다. 사실 문화에서 한국은 이미 플랫폼국가로 등장했다. 그 좋은 예가 **K-POP의 세계화**다. 방탄소년단(BTS)이 보여준 K-POP은 단순히 동아시아에서만이 아니라 전 세계의 젊은이들이 열광하고 있는 현상이다. 2019년에 *Time*지는 대중음악과 영화에서 미국이 독점했던 "문화 헤게모니"의 쓰나미(해일)는 이제 끝나가고 그 대신에 인도, 터키 및 한국의 소프트파워가 미국문화의 헤게모니에 도전하고 있다고 보도했다. 그 구체적인 예로서 K-POP 음악비디오는 YouTube 비디오의 절반 이상을 차지하며 그 시청자들의 80%가 한국 이외의 외국인들이라는 것이다(Patima Bhutto, "The End of America's Cultural Hegemony," *Time,* 2019. 12. 14.).

K-pop은 세계음악계에서 하나의 고유한 장르로 인정받아 놀라울 정도로 발전하고 있다. 그 대표적 사례가 방탄소년단(BTS)이 2021년에 보여준 업적이다. 전 세계에서 약 1,800만 명의 청중을 가진 이 소년단의 노래는 미국의 빌보드차

트에서 장기간 1위를 차지했으며 마침내 그해의 가수상 아메리칸 뮤직어워즈를 수상했다. 2022년 카타르월드컵 개회식에서 방탄소년단은 K-pop 노래를 연출해 전 세계의 관중을 열광하게 만들었다. 이처럼 음악은 국경과 언어를 초월해 모든 사람들이 자연히 즐길 수 있는 보편적 예술이다. 음악은 맛 좋은 음식을 먹는 것과 같다. 사람들은 이러한 음식을 먹은 뒤에 또 먹고 싶어 하듯이 한번 들은 노래는 또 듣고 싶어 한다. 대한민국의 젊은 가수들이 이러한 예술을 온 세계 각지에 전파한 월드컵 개회식은 한국의 이미지를 크게 격상시켰다. 실제로 외국인들은 K-pop을 감상하면서 한국에 대해 좋은 이미지를 갖기 때문이다.

영화에서도 한국은 실제로 세계적 문화강국으로 부상하고 있다. 이를 증명하는 가장 좋은 예는 2019-20년에 봉준호 감독이 만든 영화 *기생충*이 획득한 업적이다. 지금까지 영화예술은 미국, 영국, 프랑스 등 선진국들이 지배해왔던 분야였다. 한국은 이 장르에서도 선진국들에 도전하고 있다. 봉준호 감독은 2020년 2월 9일에 영화의 본고장 할리우드에서 미국백인들이 92년간 독점해 왔던 영화 아카데미에서 한국인으로서 처음으로 감독상과 작품상을 받았다. 이 한국영화는 프랑스의 칸 국제영화제에서 황금종려상을 수상했던 것에서 시작해 영국 아카데미, 미국 아카데미 및 기타 수많은 외국영화제에서 감독상, 각본상, 작품상, 연기상을 휩쓸었다. 2022년 5월 29일에는 다시 칸 영화제에서 박찬욱 감독이 만든 영화 *헤어질 결심*으로 감독상을, *브로커*의 주연배우 송강호는 남우주연상을 받았다. 이처럼 한국 영화인들은 탁월한 예술 감각과 재능을 온 세계에 과시해 아름다운 문화를 창출하는 나라 한국의 국제적 위상을 대대적으로 격상시켜 주었다. 디지털시대에 이러한 행사는 세계 방방곡곡에 즉각적으로 방영되어 대한민국에 대한 좋은 이미지를 투사했다.

스포츠에서도 한국여자선수들이 세계 유명한 골프대회와 양궁대회를 석권하고 있는 것은 이미 잘 알려진 사실이다. 골프에 더해서 또 다른 경기인 컬링에서도 한국선수들의 우수성이 입증되고 있다. 2018년에 평창에서 열렸던 동계올림픽에서 한국의 컬링팀은 한국인의 강인한 정신력을 과시했다. 이 기록은 대한민국의 소프트파워를 크게 격상시켜 주었다. 세계적 주간지 타임(*Time*)지는 평창올림픽의 최고스타(rock star)는 김씨 성을 공유한 4인의 시골처녀들로 구성된 대한민국의 컬링 팀이라고 보도했다. 이 농촌소녀들이 취미로 시작한 팀이 평창에서 은메달을 따 낸 것은 한국인들만이 아니라 온 세계를 열광시켰다. 이 신기한 이야기는 은메달 자체보다 더 오랫동안 지속해 대한민국의 위상을 격상시킬 것이다.

분명히 한국 팀의 업적은 다른 나라들이 스스로 대한민국을 부러워하게 만들었다. 이는 국제정치담론에서 "소프트 파워"라 말하는 국력의 실례가 되었다. 평창의 성공은 한국이 소프트 파워와 하드파워를 적절히 배합한 스마트파워(smart power)를 잘 활용한 결과다. 한국의 젊은 선수들이 열악한 환경 속에서도 잘 알려지지 않았던 컬링을 최대인기경기로 부각시켜 꿈을 일궈낸 이야기는 한국 소프트파워의 저력을 온 세계에 알렸다. 대체 이 기적 같은 일이 어떻게 가능했을까? 컬링에 대해 무지했던 한 문외한으로서 매우 재미있게 관람했던 필자는 타임지가 "팀 킴"이라 칭한 4명의 한국선수들이 "4C"(control, concentration, confidence, cohesion), 즉 통제력, 집중력, 자신감 및 결속력을 잘 구사했다고 생각한다. 한국 여자선수들이 전 세계의 여자골프대회들을 제패하고 있는 주 이유는 그들이 철저하게 3C를 실시한 결과라고 들었다. 골프는 선수들이 얼마나 자신들의 정신과 신체를 어떻게 잘 관리(통제)할 수 있는지, 공을 쳐서 목적지까지 보내는데 얼마나 집중력을 발휘하는지 그리고 끝까지 자신감을 잃지 않고 경기하는지에 따라 결과가 달라진다는 것이다. 한국낭자들은 다른 나라선수들보다 이 세 가지를 실천하는데 월등하다는 설명이다.

컬링은 단체경기로서 3C에 더해 단원들의 결속력이 필수적이므로 4C를 실천했다. 우선 "안경선배"라 불렸던 팀장 김은정은 매서운 눈빛으로 "영미야"를 목이 쉬도록 외치면서 동생 영미와 기타팀원들에게 효과적으로 작전지시를 소통해 그들의 정신과 행동을 통제하려는 모습이 가장 인상적이었다. 김인정 감독은 단원들의 정신과 신체의 안정을 위해 외부에서 투입될 수 있는 압력을 차단할 목적으로 단원들의 스마트폰을 모두 몰수했다. 게임이 반복할 때마다 의성이 배출한 "마늘처녀"들은 스톤을 의도한 목적지에 보내기 위해 무표정으로 대단한 집중력을 나타냈다. 승패의 순간을 가리지 않고 그들은 항시 자신감을 투사했다. 그들이 이러한 자질을 습득하기까지의 역정은 결코 평탄하지 않았을 것이다. 그 과정에서 그들은 의성여자고등학교에서 시작했던 끈끈한 우정과 유대를 견지했다. 경기를 하는 동안 그들은 스톤을 목적지에 이동하는데 각자의 약점과 강점을 잘 보완해 한마음으로 단결해 끈질긴 결속력을 보였다. 공동목표를 달성하기 위해 몰두하고 있었던 그들의 진지한 자세는 관람하는 사람들을 매료시켰다. 한국선수들이 이러한 자질을 실천한 것은 한국의 저력을 과시한 긍정적인 모습이다. 마늘 농사를 하는 한 시골마을에서 자기가 하고 싶었던 일을 하겠다는 소박한 꿈을 이루어 낸 이 갸륵한 메시지는 한국의 젊은 세대들이 폭넓게 공유하고 계승해야 한다.

이처럼 한국의 문화와 스포츠에 대해 전 세계가 갈채했던 국가이미지는 2023년 8월에 새만금에서 개최되었던 세계 잼버리대회에서 무자비하게 손상되었다. 원래 이러한 행사를 치를 자연적 조건을 결여한 허허갯벌에 건물과 시설을 건축했다. 그러나 이 시설의 화장실이 너무 불결해 견디기 어려워 영국과 미국 팀이 철수했다. 설상가상으로 갑자기 폭염과 태풍이 닥쳐 와 이 대회의 숙소를 각 지방으로 이전할 수밖에 없게 되어 국제망신을 초래했다. 윤석열 정부는 긴급조치를 취해 위기를 수습했고 마지막 폐막식에서 K-pop을 연출해 행사를 마무리했다. 이 결과 추락했던 국가이미지를 다시 회복하기 위해서 한국은 이 낭패를 反面敎師(부정적 면에서 교훈을 배우는 것)로 삼아 앞으로는 국가를 대표하는 국제행사에서는 국내정치를 배제하고 과학자와 전문가들의 객관적인 의견을 존중해야 할 것이다.

7. 대한민국은 경쟁력 있고 통일된 자유민주주의 민족국가를 실현해야 한다

대한민국은 세계화하고 있는 국제경제에서 경쟁력을 유지하면서 동아시아와 한반도에서는 통일된 자유민주주의 민족국가를 실현해야 한다. 한국은 민족통일의 꿈을 이루기 위해 언제나 올 수 있는 기회에 대비해야 한다. 한국은 하나의 민족국가로서 자율적으로 군사전략과 외교정책을 실시했던 경험이 부족했다. 아직도 한국인들은 대한민국과 헌법질서에 대해 실제로 공유하는 일체감은 약하다. 이 현상의 원인에 대해서는 여러 가지 설명이 가능하겠지만 가장 중요한 것은 남북분단과 대결이다. 한반도에서 아직도 냉전의 최후빙하가 계속하는 한 한국인들이 국가에 대해 통합된 정체성을 공유하기는 쉽지 않다. 그럼에도 불구하고 남북통일에 효과적으로 대비하기 위해서도 한국인들은 반일 혹은 반미감정을 넘어서 한국의 헌법질서와 자유민주주의 국가 대한민국에 대해 모두 결속하는 시민 및 국가

민족주의를 착실하게 함양해야 한다.

한국경제와 문화는 이미 선진국수준에 달했으나 한국정치는 아직도 심각한 후진성을 벗어나지 못하고 있다. 이 정치적 후진성이 한국경제발전을 저해하고 있다. 그 좋은 사례로 2022년에 한국서비스산업 경쟁력은 38개 OECD국가들 중에서 28번째다. 2011년에 정부는 서비스산업을 규제만 할 것이 아니라 적극 육성하자는 법안을 제안했으나 국회는 아무 행동도 취하지 않고 11년간 발목을 잡고 있었다(*매일경제신문*, 2022년 5월 3일 사설). 한국은 하루빨리 이 정치적 후진성을 극복해 자유민주주의 대한민국을 정치적 선진국으로 격상해야 한다. 그러기 위해서 정치인들은 조선시대의 당쟁과 같이 극도로 양극화한 진영대결("팬덤정치")을 지양하고 자유민주주의와 국가발전을 위해 장기간 지속할 수 있는 사회적 통합 또는 지배연합을 구축해야 한다.

자유민주주의는 그것을 지지하고 감독하는 성숙한 시민사회를 조성해야 안정되고 제도화한다. 궁극적으로 자유민주주의는 지도자들을 선출하는 유권자들이 먼저 각성해 **성숙한 시민사회를 조성해야 한다.** 유권자들은 현재 비판을 받는 정치인들도 자신들이 선출했다는 **것을** 상기해야 한다. 구체적으로 자유민주주의를 제도화하기 위해 우선 1987년에 채택되었던 헌법을 21세기의 한국현실에 적합하도록 개정해야 한다. 5년마다 열리는 승자독식의 선거에서 정권이 바뀌어져 전정권의 인사와 정책을 송두리째 바꾼다면 급변하는 국제정치에서 강력한 국력을 확보하고 경쟁력을 지탱하기 어렵다. 5년의 단임 대통령은 책임정치를 실천하기 어렵게 만든다. 5년마다 정권이 바뀌어 지면 단기적 만족을 선동하는 극단주의나 포퓰리즘이 득세한다. 이러한 정치는 국가발전을 저해하고 국가부도와 파산을 초래한다는 것은 남미와 남유럽국가들이 잘 보여 주었다. 2023년에 아르헨티나는 지금까지 두 번이나 국가부도를 겪고도 인플래가 120%에 달해 페소를 헌 종이 조각으로 만들었다. 이 현상은 정치경제적으로 포퓰리즘이 얼마나 위험한가를 단적으로 입증해 준 것이다.

사실 한국에서 자유민주주의는 착실하게 발전해 왔다. 시민들의 동의에 의한 정부가 정착하고 있다. 정치적 참여기회는 보통선거와 자유로운 시민운동에 의해 확대되었다. 3권 분리 원칙과 사법부의 독립은 큰 차질 없이 작동했다. 헌법절차에 의해 2차례의 대통령탄핵소추가 이루어졌다. 법치주의도 개선되어야 할 면이 많지만 대체로 정착되고 있다. 시민문화와 민주주의 규범의 제도화는 다소 느리게 진행했다. 이처럼 자유민주주의의 긍정적 발전은 문재인 정권하에 크게 후퇴했다. 문재인은 사법부와 시민사회를 지나치게 정치화하고 국회에서는 거대여당이 다수의 횡포를 강행했기 때문이다. 이 행동의 가장 대표적 사례로 문재인은 임기 6일을 남기고 2022년 5월 3일에 검사들이 자신을 포함한 정치인들을 수사할 수 있는 권한을 완전히 박탈("검수완박")한 법을 공포했던 것이다.

정치발전을 정상화하기 위해 가장 시급한 것은 정치세력의 양극화를 지양해 보다 안정된 중심세력을 조성하는 일이다. 이 목적을 달성하기 위해서는 현재 한국사회에서 계층들이 분열하고 있는 현상을 극복해야 한다. 최근에 실시한 여론조사에 의하면 여당과 야당의 지지자들이 각각 33%로 양분하고 있고 무당파는 29%로 늘어났다. 무당파는 중도층에서 치솟아 유권자들의 "정치혐오"를 표출했다(*중앙일보*, 2023. 4. 3.). 이는 자유민주주의 발전을 위해 매우 우려되는 현상이다. 한국의 중산층은 아직도 인구의 절반에 달하지 못해 때에 따라서 늘거나 준다고 한다. 이 소규모의 중산층은 대체로 "보신주의"를 나타내면서 정치의 중심력을 형성하지 못했다(이정복, *한국정치의 분석과 이해*, 2010). 그들이 정치바람이 불 때마다 이리저리 흔들리면 한국정치는 안정을 기할 수 없다. 한국정치를 안정시키기 위해서는 시민사회에 폭넓은 **정치적 중심**을 조성해야 한다. 2022년의 지방선거보선과 대통령선거에서 공정에 민감한 20대 및 30대(이른바 MZ세대)가 이러한 조짐을 보여 주었다. 그런데 아직도 **시민들의 30%**가 가짜 뉴스를 믿는다는 것은 한국사회의 후진성을 그대로 나타낸 것이다(*조선일보*, 2023. 3. 16. 사설), 가짜 뉴스는 순진한 시민들을 선동하고 오도해 자유민주주의의 생존을 위협한다. 이 현실을 극복하기 위해 젊은 세대는 중도층과 연대해 가짜 뉴스를 퇴치하는 일에 앞장서 총선거에서 성숙한 **시민정신**을 발휘해야 할 것이다.

정치를 말하기는 쉽지만 실천하기는 어려운 것이 사실이다. 아인슈타인(Albert Einstein)이 이 점을 가장 간결하게 설명했다. 그에게 한 제자가 인간이 원자구조를 발견했는데 왜 그것을 정치적으로 통제하는 수단을 발견하지 못하느냐고 질문했다. 이에 대해 아인슈타인은 이렇게 대답했다: "친구야, 그 대답은 간단하다. **정치는 물리학보다 더 어렵기 때문이다**"(*The New York Times*, 1955. 4. 22). 정치는 물질의 인과법칙을 논리적으로 설명하는 과학이 아니다. 과학에는 정답이 있지만 정치에는 정답이 없다. 정치는 인간의 이익과 감정을 개입하는 행동이다. 정치인들은 권력을 잡고 이익을 챙기기 위해서는 진실보다도 온갖 수단과 방법을 가리지 않는다. 비스마르크는 정치는 과학이 아니라 "**가능의 예술**"이라 했다. 정치도 인간의 의지와 노력에 따라 얼마든지 개선할 수 있다는 뜻이다. 가장 바람직한 정치는 모든 참여자들이 갈등하면서도 국가이익을 위해 서로 합의하고 협력하는 과정이다.

한국은 이제부터 선진국으로 발전하기 위해 자유민주주의를 더 깊이 뿌리를 내려야 한다. 자유민주주의는 상식과 순리에 따라 행동해야 유지된다. 민주주의국가에서도 여당이 야당을 정당성 있는 경쟁자로 보지 않고 적대시하거나 사법부의 중립을 손상하고 공영방송을 지나치게 정치화해 관용과 자제 및 법치규범을 손상한다면 자유민주주의는 퇴행한다. 한국정치는 이 정치적 후진성을 탈피해 국가발전과 사회복지를 위해 서로 결속하고 협력하는 방향으로 쇄신해야 한다. 한국은 캐나다와 노르웨이에서처럼 정권은 오고 가지만 국가는 흔들리지 않고 계속 발전하는 나라가 되어야 한다. 대한민국은 21세기 세계에서 경쟁력 있는 선진국, 동아시아에서 가장 독창적인 문화강국, 한반도에서 통일된 자유민주주의 민족국가로 발전해야 한다.

참고문헌

필자가 참고한 문헌의 대부분은 본문에서 적실한 부분에 이미 명시했다. 여기서는 필자가 참고했던 기타문헌 중에서 가장 중요하다고 생각한 열 가지만 선택해 적시한다.

Zbigniew Brzezinski, *Strategic Vision: America and the Crisis of Global Power* (New York: Basic Books, 2012).

Walter Carlsnaes, Thomas Risse and Beth A. Simmons, ed. *Handbook of International Relations* (London: Sage Publications, 2002).

Tim Dunne, Milja Kuri and Steve Smith, ed. *International Relations Theories: Discipline and Diversity*, third ed. (London: Oxford University Press, 2013).

David Kinsella, Bruce Russett and Harvey Starr, *World Politics: The Menue for Choice*, 10th ed. (New York: Wadsworth, 2013).

Ira Katznelson and Helen V. Milner, ed. *Political Science: State of the Discipline* (New York: W.W. Norton & Company, American Political Science Association, 2002).

Henry Kissinger, *Diplomacy* (New York: Simon & Schuster, 1994).

Walter Russel Mead, *Power, Terror, Peace and War: America's Grand Strategy in a World at Risk* (New York: Alfred A. Knopf, 2004).

Bruce Bueno de Mesquita, *Principles of International Politics*, 5th ed. (New York: Sage Publications, 2014).

Joseph S. Nye, *The Future of Power* (New York: Public Affairs, 2011).

Karen A. Mingst and Jack L. Snyder, ed. *Essential Readings in World Politics*, 5th ed. (New York: W.W. Norton & Company, 2014).

찾아보기

(ㄱ)

(ㄴ)

(ㄷ)

(ㅇ)

(ㅈ)

(ㅊ)

(ㅋ)

(A)

(B)

(C)

(D)

(E)

(F)

(J)

(K)

(L)

(M)

(T)

(U)

(V)

(W)

(Z)

(기타)

안병준(安秉俊)

1936년생으로 현재 대한민국학술원회원이다. 그는 1961년에 연세대학교의 정치외교학과를 졸업했고 1972년에 미국 컬럼비아대학교에서 정치학박사(Ph.D)학위를 받았다. 그의 경력은 다음과 같다.

1972-1978: Western Illinois University 교수; 1978-2001: 연세대학교교수, 교무처장, 사회과학대학장; 1976-1977: University of Michigan, 1996-1997: SAIS, Johns Hopkins University와 George Washington University; 1981-1982: University of California, Berkley 교환교수; 1980-1990년대: 외무부, 국방부, 통일부 정책자문위원; 2000년 대한민국학술원회원 선정; 2001년 연세대 정년퇴직; 2002-2004: 일본 국립정책연구대학원(GRIPS) 초빙교수; 2004-2015: KDI국제정책대학원 초빙교수; 2001-현재 대한민국학술원 종신회원.

그의 주요저서로는 *중공정치외교론*(1986), *강대국관계와 한반도*(1986), *비교공산주의와 현대국제질서*(1986), *국제환경변화와 민족통일*(1986), *중국현대화의 정치경제학* (1992) 등이 있다. 그는 미국에서 교수생활을 하는 동안 중국문화혁명의 원인과 과정을 연구한 저서 *Chinese Politics and the Cultural Revolution*(1976)을 출판했고 저명한 학술지 *Asian Survey, The Journal of Asian Studies, The China Quarterly, Foreign Affairs*에 논문을 발표했다. 최근에 그의 연구 관심은 강대국 관계, 미국과 중국의 대전략, Global Governance의 문제점, 남북한관계와 통일에 집중하고 있다.

제2판
현대국제정치와 한반도는 어디로 가는가

초판발행 2020년 5월 29일
제2판발행 2024년 1월 12일

지은이 안병준
펴낸이 안종만·안상준

편 집 배근하
기획/마케팅 장규식
표지디자인 이영경
제 작 고철민·조영환

펴낸곳 (주) 박영사
서울특별시 금천구 가산디지털2로 53 한라시그마밸리 210호(가산동)
등록 1959. 3. 11. 제300-1959-1호(倫)
전 화 02)733-6771
f a x 02)736-4818
e-mail pys@pybook.co.kr
homepage www.pybook.co.kr
ISBN 979-11-303-1899-8 93340

정 가 27,000원